MINISTÉRIO PÚBLICO

LEGISLAÇÃO INSTITUCIONAL

2018

Carlos Roberto de C. Jatahy
Eliane Goldemberg

MINISTÉRIO PÚBLICO

LEGISLAÇÃO INSTITUCIONAL

2018

4ª Edição

Freitas Bastos Editora

Direitos exclusivos da edição e distribuição em língua portuguesa:

Maria Augusta Delgado Livraria, Distribuidora e Editora

Editor: *Isaac D. Abulafia*
Diagramação e Capa: *Jair Domingos de Sousa*

DADOS INTERNACIONAIS PARA CATALOGAÇÃO
NA PUBLICAÇÃO (CIP)

G618m

Goldemberg, Eliane
Ministério Público: legislação institucional / Eliane Goldemberg, Carlos Roberto de Castro Jatahy. – Rio de Janeiro : Freitas Bastos, 2018.
598 p. ; 23 cm.

ISBN 978-85-7987-307-2

1. Brasil. Ministério Público. I. Jatahy, Carlos Roberto de Castro. II. Título.

CDD- 347.81016

Freitas Bastos Editora

Tel./Fax: (21) 2276-4500
freitasbastos@freitasbastos.com
vendas@freitasbastos.com
www. freitasbastos.com

SUMÁRIO

CONSELHO NACIONAL DO MINISTÉRIO PÚBLICO

SÚMULAS

Constituição da República Federativa do Brasil

Promulgada em 5 de outubro de 1988

Dispositivos relativos ao Ministério Público

(...)

Título III

Da organização do Estado

(...)

Capítulo II

Da União

(...)

Art. 21. Compete à União:

(...)

XIII – organizar e manter o Poder Judiciário, o Ministério Público do Distrito Federal e dos Territórios e a Defensoria Pública dos Territórios;

*** Redação dada pela EC no 69/2012.** (...)

(...)

Art. 22. Compete privativamente à União legislar sobre:

(...)

XVII – organização judiciária, do Ministério Público do Distrito Federal e dos Territórios e da Defensoria Pública dos Territórios, bem como organização administrativa destes;

*** Redação dada pela EC no 69/2012.**

Capítulo V

Do Distrito Federal e dos Territórios

(...)

Seção II

Dos Territórios

Art. 33. A lei disporá sobre a organização administrativa e judiciária dos Territórios.

(...)

§ 3º Nos Territórios Federais com mais de cem mil habitantes, além do Governador nomeado na forma desta Constituição, haverá órgãos judiciários de primeira e segunda instância, membros do Ministério Público e defensores públicos federais; a lei disporá sobre as eleições para a Câmara Territorial e sua competência deliberativa.

(...)

Título IV
Da organização dos Poderes

Capítulo I
Do Poder Legislativo

(...)

Seção II
Das atribuições do Congresso Nacional

Art. 48. Cabe ao Congresso Nacional, com a sanção do Presidente da República, não exigida esta para o especificado nos arts. 49, 51 e 52, dispor sobre todas as matérias de competência da União, especialmente sobre:

(...)

IX – organização administrativa, judiciária, do Ministério Público e da Defensoria Pública da União e dos Territórios e organização judiciária e do Ministério Público do Distrito Federal;

*** Redação dada pela EC no. 69/2012.**

(...)

Seção VII
Das comissões

Art. 58. O Congresso Nacional e suas Casas terão comissões permanentes e temporárias, constituídas na forma e com as atribuições previstas no respectivo regimento ou no ato de que resultar sua criação.

(...)

§ 3º As comissões parlamentares de inquérito, que terão poderes de investigação próprios das autoridades judiciais, além de outros previstos nos regimentos das respectivas Casas, serão criadas pela Câmara dos Deputados e pelo Senado Federal, em conjunto ou separadamente, mediante requerimento de um terço de seus membros, para a apuração de fato determinado e por prazo certo, sendo suas conclusões, se for o caso, encaminhadas ao Ministério Público, para que promova a responsabilidade civil ou criminal dos infratores.

(...)

Seção VIII
Do processo legislativo (...)
Subseção III Das leis

Art. 61. A iniciativa das leis complementares e ordinárias cabe a qualquer membro ou comissão da Câmara dos Deputados, do Senado Federal ou do Congresso Nacional, ao Presidente da República, ao Supremo Tribunal Federal, aos Tribunais Superiores, ao Procurador-Geral da República e aos cidadãos, na forma e nos casos previstos nesta Constituição.

§ 1º São de iniciativa privativa do Presidente da República as leis que:

I – fixem ou modifiquem os efetivos das Forças Armadas;

II – disponham sobre:

a) criação de cargos, funções ou empregos públicos na administração direta e autárquica ou aumento de sua remuneração;

b) organização administrativa e judiciária, matéria tributária e orçamentária, serviços públicos e pessoal da administração dos Territórios;

c) servidores públicos da União e Territórios, seu regime jurídico, provimento de cargos, estabilidade e aposentadoria;

d) organização do Ministério Público e da Defensoria Pública da União, bem como normas gerais para a organização do Ministério Público e da Defensoria Pública dos Estados, do Distrito Federal e dos Territórios;

*** V. CF Art. 128, § 5º.**

e) criação e extinção de Ministérios e órgãos da administração pública, observado o disposto no art. 84, VI;

f) militares das Forças Armadas, seu regime jurídico, provimento de cargos, promoções, estabilidade, remuneração, reforma e transferência para a reserva.

§ 2º A iniciativa popular pode ser exercida pela apresentação à Câmara dos Deputados de projeto de lei subscrito por, no mínimo, um por cento do eleitorado nacional, distribuído pelo menos por cinco Estados, com não menos de três décimos por cento dos eleitores de cada um deles.

Art. 62. Em caso de relevância e urgência, o Presidente da República poderá adotar medidas provisórias, com força de lei, devendo submetê-las de imediato ao Congresso Nacional.

§ 1º É vedada a edição de medidas provisórias sobre matéria:

I – relativa a:

a) nacionalidade, cidadania, direitos políticos, partidos políticos e direito eleitoral;

b) direito penal, processual penal e processual civil;

c) organização do Poder Judiciário e do Ministério Público, a carreira e a garantia de seus membros;

d) planos plurianuais, diretrizes orçamentárias, orçamento e créditos adicionais e suplementares, ressalvado o previsto no art. 167, § 3º;

(...)

Art. 63. Não será admitido aumento da despesa prevista:

I – nos projetos de iniciativa exclusiva do Presidente da República, ressalvado o disposto no art. 166, §§ 3º e 4º;

II – nos projetos sobre organização dos serviços administrativos da Câmara dos Deputados, do Senado Federal, dos Tribunais Federais e do Ministério Público.

(...)

Art. 68. As leis delegadas serão elaboradas pelo Presidente da República, que deverá solicitar a delegação ao Congresso Nacional.

§ 1º Não serão objeto de delegação os atos de competência exclusiva do Congresso Nacional, os de competência privativa da Câmara dos Deputados ou do Senado Federal, a matéria reservada à lei complementar, nem a legislação sobre:

I – organização do Poder Judiciário e do Ministério Público, a carreira e a garantia de seus membros;

II – nacionalidade, cidadania, direitos individuais, políticos e eleitorais;

III – planos plurianuais, diretrizes orçamentárias e orçamentos.

(...)

Seção IX
Da fiscalização contábil, financeira e Orçamentária

(...)

Art. 73. O Tribunal de Contas da União, integrado por nove Ministros, tem sede no Distrito Federal, quadro próprio de pessoal e jurisdição em todo o território nacional, exercendo, no que couber, as atribuições previstas no art. 96.

§ 1º Os Ministros do Tribunal de Contas da União serão nomeados dentre brasileiros que satisfaçam os seguintes requisitos:

I – mais de trinta e cinco e menos de sessenta e cinco anos de idade;

II – idoneidade moral e reputação ilibada;

III – notórios conhecimentos jurídicos, contábeis, econômicos e financeiros ou de administração pública;

IV – mais de dez anos de exercício de função ou de efetiva atividade profissional que exija os conhecimentos mencionados no inciso anterior.

§ 2º Os Ministros do Tribunal de Contas da União serão escolhidos:

I – um terço pelo Presidente da República, com aprovação do Senado Federal, sendo dois alternadamente dentre auditores e membros do Ministério Público junto ao Tribunal, indicados em lista tríplice pelo Tribunal, segundo os critérios de antiguidade e merecimento;

II – dois terços pelo Congresso Nacional.

(...)

Capítulo II
Do Poder Executivo

(...)

Seção III
Da responsabilidade do Presidente da República

Art. 85. São crimes de responsabilidade os atos do Presidente da República que atentem contra a Constituição Federal e, especialmente, contra:

I – a existência da União;

II – o livre exercício do Poder Legislativo, do Poder Judiciário, do Ministério Público e dos Poderes constitucionais das Unidades da Federação;

III – o exercício dos direitos políticos, individuais e sociais;

IV – a segurança interna do País;

V – a probidade na administração;

VI – a lei orçamentária;

VII – o cumprimento das leis e das decisões judiciais.

Parágrafo único. Esses crimes serão definidos em lei especial, que estabelecerá as normas de processo e julgamento.

(...)

Capítulo III
Do Poder Judiciário
Seção I
Disposições gerais

(...)

Art. 94. Um quinto dos lugares dos Tribunais Regionais Federais, dos Tribunais dos Estados, e do Distrito Federal e Territórios será composto de membros do Ministério Público, com mais de dez anos de carreira, e de advogados de notório saber jurídico e de reputação ilibada, com mais de dez anos de efetiva atividade profissional, indicados em lista sêxtupla pelos órgãos de representação das respectivas classes.

Parágrafo único. Recebidas as indicações, o tribunal formará lista tríplice, enviando-a ao Poder Executivo, que, nos vinte dias subsequentes, escolherá um de seus integrantes para nomeação.

(...)

Art. 96. Compete privativamente:

(...)

III – aos Tribunais de Justiça julgar os juízes estaduais e do Distrito Federal e Territórios, bem como os membros do Ministério Público, nos crimes comuns e de responsabilidade, ressalvada a competência da Justiça Eleitoral.

(...)

Seção III
Do Superior Tribunal de Justiça

Art. 104. O Superior Tribunal de Justiça compõe-se de, no mínimo, trinta e três Ministros.

Parágrafo único. Os Ministros do Superior Tribunal de Justiça serão nomeados pelo Presidente da República, dentre brasileiros com mais de trinta e cinco e menos de sessenta e cinco anos, de notável saber jurídico e reputação ilibada, depois de aprovada a escolha pelo Senado Federal, sendo:

*** Redação dada pela EC no. 45/2004.**

I – um terço dentre juízes dos Tribunais Regionais Federais e um terço dentre desembargadores dos Tribunais de Justiça, indicados em lista tríplice elaborada pelo próprio Tribunal;

II – um terço, em partes iguais, dentre advogados e membros do Ministério Público Federal, Estadual, do Distrito Federal e dos Territórios, alternadamente, indicados na forma do art. 94.

Art. 105. Compete ao Superior Tribunal de Justiça:

I – processar e julgar, originariamente:

a) nos crimes comuns, os Governadores dos Estados e do Distrito Federal, e, nestes e nos de responsabilidade, os desembargadores dos Tribunais de Justiça dos Estados e do Distrito Federal, os membros dos Tribunais de Contas dos Estados e do Distrito Federal, os dos Tribunais Regionais Federais, dos Tribunais Regionais Eleitorais e do Trabalho, os membros dos Conselhos ou Tribunais de Contas dos Municípios e os do Ministério Público da União que oficiem perante tribunais;

(...)

Seção IV
Dos Tribunais Regionais Federais e dos Juízes Federais

(...)

Art. 107. Os Tribunais Regionais Federais compõem-se de, no mínimo, sete juízes, recrutados, quando possível, na respectiva região e nomeados pelo Presidente da República dentre brasileiros com mais de trinta e menos de sessenta e cinco anos, sendo:

I – um quinto dentre advogados com mais de dez anos de efetiva atividade profissional e membros do Ministério Público Federal com mais de dez anos de carreira;

II – os demais, mediante promoção de juízes federais com mais de cinco anos de exercício, por antiguidade e merecimento, alternadamente.

§ 1º A lei disciplinará a remoção ou a permuta de juízes dos Tribunais Regionais Federais e determinará sua jurisdição e sede.

*** Parágrafo renumerado pela EC 45/2004.**

§ 2º Os Tribunais Regionais Federais instalarão a justiça itinerante, com a realização de audiências e demais funções da atividade jurisdicional, nos limites territoriais da respectiva jurisdição, servindo-se de equipamentos públicos e comunitários.

§ 3º Os Tribunais Regionais Federais poderão funcionar descentralizadamente, constituindo Câmaras regionais, a fim de assegurar o pleno acesso do jurisdicionado à justiça em todas as fases do processo.

*** Parágrafos 2o e 3o acrescentados pela EC 45/2004.**

Art. 108. Compete aos Tribunais Regionais Federais:

I – processar e julgar, originariamente:

a) os juízes federais da área de sua jurisdição, incluídos os da Justiça Militar e da Justiça do Trabalho, nos crimes comuns e de responsabilidade, e os membros do Ministério Público da União, ressalvada a competência da Justiça Eleitoral;

(...)

Seção V
Dos Tribunais e Juízes do Trabalho

(...)

Art. 111-A. O Tribunal Superior do Trabalho compor-se-á de vinte e sete Ministros, escolhidos dentre brasileiros com mais de trinta e cinco anos e menos de sessenta e cinco anos, de notável saber jurídico e reputação ilibada, nomeados pelo Presidente da República após aprovação pela maioria absoluta do Senado Federal, sendo: **(Redação dada pela Emenda Constitucional nº 92, de 2016)**

I – um quinto dentre advogados com mais de dez anos de efetiva atividade profissional e membros do Ministério Público do Trabalho com mais de dez anos de efetivo exercício, observado o disposto no art. 94;

II – os demais dentre juízes dos Tribunais Regionais do Trabalho, oriundos da magistratura da carreira, indicados pelo próprio Tribunal Superior.

§ 1º A lei disporá sobre a competência do Tribunal Superior do Trabalho.

§ 2º Funcionarão junto ao Tribunal Superior do Trabalho:

I – a Escola Nacional de Formação e Aperfeiçoamento de Magistrados do Trabalho, cabendo-lhe, dentre outras funções, regulamentar os cursos oficiais para o ingresso e promoção na carreira;

II – o Conselho Superior da Justiça do Trabalho, cabendo-lhe exercer, na forma da lei, a supervisão administrativa, orçamentária, financeira e patrimonial da Justiça do Trabalho de primeiro e segundo graus, como órgão central do sistema, cujas decisões terão efeito vinculante.

*** Artigo acrescentado pela EC 45/2004.**

(...)

Art. 115. Os Tribunais Regionais do Trabalho compõem-se de, no mínimo, sete juízes, recrutados, quando possível, na respectiva região, e nomeados pelo Presidente da República dentre brasileiros com mais de trinta e menos de sessenta e cinco anos, sendo: ***Caput* com redação dada pela EC 45/2004.**

I – um quinto dentre advogados com mais de dez anos de efetiva atividade profissional e membros do Ministério Público do Trabalho com mais de dez anos de efetivo exercício, observado o disposto no art. 94;

II – os demais, mediante promoção de juízes do trabalho por antiguidade e merecimento, alternadamente.

*** Incisos acrescentados pela EC 45/2004.**

§ 1º Os Tribunais Regionais do Trabalho instalarão a justiça itinerante, com a realização de audiências e demais funções de atividade jurisdicional, nos limites territoriais da respectiva jurisdição, servindo-se de equipamentos públicos e comunitários.

§ 2º Os Tribunais Regionais do Trabalho poderão funcionar descentralizadamente, constituindo Câmaras regionais, a fim de assegurar o pleno acesso do jurisdicionado à justiça em todas as fases do processo.

*** Parágrafos §§ 1º e 2º acrescentados pela EC 45/2004.**

(...)

Seção VII
Dos Tribunais e Juízes Militares

(...)

Art. 123. O Superior Tribunal Militar compor-se-á de quinze Ministros vitalícios, nomeados pelo Presidente da República, depois de aprovada a indicação pelo Senado Federal, sendo três dentre oficiais-generais da Marinha, quatro dentre oficiais-generais do Exército, três dentre oficiais-generais da Aeronáutica, todos da ativa e do posto mais elevado da carreira, e cinco dentre civis.

Parágrafo único. Os Ministros civis serão escolhidos pelo Presidente da República dentre brasileiros maiores de trinta e cinco anos, sendo:

I – três dentre advogados de notório saber jurídico e conduta ilibada, com mais de dez anos de efetiva atividade profissional;

II – dois, por escolha paritária, dentre juízes-auditores e membros do Ministério Público da Justiça Militar.

(...)

Capítulo IV
Das funções essenciais à Justiça
Seção I
Do Ministério Público

Art. 127. O Ministério Público é instituição permanente, essencial à função jurisdicional do Estado, incumbindo-lhe a defesa da ordem jurídica, do regime democrático e dos interesses sociais e individuais indisponíveis.

§ 1º São princípios institucionais do Ministério Público a unidade, a indivisibilidade e a independência funcional.

§ 2º Ao Ministério Público é assegurada autonomia funcional e administrativa, podendo, observado o disposto no art. 169, propor ao Poder Legislativo a criação e extinção de seus cargos e serviços auxiliares, provendo-os por concurso público de provas ou de provas e títulos, a política remuneratória e os planos de carreira; a lei disporá sobre sua organização e funcionamento.

*** Parágrafo com redação dada pela EC 19/1998.**

§ 3º O Ministério Público elaborará sua proposta orçamentária dentro dos limites estabelecidos na lei de diretrizes orçamentárias.

§ 4º Se o Ministério Público não encaminhar a respectiva proposta orçamentária dentro do prazo estabelecido na lei de diretrizes orçamentárias, o Poder Executivo considerará, para fins de consolidação da proposta orçamentária anual, os valores aprovados na lei orçamentária vigente, ajustados de acordo com os limites estipulados na forma do § 3º.

§ 5º Se a proposta orçamentária de que trata este artigo for encaminhada em desacordo com os limites estipulados na forma do § 3º, o Poder Executivo procederá aos ajustes necessários para fins de consolidação da proposta orçamentária anual.

§ 6º Durante a execução orçamentária do exercício, não poderá haver a realização de despesas ou a assunção de obrigações que extrapolem os limites estabelecidos na lei de diretrizes orçamentárias, exceto se previamente autorizadas, mediante a abertura de créditos suplementares ou especiais.

*** Parágrafos 4o a 6o acrescentados pela EC 45/2004.**

Art. 128. O Ministério Público abrange:

I – o Ministério Público da União, que compreende:

a) o Ministério Público Federal;

b) o Ministério Público do Trabalho;

c) o Ministério Público Militar;

d) o Ministério Público do Distrito Federal e Territórios;

II – os Ministérios Públicos dos Estados.

§ 1º O Ministério Público da União tem por chefe o Procurador-Geral da República, nomeado pelo Presidente da República dentre integrantes da carreira, maiores de trinta e cinco anos, após a aprovação de seu nome pela maioria absoluta dos membros do Senado Federal, para mandato de dois anos, permitida a recondução.

§ 2º A destituição do Procurador-Geral da República, por iniciativa do Presidente da República, deverá ser precedida de autorização da maioria absoluta do Senado Federal.

§ 3º Os Ministérios Públicos dos Estados e o do Distrito Federal e Territórios formarão lista tríplice dentre integrantes da carreira, na forma da lei respectiva, para escolha de seu Procurador-Geral, que será nomeado pelo chefe do Poder

Executivo, para mandato de dois anos, permitida uma recondução.

*** V. Nesta edição, LC-RJ 106/2003 art. 8ª.**

*** V. Nesta edição, Lei 8.625/93 art. 9º.**

§ 4º Os Procuradores-Gerais nos Estados e no Distrito Federal e Territórios poderão ser destituídos por deliberação da maioria absoluta do Poder Legislativo, na forma da lei complementar respectiva.

§ 5º Leis complementares da União e dos Estados, cuja iniciativa é facultada aos respectivos Procuradores-Gerais, estabelecerão a organização, as atribuições e o estatuto de cada Ministério Público, observadas, relativamente a seus membros:

*** V. Nesta edição, LC 75/93 – Dispõe sobre a organização, as atribuições e o Es- tatuto do Ministério Público da União.**

*** V. Nesta edição, LC-RJ 106/2003 – Institui a Lei Orgânica do MP.**

I – as seguintes garantias:

a) vitaliciedade, após dois anos de exercício, não podendo perder o cargo senão por sentença judicial transitada em julgado;

b) inamovibilidade, salvo por motivo de interesse público, mediante decisão do órgão colegiado competente do Ministério Público, pelo voto da maioria absoluta de seus membros, assegurada ampla defesa;

*** Alínea com redação dada pela EC 45/2004.**

c) irredutibilidade de subsídio, fixado na forma do art. 39, § 4º, e ressalvado o disposto nos arts. 37, X e XI, 150, II, 153, III, 153, § 2º, I.

II – as seguintes vedações:

a) receber, a qualquer título e sob qualquer pretexto, honorários, percentagens ou custas processuais;

b) exercer a advocacia;

*** Nesta edição Res. CNMP 8/2006.**

c) participar de sociedade comercial, na forma da lei;

d) exercer, ainda que em disponibilidade, qualquer outra função pública, salvo uma de magistério;

e) exercer atividade político-partidária;

* Alínea com redação dada pela EC 45/2004.

*** V. Nesta Edição Res. CNMP 5/2006**

f) receber, a qualquer título ou pretexto, auxílios ou contribuições de pessoas físicas, entidades públicas ou privadas, ressalvadas as exceções previstas em lei.

*** Alínea acrescentada pela EC 45/2004.**

§ 6º Aplica-se aos membros do Ministério Público o disposto no art. 95, parágrafo único, V.

*** Parágrafo acrescentado pela EC 45/2004.**

Art. 129. São funções institucionais do Ministério Público:

I – promover, privativamente, a ação penal pública, na forma da lei;

II – zelar pelo efetivo respeito dos Poderes Públicos e dos serviços de relevância pública aos direitos assegurados nesta Constituição, promovendo as medidas necessárias a sua garantia;

III – promover o inquérito civil e a ação civil pública, para a proteção do patrimônio público e social, do meio ambiente e de outros interesses difusos e coletivos;

IV – promover a ação de inconstitucionalidade ou representação para fins de intervenção da União e dos Estados, nos casos previstos nesta Constituição;

V – defender judicialmente os direitos e interesses das populações indígenas;

VI – expedir notificações nos procedimentos administrativos de sua competência, requisitando informações e documentos para instruí-los, na forma da lei complementar respectiva;

VII – exercer o controle externo da atividade policial, na forma da lei complementar mencionada no artigo anterior;

VIII – requisitar diligências investigatórias e a instauração de inquérito policial, indicados os fundamentos jurídicos de suas manifestações processuais;

IX – exercer outras funções que lhe forem conferidas, desde que compatíveis com sua finalidade, sendo-lhe vedada a representação judicial e a consultoria jurídica de entidades públicas.

§ 1º A legitimação do Ministério Público para as ações civis previstas neste artigo não impede a de terceiros, nas mesmas hipóteses, segundo o disposto nesta Constituição e na lei.

§ 2º As funções do Ministério Público só podem ser exercidas por integrantes da carreira, que deverão residir na comarca da respectiva lotação, salvo autorização do chefe da instituição.

*** V. Nesta edição, Res. CNMP 26/2007 e 40/2009.**

§ 3º O ingresso na carreira do Ministério Público far-se-á mediante concurso público de provas e títulos, assegurada a participação da Ordem dos Advogados do Brasil em sua realização, exigindo-se do bacharel em direito, no mínimo, três anos de atividade jurídica e observando-se, nas nomeações, a ordem de classificação.

*** V. Nesta Edição, Res. CNMP 14/2006.**

 § 4º Aplica-se ao Ministério Público, no que couber, o disposto no art. 93.

*** Parágrafos 2º a 4º com redação dada pela EC 45/2004.**

§ 5º A distribuição de processos no Ministério Público será imediata.

*** Parágrafo acrescentado pela EC 45/2004.**

Art. 130. Aos membros do Ministério Público junto aos Tribunais de Contas aplicam-se as disposições desta seção pertinentes a direitos, vedações e forma de investidura.

Art. 130-A. O Conselho Nacional do Ministério Público compõe-se de quatorze membros nomeados pelo Presidente da República, depois de aprovada a escolha pela maioria absoluta do Senado Federal, para um mandato de dois anos, admitida uma recondução, sendo:

I – o Procurador-Geral da República, que o preside;

II – quatro membros do Ministério Público da União, assegurada a representação de cada uma de suas carreiras;

III – três membros do Ministério Público dos Estados;

IV – dois juízes, indicados um pelo Supremo Tribunal Federal e outro pelo Superior Tribunal de Justiça;

V – dois advogados, indicados pelo Conselho Federal da Ordem dos Advogados do Brasil;

VI – dois cidadãos de notável saber jurídico e reputação ilibada, indicados um pela Câmara dos Deputados e outro pelo Senado Federal.

§ 1º Os membros do Conselho oriundos do Ministério Público serão indicados pelos respectivos Ministérios Públicos, na forma da lei.

*** V. Nesta edição Lei 11.372/2006: Regulamenta o § 1º do Artigo 130-A da CF.**

§ 2º Compete ao Conselho Nacional do Ministério Público o controle da atuação administrativa e financeira do Ministério Público e do cumprimento dos deveres funcionais de seus membros, cabendo-lhe:

I – zelar pela autonomia funcional e administrativa do Ministério Público, podendo expedir atos regulamentares, no âmbito de sua competência, ou recomendar providências;

II – zelar pela observância do art. 37 e apreciar, de ofício ou mediante provocação, a legalidade dos atos administrativos praticados por membros ou órgãos do Ministério Público da União e dos Estados, podendo desconstituí-los, revê-los ou fixar prazo para que se adotem as providências necessárias ao exato cumprimento da lei, sem prejuízo da competência dos Tribunais de Contas;

III – receber e conhecer das reclamações contra membros ou órgãos do Ministério Público da União ou dos Estados, inclusive contra seus serviços auxiliares, sem prejuízo da competência disciplinar e correicional da instituição, podendo avocar processos disciplinares em curso, determinar a remoção, a disponibilidade ou a aposentadoria com subsídios ou proventos proporcionais ao tempo de serviço e aplicar outras sanções administrativas, assegurada ampla defesa;

IV – rever, de ofício ou mediante provocação, os processos disciplinares de membros do Ministério Público da União ou dos Estados julgados há menos de um ano;

V – elaborar relatório anual, propondo as providências que julgar necessárias sobre a situação do Ministério Público no País e as atividades do Conselho, o qual deve integrar a mensagem prevista no art. 84, XI.

§ 3º O Conselho escolherá, em votação secreta, um Corregedor nacional, dentre os membros do Ministério Público que o integram, vedada a recondução, competindo-lhe, além das atribuições que lhe forem conferidas pela lei, as seguintes:

I – receber reclamações e denúncias, de qualquer interessado, relativas aos membros do Ministério Público e dos seus serviços auxiliares;

II – exercer funções executivas do Conselho, de inspeção e correição geral;

III – requisitar e designar membros do Ministério Público, delegando-lhes atribuições, e requisitar servidores de órgãos do Ministério Público.

§ 4º O Presidente do Conselho Federal da Ordem dos Advogados do Brasil oficiará junto ao Conselho.

§ 5º Leis da União e dos Estados criarão ouvidorias do Ministério Público, competentes para receber reclamações e denúncias de qualquer interessado contra membros ou órgãos do Ministério Público, inclusive contra seus serviços auxiliares, representando diretamente ao Conselho Nacional do Ministério Público.

*** Artigo acrescentado pela EC 45/2004.**

*** V. Nesta Edição Regimento Interno do CNMP e Resoluções do colegiado.**

(...)

Ato das Disposições Constitucionais Transitórias

(...)

Art. 29. Enquanto não aprovadas as leis complementares relativas ao Ministério Público e à Advocacia-Geral da União, o Ministério Público Federal, a Procuradoria-Geral da Fazenda Nacional, as Consultorias Jurídicas dos Ministérios, as Procuradorias e Departamentos Jurídicos de autarquias federais com representação própria e os membros das Procuradorias das

Universidades fundacionais públicas continuarão a exercer suas atividades na área das respectivas atribuições.

(...)

§ 3º Poderá optar pelo regime anterior, no que respeita às garantias e vantagens, o membro do Ministério Público admitido antes da promulgação da Constituição, observando-se, quanto às vedações, a situação jurídica na data desta.

(...)

Constituição do Estado do Rio de Janeiro

Promulgada em 5 de outubro de 1989
Dispositivos relativos ao Ministério Público

(...)

Título IV
Dos poderes do Estado
Capítulo I
Do Poder Legislativo

(...)

Seção II
Das atribuições da Assembleia Legislativa

Art. 98. Cabe à Assembleia Legislativa com a sanção do Governador do Estado, não exigida esta para o especificado nos arts. 99 e 100, legislar sobre todas as matérias de competência do Estado, entre as quais:

(...)

IX – organização administrativa, judiciária, do Ministério Público, da Procuradoria-Geral do Estado, da Defensoria Pública e do Tribunal de Contas do Estado;

*** Redação dada pelo art. 3º da EC 04/1991.**

(...)

Art. 99. Compete privativamente à Assembleia Legislativa:

(...)

XIII – processar e julgar o Governador e o Vice-Governador nos crimes de responsabilidade e os Secretários de Estado nos crimes da mesma natureza conexos com aqueles;

XIV – processar e julgar o Procurador-Geral de Justiça, o Procurador-Geral do Estado e o Defensor Público Geral do Estado nos crimes de responsabilidade;

*** Redação dada pela EC 16/2000.**

XV – aprovar previamente, por escrutínio aberto, após arguição pública, a escolha de Conselheiros do Tribunal de Contas do Estado, indicados pelo Governador;

*** Redação dada pelo art. 3º da EC 04/1991.**

XVI – suspender a execução, no todo ou em parte, de lei ou de ato normativo estadual ou municipal declarado inconstitucional por decisão definitiva do Tribunal de Justiça;

XVII – destituir, por deliberação da maioria absoluta, o Procurador-Geral da Justiça antes do término de seu mandato, na forma da lei complementar respectiva;

(...)

XXXIV – escolher dois terços dos membros do Tribunal de Contas do Estado.

*** Redação dada pelo art. 3º da EC 04/1991.**

Parágrafo único. Nos casos previstos nos incisos XIII e XIV, funcionará como Presidente o do Tribunal de Justiça, limitando-se a condenação, que somente será proferida por dois terços dos votos da Assembleia Legislativa, à perda do cargo, com inabilitação, por oito anos, para o exercício de função pública, sem prejuízo das demais sanções cabíveis.

Art. 100. A Assembleia Legislativa, por maioria simples, ou qualquer de suas Comissões, poderá convocar Secretários de Estado e Procuradores-Gerais para prestar, pessoalmente, informações sobre assuntos de sua pasta, previamente determinados, importando a ausência, sem justificação adequada, crime de responsabilidade.

§ 1º O Secretário de Estado poderá comparecer à Assembleia Legislativa e a qualquer de suas Comissões, por sua iniciativa e mediante entendimento prévio com a Mesa Diretora, para fazer exposição sobre assuntos relevante de sua pasta.

§ 2º A Mesa Diretora da Assembleia Legislativa poderá encaminhar pedidos escritos de informação a Secretários de Estado ou a qualquer das pessoas referidas no *caput* deste artigo, importando em crime de responsabilidade a recusa, ou o não-atendimento no prazo de trinta dias, bem como a prestação de informações falsas.

*** Parágrafo acrescentado pelo Art. 1º da EC nº 53/2012.**

Art. 101. A qualquer Deputado ou Comissão da Assembleia Legislativa é permitido formular requerimento de informação sobre atos do Poder Executivo e de suas entidades de administração indireta, até o limite de doze requerimentos por ano e por requerente, constituindo crime de responsabilidade, nos termos da lei, o não atendimento no prazo de trinta dias, ou a prestação de informações falsas.

Parágrafo único. Recebidos pela Mesa Diretora, pedidos de convocação de Secretários de Estado ou Procuradores-Gerais ou requerimentos de informação deverão ser encaminhados aos respectivos destinatários dentro de, no máximo, dez dias.

(...)

Seção V

Das comissões

Art. 109. A Assembleia Legislativa terá comissões permanentes e temporárias, constituídas na forma e com as atribuições previstas nos respectivos Regimento ou ato legislativo de sua criação.

(...)

§ 2º Às comissões, em relação a matéria de sua competência, além de outras atribuições previstas nesta Constituição, cabe:

(...)

III – convocar, na forma do artigo 100 desta Constituição, Secretário de Estado ou Procurador-Geral para prestar informações sobre assuntos inerentes a atribuições de sua pasta;

(...)

§ 3º As comissões parlamentares de inquérito, que terão poderes de investigação próprios das autoridades judiciais, além de outros previstos no Regimento Interno da Casa, serão criadas a requerimento de um terço dos membros da Assembleia Legislativa, para apuração de fato determinado e por prazo certo, sendo suas conclusões, se for o caso, encaminhadas ao Ministério Público, para que promova a responsabilidade civil ou criminal dos infratores.

(...)

Seção VI

Do processo legislativo

(...)

Subseção II

Das leis

Art. 112. A iniciativa das leis complementares e ordinárias cabe a qualquer membro ou Comissão da Assembleia Legislativa, ao Governador do Estado, ao Tribunal de Justiça, ao Ministério Público e aos cidadãos, na forma e nos casos previstos nesta Constituição.

§ 1º São de iniciativa privativa do Governador do Estado as leis que:

(...)

II – disponham sobre:

(...)

c) organização do Ministério Público, sem prejuízo da faculdade contida no art. 172 desta Constituição, da Procuradoria Geral do Estado e da Defensoria Pública;

(...)

Art. 113. Não será admitido aumento da despesa prevista:

(...)

II – nos projetos sobre organização dos serviços administrativos da Assembleia Legislativa, dos Tribunais e do Ministério Público.

(...)

Art. 117. As leis delegadas serão elaboradas pelo Governador do Estado, que deverá solicitar a delegação à Assembleia Legislativa.

§ 1º Não serão objeto de delegação os atos de competência exclusiva da Assembleia Legislativa, a matéria reservada à lei complementar, nem a legislação sobre:

I. organização do Poder Judiciário e do Ministério Público, a carreira e garantia de seus membros;

(...)

Art. 118. As leis complementares serão aprovadas por maioria absoluta e receberão numeração distinta das leis ordinárias.

Parágrafo único. Considerar-se-ão leis complementares, entre outras previstas nesta Constituição:

(...)

III. Lei Orgânica do Ministério Público;

(...)

V. Lei Orgânica do Ministério Público junto ao Tribunal de Contas;

(...)

Seção VIII
Da fiscalização contábil, financeira e orçamentária

(...)

Art. 128. O Tribunal de Contas do Estado, integrado por sete Conselheiros, tem sede na Capital, quadro próprio do pessoal e jurisdição em todo o território estadual, exercendo, no que couber, as atribuições previstas no art. 158, desta Constituição.

§ 1º Os Conselheiros do Tribunal de Contas do Estado serão nomeados dentre brasileiros que satisfaçam os seguintes requisitos:

I – mais de trinta e cinco e menos de sessenta e cinco anos de idade;

II – idoneidade moral e reputação ilibada;

III – notórios conhecimentos jurídicos, contábeis, econômicos e financeiros ou de administração pública;

IV – mais de dez anos de exercício de função ou de efetiva atividade profissional que exija os conhecimentos mencionados no inciso anterior.

§ 2º Os Conselheiros do Tribunal de Contas do Estado do Rio de Janeiro serão escolhidos:

I - três pelo Governador do Estado, com a aprovação da Assembleia Legislativa, sendo dois alternadamente dentre auditores e membros do Ministério Público junto ao Tribunal, indicados em lista tríplice pelo Tribunal, segundo os critérios de antiguidade e merecimento;

II – quatro pela Assembleia Legislativa.

*** V. CERJ, ADCT art. 18.**

§ 3º Os Conselheiros do Tribunal de Contas do Estado terão as mesmas garantias, prerrogativas, impedimentos, vencimentos e vantagens dos Desembargadores do Tribunal de Justiça, aplicando-se-lhes, quanto à aposentadoria e pensão, as normas constantes do art. 89.

§ 4º O auditor, quando em substituição a Conselheiro, terá as mesmas garantias e impedimentos do titular e, quando no exercício das demais atribuições da judicatura, as de juiz de direito da mais alta entrância.

(...)

*** Nova redação dada pelo art. 7º da EC nº 53/2012.**

§ 5º- Os Conselheiros, nos casos de crimes comuns e nos de responsabilidade, serão processados e julgados, originariamente, pelo Superior Tribunal de Justiça.

*** Parágrafo renumerado pelo art. 7º da EC nº 53/2012.**

§ 6º – ***Suspensa a eficácia pela ADIN 4190 – STF***

§ 7º – ***Suspensa a eficácia pela ADIN 4190 – STF***

8º – Fica vedada a nomeação para Conselheiro do Tribunal de Constas o cidadão que:

I – tenha contra sua pessoa representação julgada procedente pela Justiça Eleitoral, em decisão transitada em julgado ou proferida por órgão colegiado, em processo de apuração de abuso do poder econômico ou político, para a eleição na qual concorrem ou tenham sido diplomados, bem como para as que se realizaram nos 8 (oito) anos anteriores;

II – que forem condenados, em decisão transitada em julgado ou proferida por órgão judicial colegiado, desde a condenação até o transcurso do prazo de 8 (oito) anos após o cumprimento da pena, pelos crimes:

1. contra a economia popular, a fé pública, a administração pública e o patrimônio público;

2. contra o patrimônio privado, o sistema financeiro, o mercado de capitais e os previstos na lei que regula a falência;

3. contra o meio ambiente e a saúde pública;

4. eleitorais, para os quais a lei comine pena privativa de liberdade;

5. de abuso de autoridade, nos casos em que houver condenação à perda do cargo ou à inabilitação para o exercício de função pública;

6. de lavagem ou ocultação de bens, direitos e valores;

7. de tráfico de entorpecentes e drogas afins, racismo, tortura, terrorismo e hediondos;

8. de redução à condição análoga à de escravo;

9. contra a vida e a dignidade sexual; e

10. praticados por organização criminosa, quadrilha ou bando;

III – que forem declarados indignos do oficialato, ou com ele incompatíveis;

IV – os que tiverem suas contas relativas ao exercício de cargos ou funções públicas rejeitadas por irregularidade insanável que configure ato doloso de improbidade administrativa, e por decisão irrecorrível do órgão competente, salvo se esta houver sido suspensa ou anulada pelo Poder Judiciário.

V – os detentores de cargo na administração pública direta, indireta ou fundacional, que beneficiarem a si ou a terceiros, pelo abuso do poder econômico ou político, que forem condenados em decisão transitada em julgado ou proferida por órgão judicial colegiado, nos 8 (oito) anos anteriores a data de indicação;

VI – que forem condenados, em decisão transitada em julgado ou proferida por órgão colegiado da Justiça Eleitoral, por corrupção eleitoral, por captação ilícita de sufrágio, por doação, captação ou gastos ilícitos de recursos de campanha ou por conduta vedada aos agentes públicos em campanhas eleitorais;

VII – o Presidente da República, o Governador de Estado e do Distrito Federal, o Prefeito, os membros do Congresso Nacional, das Assembleias Legislativas, da Câmara Legislativa, das Câmaras Municipais, que renunciarem a seus mandatos desde o oferecimento de representação ou petição capaz de autorizar a abertura de processo por infringência a dispositivo da Constituição Federal, da Constituição Estadual, da Lei Orgânica do Distrito Federal ou da Lei Orgânica do Município, nos 8 (oito) anos anteriores a data da nomeação;

VIII – que forem condenados à suspensão dos direitos políticos, em decisão transitada em julgado ou proferida por órgão judicial colegiado, por ato doloso de improbidade administrativa que importe lesão ao patrimônio público e enriquecimento ilícito, desde a condenação ou o trânsito em julgado até o transcurso do prazo de 8 (oito) anos após o cumprimento da pena;

IX – que forem excluídos do exercício da profissão, por decisão sancionatória do órgão profissional competente, em decorrência de infração ético profissional, salvo se o ato houver sido anulado ou suspenso pelo Poder Judiciário;

X – a pessoa física e os dirigentes de pessoas jurídicas responsáveis por doações eleitorais tidas por ilegais por decisão transitada em julgado ou proferida por órgão colegiado da Justiça Eleitoral, observando-se o procedimento previsto no art. 22;

XI – os magistrados e os membros do Ministério Público que forem aposentados compulsoriamente por decisão sancionatória, que tenham perdido o cargo por sentença ou que tenham pedido exoneração ou aposentadoria voluntária na pendência de processo administrativo disciplinar.

*** Parágrafo acrescentado pela EC nº 52/2012.**

*** Parágrafo renumerado pelo art. 7º da EC nº 53/2012.**

Capítulo II

Do Poder Executivo

(...)

Seção II

Das atribuições do Governador do Estado

Art. 145 Compete privativamente ao Governador do Estado:

(...)

IX. nomear o Procurador-Geral de Justiça, dentre os indicados em lista tríplice composta, na forma da lei, por integrantes da carreira do Ministério Público;

(...)

Seção III

Da responsabilidade do Governador do Estado

Art. 146 São crimes de responsabilidade os atos do Governador do Estado que atentarem contra a Constituição da República, a do Estado e, especialmente, contra:

(...)

II. o livre exercício do Poder Legislativo, do Poder Judiciário e do Ministério Público;

(...)

Capítulo III
Do Poder Judiciário
(...)
Seção I
Disposições gerais

(...)

Art. 157 Um quinto dos lugares dos Tribunais do Estado será composto de membros do Ministério Público, com mais de dez anos de carreira, e de advogados de notório saber jurídico e de reputação ilibada, com mais de dez anos de efetiva atividade profissional, indicados em lista sêxtupla pelos órgãos de representação das respectivas classes.

Parágrafo único. Recebidas as indicações, o Tribunal de Justiça formará lista tríplice, enviando-a ao Governador que, nos vinte dias subsequentes, escolherá um de seus integrantes para nomeação.

(...)

Seção III
Do Tribunal de Justiça

(...)

Art. 161 Compete ao Tribunal de Justiça:

(...)

IV. processar e julgar originariamente:

(...)

b) a representação do Procurador-Geral de Justiça que tenha por objeto a intervenção em Município;

c) nos crimes comuns, o Vice-Governador e os Deputados;

d) nos crimes comuns e de responsabilidade:

1. os Secretários de Estado, ressalvado o disposto no parágrafo único do artigo 150, desta Constituição;

2. os juízes estaduais e os membros do Ministério Público, das Procuradorias Gerais do Estado, da Assembleia Legislativa e da Defensoria Pública e os Delegados de Polícia, ressalvada a competência da Justiça Eleitoral;

3. os Prefeitos, os Vice-Prefeitos e os Vereadores;

(...)

g) o mandado de injunção, quando a elaboração da norma regulamentadora for atribuição de órgão, entidade ou autoridade estadual, da administração direta ou indireta;

(...)

Art. 162 A representação de inconstitucionalidade de leis ou de atos normativos estaduais ou municipais, em face desta Constituição, pode ser proposta pelo Governador do Estado, pela Mesa, por Comissão Permanente ou pelos membros da Assembleia Legislativa, pelo Procurador-Geral de Justiça, pelo Procurador-Geral do Estado, pelo Defensor Público Geral do Estado, por Prefeito Municipal, por Mesa de Câmara de Vereadores, pelo Conselho Seccional da Ordem dos Advogados do Brasil, por partido político com representação na Assembleia Legislativa ou em Câmara de Vereadores, e por federação sindical ou entidade de classe de âmbito estadual.

§ 1º O Procurador-Geral de Justiça deverá ser previamente ouvido nas ações de inconstitucionalidade.

(...)

Capítulo IV
Das funções essenciais à Justiça
Seção I
Do Ministério Público

Art. 170 O Ministério Público é instituição permanente, essencial à função jurisdicional do Estado, incumbindo-lhe a defesa da ordem jurídica, do regime democrático e dos interesses sociais e individuais indisponíveis.

§ 1º São princípios institucionais do Ministério Público a unidade, a indivisibilidade e a independência funcional.

§ 2º Ao Ministério Público é assegurada autonomia funcional, administrativa e financeira, cabendo-lhe, dentre outras competências:

I. propor à Assembleia Legislativa, observado o disposto no artigo 213 desta Constituição, a criação e extinção de seus cargos e serviços auxiliares, bem como a fixação de vencimentos de seus membros e servidores;

II. prover os cargos iniciais de carreira e de seus serviços auxiliares por concurso público de provas e de provas e títulos;

III. prover os cargos de confiança, assim definidos em lei;

IV. editar atos de provimento derivado e desprovimento;

V. praticar atos próprios de gestão, na forma da lei complementar;

VI. elaborar suas folhas de pagamento e expedir os competentes demonstrativos;

VII. adquirir bens e serviços e efetuar a respectiva contabilização.

§ 3º O Ministério Público elaborará sua proposta orçamentária dentro dos limites estabelecidos na lei de diretrizes orçamentárias, observando-se, dentre outras, as seguintes normas:

I. os recursos correspondentes às suas dotações orçamentárias próprias e globais, compreendidos os créditos suplementares e especiais, ser-lhe-ão entregues até o dia 20 (vinte) de cada mês.

II. os recursos próprios, não originários do Tesouro Estadual, serão utilizados em programas vinculados às finalidades da instituição, vedada outra destinação.

§ 4º Se o Ministério Público não encaminhar a respectiva proposta orçamentária dentro do prazo estabelecido na lei de diretrizes orçamentárias, o Poder Executivo considerará, para fins de consolidação da proposta orçamentária anual, os valores aprovados na Lei orçamentária vigente, ajustados de acordo com os limites estipulados na forma do § 3º.

§ 5º Se a proposta orçamentária de que trata este artigo for encaminhada em desacordo com os limites estipulados na forma do § 3º, o Poder Executivo procederá aos ajustes necessários para fins de consolidação da proposta orçamentária anual.

§ 6º Durante a execução orçamentária do exercício, não poderá haver a realização de despesas ou a assunção de obrigações que extrapolem os limites estabelecidos na lei de diretrizes orçamentárias, exceto se previamente autorizadas, mediante a abertura de créditos suplementares ou especiais.

§ 7º O Ministério Público, pelos órgãos de atuação, poderá requisitar aos órgãos públicos estaduais da administração, direta e indireta, todos os meios necessários ao desempenho de suas atribuições.

*** Parágrafos 4º, 5o, 6o e 7o acrescentados pela EC-RJ 37/2006.**

Art. 171 O Ministério Público tem por chefe o Procurador-Geral de Justiça.

§ 1º O Ministério Público, pelo voto secreto e universal de seus membros, formará lista tríplice, dentre integrantes da carreira, com mais de dois anos de atividade, para escolha do Procurador-Geral de Justiça, que será nomeado pelo Chefe do Poder Executivo, para período de dois anos, permitida uma recondução.

§ 2º O Procurador-Geral de Justiça poderá ser destituído por deliberação da maioria absoluta do Poder Legislativo, na forma da lei complementar respectiva.

Art. 172 Lei complementar, cuja iniciativa é facultada ao Procurador-Geral de Justiça, estabelecerá a organização, as atribuições e o estatuto do Ministério Público, observadas, quanto a seus membros:

I. as seguintes garantias:

a) vitaliciedade, após dois anos de exercício, não podendo perder o cargo senão por sentença judicial transitada em julgado;

b) inamovibilidade, salvo por motivo de interesse público, mediante decisão do órgão colegiado competente do Ministério Público, pelo voto da maioria absoluta de seus membros, assegurada ampla defesa;

c) irredutibilidade de subsídio, observado quanto a remuneração o que dispõem os artigos 77, XIII, desta Constituição, e 39, § 4º, da Constituição da República, com as ressalvas dos seus arts. 37, X e XI, 150, II, 153, III, 153, § 2º, I, da Constituição da República;

*** Alíneas "b" e "c" com redação dada pela EC-RJ 37/2006.**

II. as seguintes vedações:

a) receber, a qualquer título ou pretexto, auxílios ou contribuições de pessoas físicas, entidades públicas ou privadas, ressalvadas as exceções previstas em Lei.

*** Alínea com redação dada pela EC-RJ 37/2006.**

b) exercer a advocacia;

c) participar de sociedade comercial, na forma da lei;

d) exercer, ainda que em disponibilidade, qualquer outra função pública, salvo uma de magistério;

e) exercer atividade político-partidária;

*** Alínea com redação dada pela EC-RJ 37/2006.**

f) exercer a advocacia no juízo ou tribunal perante o qual atuava quando do afastamento do cargo por aposentadoria ou exoneração, antes de decorridos três anos.

*** Alínea acrescentada pela EC-RJ 37/2006.**

§ 1º O ingresso na carreira do Ministério Público far-se-á mediante concurso público de provas e títulos, promovido pela Procuradoria-Geral de Justiça, assegurada a participação da Ordem dos Advogados do Brasil na sua realização, exigindo-se do bacharel em direito, no mínimo, três anos de atividade jurídica e observada, na nomeação, a ordem de classificação.

§ 2º Aplica-se ao Ministério Público, no que couber, o disposto no art. 156.

*** Parágrafos 1º e 2º com redação dada pela EC-RJ 37/2006.**

Art. 173 São funções institucionais do Ministério Público:

I. promover, privativamente, a ação penal pública, na forma da lei;

II. zelar pelo efetivo respeito dos Poderes Públicos e dos serviços de relevância pública aos direitos assegurados nesta e na Constituição da República, promovendo as medidas necessárias à sua garantia;

III. promover o inquérito civil e a ação civil pública, para proteção do patrimônio público e social, do meio ambiente, do consumidor, do contribuinte, dos grupos socialmente discriminados e de qualquer outro interesse difuso e coletivo;

IV. promover a ação de inconstitucionalidade ou representação para fins de intervenção do Estado, nos casos previstos nesta Constituição;

V. atuar, além das hipóteses do inciso anterior, em qualquer caso em que seja arguida por outrem, direta ou indiretamente, inconstitucionalidade de lei ou ato normativo;

VI. expedir notificação nos procedimentos administrativos de sua competência, requisitando informações e documentos para instruí-los, na forma da lei complementar respectiva;

VII. exercer o controle externo da atividade policial, na forma da lei complementar mencionada no artigo anterior;

VIII. requisitar diligências investigatórias e a instauração de inquérito policial, indicados os fundamentos jurídicos de suas manifestações processuais;

IX. exercer outras funções que lhe forem conferidas, desde que compatíveis com sua finalidade, sendo-lhe vedada a representação judicial e a consultoria jurídica de entidades públicas;

X. fiscalizar a aplicação de verbas públicas destinadas às instituições assistenciais;

XI. receber petições, reclamações, representações ou queixas de qualquer pessoa por desrespeito aos direitos assegurados nesta Constituição e na da República.

§ 1º A legitimação do Ministério Público para as ações civis previstas neste artigo não impede a de terceiros, nas mesmas hipóteses, segundo o disposto na Constituição da República e na lei.

§ 2º As funções do Ministério Público só podem ser exercidas por integrantes da carreira, que deverão residir na comarca ou sede da região da respectiva lotação, salvo autorização do chefe da instituição.

*** Parágrafo com redação dada pela EC-RJ 37/2006.**

§ 3º Para os fins do inciso IX deste artigo, o Ministério Público poderá ser dotado de órgãos de atuação especializados em meio ambiente, direitos do consumidor, direitos dos grupos socialmente discriminados, sem prejuízo de outros que a lei criar. A estes poderão ser encaminhadas, as denúncias de violações de direitos e descumprimento das leis que lhes são relativos, ficando a autoridade que receber a denúncia solidariamente responsável, em caso de omissão, nos termos da lei.

§ 4º A distribuição de processos no Ministério Público será imediata.

§ 5º Lei de iniciativa do Procurador-Geral de Justiça, observado o disposto no art. 173, § 2º, criará a Ouvidoria do Ministério Público, competente para receber reclamações e denúncias de qualquer interessado contra membros ou órgãos do Ministério Público, inclusive contra seus serviços auxiliares, representando diretamente ao Conselho Nacional do Ministério Público.

* Parágrafos 4º e 5º acrescentados pela EC-RJ 37/2006.

Art. 174 Aos membros do Ministério Público junto ao Tribunal de Contas aplicam-se as disposições desta seção pertinentes a direitos, vedações e forma de investidura.

Art. 175 Para fiscalizar e superintender a atuação do Ministério Público, bem como, para velar pelos seus princípios institucionais, haverá um Conselho Superior, estruturado na forma de lei complementar.

(...)

Ato das Disposições Constitucionais Transitórias

(...)

Art. 18 A partir da data de publicação desta Emenda Constitucional, a primeira vaga de Conselheiro do Tribunal de Contas, dentre os escolhidos pela Assembleia Legislativa, será provida após escolha pelo Governador, aprovada pela Assembleia Legislativa, de acordo com lista tríplice formulada pelo Tribunal de Contas entre membros do Ministério Público, respeitando-se, a partir de então, para o provimento das vagas seguintes, a forma de escolha do Conselheiro que será sucedido.

*** Artigo com redação dada pela EC-RJ 25/2002.**

Lei Orgânica do Ministério Público da União

Lei Complementar 75, de 20 de maio de 1993.

Dispõe sobre a organização, as atribuições e o Estatuto do Ministério Público da União.

O Presidente da República. Faço saber que o Congresso Nacional decreta e eu sanciono a seguinte Lei Complementar:

O Congresso Nacional decreta:

Título I
Das disposições gerais

Capítulo I
Da definição, dos princípios e das funções institucionais

Art. 1º O Ministério Público da União, organizado por esta Lei Complementar, é instituição permanente, essencial à função jurisdicional do Estado, incumbindo-lhe a defesa da ordem jurídica, do regime democrático, dos interesses sociais e dos interesses individuais indisponíveis.

Art. 2º Incumbem ao Ministério Público as medidas necessárias para garantir o respeito dos Poderes Públicos e dos serviços de relevância pública aos direitos assegurados pela Constituição Federal.

Art. 3º O Ministério Público da União exercerá o controle externo da atividade policial tendo em vista:

a) o respeito aos fundamentos do Estado Democrático de Direito, aos objetivos fundamentais da República Federativa do Brasil, aos princípios informadores das relações internacionais, bem como aos direitos assegurados na Constituição Federal e na lei;

b) a preservação da ordem pública, da incolumidade das pessoas e do patrimônio público;

c) a prevenção e a correção de ilegalidade ou de abuso de poder;

d) a indisponibilidade da persecução penal;

e) a competência dos órgãos incumbidos da segurança pública.

Art. 4º São princípios institucionais do Ministério Público da União a unidade, a indivisibilidade e a independência funcional.

Art. 5º São funções institucionais do Ministério Público da União:

I – a defesa da ordem jurídica, do regime democrático, dos interesses sociais e dos interesses individuais indisponíveis, considerados, dentre outros, os seguintes fundamentos e princípios:

a) a soberania e a representatividade popular;

b) os direitos políticos;

c) os objetivos fundamentais da República Federativa do Brasil;

d) a indissolubilidade da União;

e) a independência e a harmonia dos Poderes da União;

f) a autonomia dos Estados, do Distrito Federal e dos Municípios;

g) as vedações impostas à União, aos Estados, ao Distrito Federal e aos Municípios;

h) a legalidade, a impessoalidade, a moralidade e a publicidade, relativas à administração pública direta, indireta ou fundacional, de qualquer dos Poderes da União;

II – zelar pela observância dos princípios constitucionais relativos:

a) ao sistema tributário, às limitações do poder de tributar, à repartição do poder impositivo e das receitas tributárias e aos direitos do contribuinte;

b) às finanças públicas;

c) à atividade econômica, à política urbana, agrícola, fundiária e de reforma agrária e ao sistema financeiro nacional;

d) à seguridade social, à educação, à cultura e ao desporto, à ciência e à tecnologia, à comunicação social e ao meio ambiente;

e) à segurança pública;

III – a defesa dos seguintes bens e interesses:

a) o patrimônio nacional;

b) o patrimônio público e social;

c) o patrimônio cultural brasileiro;

d) o meio ambiente;

e) os direitos e interesses coletivos, especialmente das comunidades indígenas, da família, da criança, do adolescente e do idoso;

IV – zelar pelo efetivo respeito dos Poderes Públicos da União, dos serviços de relevância pública e dos meios de comunicação social aos princípios, garantias, condições, direitos, deveres e vedações previstos na Constituição Federal e na lei, relativos à comunicação social;

V – zelar pelo efetivo respeito dos Poderes Públicos da União e dos serviços de relevância pública quanto:

a) aos direitos assegurados na Constituição Federal relativos às ações e aos serviços de saúde e à educação;

b) aos princípios da legalidade, da impessoalidade, da moralidade e da publicidade;

VI – exercer outras funções previstas na Constituição Federal e na lei.

§ 1º Os órgãos do Ministério Público da União devem zelar pela observância dos princípios e competências da instituição, bem como pelo livre exercício de suas funções.

§ 2º Somente a lei poderá especificar as funções atribuídas pela Constituição Federal e por esta Lei Complementar ao Ministério Público da União, observados os princípios e normas nelas estabelecidos.

Capítulo II
Dos instrumentos de atuação

Art. 6º Compete ao Ministério Público da União:

I – promover a ação direta de inconstitucionalidade e o respectivo pedido de medida cautelar;

II – promover a ação direta de inconstitucionalidade por omissão;

III – promover a arguição de descumprimento de preceito fundamental decorrente da Constituição Federal;

IV – promover a representação para intervenção federal nos Estados e no Distrito Federal;

V – promover, privativamente, a ação penal pública, na forma da lei;

VI – impetrar habeas corpus e mandado de segurança;

VII – promover o inquérito civil e a ação civil pública para:

a) a proteção dos direitos constitucionais;

b) a proteção do patrimônio público e social, do meio ambiente, dos bens e direitos de valor artístico, estético, histórico, turístico e paisagístico;

c) a proteção dos interesses individuais indisponíveis, difusos e coletivos, relativos às comunidades indígenas, à família, à criança, ao adolescente, ao idoso, às minorias étnicas e ao consumidor;

d) outros interesses individuais indisponíveis, homogêneos, sociais, difusos e coletivos;

VIII – promover outras ações, nelas incluído o mandado de injunção sempre que a falta de norma regulamentadora torne inviável o exercício dos direitos e liberdades constitucionais e das prerrogativas inerentes à nacionalidade, à soberania e à cidadania, quando difusos os interesses a serem protegidos;

IX – promover ação visando ao cancelamento de naturalização, em virtude de atividade nociva ao interesse nacional;

X – promover a responsabilidade dos executores ou agentes do estado de defesa ou do estado de sítio, pelos ilícitos cometidos no período de sua duração;

XI – defender judicialmente os direitos e interesses das populações indígenas, incluídos os relativos às terras por elas tradicionalmente habitadas, propondo as ações cabíveis;

XII – propor ação civil coletiva para defesa de interesses individuais homogêneos;

XIII – propor ações de responsabilidade do fornecedor de produtos e serviços;

XIV- promover outras ações necessárias ao exercício de suas funções institucionais, em defesa da ordem jurídica, do regime democrático e dos interesses sociais e individuais indisponíveis, especialmente quanto:

a) ao Estado de Direito e às instituições democráticas;

b) à ordem econômica e financeira;

c) à ordem social;

d) ao patrimônio cultural brasileiro;

e) à manifestação de pensamento, de criação, de expressão ou de informação;

f) à probidade administrativa;

g) ao meio ambiente;

XV – manifestar-se em qualquer fase dos processos, acolhendo solicitação do juiz ou por sua iniciativa, quando entender existente interesse em causa que justifique a intervenção;

XVI – *(Vetado.);*

XVII – propor as ações cabíveis para:

a) perda ou suspensão de direitos políticos, nos casos previstos na Constituição Federal;

b) declaração de nulidade de atos ou contratos geradores do endividamento externo da União, de suas autarquias, fundações e demais entidades controladas pelo Poder Público Federal, ou com repercussão direta ou indireta em suas finanças;

c) dissolução compulsória de associações, inclusive de partidos políticos, nos casos previstos na Constituição Federal;

d) cancelamento de concessão ou de permissão, nos casos previstos na Constituição Federal;

e) declaração de nulidade de cláusula contratual que contrarie direito do consumidor;

XVIII – representar:

a) ao órgão judicial competente para quebra de sigilo da correspondência e das comunicações telegráficas, de dados e das comunicações telefônicas, para fins de investigação criminal ou instrução processual penal, bem como manifestar-se sobre representação a ele dirigida para os mesmos fins;

b) ao Congresso Nacional, visando ao exercício das competências deste ou de qualquer de suas Casas ou comissões;

c) ao Tribunal de Contas da União, visando ao exercício das competências deste;

d) ao órgão judicial competente, visando à aplicação de penalidade por infrações cometidas contra as normas de proteção à infância e à juventude, sem prejuízo da promoção da responsabilidade civil e penal do infrator, quando cabível;

XIX – promover a responsabilidade:

a) da autoridade competente, pelo não exercício das incumbências, constitucional e legalmente impostas ao Poder Público da União, em defesa do meio ambiente, de sua preservação e de sua recuperação;

b) de pessoas físicas ou jurídicas, em razão da prática de atividade lesiva ao meio ambiente, tendo em vista a aplicação de sanções penais e a reparação dos danos causados;

XX – expedir recomendações, visando à melhoria dos serviços públicos e de relevância pública, bem como ao respeito, aos interesses, direitos e bens cuja defesa lhe cabe promover, fixando prazo razoável para a adoção das providências cabíveis.

§ 1º Será assegurada a participação do Ministério Público da União, como instituição observadora, na forma e nas condições estabelecidas em ato do Procurador-Geral da República, em qualquer órgão da administração pública direta, indireta ou fundacional da União, que tenha atribuições correlatas às funções da instituição.

§ 2º A lei assegurará a participação do Ministério Público da União nos órgãos colegiados estatais, federais ou do Distrito Federal, constituídos para defesa de direitos e interesses relacionados com as funções da instituição.

Art. 7º Incumbe ao Ministério Público da União, sempre que necessário ao exercício de suas funções institucionais:

I – instaurar inquérito civil e outros procedimentos administrativos correlatos;

II – requisitar diligências investigatórias e a instauração de inquérito policial e de inquérito policial militar, podendo acompanhá-los e apresentar provas;

III – requisitar à autoridade competente a instauração de procedimentos administrativos, ressalvados os de natureza disciplinar, podendo acompanhá-los e produzir provas.

Art. 8º Para o exercício de suas atribuições, o Ministério Público da União poderá, nos procedimentos de sua competência:

I – notificar testemunhas e requisitar sua condução coercitiva, no caso de ausência injustificada;

II – requisitar informações, exames, perícias e documentos de autoridades da administração pública direta ou indireta;

III – requisitar da Administração Pública serviços temporários de seus servidores e meios materiais necessários para a realização de atividades específicas;

IV – requisitar informações e documentos a entidades privadas;

V – realizar inspeções e diligências investigatórias;

VI – ter livre acesso a qualquer local público ou privado, respeitadas as normas constitucionais pertinentes à inviolabilidade do domicílio;

VII – expedir notificações e intimações necessárias aos procedimentos e inquéritos que instaurar;

VIII – ter acesso incondicional a qualquer banco de dados de caráter público ou relativo a serviço de relevância pública;

IX – requisitar o auxílio de força policial.

§ 1º O membro do Ministério Público será civil e criminalmente responsável pelo uso indevido das informações e documentos que requisitar; a ação penal, na hipótese, poderá ser proposta também pelo ofendido, subsidiariamente, na forma da lei processual penal.

§ 2º Nenhuma autoridade poderá opor ao Ministério Público, sob qualquer pretexto, a exceção de sigilo, sem prejuízo da subsistência do caráter sigiloso da informação, do registro, do dado ou do documento que lhe seja fornecido.

§ 3º A falta injustificada e o retardamento indevido do cumprimento das requisições do Ministério Público implicarão a responsabilidade de quem lhe der causa.

§ 4º As correspondências, notificações, requisições e intimações do Ministério Público quando tiverem como destinatário o Presidente da República, o Vice-Presidente da República, membro do Congresso Nacional, Ministro do Supremo Tribunal Federal, Ministro de Estado, Ministro de Tribunal Superior, Ministro do Tribunal de Contas da União ou chefe de missão diplomática de caráter permanente serão encaminhadas e levadas a efeito pelo Procurador-Geral da República ou outro órgão do Ministério Público a quem essa atribuição seja delegada, cabendo às autoridades mencionadas fixar data, hora e local em que puderem ser ouvidas, se for o caso.

§ 5º As requisições do Ministério Público serão feitas fixando-se prazo razoável de até dez dias úteis para atendimento, prorrogável mediante solicitação justificada.

Capítulo III
Do controle externo da atividade policial

Art. 9º O Ministério Público da União exercerá o controle externo da atividade policial por meio de medidas judiciais e extrajudiciais, podendo:

I – ter livre ingresso em estabelecimentos policiais ou prisionais;

II – ter acesso a quaisquer documentos relativos à atividade-fim policial;

III – representar à autoridade competente pela adoção de providências para sanar a omissão indevida, ou para prevenir ou corrigir ilegalidade ou abuso dc podcr;

IV – requisitar à autoridade competente a instauração de inquérito policial sobre a omissão ou fato ilícito ocorrido no exercício da atividade policial;

V – promover a ação penal por abuso de poder.

Art. 10. A prisão de qualquer pessoa, por parte de autoridade federal ou do Distrito Federal e Territórios, deverá ser comunicada imediatamente ao Ministério Público competente, com indicação do lugar onde se encontra o preso e cópia dos documentos comprobatórios da legalidade da prisão.

Capítulo IV
Da defesa dos direitos constitucionais

Art. 11. A defesa dos direitos constitucionais do cidadão visa à garantia do seu efetivo respeito pelos Poderes Públicos e pelos prestadores de serviços de relevância pública.

Art. 12. O Procurador dos Direitos do Cidadão agirá de ofício ou mediante representação, notificando a autoridade questionada para que preste informação, no prazo que assinar.

Art. 13. Recebidas ou não as informações e instruído o caso, se o Procurador dos Direitos do Cidadão concluir que direitos constitucionais foram ou estão sendo desrespeitados, deverá notificar o responsável para que tome as providências necessárias a prevenir a repetição ou que determine a cessação do desrespeito verificado.

Art. 14. Não atendida, no prazo devido, a notificação prevista no artigo anterior, a Procuradoria dos Direitos do Cidadão representará ao poder ou autoridade competente para promover a responsabilidade pela ação ou omissão inconstitucionais.

Art. 15. É vedado aos órgãos de defesa dos direitos constitucionais do cidadão promover em juízo a defesa de direitos individuais lesados.

§ 1º Quando a legitimidade para a ação decorrente da inobservância da Constituição Federal, verificada pela Procuradoria, couber a outro órgão do Ministério Público, os elementos de informação ser-lhe-ão remetidos.

§ 2º Sempre que o titular do direito lesado não puder constituir advogado e a ação cabível não incumbir ao Ministério Público, o caso, com os elementos colhidos, será encaminhado à Defensoria Pública competente.

Art. 16. A lei regulará os procedimentos da atuação do Ministério Público na defesa dos direitos constitucionais do cidadão.

Capítulo V
Das garantias e das prerrogativas

Art. 17. Os membros do Ministério Público da União gozam das seguintes garantias:

I – vitaliciedade, após dois anos de efetivo exercício, não podendo perder o cargo senão por sentença judicial transitada em julgado;

II – inamovibilidade, salvo por motivo de interesse público, mediante decisão do Conselho Superior, por voto de dois terços de seus membros, assegurada ampla defesa;

III – *(Vetado.)*

Art. 18. São prerrogativas dos membros do Ministério Público da União:

I – institucionais:

a) sentar-se no mesmo plano e imediatamente à direita dos juízes singulares ou presidentes dos órgãos judiciários perante os quais oficiem;

b) usar vestes talares;

c) ter ingresso e trânsito livres, em razão de serviço, em qualquer recinto público ou privado, respeitada a garantia constitucional da inviolabilidade do domicílio;

d) a prioridade em qualquer serviço de transporte ou comunicação, público ou privado, no território nacional, quando em serviço de caráter urgente;

e) o porte de arma, independentemente de autorização;

f) carteira de identidade especial, de acordo com modelo aprovado pelo Procurador-Geral da República e por ele expedida, nela se consignando as prerrogativas constantes do inciso I, alíneas "c", "d" e "e" e do inciso II, alíneas "d", "e" e "f", deste artigo;

II – processuais:

a) do Procurador-Geral da República, ser processado e julgado, nos crimes comuns, pelo Supremo Tribunal Federal e pelo Senado Federal, nos crimes de responsabilidade;

b) do membro do Ministério Público da União que oficie perante tribunais, ser processado e julgado, nos crimes comuns e de responsabilidade, pelo Superior Tribunal de Justiça;

c) do membro do Ministério Público da União que oficie perante juízos de primeira instância, ser processado e julgado, nos crimes comuns e de responsabilidade, pelos Tribunais Regionais Federais, ressalvada a competência da Justiça Eleitoral;

d) ser preso ou detido somente por ordem escrita do tribunal competente ou em razão de flagrante de crime inafiançável, caso em que a autoridade fará imediata comunicação àquele tribunal e ao Procurador-Geral da República, sob pena de responsabilidade;

e) ser recolhido à prisão especial ou à sala especial de Estado-Maior, com direito a privacidade e à disposição do tribunal competente para o julgamento, quando sujeito a prisão antes da decisão final; e a dependência separada no estabelecimento em que tiver de ser cumprida a pena;

f) não ser indiciado em inquérito policial, observado o disposto no parágrafo único deste artigo;

g) ser ouvido, como testemunha, em dia, hora e local previamente ajustados com o magistrado ou a autoridade competente;

h) receber intimação pessoalmente nos autos em qualquer processo e grau de jurisdição nos feitos em que tiver que oficiar.

Parágrafo único. Quando, no curso de investigação, houver indício da prática de infração penal por membro do Ministério Público da União, a autoridade policial, civil ou militar, remeterá imediatamente os autos ao Procurador-Geral da República, que designará membro do Ministério Público para prosseguimento da apuração do fato.

Art. 19. O Procurador-Geral da República terá as mesmas honras e tratamento dos Ministros do Supremo Tribunal Federal; e os demais membros da instituição, as que forem reservadas aos magistrados perante os quais oficiem.

Art. 20. Os órgãos do Ministério Público da União terão presença e palavra asseguradas em todas as sessões dos colegiados em que oficiem.

Art. 21. As garantias e prerrogativas dos membros do Ministério Público da

União são inerentes ao exercício de suas funções e irrenunciáveis.

Parágrafo único. As garantias e prerrogativas previstas nesta Lei Complementar não excluem as que sejam estabelecidas em outras leis.

Capítulo VI
Da autonomia do Ministério Público

Art. 22. Ao Ministério Público da União é assegurada autonomia funcional, administrativa e financeira, cabendo-lhe:

I – propor ao Poder Legislativo a criação e extinção de seus cargos e serviços auxiliares, bem como a fixação dos vencimentos de seus membros e servidores;

II – prover os cargos de suas carreiras e dos serviços auxiliares;

III – organizar os serviços auxiliares;

IV – praticar atos próprios de gestão.

Art. 23. O Ministério Público da União elaborará sua proposta orçamentária dentro dos limites da lei de diretrizes orçamentárias.

§ 1º Os recursos correspondentes às suas dotações orçamentárias, compreendidos os créditos suplementares e especiais, ser-lhe-ão entregues até o dia vinte de cada mês.

§ 2º A fiscalização contábil, financeira, orçamentária, operacional e patrimonial do Ministério Público da União será exercida pelo Congresso Nacional, mediante controle externo, com o auxílio do Tribunal de Contas da União, segundo o disposto no Título IV, Capítulo I, Seção IX, da Constituição Federal, e por sistema próprio de controle interno.

§ 3º As contas referentes ao exercício anterior serão prestadas, anualmente, dentro de sessenta dias da abertura da sessão legislativa do Congresso Nacional.

Capítulo VII
Da estrutura

Art. 24. O Ministério Público da União compreende:

I – o Ministério Público Federal;

II – o Ministério Público do Trabalho;

III – o Ministério Público Militar;

IV – o Ministério Público do Distrito Federal e Territórios.

Parágrafo único. A estrutura básica do Ministério Público da União será organizada por regulamento, nos termos da lei.

Capítulo VIII
Do Procurador-Geral da República

Art. 25. O Procurador-Geral da República é o chefe do Ministério Público da União, nomeado pelo Presidente da República dentre integrantes da carreira, maiores de trinta e cinco anos, após a aprovação de seu nome pela maioria absoluta do Senado Federal, para mandato de dois anos, permitida a recondução, precedida de nova decisão do Senado Federal.

Parágrafo único. A exoneração, de ofício, do Procurador-Geral da República, por iniciativa do Presidente da República, deverá ser precedida de autorização da maioria absoluta do Senado Federal, em votação secreta.

Art. 26. São atribuições do Procurador-Geral da República, como Chefe do Ministério Público da União:

I – representar a instituição;

II – propor ao Poder Legislativo os projetos de lei sobre o Ministério Público da União;

III – apresentar a proposta de orçamento do Ministério Público da União, compatibilizando os anteprojetos dos diferentes ramos da instituição, na forma da lei de diretrizes orçamentárias;

IV – nomear e dar posse ao Vice-Procurador-Geral da República, ao Procurador-Geral do Trabalho, ao Procurador-Geral da Justiça Militar, bem como dar posse ao Procurador-Geral de Justiça do Distrito Federal e Territórios;

V – encaminhar ao Presidente da República a lista tríplice para nomeação do Procurador-Geral de Justiça do Distrito Federal e Territórios;

VI – encaminhar aos respectivos Presidentes as listas sêxtuplas para composição dos Tribunais Regionais Federais, do Tribunal de Justiça do Distrito Federal e Territórios, do Superior Tribunal de Justiça, do Tribunal Superior do Trabalho e dos Tribunais Regionais do Trabalho;

VII – dirimir conflitos de atribuição entre integrantes de ramos diferentes do Ministério Público da União;

VIII – praticar atos de gestão administrativa, financeira e de pessoal;

IX – prover e desprover os cargos das carreiras do Ministério Público da União e de seus serviços auxiliares;

X – arbitrar o valor das vantagens devidas aos membros do Ministério Público da União, nos casos previstos nesta Lei Complementar;

XI – fixar o valor das bolsas devidas aos estagiários;

XII – exercer outras atribuições previstas em lei;

XIII – exercer o poder regulamentar, no âmbito do Ministério Público da União, ressalvadas as competências estabelecidas nesta Lei Complementar para outros órgãos nela instituídos.

§ 1º O Procurador-Geral da República poderá delegar aos Procuradores-Gerais as atribuições previstas nos incisos VII e VIII deste artigo.

§ 2º A delegação também poderá ser feita ao Diretor-Geral da Secretaria do Ministério Público da União para a prática de atos de gestão administrativa, financeira e de pessoal, estes apenas em relação aos servidores e serviços auxiliares.

Art. 27. O Procurador-Geral da República designará, dentre os integrantes da carreira, maiores de trinta e cinco anos, o Vice-Procurador-Geral da República, que o substituirá em seus impedimentos. No caso de vacância, exercerá o cargo o Vice-Presidente do Conselho Superior do Ministério Público Federal, até o provimento definitivo do cargo.

Capítulo IX

Do Conselho de Assessoramento Superior do Ministério Público da União

Art. 28. O Conselho de Assessoramento Superior do Ministério Público da União, sob a presidência do Procurador-Geral da República, será integrado pelo Vice-Procurador-Geral da República, pelo Procurador-Geral do Trabalho, pelo Procurador-Geral da Justiça Militar e pelo Procurador-Geral de Justiça do Distrito Federal e Territórios.

Art. 29. As reuniões do Conselho de Assessoramento Superior do Ministério Público da União serão convocadas pelo Procurador-Geral da República, podendo solicitá-las qualquer de seus membros.

Art. 30. O Conselho de Assessoramento Superior do Ministério Público da União deverá opinar sobre as matérias de interesse geral da instituição, e em especial sobre:

I – projetos de lei de interesse comum do Ministério Público da União, neles incluídos:

a) os que visem a alterar normas gerais da Lei Orgânica do Ministério Público da União;

b) a proposta de orçamento do Ministério Público da União;

c) os que proponham a fixação dos vencimentos nas carreiras e nos serviços auxiliares;

II – a organização e o funcionamento da Diretoria-Geral e dos Serviços da Secretaria do Ministério Público da União.

Art. 31. O Conselho de Assessoramento Superior poderá propor aos Conselhos Superiores dos diferentes ramos do Ministério Público da União medidas para uniformizar os atos decorrentes de seu poder normativo.

Capítulo X
Das carreiras

Art. 32. As carreiras dos diferentes ramos do Ministério Público da União são independentes entre si, tendo cada uma delas organização própria, na forma desta Lei Complementar.

Art. 33. As funções do Ministério Público da União só podem ser exercidas por integrantes da respectiva carreira, que deverão residir onde estiverem lotados.

Art. 34. A lei estabelecerá o número de cargos das carreiras do Ministério Público da União e os ofícios em que serão exercidas suas funções.

Capítulo XI
Dos serviços auxiliares

Art. 35. A Secretaria do Ministério Público da União é dirigida pelo seu Diretor-Geral, de livre escolha do Procurador-Geral da República e demissível *ad nutum*, incumbindo-lhe os serviços auxiliares de apoio técnico e administrativo à instituição.

Art. 36. O pessoal dos serviços auxiliares será organizado em quadro próprio de carreira, sob regime estatutário, para apoio técnico-administrativo adequado às atividades específicas da instituição.

Título II
Dos ramos do Ministério Público da União
Capítulo I
Do Ministério Público Federal
Seção I
Da competência, dos órgãos e da carreira

Art. 37. O Ministério Público Federal exercerá as suas funções:

I – nas causas de competência do Supremo Tribunal Federal, do Superior Tribunal de Justiça, dos Tribunais Regionais Federais e dos Juízes Federais, e dos Tribunais e Juízes Eleitorais;

II – nas causas de competência de quaisquer juízes e tribunais, para defesa de direitos e interesses dos índios e das populações indígenas, do meio ambiente, de bens e direitos de valor artístico, estético, histórico, turístico e paisagístico, integrantes do patrimônio nacional;

III – *(Vetado.)*

Parágrafo único. O Ministério Público Federal será parte legítima para interpor recurso extraordinário das decisões da Justiça dos Estados nas representações de inconstitucionalidade.

Art. 38. São funções institucionais do Ministério Público Federal as previstas nos Capítulos I, II, III e IV do Título I, incumbindo-lhe, especialmente:

I – instaurar inquérito civil e outros procedimentos administrativos correlatos;

II – requisitar diligências investigatórias e instauração de inquérito policial, podendo acompanhá-los e apresentar provas;

III – requisitar à autoridade competente a instauração de procedimentos administrativos, ressalvados os de natureza disciplinar, podendo acompanhá-los e produzir provas;

IV – exercer o controle externo da atividade das polícias federais, na forma do Art. 9º;

V – participar dos Conselhos Penitenciários;

VI – integrar os órgãos colegiados previstos no § 2º do Art. 6º, quando componentes da estrutura administrativa da União;

VII – fiscalizar a execução da pena, nos processos de competência da Justiça Federal e da Justiça Eleitoral.

Art. 39. Cabe ao Ministério Público Federal exercer a defesa dos direitos constitucionais do cidadão, sempre que se cuidar de garantir-lhes o respeito:

I – pelos Poderes Públicos Federais;

II – pelos órgãos da administração pública federal direta ou indireta;

III – pelos concessionários e permissionários de serviço público federal;

IV – por entidades que exerçam outra função delegada da União.

Art. 40. O Procurador-Geral da República designará, dentre os Subprocuradores-Gerais da República e mediante prévia aprovação do nome pelo Conselho Superior, o Procurador Federal dos Direitos do Cidadão, para exercer as funções do ofício pelo prazo de dois anos, permitida uma recondução, precedida de nova decisão do Conselho Superior.

§ 1º Sempre que possível, o Procurador não acumulará o exercício de suas funções com outras do Ministério Público Federal.

§ 2º O Procurador somente será dispensado, antes do termo de sua investidura, por iniciativa do Procurador-Geral da República, anuindo a maioria absoluta do Conselho Superior.

Art. 41. Em cada Estado e no Distrito Federal será designado, na forma do art. 49, III, órgão do Ministério Público Federal para exercer as funções do ofício de Procurador Regional dos Direitos do Cidadão.

Parágrafo único. O Procurador Federal dos Direitos do Cidadão expedirá instruções para o exercício das funções dos ofícios de Procurador dos Direitos do Cidadão, respeitado o princípio da independência funcional.

Art. 42. A execução da medida prevista no art. 14 incumbe ao Procurador Federal dos Direitos do Cidadão.

Art. 43. São órgãos do Ministério Público Federal:

I – o Procurador-Geral da República;

II – o Colégio de Procuradores da República;

III – o Conselho Superior do Ministério Público Federal;

IV – as Câmaras de Coordenação e Revisão do Ministério Público Federal;

V – a Corregedoria do Ministério Público Federal;

VI – os Subprocuradores-Gerais da República;

VII – os Procuradores Regionais da República;

VIII – os Procuradores da República.

Parágrafo único. As Câmaras de Coordenação e Revisão poderão funcionar isoladas ou reunidas, integrando Conselho Institucional, conforme dispuser o seu regimento.

Art. 44. A carreira do Ministério Público Federal é constituída pelos cargos de Subprocurador-Geral da República, Procurador Regional da República e Procurador da República.

Parágrafo único. O cargo inicial da carreira é o de Procurador da República e o do último nível o de Subprocurador-Geral da República.

Seção II
Da chefia do Ministério Público Federal

Art. 45. O Procurador-Geral da República é o Chefe do Ministério Público Federal.

Art. 46. Incumbe ao Procurador-Geral da República exercer as funções do Ministério Público junto ao Supremo Tribunal Federal, manifestando-se previamente em todos os processos de sua competência.

Parágrafo único. O Procurador-Geral da República proporá perante o Supremo Tribunal Federal:

I – a ação direta de inconstitucionalidade de lei ou ato normativo federal ou estadual e o respectivo pedido de medida cautelar;

II – a representação para intervenção federal nos Estados e no Distrito Federal, nas hipóteses do art. 34, VII, da Constituição Federal;

III – as ações cíveis e penais cabíveis.

Art. 47. O Procurador-Geral da República designará os Subprocuradores-Gerais da República que exercerão, por delegação, suas funções junto aos diferentes órgãos jurisdicionais do Supremo Tribunal Federal.

§ 1º As funções do Ministério Público Federal junto aos Tribunais Superiores da União, perante os quais lhe compete atuar, somente poderão ser exercidas por titular do cargo de Subprocurador-Geral da República.

§ 2º Em caso de vaga ou afastamento de Subprocurador-Geral da República, por prazo superior a trinta dias, poderá ser convocado Procurador Regional da República para substituição, pelo voto da maioria do Conselho Superior.

§ 3º O Procurador Regional da República convocado receberá a diferença de vencimento correspondente ao cargo de Subprocurador-Geral da República, inclusive diárias e transporte, se for o caso.

Art. 48. Incumbe ao Procurador-Geral da República propor perante o Superior Tribunal de Justiça:

I – a representação para intervenção federal nos Estados e no Distrito Federal, no caso de recusa à execução de lei federal;

II – a ação penal, nos casos previstos no art. 105, I, "a", da Constituição Federal.

Parágrafo único. A competência prevista neste artigo poderá ser delegada a Subprocurador-Geral da República.

Art. 49. São atribuições do Procurador-Geral da República, como Chefe do Ministério Público Federal:

I – representar o Ministério Público Federal;

II – integrar, como membro nato, e presidir o Colégio de Procuradores da República, o Conselho Superior do Ministério Público Federal e a Comissão de Concurso;

III – designar o Procurador Federal dos Direitos do Cidadão e os titulares da Procuradoria nos Estados e no Distrito Federal;

IV – designar um dos membros e o Coordenador de cada uma das Câmaras de Coordenação e Revisão do Ministério Público Federal;

V – nomear o Corregedor-Geral do Ministério Público Federal, segundo lista formada pelo Conselho Superior;

VI – designar, observados os critérios da lei e os estabelecidos pelo Conselho Superior, os ofícios em que exercerão suas funções os membros do Ministério Público Federal;

VII – designar:

a) o Chefe da Procuradoria Regional da República, dentre os Procuradores Regionais da República lotados na respectiva Procuradoria Regional;

b) o Chefe da Procuradoria da República nos Estados e no Distrito Federal, dentre os Procuradores da República lotados na respectiva unidade;

VIII – decidir, em grau de recurso, os conflitos de atribuições entre órgãos do Ministério Público Federal;

IX – determinar a abertura de correição, sindicância ou inquérito administrativo;

X – determinar instauração de inquérito ou processo administrativo contra servidores dos serviços auxiliares;

XI – decidir processo disciplinar contra membro da carreira ou servidor dos serviços auxiliares, aplicando as sanções cabíveis;

XII – decidir, atendendo à necessidade do serviço, sobre:

a) remoção a pedido ou por permuta;

b) alteração parcial da lista bienal de designações;

XIII – autorizar o afastamento de membros do Ministério Público Federal, depois de ouvido o Conselho Superior, nas hipóteses previstas em lei;

XIV – dar posse aos membros do Ministério Público Federal;

XV – designar membro do Ministério Público Federal para:

a) funcionar nos órgãos em que a participação da instituição seja legalmente prevista, ouvido o Conselho Superior;

b) integrar comissões técnicas ou científicas, relacionadas às funções da instituição, ouvido o Conselho Superior;

c) assegurar a continuidade dos serviços, em caso de vacância, afastamento temporário, ausência, impedimento ou suspeição do titular, na inexistência ou falta do substituto designado;

d) funcionar perante juízos que não os previstos no inciso I, do art. 37, desta Lei Complementar;

e) acompanhar procedimentos administrativos e inquéritos policiais instaurados em áreas estranhas à sua competência específica, desde que relacionados a fatos de interesse da instituição.

XVI – homologar, ouvido o Conselho Superior, o resultado do concurso para ingresso na carreira;

XVII – fazer publicar aviso de existência de vaga na lotação e na relação bienal de designações;

XVIII – elaborar a proposta orçamentária do Ministério Público Federal, submetendo-a, para aprovação, ao Conselho Superior;

XIX – organizar a prestação de contas do exercício anterior;

XX – praticar atos de gestão administrativa, financeira e de pessoal;

XXI – elaborar o relatório das atividades do Ministério Público Federal;

XXII – coordenar as atividades do Ministério Público Federal;

XXIII – exercer outras atividades previstas em lei.

Art. 50. As atribuições do Procurador-Geral da República, previstas no artigo anterior, poderão ser delegadas:

I – a Coordenador de Câmara de Coordenação e Revisão, as dos incisos XV, alínea “c”, e XXII;

II – aos Chefes das Procuradorias Regionais da República e aos Chefes das Procuradorias da República nos Estados e no Distrito Federal, as dos incisos I, XV, alínea “c”, XX e XXII.

Art. 51. A ação penal pública contra o Procurador-Geral da República, quando no exercício do cargo, caberá ao Subprocurador-Geral da República que for designado pelo Conselho Superior do Ministério Público Federal.

Seção III
Do Colégio de Procuradores da República

Art. 52. O Colégio de Procuradores da República, presidido pelo Procurador-Geral da República, é integrado por todos os membros da carreira em atividade no Ministério Público Federal.

Art. 53. Compete ao Colégio de Procuradores da República:

I – elaborar, mediante voto plurinominal, facultativo e secreto, a lista sêxtupla para a composição do Superior Tribunal de Justiça, sendo elegíveis os membros do Ministério Público Federal, com mais de dez anos na carreira, tendo mais de trinta e cinco e menos de sessenta e cinco anos de idade;

II – elaborar, mediante voto plurinominal, facultativo e secreto, a lista sêxtupla para a composição dos Tribunais Regionais Federais, sendo elegíveis os membros do Ministério Público Federal, com mais de dez anos de carreira, que contem mais de trinta e menos de sessenta e cinco anos de idade, sempre que possível lotados na respectiva região;

III – eleger, dentre os Subprocuradores-Gerais da República e mediante voto plurinominal, facultativo e secreto, quatro membros do Conselho Superior do Ministério Público Federal;

IV – opinar sobre assuntos gerais de interesse da instituição.

§ 1º Para os fins previstos nos incisos I, II e III, deste artigo, prescindir-se-á de reunião do Colégio de Procuradores, procedendo-se segundo dispuser o seu Regimento Interno e exigindo-se o voto da maioria absoluta dos eleitores.

§ 2º Excepcionalmente, em caso de interesse relevante da instituição, o Colégio de Procuradores reunir-se-á em local designado pelo Procurador-Geral da República, desde que convocado por ele ou pela maioria de seus membros.

§ 3º O Regimento Interno do Colégio de Procuradores da República disporá sobre seu funcionamento.

Seção IV
Do Conselho Superior do Ministério Público Federal

Art. 54. O Conselho Superior do Ministério Público Federal, presidido pelo Procurador-Geral da República, tem a seguinte composição:

I – o Procurador-Geral da República e o Vice-Procurador-Geral da República, que o integram como membros natos;

II – quatro Subprocuradores-Gerais da República eleitos, para mandato de dois anos, na forma do art. 53, III – permitida uma reeleição;

III – quatro Subprocuradores-Gerais da República eleitos, para mandato de dois anos, por seus pares, mediante voto plurinominal, facultativo e secreto, permitida uma reeleição.

§ 1º Serão suplentes dos membros de que tratam os incisos II e III, os demais votados, em ordem decrescente, observados os critérios gerais de desempate.

§ 2º O Conselho Superior elegerá o seu Vice-Presidente, que substituirá o Presidente em seus impedimentos e em caso de vacância.

Art. 55. O Conselho Superior do Ministério Público Federal reunir-se-á, ordinariamente, uma vez por mês, em dia previamente fixado, e, extraordinariamente, quando convocado pelo Procurador-Geral da República, ou por proposta da maioria de seus membros.

Art. 56. Salvo disposição em contrário, as deliberações do Conselho Superior serão tomadas por maioria de votos, presente a maioria absoluta dos seus membros.

§ 1º Em caso de empate, prevalecerá o voto do Presidente, exceto em matéria de sanções, caso em que prevalecerá a solução mais favorável ao acusado.

§ 2º As deliberações do Conselho Superior serão publicadas no Diário da Justiça, exceto quando o Regimento Interno determinar sigilo.

Art. 57. Compete ao Conselho Superior do Ministério Público Federal:

I – exercer o poder normativo no âmbito do Ministério Público Federal, observados os princípios desta Lei, especialmente para elaborar e aprovar:

a) o seu regimento interno, o do Colégio de Procuradores da República e os das Câmaras de Coordenação e Revisão do Ministério Público Federal;

b) as normas e as instruções para o concurso de ingresso na carreira;

c) as normas sobre as designações para os diferentes ofícios do Ministério Público Federal;

d) os critérios para distribuição de inquéritos, procedimentos administrativos e quaisquer outros feitos, no Ministério Público Federal;

e) os critérios de promoção por merecimento, na carreira;

f) o procedimento para avaliar o cumprimento das condições do estágio probatório;

II – aprovar o nome do Procurador Federal dos Direitos do Cidadão;

III – indicar integrantes das Câmaras de Coordenação e Revisão;

IV – aprovar a destituição do Procurador Regional Eleitoral;

V – destituir, por iniciativa do Procurador-Geral da República e pelo voto de dois terços de seus membros, antes do término do mandato, o Corregedor-Geral;

VI – elaborar a lista tríplice para Corregedor-Geral do Ministério Público Federal;

VII – elaborar a lista tríplice destinada à promoção por merecimento;

VIII – aprovar a lista de antiguidade dos membros do Ministério Público Federal e decidir sobre as reclamações a ela concernentes;

IX – indicar o membro do Ministério Público Federal para promoção por antiguidade, observado o disposto no art. 93, II, alínea "d", da Constituição Federal;

X – designar o Subprocurador-Geral da República para conhecer de inquérito, peças de informação ou representação sobre crime comum atribuível ao Procurador-Geral da República e, sendo o caso, promover a ação penal;

XI – opinar sobre a designação de membro do Ministério Público Federal para:

a) funcionar nos órgãos em que a participação da instituição seja legalmente prevista;

b) integrar comissões técnicas ou científicas relacionadas às funções da instituição;

XII – opinar sobre o afastamento temporário de membro do Ministério Público Federal;

XIII – autorizar a designação, em caráter excepcional, de membros do Ministério Público Federal, para exercício de atribuições processuais perante juízos, tribunais ou ofícios diferentes dos estabelecidos para cada categoria;

XIV – determinar a realização de correições e sindicâncias e apreciar os relatórios correspondentes;

XV – determinar a instauração de processos administrativos em que o acusado seja membro do Ministério Público Federal, apreciar seus relatórios e propor as medidas cabíveis;

XVI – determinar o afastamento preventivo do exercício de suas funções, do membro do Ministério Público Federal, indiciado ou acusado em processo disciplinar, e o seu retorno;

XVII – designar a comissão de processo administrativo em que o acusado seja membro do Ministério Público Federal;

XVIII – decidir sobre o cumprimento do estágio probatório por membro do Ministério Público Federal, encaminhando cópia da decisão ao Procurador-Geral da República, quando for o caso, para ser efetivada sua exoneração;

XIX – decidir sobre remoção e disponibilidade de membro do Ministério Público Federal, por motivo de interesse público;

XX – autorizar, pela maioria absoluta de seus membros, que o Procurador-Geral da República ajuíze a ação de perda de cargo contra membro vitalício do Ministério Público Federal, nos casos previstos nesta Lei;

XXI – opinar sobre os pedidos de reversão de membro da carreira;

XXII – opinar sobre o encaminhamento de proposta de lei de aumento do número de cargos da carreira;

XXIII – deliberar sobre a realização de concurso para o ingresso na carreira, designar os membros da Comissão de Concurso e opinar sobre a homologação dos resultados;

XXIV – aprovar a proposta orçamentária que integrará o projeto de orçamento do Ministério Público da União;

XXV – exercer outras funções estabelecidas em lei.

§ 1º O Procurador-Geral e qualquer membro do Conselho Superior estão impedidos de participar das decisões deste nos casos previstos nas leis processuais para o impedimento e a suspeição de membro do Ministério Público.

§ 2º As deliberações relativas aos incisos I, alíneas "a" e "e", IV, XIII, XV, XVI, XVII, XIX, e XXI somente poderão ser tomadas com o voto favorável de dois terços dos membros do Conselho Superior.

Seção V
Das Câmaras de Coordenação e Revisão do Ministério Público Federal

Art. 58. As Câmaras de Coordenação e Revisão do Ministério Público Federal são os órgãos setoriais de coordenação, de integração e de revisão do exercício funcional na instituição.

Art. 59. As Câmaras de Coordenação e Revisão serão organizadas por função ou por matéria, através de ato normativo.

Parágrafo único. O Regimento Interno, que disporá sobre o funcionamento das Câmaras de Coordenação e Revisão, será elaborado pelo Conselho Superior.

Art. 60. As Câmaras de Coordenação e Revisão serão compostas por três membros do Ministério Público Federal, sendo um indicado pelo Procurador-Geral da República e dois pelo Conselho Superior, juntamente com seus suplentes, para um mandato de dois anos, dentre integrantes do último grau da carreira, sempre que possível.

Art. 61. Dentre os integrantes da Câmara de Coordenação e Revisão, um deles será designado pelo Procurador-Geral para a função executiva de Coordenador.

Art. 62. Compete às Câmaras de Coordenação e Revisão:

I – promover a integração e a coordenação dos órgãos institucionais que atuem em ofícios ligados ao setor de sua competência, observado o princípio da independência funcional;

II – manter intercâmbio com órgãos ou entidades que atuem em áreas afins;

III – encaminhar informações técnico-jurídicas aos órgãos institucionais que atuem em seu setor;

IV – manifestar-se sobre o arquivamento de inquérito policial, inquérito parlamentar ou peças de informação, exceto nos casos de competência originária do Procurador-Geral;

V – resolver sobre a distribuição especial de feitos, que por sua contínua reiteração, devam receber tratamento uniforme;

VI – resolver sobre a distribuição especial de inquéritos, feitos e procedimentos, quando a matéria, por sua natureza ou relevância, assim o exigir;

VII – decidir os conflitos de atribuições entre os órgãos do Ministério Público Federal.

Parágrafo único. A competência fixada nos incisos V e VI será exercida segundo critérios objetivos previamente estabelecidos pelo Conselho Superior.

Seção VI
Da Corregedoria do Ministério Público Federal

Art. 63. A Corregedoria do Ministério Público Federal, dirigida pelo Corregedor-Geral, é o órgão fiscalizador das atividades funcionais e da conduta dos membros do Ministério Público.

Art. 64. O Corregedor-Geral será nomeado pelo Procurador-Geral da República dentre os Subprocuradores-Gerais da República, integrantes de lista tríplice elaborada pelo Conselho Superior, para mandato de dois anos, renovável uma vez.

§ 1º Não poderão integrar a lista tríplice os membros do Conselho Superior.

§ 2º Serão suplentes do Corregedor-Geral os demais integrantes da lista tríplice, na ordem em que os designar o Procurador-Geral.

§ 3º O Corregedor-Geral poderá ser destituído por iniciativa do Procurador-Geral, antes do término do mandato, pelo Conselho Superior, observado o disposto no inciso V do art. 57.

Art. 65. Compete ao Corregedor-Geral do Ministério Público Federal:

I – participar, sem direito a voto, das reuniões do Conselho Superior;

II – realizar, de ofício, ou por determinação do Procurador-Geral ou do Conselho Superior, correições e sindicâncias, apresentando os respectivos relatórios;

III – instaurar inquérito contra integrante da carreira e propor ao Conselho Superior a instauração do processo administrativo consequente;

IV – acompanhar o estágio probatório dos membros do Ministério Público Federal;

V – propor ao Conselho Superior a exoneração de membro do Ministério Público Federal que não cumprir as condições do estágio probatório.

Seção VII
Dos Subprocuradores-Gerais da República

Art. 66. Os Subprocuradores-Gerais da República serão designados para oficiar junto ao Supremo Tribunal Federal, ao Superior Tribunal de Justiça, ao Tribunal Superior Eleitoral e nas Câmaras de Coordenação e Revisão.

§ 1º No Supremo Tribunal Federal e no Tribunal Superior Eleitoral, os Subprocuradores-Gerais da República atuarão por delegação do Procurador-Geral da República.

§ 2º A designação de Subprocurador-Geral da República para oficiar em órgãos jurisdicionais diferentes dos previstos para a categoria dependerá de autorização do Conselho Superior.

Art. 67. Cabe aos Subprocuradores-Gerais da República, privativamente, o exercício das funções de:

I – Vice-Procurador-Geral da República;

II – Vice-Procurador-Geral Eleitoral;

III – Corregedor-Geral do Ministério Público Federal;

IV – Procurador Federal dos Direitos do Cidadão;

V – Coordenador de Câmara de Coordenação e Revisão.

Seção VIII
Dos Procuradores Regionais da República

Art. 68. Os Procuradores Regionais da República serão designados para oficiar junto aos Tribunais Regionais Federais.

Parágrafo único. A designação de Procurador Regional da República para oficiar em órgãos jurisdicionais diferentes dos previstos para a categoria dependerá de autorização do Conselho Superior.

Art. 69. Os Procuradores Regionais da República serão lotados nos ofícios nas Procuradorias Regionais da República.

Seção IX
Dos Procuradores da República

Art. 70. Os Procuradores da República serão designados para oficiar junto aos Juízes Federais e junto aos Tribunais Regionais Eleitorais, onde não tiver sede a Procuradoria Regional da República.

Parágrafo único. A designação de Procurador da República para oficiar em órgãos jurisdicionais diferentes dos previstos para a categoria, dependerá de autorização do Conselho Superior.

Art. 71. Os Procuradores da República serão lotados nos ofícios nas Procuradorias da República nos Estados e no Distrito Federal.

Seção X
Das funções eleitorais do Ministério Público Federal

Art. 72. Compete ao Ministério Público Federal exercer, no que couber, junto à Justiça Eleitoral, as funções do Ministério Público, atuando em todas as fases e instâncias do processo eleitoral.

Parágrafo único. O Ministério Público Federal tem legitimação para propor, perante o juízo competente, as ações para declarar ou decretar a nulidade de negócios jurídicos ou atos da administração pública, infringentes de vedações legais destinadas a proteger a normalidade e a legitimidade das eleições, contra a influência do poder econômico ou o abuso do poder político ou administrativo.

Art. 73. O Procurador-Geral Eleitoral é o Procurador-Geral da República.

Parágrafo único. O Procurador-Geral Eleitoral designará, dentre os Subprocuradores-Gerais da República, o Vice-Procurador-Geral Eleitoral, que o substituirá em seus impedimentos e exercerá o cargo em caso de vacância, até o provimento definitivo.

Art. 74. Compete ao Procurador-Geral Eleitoral exercer as funções do Ministério Público nas causas de competência do Tribunal Superior Eleitoral.

Parágrafo único. Além do Vice-Procurador-Geral Eleitoral, o Procurador-Geral poderá designar, por necessidade de serviço, membros do Ministério Público Federal para oficiarem, com sua aprovação, perante o Tribunal Superior Eleitoral.

Art. 75. Incumbe ao Procurador-Geral Eleitoral:

I – designar o Procurador Regional Eleitoral em cada Estado e no Distrito Federal;

II – acompanhar os procedimentos do Corregedor-Geral Eleitoral;

III – dirimir conflitos de atribuições;

IV – requisitar servidores da União e de suas autarquias, quando o exigir a necessidade do serviço, sem prejuízo dos direitos e vantagens inerentes ao exercício de seus cargos ou empregos.

Art. 76. O Procurador Regional Eleitoral, juntamente com o seu substituto, será designado pelo Procurador-Geral Eleitoral, dentre os Procuradores Regionais da República no Estado e no Distrito Federal, ou, onde não houver, dentre os Procuradores da República vitalícios, para um mandato de dois anos.

§ 1º O Procurador Regional Eleitoral poderá ser reconduzido uma vez.

§ 2º O Procurador Regional Eleitoral poderá ser destituído, antes do término do mandato, por iniciativa do Procurador-Geral Eleitoral, anuindo a maioria absoluta do Conselho Superior do Ministério Público Federal.

Art. 77. Compete ao Procurador Regional Eleitoral exercer as funções do Ministério Público nas causas de competência do Tribunal Regional Eleitoral respectivo, além de dirigir, no Estado, as atividades do setor.

Parágrafo único. O Procurador-Geral Eleitoral poderá designar, por necessidade de serviço, outros membros do Ministério Público Federal para oficiar, sob a coordenação do Procurador Regional, perante os Tribunais Regionais Eleitorais.

Art. 78. As funções eleitorais do Ministério Público Federal perante os Juízes e Juntas Eleitorais serão exercidas pelo Promotor Eleitoral.

Art. 79. O Promotor Eleitoral será o membro do Ministério Público local que oficie junto ao Juízo incumbido do serviço eleitoral de cada Zona.

Parágrafo único. Na inexistência de Promotor que oficie perante a Zona Eleitoral, ou havendo impedimento ou recusa justificada, o Chefe do Ministério Público local indicará ao Procurador Regional Eleitoral o substituto a ser designado.

Art. 80. A filiação a partido político impede o exercício de funções eleitorais por membro do Ministério Público, até dois anos do seu cancelamento.

Seção XI
Das unidades de lotação e de administração

Art. 81. Os ofícios na Procuradoria-Geral da República, nas Procuradorias Regionais da República e nas Procuradorias da República nos Estados e no Distrito Federal são unidades de lotação e de administração do Ministério Público Federal.

Parágrafo único. Nos municípios do interior onde tiverem sede juízos federais, a lei criará unidades da Procuradoria da República no respectivo Estado.

Art. 82. A estrutura básica das unidades de lotação e de administração será organizada por regulamento, nos termos da lei.

Capítulo II
Do Ministério Público do Trabalho

Seção I
Da competência, dos órgãos e da carreira

Art. 83. Compete ao Ministério Público do Trabalho o exercício das seguintes atribuições junto aos órgãos da Justiça do Trabalho:

I – promover as ações que lhe sejam atribuídas pela Constituição Federal e pelas leis trabalhistas;

II – manifestar-se em qualquer fase do processo trabalhista, acolhendo solicitação do juiz ou por sua iniciativa, quando entender existente interesse público que justifique a intervenção;

III – promover a ação civil pública no âmbito da Justiça do Trabalho, para defesa de interesses coletivos, quando desrespeitados os direitos sociais constitucionalmente garantidos;

IV – propor as ações cabíveis para declaração de nulidade de cláusula de contrato, acordo coletivo ou convenção coletiva que viole as liberdades individuais ou coletivas ou os direitos individuais indisponíveis dos trabalhadores;

V – propor as ações necessárias à defesa dos direitos e interesses dos menores, incapazes e índios, decorrentes das relações de trabalho;

VI – recorrer das decisões da Justiça do Trabalho, quando entender necessário, tanto nos processos em que for parte, como naqueles em que oficiar como fiscal da lei, bem como pedir revisão dos Enunciados da Súmula de Jurisprudência do Tribunal Superior do Trabalho;

VII – funcionar nas sessões dos Tribunais Trabalhistas, manifestando-se verbalmente sobre a matéria em debate, sempre que entender necessário, sendo-lhe assegurado o direito de vista dos processos em julgamento, podendo solicitar as requisições e diligências que julgar convenientes;

VIII – instaurar instância em caso de greve, quando a defesa da ordem jurídica ou o interesse público assim o exigir;

IX – promover ou participar da instrução e conciliação em dissídios decorrentes da paralisação de serviços de qualquer natureza, oficiando obrigatoriamente nos processos, manifestando sua concordância ou discordância, em eventuais acordos firmados antes da homologação, resguardado o direito de recorrer em caso de violação à lei e à Constituição Federal;

X – promover mandado de injunção, quando a competência for da Justiça do Trabalho;

XI – atuar como árbitro, se assim for solicitado pelas partes, nos dissídios de competência da Justiça do Trabalho;

XII – requerer as diligências que julgar convenientes para o correto andamento dos processos e para a melhor solução das lides trabalhistas;

XIII – intervir obrigatoriamente em todos os feitos nos segundo e terceiro graus de jurisdição da Justiça do Trabalho, quando a parte for pessoa jurídica de Direito Público, Estado estrangeiro ou organismo internacional.

Art. 84. Incumbe ao Ministério Público do Trabalho, no âmbito das suas atribuições, exercer as funções institucionais previstas nos Capítulos I, II, III e IV do Título I, especialmente:

I – integrar os órgãos colegiados previstos no § 1º do Art. 6º, que lhes sejam pertinentes;

II – instaurar inquérito civil e outros procedimentos administrativos, sempre que cabíveis, para assegurar a observância dos direitos sociais dos trabalhadores;

III – requisitar à autoridade administrativa federal competente, dos órgãos de proteção ao trabalho, a instauração de procedimentos administrativos, podendo acompanhá-los e produzir provas;

IV – ser cientificado pessoalmente das decisões proferidas pela Justiça do Trabalho, nas causas em que o órgão tenha intervido ou emitido parecer escrito;

V – exercer outras atribuições que lhe forem conferidas por lei, desde que compatíveis com sua finalidade.

Art. 85. São órgãos do Ministério Público do Trabalho:

I – o Procurador-Geral do Trabalho;

II – o Colégio de Procuradores do Trabalho;

III – o Conselho Superior do Ministério Público do Trabalho;

IV – a Câmara de Coordenação e Revisão do Ministério Público do Trabalho;

V – a Corregedoria do Ministério Público do Trabalho;

VI – os Subprocuradores-Gerais do Trabalho;

VII – os Procuradores Regionais do Trabalho;

VIII – os Procuradores do Trabalho.

Art. 86. A carreira do Ministério Público do Trabalho será constituída pelos cargos de Subprocurador-Geral do Trabalho, Procurador Regional do Trabalho e Procurador do Trabalho.

Parágrafo único. O cargo inicial da carreira é o de Procurador do Trabalho e o do último nível o de Subprocurador-Geral do Trabalho.

Seção II
Do Procurador-Geral do Trabalho

Art. 87. O Procurador-Geral do Trabalho é o Chefe do Ministério Público do Trabalho.

Art. 88. O Procurador-Geral do Trabalho será nomeado pelo Procurador-Geral da República, dentre integrantes da instituição, com mais de trinta e cinco anos de idade e de cinco anos na carreira, integrantes de lista tríplice escolhida mediante voto plurinominal, facultativo e secreto, pelo Colégio de Procuradores para um mandato de dois anos, permitida uma recondução, observado o mesmo processo. Caso não haja número suficiente de candidatos com mais de cinco anos na carreira, poderá concorrer à lista tríplice quem contar mais de dois anos na carreira.

Parágrafo único. A exoneração do Procurador-Geral do Trabalho, antes do término do mandato, será proposta ao Procurador-Geral da República pelo Conselho Superior, mediante deliberação obtida com base em voto secreto de dois terços de seus integrantes.

Art. 89. O Procurador-Geral do Trabalho designará, dentre os Subprocuradores-Gerais do Trabalho, o Vice-Procurador-Geral do Trabalho, que o substituirá em seus impedimentos. Em caso de vacância, exercerá o cargo o Vice-Presidente do Conselho Superior, até o seu provimento definitivo.

Art. 90. Compete ao Procurador-Geral do Trabalho exercer as funções atribuídas ao Ministério Público do Trabalho junto ao Plenário do Tribunal Superior do Trabalho, propondo as ações cabíveis e manifestando-se nos processos de sua competência.

Art. 91. São atribuições do Procurador-Geral do Trabalho:

I – representar o Ministério Público do Trabalho;

II – integrar, como membro nato, e presidir o Colégio de Procuradores do Trabalho, o Conselho Superior do Ministério Público do Trabalho e a Comissão de Concurso;

III – nomear o Corregedor-Geral do Ministério Público do Trabalho, segundo lista tríplice formada pelo Conselho Superior;

IV – designar um dos membros e o Coordenador da Câmara de Coordenação e Revisão do Ministério Público do Trabalho;

V – designar, observados os critérios da lei e os estabelecidos pelo Conselho Superior, os ofícios em que exercerão suas funções os membros do Ministério Público do Trabalho;

VI – designar o Chefe da Procuradoria Regional do Trabalho dentre os Procuradores Regionais do Trabalho lotados na respectiva Procuradoria Regional;

VII – decidir, em grau de recurso, os conflitos de atribuição entre os órgãos do Ministério Público do Trabalho;

VIII – determinar a abertura de correição, sindicância ou inquérito administrativo.

IX – determinar a instauração de inquérito ou processo administrativo contra servidores dos serviços auxiliares;

X – decidir processo disciplinar contra membro da carreira ou servidor dos serviços auxiliares, aplicando as sanções que sejam de sua competência;

XI – decidir, atendendo a necessidade do serviço, sobre:

a) remoção a pedido ou por permuta;

b) alteração parcial da lista bienal de designações;

XII – autorizar o afastamento de membros do Ministério Público do Trabalho, ouvido o Conselho Superior, nos casos previstos em lei;

XIII – dar posse aos membros do Ministério Público do Trabalho;

XIV – designar membro do Ministério Público do Trabalho para:

a) funcionar nos órgãos em que a participação da instituição seja legalmente prevista, ouvido o Conselho Superior;

b) integrar comissões técnicas ou científicas, relacionadas às funções da instituição, ouvido o Conselho Superior;

c) assegurar a continuidade dos serviços, em caso de vacância, afastamento temporário, ausência, impedimento ou suspeição do titular, na inexistência ou falta do substituto designado;

XV – homologar, ouvido o Conselho Superior, o resultado do concurso para ingresso na carreira;

XVI – fazer publicar aviso de existência de vaga, na lotação e na relação bienal de designações;

XVII – propor ao Procurador-Geral da República, ouvido o Conselho Superior, a criação e extinção de cargos da carreira e dos ofícios em que devam ser exercidas suas funções;

XVIII – elaborar a proposta orçamentária do Ministério Público do Trabalho, submetendo-a, para aprovação, ao Conselho Superior;

XIX – encaminhar ao Procurador-Geral da República a proposta orçamentária do Ministério Público do Trabalho, após sua aprovação pelo Conselho Superior;

XX – organizar a prestação de contas do exercício anterior, encaminhando-a ao Procurador-Geral da República;

XXI – praticar atos de gestão administrativa, financeira e de pessoal;

XXII – elaborar o relatório de atividades do Ministério Público do Trabalho;

XXIII – coordenar as atividades do Ministério Público do Trabalho;

XXIV – exercer outras atribuições previstas em lei.

Art. 92. As atribuições do Procurador-Geral do Trabalho, previstas no artigo anterior, poderão ser delegadas:

I – ao Coordenador da Câmara de Coordenação e Revisão, as dos incisos XIV, alínea “c”, e XXIII;

II – aos Chefes das Procuradorias Regionais do Trabalho nos Estados e no Distrito Federal, as dos incisos I, XIV, alínea “c”, XXI e XXIII.

Seção III
Do Colégio de Procuradores do Trabalho

Art. 93. O Colégio de Procuradores do Trabalho, presidido pelo Procurador-Geral do Trabalho, é integrado por todos os membros da carreira em atividade no Ministério Público do Trabalho.

Art. 94. São atribuições do Colégio de Procuradores do Trabalho:

I – elaborar, mediante voto plurinominal, facultativo e secreto, a lista tríplice para a escolha do Procurador-Geral do Trabalho;

II – elaborar, mediante voto plurinominal, facultativo e secreto, a lista sêxtupla para a composição do Tribunal Superior do Trabalho, sendo elegíveis os membros do Ministério Público do Trabalho, com mais de dez anos na carreira, tendo mais de trinta e cinco e menos de sessenta e cinco anos de idade;

III – elaborar, mediante voto plurinominal, facultativo e secreto, a lista sêxtupla para os Tribunais Regionais do Trabalho, dentre os Procuradores com mais de dez anos de carreira;

IV – eleger, dentre os Subprocuradores-Gerais do Trabalho e mediante voto plurinominal, facultativo e secreto, quatro membros do Conselho Superior do Ministério Público do Trabalho.

§ 1º Para os fins previstos nos incisos deste artigo, prescindir-se-á de reunião do Colégio de Procuradores, procedendo-se segundo dispuser o seu Regimento Interno, exigido o voto da maioria absoluta dos eleitores.

§ 2º Excepcionalmente, em caso de interesse relevante da instituição, o Colégio de Procuradores reunir-se-á em local designado pelo Procurador-Geral do Trabalho, desde que convocado por ele ou pela maioria de seus membros.

§ 3º O Regimento Interno do Colégio de Procuradores do Trabalho disporá sobre seu funcionamento.

Seção IV
Do Conselho Superior do Ministério Público do Trabalho

Art. 95. O Conselho Superior do Ministério Público do Trabalho, presidido pelo Procurador-Geral do Trabalho, tem a seguinte composição:

I – o Procurador-Geral do Trabalho e o Vice-Procurador-Geral do Trabalho, que o integram como membros natos;

II – quatro Subprocuradores-Gerais do Trabalho, eleitos para um mandato de dois anos, pelo Colégio de Procuradores do Trabalho, mediante voto plurinominal, facultativo e secreto, permitida uma reeleição;

III – quatro Subprocuradores-Gerais do Trabalho, eleitos para um mandato de dois anos, por seus pares, mediante voto plurinominal, facultativo e secreto, permitida uma reeleição.

§ 1º Serão suplentes dos membros de que tratam os incisos II e III, os demais votados, em ordem decrescente, observados os critérios gerais de desempate.

§ 2º O Conselho Superior elegerá o seu Vice-Presidente, que substituirá o Presidente em seus impedimentos e em caso de vacância.

Art. 96. O Conselho Superior do Ministério Público do Trabalho reunir-se-á ordinariamente, uma vez por mês, em dia previamente fixado, e, extraordinariamente, quando convocado pelo Procurador-Geral do Trabalho ou por proposta da maioria absoluta de seus membros.

Art. 97. Salvo disposição em contrário, as deliberações do Conselho Superior serão tomadas por maioria de votos, presente a maioria absoluta dos seus membros.

§ 1º Em caso de empate, prevalecerá o voto do Presidente, exceto em matéria de sanções, caso em que prevalecerá a solução mais favorável ao acusado.

§ 2º As deliberações do Conselho Superior serão publicadas no Diário da Justiça, exceto quando o Regimento Interno determinar sigilo.

Art. 98. Compete ao Conselho Superior do Ministério Público do Trabalho:

I – exercer o poder normativo no âmbito do Ministério Público do Trabalho, observados os princípios desta Lei Complementar, especialmente para elaborar e aprovar:

a) o seu Regimento Interno, o do Colégio de Procuradores do Trabalho e o da Câmara de Coordenação e Revisão do Ministério Público do Trabalho;

b) as normas e as instruções para o concurso de ingresso na carreira;

c) as normas sobre as designações para os diferentes ofícios do Ministério Público do Trabalho;

d) os critérios para distribuição de procedimentos administrativos e quaisquer outros feitos, no Ministério Público do Trabalho;

e) os critérios de promoção por merecimento na carreira;

f) o procedimento para avaliar o cumprimento das condições do estágio probatório;

II – indicar os integrantes da Câmara de Coordenação e Revisão do Ministério Público do Trabalho;

III – propor a exoneração do Procurador-Geral do Trabalho;

IV – destituir, por iniciativa do Procurador-Geral do Trabalho e pelo voto de dois terços de seus membros, antes do término do mandato, o Corregedor-Geral;

V – elaborar a lista tríplice destinada à promoção por merecimento;

VI – elaborar a lista tríplice para Corregedor-Geral do Ministério Público do Trabalho;

VII – aprovar a lista de antiguidade do Ministério Público do Trabalho e decidir sobre as reclamações a ela concernentes;

VIII – indicar o membro do Ministério Público do Trabalho para promoção por antiguidade, observado o disposto no art. 93, II, alínea "d", da Constituição Federal;

IX – opinar sobre a designação de membro do Ministério Público do Trabalho para:

a) funcionar nos órgãos em que a participação da instituição seja legalmente prevista;

b) integrar comissões técnicas ou científicas relacionadas às funções da instituição;

X – opinar sobre o afastamento temporário de membro do Ministério Público do Trabalho;

XI – autorizar a designação, em caráter excepcional, de membros do Ministério Público do Trabalho, para exercício de atribuições processuais perante juízos, tribunais ou ofícios diferentes dos estabelecidos para cada categoria;

XII – determinar a realização de correições e sindicâncias e apreciar os relatórios correspondentes;

XIII – determinar a instauração de processos administrativos em que o acusado seja membro do Ministério Público do Trabalho, apreciar seus relatórios e propor as medidas cabíveis;

XIV – determinar o afastamento do exercício de suas funções, de membro do Ministério Público do Trabalho, indiciado ou acusado em processo disciplinar, e o seu retorno;

XV – designar a comissão de processo administrativo em que o acusado seja membro do Ministério Público do Trabalho;

XVI – decidir sobre o cumprimento do estágio probatório por membro do Ministério Público do Trabalho, encaminhando cópia da decisão ao Procurador-Geral da República, quando for o caso, para ser efetivada sua exoneração;

XVII – decidir sobre remoção e disponibilidade de membro do Ministério Público do Trabalho, por motivo de interesse público;

XVIII – autorizar, pela maioria absoluta de seus membros, que o Procurador-Geral da República ajuíze a ação de perda de cargo contra membro vitalício do Ministério Público do Trabalho, nos casos previstos em lei;

XIX – opinar sobre os pedidos de reversão de membro da carreira;

XX – aprovar a proposta de lei para o aumento do número de cargos da carreira e dos ofícios;

XXI – deliberar sobre a realização de concurso para o ingresso na carreira, designar os membros da Comissão de Concurso e opinar sobre a homologação dos resultados;

XXII – aprovar a proposta orçamentária que integrará o projeto de orçamento do Ministério Público da União;

XXIII – exercer outras funções atribuídas em lei.

§ 1º Aplicam-se ao Procurador-Geral e aos demais membros do Conselho Superior as normas processuais em geral, pertinentes aos impedimentos e suspeição dos membros do Ministério Público.

§ 2º As deliberações relativas aos incisos I, alíneas “a” e “e”, XI, XIII, XIV, XV e XVII somente poderão ser tomadas com o voto favorável de dois terços dos membros do Conselho Superior.

Seção V
Da Câmara de Coordenação e Revisão do Ministério Público do Trabalho

Art. 99. A Câmara de Coordenação e Revisão do Ministério Público do Trabalho é um órgão de coordenação, de integração e de revisão do exercício funcional na instituição.

Art. 100. A Câmara de Coordenação e Revisão do Ministério Público do Trabalho será organizada por ato normativo e o Regimento Interno, que disporá sobre seu funcionamento, será elaborado pelo Conselho Superior.

Art. 101. A Câmara de Coordenação e Revisão do Ministério Público do Trabalho será composta por três membros do Ministério Público do Trabalho, sendo um indicado pelo Procurador-Geral do Trabalho e dois pelo Conselho Superior do Ministério Público do Trabalho, juntamente com seus suplentes, para um mandato de dois anos, sempre que possível, dentre integrantes do último grau da carreira.

Art. 102. Dentre os integrantes da Câmara de Coordenação e Revisão, um deles será designado pelo Procurador-Geral para a função executiva de Coordenador.

Art. 103. Compete à Câmara de Coordenação e Revisão do Ministério Público do Trabalho:

I – promover a integração e a coordenação dos órgãos institucionais do Ministério Público do Trabalho, observado o princípio da independência funcional;

II – manter intercâmbio com órgãos ou entidades que atuem em áreas afins;

III – encaminhar informações técnico-jurídicas aos órgãos institucionais do Ministério Público do Trabalho;

IV – resolver sobre a distribuição especial de feitos e procedimentos, quando a matéria, por sua natureza ou relevância, assim o exigir;

V – resolver sobre a distribuição especial de feitos, que por sua contínua reiteração, devam receber tratamento uniforme;

VI – decidir os conflitos de atribuição entre os órgãos do Ministério Público do Trabalho.

Parágrafo único. A competência fixada nos incisos IV e V será exercida segundo critérios objetivos previamente estabelecidos pelo Conselho Superior.

Seção VI
Da Corregedoria do Ministério Público do Trabalho

Art. 104. A Corregedoria do Ministério Público do Trabalho, dirigida pelo Corregedor-Geral, é o órgão fiscalizador das atividades funcionais e da conduta dos membros do Ministério Público.

Art. 105. O Corregedor-Geral será nomeado pelo Procurador-Geral do Trabalho dentre os Subprocuradores-Gerais do Trabalho, integrantes de lista tríplice elaborada pelo Conselho Superior, para mandato de dois anos, renovável uma vez.

§ 1º Não poderão integrar a lista tríplice os membros do Conselho Superior.

§ 2º Serão suplentes do Corregedor-Geral os demais integrantes da lista tríplice, na ordem em que os designar o Procurador-Geral.

§ 3º O Corregedor-Geral poderá ser destituído, por iniciativa do Procurador-Geral, antes do término do mandato, pelo voto de dois terços dos membros do Conselho Superior.

Art. 106. Incumbe ao Corregedor-Geral do Ministério Público:

I – participar, sem direito a voto, das reuniões do Conselho Superior;

II – realizar, de ofício ou por determinação do Procurador-Geral ou do Conselho Superior, correições e sindicâncias, apresentando os respectivos relatórios;

III – instaurar inquérito contra integrante da carreira e propor ao Conselho Superior a instauração do processo administrativo consequente;

IV – acompanhar o estágio probatório dos membros do Ministério Público do Trabalho;

V – propor ao Conselho Superior a exoneração de membro do Ministério Público do Trabalho que não cumprir as condições do estágio probatório.

Seção VII
Dos Subprocuradores-Gerais do Trabalho

Art. 107. Os Subprocuradores-Gerais do Trabalho serão designados para oficiar junto ao Tribunal Superior do Trabalho e nos ofícios na Câmara de Coordenação e Revisão.

Parágrafo único. A designação de Subprocurador-Geral do Trabalho para oficiar em órgãos jurisdicionais diferentes do previsto para a categoria dependerá de autorização do Conselho Superior.

Art. 108. Cabe aos Subprocuradores-Gerais do Trabalho, privativamente, o exercício das funções de:

I – Corregedor-Geral do Ministério Público do Trabalho;

II – Coordenador da Câmara de Coordenação e Revisão do Ministério Público do Trabalho.

Art. 109. Os Subprocuradores-Gerais do Trabalho serão lotados nos ofícios na Procuradoria-Geral do Trabalho.

Seção VIII
Dos Procuradores Regionais do Trabalho

Art. 110. Os Procuradores Regionais do Trabalho serão designados para oficiar junto aos Tribunais Regionais do Trabalho.

Parágrafo único. Em caso de vaga ou de afastamento de Subprocurador-Geral do Trabalho por prazo superior a trinta dias, poderá ser convocado pelo Procurador-Geral, mediante aprovação do Conselho Superior, Procurador Regional do Trabalho para substituição.

Art. 111. Os Procuradores Regionais do Trabalho serão lotados nos ofícios nas Procuradorias Regionais do Trabalho nos Estados e no Distrito Federal.

Seção IX
Dos Procuradores do Trabalho

Art. 112. Os Procuradores do Trabalho serão designados para funcionar junto aos Tribunais Regionais do Trabalho e, na forma das leis processuais, nos litígios trabalhistas que envolvam, especialmente, interesses de menores e incapazes.

Parágrafo único. A designação de Procurador do Trabalho para oficiar em órgãos jurisdicionais diferentes dos previstos para a categoria, dependerá de autorização do Conselho Superior.

Art. 113. Os Procuradores do Trabalho serão lotados nos ofícios nas Procuradorias Regionais do Trabalho nos Estados e no Distrito Federal.

Seção X
Das unidades de lotação e de administração

Art. 114. Os ofícios na Procuradoria-Geral do Trabalho e nas Procuradorias Regionais do Trabalho nos Estados e no Distrito Federal são unidades de lotação e de administração do Ministério Público do Trabalho.

Art. 115. A estrutura básica das unidades de lotação e de administração será organizada por regulamento, nos termos da lei.

Capítulo III
Do Ministério Público Militar

Seção I
Da competência, dos órgãos e da carreira

Art. 116. Compete ao Ministério Público Militar o exercício das seguintes atribuições junto aos órgãos da Justiça Militar:

I – promover, privativamente, a ação penal pública;

II – promover a declaração de indignidade ou de incompatibilidade para o oficialato;

III – manifestar-se em qualquer fase do processo, acolhendo solicitação do juiz ou por sua iniciativa, quando entender existente interesse público que justifique a intervenção.

Art. 117. Incumbe ao Ministério Público Militar:

I – requisitar diligências investigatórias e a instauração de inquérito policial militar, podendo acompanhá-los e apresentar provas;

II – exercer o controle externo da atividade da polícia judiciária militar.

Art. 118. São órgãos do Ministério Público Militar:

I – o Procurador-Geral da Justiça Militar;

II – o Colégio de Procuradores da Justiça Militar;

III – o Conselho Superior do Ministério Público Militar;

IV – a Câmara de Coordenação e Revisão do Ministério Público Militar;

V – a Corregedoria do Ministério Público Militar;

VI – os Subprocuradores-Gerais da Justiça Militar;

VII – os Procuradores da Justiça Militar;

VIII – os Promotores de Justiça Militar.

Art. 119. A carreira do Ministério Público Militar é constituída pelos cargos de Subprocurador-Geral da Justiça Militar, Procurador da Justiça Militar e Promotor da Justiça Militar.

Parágrafo único. O cargo inicial da carreira é o de Promotor da Justiça Militar e o do último nível é o de Subprocurador-Geral da Justiça Militar.

Seção II
Do Procurador-Geral da Justiça Militar

Art. 120. O Procurador-Geral da Justiça Militar é o Chefe do Ministério Público Militar.

Art. 121. O Procurador-Geral da Justiça Militar será nomeado pelo Procurador-Geral da República, dentre integrantes da instituição, com mais de trinta e cinco anos de idade e de cinco anos na carreira, escolhidos em lista tríplice mediante voto plurinominal, facultativo e secreto, pelo Colégio de Procuradores, para um mandato de dois anos, permitida uma recondução, observado o mesmo processo. Caso não haja número suficiente de candidatos com mais de cinco anos na carreira, poderá concorrer à lista tríplice quem contar mais de dois anos na carreira.

Parágrafo único. A exoneração do Procurador-Geral da Justiça Militar, antes do término do mandato, será proposta pelo Conselho Superior ao Procurador-Geral da República, mediante deliberação obtida com base em voto secreto de dois terços de seus integrantes.

Art. 122. O Procurador-Geral da Justiça Militar designará, dentre os Subprocuradores-Gerais, o Vice-Procurador-Geral da Justiça Militar, que o substituirá em seus impedimentos. Em caso de vacância, exercerá o cargo o Vice-Presidente do Conselho Superior, até o seu provimento definitivo.

Art. 123. Compete ao Procurador-Geral da Justiça Militar exercer as funções atribuídas ao Ministério Público Militar junto ao Superior Tribunal Militar, propondo as ações cabíveis e manifestando-se nos processos de sua competência.

Art. 124. São atribuições do Procurador-Geral da Justiça Militar:

I – representar o Ministério Público Militar;

II – integrar, como membro nato, e presidir o Colégio de Procuradores da Justiça Militar, o Conselho Superior do Ministério Público da Justiça Militar e a Comissão de Concurso;

III – nomear o Corregedor-Geral do Ministério Público Militar, segundo lista tríplice elaborada pelo Conselho Superior;

IV – designar um dos membros e o Coordenador da Câmara de Coordenação e Revisão do Ministério Público Militar;

V – designar, observados os critérios da lei e os estabelecidos pelo Conselho Superior, os ofícios em que exercerão suas funções os membros do Ministério Público Militar;

VI – decidir, em grau de recurso, os conflitos de atribuições entre os órgãos do Ministério Público Militar;

VII – determinar a abertura de correição, sindicância ou inquérito administrativo;

VIII – determinar a instauração de inquérito ou processo administrativo contra servidores dos serviços auxiliares;

IX – decidir processo disciplinar contra membro da carreira ou servidor dos serviços auxiliares, aplicando as sanções que sejam de sua competência;

X – decidir, atendida a necessidade do serviço, sobre:

a) remoção a pedido ou por permuta;

b) alteração parcial da lista bienal de designações;

XI – autorizar o afastamento de membros do Ministério Público Militar, ouvido o Conselho Superior, nas hipóteses da lei;

XII – dar posse aos membros do Ministério Público Militar;

XIII – designar membro do Ministério Público Militar para:

a) funcionar nos órgãos em que a participação da instituição seja legalmente prevista, ouvido o Conselho Superior;

b) integrar comissões técnicas ou científicas, relacionadas às funções da instituição, ouvido o Conselho Superior;

c) assegurar a continuidade dos serviços, em caso de vacância, afastamento temporário, ausência, impedimento ou suspeição do titular, na inexistência ou falta do substituto designado;

XIV – homologar, ouvido o Conselho Superior, o resultado do concurso para ingresso na carreira;

XV – fazer publicar o aviso de existência de vaga, na lotação e na relação bienal de designações;

XVI – propor ao Procurador-Geral da República, ouvido o Conselho Superior, a criação e extinção de cargos da carreira e dos ofícios em que devam ser exercidas suas funções;

XVII – elaborar a proposta orçamentária do Ministério Público Militar, submetendo-a ao Conselho Superior;

XVIII – encaminhar ao Procurador-Geral da República a proposta orçamentária do Ministério Público Militar, após sua aprovação pelo Conselho Superior;

XIX – organizar a prestação de contas do exercício anterior, encaminhando-a ao Procurador-Geral da República;

XX – praticar atos de gestão administrativa, financeira e de pessoal;

XXI – elaborar o relatório de atividades do Ministério Público Militar;

XXII – coordenar as atividades do Ministério Público Militar;

XXIII – exercer outras atribuições previstas em lei.

Art. 125. As atribuições do Procurador-Geral da Justiça Militar, previstas no artigo anterior poderão ser delegadas:

I – ao Coordenador da Câmara de Coordenação e Revisão, as dos incisos XIII, alínea "c", e XXII;

II – a Procurador da Justiça Militar, as dos incisos I e XX.

Seção III
Do Colégio de Procuradores da Justiça Militar

Art. 126. O Colégio de Procuradores da Justiça Militar, presidido pelo Procurador-Geral da Justiça Militar, é integrado por todos os membros da carreira em atividade no Ministério Público da Justiça Militar.

Art. 127. Compete ao Colégio de Procuradores da Justiça Militar:

I – elaborar, mediante voto plurinominal, facultativo e secreto, lista tríplice para a escolha do Procurador-Geral da Justiça Militar;

II – opinar sobre assuntos gerais de interesse da instituição.

§ 1º Para os fins previstos no inciso I, prescindir-se-á de reunião do Colégio de Procuradores, procedendo-se segundo dispuser o seu Regimento Interno, exigido o voto da maioria absoluta dos eleitores.

§ 2º Excepcionalmente, em caso de interesse relevante da instituição, o Colégio de Procuradores reunir-se-á em local designado pelo Procurador-Geral da Justiça Militar, desde que convocado por ele ou pela maioria de seus membros.

§ 3º O Regimento Interno do Colégio de Procuradores Militares disporá sobre seu funcionamento.

Seção IV
Do Conselho Superior do Ministério Público Militar

Art. 128. O Conselho Superior do Ministério Público Militar, presidido pelo Procurador-Geral da Justiça Militar, tem a seguinte composição:

I – o Procurador-Geral da Justiça Militar e o Vice-Procurador-Geral da Justiça Militar;

II – os Subprocuradores-Gerais da Justiça Militar.

Parágrafo único. O Conselho Superior elegerá o seu Vice-Presidente, que substituirá o Presidente em seus impedimentos e em caso de vacância.

Art. 129. O Conselho Superior do Ministério Público Militar reunir-se-á ordinariamente, uma vez por mês, em dia previamente fixado, e, extraordinariamente, quando convocado pelo Procurador-Geral da Justiça Militar ou por proposta da maioria absoluta de seus membros.

Art. 130. Salvo disposição em contrário, as deliberações do Conselho Superior serão tomadas por maioria de votos, presente a maioria absoluta dos seus membros.

§ 1º Em caso de empate, prevalecerá o voto do Presidente, exceto em matéria de sanções, caso em que prevalecerá a solução mais favorável ao acusado.

§ 2º As deliberações do Conselho Superior serão publicadas no Diário da Justiça, exceto quando o Regimento Interno determine sigilo.

Art. 131. Compete ao Conselho Superior do Ministério Público Militar:

I – exercer o poder normativo no âmbito do Ministério Público Militar, observados os princípios desta Lei, especialmente para elaborar e aprovar:

a) o seu Regimento Interno, o do Colégio de Procuradores da Justiça Militar e o da Câmara de Coordenação e Revisão do Ministério Público Militar;

b) as normas e as instruções para o concurso de ingresso na carreira;

c) as normas sobre as designações para os diferentes ofícios do Ministério Público Militar;

d) os critérios para distribuição de inquéritos e quaisquer outros feitos, no Ministério Público Militar;

e) os critérios de promoção por merecimento na carreira;

f) o procedimento para avaliar o cumprimento das condições do estágio probatório;

II – indicar os integrantes da Câmara de Coordenação e Revisão do Ministério Público Militar;

III – propor a exoneração do Procurador-Geral da Justiça Militar;

IV – destituir, por iniciativa do Procurador-Geral do Ministério Público Militar e pelo voto de dois terços de seus membros, antes do término do mandato, o Corregedor-Geral;

V – elaborar a lista tríplice destinada à promoção por merecimento;

VI – elaborar a lista tríplice para Corregedor-Geral do Ministério Público Militar;

VII – aprovar a lista de antiguidade do Ministério Público Militar e decidir sobre as reclamações a ela concernentes;

VIII – indicar o membro do Ministério Público Militar para promoção por antiguidade, observado o disposto no art. 93, II, alínea "d", da Constituição Federal;

IX – opinar sobre a designação de membro do Ministério Público Militar para:

a) funcionar nos órgãos em que a participação da instituição seja legalmente prevista;

b) integrar comissões técnicas ou científicas relacionadas às funções da instituição;

X – opinar sobre o afastamento temporário de membro do Ministério Público Militar;

XI – autorizar a designação, em caráter excepcional, de membro do Ministério Público Militar, para exercício de atribuições processuais perante juízos, tribunais ou ofícios diferentes dos estabelecidos para cada categoria;

XII – determinar a realização de correições e sindicâncias e apreciar os relatórios correspondentes;

XIII – determinar a instauração de processos administrativos em que o acusado seja membro do Ministério Público Militar, apreciar seus relatórios e propor as medidas cabíveis;

XIV – determinar o afastamento preventivo do exercício de suas funções, de membro do Ministério Público Militar, indiciado ou acusado em processo disciplinar, e seu retorno;

XV – designar a comissão de processo administrativo em que o acusado seja membro do Ministério Público Militar;

XVI – decidir sobre o cumprimento do estágio probatório por membro do Ministério Público Militar, encaminhando cópia da decisão ao Procurador-Geral da República, quando for o caso, para ser efetivada sua exoneração;

XVII – decidir sobre remoção e disponibilidade de membro do Ministério Público Militar, por motivo de interesse público;

XVIII – autorizar, pela maioria absoluta de seus membros, que o Procurador-Geral da República ajuíze ação de perda de cargo contra membro vitalício do Ministério Público Militar, nos casos previstos nesta Lei;

XIX – opinar sobre os pedidos de reversão de membro da carreira;

XX – aprovar a proposta de lei para o aumento do número de cargos da carreira e dos ofícios;

XXI – deliberar sobre a realização de concurso para ingresso na carreira, designar os membros da Comissão de Concurso e opinar sobre a homologação dos resultados;

XXII – exercer outras funções atribuídas em lei.

§ 1º Aplicam-se ao Procurador-Geral e aos demais membros do Conselho Superior as normas processuais em geral, pertinentes aos impedimentos e suspeição dos membros do Ministério Público.

§ 2º As deliberações relativas aos incisos I, alíneas "a" e "e", XI, XIII, XIV, XV e XVII somente poderão ser tomadas com o voto favorável de dois terços dos membros do Conselho Superior.

Seção V
Da Câmara de Coordenação e Revisão do Ministério Público Militar

Art. 132. A Câmara de Coordenação e Revisão do Ministério Público Militar é o órgão de coordenação, de integração e de revisão do exercício funcional na instituição.

Art. 133. A Câmara de Coordenação e Revisão do Ministério Público Militar será organizada por ato normativo e o Regimento Interno, que disporá sobre seu funcionamento, será elaborado e aprovado pelo Conselho Superior.

Art. 134. A Câmara de Coordenação e Revisão do Ministério Público Militar será composta por três membros do Ministério Público Militar, sendo um indicado pelo Procurador-Geral da Justiça Militar e dois pelo Conselho Superior do Ministério Público Militar, juntamente com seus suplentes, para um mandato de dois anos, sempre que possível, dentre integrantes do último grau da carreira.

Art. 135. Dentre os integrantes da Câmara de Coordenação e Revisão, um deles será designado pelo Procurador-Geral para a função executiva de Coordenador.

Art. 136. Compete à Câmara de Coordenação e Revisão do Ministério Público Militar:

I – promover a integração e a coordenação dos órgãos institucionais do Ministério Público Militar, observado o princípio da independência funcional;

II – manter intercâmbio com órgãos ou entidades que atuem em áreas afins;

III – encaminhar informações técnico-jurídicas aos órgãos institucionais do Ministério Público Militar;

IV – manifestar-se sobre o arquivamento de inquérito policial militar, exceto nos casos de competência originária do Procurador-Geral;

V – resolver sobre a distribuição especial de inquéritos e quaisquer outros feitos, quando a matéria, por sua natureza ou relevância, assim o exigir;

VI – decidir os conflitos de atribuição entre os órgãos do Ministério Público Militar.

Parágrafo único. A competência fixada no inciso V será exercida segundo critérios objetivos previamente estabelecidos pelo Conselho Superior.

Seção VI
Da Corregedoria do Ministério Público Militar

Art. 137. A Corregedoria do Ministério Público Militar, dirigida pelo Corregedor-Geral, é o órgão fiscalizador das atividades funcionais e da conduta dos membros do Ministério Público.

Art. 138. O Corregedor-Geral do Ministério Público Militar será nomeado pelo Procurador-Geral da Justiça Militar dentre os Subprocuradores-Gerais da Justiça Militar, integrantes de lista tríplice elaborada pelo Conselho Superior, para mandato de dois anos, renovável uma vez.

§ 1º Serão suplentes do Corregedor-Geral os demais integrantes da lista tríplice, na ordem em que os designar o Procurador-Geral.

§ 2º O Corregedor-Geral poderá ser destituído, por iniciativa do Procurador-Geral, antes do término do mandato, pelo voto de dois terços dos membros do Conselho Superior.

Art. 139. Incumbe ao Corregedor-Geral do Ministério Público:

I – realizar, de ofício, ou por determinação do Procurador-Geral ou do Conselho Superior, correições e sindicâncias, apresentando os respectivos relatórios;

II – instaurar inquérito contra integrante da carreira e propor ao Conselho Superior a instauração do processo administrativo consequente;

III – acompanhar o estágio probatório dos membros do Ministério Público Militar;

IV – propor ao Conselho Superior a exoneração de membro do Ministério Público Militar que não cumprir as condições do estágio probatório.

Seção VII
Dos Subprocuradores-Gerais da Justiça Militar

Art. 140. Os Subprocuradores-Gerais da Justiça Militar serão designados para oficiar junto ao Superior Tribunal Militar e à Câmara de Coordenação e Revisão.

Parágrafo único. A designação de Subprocurador-Geral Militar para oficiar em órgãos jurisdicionais diferentes do previsto para a categoria dependerá de autorização do Conselho Superior.

Art. 141. Cabe aos Subprocuradores-Gerais da Justiça Militar, privativamente, o exercício das funções de:

I – Corregedor-Geral do Ministério Público Militar;

II – Coordenador da Câmara de Coordenação e Revisão do Ministério Público Militar.

Art. 142. Os Subprocuradores-Gerais da Justiça Militar serão lotados nos ofícios na Procuradoria-Geral de Justiça Militar.

Seção VIII
Dos Procuradores da Justiça Militar

Art. 143. Os Procuradores da Justiça Militar serão designados para oficiar junto às Auditorias Militares.

§ 1º Em caso de vaga ou afastamento do Subprocurador-Geral da Justiça Militar por prazo superior a trinta dias, poderá ser convocado pelo Procurador-Geral, mediante aprovação pelo Conselho Superior, Procurador da Justiça Militar e nenhum desses aceitando, poderá ser convocado Promotor de Justiça Militar, para substituição.

§ 2º O Procurador da Justiça Militar convocado, ou o Promotor de Justiça Militar, receberá a diferença de vencimentos, correspondente ao cargo de Subprocurador-Geral da Justiça Militar, inclusive diárias e transporte se for o caso.

Art. 144. Os Procuradores da Justiça Militar serão lotados nos ofícios nas Procuradorias da Justiça Militar.

Seção IX
Dos Promotores da Justiça Militar

Art. 145. Os Promotores da Justiça Militar serão designados para oficiar junto às Auditorias Militares.

Parágrafo único. Em caso de vaga ou afastamento de Procurador da Justiça Militar por prazo superior a trinta dias, poderá ser convocado pelo Procurador-Geral, mediante aprovação do Conselho Superior, Promotor da Justiça Militar, para a substituição.

Art. 146. Os Promotores da Justiça Militar serão lotados nos ofícios nas Procuradorias da Justiça Militar.

Seção X
Das unidades de lotação e de administração

Art. 147. Os ofícios na Procuradoria-Geral de Justiça Militar e nas Procuradorias da Justiça Militar são unidades de lotação e de administração do Ministério Público Militar.

Art. 148. A estrutura das unidades de lotação e de administração será organizada por regulamento, nos termos da lei.

Capítulo IV
Do Ministério Público do Distrito Federal e Territórios

Seção I
Da competência, dos órgãos e da carreira

Art. 149. O Ministério Público do Distrito Federal e Territórios exercerá as suas funções nas causas de competência do Tribunal de Justiça e dos Juízes do Distrito Federal e Territórios.

Art. 150. Incumbe ao Ministério Público do Distrito Federal e Territórios:

I – instaurar inquérito civil e outros procedimentos administrativos correlatos;

II – requisitar diligências investigatórias e a instauração de inquérito policial, podendo acompanhá-los e apresentar provas;

III – requisitar à autoridade competente a instauração de procedimentos administrativos, ressalvados os de natureza disciplinar, podendo acompanhá-los e produzir provas;

IV – exercer o controle externo da atividade da polícia do Distrito Federal e da dos Territórios;

V – participar dos Conselhos Penitenciários;

VI – participar, como instituição observadora, na forma e nas condições estabelecidas em ato do Procurador-Geral da República, de qualquer órgão da administração pública direta, indireta ou fundacional do Distrito Federal, que tenha atribuições correlatas às funções da instituição;

VII – fiscalizar a execução da pena, nos processos de competência da Justiça do Distrito Federal e Territórios.

Art. 151. Cabe ao Ministério Público do Distrito Federal e Territórios exercer a defesa dos direitos constitucionais do cidadão sempre que se cuide de garantir-lhes o respeito:

I – pelos Poderes Públicos do Distrito Federal e dos Territórios;

II – pelos órgãos da administração pública, direta ou indireta, do Distrito Federal e dos Territórios;

III – pelos concessionários e permissionários do serviço público do Distrito Federal e dos Territórios;

IV – por entidades que exerçam outra função delegada do Distrito Federal e dos Territórios.

Art. 152. O Procurador-Geral de Justiça designará, dentre os Procuradores de Justiça e mediante prévia aprovação do nome pelo Conselho Superior, o Procurador Distrital dos Direitos do Cidadão, para servir pelo prazo de dois anos, permitida a recondução, precedida de nova decisão do Conselho Superior.

§ 1º Sempre que possível, o Procurador Distrital não acumulará o exercício de suas funções com outras do Ministério Público.

§ 2º O Procurador Distrital somente será dispensado, antes do termo de sua investidura, por iniciativa do Procurador-Geral de Justiça, anuindo a maioria absoluta do Conselho Superior.

Art. 153. São órgãos do Ministério Público do Distrito Federal e Territórios:

I – o Procurador-Geral de Justiça;

II – o Colégio de Procuradores e Promotores de Justiça;

III – o Conselho Superior do Ministério Público do Distrito Federal e Territórios;

IV – a Corregedoria do Ministério Público do Distrito Federal e Territórios;

V – as Câmaras de Coordenação e Revisão do Ministério Público do Distrito Federal e Territórios;

VI – os Procuradores de Justiça;

VII – os Promotores de Justiça;

VIII – os Promotores de Justiça Adjuntos.

Art. 154. A carreira do Ministério Público do Distrito Federal e Territórios é constituída pelos cargos de Procurador de Justiça, Promotor de Justiça e Promotor de Justiça Adjunto.

Parágrafo único. O cargo inicial da carreira é o de Promotor de Justiça Adjunto e o último o de Procurador de Justiça.

Seção II
Do Procurador-Geral de Justiça

Art. 155. O Procurador-Geral de Justiça é o Chefe do Ministério Público do Distrito Federal e Territórios.

Art. 156. O Procurador-Geral de Justiça será nomeado pelo Presidente da República dentre integrantes de lista tríplice elaborada pelo Colégio de Procuradores e Promotores de Justiça, para mandato de dois anos, permitida uma recondução, precedida de nova lista tríplice.

§ 1º Concorrerão à lista tríplice os membros do Ministério Público do Distrito Federal com mais de cinco anos de exercício nas funções da carreira e que não tenham sofrido, nos últimos quatro anos, qualquer condenação definitiva ou não estejam respondendo a processo penal ou administrativo.

§ 2º O Procurador-Geral poderá ser destituído, antes do término do mandato, por deliberação da maioria absoluta do Senado Federal, mediante representação do Presidente da República.

Art. 157. O Procurador-Geral designará, dentre os Procuradores de Justiça, o Vice-Procurador-Geral de Justiça, que o substituirá em seus impedimentos. Em caso de vacância, exercerá o cargo o Vice-Presidente do Conselho Superior, até o seu provimento definitivo.

Art. 158. Compete ao Procurador-Geral de Justiça exercer as funções atribuídas ao Ministério Público no Plenário do Tribunal de Justiça do Distrito Federal e Territórios, propondo as ações cabíveis e manifestando-se nos processos de sua competência.

Art. 159. Incumbe ao Procurador-Geral de Justiça, como Chefe do Ministério Público:

I – representar o Ministério Público do Distrito Federal e Territórios;

II – integrar, como membro nato, o Colégio de Procuradores e Promotores de Justiça, o Conselho Superior e a Comissão de Concurso;

III – designar o Procurador Distrital dos Direitos do Cidadão;

IV – designar um dos membros e o Coordenador de cada uma das Câmaras de Coordenação e Revisão do Ministério Público do Distrito Federal e Territórios;

V – nomear o Corregedor-Geral do Ministério Público do Distrito Federal e Territórios;

VI – decidir, em grau de recurso, os conflitos de atribuições entre órgãos do Ministério Público do Distrito Federal e Territórios;

VII – determinar a abertura de correição, sindicância ou inquérito administrativo;

VIII – determinar a instauração de inquérito ou processo administrativo contra servidores dos serviços auxiliares;

IX – decidir processo disciplinar contra membro da carreira ou servidor dos serviços auxiliares, aplicando as sanções que sejam de sua competência;

X – decidir, atendendo a necessidade do serviço, sobre:

a) remoção a pedido ou por permuta;

b) alteração parcial da lista bienal de designações;

XI – autorizar o afastamento de membros do Ministério Público do Distrito Federal e Territórios, ouvido o Conselho Superior, nos casos previstos em lei;

XII – dar posse aos membros do Ministério Público do Distrito Federal e Territórios;

XIII – designar membro do Ministério Público do Distrito Federal e Territórios para:

a) funcionar nos órgãos em que a participação da instituição seja legalmente prevista, ouvido o Conselho Superior;

b) integrar comissões técnicas ou científicas, relacionadas às funções da instituição, ouvido o Conselho Superior;

c) assegurar a continuidade dos serviços, em caso de vacância, afastamento temporário, ausência, impedimento ou suspeição do titular, na inexistência ou falta do substituto designado;

d) acompanhar procedimentos administrativos e inquéritos policiais, instaurados em áreas estranhas à sua competência específica, desde que relacionados a fatos de interesse da instituição;

XIV – homologar, ouvido o Conselho Superior, o resultado de concurso para ingresso na carreira;

XV – fazer publicar o aviso de existência de vaga, na lotação e na relação bienal de designações;

XVI – propor ao Procurador-Geral da República, ouvido o Conselho Superior, a criação e a extinção de cargos da carreira e dos ofícios em que devam ser exercidas suas funções;

XVII – elaborar a proposta orçamentária do Ministério Público do Distrito Federal e Territórios, submetendo-a ao Conselho Superior;

XVIII – encaminhar ao Procurador-Geral da República a proposta orçamentária do Ministério Público do Distrito Federal e Territórios, após sua aprovação pelo Conselho Superior;

XIX – organizar a prestação de contas do exercício anterior, encaminhando-a ao Procurador-Geral da República;

XX – praticar atos de gestão administrativa, financeira e de pessoal;

XXI – elaborar o relatório de atividades do Ministério Público do Distrito Federal e Territórios;

XXII – coordenar as atividades do Ministério Público do Distrito Federal e Territórios;

XXIII – exercer outras atribuições previstas em lei.

Art. 160. As atribuições do Procurador-Geral de Justiça, previstas nos incisos XIII, alíneas "c", "d", XXII e XXIII, do artigo anterior, poderão ser delegadas a Coordenador de Câmara de Coordenação e Revisão.

Seção III
Do Colégio de Procuradores e Promotores de Justiça

Art. 161. O Colégio de Procuradores e Promotores de Justiça, presidido pelo Procurador-Geral de Justiça, é integrado por todos os membros da carreira em atividade no Ministério Público do Distrito Federal e Territórios.

Art. 162. Compete ao Colégio de Procuradores e Promotores de Justiça:

I – elaborar, mediante voto plurinominal, facultativo e secreto, a lista tríplice para o cargo de Procurador-Geral de Justiça;

II – opinar sobre assuntos gerais de interesse da instituição;

III – elaborar, mediante voto plurinominal, facultativo e secreto, lista sêxtupla para a composição do Tribunal de Justiça do Distrito Federal e Territórios, sendo elegíveis os membros do Ministério Público do Distrito Federal e Territórios com mais de dez anos de carreira;

IV – eleger, dentre os Procuradores de Justiça e mediante voto plurinominal, facultativo e secreto, quatro membros do Conselho Superior do Ministério Público do Distrito Federal e Territórios;

V – elaborar, mediante voto plurinominal, facultativo e secreto, lista sêxtupla para a composição do Superior Tribunal de Justiça, sendo elegíveis os membros do Ministério Público do Distrito Federal e Territórios, com mais de trinta e cinco e menos de sessenta e cinco anos de idade.

§ 1º Para os fins previstos nos incisos I, II, III, IV e V, prescindir-se-á de reunião do Colégio de Procuradores e Promotores de Justiça, procedendo-se segundo dispuser o seu Regimento Interno, exigido o voto da maioria absoluta dos eleitores.

§ 2º Excepcionalmente, em caso de interesse relevante da instituição, o Colégio de Procuradores e Promotores de Justiça reunir-se-á em local designado pelo Procurador-Geral de Justiça, desde que convocado por ele ou pela maioria de seus membros.

§ 3º O Regimento Interno do Colégio de Procuradores e Promotores de Justiça disporá sobre seu funcionamento.

Seção IV
Do Conselho Superior do Ministério Público do Distrito Federal e Territórios

Art. 163. O Conselho Superior do Ministério Público do Distrito Federal e Territórios, presidido pelo Procurador-Geral de Justiça, tem a seguinte composição:

I – o Procurador-Geral de Justiça e o Vice-Procurador-Geral de Justiça, que o integram como membros natos;

II – quatro Procuradores de Justiça, eleitos, para mandato de dois anos, na forma do inciso IV do artigo anterior, permitida uma reeleição;

III – quatro Procuradores de Justiça, eleitos para um mandato de dois anos, por seus pares, mediante voto plurinominal, facultativo e secreto, permitida uma reeleição.

§ 1º Serão suplentes dos membros de que tratam os incisos II e III, os demais votados, em ordem decrescente, observados os critérios gerais de desempate.

§ 2º O Conselho Superior elegerá o seu Vice-Presidente, que substituirá o Presidente em seus impedimentos e em caso de vacância.

Art. 164. O Conselho Superior do Ministério Público do Distrito Federal e Territórios reunir-se-á ordinariamente, uma vez por mês, em dia previamente fixado, e extraordinariamente, quando convocado pelo Procurador-Geral de Justiça ou por proposta da maioria absoluta de seus membros.

Art. 165. Salvo disposição em contrário, as deliberações do Conselho Superior serão tomadas por maioria de votos, presente a maioria absoluta de seus membros.

Art. 166. Compete ao Conselho Superior do Ministério Público do Distrito Federal e Territórios:

I – exercer o poder normativo no âmbito do Ministério Público do Distrito Federal e Territórios, observados os princípios desta Lei, especialmente para elaborar e aprovar:

a) o seu Regimento Interno, o do Colégio de Procuradores e Promotores de Justiça do Distrito Federal e Territórios e os das Câmaras de Coordenação e Revisão do Ministério Público do Distrito Federal e Territórios;

b) as normas e as instruções para o concurso de ingresso na carreira;

c) as normas sobre as designações para os diferentes ofícios do Ministério Público do Distrito Federal e Territórios;

d) os critérios para distribuição de inquéritos, procedimentos administrativos e quaisquer outros feitos no Ministério Público do Distrito Federal e Territórios;

e) os critérios de promoção por merecimento, na carreira;

f) o procedimento para avaliar o cumprimento das condições do estágio probatório;

II – aprovar o nome do Procurador Distrital dos Direitos do Cidadão;

III – indicar os integrantes das Câmaras de Coordenação e Revisão;

IV – destituir, por iniciativa do Procurador-Geral e pelo voto de dois terços de seus membros, o Corregedor-Geral;

V – elaborar a lista tríplice destinada à promoção por merecimento;

VI – elaborar a lista tríplice para Corregedor-Geral do Ministério Público do Distrito Federal e Territórios;

VII – aprovar a lista de antiguidade do Ministério Público do Distrito Federal e Territórios e decidir sobre as reclamações a ela concernentes;

VIII – indicar o membro do Ministério Público do Distrito Federal e Territórios para promoção por antiguidade, observado o disposto no art. 93, II, alínea "d", da Constituição Federal;

IX – opinar sobre a designação de membro do Ministério Público do Distrito Federal e Territórios para:

a) funcionar nos órgãos em que a participação da instituição seja legalmente prevista;

b) integrar comissões técnicas ou científicas relacionadas às funções da instituição;

X – opinar sobre o afastamento temporário de membro do Ministério Público do Distrito Federal e Territórios;

XI – determinar a realização de correições e sindicâncias e apreciar os relatórios correspondentes;

XII – determinar a instauração de processos administrativos em que o acusado seja membro do Ministério Público do Distrito Federal e Territórios, apreciar seus relatórios e propor as medidas cabíveis;

XIII – determinar o afastamento preventivo do exercício de suas funções, de membro do Ministério Público do Distrito Federal e Territórios, indiciado ou acusado em processo disciplinar, e seu retorno;

XIV – autorizar a designação, em caráter excepcional, de membros do Ministério Público do Distrito Federal e Territórios, para exercício de atribuições processuais perante juízos, tribunais ou ofícios diferentes dos estabelecidos para cada categoria;

XV – designar a comissão de processo administrativo em que o acusado seja membro do Ministério Público do Distrito Federal e Territórios;

XVI – decidir sobre o cumprimento do estágio probatório por membro do Ministério Público do Distrito Federal e Territórios, propondo ao Procurador-Geral da República, quando for o caso, a sua exoneração;

XVII – decidir sobre remoção e disponibilidade de membro do Ministério Público do Distrito Federal e Territórios, por motivo de interesse público;

XVIII – autorizar, pela maioria absoluta de seus membros, que o Procurador-Geral da República ajuíze ação de perda de cargo contra membro vitalício do Ministério Público do Distrito Federal e Territórios, nos casos previstos em lei;

XIX – opinar sobre os pedidos de reversão de membro da carreira;

XX – aprovar proposta de lei para o aumento do número de cargos da carreira e dos ofícios;

XXI – deliberar sobre a realização de concurso para ingresso na carreira, designar os membros da Comissão de Concurso e opinar sobre a homologação dos resultados;

XXII – aprovar a proposta orçamentária que integrará o projeto de orçamento do Ministério Público da União;

XXIII – exercer outras funções atribuídas em lei.

Parágrafo único. O Procurador-Geral de Justiça e os membros do Conselho Superior estarão impedidos de participar das decisões deste nos casos previstos nas leis processuais para o impedimento e a suspeição de membros do Ministério Público.

Seção V
Das Câmaras de Coordenação e Revisão do Ministério Público do Distrito Federal e Territórios

Art. 167. As Câmaras de Coordenação e Revisão do Ministério Público do Distrito Federal e Territórios são órgãos setoriais de coordenação, de integração e de revisão do exercício funcional na instituição.

Art. 168. As Câmaras de Coordenação e Revisão serão organizadas por função ou por matéria, através de ato normativo.

Parágrafo único. O Regimento Interno, que disporá sobre o funcionamento das Câmaras de Coordenação e Revisão, será elaborado e aprovado pelo Conselho Superior.

Art. 169. As Câmaras de Coordenação e Revisão do Ministério Público do Distrito Federal e Territórios serão compostas por três membros do Ministério Público do Distrito Federal e Territórios, sendo um indicado pelo Procurador-Geral de Justiça e dois pelo Conselho Superior do Ministério Público do Distrito Federal e Territórios, juntamente com seus suplentes, para um mandato de dois anos, sempre que possível, dentre integrantes do último grau da carreira.

Art. 170. Dentre os integrantes da respectiva Câmara de Coordenação e Revisão, um será designado pelo Procurador-Geral para a função executiva de Coordenador.

Art. 171. Compete às Câmaras de Coordenação e Revisão:

I – promover a integração e a coordenação dos órgãos institucionais que atuem em ofícios ligados à sua atividade setorial, observado o princípio da independência funcional;

II – manter intercâmbio com órgãos ou entidades que atuem em áreas afins;

III – encaminhar informações técnico-jurídicas aos órgãos institucionais que atuem em seu setor;

IV – homologar a promoção de arquivamento de inquérito civil ou peças de informação ou designar outro órgão do Ministério Público para fazê-lo;

V – manifestar-se sobre o arquivamento de inquérito policial, inquérito parlamentar ou peças de informação, exceto nos casos de competência originária do Procurador-Geral;

VI – resolver sobre a distribuição especial de inquéritos, feitos e procedimentos, quando a matéria, por sua natureza ou relevância, assim o exigir;

VII – resolver sobre a distribuição especial de feitos, que, por sua contínua reiteração, devam receber tratamento uniforme;

VIII – decidir os conflitos de atribuição entre os órgãos do Ministério Público do Distrito Federal e Territórios.

Parágrafo único. A competência fixada nos incisos VI e VII será exercida segundo critérios objetivos previamente estabelecidos pelo Conselho Superior.

Seção VI
Da Corregedoria do Ministério Público do Distrito Federal e Territórios

Art. 172. A Corregedoria do Ministério Público do Distrito Federal e Territórios, dirigida pelo Corregedor-Geral, é o órgão fiscalizador das atividades funcionais e da conduta dos membros do Ministério Público do Distrito Federal e Territórios.

Art. 173. O Corregedor-Geral do Ministério Público do Distrito Federal e Territórios será nomeado pelo Procurador-Geral dentre os Procuradores de Justiça integrantes de lista tríplice elaborada pelo Conselho Superior, para mandato de dois anos, renovável uma vez.

§ 1º Não poderão integrar a lista tríplice os membros do Conselho Superior.

§ 2º Serão suplentes do Corregedor-Geral os demais integrantes da lista tríplice, na ordem em que os designar o Procurador-Geral.

§ 3º O Corregedor-Geral poderá ser destituído por iniciativa do Procurador-Geral, antes do término do mandato, pelo Conselho Superior, observado o disposto no inciso IV do art. 166.

Art. 174. Compete ao Corregedor-Geral do Ministério Público do Distrito Federal e Territórios:

I – participar, sem direito a voto, das reuniões do Conselho Superior;

II – realizar, de ofício ou por determinação do Procurador-Geral ou do Conselho Superior, correições e sindicâncias, apresentando os respectivos relatórios;

III – instaurar inquérito contra integrante da carreira e propor ao Conselho Superior a instauração do processo administrativo consequente;

IV – acompanhar o estágio probatório dos membros do Ministério Público do Distrito Federal e Territórios;

V – propor ao Conselho Superior a exoneração de membro do Ministério Público do Distrito Federal e Territórios que não cumprir as condições do estágio probatório.

Seção VII
Dos Procuradores de Justiça

Art. 175. Os Procuradores de Justiça serão designados para oficiar junto ao Tribunal de Justiça e nas Câmaras de Coordenação e Revisão.

Parágrafo único. A designação de Procurador de Justiça para oficiar em órgãos jurisdicionais diferentes do previsto para a categoria dependerá de autorização do Conselho Superior.

Art. 176. Cabe aos Procuradores de Justiça, privativamente, o exercício das funções de:

I – Corregedor-Geral do Ministério Público do Distrito Federal e Territórios;

II – Procurador Distrital dos Direitos do Cidadão;

III. Coordenador de Câmara de Coordenação e Revisão.

Art. 177. Os Procuradores de Justiça serão lotados nos ofícios na Procuradoria Geral da Justiça do Distrito Federal e Territórios.

Seção VIII
Dos Promotores de Justiça

Art. 178. Os Promotores de Justiça serão designados para oficiar junto às Varas da Justiça do Distrito Federal e Territórios.

Parágrafo único. Os Promotores de Justiça serão lotados nos ofícios previstos para as Promotorias de Justiça.

Seção IX
Dos Promotores de Justiça Adjuntos

Art. 179. Os Promotores de Justiça Adjuntos serão designados para oficiar junto às Varas da Justiça do Distrito Federal e Territórios.

Parágrafo único. Os Promotores de Justiça Adjuntos serão lotados nos ofícios previstos para as Promotorias de Justiça.

Seção X
Das unidades de lotação e de administração

Art. 180. Os ofícios na Procuradoria-Geral de Justiça do Distrito Federal e Territórios e nas Promotorias de Justiça serão unidades de lotação e de administração do Ministério Público do Distrito Federal e Territórios.

Art. 181. A estrutura básica da Procuradoria-Geral de Justiça será organizada por Regulamento, nos termos da lei.

Título III
Das disposições estatutárias especiais

Capítulo I
Da carreira

Seção I
Do provimento

Art. 182. Os cargos do Ministério Público da União, salvo os de Procurador-Geral da República, Procurador-Geral do Trabalho, Procurador-Geral da Justiça Militar e Procurador-Geral de Justiça do Distrito Federal e Territórios, são de provimento vitalício e constituem as carreiras independentes de cada ramo.

Art. 183. Os cargos das classes iniciais serão providos por nomeação, em caráter vitalício, mediante concurso público específico para cada ramo.

Art. 184. A vitaliciedade somente será alcançada após dois anos de efetivo exercício.

Art. 185. É vedada a transferência ou aproveitamento nos cargos do Ministério Público da União, mesmo de um para outro de seus ramos.

Seção II
Do concurso

Art. 186. O concurso público de provas e títulos para ingresso em cada carreira do Ministério Público da União terá âmbito nacional, destinando-se ao preenchimento de todas as vagas existentes e das que ocorrerem no prazo de eficácia.

Parágrafo único. O concurso será realizado, obrigatoriamente, quando o número de vagas exceder a dez por cento do quadro respectivo e, facultativamente, a juízo do Conselho Superior competente.

Art. 187. Poderão inscrever-se no concurso bacharéis em Direito há pelo menos dois anos, de comprovada idoneidade moral.

Art. 188. O concurso obedecerá ao regulamento elaborado pelo Conselho Superior competente, observado o disposto no art. 31.

Art. 189. A Comissão de Concurso será integrada pelo Procurador-Geral, seu Presidente, por dois membros do respectivo ramo do Ministério Público e por um jurista de reputação ilibada, indicados pelo Conselho Superior e por um advogado indicado pelo Conselho Federal da Ordem dos Advogados do Brasil.

Art. 190. O edital de abertura do concurso conterá a relação dos cargos vagos, com a respectiva lotação, e fixará, para as inscrições, prazo não inferior a trinta dias, contado de sua publicação no Diário Oficial.

Art. 191. Não serão nomeados os candidatos aprovados no concurso, que tenham completado sessenta e cinco anos ou que venham a ser considerados inaptos para o exercício do cargo, em exame de higidez física e mental.

Art. 192. O Procurador-Geral competente, ouvido o Conselho Superior, decidirá sobre a homologação do concurso, dentro de trinta dias, contados da publicação do resultado final.

Art. 193. O prazo de eficácia do concurso, para efeito de nomeação, será de dois anos contados da publicação do ato homologatório, prorrogável uma vez pelo mesmo período.

Art. 194. A nomeação dos candidatos habilitados no concurso obedecerá à ordem de classificação.

§ 1º Os candidatos aprovados, na ordem de classificação, escolherão a lotação de sua preferência, na relação das vagas que, após o resultado do concurso, o Conselho Superior decidir que devam ser providas inicialmente.

§ 2º O candidato aprovado poderá renunciar à nomeação correspondente à sua classificação, antecipadamente ou até o termo final do prazo de posse, caso em que o renunciante será deslocado para o último lugar na lista dos classificados.

Seção III
Da posse e do exercício

Art. 195. O prazo para a posse nos cargos do Ministério Público da União é de trinta dias, contado da publicação do ato de nomeação, prorrogável por mais sessenta dias, mediante comunicação do nomeado, antes de findo o primeiro prazo.

Parágrafo único. O empossado prestará compromisso de bem cumprir os deveres do cargo, em ato solene, presidido pelo Procurador-Geral.

Art. 196. Para entrar no exercício do cargo, o empossado terá o prazo de trinta dias, prorrogável por igual período, mediante comunicação, antes de findo o prazo inicial.

Seção IV
Do estágio probatório

Art. 197. Estágio probatório é o período dos dois primeiros anos de efetivo exercício do cargo pelo membro do Ministério Público da União.

Art. 198. Os membros do Ministério Público da União, durante o estágio probatório, somente poderão perder o cargo mediante decisão da maioria absoluta do respectivo Conselho Superior.

Seção V
Das promoções

Art. 199. As promoções far-se-ão, alternadamente, por antiguidade e merecimento.

§ 1º A promoção deverá ser realizada até trinta dias da ocorrência da vaga; não decretada no prazo legal, a promoção produzirá efeitos a partir do termo final dele.

§ 2º Para todos os efeitos, será considerado promovido o membro do Ministério Público da União que vier a falecer ou se aposentar sem que tenha sido efetivada, no prazo legal, a promoção que cabia por antiguidade, ou por força do § 3º do artigo subsequente.

§ 3º É facultada a recusa de promoção, sem prejuízo do critério de preenchimento da vaga recusada.

§ 4º É facultada a renúncia à promoção, em qualquer tempo, desde que haja vaga na categoria imediatamente anterior.

Art. 200. O merecimento, para efeito de promoção, será apurado mediante critérios de ordem objetiva, fixados em regulamento elaborado pelo Conselho Superior do respectivo ramo, observado o disposto no art. 31 desta Lei Complementar.

§ 1º À promoção por merecimento só poderão concorrer os membros do Ministério Público da União com pelo menos dois anos de exercício na categoria e integrantes da primeira quinta parte da lista de antiguidade, salvo se não houver com tais requisitos quem aceite o lugar vago; em caso de recusa, completar-se-á a fração incluindo-se outros integrantes da categoria, na sequência da ordem de antiguidade.

§ 2º Não poderá concorrer à promoção por merecimento quem tenha sofrido penalidade de censura ou suspensão, no período de um ano imediatamente anterior à ocorrência da vaga, em caso de censura; ou de dois anos, em caso de suspensão.

§ 3º Será obrigatoriamente promovido quem houver figurado por três vezes consecutivas, ou cinco alternadas, na lista tríplice elaborada pelo Conselho Superior.

Art. 201. Não poderá concorrer à promoção por merecimento, até um dia após o regresso, o membro do Ministério Público da União afastado da carreira para:

I – exercer cargo eletivo ou a ele concorrer;

II – exercer outro cargo público permitido por lei.

Art. 202. *(Vetado.)*

§ 1º A lista de antiguidade será organizada no primeiro trimestre de cada ano, aprovada pelo Conselho Superior e publicada no Diário Oficial até o último dia do mês seguinte.

§ 2º O prazo para reclamação contra a lista de antiguidade será de trinta dias, contado da publicação.

§ 3º O desempate na classificação por antiguidade será determinado, sucessivamente, pelo tempo de serviço na respectiva carreira do Ministério Público da União, pelo tempo de serviço público federal, pelo tempo de serviço público em geral e pela idade dos candidatos, em favor do mais idoso; na classificação inicial, o primeiro desempate será determinado pela classificação no concurso.

§ 4º Na indicação à promoção por antiguidade, o Conselho Superior somente poderá recusar o mais antigo pelo voto de dois terços de seus integrantes, repetindo-se a votação até fixar-se a indicação.

Seção VI
Dos afastamentos

Art. 203. Sem prejuízo dos vencimentos, vantagens, ou qualquer direito, o membro do Ministério Público da União poderá afastar-se de suas funções:

I – até oito dias consecutivos, por motivo de casamento;

II – até oito dias consecutivos, por motivo de falecimento de cônjuge ou companheiro, ascendente ou descendente, irmão ou pessoa que viva sob sua dependência econômica;

III – até cinco dias úteis, para comparecimento a encontros ou congressos, no âmbito da instituição ou promovidos pela entidade de classe a que pertença, atendida a necessidade do serviço.

Art. 204. O membro do Ministério Público da União poderá afastar-se do exercício de suas funções para:

I – frequentar cursos de aperfeiçoamento e estudos, no País ou no exterior, por prazo não superior a dois anos, prorrogável, no máximo, por igual período;

II – comparecer a seminários ou congressos, no País ou no exterior;

III – ministrar cursos e seminários destinados ao aperfeiçoamento dos membros da instituição;

IV – exercer cargo eletivo nos casos previstos em lei ou a ele concorrer, observadas as seguintes condições:

a) o afastamento será facultativo e sem remuneração, durante o período entre a escolha como candidato a cargo eletivo em convenção partidária e a véspera do registro da candidatura na Justiça Eleitoral;

b) o afastamento será obrigatório a partir do dia do registro da candidatura pela Justiça;

V – ausentar-se do País em missão oficial.

§ 1º O afastamento, salvo na hipótese do inciso IV, só se dará mediante autorização do Procurador-Geral, depois de ouvido o Conselho Superior e atendida a necessidade de serviço.

§ 2º Os casos de afastamento previstos neste artigo dar-se-ão sem prejuízo dos vencimentos, vantagens ou qualquer direito inerente ao cargo, assegurada, no caso do inciso IV, a escolha da remuneração preferida, sendo o tempo de afastamento considerado de efetivo exercício para todos os fins e efeitos de direito.

§ 3º Não se considera de efetivo exercício, para fins de estágio probatório, o período de afastamento do membro do Ministério Público da União.

§ 4º Ao membro do Ministério Público da União que haja se afastado de suas funções para o fim previsto no inciso I, não será concedida exoneração ou licença para tratar de interesses particulares antes de decorrido período igual ao de afastamento, ressalvada a hipótese de ressarcimento do que houver recebido a título de vencimentos e vantagens em virtude do afastamento.

Seção VII
Da reintegração

Art. 205. A reintegração, que decorrerá de decisão judicial passada em julgado, é o reingresso do membro do Ministério Público da União na carreira, com ressarcimento dos vencimentos e vantagens deixados de perceber em razão da demissão, contando-se o tempo de serviço correspondente ao afastamento.

§ 1º O titular do cargo no qual se deva dar a reintegração será reconduzido àquele que anteriormente ocupava, o mesmo acontecendo com o titular do cargo para o qual deva ocorrer a recondução; sendo da classe inicial o cargo objeto da reintegração ou da recondução, seu titular ficará em disponibilidade, com proventos idênticos à remuneração que venceria, se em atividade estivesse.

§ 2º A disponibilidade prevista no parágrafo anterior cessará com o aproveitamento obrigatório na primeira vaga que venha a ocorrer na classe inicial.

§ 3º O reconduzido, caso tenha sido promovido por merecimento, fará jus à promoção na primeira vaga a ser provida por idêntico critério, atribuindo-se-lhe, quanto à antiguidade na classe, os efeitos de sua promoção anterior.

§ 4º O reintegrado será submetido ao exame médico exigido para o ingresso na carreira, e, verificando-se sua inaptidão para exercício do cargo, será aposentado, com as vantagens a que teria direito, se efetivada a reintegração.

Seção VIII
Da reversão e da readmissão

Art. 206. *(Vetado.)*

Art. 207. *(Vetado.)*

Capítulo II
Dos direitos

Seção I
Da vitaliciedade e da inamovibilidade

Art. 208. Os membros do Ministério Público da União, após dois anos de efetivo exercício, só poderão ser demitidos por decisão judicial transitada em julgado.

Parágrafo único. A propositura de ação para perda de cargo, quando decorrente de proposta do Conselho Superior depois de apreciado o processo administrativo, acarretará o afastamento do membro do Ministério Público da União do exercício de suas funções, com a perda dos vencimentos e das vantagens pecuniárias do respectivo cargo.

Art. 209. Os membros do Ministério Público da União são inamovíveis, salvo motivo de interesse público, na forma desta Lei Complementar.

Art. 210. A remoção, para efeito desta Lei Complementar, é qualquer alteração de lotação.

Parágrafo único. A remoção será feita de ofício, a pedido singular ou por permuta.

Art. 211. A remoção de ofício, por iniciativa do Procurador-Geral, ocorrerá somente por motivo de interesse público, mediante decisão do Conselho Superior, pelo voto de dois terços de seus membros, assegurada ampla defesa.

Art. 212. A remoção a pedido singular atenderá à conveniência do serviço, mediante requerimento apresentado nos quinze dias seguintes à publicação de aviso da existência de vaga; ou, decorrido este prazo, até quinze dias após a publicação da deliberação do Conselho Superior sobre a realização de concurso para ingresso na carreira.

§ 1º O aviso será publicado no Diário Oficial, dentro de quinze dias da vacância.

§ 2º Havendo mais de um candidato à remoção, ao fim do primeiro prazo previsto no *caput* deste artigo, será removido o de maior antiguidade; após o decurso deste prazo, prevalecerá a ordem cronológica de entrega dos pedidos.

Art. 213. A remoção por permuta será concedida mediante requerimento dos interessados.

Seção II
Das designações

Art. 214. A designação é o ato que discrimina as funções que sejam compatíveis com as previstas nesta Lei Complementar, para cada classe das diferentes carreiras.

Parágrafo único. A designação para o exercício de funções diferentes das previstas para cada classe, nas respectivas carreiras, somente será admitida por interesse do serviço, exigidas a anuência do designado e a autorização do Conselho Superior.

Art. 215. As designações serão feitas observados os critérios da lei e os estabelecidos pelo Conselho Superior:

I – para o exercício de função definida por esta Lei Complementar;

II – para o exercício de função nos ofícios definidos em lei.

Art. 216. As designações, salvo quando estabelecido outro critério por esta Lei Complementar, serão feitas por lista, no último mês do ano, para vigorar por um biênio, facultada a renovação.

Art. 217. A alteração da lista poderá ser feita, antes do termo do prazo, por interesse do serviço, havendo:

I – provimento de cargo;

II – desprovimento de cargo;

III – criação de ofício;

IV – extinção de ofício;

V – pedido do designado;

VI – pedido de permuta.

Art. 218. A alteração parcial da lista, antes do termo do prazo, quando modifique a função do designado, sem a sua anuência, somente será admitida nas seguintes hipóteses:

I – extinção, por lei, da função ou ofício para o qual estava designado;

II – nova lotação, em decorrência de:

a) promoção; e

b) remoção;

III – afastamento ou disponibilidade;

IV – aprovação pelo Conselho Superior, de proposta do Procurador-Geral, pelo voto secreto de dois terços de seus membros.

Parágrafo único. A garantia estabelecida neste artigo não impede a acumulação eventual de ofícios ou que sejam ampliadas as funções do designado.

Art. 219. *(Vetado)*

Seção III
Das férias e licenças

Art. 220. Os membros do Ministério Público terão direito a férias de sessenta dias por ano, contínuos ou divididos em dois períodos iguais, salvo acúmulo por necessidade de serviço e pelo máximo de dois anos.

§ 1º Os períodos de gozo de férias dos membros do Ministério Público da União, que oficiem perante Tribunais, deverão ser simultâneos com os das férias coletivas destes, salvo motivo relevante ou o interesse do serviço.

§ 2º Independentemente de solicitação, será paga ao membro do Ministério Público da União, por ocasião das férias, importância correspondente a um terço da remuneração do período em que as mesmas devam ser gozadas.

§ 3º O pagamento da remuneração das férias será efetuado até dois dias antes do início de gozo do respectivo período, facultada a conversão de um terço das mesmas em abono pecuniário, requerido com pelo menos sessenta dias de antecedência, nele considerado o valor do acréscimo previsto no parágrafo anterior.

§ 4º Em caso de exoneração, será devida ao membro do Ministério Público da União indenização relativa ao período de férias a que tiver direito e ao incompleto, na proporção de um doze avos por mês de efetivo exercício, ou fração superior a quatorze dias, calculada com base na remuneração do mês em que for publicado o ato exoneratório.

Art. 221. O direito a férias será adquirido após o primeiro ano de exercício.

Art. 222. Conceder-se-á aos membros do Ministério Público da União licença:

I – por motivo de doença em pessoa da família;

II – por motivo de afastamento do cônjuge ou companheiro;

III – prêmio por tempo de serviço;

IV – para tratar de interesses particulares;

V – para desempenho de mandato classista.

§ 1º A licença prevista no inciso I será precedida de exame por médico ou junta médica oficial, considerando-se pessoas da família o cônjuge ou companheiro, o padrasto, a madrasta, o ascendente, o descendente, o enteado, o colateral consanguíneo ou afim até o segundo grau civil. A licença estará submetida, ainda, as seguintes condições:

a) somente será deferida se a assistência direta do membro do Ministério Público da União for indispensável e não puder ser dada simultaneamente com o exercício do cargo;

b) será concedida sem prejuízo dos vencimentos, vantagens ou qualquer direito inerente ao cargo, salvo para contagem de tempo de serviço em estágio probatório, até noventa dias, podendo ser prorrogada por igual prazo nas mesmas condições. Excedida a prorrogação, a licença será considerada como para tratar de interesses particulares.

§ 2º A licença prevista no inciso II poderá ser concedida quando o cônjuge ou companheiro for deslocado para outro ponto do território nacional, para o exterior ou para exercício de mandato eletivo dos Poderes Executivo e Legislativo; será por prazo indeterminado e sem remuneração, salvo se o membro do Ministério Público da União puder ser lotado, provisoriamente, em ofício vago no local para onde tenha se deslocado e compatível com o seu cargo, caso em que a licença será convertida em remoção provisória.

§ 3º A licença prevista no inciso III será devida após cada quinquênio ininterrupto de exercício, pelo prazo de três meses, observadas as seguintes condições:

a) será convertida em pecúnia em favor dos beneficiários do membro do Ministério Público da União falecido, que não a tiver gozado;

b) não será devida a quem houver sofrido penalidade de suspensão durante o período aquisitivo ou tiver gozado as licenças previstas nos incisos II e IV;

c) será concedida sem prejuízo dos vencimentos, vantagens ou qualquer direito inerente ao cargo;

d) para efeito de aposentadoria, será contado em dobro o período não gozado.

§ 4º A licença prevista no inciso IV poderá ser concedida ao membro do Ministério Público da União vitalício, pelo prazo de até dois anos consecutivos, sem remuneração, observadas as seguintes condições:

a) poderá ser interrompida, a qualquer tempo, a pedido do interessado ou no interesse do serviço;

b) não será concedida nova licença antes de decorrido dois anos do término da anterior.

§ 5º A licença prevista no inciso V será devida ao membro do Ministério Público da União investido em mandato em confederação, federação, associação de classe de âmbito nacional ou sindicato representativo da categoria, observadas as seguintes condições:

a) somente farão jus à licença os eleitos para cargos de direção ou representação nas referidas entidades, até o máximo de três por entidade;

b) a licença terá duração igual à do mandato, podendo ser prorrogada no caso de reeleição, e por uma única vez;

c) será concedida sem prejuízo dos vencimentos, vantagens ou qualquer direito inerente ao cargo.

§ 6º É vedado o exercício de atividade remunerada durante o período da licença prevista no inciso I.

§ 7º A licença concedida dentro de sessenta dias do término de outra da mesma espécie será considerada como prorrogação.

Art. 223. Conceder-se-á aos membros do Ministério Público da União, além das previstas no artigo anterior, as seguintes licenças:

I – para tratamento de saúde, a pedido ou de ofício, com base em perícia médica, observadas as seguintes condições:

a) a licença será concedida sem prejuízo dos vencimentos e vantagens do cargo;

b) a perícia será feita por médico ou junta médica oficial, se necessário, na residência do examinado ou no estabelecimento hospitalar em que estiver internado;

c) inexistindo médico oficial, será aceito atestado passado por médico particular;

d) findo o prazo da licença, o licenciado será submetido a inspeção médica oficial, que concluirá pela volta ao serviço, pela prorrogação da licença ou pela aposentadoria;

e) a existência de indícios de lesões orgânicas ou funcionais é motivo de inspeção médica;

II – por acidente em serviço, observadas as seguintes condições:

a) configura acidente em serviço o dano físico ou mental que se relacione, mediata ou imediatamente, com as funções exercidas;

b) equipara-se ao acidente em serviço o dano decorrente de agressão não provocada e sofrida no exercício funcional, bem como o dano sofrido em trânsito a ele pertinente;

c) a licença será concedida sem prejuízo dos vencimentos e vantagens inerentes ao exercício do cargo;

d) o acidentado em serviço, que necessite de tratamento especializado, não disponível em instituição pública, poderá ser tratado em instituição privada, à conta de recursos públicos, desde que o tratamento seja recomendado por junta médica oficial;

e) a prova do acidente deverá ser feita no prazo de dez dias, contado de sua ocorrência, prorrogável quando as circunstâncias o exigirem;

III – à gestante, por cento e vinte dias, observadas as seguintes condições:

a) poderá ter início no primeiro dia no nono mês de gestação, salvo antecipação por prescrição médica;

b) no caso de nascimento prematuro, a licença terá início a partir do parto;

c) no caso de natimorto, decorridos trinta dias do evento a mãe será submetida a exame médico e, se julgada apta, reassumirá as suas funções;

d) em caso de aborto atestado por médico oficial, a licença dar-se-á por trinta dias, a partir da sua ocorrência;

IV – pelo nascimento ou a adoção de filho, o pai ou adotante, até cinco dias consecutivos;

V – pela adoção ou a obtenção de guarda judicial de criança até um ano de idade, o prazo da licença do adotante ou detentor da guarda será de trinta dias.

Seção IV
Dos vencimentos e vantagens

Art. 224. Os membros do Ministério Público da União receberão o vencimento, a representação e as gratificações previstas em lei.

§ 1º Sobre os vencimentos incidirá a gratificação adicional por tempo de serviço, à razão de um por cento por ano de serviço público efetivo, sendo computado o tempo de advocacia, até o máximo de quinze anos, desde que não cumulativo com tempo de serviço público.

§ 2º *(Vetado.)*

§ 3º Os vencimentos serão fixados com diferença não superior a dez por cento de uma para outra das classes de cada carreira.

§ 4º Os Subprocuradores-Gerais do Ministério Público da União terão os mesmos vencimentos e vantagens.

Art. 225. Os vencimentos do Procurador-Geral da República são os de Subprocurador-Geral da República, acrescidos de vinte por cento, não podendo exceder os valores percebidos como remuneração, em espécie, a qualquer título, por Ministros do Supremo Tribunal Federal.

Parágrafo único. O acréscimo previsto neste artigo não se incorpora aos vencimentos do cargo de Procurador-Geral da República.

Art. 226. *(Vetado.)*

Art. 227. Os membros do Ministério Público da União farão jus, ainda, às seguintes vantagens:

I – ajuda de custo em caso de:

a) remoção de ofício, promoção ou nomeação que importe em alteração do domicílio legal, para atender às despesas de instalação na nova sede de exercício em valor correspondente a até três meses de vencimentos;

b) serviço fora da sede de exercício, por período superior a trinta dias, em valor correspondente a um trinta avos dos vencimentos, pelos dias em que perdurar o serviço, sem prejuízo da percepção de diárias;

II – diárias, por serviço eventual fora da sede, de valor mínimo equivalente a um trinta avos dos vencimentos para atender às despesas de locomoção, alimentação e pousada;

III – transporte:

a) pessoal e dos dependentes, bem como de mobiliário, em caso de remoção, promoção ou nomeação, previstas na alínea "a" do inciso I;

b) pessoal, no caso de qualquer outro deslocamento a serviço, fora da sede de exercício;

IV – auxílio-doença, no valor de um mês de vencimento, quando ocorrer licença para tratamento de saúde por mais de doze meses, ou invalidez declarada no curso deste prazo;

V – salário-família;

 VI – pro labore pela atividade de magistério, por hora-aula proferida em cursos, seminários ou outros eventos destinados ao aperfeiçoamento dos membros da instituição;

VII – assistência médico-hospitalar, extensiva aos inativos, pensionistas e dependentes, assim entendida como o conjunto de atividades relacionadas com a prevenção, conservação ou recuperação da saúde, abrangendo serviços profissionais médicos, paramédicos, farmacêuticos e odontológicos, bem como o fornecimento e a aplicação dos meios e dos cuidados essenciais à saúde;

VIII – auxílio-moradia, em caso de lotação em local cujas condições de moradia sejam particularmente difíceis ou onerosas, assim definido em ato do Procurador-Geral da República;

IX – gratificação natalina, correspondente a um doze avos da remuneração a que fizer jus no mês de dezembro, por mês de exercício no respectivo ano, considerando-se como mês integral a fração igual ou superior a quinze dias.

§ 1º A gratificação natalina será paga até o dia vinte do mês de dezembro de cada ano.

§ 2º Em caso de exoneração antes do mês de dezembro, a gratificação natalina será proporcional aos meses de exercício e calculada com base na remuneração do mês em que ocorrer a exoneração.

§ 3º A gratificação natalina não será considerada para cálculo de qualquer vantagem pecuniária.

§ 4º Em caso de nomeação, as vantagens previstas nos incisos I, alínea "a", e III, alínea "a", são extensivas ao membro do Ministério Público da União sem vínculo estatutário imediatamente precedente, desde que seu último domicílio voluntário date de mais de doze meses.

§ 5º *(Vetado.)*

§ 6º A assistência médico-hospitalar de que trata o inciso VII será proporcionada pela União, de preferência através de seus serviços, de acordo com normas e condições reguladas por ato do Procurador-Geral da República, sem prejuízo da assistência devida pela previdência social.

§ 7º *(Vetado.)*

§ 8º À família do membro do Ministério Público da União que falecer no prazo de um ano a partir de remoção de ofício, promoção ou nomeação de que tenha resultado mudança de domicílio legal, serão devidos a ajuda de custo e o transporte para a localidade de origem, no prazo de um ano, contado do óbito.

Art. 228. Salvo por imposição legal, ou ordem judicial, nenhum desconto incidirá sobre a remuneração ou provento e a pensão devida aos membros do Ministério Público da União ou a seus beneficiários.

§ 1º Mediante autorização do devedor, poderá haver consignação em folha de pagamento a favor de terceiro.

§ 2º As reposições e indenizações em favor do erário serão descontadas em parcelas mensais de valor não excedente à décima parte da remuneração ou provento, em valores atualizados.

Art. 229. O membro do Ministério Público da União que, estando em débito com o erário, for demitido, exonerado ou que tiver sua aposentadoria ou disponibilidade cassada, terá o prazo de sessenta dias para quitar o débito.

Parágrafo único. Não ocorrendo a quitação do débito no prazo estabelecido neste artigo, deverá ele ser inscrito em dívida ativa.

Art. 230. A remuneração, o provento e a pensão dos membros do Ministério Público da União e de seus beneficiários não serão objeto de arresto, sequestro ou penhora, salvo em caso de dívida de alimentos, resultante de decisão judicial.

Seção V
Da aposentadoria e da pensão

Art. 231. O membro do Ministério Público da União será aposentado, compulsoriamente, por invalidez ou aos setenta anos de idade, e facultativamente aos trinta anos de serviço, após cinco anos de exercício efetivo na carreira.

§ 1º Será contado como tempo de serviço para aposentadoria, não cumulativamente, até o limite de quinze anos, o tempo de exercício da advocacia.

§ 2º O membro do Ministério Público da União poderá ainda ser aposentado, voluntariamente, aos sessenta e cinco anos de idade, se homem, e aos sessenta, se mulher, com proventos proporcionais ao tempo de serviço.

§ 3º Ao membro do Ministério Público da União, do sexo feminino, é facultada a aposentadoria, com proventos proporcionais, aos vinte e cinco anos de serviço.

> *** Declarado inconstitucional por força de decisão proferida pelo STF, nos autos da ADIN 994, Rel. Ministro Néri da Silveira, julgada em 10.12.1998.**

§ 4º A aposentadoria por invalidez será precedida de licença para tratamento de saúde por período não excedente a vinte e quatro meses, salvo quando o laudo médico concluir pela incapacidade definitiva para o exercício de suas funções.

§ 5º Será aposentado o membro do Ministério Público que, após vinte e quatro meses contínuos de licença para tratamento de saúde, for considerado inválido para o exercício de suas funções; não terá efeito interruptivo desse prazo qualquer período de exercício das funções inferior a trinta dias.

Art. 232. Os proventos da aposentadoria serão integrais.

Parágrafo único. Para o cálculo dos proventos da aposentadoria serão considerados os vencimentos do cargo imediatamente superior ao último exercido pelo aposentado; caso a aposentadoria se dê no último nível da carreira, os vencimentos deste serão acrescidos do percentual de vinte por cento.

Art. 233. Os proventos da aposentadoria serão revistos na mesma proporção e data em que se modificar a remuneração dos membros do Ministério Público em atividade, sendo também estendidos aos inativos quaisquer benefícios e vantagens novas asseguradas à carreira, ainda que por força de transformação ou reclassificação do cargo.

Art. 234. O aposentado conservará as prerrogativas previstas no art. 18, inciso I, alínea "e" e inciso II, alínea "e", bem como carteira de identidade especial, de acordo com o modelo aprovado pelo Procurador-Geral da República e por ele expedida, contendo expressamente tais prerrogativas e o registro da situação de aposentado.

Art. 235. A pensão por morte, devida pelo órgão previdenciário aos dependentes de membros do Ministério Público da União, corresponderá à totalidade dos vencimentos ou proventos do falecido, assegurada a revisão do benefício, na forma do art. 233.

Capítulo III
Da disciplina

Seção I
Dos deveres e vedações

Art. 236. O membro do Ministério Público da União, em respeito à dignidade de suas funções e à da Justiça, deve observar as normas que regem o seu exercício e especialmente:

I – cumprir os prazos processuais;

II – guardar segredo sobre assunto de caráter sigiloso que conheça em razão do cargo ou função;

III – velar por suas prerrogativas institucionais e processuais;

IV – prestar informações aos órgãos da administração superior do Ministério Público, quando requisitadas;

V – atender ao expediente forense e participar dos atos judiciais, quando for obrigatória a sua presença; ou assistir a outros, quando conveniente ao interesse do serviço;

VI – declarar-se suspeito ou impedido, nos termos da lei;

VII – adotar as providências cabíveis em face das irregularidades de que tiver conhecimento ou que ocorrerem nos serviços a seu cargo;

VIII – tratar com urbanidade as pessoas com as quais se relacione em razão do serviço;

IX – desempenhar com zelo e probidade as suas funções;

X – guardar decoro pessoal.

Art. 237. É vedado ao membro do Ministério Público da União:

I – receber, a qualquer título e sob qualquer pretexto, honorários, percentagens ou custas processuais;

II – exercer a advocacia;

III – exercer o comércio ou participar de sociedade comercial, exceto como cotista ou acionista;

IV – exercer, ainda que em disponibilidade, qualquer outra função pública, salvo uma de magistério;

V – exercer atividade político-partidária, ressalvada a filiação e o direito de afastar-se para exercer cargo eletivo ou a ele concorrer.

Seção II
Dos impedimentos e suspeições

Art. 238. Os impedimentos e as suspeições dos membros do Ministério Público são os previstos em lei.

Seção III
Das sanções

Art. 239. Os membros do Ministério Público são passíveis das seguintes sanções disciplinares:

I – advertência;

II – censura;

III – suspensão;

IV – demissão; e

V – cassação de aposentadoria ou de disponibilidade.

Art. 240. As sanções previstas no artigo anterior serão aplicadas:

I – a de advertência, reservadamente e por escrito, em caso de negligência no exercício das funções;

II – a de censura, reservadamente e por escrito, em caso de reincidência em falta anteriormente punida com advertência ou de descumprimento de dever legal;

III – a de suspensão, até quarenta e cinco dias, em caso de reincidência em falta anteriormente punida com censura;

IV – a de suspensão, de quarenta e cinco a noventa dias, em caso de inobservância das vedações impostas por esta Lei Complementar ou de reincidência em falta anteriormente punida com suspensão até quarenta e cinco dias;

V – as de demissão, nos caso de:

a) lesão aos cofres públicos, dilapidação do patrimônio nacional ou de bens confiados à sua guarda;

b) improbidade administrativa, nos termos do art. 37, § 4º, da Constituição Federal;

c) condenação por crime praticado com abuso de poder ou violação de dever para com a administração pública, quando a pena aplicada for igual ou superior a dois anos;

d) incontinência pública e escandalosa que comprometa gravemente, por sua habitualidade, a dignidade da instituição;

e) abandono de cargo;

f) revelação de assunto de caráter sigiloso, que conheça em razão do cargo ou função, comprometendo a dignidade de suas funções ou da Justiça;

g) aceitação ilegal de cargo ou função pública;

h) reincidência no descumprimento do dever legal, anteriormente punido com a suspensão prevista no inciso anterior;

VI – cassação de aposentadoria ou de disponibilidade, nos casos de falta punível com demissão, praticada quando no exercício do cargo ou função.

§ 1º A suspensão importa, enquanto durar, a perda dos vencimentos e das vantagens pecuniárias inerentes ao exercício do cargo, vedada a sua conversão em multa.

§ 2º Considera-se reincidência, para os efeitos desta Lei Complementar, a prática de nova infração, dentro de quatro anos após cientificado o infrator do ato que lhe tenha imposto sanção disciplinar.

§ 3º Considera-se abandono do cargo a ausência do membro do Ministério Público ao exercício de suas funções, sem causa justificada, por mais de trinta dias consecutivos.

§ 4º Equipara-se ao abandono de cargo a falta injustificada por mais de sessenta dias intercalados, no período de doze meses.

§ 5º A demissão poderá ser convertida, uma única vez, em suspensão, nas hipóteses previstas nas alíneas "a" e "h" do inciso V, quando de pequena gravidade o fato ou irrelevantes os danos causados, atendido o disposto no art. 244.

Art. 241. Na aplicação das penas disciplinares, considerar-se-ão os antecedentes do infrator, a natureza e a gravidade da infração, as circunstâncias em que foi praticada e os danos que dela resultaram ao serviço ou à dignidade da instituição ou da Justiça.

Art. 242. As infrações disciplinares serão apuradas em processo administrativo; quando lhes forem cominadas penas de demissão, de cassação de aposentadoria ou de disponibilidade, a imposição destas dependerá, também, de decisão judicial com trânsito em julgado.

Art. 243. Compete ao Procurador-Geral de cada ramo do Ministério Público da União aplicar a seus membros as penas de advertência, censura e suspensão.

Seção IV
Da prescrição

Art. 244. Prescreverá:

I – em um ano, a falta punível com advertência ou censura;

II – em dois anos, a falta punível com suspensão;

III – em quatro anos, a falta punível com demissão e cassação de aposentadoria ou de disponibilidade.

Parágrafo único. A falta, prevista na lei penal como crime, prescreverá juntamente com este.

Art. 245. A prescrição começa a correr:

I – do dia em que a falta for cometida; ou

II – do dia em que tenha cessado a continuação ou permanência, nas faltas continuadas ou permanentes.

Parágrafo único. Interrompem a prescrição a instauração de processo administrativo e a citação para a ação de perda do cargo.

Seção V
Da sindicância

Art. 246. A sindicância é o procedimento que tem por objeto a coleta sumária de dados para instauração, se necessário, de inquérito administrativo.

Seção VI
Do inquérito administrativo

Art. 247. O inquérito administrativo, de caráter sigiloso, será instaurado pelo Corregedor-Geral, mediante portaria, em que designará comissão de três membros para realizá-lo, sempre que tomar conhecimento de infração disciplinar.

§ 1º A comissão, que poderá ser presidida pelo Corregedor-Geral, será composta de integrantes da carreira, vitalícios, e de classe igual ou superior à do indiciado.

§ 2º As publicações relativas a inquérito administrativo conterão o respectivo número, omitido o nome do indiciado, que será cientificado pessoalmente.

Art. 248. O prazo para a conclusão do inquérito e apresentação do relatório final é de trinta dias, prorrogável, no máximo, por igual período.

Art. 249. A comissão procederá à instrução do inquérito, podendo ouvir o indiciado e testemunhas, requisitar perícias e documentos e promover diligências, sendo-lhe facultado o exercício das prerrogativas outorgadas ao Ministério Público da União, por esta Lei Complementar, para instruir procedimentos administrativos.

Art. 250. Concluída a instrução do inquérito, abrir-se-á vista dos autos ao indiciado, para se manifestar, no prazo de quinze dias.

Art. 251. A comissão encaminhará o inquérito ao Conselho Superior, acompanhado de seu parecer conclusivo, pelo arquivamento ou pela instauração de processo administrativo.

§ 1º O parecer que concluir pela instauração do processo administrativo formulará a súmula de acusação, que conterá a exposição do fato imputado, com todas as suas circunstâncias e a capitulação legal da infração.

§ 2º O inquérito será submetido à deliberação do Conselho Superior, que poderá:

I – determinar novas diligências, se o considerar insuficientemente instruído;

II – determinar o seu arquivamento;

III – instaurar processo administrativo, caso acolha a súmula de acusação;

IV – encaminhá-lo ao Corregedor-Geral, para formular a súmula da acusação, caso não acolha a proposta de arquivamento.

Seção VII
Do processo administrativo

Art. 252. O processo administrativo, instaurado por decisão do Conselho Superior, será contraditório, assegurada ampla defesa ao acusado.

§ 1º A decisão que instaurar processo administrativo designará comissão composta de três membros escolhidos dentre os integrantes da carreira, vitalícios, e de classe igual ou superior à do acusado, indicará o presidente e mencionará os motivos de sua constituição.

§ 2º Da comissão de processo administrativo não poderá participar quem haja integrado a precedente comissão de inquérito.

§ 3º As publicações relativas a processo administrativo conterão o respectivo número, omitido o nome do acusado, que será cientificado pessoalmente.

Art. 253. O prazo para a conclusão do processo administrativo e apresentação do relatório final é de noventa dias, prorrogável, no máximo, por trinta dias, contados da publicação da decisão que o instaurar.

Art. 254. A citação será pessoal, com entrega de cópia da portaria, do relatório final do inquérito e da súmula da acusação, cientificado o acusado do dia, da hora e do local do interrogatório.

§ 1º Não sendo encontrado o acusado em seu domicílio, proceder-se-á à citação por edital, publicado no Diário Oficial, com o prazo de quinze dias.

§ 2º O acusado, por si ou através de defensor que nomear, poderá oferecer defesa prévia, no prazo de quinze dias, contado do interrogatório, assegurando-se-lhe vista dos autos no local em que funcione a comissão.

§ 3º Se o acusado não tiver apresentado defesa, a comissão nomeará defensor, dentre os integrantes da carreira e de classe igual ou superior à sua, reabrindo-se-lhe o prazo fixado no parágrafo anterior.

§ 4º Em defesa prévia, poderá o acusado requerer a produção de provas orais, documentais e periciais, inclusive pedir a repetição daquelas já produzidas no inquérito.

§ 5º A comissão poderá indeferir, fundamentadamente, as provas desnecessárias ou requeridas com intuito manifestamente protelatório.

Art. 255. Encerrada a produção de provas, a comissão abrirá vista dos autos ao acusado, para oferecer razões finais, no prazo de quinze dias.

Art. 256. Havendo mais de um acusado, os prazos para defesa serão comuns e em dobro.

Art. 257. Em qualquer fase do processo, será assegurada à defesa a extração de cópia das peças dos autos.

Art. 258. Decorrido o prazo para razões finais, a comissão remeterá o processo, dentro de quinze dias, ao Conselho Superior, instruído com relatório dos seus trabalhos.

Art. 259. O Conselho Superior do Ministério Público, apreciando o processo administrativo, poderá:

I – determinar novas diligências, se o considerar insuficientemente instruído, caso em que, efetivadas estas, proceder-se-á de acordo com os arts. 264 e 265;

II – propor o seu arquivamento ao Procurador-Geral;

III – propor ao Procurador-Geral a aplicação de sanções que sejam de sua competência;

IV – propor ao Procurador-Geral da República o ajuizamento de ação civil para:

a) demissão de membro do Ministério Público da União com garantia de vitaliciedade;

b) cassação de aposentadoria ou disponibilidade.

Parágrafo único. Não poderá participar da deliberação do Conselho Superior quem haja oficiado na sindicância, ou integrado as comissões do inquérito ou do processo administrativo.

Art. 260. Havendo prova da infração e indícios suficientes de sua autoria, o Conselho Superior poderá determinar, fundamentadamente, o afastamento preventivo do indiciado, enquanto sua permanência for inconveniente ao serviço ou prejudicial à apuração dos fatos.

§ 1º O afastamento do indiciado não poderá ocorrer quando ao fato imputado corresponderem somente as penas de advertência ou de censura.

§ 2º O afastamento não ultrapassará o prazo de cento e vinte dias, salvo em caso de alcance.

§ 3º O período de afastamento será considerado como de serviço efetivo, para todos os efeitos.

Art. 261. Aplicam-se, subsidiariamente, ao processo disciplinar, as normas do Código de Processo Penal.

Seção VIII
Da revisão do processo administrativo

Art. 262. Cabe, em qualquer tempo, a revisão do processo de que houver resultado a imposição de penalidade administrativa:

I – quando se aduzam fatos ou circunstâncias suscetíveis de provar inocência ou de justificar a imposição de sanção mais branda; ou

II – quando a sanção se tenha fundado em prova falsa.

Art. 263. A instauração do processo de revisão poderá ser determinada de ofício, a requerimento do próprio interessado, ou, se falecido, do seu cônjuge ou companheiro, ascendente, descendente ou irmão.

Art. 264. O processo de revisão terá o rito do processo administrativo.

Parágrafo único. Não poderá integrar a comissão revisora quem haja atuado em qualquer fase do processo revisando.

Art. 265. Julgada procedente a revisão, será tornada sem efeito a sanção aplicada, com o restabelecimento, em sua plenitude, dos direitos por ela atingidos, exceto se for o caso de aplicar-se penalidade menor.

Título IV
Das disposições finais e transitórias

Art. 266. *(Vetado.)*

Art. 267. *(Vetado.)*

Art. 268. Ficam criados seis cargos de Subprocurador-Geral da República.

Art. 269. Ficam criados setenta e quatro cargos de Procurador Regional da República.

§ 1º O primeiro provimento de todos os cargos de Procurador Regional da República será considerado simultâneo, independentemente da data dos atos de promoção.

§ 2º Os vencimentos iniciais do cargo de Procurador Regional da República serão iguais aos do cargo de Procurador de Justiça do Distrito Federal.

Art. 270. Os atuais Procuradores da República de 1ª Categoria, que ingressaram na carreira até a data da promulgação da Constituição Federal, terão seus cargos transformados em cargos de Procurador Regional da República, mantidos seus titulares e lotações.

§ 1º Os cargos transformados na forma deste artigo, excedentes do limite previsto no artigo anterior, serão extintos à medida que vagarem.

§ 2º Os Procuradores da República ocupantes dos cargos transformados na forma deste artigo poderão ser designados para oficiar perante os Juízes Federais e os Tribunais Regionais Eleitorais.

Art. 271. Os cargos de Procurador da República de 1ª Categoria não alcançados pelo artigo anterior e os atuais cargos de Procurador da República de 2ª Categoria são transformados em cargos de Procurador da República.

§ 1º Na nova classe, para efeito de antiguidade, os atuais Procuradores da República de 1ª Categoria precederão os de 2ª Categoria; estes manterão na nova classe a atual ordem de antiguidade.

§ 2º Os vencimentos iniciais do cargo de Procurador da República serão iguais aos do atual cargo de Procurador da República de 1ª Categoria.

Art. 272. São transformados em cargos de Procurador do Trabalho de 1ª Categoria cem cargos de Procurador do Trabalho de 2ª Categoria.

Art. 273. Os cargos de Procurador do Trabalho de 1ª e de 2ª Categoria passam a denominar-se, respectivamente, Procurador Regional do Trabalho e Procurador do Trabalho.

§ 1º Até que sejam criados novos cargos de Subprocurador-Geral do Trabalho, os atuais Procuradores do Trabalho de 1ª Categoria, cujo cargo passa a denominar-se Procurador Regional do Trabalho e que estejam atuando junto ao Tribunal Superior do Trabalho, ali permanecerão exercendo suas atribuições.

§ 2º Os vencimentos iniciais dos cargos de Procurador Regional do Trabalho e de Procurador do Trabalho serão iguais aos dos cargos de Procurador Regional da República e de Procurador da República, respectivamente.

Art. 274. Os cargos de Procurador Militar de 1ª e 2ª Categoria passam a denominar-se, respectivamente, Procurador da Justiça Militar e Promotor da Justiça Militar.

Parágrafo único. Até que sejam criados novos cargos de Subprocurador-Geral da Justiça Militar, os atuais Procuradores Militares da 1ª Categoria, cujos cargos passam a denominar-se Procuradores da Justiça Militar e que estejam atuando junto ao Superior Tribunal Militar, ali permanecerão exercendo suas atribuições.

Art. 275. O cargo de Promotor de Justiça Substituto passa a denominar-se Promotor de Justiça Adjunto.

Art. 276. Na falta da lei prevista no art. 16, a atuação do Ministério Público na defesa dos direitos constitucionais do cidadão, observará, além das disposições desta Lei Complementar, as normas baixadas pelo Procurador-Geral da República.

Art. 277. As promoções nas carreiras do Ministério Público da União, na vigência desta Lei Complementar, serão precedidas da adequação das listas de antiguidade aos critérios de desempate nela estabelecidos.

Art. 278. Não se farão promoções nas carreiras do Ministério Público da União antes da instalação do Conselho Superior do ramo respectivo.

Art. 279. As primeiras eleições, para composição do Conselho Superior de cada ramo do Ministério Público da União e para elaboração das listas tríplices para Procurador-Geral do Trabalho, Procurador-Geral da Justiça Militar e Procurador-Geral de Justiça, serão convocadas pelo Procurador-Geral da República, para se realizarem no prazo de noventa dias da promulgação desta Lei Complementar.

§ 1º O Procurador-Geral da República disporá, em ato normativo, sobre as eleições previstas neste artigo, devendo a convocação anteceder de trinta dias a data de sua realização.

§ 2º Os Conselhos Superiores serão instalados no prazo de quinze dias, contado do encerramento da apuração.

Art. 280. Entre os eleitos para a primeira composição do Conselho Superior de cada ramo do Ministério Público da União, os dois mais votados, em cada eleição, terão mandato de dois anos; os menos votados, de um ano.

Art. 281. Os membros do Ministério Público da União, nomeados antes de 5 de outubro de 1988, poderão optar entre o novo regime jurídico e o anterior à promulgação da Constituição Federal, quanto às garantias, vantagens e vedações do cargo.

Parágrafo único. A opção poderá ser exercida dentro de dois anos, contados da promulgação desta Lei Complementar, podendo a retratação ser feita no prazo de dez anos.

Art. 282. Os Procuradores da República nomeados antes de 5 de outubro de 1988 deverão optar, de forma irretratável, entre as carreiras do Ministério Público Federal e da Advocacia-Geral da União.

§ 1º *(Vetado.)*

§ 2º Não manifestada a opção, no prazo estabelecido no parágrafo anterior, o silêncio valerá como opção tácita pela carreira do Ministério Público Federal.

Art. 283. Será criada por lei a Escola Superior do Ministério Público da União, como órgão auxiliar da instituição.

Art. 284. Poderão ser admitidos como estagiários no Ministério Público da União estudantes de Direito inscritos na Ordem dos Advogados do Brasil.

Parágrafo único. As condições de admissão e o valor da bolsa serão fixados pelo Procurador-Geral da República, sendo a atividade dos estagiários regulada pelo Conselho Superior de cada ramo.

Art. 285. *(Vetado.)*

Art. 286. As despesas decorrentes desta Lei Complementar correrão à conta das dotações constantes do Orçamento da União.

Art. 287. Aplicam-se subsidiariamente aos membros do Ministério Público da União as disposições gerais referentes aos servidores públicos, respeitadas, quando for o caso, as normas especiais contidas nesta Lei Complementar.

§ 1º O regime de remuneração estabelecido nesta Lei Complementar não prejudica a percepção de vantagens concedidas, em caráter geral, aos servidores públicos civis da União.

§ 2º O disposto neste artigo não poderá importar em restrições ao regime jurídico instituído nesta Lei Complementar ou na imposição de condições com ele incompatíveis.

Art. 288. Os membros do Ministério Público Federal, cuja promoção para o cargo final de carreira tenha acarretado a sua remoção para o Distrito Federal, poderão, no prazo de trinta dias da promulgação desta Lei Complementar, renunciar à referida promoção e retornar ao Estado de origem, ocupando o cargo de Procurador Regional da República.

Art. 289. Sempre que ocorrer a criação simultânea de mais de um cargo de mesmo nível nas carreiras do Ministério Público da União, o provimento dos mesmos, mediante promoção, presumir-se-á simultâneo, independentemente da data dos atos de promoção.

Art. 290. Os membros do Ministério Público da União terão mantida em caráter provisório a sua lotação, enquanto não entrarem em vigor a lei e o ato a que se referem os arts. 34 e 214.

Parágrafo único. O disposto neste artigo não obsta as alterações de lotação decorrentes de remoção, promoção ou designação previstas nesta Lei Complementar.

Art. 291. *(Vetado.)*

Art. 292. *(Vetado.)*

Art. 293. Ao membro ou servidor do Ministério Público da União é vedado manter, sob sua chefia imediata, em cargo ou função de confiança, cônjuge, companheiro, ou parente até o segundo grau civil.

Art. 294. Esta Lei Complementar entra em vigor na data de sua publicação.

Art. 295. Revogam-se as disposições em contrário.

BRASÍLIA, 20 DE MAIO DE 1993.

Itamar Franco

Lei Orgânica Nacional do Ministério Público
Lei 8.625, de 12 de fevereiro de 1993.

Institui a Lei Orgânica Nacional do Ministério Público, dispõe sobre normas gerais para a organização do Ministério Púbico dos Estados e dá outras providências.

O **PRESIDENTE DA REPÚBLICA**. Faço saber que o Congresso Nacional decreta e eu sanciono a seguinte Lei:

Capítulo I
Das disposições gerais

Art. 1º O Ministério Público é instituição permanente, essencial à função jurisdicional do Estado, incumbindo-lhe a defesa da ordem jurídica, do regime democrático e dos interesses sociais e individuais indisponíveis.

Parágrafo único. São princípios institucionais do Ministério Público a unidade, a indivisibilidade e a independência funcional.

*** V. Nesta edição, CF art. 127, § 1o.**

*** V. Nesta edição, CERJ art. 170, § 1o.**

Art. 2º Lei complementar, denominada Lei Orgânica do Ministério Público, cuja iniciativa é facultada aos Procuradores-Gerais de Justiça dos Estados, estabelecerá, no âmbito de cada uma dessas unidades federativas, normas específicas de organização, atribuições e estatuto do respectivo Ministério Público.

*** V. Nesta edição, CF art. 128, § 5o.**

Parágrafo único. A organização, atribuições e estatuto do Ministério Público do Distrito Federal e Territórios serão objeto da Lei Orgânica do Ministério Público da União.

*** V. Nesta edição, LC 75/93 arts. 149-181.**

Art. 3º Ao Ministério Público é assegurada autonomia funcional, administrativa e financeira, cabendo-lhe, especialmente:

*** V. Nesta edição, CF art. 127, § 2o.**

I – praticar atos próprios da gestão;

II – praticar atos e decidir sobre a situação funcional e administrativa do pessoal, ativo e inativo, da carreira e dos serviços auxiliares, organizados em quadros próprios;

III – elaborar suas folhas de pagamento e expedir os competentes demonstrativos;

IV – adquirir bens e contratar serviços, efetuando a respectiva contabilização;

V – propor ao Poder Legislativo a criação e a extinção de seus cargos, bem como a fixação e o reajuste dos vencimentos de seus membros;

VI – propor ao Poder Legislativo a criação e a extinção dos cargos de seus serviços auxiliares, bem como a fixação e o reajuste dos vencimentos de seus servidores;

VII – prover os cargos iniciais da carreira e dos serviços auxiliares, bem como nos casos de remoção, promoção e demais formas de provimento derivado;

VIII – editar atos de aposentadoria, exoneração e outros que importem em vacância de cargos de carreira e dos serviços auxiliares, bem como os de disponibilidade de membros do Ministério Público e de seus servidores;

IX – organizar suas secretarias e os serviços auxiliares das Procuradorias e Promotorias de Justiça;

X – compor os seus órgãos de administração;

XI – elaborar seus regimentos internos;

XII – exercer outras competências dela decorrentes.

Parágrafo único. As decisões do Ministério Público fundadas em sua autonomia funcional, administrativa e financeira, obedecidas as formalidades legais, têm eficácia plena e executoriedade imediata, ressalvada a competência constitucional do Poder Judiciário e do Tribunal de Contas.

Art. 4º O Ministério Público elaborará sua proposta orçamentária dentro dos limites estabelecidos na Lei de Diretrizes Orçamentárias, encaminhando-a diretamente ao Governador do Estado, que a submeterá ao Poder Legislativo.

§ 1º Os recursos correspondentes às suas dotações orçamentárias próprias e globais, compreendidos os créditos suplementares e especiais, ser-lhe-ão entregues até o dia vinte de cada mês, sem vinculação a qualquer tipo de despesa.

§ 2º A fiscalização contábil, financeira, orçamentária, operacional e patrimonial do Ministério Público, quanto à legalidade, legitimidade, economicidade, aplicação de dotações e recursos próprios e renúncia de receitas, será exercida pelo Poder Legislativo, mediante controle externo e pelo sistema de controle interno estabelecido na Lei Orgânica.

*** V. Nesta edição, CF art. 127, § 3o.**

Capítulo II
Da organização do Ministério Público
Seção I
Dos órgãos de administração

Art. 5º São órgãos da Administração Superior do Ministério Público:

I – a Procuradoria-Geral de Justiça;

II – o Colégio de Procuradores de Justiça;

III – o Conselho Superior do Ministério Público;

IV – a Corregedoria-Geral do Ministério Público.

Art. 6º São também órgãos de Administração do Ministério Público:

I – as Procuradorias de Justiça;

II – as Promotorias de Justiça.

Seção II
Dos órgãos de execução

Art. 7º São órgãos de execução do Ministério Público:

I – o Procurador-Geral de Justiça;

II – o Conselho Superior do Ministério Público;

III – os Procuradores de Justiça;

IV – os Promotores de Justiça.

Seção III
Dos órgãos auxiliares

Art. 8º São órgãos auxiliares do Ministério Público, além de outros criados pela Lei Orgânica:

I – os Centros de Apoio Operacional;

II – a Comissão de Concurso;

III – o Centro de Estudos e Aperfeiçoamento Funcional;

IV – os órgãos de apoio administrativo;

V – os estagiários.

Capítulo III
Dos órgãos de administração
Seção I
Da Procuradoria-Geral de Justiça

Art. 9º. Os Ministérios Públicos dos Estados formarão lista tríplice, dentre integrantes da carreira, na forma da lei respectiva, para escolha de seu Procurador-Geral, que será nomeado pelo Chefe do Poder Executivo, para mandato de dois anos, permitida uma recondução, observado o mesmo procedimento.

*** V. Nesta edição, LC-RJ 106/2003 arts. 8º; 9º.**

§ 1º A eleição da lista tríplice far-se-á mediante voto plurinominal de todos os integrantes da carreira.

*** V. Nesta edição, LC-RJ 106/2003 Art. 8º, § 1º.**

§ 2º A destituição do Procurador-Geral de Justiça, por iniciativa do Colégio de Procuradores, deverá ser precedida de autorização de um terço dos membros da Assembleia Legislativa.

*** V. Nesta Lei art. 12, IV.**

*** V. Nesta edição, LC-RJ 106/2003 arts. 12; 17, II.**

§ 3º Nos seus afastamentos e impedimentos o Procurador-Geral de Justiça será substituído na forma da Lei Orgânica.

*** V. Nesta edição, LC-RJ 106/2003 arts. 9º, § 2º; 10; 11, parágrafo único; 13; 46, § 1º.**

§ 4º Caso o Chefe do Poder Executivo não efetive a nomeação do Procurador-Geral de Justiça, nos quinze dias que se seguirem ao recebimento da lista tríplice, será investido automaticamente no cargo o membro do Ministério Público mais votado, para exercício do mandato.

*** V. Nesta edição, LC-RJ 106/2003 Art. 8º, § 6º.**

Art. 10 Compete ao Procurador-Geral de Justiça:

*** V. Nesta Lei art. 29.**

*** V. Nesta edição, LC-RJ 106/2003 art. 11.**

I – exercer a chefia do Ministério Público, representando-o judicial e extrajudicialmente;

II – integrar, como membro nato, e presidir o Colégio de Procuradores de Justiça e o Conselho Superior do Ministério Público;

III – submeter ao Colégio de Procuradores de Justiça as propostas de criação e extinção de cargos e serviços auxiliares e de orçamento anual;

*** V. Nesta Lei art. 12, III.**

IV – encaminhar ao Poder Legislativo os projetos de lei de iniciativa do Ministério Público;

V – praticar atos e decidir questões relativas à administração geral e execução orçamentária do Ministério Público;

VI – prover os cargos iniciais da carreira e dos serviços auxiliares, bem como nos casos de remoção, promoção, convocação e demais formas de provimento derivado;

VII – editar atos de aposentadoria, exoneração e outros que importem em vacância de cargos da carreira ou dos serviços auxiliares e atos de disponibilidade de membros do Ministério Público e de seus servidores;

VIII – delegar suas funções administrativas;

IX – designar membros do Ministério Público para:

a) exercer as atribuições de dirigente dos Centros de Apoio Operacional;

*** V. Nesta edição, Res. GPGJ 1.804/2013 e suas alterações – Altera os Centros de Apoio Operacional do Ministério Público do Estado do Rio de Janeiro.**

b) ocupar cargo de confiança junto aos órgãos da Administração Superior;

c) integrar organismos estatais afetos a sua área de atuação;

d) oferecer denúncia ou propor ação civil pública nas hipóteses de não confirmação de arquivamento de inquérito policial ou civil, bem como de quaisquer peças de informação;

e) acompanhar inquérito policial ou diligência investigatória, devendo recair a escolha sobre o membro do Ministério Público com atribuição para, em tese, oficiar no feito, segundo as regras ordinárias de distribuição de serviços;

f) assegurar a continuidade dos serviços, em caso de vacância, afastamento temporário, ausência, impedimento ou suspeição de titular de cargo, ou com consentimento deste;

g) por ato excepcional e fundamentado, exercer as funções processuais afetas a outro membro da instituição, submetendo sua decisão previamente ao Conselho Superior do Ministério Público;

h) oficiar perante a Justiça Eleitoral de primeira instância, ou junto ao Procurador-Regional Eleitoral, quando por este solicitado;

*** V. Nesta edição, LC 75/93 arts. 78; 79.**

*** V. Nesta edição, Res. Conjunta MP-RJ/MPE 11/2015.**

X – dirimir conflitos de atribuições entre membros do Ministério Público, designando quem deva oficiar no feito;

XI – decidir processo disciplinar contra membro do Ministério Público, aplicando as sanções cabíveis;

XII – expedir recomendações, sem caráter normativo aos órgãos do Ministério Público, para o desempenho de suas funções;

XIII – encaminhar aos Presidentes dos Tribunais as listas sêxtuplas a que se referem os arts. 94, *caput* e 104, parágrafo único, inciso II, da Constituição Federal;

XIV – exercer outras atribuições previstas em lei.

Art. 11. O Procurador-Geral de Justiça poderá ter em seu Gabinete, no exercício de cargo de confiança, Procuradores ou Promotores de Justiça da mais elevada entrância ou categoria, por ele designados.

*** V. Nesta edição, LC-RJ 106/2003 art. 14.**

Seção II
Do Colégio de Procuradores de Justiça

*** V. Nesta edição, LC-RJ 106/2003 arts. 16-18.**

Art. 12. O Colégio de Procuradores de Justiça é composto por todos os Procuradores de Justiça, competindo-lhe:

*** V. Nesta edição, LC-RJ 106/2003 art. 16.**

I – opinar, por solicitação do Procurador-Geral de Justiça ou de um quarto de seus integrantes, sobre matéria relativa à autonomia do Ministério Público, bem como sobre outras de interesse institucional;

II – propor ao Procurador-Geral de Justiça a criação de cargos e serviços auxiliares, modificações na Lei Orgânica e providências relacionadas ao desempenho das funções institucionais;

III – aprovar a proposta orçamentária anual do Ministério Público, elaborada pela Procuradoria-Geral de Justiça, bem como os projetos de criação de cargos e serviços auxiliares;

IV – propor ao Poder Legislativo a destituição do Procurador-Geral de Justiça, pelo voto de dois terços de seus membros e por iniciativa da maioria absoluta de seus integrantes em caso de abuso de poder, conduta incompatível ou grave omissão nos deveres do cargo, assegurada ampla defesa;

*** V. Nesta Lei Art. 9º, § 2o.**

*** V. Nesta edição, LC-RJ 106/2003 arts. 12; 17, II.**

V – eleger o Corregedor-Geral do Ministério Público;

VI – destituir o Corregedor-Geral do Ministério Público, pelo voto de dois terços de seus membros, em caso de abuso de poder, conduta incompatível ou grave omissão nos deveres do cargo, por representação do Procurador-Geral de Justiça ou da maioria de seus integrantes, assegurada ampla defesa;

*** V. Nesta edição, LC-RJ 106/2003 art. 17, IV.**

VII – recomendar ao Corregedor-Geral do Ministério Público a instauração de procedimento administrativo disciplinar contra membro do Ministério Público;

VIII – julgar recurso contra decisão:

a) de vitaliciamento, ou não, de membro do Ministério Público;

b) condenatória em procedimento administrativo disciplinar;

c) proferida em reclamação sobre o quadro geral de antiguidade;

d) de disponibilidade e remoção de membro do Ministério Público, por motivo de interesse público;

e) de recusa prevista no § 3º do art. 15 desta Lei;

IX – decidir sobre pedido de revisão de procedimento administrativo disciplinar;

X – deliberar, por iniciativa de um quarto de seus integrantes ou do Procurador-Geral de Justiça, que este ajuíze ação cível de decretação de perda do cargo de membro vitalício do Ministério Público nos casos previstos nesta Lei;

XI – rever, mediante requerimento de legítimo interessado, nos termos da Lei Orgânica, decisão de arquivamento de inquérito policial ou peças de informação determinada pelo Procurador-Geral de Justiça, nos casos de sua atribuição originária;

XII – elaborar seu regimento interno;

XIII – desempenhar outras atribuições que lhe forem conferidas por lei.

Parágrafo único. As decisões do Colégio de Procuradores de Justiça serão motivadas e publicadas, por extrato, salvo nas hipóteses legais de sigilo ou por deliberação da maioria de seus integrantes.

Art. 13. Para exercer as atribuições do Colégio de Procuradores de Justiça com número superior a quarenta Procuradores de Justiça, poderá ser constituído Órgão Especial, cuja composição e número de integrantes a Lei Orgânica fixará.

Parágrafo único. O disposto neste artigo não se aplica às hipóteses previstas nos incisos I, IV, V e VI do artigo anterior, bem como a outras atribuições a serem deferidas à totalidade do Colégio de Procuradores de Justiça pela Lei Orgânica.

*** V. Nesta edição, LC-RJ 106/2003 arts. 15; 18; 19.**

Seção III
Do Conselho Superior do Ministério Público

*** V. Nesta edição, LC-RJ 106/2003 arts. 20-22.**

Art. 14. Lei Orgânica de cada Ministério Público disporá sobre a composição, inelegibilidade e prazos de sua cessação, posse e duração do mandato dos integrantes do Conselho Superior do Ministério Público, respeitadas as seguintes disposições:

I – o Conselho Superior terá como membros natos apenas o Procurador-Geral de Justiça e o Corregedor-Geral do Ministério Público;

II – são elegíveis somente Procuradores de Justiça que não estejam afastados da carreira;

III – o eleitor poderá votar em cada um dos elegíveis até o número de cargos postos em eleição, na forma da lei complementar estadual.

Art. 15. Ao Conselho Superior do Ministério Público compete:

I. elaborar as listas sêxtuplas a que se referem os arts. 94, *caput* e 104, parágrafo único, II, da Constituição Federal;

II. indicar ao Procurador-Geral de Justiça, em lista tríplice, os candidatos a remoção ou promoção por merecimento;

III. eleger, na forma da Lei Orgânica, os membros do Ministério Público que integrarão a Comissão de Concurso de ingresso na carreira;

IV. indicar o nome do mais antigo membro do Ministério Público para remoção ou promoção por antiguidade;

V. indicar ao Procurador-Geral de Justiça Promotores de Justiça para substituição por convocação;

VI. aprovar os pedidos de remoção por permuta entre membros do Ministério Público;

VII. decidir sobre vitaliciamento de membros do Ministério Público;

VIII. determinar por voto de dois terços de seus integrantes a disponibilidade ou remoção de membros do Ministério Público, por interesse público, assegurada ampla defesa;

IX. aprovar o quadro geral de antiguidade do Ministério Público e decidir sobre reclamações formuladas a esse respeito;

X. sugerir ao Procurador-Geral a edição de recomendações, sem caráter vinculativo, aos órgãos do Ministério Público para o desempenho de suas funções e a adoção de medidas convenientes ao aprimoramento dos serviços;

XI. autorizar o afastamento de membro do Ministério Público para frequentar curso ou seminário de aperfeiçoamento e estudo, no País ou no exterior;

XII. elaborar seu regimento interno;

*** V. Nesta edição, Regimento Interno do Conselho Superior do Ministério Público.**

§ 1º As decisões do Conselho Superior do Ministério Público serão motivadas e publicadas, por extrato, salvo nas hipóteses legais de sigilo ou por deliberação da maioria de seus integrantes.

§ 2º A remoção e a promoção voluntária por antiguidade e por merecimento, bem como a convocação, dependerão de prévia manifestação escrita do interessado.

§ 3º Na indicação por antiguidade, o Conselho Superior do Ministério Público somente poderá recusar o membro do Ministério Público mais antigo pelo voto de dois terços de seus integrantes, conforme procedimento próprio, repetindo-se a votação até fixar-se a indicação, após o julgamento de eventual recurso interposto com apoio na alínea "e" do inciso VIII do art. 12 desta Lei.

Seção IV
Da Corregedoria-Geral do Ministério Público

*** V. Nesta edição, LC-RJ 106/2003 arts. 23-26.**

Art. 16. O Corregedor-Geral do Ministério Público será eleito pelo Colégio de Procuradores, dentre os Procuradores de Justiça, para mandato de dois anos, permitida uma recondução, observado o mesmo procedimento.

Parágrafo único. O Corregedor-Geral do Ministério Público é membro nato do Colégio de Procuradores de Justiça e do Conselho Superior do Ministério Público.

Art. 17. A Corregedoria-Geral do Ministério Público é o órgão orientador e fiscalizador das atividades funcionais e da conduta dos membros do Ministério Público, incumbindo-lhe, dentre outras atribuições:

I. realizar correições e inspeções;

II. realizar inspeções nas Procuradorias de Justiça, remetendo relatório reservado ao Colégio de Procuradores de Justiça;

III. propor ao Conselho Superior do Ministério Público, na forma da Lei Orgânica, o não vitaliciamento de membro do Ministério Público;

IV. fazer recomendações, sem caráter vinculativo, a órgão de execução;

V. instaurar, de ofício ou por provocação dos demais órgãos da Administração Superior do Ministério Público, processo disciplinar contra membro da instituição, presidindo-o e aplicando as sanções administrativas cabíveis, na forma da Lei Orgânica;

VI. encaminhar ao Procurador-Geral de Justiça os processos administrativos disciplinares que, na forma da Lei Orgânica, incumba a este decidir;

VII. remeter aos demais órgãos da Administração Superior do Ministério Público informações necessárias ao desempenho de suas atribuições;

VIII. apresentar ao Procurador-Geral de Justiça, na primeira quinzena de fevereiro, relatório com dados estatísticos sobre as atividades das Procuradorias e Promotorias de Justiça, relativas ao ano anterior.

Art. 18. O Corregedor-Geral do Ministério Público será assessorado por Promotores de Justiça da mais elevada entrância ou categoria, por ele indicados e designados pelo Procurador-Geral de Justiça.

Parágrafo único. Recusando-se o Procurador-Geral de Justiça a designar os Promotores de Justiça que lhe foram indicados, o Corregedor-Geral do Ministério Público poderá submeter a indicação à deliberação do Colégio de Procuradores.

*** V. Nesta edição, LC-RJ 106/2003 arts. 25, parágrafo único; 26.**

Seção V
Das Procuradorias de Justiça

*** V. Nesta edição, LC-RJ 106/2003 arts. 27-30.**

Art. 19. As Procuradorias de Justiça são órgãos de Administração do Ministério Público, com cargos de Procurador de Justiça e serviços auxiliares necessários ao desempenho das funções que lhe forem cometidas pela Lei Orgânica.

§ 1º É obrigatória a presença de Procurador de Justiça nas sessões de julgamento dos processos da respectiva Procuradoria de Justiça.

§ 2º Os Procuradores de Justiça exercerão inspeção permanente dos serviços dos Promotores de Justiça nos autos em que oficiem, remetendo seus relatórios à Corregedoria-Geral do Ministério Público.

Art. 20. Os Procuradores de Justiça das Procuradorias de Justiça civis e criminais, que oficiem junto ao mesmo Tribunal, reunir-se-ão para fixar orientações jurídicas, sem caráter vinculativo, encaminhando-as ao Procurador-Geral de Justiça.

Art. 21. A divisão interna dos serviços das Procuradorias de Justiça sujeitar-se-á a critérios objetivos definidos pelo Colégio de Procuradores, que visem à distribuição equitativa dos processos por sorteio, observadas, para esse efeito, as regras de proporcionalidade, especialmente a alternância fixada em função da natureza, volume e espécie dos feitos.

Parágrafo único. A norma deste artigo só não incidirá nas hipóteses em que os Procuradores de Justiça definam, consensualmente, conforme critérios próprios, a divisão interna dos serviços.

Art. 22. À Procuradoria de Justiça compete, na forma da Lei Orgânica, dentre outras atribuições:

I – escolher o Procurador de Justiça responsável pelos serviços administrativos da Procuradoria;

II – propor ao Procurador-Geral de Justiça a escala de férias de seus integrantes;

III – solicitar ao Procurador-Geral de Justiça, em caso de licença de Procurador de Justiça ou afastamento de suas funções junto à Procuradoria de Justiça, que convoque Promotor de Justiça da mais elevada entrância ou categoria para substituí-lo.

*** V. Nesta edição, LC-RJ 106/2003 art. 30.**

Seção VI
Das Promotorias de Justiça

Art. 23. As Promotorias de Justiça são órgãos de administração do Ministério Público com pelo menos um cargo de Promotor de Justiça e serviços auxiliares necessários ao desempenho das funções que lhe forem cometidas pela Lei Orgânica.

§ 1º As Promotorias de Justiça poderão ser judiciais ou extrajudiciais, especializadas, gerais ou cumulativas.

§ 2º As atribuições das Promotorias de Justiça e dos cargos dos Promotores de Justiça que a integram serão fixadas mediante proposta do Procurador-Geral de Justiça, aprovada pelo Colégio de Procuradores de Justiça.

§ 3º A exclusão, inclusão ou outra modificação nas atribuições das Promotorias de Justiça ou dos cargos dos Promotores de Justiça que a integram serão efetuadas mediante proposta do Procurador-Geral de Justiça, aprovada por maioria absoluta do Colégio de Procuradores.

Art. 24. O Procurador-Geral de Justiça poderá, com a concordância do Promotor de Justiça titular, designar outro Promotor para funcionar em feito determinado, de atribuição daquele.

Capítulo IV
Das funções dos órgãos de execução
Seção I
Das funções gerais

Art. 25. Além das funções previstas nas Constituições Federal e Estadual, na Lei Orgânica e em outras leis, incumbe, ainda, ao Ministério Público:

I – propor ação de inconstitucionalidade de leis ou atos normativos estaduais ou municipais, face à Constituição Estadual;

II – promover a representação de inconstitucionalidade para efeito de intervenção do Estado nos Municípios;

III – promover, privativamente, a ação penal pública, na forma da lei;

IV – promover o inquérito civil e a ação civil pública, na forma da lei:

*** V. Nesta edição, CF art. 129, III.**

*** V. Nesta edição, Res CNMP 23/2007**

a) para a proteção, prevenção e reparação dos danos causados ao meio ambiente, ao consumidor, aos bens e direitos de valor artístico, estético, histórico, turístico e paisagístico, e a outros interesses difusos, coletivos e individuais indisponíveis e homogêneos;

b) para a anulação ou declaração de nulidade de atos lesivos ao patrimônio público ou à moralidade administrativa do Estado ou de Município, de suas administrações indiretas ou fundacionais ou de entidades privadas de que participem.

V – manifestar-se nos processos em que sua presença seja obrigatória por lei e, ainda, sempre que cabível a intervenção, para assegurar o exercício de suas funções institucionais, não importando a fase ou grau de jurisdição em que se encontrem os processos;

VI – exercer a fiscalização dos estabelecimentos prisionais e dos que abriguem idosos, menores, incapazes ou pessoas portadoras de deficiência;

VII – deliberar sobre a participação em organismos estatais de defesa do meio ambiente, neste compreendido o do trabalho, do consumidor, de política penal e penitenciária e outros afetos à sua área de atuação;

VIII – ingressar em juízo, de ofício, para responsabilizar os gestores do dinheiro público condenados por tribunais e conselhos de contas;

IX – interpor recursos ao Supremo Tribunal Federal e ao Superior Tribunal de Justiça;

X – *(Vetado.)*;

XI – *(Vetado.)*

Parágrafo único. É vedado o exercício das funções do Ministério Público a pessoas a ele estranhas, sob pena de nulidade do ato praticado.

*** V. Nesta edição, CF art. 129, § 2o.**

Art. 26. No exercício de suas funções, o Ministério Público poderá:

I – instaurar inquéritos civis e outras medidas e procedimentos administrativos pertinentes e, para instruí-los:

*** V. Nesta edição, Res. GPGJ 1.769/2012 – Regulamenta o inquérito civil público no âmbito do Ministério Público do Estado do Rio de Janeiro.**

a) expedir notificações para colher depoimento ou esclarecimentos e, em caso de não comparecimento injustificado, requisitar condução coercitiva, inclusive pela Polícia Civil ou Militar, ressalvadas as prerrogativas previstas em lei;

b) requisitar informações, exames periciais e documentos de autoridades federais, estaduais e municipais, bem como dos órgãos e entidades da administração direta, indireta ou fundacional, de qualquer dos Poderes da União, dos Estados, do Distrito Federal e dos Municípios;

c) promover inspeções e diligências investigatórias junto às autoridades, órgãos e entidades a que se refere a alínea anterior;

II – requisitar informações e documentos a entidades privadas, para instruir procedimentos ou processo em que oficie;

III – requisitar à autoridade competente a instauração de sindicância ou procedimento administrativo cabível;

IV – requisitar diligências investigatórias e a instauração de inquérito policial e de inquérito policial militar, observado o disposto no art. 129, inciso VIII, da Constituição Federal, podendo acompanhá-los;

V – praticar atos administrativos executórios, de caráter preparatório;

VI – dar publicidade dos procedimentos administrativos não disciplinares que instaurar e das medidas adotadas;

VII – sugerir ao Poder competente a edição de normas e a alteração da legislação em vigor, bem como a adoção de medidas propostas, destinadas à prevenção e controle da criminalidade;

VIII – manifestar-se em qualquer fase dos processos, acolhendo solicitação do juiz, da parte ou por sua iniciativa, quando entender existente interesse em causa que justifique a intervenção.

§ 1º As notificações e requisições previstas neste artigo, quando tiverem como destinatários o Governador do Estado, os membros do Poder Legislativo e os desembargadores, serão encaminhadas pelo Procurador-Geral de Justiça.

§ 2º O membro do Ministério Público será responsável pelo uso indevido das informações e documentos que requisitar, inclusive nas hipóteses legais de sigilo.

§ 3º Serão cumpridas gratuitamente as requisições feitas pelo Ministério Público às autoridades, órgãos e entidades da Administração Pública direta, indireta ou fundacional, de qualquer dos Poderes da União, dos Estados, do Distrito Federal e dos Municípios.

§ 4º A falta ao trabalho, em virtude de atendimento a notificação ou requisição, na forma do inciso I deste artigo, não autoriza desconto de vencimentos ou salário, considerando-se de efetivo exercício, para todos os efeitos, mediante comprovação escrita do membro do Ministério Público.

§ 5º Toda representação ou petição formulada ao Ministério Público será distribuída entre os membros da instituição que tenham atribuições para apreciá-la, observados os critérios fixados pelo Colégio de Procuradores.

Art. 27. Cabe ao Ministério Público exercer a defesa dos direitos assegurados nas Constituições Federal e Estadual, sempre que se cuidar de garantir-lhe o respeito:

I – pelos poderes estaduais ou municipais;

II – pelos órgãos da Administração Pública Estadual ou Municipal, direta ou indireta;

III – pelos concessionários e permissionários de serviço público estadual ou municipal;

IV – por entidades que exerçam outra função delegada do Estado ou do Município ou executem serviço de relevância pública.

Parágrafo único. No exercício das atribuições a que se refere este artigo, cabe ao Ministério Público, entre outras providências:

I – receber notícias de irregularidades, petições ou reclamações de qualquer natureza, promover as apurações cabíveis que lhe sejam próprias e dar-lhes as soluções adequadas;

II zelar pela celeridade e racionalização dos procedimentos administrativos;

III – dar andamento, no prazo de trinta dias, às notícias de irregularidades, petições ou reclamações referidas no inciso I;

IV- promover audiências públicas e emitir relatórios, anual ou especiais, e recomendações dirigidas aos órgãos e entidades mencionadas no *caput* deste artigo, requisitando ao destinatário sua divulgação adequada e imediata, assim como resposta por escrito.

Art. 28. *(Vetado.)*

Seção II
Do Procurador-Geral de Justiça

Art. 29. Além das atribuições previstas nas Constituições Federal e Estadual, na Lei Orgânica e em outras leis, compete ao Procurador-Geral de Justiça:

I – representar aos Tribunais locais por inconstitucionalidade de leis ou atos normativos estaduais ou municipais, face à Constituição Estadual;

II – representar para fins de intervenção do Estado no Município, com o objetivo de assegurar a observância de princípios indicados na Constituição Estadual ou prover a execução de lei, de ordem ou de decisão judicial;

III – representar o Ministério Público nas sessões plenárias dos Tribunais;

IV – *(Vetado.)*

V – ajuizar ação penal de competência originária dos Tribunais, nela oficiando;

VI – oficiar nos processos de competência originária dos Tribunais, nos limites estabelecidos na Lei Orgânica;

VII – determinar o arquivamento de representação, notícia de crime, peças de informação, conclusão de comissões parlamentares de inquérito ou inquérito policial, nas hipóteses de suas atribuições legais;

VIII – exercer as atribuições do art. 129, II e III, da Constituição Federal, quando a autoridade reclamada for o Governador do Estado, o Presidente da Assembleia Legislativa ou os Presidentes de Tribunais, bem como quando contra estes, por ato praticado em razão de suas funções, deva ser ajuizada a competente ação;

IX – delegar a membro do Ministério Público suas funções de órgão de execução.

Seção III
Do Conselho Superior do Ministério Público

Art. 30. Cabe ao Conselho Superior do Ministério Público rever o arquivamento de inquérito civil, na forma da lei.

*** V. Nesta edição, Res. GPGJ 1.769/2012 – Regulamenta o inquérito civil no âmbito do Ministério Público do Estado do Rio de Janeiro.**

*** V. Lei 7.347/85 arts. 8o; 9o.**

Seção IV
Dos Procuradores de Justiça

Art. 31. Cabe aos Procuradores de Justiça exercer as atribuições junto aos Tribunais, desde que não cometidas ao Procurador-Geral de Justiça, e inclusive por delegação deste.

Seção V
Dos Promotores de Justiça

Art. 32. Além de outras funções cometidas nas Constituições Federal e Estadual, na Lei Orgânica e demais leis, compete aos Promotores de Justiça, dentro de suas esferas de atribuições:

I – impetrar habeas corpus e mandado de segurança e requerer correição parcial, inclusive perante aos Tribunais locais competentes;

II – atender a qualquer do povo, tomando as providências cabíveis;

III – oficiar perante a Justiça Eleitoral de primeira instância, com as atribuições do Ministério Público Eleitoral previstas na Lei Orgânica do Ministério Público da União que forem pertinentes, além de outras estabelecidas na legislação eleitoral e partidária.

*** V. Nesta edição, LC 75/93 arts. 72-80.**

*** V. Nesta edição, Res. Conjunta MP-RJ/MPE 11/2015.**

Capítulo V
Dos órgãos auxiliares

Seção I
Dos Centros de Apoio Operacional

*** V. Nesta edição, Res. GPGJ 1.804/2013 – Altera os Centros de Apoio Operacional do Ministério Público do Estado do Rio de Janeiro.**

Art. 33. Os Centros de Apoio Operacional são órgãos auxiliares da atividade funcional do Ministério Público, competindo-lhes, na forma da Lei Orgânica:

I – estimular a integração e o intercâmbio entre órgãos de execução que atuem na mesma área de atividade e que tenham atribuições comuns;

II – remeter informações técnico-jurídicas, sem caráter vinculativo, aos órgãos ligados à sua atividade;

III – estabelecer intercâmbio permanente com entidades ou órgãos públicos ou privados que atuem em áreas afins, para obtenção de elementos técnicos especializados necessários ao desempenho de suas funções;

IV – remeter anualmente, ao Procurador-Geral de Justiça, relatório das atividades do Ministério Público relativas às suas áreas de atribuições;

V – exercer outras funções compatíveis com suas finalidades, vedado o exercício de qualquer atividade de órgão de execução, bem como a expedição de atos normativos a estes dirigidos.

Seção II
Da comissão de concurso

Art. 34. À Comissão de Concurso, órgão auxiliar de natureza transitória, incumbe realizar a seleção de candidatos ao ingresso na carreira do

Ministério Público, na forma da Lei Orgânica e observado o art. 129, § 3º, da Constituição Federal.

Parágrafo único. A Lei Orgânica definirá o critério de escolha do Presidente da Comissão de Concurso de ingresso na carreira, cujos demais integrantes serão eleitos na forma do art. 15, inciso III, desta Lei.

Seção III
Do Centro de Estudos e Aperfeiçoamento Funcional

Art. 35. O Centro de Estudos e Aperfeiçoamento Funcional é órgão auxiliar do Ministério Público destinado a realizar cursos, seminários, congressos, simpósios, pesquisas, atividades, estudos e publicações visando ao aprimoramento profissional e cultural dos membros da instituição, de seus auxiliares e funcionários, bem como a melhor execução de seus serviços e racionalização de seus recursos materiais.

Parágrafo único. A Lei Orgânica estabelecerá a organização, funcionamento e demais atribuições do Centro de Estudos e Aperfeiçoamento Funcional.

Seção IV
Dos órgãos de apoio administrativo

Art. 36. Lei de iniciativa do Procurador-Geral de Justiça disciplinará os órgãos e serviços auxiliares de apoio administrativo, organizados em quadro próprio de carreiras, com os cargos que atendam às suas peculiaridades e às necessidades da administração e das atividades funcionais.

Seção V
Dos estagiários

Art. 37. Os estagiários do Ministério Público, auxiliares das Promotorias de Justiça, serão nomeados pelo Procurador-Geral de Justiça, para período não superior a três anos.

Parágrafo único. A Lei Orgânica disciplinará a seleção, investidura, vedações e dispensa dos estagiários, que serão alunos dos três últimos anos do curso de bacharelado de Direito, de escolas oficiais ou reconhecidas.

Capítulo VI
Das garantias e prerrogativas dos membros do Ministério Público

*** V. Nesta edição, LC-RJ 106/2003 arts. 79-83.**

Art. 38. Os membros do Ministério Público sujeitam-se a regime jurídico especial e têm as seguintes garantias:

I – vitaliciedade, após dois anos de exercício, não podendo perder o cargo senão por sentença judicial transitada em julgado;

II – inamovibilidade, salvo por motivo de interesse público;

III – irredutibilidade de vencimentos, observado, quanto à remuneração, o disposto na Constituição Federal.

§ 1º O membro vitalício do Ministério Público somente perderá o cargo por sentença judicial transitada em julgado, proferida em ação civil própria, nos seguintes casos:

I – prática de crime incompatível com o exercício do cargo, após decisão judicial transitada em julgado;

II – exercício da advocacia;

III – abandono do cargo por prazo superior a trinta dias corridos.

§ 2º A ação civil para a decretação da perda do cargo será proposta pelo Procurador-Geral de Justiça perante o Tribunal de Justiça local, após autorização do Colégio de Procuradores, na forma da Lei Orgânica.

Art. 39. Em caso de extinção do órgão de execução, da Comarca ou mudança da sede da Promotoria de Justiça, será facultado ao Promotor de Justiça remover-se para outra Promotoria de igual entrância ou categoria, ou obter a disponibilidade com vencimentos integrais e a contagem do tempo de serviço como se em exercício estivesse.

§ 1º O membro do Ministério Público em disponibilidade remunerada continuará sujeito às vedações constitucionais e será classificado em quadro especial, provendo-se a vaga que ocorrer.

§ 2º A disponibilidade, nos casos previstos no *caput* deste artigo outorga ao membro do Ministério Público o direito à percepção de vencimentos e vantagens integrais e à contagem do tempo de serviço como se em exercício estivesse.

Art. 40. Constituem prerrogativas dos membros do Ministério Público, além de outras previstas na Lei Orgânica:

I – ser ouvido, como testemunha ou ofendido, em qualquer processo ou inquérito, em dia, hora e local previamente ajustados com o Juiz ou a autoridade competente;

II – estar sujeito a intimação ou convocação para comparecimento, somente se expedida pela autoridade judiciária ou por órgão da Administração Superior do Ministério Público competente, ressalvadas as hipóteses constitucionais;

III – ser preso somente por ordem judicial escrita, salvo em flagrante de crime inafiançável, caso em que a autoridade fará, no prazo máximo de vinte e quatro horas, a comunicação e a apresentação do membro do Ministério Público ao Procurador-Geral de Justiça;

IV – ser processado e julgado originariamente pelo Tribunal de Justiça de seu Estado, nos crimes comuns e de responsabilidade, ressalvada exceção de ordem constitucional;

V – ser custodiado ou recolhido à prisão domiciliar ou à sala especial de Estado Maior, por ordem e à disposição do Tribunal competente, quando sujeito a prisão antes do julgamento final;

VI – ter assegurado o direito de acesso, retificação e complementação dos dados e informações relativos à sua pessoa, existentes nos órgãos da instituição, na forma da Lei Orgânica.

Art. 41. Constituem prerrogativas dos membros do Ministério Público, no exercício de sua função, além de outras previstas na Lei Orgânica:

I – receber o mesmo tratamento jurídico e protocolar dispensado aos membros do Poder Judiciário junto aos quais oficiem;

II – não ser indiciado em inquérito policial, observado o disposto no parágrafo único deste artigo;

III – ter vista dos autos após distribuição às Turmas ou Câmaras e intervir nas sessões de julgamento, para sustentação oral ou esclarecimento de matéria de fato;

IV – receber intimação pessoal em qualquer processo e grau de jurisdição, através da entrega dos autos com vista;

V – gozar de inviolabilidade pelas opiniões que externar ou pelo teor de suas manifestações processuais ou procedimentos, nos limites de sua independência funcional;

VI – ingressar e transitar livremente:

a) nas salas de sessões de Tribunais, mesmo além dos limites que separam a parte reservada aos Magistrados;

b) nas salas e dependências de audiências, secretarias, cartórios, tabelionatos, ofícios da justiça, inclusive dos registros públicos, delegacias de polícia e estabelecimento de internação coletiva;

c) em qualquer recinto público ou privado, ressalvada a garantia constitucional de inviolabilidade de domicílio.

VII – examinar, em qualquer Juízo ou Tribunal, autos de processos findos ou em andamento, ainda que conclusos à autoridade, podendo copiar peças e tomar apontamentos;

VIII – examinar, em qualquer repartição policial, autos de flagrante ou inquérito, findos ou em andamento, ainda que conclusos à autoridade, podendo copiar peças e tomar apontamentos;

IX – ter acesso ao indiciado preso, a qualquer momento, mesmo quando decretada a sua incomunicabilidade;

X – usar as vestes talares e as insígnias privativas do Ministério Público;

XI – tomar assento à direita dos Juízes de primeira instância ou do Presidente do Tribunal, Câmara ou Turma.

Parágrafo único. Quando no curso de investigação, houver indício da prática de infração penal por parte de membro do Ministério Público, a autoridade policial, civil ou militar remeterá, imediatamente, sob pena de responsabilidade, os respectivos autos ao Procurador-Geral de Justiça, a quem competirá dar prosseguimento à apuração.

Art. 42. Os membros do Ministério Público terão carteira funcional, expedida na forma da Lei Orgânica, valendo em todo o território nacional como cédula de identidade, e porte de arma, independentemente, neste caso, de qualquer ato formal de licença ou autorização.

Capítulo VII
Dos deveres e vedações dos membros do Ministério Público

*** V. Nesta edição, LC-RJ 106/2003 arts. 118-120.**

Art. 43 São deveres dos membros do Ministério Público, além de outros previstos em lei:

I – manter ilibada conduta pública e particular;

II – zelar pelo prestígio da Justiça, por suas prerrogativas e pela dignidade de suas funções;

III – indicar os fundamentos jurídicos de seus pronunciamentos processuais, elaborando relatório em sua manifestação final ou recursal;

IV – obedecer aos prazos processuais;

V – assistir aos atos judiciais quando obrigatória ou conveniente a sua presença;

VI – desempenhar, com zelo e presteza, as suas funções;

VII – declarar-se suspeito ou impedido, nos termos da lei;

VIII – adotar, nos limites de suas atribuições, as providências cabíveis face à irregularidade de que tenha conhecimento ou que ocorra nos serviços a seu cargo;

IX – tratar com urbanidade as partes, testemunhas, funcionários e auxiliares da Justiça;

X – residir, se titular, na respectiva Comarca;

XI – prestar informações solicitadas pelos órgãos da instituição;

XII – identificar-se em suas manifestações funcionais;

XIII – atender aos interessados, a qualquer momento, nos casos urgentes;

XIV – acatar, no plano administrativo, as decisões dos órgãos da Administração Superior do Ministério Público.

Art. 44. Aos membros do Ministério Público se aplicam as seguintes vedações:

*** V. Nesta edição, CF art. 128, § 5o, II.**

I – receber, a qualquer título e sob qualquer pretexto, honorários, percentagem ou custas processuais;

II – exercer advocacia;

III – exercer o comércio ou participar de sociedade comercial, exceto como cotista ou acionista;

IV – exercer, ainda que em disponibilidade, qualquer outra função pública, salvo uma de Magistério;

V – exercer atividade político-partidária, ressalvada a filiação e as exceções previstas em lei.

*** Artigo parcialmente revogado em virtude da nova redação do art. 128, § 5º, II, "e", introduzido pela EC 45/2004.**

Parágrafo único. Não constituem acumulação, para os efeitos do inciso IV deste artigo, as atividades exercidas em organismos estatais afetos à área de atuação do Ministério Público, em Centro de Estudo e Aperfeiçoamento de Ministério Público, em entidades de representação de classe e o exercício de cargos de confiança na sua administração e nos órgãos auxiliares.

Capítulo VIII
Dos vencimentos, vantagens e direitos

*** V. Nesta edição, LC-RJ 106/2003 arts. 84-91.**

Art. 45. O membro do Ministério Público, convocado ou designado para substituição, terá direito à diferença de vencimento entre o seu cargo e o que ocupar.

Art. 46. A revisão da remuneração dos membros do Ministério Público far-se-á na forma da lei estadual.

Art. 47. Os vencimentos dos membros do Ministério Público serão fixados com diferença não excedente a dez por cento de uma para outra entrância ou categoria, ou da entrância mais elevada para o cargo de Procurador-Geral de Justiça, garantindo-se aos Procuradores de Justiça não menos de noventa e cinco por cento dos vencimentos atribuídos ao Procurador-Geral.

Art. 48. A remuneração dos membros dos Ministérios Públicos dos Estados observará, como limite máximo, os valores percebidos como remuneração, em espécie, a qualquer título, pelos membros do Poder Judiciário local.

Art. 49. Os vencimentos do Procurador-Geral de Justiça, em cada Estado, para efeito do disposto no § 1º do art. 39 da Constituição Federal, guardarão equivalência com os vencimentos dos Desembargadores dos Tribunais de Justiça.

*** Artigo declarado inconstitucional pela ADIN 1.274-6, DOU de 26.02.2003.**

Art. 50. Além dos vencimentos, poderão ser outorgadas, a membro do Ministério Público, nos termos da lei, as seguintes vantagens:

I – ajuda de custo, para despesas de transporte e mudança;

II – auxílio-moradia, nas Comarcas em que não haja residência oficial condigna para o membro do Ministério Público;

III – salário-família;

IV – diárias;

V – verba de representação de Ministério Público;

VI – gratificação pela prestação de serviço à Justiça Eleitoral, equivalente àquela devida ao Magistrado ante o qual oficiar;

VII – gratificação pela prestação de serviço à Justiça do Trabalho, nas Comarcas em que não haja Junta de Conciliação e Julgamento;

VIII – gratificação adicional por ano de serviço, incidente sobre o vencimento básico e a verba de representação, observado o disposto no § 3º deste artigo e no inciso XIV do art. 37 da Constituição Federal;

IX – gratificação pelo efetivo exercício em Comarca de difícil provimento, assim definida e indicada em lei ou em ato do Procurador-Geral de Justiça;

X – gratificação pelo exercício cumulativo de cargos ou funções;

XI – verba de representação pelo exercício de cargos de direção ou de confiança junto aos órgãos da Administração Superior;

XII – outras vantagens previstas em lei, inclusive as concedidas aos servidores públicos em geral.

§ 1º Aplicam-se aos membros do Ministério Público os direitos sociais previstos no Art. 7º, incisos VIII, XII, XVII, XVIII e XIX, da Constituição Federal.

§ 2º Computar-se-á, para efeito de aposentadoria, disponibilidade e adicionais por tempo de serviço, o tempo de exercício da advocacia, até o máximo de quinze anos.

§ 3º Constitui parcela dos vencimentos, para todos os efeitos, a gratificação de representação de Ministério Público.

Art. 51. O direito a férias anuais, coletivas e individuais, do membro do Ministério Público, será igual ao dos Magistrados, regulando a Lei Orgânica a sua concessão e aplicando-se o disposto no Art. 7º, inciso XVII, da Constituição Federal.

Art. 52. Conceder-se-á licença:

*** V. Nesta edição, LC-RJ 106/2003 arts. 92-103.**

I – para tratamento de saúde;

II – por motivo de doença de pessoa da família;

III – à gestante;

IV – paternidade;

V – em caráter especial;

VI – para casamento, até oito dias;

VII – por luto, em virtude de falecimento do cônjuge, ascendente, descendente, irmãos, sogros, noras e genros, até oito dias;

VIII – em outros casos previstos em lei.

Parágrafo único. A Lei Orgânica disciplinará as licenças referidas neste artigo, não podendo o membro do Ministério Público, nessas situações, exercer qualquer de suas funções.

Art. 53. São considerados como de efetivo exercício, para todos os efeitos legais, exceto para vitaliciamento, os dias em que o membro do Ministério Público estiver afastado de suas funções em razão:

I – de licença prevista no artigo anterior;

II – de férias;

III – de cursos ou seminários de aperfeiçoamento e estudos, no País ou no exterior, de duração máxima de dois anos e mediante prévia autorização do Conselho Superior do Ministério Público;

IV – de período de trânsito;

V – de disponibilidade remunerada, exceto para promoção, em caso de afastamento decorrente de punição;

VI – de designação do Procurador-Geral de Justiça para:

 a) realização de atividade de relevância para a instituição;

b) direção de Centro de Estudos e Aperfeiçoamento Funcional do Ministério Público;

VII – de exercício de cargos ou de funções de direção de associação representativa de classe, na forma da Lei Orgânica;

VIII – de exercício das atividades previstas no parágrafo único do art. 44 desta Lei;

IX – de outras hipóteses definidas em lei.

Art. 54. O membro do Ministério Público será aposentado, com proventos integrais, compulsoriamente, por invalidez ou aos setenta anos de idade, e, facultativamente, aos trinta anos de serviço, após cinco anos de efetivo exercício na carreira.

Art. 55. Os proventos da aposentadoria, que corresponderão à totalidade dos vencimentos percebidos no serviço ativo, a qualquer título, serão revistos na mesma proporção e na mesma data, sempre que se modificar a remuneração dos membros do Ministério Público em atividade, sendo também estendidos aos inativos quaisquer benefícios ou vantagens posteriormente concedidos àqueles, inclusive quando decorrentes de transformação ou reclassificação do cargo ou função em que se deu a aposentadoria.

Parágrafo único. Os proventos dos membros do Ministério Público aposentados serão pagos na mesma ocasião em que o forem os vencimentos dos membros do Ministério Público em atividade, figurando em folha de pagamento expedida pelo Ministério Público.

Art. 56. A pensão por morte, igual à totalidade dos vencimentos ou proventos percebidos pelos membros em atividade ou inatividade do Ministério Público, será reajustada na mesma data e proporção daqueles.

Parágrafo único. A pensão obrigatória não impedirá a percepção de benefícios decorrentes de contribuição voluntária para qualquer entidade de previdência.

Art. 57. Ao cônjuge sobrevivente e, em sua falta, aos herdeiros ou dependentes de membro do Ministério Público, ainda que aposentado ou em disponibilidade, será pago o auxílio-funeral, em importância igual a um mês de vencimentos ou proventos percebidos pelo falecido.

Art. 58. Para os fins deste Capítulo, equipara-se-à esposa a companheira, nos termos da lei.

Capítulo IX
Da carreira

Art. 59. O ingresso nos cargos iniciais da carreira dependerá da aprovação prévia em concurso público de provas e títulos, organizado e realizado pela

Procuradoria-Geral de Justiça, com participação da Ordem dos Advogados do Brasil.

*** V. Nesta edição, LC-RJ 106/2003 arts. 55-57.**

*** V. Nesta edição, Res. CNMP 14/2006.**

§ 1º É obrigatória a abertura do concurso de ingresso quando o número de vagas atingir a um quinto dos cargos iniciais da carreira.

§ 2º Assegurar-se-ão ao candidato aprovado a nomeação e a escolha do cargo, de acordo com a ordem de classificação no concurso.

§ 3º São requisitos para o ingresso na carreira, dentre outros estabelecidos pela Lei Orgânica:

I – ser brasileiro;

II – ter concluído o curso de bacharelado em Direito, em escola oficial ou reconhecida;

III – estar quite com o serviço militar;

IV – estar em gozo dos direitos políticos.

§ 4º O candidato nomeado deverá apresentar, no ato de sua posse, declaração de seus bens e prestar compromisso de desempenhar, com retidão, as funções do cargo e de cumprir a Constituição e as leis.

Art. 60. Suspende-se, até definitivo julgamento, o exercício funcional de membro do Ministério Público quando, antes do decurso do prazo de dois anos, houver impugnação de seu vitaliciamento.

§ 1º A Lei Orgânica disciplinará o procedimento de impugnação, cabendo ao Conselho Superior do Ministério Público decidir, no prazo máximo de sessenta dias, sobre o não vitaliciamento e ao Colégio de Procuradores, em trinta dias, eventual recurso.

§ 2º Durante a tramitação do procedimento de impugnação, o membro do Ministério Público perceberá vencimentos integrais, contando-se para todos os efeitos o tempo de suspensão do exercício funcional, no caso de vitaliciamento.

Art. 61. A Lei Orgânica regulamentará o regime de remoção e promoção dos membros do Ministério Público, observados os seguintes princípios:

*** V. Nesta edição, LC-RJ 106/2003 arts. 64-76.**

I – promoção voluntária, por antiguidade e merecimento, alternadamente, de uma para outra entrância ou categoria e da entrância ou categoria mais elevada para o cargo de Procurador de Justiça, aplicando-se, por assemelhação, o disposto no art. 93, incisos III e VI da Constituição Federal;

II – apurar-se-á a antiguidade na entrância e o merecimento pela atuação do membro do Ministério Público em toda a carreira, com prevalência de critérios de ordem objetiva, levando-se inclusive em conta sua conduta, operosidade e dedicação no exercício do cargo, presteza e segurança nas suas manifestações processuais, o número de vezes que já tenha participado de listas, bem como a frequência e o aproveitamento em cursos oficiais, ou reconhecidos, de aperfeiçoamento;

III – obrigatoriedade de promoção do Promotor de Justiça que figure por três vezes consecutivas ou cinco alternadas em lista de merecimento;

IV – a promoção por merecimento pressupõe dois anos de exercício na respectiva entrância ou categoria e integrar o Promotor de Justiça a primeira quinta parte da lista de antiguidade, salvo se não houver com tais requisitos quem aceite o lugar vago, ou quando o número limitado de membros do Ministério Público inviabilizar a formação de lista tríplice;

V – a lista de merecimento resultará dos três nomes mais votados, desde que obtida maioria de votos, procedendo-se, para alcançá-la, a tantas votações quantas necessárias, examinados em primeiro lugar os nomes dos remanescentes de lista anterior;

VI – não sendo caso de promoção obrigatória, a escolha recairá no membro do Ministério Púbico mais votado, observada a ordem dos escrutínios, prevalecendo, em caso de empate, a antiguidade na entrância ou categoria, salvo se preferir o Conselho Superior delegar a competência ao Procurador-Geral de Justiça.

Art. 62. Verificada a vaga para remoção ou promoção, o Conselho Superior do Ministério Público expedirá no prazo máximo de sessenta dias, edital para preenchimento do cargo, salvo se ainda não instalado.

Art. 63. Para cada vaga destinada ao preenchimento por remoção ou promoção, expedir-se-á edital distinto, sucessivamente, com a indicação do cargo correspondente à vaga a ser preenchida.

Art. 64. Será permitida a remoção por permuta entre membros do Ministério Público da mesma entrância ou categoria, observado, além do disposto na Lei Orgânica:

I – pedido escrito e conjunto, formulado por ambos os pretendentes;

II – a renovação de remoção por permuta somente permitida após o decurso de dois anos;

III – que a remoção por permuta não confere direito a ajuda de custo.

Art. 65. A Lei Orgânica poderá prever a substituição por convocação, em caso de licença do titular de cargo da carreira ou de afastamento de suas funções junto à Procuradoria ou Promotoria de Justiça, somente podendo ser convocados membros do Ministério Público.

Art. 66. A reintegração, que decorrerá de sentença transitada em julgado, é o retorno do membro do Ministério Público ao cargo, com ressarcimento dos vencimentos e vantagens deixados de perceber em razão do afastamento, inclusive a contagem do tempo de serviço.

§ 1º Achando-se provido o cargo no qual será reintegrado o membro do Ministério Público, o seu ocupante passará à disponibilidade, até posterior aproveitamento.

§ 2º O membro do Ministério Público reintegrado será submetido a inspeção médica e, se considerado incapaz, será aposentado compulsoriamente, com as vantagens a que teria direito se efetivada a reintegração.

Art. 67. A reversão dar-se-á na entrância em que se aposentou o membro do Ministério Público, em vaga a ser provida pelo critério de merecimento, observados os requisitos legais.

Art. 68. O aproveitamento é o retorno do membro do Ministério Público em disponibilidade ao exercício funcional.

§ 1º O membro do Ministério Público será aproveitado no órgão de execução que ocupava quando posto em disponibilidade, salvo se aceitar outro de igual entrância ou categoria, ou se for promovido.

§ 2º Ao retornar à atividade, será o membro do Ministério Público submetido a inspeção médica e, se julgado incapaz, será aposentado compulsoriamente, com as vantagens a que teria direito se efetivado o seu retorno.

Capítulo X
Das disposições finais e transitórias

Art. 69. Os Ministérios Públicos dos Estados adequarão suas tabelas de vencimentos ao disposto nesta Lei, visando à revisão da remuneração dos seus membros e servidores.

Art. 70. Fica instituída a gratificação pela prestação de serviço à Justiça Eleitoral, de que trata o art. 50, VI, desta Lei.

Art. 71. *(Vetado.)*

Art. 72. Ao membro ou servidor do Ministério Público é vedado manter, sob sua chefia imediata, em cargo ou função de confiança, cônjuge, companheiro, ou parente até o segundo grau civil.

*** V. Nesta Edição, Res CNMP 1 e 7/2006.**

Art. 73. Para exercer as funções junto à Justiça Eleitoral, por solicitação do Procurador-Geral da República, os membros do Ministério Público do Estado serão designados, se for o caso, pelo respectivo Procurador-Geral de Justiça.

*** V. Nesta edição, LC 75/93 arts. 72-80.**

*** V. Nesta edição, Res. Conjunta MP-RJ/MPE 11/2015.**

§ 1º Não ocorrendo designação, exclusivamente para os serviços eleitorais, na forma do *caput* deste artigo, o Promotor Eleitoral será membro do Ministério Público local que oficie perante o Juízo incumbido daqueles serviços.

§ 2º Havendo impedimento ou recusa justificável, o Procurador-Geral de Justiça designará o substituto.

Art. 74. Para fins do disposto no art. 104, parágrafo único, inciso II, da Constituição Federal e observado o que dispõe o art. 15, inciso I, desta Lei, a lista sêxtupla de membros do Ministério Público será organizada pelo Conselho Superior de cada Ministério Público dos Estados.

Art. 75. Compete ao Procurador-Geral de Justiça, ouvido o Conselho Superior do Ministério Público, autorizar o afastamento da carreira de membro do Ministério Público que tenha exercido a opção de que trata o art. 29, § 3º, do Ato das Disposições Constitucionais Transitórias, para exercer o cargo, emprego ou função de nível equivalente ou maior na Administração Direta ou Indireta.

Parágrafo único. O período de afastamento da carreira estabelecido neste artigo será considerado de efetivo exercício, para todos os efeitos legais, exceto para remoção ou promoção por merecimento.

Art. 76. A Procuradoria-Geral de Justiça deverá propor, no prazo de um ano da promulgação desta Lei, a criação ou transformação de cargos correspondentes às funções não atribuídas aos cargos já existentes.

Parágrafo único. Aos Promotores de Justiça que executem as funções previstas neste artigo assegurar-se-á preferência no concurso de remoção.

Art. 77. No âmbito do Ministério Público, para os fins do disposto no art. 37, inciso XI, da Constituição Federal, ficam estabelecidos como limite de remuneração os valores percebidos em espécie, a qualquer título, pelo Procurador-Geral de Justiça.

Art. 78. O Ministério Público poderá firmar convênios com as associações de membros de instituição com vistas à manutenção de serviços assistenciais e culturais a seus associados.

Art. 79. O disposto nos arts. 57 e 58 desta Lei aplica-se, a partir de sua publicação, aos proventos e pensões anteriormente concedidos, não gerando efeitos financeiros anteriormente à sua vigência.

Art. 80. Aplicam-se aos Ministérios Públicos dos Estados, subsidiariamente, as normas da Lei Orgânica do Ministério Público da União.

Art. 81. Os Estados adaptarão a organização de seu Ministério Público aos preceitos desta Lei, no prazo de cento e vinte dias a contar de sua publicação.

Art. 82. O dia 14 de dezembro será considerado "Dia Nacional do Ministério Público".

Art. 83. Esta Lei entra em vigor na data de sua publicação.

Art. 84. Revogam-se as disposições em contrário.

Brasília, 12 de fevereiro de 1993.

172º da Independência e 105o da República

Itamar Franco

Lei Complementar Estadual 106, de 3 de janeiro de 2003*

* Alterada pelas Leis Complementares 113/2006, 116/2007, 129/2009, 145/2012, 149/2013, 153/2013, 157/2013, 159/2014, 166/2015, 172/2016, 173/2016, 174/2016 e 177/2017, PLC 8/15 e 164/2015.

Institui a Lei Orgânica do Ministério Público do Estado do Rio de Janeiro e dá outras providências.

A Governadora do Estado do Rio de Janeiro,

Faço saber que a Assembleia Legislativa do Estado do Rio de Janeiro decreta e eu sanciono a seguinte Lei:

Título I
Do Ministério Público
Capítulo I
Das disposições gerais

Art. 1o O Ministério Público é instituição permanente, essencial à função jurisdicional do Estado, incumbindo-lhe a defesa da ordem jurídica, do regime democrático e dos interesses sociais e individuais indisponíveis.

Parágrafo único. São princípios institucionais do Ministério Público a unidade, a indivisibilidade e a independência funcional.

Art. 2º Ao Ministério Público é assegurada autonomia funcional, administrativa e financeira, cabendo-lhe, especialmente:

I – praticar atos próprios de gestão;

II – praticar atos e decidir sobre a situação funcional e administrativa do pessoal, ativo e inativo, de carreira e dos serviços auxiliares, organizados em quadros próprios;

*** V. Nesta edição, Lei-RJ 5.891/2011 – Dispões sobre o Quadro Permanente dos Serviços Auxiliares do MPRJ.**

III – elaborar suas folhas de pagamento e expedir os competentes demonstrativos;

IV – adquirir bens e contratar serviços, efetuando a respectiva contabilização;

V – propor ao Poder Legislativo a criação e extinção de seus cargos e a fixação e o reajuste dos vencimentos dos seus membros;

VI – propor ao Poder Legislativo a criação e extinção dos cargos de seus serviços auxiliares, bem como a fixação e o reajuste dos vencimentos dos seus servidores;

VII – prover, em caráter originário ou mediante promoção e demais formas de provimento derivado, os cargos a que se referem os incisos anteriores;

VIII – editar atos de aposentadoria, exoneração e outros que importem em vacância de cargos da carreira ou dos serviços auxiliares, e atos de disponibilidade de membros do Ministério Público e de seus servidores;

IX – compor seus órgãos de administração e organizar suas secretarias, repartições administrativas e serviços auxiliares das Procuradorias de Justiça e Promotorias de Justiça;

X – elaborar seus regimentos internos;

XI – proporcionar serviços de assistência médico-hospitalar aos membros da Instituição, ativos e inativos, e aos seus dependentes, assim entendida como o conjunto de atividades relacionadas à preservação ou recuperação da saúde, abrangendo serviços profissionais médicos, paramédicos, farmacêuticos e odontológicos, facultada a terceirização da atividade ou a indenização dos valores gastos, na forma disciplinada em resolução do Procurador-Geral de Justiça;

XII – licitar obras, serviços e compras, empenhando as respectivas despesas, a qualquer tempo, em sistemas governamentais de que faça parte;

XIII – compor frota própria de veículos oficiais, a serem adquiridos ou locados;

XIV – elaborar sistema próprio de registro de preços e aderir a registros de preços de outras entidades públicas, de qualquer esfera federativa, desde que garantidas as mesmas condições de fornecimento ou prestação licitadas;

XV – implementar programas decorrentes de normas constitucionais asseguradoras de direitos sociais;

XVI – disciplinar a prestação de serviço público voluntário e gratuito, sem reconhecimento de vínculo empregatício, para fins de apoio a atividades institucionais, facultada a concessão de auxílio transporte e alimentação;

XVII – exercer outras competências delas decorrentes.

*** Incisos XI ao XVII com nova redação e acrescentados pela LC-RJ 113/2006.**

Parágrafo único. As decisões do Ministério Público fundadas em sua autonomia funcional, administrativa e financeira, obedecidas as formalidades legais, têm eficácia plena e executoriedade imediata, ressalvada a competência constitucional do Poder Judiciário, do Poder Legislativo e do Tribunal de Contas do Estado.

Art. 3º O Ministério Público elaborará sua proposta orçamentária dentro dos limites estabelecidos na Lei de Diretrizes Orçamentárias, encaminhando-a, diretamente, ao Governador do Estado, que a submeterá ao Poder Legislativo.

§ 1º Os recursos correspondentes às dotações orçamentárias próprias e globais do Ministério Público, compreendidos os créditos suplementares e especiais, ser-lhe-ão postos à disposição em duodécimos, entregues até o dia 20 de cada mês.

§ 2º Os recursos próprios, não originários do Tesouro Estadual, serão utilizados em programas vinculados às finalidades da Instituição, vedada outra destinação.

§ 3º A fiscalização contábil, financeira, orçamentária e patrimonial do Ministério Público, quanto à legalidade, economicidade, aplicação de dotações e recursos próprios e renúncia de receitas, será exercida, mediante controle externo, pela Assembleia Legislativa, com o auxílio do Tribunal de Contas do Estado, segundo o disposto no Título IV, Capítulo I, Seção VIII, da Constituição Estadual, e mediante controle interno, por sistema próprio instituído por Resolução do Procurador-Geral de Justiça.

Capítulo II
Da organização do Ministério Público
Seção I
Dos órgãos de administração

Art. 4º São órgãos da Administração Superior do Ministério Público:

I – a Procuradoria-Geral de Justiça;

II – o Colégio de Procuradores de Justiça;

III – o Conselho Superior do Ministério Público;

IV – a Corregedoria-Geral do Ministério Público.

Art. 5º São também órgãos de administração do Ministério Público:

I – as Procuradorias de Justiça;

II – as Promotorias de Justiça.

Seção II
Dos órgãos de execução

Art. 6º São órgãos de execução do Ministério Público:

I – o Procurador-Geral de Justiça;

II – o Colégio de Procuradores de Justiça;

III – o Conselho Superior do Ministério Público;

IV – os Procuradores de Justiça;

V – os Promotores de Justiça;

VI – os Grupos Especializados de Atuação Funcional.

Parágrafo único. Os órgãos de execução referidos no inciso VI serão providos por tempo certo e disciplinados em resolução do Procurador-Geral de Justiça, aprovada pelo Órgão Especial do Colégio de Procuradores de Justiça.

*** Inciso VI e parágrafo único acrescentados pela LC-RJ 113/2006.**

Seção III
Dos órgãos auxiliares

Art. 7º São órgãos auxiliares do Ministério Público:

I – os Centros de Apoio Operacional;

II – os Centros Regionais de Apoio Administrativo e Institucional;

III – a Comissão de Concurso;

IV – o Centro de Estudos e Aperfeiçoamento Funcional;

* Inciso alterado pela LC nº 159/2014

V – os órgãos de apoio administrativo;

VI – os estagiários.

Capítulo III
Dos órgãos de administração
Seção I
Da Procuradoria-Geral de Justiça

Art. 8º O Ministério Público tem por chefe o Procurador-Geral de Justiça, nomeado pelo Governador do Estado dentre integrantes da carreira, com mais de dois anos de atividade, indicados em lista tríplice, para mandato de dois anos, permitida uma recondução, observado o mesmo procedimento.

§ 1º A lista de que trata este artigo será composta em eleição a ser realizada entre 60 (sessenta) e 30 (trinta) dias antes do término de cada mandato, mediante voto obrigatório, pessoal, plurinominal e secreto dos integrantes do quadro ativo da carreira do Ministério Público, considerando-se classificados para compô-la os três concorrentes que, individualmente, obtiverem maior votação.

§ 2º Em caso de empate, considerar-se-á classificado para integrar a lista o candidato mais antigo na carreira, ou, sendo igual a antiguidade, o mais idoso.

§ 3º É permitida a votação eletrônica, na forma do art. 19, III, desta Lei Complementar, vedado o voto por procurador ou portador, facultando-se, porém, a instituição de voto não presencial, em especial para os membros do Ministério Público em exercício fora da Capital do Estado, desde que recebido até o encerramento da votação.

*** Nova redação dada pela Lei Complementar nº 173/2016.**

§ 4º Encerrada a votação, proceder-se-á à apuração no mesmo dia da eleição.

§ 5º Elaborada a lista, nos termos dos parágrafos anteriores, será remetida ao Governador do Estado, no 15º (décimo quinto) dia anterior ao término do mandato em curso, com indicação das respectivas votações, para escolha e nomeação do Procurador-Geral de Justiça, que tomará posse em sessão solene do Órgão Especial do Colégio de Procuradores de Justiça.

§ 6º Caso o Chefe do Poder Executivo não proceda à nomeação do Procurador-Geral de Justiça nos 15 (quinze) dias seguintes ao recebimento da lista tríplice, o membro do Ministério Público mais votado, será investido automaticamente e empossado no cargo, pelo Colégio de Procuradores de Justiça, para cumprimento do mandato, aplicando-se o critério do § 2º deste artigo, em caso de empate.

§ 7º O Órgão Especial do Colégio de Procuradores de Justiça estabelecerá normas complementares, regulamentando o processo eleitoral para elaboração da lista tríplice a que se refere este artigo.

§ 8º O eleitor impossibilitado de votar deverá justificar o fato ao Procurador-Geral de Justiça.

Art. 9º São inelegíveis para o cargo de Procurador-Geral de Justiça os Procuradores de Justiça e os Promotores de Justiça que:

I – tenham se afastado do cargo na forma prevista no art. 104 nos 6 (seis) meses anteriores à data da eleição;

II – não apresentarem declaração de regularidade dos serviços afetos a seu cargo na data da inscrição;

III – tenham sofrido, em caráter definitivo, sanção disciplinar de suspensão nos doze meses anteriores ao término do prazo de inscrição;

IV – estiverem afastados do exercício do cargo para desempenho de função junto à associação de classe ou que estejam na Presidência de entidades privadas vinculadas ao Ministério Público, salvo se desincompatibilizarem-se até 60 (sessenta) dias anteriores à data da eleição;

V – estiverem inscritos ou integrarem as listas a que se referem os arts. 94, *caput*, e 104, parágrafo único, II, da Constituição da República e a lista de que trata o art. 128, § 2º, II, da Constituição do Estado;

* **A expressão "e a lista de que trata o art. 128, § 2o, II, da Constituição do Estado" foi declarada inconstitucional pelo STF na ADIN 2.884/RJ, Rel. Min. Celso Mello, em 02.12.2004.**

§ 1º É obrigatória a desincompatibilização, mediante afastamento, pelo menos 60 (sessenta) dias antes da data da eleição, para os que, estando na carreira:

a) ocuparem cargo eletivo nos órgãos de administração do Ministério Público;

b) ocuparem cargo na Administração Superior do Ministério Público;

c) ocuparem qualquer outro cargo ou função de confiança.

§ 2º *Parágrafo revogado pela LC nº 159/2014.*

Art. 10. Vagando, no curso do biênio, o cargo de Procurador-Geral de Justiça, será investido interinamente no cargo o Procurador de Justiça mais antigo na classe, convocando-se obrigatoriamente, nos 15 (quinze) dias subsequentes, nova eleição para elaboração de lista tríplice, observado, no que couber, o disposto nos arts. 8º e 9º, desta Lei.

Art. 11. Compete ao Procurador-Geral de Justiça:

I – exercer a Chefia do Ministério Público e da Procuradoria-Geral de Justiça;

II – representar, judicial e extrajudicialmente, o Ministério Público;

III – convocar, integrar e presidir o Colégio de Procuradores de Justiça, seu Órgão Especial, o Conselho Superior do Ministério Público e a Comissão de Concurso;

IV – submeter ao Órgão Especial do Colégio de Procuradores de Justiça:

a) as propostas de criação e extinção de cargos da carreira ou de confiança, de serviços auxiliares e respectivos cargos, bem como a fixação e o reajuste dos respectivos vencimentos;

b) as propostas de criação ou extinção de órgãos de execução, bem como modificações da estruturação destes ou de suas atribuições;

c) a proposta de orçamento anual;

d) os quantitativos a que se referem os arts. 86 e 87;

V – encaminhar ao Poder Legislativo, após aprovação pelo Órgão Especial do Colégio de Procuradores de Justiça, os projetos de lei de iniciativa do Ministério Público;

VI – encaminhar ao Governador do Estado a lista tríplice a que se refere o Art. 8º desta Lei e aos Presidentes dos Tribunais as listas sêxtuplas a que se referem os arts. 94, *caput*, e 104, parágrafo único, II, da Constituição da República;

VII – estabelecer, após aprovação do Órgão Especial do Colégio de Procuradores de Justiça, as atribuições dos órgãos de execução;

VIII – prover, em caráter originário, dando posse aos nomeados, ou mediante promoção e demais formas de provimento derivado, os cargos da carreira e dos serviços auxiliares;

IX – editar atos de aposentadoria, exoneração e outros que importem em vacância de cargos da carreira ou dos serviços auxiliares, bem como atos de remoção e convocação e os referentes a concessão, alteração e cassação de pensão por morte;

X – expedir atos de regulamentação interna, dispondo, inclusive, sobre funções gratificadas e de confiança;

XI – prover os cargos e funções de confiança, bem como editar atos que importem na respectiva vacância;

XII – adir ao Gabinete, no interesse do serviço, membros do Ministério Público;

XIII – designar membros do Ministério Público para:

a) oferecer denúncia ou propor ação civil pública, nas hipóteses de não confirmação de arquivamento de inquérito policial ou civil, bem como de quaisquer peças de informação;

b) assegurar a continuidade dos serviços, em caso de vacância, afastamento temporário ou ausência do titular do órgão de execução ou, ainda, com o consentimento deste;

c) integrar organismos estatais relacionados com as áreas de atuação do Ministério Público;

d) aditar a denúncia, quando couber o aditamento, na forma do parágrafo único do art. 384 do Código de Processo Penal, e o membro do Ministério Público que funciona na ação penal recusar-se a fazê-lo;

e) por ato excepcional e fundamentado, exercer as funções processuais afetas a outro membro da Instituição, submetendo sua decisão previamente ao Conselho Superior do Ministério Público;

XIV – designar, com a concordância do titular do órgão de execução, outro membro do Ministério Público para funcionar em feito determinado de atribuição daquele;

XV – conferir atribuição a membro do Ministério Público para atuar em caso de suspeição ou impedimento, atendendo, na medida do possível, à correspondência entre os órgãos de execução;

XVI – dirimir conflitos de atribuições, determinando quem deva oficiar no feito;

XVII – declarar a atribuição de membro do Ministério Público para participar de determinado ato ou atuar em procedimento judicial ou extrajudicial;

XVIII – expedir recomendações, sem caráter vinculativo, aos órgãos e membros do Ministério Público, para o desempenho de suas funções;

XIX – designar os membros das bancas examinadoras do Concurso para ingresso na Carreira;

XX – provocar a instauração de processo disciplinar contra membro do Ministério Público e aplicar as sanções cabíveis, sem prejuízo do disposto no art. 25, III, desta Lei;

XXI – decidir, ad referendum do Conselho Superior do Ministério Público, a representação a que se refere o art. 141 desta Lei;

XXII – designar Procurador de Justiça para presidir a Comissão processante, quando a infração for atribuída ao Corregedor-Geral do Ministério Público;

XXIII – praticar atos e decidir questões relativas à administração geral e execução orçamentária;

XXIV – delegar funções administrativas e dirimir conflitos de funções administrativas;

XXV – exercer outras atribuições previstas em lei, desde que compatíveis com as funções institucionais do Ministério Público.

Parágrafo único. ***Revogado pela LC nº 159/2014.***

Art. 12. A destituição do Procurador-Geral de Justiça, por iniciativa do Colégio de Procuradores, deverá ser precedida de autorização de 1/3 dos membros da Assembleia Legislativa.

Art. 13. O Procurador-Geral de Justiça nomeará, dentre os Procuradores de Justiça, até 5 (cinco) Subprocuradores-Gerais de Justiça com funções de substituição e auxílio, a serem definidas em Resolução.

*** Nova redação dada pela Lei Complementar nº 164/2015.**

Art. 14. O Procurador-Geral de Justiça poderá ter em seu Gabinete, no exercício de cargos e funções de confiança, Procuradores de Justiça e Promotores de Justiça vitalícios, por ele designados.

Art. 15. O Procurador-Geral de Justiça e os Subprocuradores-Gerais não poderão integrar as listas sêxtuplas a que se refere o art. 22, XIII, desta Lei durante o período em que ocuparem os referidos cargos, permanecendo o impedimento para o Procurador-Geral de Justiça nos doze meses subsequentes ao término do mandato.

*** Incluído pela Lei Complementar nº 149/2013.**

Seção II
Do Colégio de Procuradores de Justiça

Art. 16. O Colégio de Procuradores de Justiça, Órgão de Administração Superior e de Execução do Ministério Público, é integrado por todos os Procuradores de Justiça em exercício e presidido pelo Procurador-Geral de Justiça.

Art. 17. Compete ao Colégio de Procuradores de Justiça, na sua composição plena:

I – opinar, por solicitação do Procurador-Geral de Justiça ou de um quarto (1/4) de seus integrantes, sobre matéria relativa à autonomia do Ministério Público, bem como sobre outras de interesse institucional;

II – propor ao Poder Legislativo a destituição do Procurador-Geral de Justiça, pelo voto de dois terços (2/3) de seus membros e por iniciativa da maioria absoluta de seus integrantes, em caso de abuso de poder, conduta incompatível ou grave omissão dos deveres do cargo, observando-se o procedimento para tanto estabelecido no seu regimento interno e assegurada ampla defesa;

III – eleger o Corregedor-Geral do Ministério Público;

IV – destituir o Corregedor-Geral do Ministério Público, pelo voto de dois terços (2/3) de seus membros, em caso de abuso de poder, conduta incompatível ou grave omissão dos deveres do cargo, por representação do Procurador-Geral de Justiça ou da maioria dos seus integrantes, observando-se o procedimento para tanto estabelecido no seu regimento interno e assegurada ampla defesa;

V – eleger os integrantes de seu Órgão Especial;

VI – desempenhar outras atribuições que lhe forem conferidas por lei.

Parágrafo único. As decisões do Colégio de Procuradores de Justiça serão motivadas e, salvo nas hipóteses legais de sigilo ou por deliberação da maioria de seus integrantes, publicadas por extrato.

Art. 18. Para exercer as funções do Colégio de Procuradores de Justiça, não reservadas, no artigo anterior, à sua composição plena, constituir-se-á um Órgão Especial, composto pelo Procurador-Geral de Justiça, que o presidirá, pelo Corregedor-Geral do Ministério Público, pelos 10 (dez) Procuradores de Justiça mais antigos na classe e por 10 (dez) Procuradores de Justiça eleitos em votação pessoal, plurinominal e secreta, nos termos do inciso V do *caput* do artigo anterior.

§ 1º Os membros eleitos do Órgão Especial do Colégio de Procuradores de Justiça terão mandato de 2 (dois) anos, admitida a reeleição.

§ 2º A eleição para o Órgão Especial do Colégio de Procuradores de Justiça se realizará nos anos ímpares, no mês de agosto e os eleitos tomarão posse no mês de setembro, extinguindo-se o mandato, após 2 (dois) anos.

§ 3º À exceção do Procurador-Geral de Justiça e do Corregedor-Geral do Ministério Público, os demais membros natos do Órgão Especial do Colégio de Procuradores de Justiça serão substituídos, nos seus impedimentos e faltas, por suplentes, assim considerados os 10 (dez) Procuradores de Justiça que se lhes seguirem, em ordem de antiguidade, exclusive os eleitos, que, por seu turno, terão por suplentes, para o mesmo efeito, os 10 (dez) Procuradores de Justiça que se lhes seguirem, em ordem decrescente de votação.

§ 4º São inelegíveis para o Órgão Especial do Colégio de Procuradores de Justiça os Procuradores de Justiça que estiverem afastados da carreira até 60 (sessenta) dias antes da data da eleição.

§ 5º O membro do Órgão Especial do Colégio de Procuradores de Justiça não poderá abster-se de votar, qualquer que seja a matéria em pauta; ressalvados os caso de impedimento e de suspeição.

§ 6º O Órgão Especial do Colégio de Procuradores de Justiça poderá constituir Comissões, na forma do seu Regimento Interno, para examinar assuntos de sua competência, submetendo-os, a seguir, à consideração do Colegiado.

§ 7º Na composição das Comissões deverá ser observada a participação de membros natos e eleitos.

Art. 19. Compete ao Órgão Especial do Colégio de Procuradores de Justiça:

I – aprovar:

a) proposta do Procurador-Geral de Justiça de criação ou extinção de cargos de carreira do Ministério Público ou de cargos de confiança;

b) os quantitativos a que se referem os arts. 86 e 87;

c) proposta do Procurador-Geral de Justiça de criação ou extinção de órgãos de execução, bem como as de modificações da estruturação destes ou de suas atribuições;

d) por maioria absoluta, proposta do Procurador-Geral de Justiça de exclusão, inclusão ou outra alteração nas atribuições das Promotorias de Justiça e Procuradorias de Justiça ou dos cargos que as integrem;

e) a proposta orçamentária anual do Ministério Público, elaborada pela Procuradoria-Geral de Justiça;

f) propostas de criação e extinção de serviços auxiliares e respectivos cargos;

g) projetos de Lei de iniciativa do Ministério Público;

II – deliberar sobre outros assuntos de relevância institucional que lhe sejam submetidos;

III – regulamentar todas as eleições previstas nesta Lei e aprovar os nomes dos componentes das respectivas mesas receptoras e apuradoras, indicados pelo Procurador-Geral de Justiça;

IV – dar posse, em sessão solene, ao Procurador-Geral de Justiça e ao Corregedor-Geral do Ministério Público;

V – decidir representação do Corregedor-Geral para o fim de instauração de sindicância ou processo disciplinar contra Procurador de Justiça;

VI – julgar recurso contra decisão:

a) de vitaliciamento, ou não, de membro do Ministério Público;

b) condenatória em processo disciplinar de membro do Ministério Público;

c) proferida em reclamação sobre o quadro geral de antiguidade;

d) de disponibilidade e remoção por motivo de interesse público e afastamento, provisório ou cautelar, de membro do Ministério Público;

e) da recusa prevista no art. 68 desta Lei;

VII – decidir pedido de revisão de processo disciplinar de membro do Ministério Público quando aplicada sanção;

VIII – deliberar, por iniciativa de um quarto (1/4) de seus integrantes ou do Procurador-Geral de Justiça, e pelo voto da maioria simples, quanto ao ajuizamento de ação civil para decretação de perda do cargo de membro vitalício do Ministério Público, nos casos previstos em lei;

IX – aprovar os pedidos de reversão;

X – indicar para aproveitamento membro do Ministério Público em disponibilidade;

XI – fixar percentual, no limite máximo de 15% dos integrantes da carreira do Ministério Público para o exercício de cargos e funções de confiança;

XII – elaborar o regimento interno do Colégio de Procuradores de Justiça;

XIII – exercer quaisquer outras atribuições do Colégio de Procuradores de Justiça, não reservadas à composição plenária no art. 17 desta Lei.

§ 1º Aplica-se às decisões do Órgão Especial do Colégio de Procuradores de Justiça o disposto no parágrafo único do art. 17 desta Lei.

§ 2º A ausência injustificada de membro do Órgão Especial do Colégio de Procuradores de Justiça a 3 (três) sessões consecutivas ou 5 (cinco) alternadas, no período de doze meses, implicará a perda automática do mandato e, em relação aos membros natos, a suspensão pelo período de doze meses, assegurada a ampla defesa.

Seção III
Do Conselho Superior do Ministério Público

Art. 20. O Conselho Superior do Ministério Público é composto pelo Procurador-Geral de Justiça, que o preside, pelo Corregedor-Geral do Ministério Público e por 8 (oito) Procuradores de Justiça, sendo 4 (quatro) eleitos pelo Colégio de Procuradores de Justiça e 4 (quatro) eleitos pelos Promotores de Justiça.

§1º – O Procurador Geral de Justiça, nas deliberações do Conselho, além do voto de membro, tem o de qualidade, exceto nas hipóteses dos incisos VI e VII do art. 22, sendo substituído, no exercício das atribuições previstas nos arts. 11 e 39 desta Lei, pelo:

I – Subprocurador Geral de Justiça que indicar, em suas faltas, férias e licenças;

II – membro eleito do Conselho Superior mais antigo na classe, nos casos de impedimento, suspeição, afastamento vacância.

*** Parágrafo alterado pela LC nº 159/2014.**

§ 2º Os integrantes do Conselho Superior do Ministério Público não poderão abster-se de votar, qualquer que seja a matéria em pauta; ressalvados os casos de impedimento ou de suspeição.

§3º – O Conselho Superior do Ministério Público poderá funcionar em turmas, conforme dispuser seu Regimento Interno.

*** Nova redação dada pela LC nº 166/2015.**

Art. 21. A eleição dos integrantes do Conselho Superior do Ministério Público dar-se-á no mês de novembro, dos anos pares, mediante voto obrigatório, plurinominal e secreto.

§ 1º São inelegíveis os Procuradores de Justiça que estiverem afastados da carreira até 60 (sessenta) dias antes da data da eleição.

§ 2º Os integrantes do Conselho Superior do Ministério Público terão mandato de 2 (dois) anos, permitida uma recondução, sendo-lhes vedado, durante esse período, o exercício concomitante dos cargos de Subprocurador-Geral de Justiça, Subcorregedor-Geral do Ministério Público, Chefe de Gabinete e Secretário-Geral.

§ 3º Os Procuradores de Justiça que se seguirem, na ordem de votação, aos 8 (oito) eleitos, serão suplentes, com a numeração ordinal correspondente à colocação e, nessa ordem, serão convocados para substituição dos titulares, nos seus impedimentos e faltas.

§ 4º Em caso de empate, considerar-se-á eleito o candidato mais antigo na classe, ou, sendo igual a antiguidade, o mais idoso.

Art. 22. Ao Conselho Superior do Ministério Público compete:

I – indicar ao Procurador-Geral de Justiça, em lista tríplice, os candidatos a promoção e remoção por merecimento;

II – indicar ao Procurador-Geral de Justiça o nome do mais antigo membro do Ministério Público para promoção ou remoção por antiguidade;

III – aprovar os pedidos de remoção por permuta entre os membros do Ministério Público;

IV – indicar ao Procurador-Geral de Justiça Promotor de Justiça para substituição ou auxílio por convocação na forma dos arts. 30, I, e 54, desta Lei;

V – determinar, pelo voto de 2/3 (dois terços) de seus integrantes, na forma dos arts. 74, parágrafo único, 132 e 134, § 5º, desta Lei, e assegurada ampla defesa, a remoção e a disponibilidade, por interesse público, bem como o afastamento cautelar de membro do Ministério Público;

VI – decidir sobre o afastamento provisório do membro do Ministério Público de suas funções, no caso do art. 141 desta Lei;

VII – decidir sobre vitaliciamento de membro do Ministério Público;

VIII – aprovar o quadro geral de antiguidade do Ministério Público e decidir reclamações a respeito;

IX – sugerir ao Procurador-Geral de Justiça a edição de recomendações, sem caráter vinculativo, aos órgãos do Ministério Público, para desempenho de suas funções e adoção de medidas convenientes ao aprimoramento dos serviços;

X – aprovar o regulamento do concurso para ingresso na carreira do Ministério Público e escolher os membros da Comissão de Concurso, na forma do art. 46, desta Lei;

XI – julgar recursos interpostos contra ato de indeferimento de inscrição no concurso para ingresso na carreira;

XII – autorizar afastamento de membro do Ministério Público para frequentar cursos, seminários e atividades similares de aperfeiçoamento e estudo, no País ou no exterior, nas hipóteses do art. 104, IV, desta Lei;

XIII – elaborar as listas sêxtuplas a que se referem os arts. 94, *caput* e 104, parágrafo único, nº II, da Constituição da República;

XIV – elaborar o seu Regimento Interno;

XV – exercer outras atribuições correlatas, decorrentes de lei.

§ 1º As reuniões do Conselho Superior do Ministério Público serão públicas, suas decisões motivadas e publicadas por extrato, salvo nos casos dos arts.

66, § 2º, e 139, desta Lei, e nas demais hipóteses legais de sigilo, ou por deliberação de seus membros.

§ 2º Todas as deliberações do Conselho serão tomadas por maioria dos votos dos seus integrantes, salvo disposição em contrário.

Seção IV
Da Corregedoria-Geral do Ministério Público

Art. 23. O Corregedor-Geral do Ministério Público será eleito pelo Colégio de Procuradores de Justiça, dentre os Procuradores de Justiça, para mandato de dois anos, permitida uma recondução, observado o mesmo procedimento.

§ 1º Observar-se-á, quanto à inelegibilidade, o disposto no Art. 9º desta Lei.

§ 2º Vagando, no curso do biênio, o cargo de Corregedor-Geral do Ministério Público, observar-se-á, no que couber, o disposto no art. 10 desta Lei.

Art. 24. A Corregedoria-Geral do Ministério Público é o órgão orientador e fiscalizador das atividades funcionais e da conduta dos membros do Ministério Público, incumbindo-lhe, entre outras atribuições:

I – realizar correições e inspeções nas Promotorias de Justiça;

II – realizar inspeções nas Procuradorias de Justiça, remetendo relatório reservado ao Órgão Especial do Colégio de Procuradores de Justiça;

III – acompanhar o estágio confirmatório dos membros do Ministério Público;

IV – receber e analisar relatórios dos órgãos e membros do Ministério Público, na forma estabelecida em Resolução do Procurador-Geral de Justiça;

V – apresentar ao Procurador-Geral de Justiça, na primeira quinzena de fevereiro de cada ano, relatório com dados estatísticos sobre as atividades das Procuradorias de Justiça e Promotorias de Justiça, relativas ao ano anterior;

VI – remeter aos demais órgãos de Administração Superior do Ministério Público informações necessárias ao desempenho das atribuições destes;

VII – fazer recomendações, sem caráter vinculativo, a órgão de execução ou a membro do Ministério Público;

VIII – manter assentamentos funcionais atualizados de cada um dos membros da Instituição, para os fins do inciso IV do artigo seguinte;

IX – administrar o processo de admissão de estagiários, na forma do art. 49, acompanhando-lhes o desempenho e aproveitamento.

Art. 25. Além da supervisão geral das atividades previstas no artigo anterior, incumbe especialmente ao Corregedor-Geral do Ministério Público:

I – instaurar, de ofício ou por provocação dos demais órgãos de Administração Superior do Ministério Público, sindicância ou processo disciplinar contra Promotor de Justiça;

II – representar ao Órgão Especial do Colégio de Procuradores de Justiça para o fim de instauração de sindicância ou de processo disciplinar contra Procurador de Justiça;

III – aplicar as sanções disciplinares de sua competência ou encaminhar os autos ao Procurador-Geral de Justiça, quando couber a este a decisão;

IV – prestar ao Conselho Superior do Ministério Público, para efeito de promoção ou remoção por merecimento, as informações pertinentes;

V – presidir a Comissão de Estágio Confirmatório, encaminhando ao Conselho Superior do Ministério Público a proposta de vitaliciamento, ou não, de Promotor de Justiça;

VI – admitir e desligar estagiários, na forma de Resolução do Procurador-Geral de Justiça;

VII – exercer outras atribuições inerentes à sua função ou que lhe forem atribuídas ou delegadas pelo Órgão Especial do Colégio de Procuradores de Justiça.

Parágrafo Único – O Corregedor Geral, em suas faltas, férias e licenças, será substituído pelo Subcorregedor Geral que indicar e, nos casos de impedimento, suspeição, afastamento e vacância, pelo membro eleito do Órgão Especial do Colégio de Procuradores de Justiça mais antigo da classe.

*** Parágrafo alterado pela LC nº 159/2014.**

Art. 26. O Corregedor-Geral do Ministério Público será assessorado por dois Procuradores de Justiça, que exercerão as funções de Subcorregedor-Geral, e por, no mínimo, quatro Promotores de Justiça vitalícios, por ele indicados e designados pelo Procurador-Geral de Justiça.

§ 1º Recusando-se o Procurador-Geral de Justiça a designar os Promotores de Justiça que lhe forem indicados, o Corregedor-Geral poderá submeter a indicação à deliberação do Órgão Especial do Colégio de Procuradores de Justiça, cuja aprovação suprirá o ato de designação.

§ 2º Caberá ao Órgão Especial do Colégio de Procuradores de Justiça, por proposta do Corregedor-Geral do Ministério Público, estabelecer o número de Promotores de Justiça para as funções de assessoria, observado o mínimo previsto no *caput* deste artigo.

Seção V
Das Procuradorias de Justiça

Art. 27. As Procuradorias de Justiça são órgãos de administração do Ministério Público, com cargos de Procurador de Justiça e serviços auxiliares necessários ao desempenho de suas funções.

Art. 28. As Procuradorias de Justiça Cíveis e as Procuradorias de Justiça Criminais, por seus Procuradores de Justiça, reunir-se-ão para fixar orientação sobre questões jurídicas, sem caráter vinculativo, encaminhando-as ao Procurador-Geral de Justiça.

Art. 29. A divisão dos serviços das Procuradorias de Justiça junto ao respectivo Órgão Judiciário sujeitar-se-á a critérios objetivos, definidos pelo Órgão Especial do Colégio de Procuradores de Justiça, que visem à distribuição ou redistribuição equitativa de processos por sorteio, observadas, para esse efeito, as regras de proporcionalidade, especialmente a alternância fixada em função da natureza, volume e espécie dos feitos.

§ 1º A norma deste artigo só não incidirá nas hipóteses em que os Procuradores de Justiça definam, consensualmente, conforme critérios próprios, a divisão interna dos serviços.

§ 2º Poderão ser instituídas Procuradorias de Justiça especializadas, com ou sem correspondência a órgãos judiciários, observado o disposto no art. 11, IV, “b”, desta Lei.

Art. 30. Às Procuradorias de Justiça compete, entre outras atribuições:

I – solicitar ao Procurador-Geral de Justiça, em caso de licença de Procurador de Justiça ou afastamento de suas funções, a convocação de Promotor de Justiça para substituí-lo, na forma dos arts. 22, IV, e 54 desta Lei;

II – exercer inspeção permanente dos serviços dos Promotores de Justiça nos autos em que oficiem, relatando o que constatarem de relevante à Corregedoria-Geral do Ministério Público;

III – desempenhar outras funções que lhes sejam conferidas por deliberação do Colégio de Procuradores de Justiça.

Seção VI
Das Promotorias de Justiça

Art. 31. As Promotorias de Justiça são órgãos de administração do Ministério Público, com pelo menos 1 (um) cargo de Promotor de Justiça e serviços auxiliares necessários ao desempenho de suas funções.

Parágrafo único. As Promotorias de Justiça poderão ser judiciais ou extrajudiciais, especializadas, gerais ou cumulativas.

Art. 32. As atribuições das Promotorias de Justiça e dos cargos de Promotor de Justiça que a integrem serão fixadas mediante proposta do Procurador-Geral de Justiça, aprovada pelo Órgão Especial do Colégio de Procuradores de Justiça.

§ 1º A exclusão, inclusão ou outra modificação das atribuições das Promotorias de Justiça ou dos cargos de Promotor de Justiça que a integrem serão efetuadas mediante proposta do Procurador-Geral de Justiça, aprovada por maioria absoluta do Órgão Especial do Colégio de Procuradores de Justiça.

§ 2º No caso de exclusão de atribuição, o ato não atingirá os processos, inquéritos e procedimentos administrativos em curso na Promotoria de Justiça, salvo prévia e expressa concordância do titular.

§ 3º O disposto neste artigo não obsta a que o Procurador-Geral de Justiça, com a concordância de Promotor de Justiça titular de órgão de execução, designe outro Promotor para funcionar em feito determinado, de atribuição daquele.

Art. 33. A divisão interna dos serviços das Promotorias de Justiça sujeitar-se-á a critério objetivo de distribuição equitativa dos processos, na forma de Resolução do Procurador-Geral de Justiça, aplicando-se-lhes, no que couber, o disposto no art. 29 desta Lei.

Capítulo IV
Dos órgãos de execução
Seção I
Disposições gerais

Art. 34. Além das funções previstas nas Constituições Federal e Estadual e em outras leis, incumbe, ainda, ao Ministério Público:

I – adotar todas as medidas necessárias à defesa da ordem jurídica, do regime democrático, dos interesses sociais e dos interesses individuais indisponíveis, considerados, dentre outros, os seguintes bens, fundamentos e princípios:

a) a soberania e a representatividade popular;

b) os direitos políticos;

c) os objetivos fundamentais do Estado e dos Municípios;

d) a independência e a harmonia dos Poderes do Estado e dos Municípios;

e) a autonomia do Estado e dos Municípios;

f) as vedações impostas ao Estado e aos Municípios;

g) a legalidade, a impessoalidade, a moralidade, a publicidade e a eficiência, relativas à administração pública direta ou indireta, de qualquer dos Poderes;

h) o sistema tributário, as limitações ao poder de tributar, a repartição do poder impositivo e das receitas tributárias e os direitos do contribuinte;

i) a gestão responsável das finanças públicas;

j) a seguridade social, a educação, a cultura, o desporto, a ciência, a tecnologia e a comunicação social;

k) a probidade administrativa;

l) a manifestação de pensamento, de criação, de expressão ou de informação;

m) a ordem econômica, financeira e social.

II – propor ação de inconstitucionalidade de leis ou atos normativos estaduais ou municipais, face à Constituição Estadual;

III – promover a representação de inconstitucionalidade para efeito de intervenção do Estado em Municípios;

IV – além das hipóteses dos incisos anteriores, intervir em qualquer caso em que seja arguida, de forma direta ou incidental, a inconstitucionalidade de Lei ou ato normativo;

V – promover, privativamente, a ação penal pública, na forma da Lei;

VI – promover o inquérito civil e propor a ação civil pública, na forma da Lei:

a) para a proteção, prevenção e reparação dos danos causados à criança e ao adolescente, ao idoso e à pessoa com deficiência, ao meio ambiente, ao consumidor, ao contribuinte, aos bens e direitos de valor artístico, estético, histórico, turístico e paisagístico e a outros interesses difusos, coletivos e individuais indisponíveis e homogêneos;

*** Nova redação dada pela LC-RJ 113/2006.**

b) para anulação ou declaração de nulidade de atos lesivos ao patrimônio público ou à moralidade administrativa do Estado ou de Município, de suas administrações diretas, indiretas ou fundacionais ou de entidades privadas de que participem;

VII – promover outras ações, nelas incluído o mandado de injunção, sempre que a falta de norma regulamentadora torne inviável o exercício dos direitos e liberdades previstos na Constituição Estadual e das prerrogativas inerentes à cidadania, quando difusos, coletivos ou individuais indisponíveis os interesses a serem protegidos;

VIII – sugerir ao poder competente a edição de normas e a alteração da legislação em vigor;

IX – expedir recomendações, visando à melhoria dos serviços públicos e de relevância pública, bem como ao respeito aos interesses, direitos e bens cuja defesa lhe cabe promover;

X – exercer a fiscalização de estabelecimentos prisionais e dos que abriguem idosos, crianças, adolescentes, incapazes ou pessoas portadoras de deficiência;

XI – fiscalizar a aplicação de verbas públicas destinadas às instituições assistenciais e educacionais;

XII – velar pela regularidade de todos os atos e atividades, direta ou indiretamente relacionados às fundações sob sua fiscalização, devendo, entre outras medidas disciplinadas em resolução do Procurador-Geral de Justiça:

a) exigir e examinar a prestação de contas por parte dos administradores;

b) promover, sempre que necessário, a realização de auditorias, estudos atuariais e técnicos, e perícias, correndo as despesas por conta da entidade fiscalizada;

c) emitir pronunciamento prévio sobre os pedidos de alienação e de oneração dos bens patrimoniais das fundações;

d) comparecer, quando necessário, às dependências das fundações e às reuniões dos órgãos destas, com a faculdade de discussão das matérias, nas mesmas condições asseguradas aos respectivos membros;

XIII – fiscalizar a regularidade de todos os atos e atividades, direta ou indiretamente relacionados às organizações sociais, às organizações da sociedade civil de interesse público e às demais instituições de natureza similar, que recebam tal qualificação no âmbito estadual ou municipal na forma prevista em resolução do Procurador-Geral de Justiça, cabendo, entre outras medidas, promover, sempre que necessário, a realização de auditorias, estudos atuariais e técnicos, e perícias, correndo as despesas por conta da entidade fiscalizada;

XIV – exercer o controle externo da atividade policial;

XV – exercer a defesa dos direitos do cidadão assegurados nas Constituições Federal e Estadual;

XVI – deliberar sobre a participação em organismos estatais de defesa do meio ambiente, do consumidor, de política penal e penitenciária e outros afetos às suas áreas de atuação;

XVII – ingressar em juízo, de ofício, para responsabilizar agentes que tenham praticado atos de improbidade e gestores do dinheiro público condenados por Tribunais e Conselhos de Contas;

XVIII – interpor recursos, inclusive ao Supremo Tribunal Federal e ao Superior Tribunal de Justiça;

XIX – promover a dissolução compulsória de associações, sempre que a lei autorizar tal medida e o interesse público o exigir;

XX – aplicar medidas protetivas às crianças e aos adolescentes, bem como aos respectivos responsáveis, sempre que necessário;

XXI – exercer a fiscalização de todos os atos referentes ao Registro Público, podendo expedir requisições e adotar as medidas necessárias à sua regularidade, sendo previamente cientificado de todas as inspeções e correições realizadas pelo poder competente, devendo, ainda, receber, imediatamente após o encerramento, cópia do respectivo relatório final;

XXII – comunicar ao Tribunal de Justiça, ao Conselho da Magistratura e ao Corregedor-Geral de Justiça, conforme o caso, a prática de faltas disciplinares por Magistrados, serventuários e outros auxiliares da Justiça, bem como o atraso injustificado no processamento de feito;

XXIII – comunicar à Ordem dos Advogados do Brasil a prática de faltas cometidas pelos nela inscritos.

Parágrafo único. É vedado o exercício das funções do Ministério Público a pessoas a ele estranhas, sob pena de nulidade do ato praticado.

Art. 35 No exercício de suas funções, cabe ao Ministério Público:

I. instaurar inquéritos civis e outras medidas e procedimentos administrativos para a apuração de fatos de natureza civil, sempre que tal se fizer necessário ao exercício de suas atribuições e, para instruí-los:

a) expedir notificações para colher depoimentos ou esclarecimentos e, em caso de não comparecimento injustificado, requisitar condução coercitiva, inclusive pela Polícia Civil ou Militar, sem prejuízo do processo por crime de desobediência, ressalvadas as prerrogativas previstas em lei;

b) requisitar informações, exames, perícias e documentos de autoridades e outros órgãos federais, estaduais e municipais, bem assim das entidades da administração direta, indireta ou fundacional de qualquer dos poderes da União, dos Estados, do Distrito Federal e dos Municípios e das entidades sem fins lucrativos que recebam verbas públicas ou incentivos fiscais ou creditícios;

c) promover inspeções e diligências investigatórias junto às autoridades, órgãos e entidades a que se refere a alínea anterior;

d) requisitar informações e documentos a entidades privadas, para instruir procedimentos ou processos em que atue;

II – fiscalizar e requisitar ao Conselho Tutelar diligências, tais como procura por familiares e afins na circunvizinhança e confecção de relatórios de acompanhamento de crianças e adolescentes;

III – requisitar diligências investigatórias e a instauração de inquérito policial e de inquérito policial-militar, observando o disposto no art. 129, VIII, da Constituição da República, podendo acompanhá-los;

IV- receber diretamente da Polícia Judiciária o inquérito policial, tratando-se de infração de ação penal pública;

 *** Inciso IV declarado inconstitucional – ADI 2886**

V – requisitar informações quando o inquérito policial não for encerrado em trinta dias, tratando-se de indiciado solto mediante fiança ou sem ela;

VI – sugerir ao poder competente a edição de normas e a alteração da legislação em vigor, bem assim a adoção de medidas ou propostas destinadas à prevenção e combate à criminalidade;

VII – solicitar da Administração Pública os serviços temporários de servidores civis ou policiais militares e os meios materiais necessários à consecução de suas atividades;

VIII – praticar atos administrativos executórios, de caráter preparatório;

IX – dar publicidade dos procedimentos administrativos não disciplinares de sua exclusiva atribuição e das medidas neles adotadas, onde quer que se instaurem;

X – manifestar-se, em qualquer fase dos processos, acolhendo solicitação do juiz, da parte ou por sua iniciativa, quando entender existente interesse em causa que justifique a intervenção;

XI – ter acesso incondicional a procedimento instaurado no âmbito da Administração direta e indireta de todos os órgãos ou Poderes, ainda que em curso, e a qualquer banco de dados de caráter público ou relativo a serviço de relevância pública;

XII – representar ao órgão jurisdicional competente para quebra de sigilo, nas hipóteses em que a ordem judicial seja exigida pela Constituição da República, sempre que tal se fizer necessário à instrução de inquérito policial, à investigação cível ou criminal realizada pelo Ministério Público, bem como à instrução processual;

XIII – manifestar-se em autos administrativos ou judiciais por meio de cota;

XIV – atestar a miserabilidade de qualquer pessoa para fins de recebimento de benefício junto aos Poderes Constituídos e aos seus delegatários, nas hipóteses legais.

§ 1º As notificações e requisições previstas neste artigo, quando tiverem como destinatários o Governador do Estado, os Ministros de Estado, os membros do Poder Legislativo Federal e Estadual, os Ministros do Supremo Tribunal Federal e dos Tribunais Superiores, os membros dos Tribunais Federais e Estaduais, os membros do Ministério Público junto aos referidos Tribunais e os membros dos Tribunais de Contas, serão encaminhadas pelo Procurador-Geral de Justiça.

§ 2º O membro do Ministério Público será responsável pelo uso indevido das informações e documentos que requisitar, inclusive nas hipóteses legais de sigilo.

§ 3º Serão cumpridas gratuitamente as requisições feitas pelo Ministério Público às autoridades, órgãos e entidades da administração pública direta, indireta ou fundacional, de qualquer dos poderes da União, dos Estados, do Distrito Federal e dos Municípios.

§ 4º A falta ao trabalho, em virtude de atendimento a notificação ou requisição, na forma do inciso I deste artigo, não autoriza desconto de vencimentos ou salário, considerando-se de efetivo exercício, para todos os efeitos, mediante comprovação escrita do membro do Ministério Público.

§ 5º Toda representação ou petição dirigida ao Ministério Público será distribuída aos órgãos que tenham atribuição para apreciá-la.

§ 6º Só poderão ser requisitadas informações de caráter sigiloso para instruir procedimentos em curso, de atribuição do requisitante, que deverá indicar o número do procedimento e, quando for o caso, o motivo da requisição.

§ 7º Na hipótese do inciso I deste artigo, surgindo no curso dos procedimentos indícios da prática de infração penal, o Promotor de Justiça tomará as providências cabíveis e remeterá peças ao órgão com atribuição.

Art. 36. O Ministério Público exercerá o controle externo da atividade policial observando a legislação pertinente.

Art. 37. Cabe igualmente ao Ministério Público exercer a defesa dos direitos assegurados nas Constituições Federal e Estadual, sempre que se cuidar de garantir-lhes o respeito:

I – pelos poderes estaduais ou municipais;

II – pelos órgãos da administração pública direta estadual ou municipal e, bem assim, pelas entidades de administração indireta ou fundacional;

III – por quaisquer entidades ou pessoas que exerçam função delegada do Estado ou do Município, ou executem serviços de relevância pública.

Art. 38. No exercício das atribuições a que se refere o artigo anterior, incumbe ao Ministério Público, entre outras providências:

I – receber notícias de irregularidades, petições ou reclamações orais ou escritas, dar-lhes andamento, no prazo de 30 (trinta) dias, realizando as diligências pertinentes, encaminhando-lhes a solução adequada;

II – promover audiências públicas e emitir relatórios, anual ou especiais e recomendações dirigidas aos órgãos e entidades mencionadas neste artigo, requisitando do destinatário sua divulgação adequada e imediata, assim como resposta por escrito;

III – zelar pela celeridade e racionalização dos procedimentos administrativos;

IV – comunicar ao titular do direito violado a sua opinião conclusiva nos autos de procedimento de polícia judiciária ou nas peças de informação.

Seção II
Do Procurador-Geral de Justiça

Art. 39. Além das atribuições previstas nas Constituições Federal e Estadual, nesta e em outras leis, compete ao Procurador-Geral de Justiça:

I – propor ação direta de inconstitucionalidade;

II – representar para fins de intervenção do Estado em Município, com o objetivo de assegurar a observância de princípios inscritos na Constituição Estadual ou promover a execução de lei, de ordem ou de decisão judicial;

III – oficiar, como órgão do Ministério Público, inclusive assistindo às respectivas sessões e fazendo uso da palavra, para intervir em qualquer assunto ou feito:

a) no Tribunal Pleno, no Órgão Especial e no Conselho da Magistratura do Tribunal de Justiça;

*** Alínea declarada inconstitucional pelo STF na ADIN 2.884/RJ, Rel. Min. Celso Mello, 02.12.2004.**

b) no Plenário do Tribunal de Contas do Estado;

*** Alínea declarada inconstitucional pelo STF na ADIN 2.884/RJ, Rel. Min. Celso Mello, 02.12.2004.**

IV – interpor recurso ao Supremo Tribunal Federal e ao Superior Tribunal de Justiça;

V – ajuizar mandado de injunção;

VI – ajuizar ação penal de competência originária do Tribunal de Justiça, bem como medidas cautelares a ela conexas, em todas oficiando;

VII – determinar o arquivamento de representação, notícia de crime, peças de informação, conclusões de Comissões Parlamentares de Inquérito ou inquérito policial, nas hipóteses de suas atribuições legais, inclusive em procedimento visante à ação de que trata o inciso anterior;

VIII – exercer as atribuições previstas no art. 129, II e III, da Constituição da República, quando a autoridade reclamada for o Governador do Estado, o Presidente da Assembleia Legislativa ou os Presidentes de Tribunais, bem como quando contra estes, por ato praticado em razão de suas funções, deva ser ajuizada a competente ação;

IX – representar ao Tribunal de Justiça, ao Conselho da Magistratura e ao Corregedor-Geral de Justiça, conforme o caso, sobre faltas disciplinares dos magistrados, serventuários e outros auxiliares da Justiça;

X – oferecer ou encaminhar ao Corregedor-Geral da Justiça representação sobre retardamento de feito;

XI – representar, na forma da lei, ao Tribunal de Justiça, ao Conselho de Magistratura e ao Corregedor-Geral de Justiça, relativamente a infrações disciplinares envolvendo servidores do Poder Judiciário;

XII – representar ao Procurador-Geral Federal sobre crime comum ou de responsabilidade, quando ao Ministério Público Federal couber a iniciativa de ação penal contra autoridade estadual;

XIII – propor ação civil de decretação de perda do cargo de membro vitalício do Ministério Público, observado o disposto no art. 19, VIII, desta Lei;

XIV – oferecer denúncia ou representação, designar outro órgão do Ministério Público para fazê-lo ou insistir em promoção por arquivamento, nos casos previstos em lei;

XV – requisitar autos arquivados, relacionados à prática de infração penal, ou de ato infracional atribuído a adolescente, promover seu desarquivamento e, se for o caso, oferecer denúncia ou representação, ou designar outro órgão do Ministério Público para fazê-lo;

XVI – exercer ou delegar a membro da Instituição qualquer função atribuída ao Ministério Público nas Constituições Federal e Estadual, nesta e em outras leis, quando não conferida, expressamente, a outro órgão;

XVII – delegar a membro do Ministério Público suas funções de órgão de execução;

XVIII – designar administrador provisório para as fundações de direito privado, desde que não tenham sido criadas por lei e não sejam mantidas pelo Poder Público, sempre que inexistir administrador regularmente investido e tal se fizer necessário.

Seção III
Do Colégio de Procuradores de Justiça

Art. 40. Compete ao Colégio de Procuradores de Justiça, através de seu Órgão Especial, rever, na forma que dispuser o seu Regimento Interno, mediante requerimento de legítimo interessado, decisão de arquivamento de Inquérito Policial ou peças de informação determinada pelo Procurador-Geral de Justiça, nos casos de sua atribuição originária.

Parágrafo único. Sendo revista a decisão, o Órgão Especial do Colégio de Procuradores de Justiça designará um de seus membros para oferecer a denúncia.

Seção IV
Do Conselho Superior do Ministério Público

Art. 41 Cabe ao Conselho Superior do Ministério Público:

I – decidir:

a) *** *Revogada pela Lei Complementar nº 174/2016.***

b) o desarquivamento, por provocação de órgão do Ministério Público, de inquérito civil, peças de informação ou procedimento preparatório de inquérito civil.

II – rever:

a) o arquivamento de inquérito civil, peças de informação e procedimento preparatório a inquérito civil;

b) a decisão de indeferimento de representação de instauração de inquérito civil;

c) *** *Revogada pela LC-RJ 113/2006.***

III – exercer as demais atribuições que lhe são conferidas em Lei.

Seção V
Dos Procuradores de Justiça

Art. 42. Cabe aos Procuradores de Justiça exercer as atribuições do Ministério Público junto ao Tribunal de Justiça e ao Tribunal de Contas do Estado, desde que não cometidas ao Procurador-Geral de Justiça.

*** A expressão "e ao Tribunal de Contas do Estado" foi declarada inconstitucional pelo STF na ADIN 2.884/RJ, Rel. Min. Celso Mello, em 02.12.2004.**

§ 1º É obrigatória a presença de Procurador de Justiça nas sessões de julgamento dos processos em que oficie o Ministério Público.

§ 2º Incumbe aos Procuradores de Justiça correição permanente da atuação dos membros do Ministério Público em exercício nos órgãos de execução junto ao primeiro grau de jurisdição, sem prejuízo do disposto no art. 30, II, desta Lei.

§ 3º A atribuição a que se refere o art. 39, IV, poderá ser exercida, concorrentemente, pelo Procurador de Justiça que oficie no feito.

Seção VI
Dos Promotores de Justiça

Art. 43. Além de outras funções cometidas nas Constituições Federal e Estadual, nesta e demais leis, compete aos Promotores de Justiça, dentro de sua esfera de atribuições:

I – impetrar *habeas corpus* e mandado de segurança e oferecer reclamação, inclusive perante os Tribunais competentes;

II – atender a qualquer do povo, tomando as providências cabíveis;

III – oficiar perante a Justiça Eleitoral de primeiro grau, com as atribuições do Ministério Público Eleitoral previstas na Lei Orgânica do Ministério Público da União, que forem pertinentes, além de outras estabelecidas na legislação eleitoral e partidária.

Capítulo V
Dos órgãos e serviços auxiliares
Seção I
Dos Centros de Apoio Operacional

Art. 44. Os Centros de Apoio Operacional são órgãos auxiliares da atividade funcional do Ministério Público, competindo-lhes:

I – estimular a integração e o intercâmbio entre órgãos de execução que atuem na mesma área de atividade e que tenham atribuições comuns;

II – remeter informações técnico-jurídicas, sem caráter vinculativo, aos órgãos ligados à sua atividade;

III – estabelecer intercâmbio permanente com entidades ou órgãos públicos ou privados que atuem em áreas afins, para obtenção de elementos técnicos especializados necessários ao desempenho de suas funções;

IV – remeter, anualmente, ao Procurador-Geral de Justiça, relatório das atividades do Ministério Público referentes às suas áreas de atribuições;

V – exercer outras funções compatíveis com suas finalidades, vedado o exercício de qualquer atividade de órgãos de execução, bem como a expedição de atos normativos a estes dirigidos.

Parágrafo único. O Procurador-Geral de Justiça, mediante Resolução, definirá a estrutura interna dos órgãos a que se refere este artigo, podendo suas atribuições ser desdobradas em órgãos distintos.

Seção II
Dos Centros Regionais de Apoio Administrativo e Institucional

Art. 45. Os Centros Regionais de Apoio Administrativo e Institucional são órgãos auxiliares de atividade funcional do Ministério Público, competindo-lhes:

I – estimular a integração entre órgãos de execução que atuem na respectiva região;

II – promover o intercâmbio de informações entre os Centros de apoio Operacional e os órgãos de execução que atuem na região;

III – organizar eventos culturais propostos pela Procuradoria-Geral de Justiça;

IV – reportar-se aos órgãos de administração da Procuradoria-Geral de Justiça em tudo que for do interesse dos órgãos de execução da região, sugerindo as providências cabíveis;

V – exercer outras funções compatíveis com suas finalidades, vedado o exercício de qualquer atividade de órgão de execução, bem como a expedição de atos normativos a estes dirigidos.

Parágrafo único. O Procurador-Geral de Justiça, mediante resolução, definirá a estrutura interna dos órgãos a que se refere este artigo, podendo suas atribuições ser desdobradas em órgãos distintos.

***V. Nesta edição, Res GPGJ 1531/2009.**

Seção III
Da Comissão de Concurso

Art. 46. A Comissão de Concurso, órgão auxiliar da Procuradoria-Geral de Justiça de natureza transitória, é presidida pelo Procurador-Geral de Justiça, integrada por Procuradores de Justiça e constituída na forma do art. 22, X, desta Lei e do que dispuser o Regimento Interno do Conselho Superior do Ministério Público.

§ 1º Nos casos de impedimento ou suspeição do Procurador-Geral de Justiça, caberá a presidência da Comissão ao Procurador de Justiça mais antigo na classe.

§ 2º À Comissão de Concurso incumbe realizar a seleção de candidatos ao ingresso na carreira do Ministério Público, nos termos do art. 129, § 3º, da Constituição da República.

§ 3º (Revogado pela LC-RJ 113/2006.)

Seção IV

Do Centro de Estudos e Aperfeiçoamento Funcional

*** Nova redação dada pela Lei Complementar 159/2014.**

Art. 47. O Centro de Estudos e Aperfeiçoamento Funcional é órgão auxiliar da Procuradoria-Geral de Justiça destinado a promover cursos, seminários, congressos, simpósios, pesquisas, atividades, estudos e publicações, visando ao aprimoramento profissional e cultural dos membros da Instituição e dos seus auxiliares e funcionários, à melhor execução dos seus serviços e à racionalização do uso de seus recursos materiais.

*** Nova redação dada pela LC nº 159/2014.**

§ 1º Compete ao Centro de Estudos e Aperfeiçoamento Funcional:

*** Nova redação dada pela LC nº 159/2014.**

I – promover pesquisas e estudos de natureza jurídica de interesse do Ministério Público;

II – realizar cursos, seminários, conferências, programas de treinamento ou reciclagem profissional e palestras que contribuam para o aperfeiçoamento do Ministério Público;

III – manter biblioteca especializada em matéria jurídica;

IV – divulgar matéria jurídica e administrativa de interesse da Instituição, editando publicações a respeito;

V – manter intercâmbio com instituições congêneres, nacionais ou estrangeiras;

VI – apoiar administrativamente a Comissão a que se refere o artigo anterior;

VII – promover a realização de concursos públicos para ingresso nos quadros dos serviços auxiliares do Ministério Público;

VIII – celebrar, com autorização do Procurador-Geral de Justiça, convênios para realização de seus objetivos;

IX – indicar ao Conselho Superior, para designação, os membros do Ministério Público que atuarão como monitores dos Promotores de Justiça em estágio confirmatório, na avaliação do requisito indicado no inciso III do art. 61.

**** Incluído pela Lei Complementar nº 177/2017.***

X – coordenar a atuação dos monitores referidos no inciso anterior, submetendo os relatórios por eles elaborados à Comissão de Estágio Confirmatório de que trata o *caput* do art. 61.

**** Incluído pela Lei Complementar nº 177/2017.***

XI – exercer outras funções correlatas, que lhe sejam atribuídas pelo Procurador-Geral de Justiça.

** Renumerado pela Lei Complementar nº 177/2017.*

§2º – Além das dotações orçamentárias próprias, o Centro de Estudos e Aperfeiçoamento Funcional contará com os demais recursos que lhe forem destinados por lei.

§3º – O Procurador-Geral de Justiça, mediante Resolução, estabelecerá normas para o funcionamento do Centro de Estudos e Aperfeiçoamento Funcional.

*** Parágrafos §§ 2º e 3º alterados pela LC nº 159/2014.**

*** V. Nesta edição, Res 1796/2013, que alterou a denominação do Centro de Estudos Jurídicos para Centro de estudos e Aperfeiçoamento Funcional (CEAF).**

Seção V
Dos serviços auxiliares e de apoio administrativo

Art. 48. Os serviços auxiliares e de apoio administrativo do Ministério Público serão prestados por servidores organizados em quadro próprio de carreira, definido em lei de iniciativa do Procurador-Geral de Justiça e com funções e atribuições descritas em Resoluções e em regimentos internos da Instituição, visando a atender às necessidades da administração e das atividades funcionais desta.

*** V. Nesta Edição, Lei/RJ 5891/2011, que dispões sobre o Quadro Permanente dos serviços auxiliares do MPRJ.**

Seção VI
Dos estagiários

Art. 49. Os estagiários do Ministério Público, auxiliares das Promotorias e Procuradorias de Justiça, serão nomeados pelo Procurador-Geral de Justiça, para período não superior a 3 (três) anos, dentre alunos dos 3 (três) últimos anos ou dos períodos correspondentes do curso de bacharelado em direito, de escolas oficiais ou reconhecidas, selecionados em concurso público, na forma do § 1º deste artigo.

§ 1º Incumbe à Corregedoria-Geral do Ministério Público administrar o processo de admissão, por concurso público, de estagiários, bem como acompanhar-lhes o desempenho e aproveitamento.

§ 2º Aplicam-se aos estagiários, enquanto durar o estágio e sob pena de cancelamento sumário deste, todas as proibições e normas disciplinares a que estão sujeitos os integrantes do quadro de serviços auxiliares do Ministério Público e os servidores públicos em geral, sendo-lhes, ainda, especialmente vedado:

I – exercer qualquer atividade relacionada com a advocacia e com funções judiciárias ou policiais;

II – revelar quaisquer fatos de que tenham conhecimento em razão das atividades do estágio;

III – receber, a qualquer título e sob qualquer pretexto, honorários, percentagens, custas ou participações de qualquer natureza, pelas atividades do estágio, salvo, exclusivamente, o valor da bolsa a que se refere o parágrafo seguinte.

§ 3º O Procurador-Geral de Justiça, mediante Resolução, regulamentará a concessão e o cumprimento dos estágios de que trata este artigo, de modo a que sejam reconhecidos como prática profissional, para todos os fins, perante a Ordem dos Advogados do Brasil e fixará, para cada exercício, observadas as limitações orçamentárias, o valor das bolsas respectivas e o seu regime de reajuste, se necessário.

Título II
Do Estatuto dos Membros do Ministério Público

Capítulo I
Da carreira

Art. 50. O Ministério Público é constituído de um quadro permanente único, estruturado em carreira e escalonado em cargos de Procurador de Justiça, de Promotor de Justiça e de Promotor de Justiça Substituto, agrupando cada classe os cargos da mesma denominação e equivalentes atribuições e responsabilidades.

Capítulo II
Do preenchimento dos órgãos de execução

Art. 51. O preenchimento dos órgãos de execução do Ministério Público é feito por lotação, por designação ou por convocação, para exercício como titular, ou em substituição ou auxílio ao titular.

Art. 52. Aos Procuradores de Justiça cabe a titularidade, por lotação, das

Procuradorias de Justiça.

Art. 53. Os Promotores de Justiça serão lotados, como titulares, em Promotorias de Justiça e os Promotores de Justiça Substitutos em Promotorias de Justiça de substituição.

Parágrafo único. Os Promotores de Justiça poderão ser designados, em caso de necessidade de serviço, para exercício cumulativo em outras Promotorias de Justiça, em substituição ou auxílio.

Art. 54. Os Promotores de Justiça integrantes do primeiro quinto da classe, em caso de incontornável necessidade de serviço e quando impossível a redistribuição do trabalho na forma do art. 29 ou o suprimento da carência de pessoal por outro meio, poderão ser convocados para oficiarem, em substituição, nas Procuradorias de Justiça, observado o inciso IV do art. 22 desta Lei.

Capítulo III
Do provimento originário

Seção I
Do concurso

Art. 55. O ingresso na carreira do Ministério Público dar-se-á em cargo de Promotor de Justiça Substituto, após aprovação em concurso público de provas e títulos, organizado e realizado nos termos de Regulamento editado pelo Conselho Superior do Ministério Público, com observância do disposto nesta Lei, assegurada a participação do Conselho Seccional da Ordem dos Advogados do Brasil.

§ 1º. O regulamento do concurso estipulará:

*** Parágrafo renumerado pela LC nº 153/2013.**

I – os requisitos para inscrição;

II – prazo, não superior a 15 (quinze dias), a contar do encerramento das inscrições, para publicação, pelo Presidente da Comissão do Concurso, da relação dos requerentes de inscrição;

III – prazo, não inferior a 48 (quarenta e oito) horas, contadas da publicação do indeferimento de inscrição, para interposição de recurso ao Conselho Superior do Ministério Público, que deverá proferir decisão em, no máximo, 5 (cinco) dias;

IV – o caráter eliminatório das provas de conhecimentos jurídicos, que serão escritas e orais, versando, no mínimo, sobre questões de Direito Penal, Processual Penal, Civil, Processual Civil, Empresarial, Administrativo, Constitucional, Tributário, Tutela Coletiva, Infância e Juventude, Eleitoral e Princípios Institucionais do Ministério Público;

*** Nova redação dada pela LC nº 159/2014.**

V – o caráter classificatório de prova de Língua Portuguesa;

VI – a reserva de vagas às pessoas portadoras de deficiência física, desde que compatível com o exercício funcional, no percentual de até 5% (cinco por cento);

VII – as condições para aprovação.

VIII – as provas escritas de conhecimentos jurídicos serão divididas em:

a) preambular, preferencialmente discursiva; e

b) específicas, necessariamente discursivas.

*** Inciso incluído pela LC nº 153/2013.**

§ 2º – Se for adotada, na prova preambular, a modalidade de questões objetivas de múltipla escolha, estas deverão ser de pronta resposta e apuração padronizada, em número previamente estabelecido pelo edital do concurso.

§ 3º – Na hipótese do parágrafo anterior:

I – a prova não poderá ser elaborada com base em entendimentos doutrinários divergentes ou jurisprudência não consolidada dos tribunais;

II – as opções consideradas corretas devem ter embasamento na legislação, em súmulas ou jurisprudência dominante dos Tribunais Superiores;

III – não será permitida consulta à legislação, súmulas e jurisprudência dos Tribunais, anotações ou quaisquer outros comentários.

*** Parágrafos 2º e 3º incluídos pela LC nº 153/2013.**

Art. 56. A abertura do concurso, por ato do Procurador-Geral de Justiça, será obrigatória, sempre que o número de vagas atingir 1/5 (um quinto) do número de cargos existentes na classe inicial da carreira do Ministério Público.

Art. 57. Assegurar-se-á ao candidato aprovado, no prazo de validade do concurso, a nomeação na ordem de classificação, dentro do número das vagas existentes.

Seção II
Da investidura

Art. 58. São requisitos para ingresso na carreira do Ministério Público:

I – ser brasileiro;

 II – ser bacharel em direito, tendo concluído o curso em escola oficial ou reconhecida;

III – comprovar, pelo menos, 3 (três) anos de prática profissional;

IV – estar em gozo dos direitos políticos;

V – estar quite com o serviço militar;

VI – gozar de saúde física e mental, constatada por exame médico em órgão oficial;

VII – ter conduta pública e particular irrepreensível, não haver sido demitido, em qualquer época, do serviço público, nem registrar antecedentes criminais incompatíveis com o exercício do cargo.

Parágrafo único. O regulamento do concurso fixará oportunidade para comprovação dos requisitos enumerados neste artigo, podendo estabelecer outras exigências para ingresso na carreira.

*** V. Nesta edição Res. CNMP 14/2006, que dispões sobre Regras Gerais Regulamentadoras para o Concurso de ingresso na Carreira do MP Brasileiro.**

*** V. Nesta edição, Deliberação CSMP 60/2013, que aprova o Regulamento do XXXIII Concurso para ingresso na classe inicial do MPRJ.**

Art. 59. O candidato nomeado terá o prazo de 30 (trinta) dias, prorrogável por igual período, a critério do Procurador-Geral de Justiça, para tomar posse no cargo.

§ 1º Até o ato da posse o candidato deverá apresentar declaração de seus bens e informar sobre a ocupação de outro cargo, função ou emprego, e sobre a existência de qualquer outra fonte de renda, em relação a si próprio e àqueles que vivam sob sua dependência econômica.

§ 2º O Procurador-Geral de Justiça, perante o Conselho Superior do Ministério Público, dará posse aos nomeados, que prestarão compromisso de desempenhar com retidão as funções do cargo e de cumprir a Constituição e as leis, em defesa da sociedade.

§ 3º Se o nomeado não tomar posse no prazo estabelecido neste artigo, tornar-se-á sem efeito o ato da nomeação.

Art. 60. O empossado deverá entrar em exercício imediatamente, ressalvado o disposto no parágrafo seguinte.

§ 1º Havendo motivo relevante, poderá ser-lhe concedido o prazo de 30 (trinta) dias para entrar em exercício, prorrogável por igual período.

§ 2º Não entrando em exercício no prazo previsto no parágrafo anterior, o empossado será exonerado ex officio.

Seção III
Do vitaliciamento

Art. 61. Os 2 (dois) primeiros anos de exercício no cargo da carreira do Ministério Público serão de estágio confirmatório, durante o qual a atuação do Promotor de Justiça será acompanhada por Comissão, presidida pelo Corregedor-Geral e constituída na forma do Regulamento expedido pelo Conselho Superior do Ministério Público, com vistas à avaliação de suas condições para vitaliciamento, mediante verificação de suficiência dos seguintes requisitos:

I – idoneidade moral;

II – zelo funcional;

III – eficiência;

IV – disciplina.

§ 1º A avaliação do requisito indicado no inciso III deste artigo será realizada pela Comissão de Estágio Confirmatório, com base nos relatórios presentados pelos monitores vinculados ao Centro de Estudos e Aperfeiçoamento Funcional, na forma e periodicidade definidas em deliberação do Conselho Superior do Ministério Público, dando-se-lhe publicidade.

** **Incluído pela Lei Complementar nº 177/2017.***

§ 2º O cumprimento anterior de estágio probatório ou confirmatório em outro cargo ou de qualquer outro tipo de estágio com idêntico objetivo não isenta o Promotor de Justiça do estágio para vitaliciamento.

** **Renumerado pela Lei Complementar nº 177/2017.***

Art. 62. A Comissão de Estágio Confirmatório, até 90 (noventa) dias do término do biênio estabelecido no artigo anterior, encaminhará ao Conselho Superior do Ministério Público, proposta de vitaliciamento ou não, acompanhada de relatório circunstanciado sobre o desempenho de cada Promotor de Justiça, considerados, motivadamente, os requisitos previstos naquele dispositivo.

§ 1º No caso de o relatório concluir pelo não vitaliciamento do Promotor de Justiça, o Conselho, na forma do seu Regimento Interno, dele dará ciência ao interessado para, no prazo de 10 (dez) dias, querendo, apresentar defesa e produzir provas, sobre o que se manifestará a Comissão em 72 (setenta e duas) horas.

§ 2º Se não considerar satisfatória a defesa, o Conselho Superior receberá a impugnação e determinará a suspensão, até definitivo julgamento, do exercício funcional do membro do Ministério Público e do prazo para vitaliciamento.

§ 3º Recebida a impugnação, o Conselho Superior determinará as diligências que entender cabíveis e, em seguida, abrirá vista ao vitaliciando para apresentação das alegações finais no prazo de 10 (dez) dias.

§ 4º Durante a tramitação do procedimento de impugnação, o membro do Ministério Público receberá vencimentos integrais, contando-se para todos os efeitos o tempo de suspensão do exercício funcional, no caso de vitaliciamento.

§ 5º O Conselho Superior decidirá, no prazo máximo de 60 (sessenta) dias, contados do recebimento da impugnação.

Art. 63. A decisão sobre o vitaliciamento, ou não, de Promotor de Justiça será proferida pelo voto da maioria absoluta dos integrantes do Conselho Superior.

§ 1º Na hipótese de vitaliciamento, em contrariedade à proposta da Comissão de Estágio Confirmatório, haverá recurso necessário para o Órgão Especial do Colégio de Procuradores de Justiça, que o apreciará em 30 dias.

§ 2º Na hipótese de não vitaliciamento, caberá recurso voluntário, no prazo de 15 dias, para o Órgão Especial do Colégio de Procuradores de Justiça, que o apreciará no mesmo prazo do parágrafo anterior.

§ 3º Decidido o recurso, o Órgão Especial do Colégio de Procuradores de Justiça encaminhará o processo ao Procurador-Geral de Justiça para o fim de ser providenciado o respectivo ato de vitaliciamento ou, se for o caso, de exoneração.

§ 4º Não interposto recurso, caberá ao Conselho Superior encaminhar o processo ao Procurador-Geral de Justiça para os fins do parágrafo anterior.

*** V. Nesta edição, Deliberação CSMP 43/2001, que dispõe sobre o Regulamento do Estágio Confirmatório.**

Capítulo IV
Do provimento derivado
Seção I
Da promoção

Art. 64. As promoções na carreira do Ministério Público serão voluntárias e, alternadamente, por antiguidade e por merecimento da classe de Promotor de Justiça Substituto para a de Promotor de Justiça e desta para o cargo de Procurador de Justiça.

Art. 65. A antiguidade será apurada na classe e determinada pelo tempo de efetivo exercício na mesma.

§ 1º O eventual empate se resolverá, na classe inicial, pela ordem de classificação no concurso e, nas demais, pela antiguidade na carreira.

§ 2º Em janeiro de cada ano, o Procurador-Geral de Justiça mandará publicar, no órgão oficial do Estado, a lista de antiguidade dos membros do Ministério

Público, computando-se, em anos, meses e dias, o tempo de serviço na classe, na carreira, no serviço público estadual e no serviço público em geral e o contado para efeito de aposentadoria e disponibilidade.

§ 3º As reclamações contra a lista deverão ser apresentadas ao Conselho Superior no prazo de 30 (trinta) dias da respectiva publicação.

Art. 66. O merecimento será aferido pelo Conselho Superior do Ministério Público, com base nos seguintes critérios:

*** V. Nesta edição, Res. CNMP 2/2005 e Deliberação CSMP 51/2006.**

I – o procedimento do membro do Ministério Público, na vida pública e particular;

II – a pontualidade e o zelo no cumprimento dos deveres funcionais, aquilatados pelos relatórios de suas atividades e pelas observações feitas nas correições e visitas de inspeção;

III – a eficiência, a segurança e operosidade no desempenho de suas funções, verificadas através dos trabalhos produzidos;

IV – a contribuição à organização e à melhoria dos serviços da Instituição;

V – o aprimoramento de sua cultura jurídica, através da frequência e aproveitamento comprovados em cursos especializados oficiais ou reconhecidos;

VI – a publicação de livros, teses, estudos e artigos, assim como a obtenção de prêmios, quando relevantes para o Ministério Público;

VII – o número de vezes em que tenha figurado nas listas de merecimento;

VIII – a participação em cursos, simpósios, palestras ou reuniões de aprimoramento funcional promovidos pelos órgãos auxiliares ou de administração do Ministério Público, observada a carga horária e a periodicidade disciplinadas em resolução do Procurador-Geral de Justiça.

§ 1º O Conselho Superior do Ministério Público estabelecerá, em regulamento, os dados com base nos quais se aplicarão os critérios alinhados neste artigo e a pontuação correspondente a cada um deles.

*** V. Nesta edição, Deliberação CSMP 51/2006.**

§ 2º Para os fins do disposto neste artigo, o Corregedor-Geral do Ministério Público prestará aos demais membros do Conselho Superior as informações constantes dos assentamentos funcionais dos concorrentes, sendo sigilosa a sessão, durante a solicitação ou prestação dessas informações.

Art. 67. Para efeito de promoção por merecimento, o Conselho Superior do Ministério Público organizará, para cada vaga, lista tríplice, com os integrantes do primeiro quinto da lista de antiguidade e que contem, pelo menos, 2 (dois) anos de exercício na respectiva classe, salvo se nenhum dos concorrentes preencher tais requisitos.

§ 1º A lista de merecimento resultará dos três nomes mais votados, desde que obtida maioria de votos, procedendo-se, para alcançá-la, a tantas votações quantas forem necessárias, examinados em primeiro lugar os nomes dos remanescentes da lista anterior.

§ 2º Não poderão ser votados os membros do Ministério Público que estiverem afastados da carreira.

§ 3º A lista de promoção por merecimento poderá conter menos de 3 (três) nomes, quando o número de requerentes inviabilizar a formação de lista tríplice.

§ 4º Será obrigatória a promoção do Promotor de Justiça que figure por 3 (três) vezes consecutivas ou 5 (cinco) alternadas em lista de merecimento, preferindo-se, entre dois ou mais concorrentes numa dessas situações, aquele que tiver figurado maior número de vezes em lista.

§ 5º Não incidindo a regra do parágrafo anterior, será promovido o mais votado, observada a ordem dos escrutínios, ou, em caso de empate, o mais antigo da classe.

Art. 68. Na indicação para promoção por antiguidade, somente pelo voto de 2/3 (dois terços) dos seus integrantes poderá o Conselho Superior do Ministério Público recusar o membro do Ministério Público mais antigo na classe.

§ 1º No prazo de 5 (cinco) dias da sessão pública em que for deliberada a recusa, caberá recurso para o Órgão Especial do Colégio de Procuradores de Justiça, que em igual prazo decidirá.

§ 2º A recusa suspenderá as votações subsequentes para as promoções, até julgamento de eventual recurso interposto.

Art. 69. Verificada vaga para promoção, o Procurador-Geral de Justiça, na qualidade de Presidente do Conselho Superior do Ministério Público, dentro de 60 (sessenta) dias da data da vaga, publicará edital, com prazo de 5 (cinco) dias, para ciência e habilitação dos integrantes da classe concorrente.

Parágrafo único. O Conselho Superior deliberará em 90 (noventa) dias do término do prazo de inscrição, devendo o ato de promoção ser publicado no prazo máximo de 30 dias.

Seção II
Do reingresso e do aproveitamento

Art. 70. O reingresso na carreira do Ministério Público se dará em virtude de reintegração ou reversão.

Art. 71. A reintegração, que decorrerá de decisão judicial transitada em julgado, é o retorno do membro do Ministério Público ao cargo, com ressarcimento dos direitos e vantagens não percebidos em razão da perda indevida do cargo, inclusive a contagem do período de afastamento dela decorrente como tempo de serviço, para todos os efeitos, observadas as seguintes normas:

I – se o cargo estiver extinto, o reintegrado será posto em disponibilidade, sem prejuízo de vencimentos e vantagens;

II – se o cargo estiver preenchido, seu ocupante será posto em disponibilidade, sem prejuízo de vencimentos e vantagens;

III – se, em exame médico obrigatório, for considerado incapaz, o reintegrado será aposentado, na forma do art. 108 desta Lei.

Parágrafo único. A disponibilidade prevista neste artigo cessará com o aproveitamento obrigatório na primeira vaga que venha a ocorrer na classe.

Art. 72. A reversão é o retorno à atividade do membro do Ministério Público aposentado por invalidez, cessada a causa da aposentadoria.

§ 1º Dar-se-á a reversão na classe em que se aposentou o membro do Ministério Público, na primeira vaga a ser provida pelo critério de merecimento, que nela se abrir.

§ 2º O pedido de reversão, devidamente instruído, será dirigido ao Procurador-Geral de Justiça, que o encaminhará ao Órgão Especial do Colégio de Procuradores de Justiça, para exame e deliberação.

Art. 73. O aproveitamento é o retorno ao exercício funcional do membro do Ministério Público posto em disponibilidade não punitiva.

§ 1º O aproveitamento terá precedência sobre as demais formas de provimento e sobre a remoção.

§ 2º Havendo mais de um concorrente à mesma vaga, terá preferência o de maior tempo de disponibilidade e, em caso de empate, o mais antigo na classe.

§ 3º Aplica-se ao aproveitamento o disposto no inciso III do art. 71.

Capítulo V
Da remoção

Art. 74. A remoção de membro do Ministério Público, de um órgão de execução para outro, da mesma classe, quando voluntária, dar-se-á unilateralmente ou por permuta.

Parágrafo único. A remoção compulsória ocorrerá quando o exigir o interesse público, a juízo do Conselho Superior do Ministério Público e assegurada ao interessado ampla defesa, na forma que dispuser o regimento interno daquele órgão, cabendo recurso da decisão para o Órgão Especial do Colégio de Procuradores de Justiça, no prazo de 5 (cinco) dias.

Art. 75. A remoção voluntária unilateral será feita por antiguidade e por merecimento, alternadamente, aplicando-se, no que couber e com as modificações previstas neste artigo, o disposto nos arts. 64 a 69 desta Lei.

§ 1º Não poderão habilitar-se à remoção de que trata este artigo, os membros do Ministério Público que tenham sido voluntariamente removidos nos 6 (seis) últimos meses anteriores à data do edital.

§ 2º Para efeito de remoção por merecimento, o Conselho Superior organizará, sempre que possível, lista tríplice, composta pelos nomes dos concorrentes que obtiverem a maioria dos votos dos seus membros, procedendo-se a tantas votações quantas forem necessárias para esse fim.

Art. 76. A remoção por permuta, admissível entre membros do Ministério Público da mesma classe, dependerá de requerimento conjunto dirigido ao Procurador-Geral de Justiça e de aprovação por maioria absoluta do Conselho Superior do Ministério Público, sendo vedada quando contrariar conveniência do serviço ou quando acarretar prejuízo a outro membro do Ministério Público.

§ 1º A remoção por permuta impede nova remoção voluntária unilateral de qualquer dos permutantes, nos 12 (doze) meses subsequentes a sua efetivação.

§ 2º A renovação da remoção por permuta somente será permitida após o decurso de 2 (dois) anos.

§ 3º É vedada a permuta entre membros do Ministério Público:

I – quando um dos permutantes estiver habilitado à promoção por antiguidade em razão da existência de vaga na classe superior;

II – no período de 1 (um) ano antes do limite de idade para a aposentadoria compulsória de qualquer dos permutantes.

Capítulo VI
Da vacância

Art. 77. A vacância de cargo da carreira do Ministério Público poderá decorrer de:

I – exoneração a pedido ou ex officio;

II – demissão;

III – promoção;

IV – aposentadoria;

V – disponibilidade punitiva;

VI – falecimento.

Parágrafo único. Dar-se-á a vacância na data do fato ou da publicação do ato que lhe der causa.

Art. 78. Será expedido ato de exoneração ex officio, nos casos de o membro do Ministério Público deixar de entrar em exercício no prazo legal, não ser vitaliciado ou tomar posse em outro cargo efetivo ou vitalício cuja acumulação não seja permitida.

Capítulo VII
Das garantias e prerrogativas

Art. 79. Os membros do Ministério Público estão sujeitos a regime jurídico especial e têm as seguintes garantias:

I – vitaliciedade, após 2 (dois) anos de efetivo exercício, observado o disposto nos arts. 61 a 63 desta Lei, não podendo perder o cargo senão por sentença judicial proferida em ação civil própria e transitada em julgado;

II – inamovibilidade, salvo por motivo de interesse público, mediante decisão do Conselho Superior do Ministério Público, por voto de 2/3 (dois terços) de seus membros, assegurada ampla defesa;

III – irredutibilidade de vencimentos e vantagens, observado, quanto à remuneração, o disposto na Constituição da República e nesta Lei.

Art. 80. Nos casos de extinção do órgão de execução ou da Comarca, ou ainda de mudança de sede, como for definida em deliberação do Órgão Especial do Colégio de Procuradores de Justiça, será facultado ao membro do Ministério Público remover-se para outro órgão de execução de igual classe, observando-se nesses casos o disposto no art. 71, parágrafo único desta Lei.

Art. 81. Constituem prerrogativas dos membros do Ministério Público, além de outras previstas nas Constituições Federal e Estadual, nesta e em outras leis:

I – ser ouvido, como testemunha ou ofendido, em qualquer processo, procedimento ou inquérito, em dia, hora e local previamente ajustados com o juiz ou a autoridade competente;

II – não estar sujeito a intimação ou convocação para comparecimento, exceto se expedida pela autoridade judiciária ou por Órgão Superior competente do Ministério Público, ressalvadas as hipóteses constitucionais;

III – não ser preso ou detido senão por ordem escrita do Tribunal competente, salvo em flagrante delito de crime inafiançável, caso em que a autoridade fará imediata comunicação e apresentação do membro do Ministério Público ao Procurador-Geral de Justiça, sob pena de responsabilidade e relaxamento da prisão;

IV – não ser indiciado em inquérito policial, observando-se o disposto no § 1º deste artigo;

V – ser processado e julgado originariamente pelo Tribunal de Justiça deste Estado, nos crimes comuns e de responsabilidade, ressalvada a competência da Justiça Eleitoral;

VI – ser custodiado ou recolhido a prisão domiciliar ou sala especial de Estado Maior, por ordem e à disposição do Tribunal competente, quando sujeito a prisão antes do julgamento final;

VII – ter assegurado o direito de acesso, retificação e complementação dos dados relativos à sua pessoa, nos órgãos da instituição.

§ 1º Quando, no curso de investigação, houver indício de prática de infração penal por parte de membro do Ministério Público, a autoridade policial, civil ou militar, remeterá imediatamente, sob pena de responsabilidade, os respectivos autos ao Procurador-Geral de Justiça, a quem competirá dar prosseguimento à apuração.

§ 2º O Ministério Público, representado pelo Procurador-Geral de Justiça, poderá habilitar-se como assistente em ação civil ajuizada em face de membro do Ministério Público em virtude de ato praticado no exercício das suas funções.

Art. 82. Constituem prerrogativas dos membros do Ministério Público, no exercício de suas funções, além de outras previstas nas Constituições Federal e Estadual, nesta e em outras leis:

I – ter as mesmas honras e receber o mesmo tratamento jurídico e protocolar dispensado aos membros do Poder Judiciário junto aos quais oficiem;

II – ter vista dos autos após distribuição aos órgãos perante os quais oficiem e intervir nas sessões de julgamento, para sustentação oral ou esclarecimento de matéria de fato;

III – receber intimação pessoal em qualquer processo ou procedimento, através da entrega dos autos com vista ao membro do Ministério Público com atribuição;

*** V. Nesta edição, Res. GPGJ 1.241/2004.**

IV – gozar de inviolabilidade pelas opiniões que emitir ou pelo teor de suas manifestações, podendo ainda pronunciar-se livremente sobre os processos e procedimentos sob sua atribuição, ressalvadas as hipóteses de sigilo legal;

V – ingressar e transitar livremente:

a) nas salas de sessões dos Tribunais, mesmo além dos limites que separam a parte reservada aos integrantes do órgão julgador;

b) nas salas de audiências, dependências de secretarias, cartórios, tabelionatos, ofícios de justiça, inclusive de registros públicos, delegacias de polícia, quartéis e outras repartições, no horário de expediente ou fora dele, sempre que se ache presente qualquer servidor ou empregado;

c) em qualquer estabelecimento de internação ou segregação, individual ou coletiva, independentemente de marcação de hora, de revista ou de qualquer outra condição incompatível com suas prerrogativas;

d) Revogado pela Lei Complementar 177/2017.

e) em qualquer recinto público ou privado, ressalvada a garantia constitucional de inviolabilidade de domicílio;

VI – examinar, em qualquer juízo ou Tribunal, autos de processos ou procedimentos findos ou em andamento, ainda que conclusos à autoridade, podendo copiar peças e tomar apontamentos;

VII – examinar, em qualquer repartição policial, civil ou militar, peças de informação de qualquer natureza e autos de flagrante ou inquérito, findos ou em curso, ainda que conclusos à autoridade competente, podendo copiar peças, tomar apontamentos e adotar outras providências;

VIII – ter acesso ao indiciado preso, a qualquer momento, mesmo quando decretada a sua incomunicabilidade;

IX – usar vestes talares e as insígnias privativas do Ministério Público;

X – sentar-se no mesmo plano e imediatamente à direita dos juízes singulares ou dos presidentes dos órgãos judiciários ou dos demais órgãos perante os quais oficiem, inclusive nas sessões solenes;

XI – ter prioridade em qualquer serviço de transporte ou comunicação, público ou privado, quando em atividade institucional de caráter urgente;

XII – colocar à disposição dos órgãos de origem, em seu local de atuação, após o respectivo pronunciamento e a devida comunicação, os autos de qualquer processo ou procedimento que lhe tenha sido entregue com vista;

XIII – ter presença e palavra asseguradas em todas as sessões dos colegiados em que oficiem.

Parágrafo único. As garantias e prerrogativas dos membros do Ministério Público previstas nesta Lei Complementar são inerentes ao exercício de suas funções e irrenunciáveis, não excluindo as estabelecidas em outras leis.

Art. 83. Os membros do Ministério Público terão carteira funcional, expedida na forma de Resolução do Procurador-Geral de Justiça, valendo em todo o território nacional como cédula de identidade e porte de arma, independentemente, neste caso, de qualquer ato formal de licença ou autorização.

Parágrafo único. Serão consignadas na cédula de identidade as prerrogativas constantes do *caput* e dos arts. 81, III, IV e VI, e 82, V, “c”, e XI, desta Lei.

Capítulo VIII
Dos vencimentos, vantagens e direitos

Seção I
Dos vencimentos e vantagens

Art. 84. A remuneração do membro do Ministério Público será fixada em nível condizente com a relevância de sua função e de forma a compensar todas as vedações e incompatibilidades que lhe são impostas.

Art. 85. A política remuneratória do Ministério Público observará o disposto na Constituição e em leis de iniciativa do Procurador-Geral de Justiça.

*** Artigo com redação dada pela LC-RJ 113/2006.**

Art. 86. A indenização de transporte, a bolsa de estudo de caráter indenizatório, o auxílio pré-escolar, o auxílio-alimentação e a aquisição de obras jurídicas destinadas ao aprimoramento intelectual dos membros do Ministério Público serão disciplinados em resolução do Procurador-Geral de Justiça.

*** Artigo com redação dada pela LC-RJ 113/2006.**

Parágrafo único. As obras jurídicas destinadas ao aprimoramento intelectual dos membros do Ministério Público serão adquiridas, única e exclusivamente, para compor o acervo bibliotecário da instituição.

*** Artigo com redação dada pela LC-RJ 116/2007.**

Art. 87. Os vencimentos dos membros do Ministério Público são fixados com diferença de, no máximo, 10% (dez por cento) de uma para outra classe da carreira, a partir do cargo de Procurador de Justiça, garantindo-se a este os mesmos vencimentos atribuídos ao Procurador-Geral de Justiça, excluídas as gratificações inerentes ao cargo.

§ 1º A diferença referida no *caput* deste artigo, permanecerá sendo de 10% (dez por cento) até 31 de dezembro de 2003, sendo a partir desta data fixada por Resolução do Procurador-Geral de Justiça, após aprovação do Órgão Especial do Colégio de Procuradores de Justiça, respeitado o limite de 5% (cinco por cento) desde que suportado por dotações orçamentárias próprias.

§ 2º O membro do Ministério Público convocado ou designado para substituição terá direito à diferença de vencimentos, entre o seu cargo e o do substituído, incidindo, ainda, essa diferença sobre o percentual de gratificação adicional por tempo de serviço.

§ 3º É vedada a percepção cumulativa da gratificação estabelecida no inciso VIII do art. 91, desta Lei, com a diferença de vencimentos prevista no parágrafo anterior.

Art. 88. É defeso tomar a remuneração ou os vencimentos dos membros do Ministério Público como base, parâmetro ou paradigma dos estipêndios de qualquer classe ou categoria funcional estranha aos seus quadros.

Art. 89. Os vencimentos e vantagens dos membros do Ministério Público devem ser pagos até o último dia do mês a que corresponderem.

Art. 90. Consideram-se vencimentos, para os efeitos desta lei, a soma do valor do vencimento-base com o da verba de representação de Ministério Público.

** Nesta edição, Res. CNMP 9/2006.*

Art. 91. Além dos vencimentos, são asseguradas as seguintes vantagens aos membros do Ministério Público:

I – ajuda de custo, para despesas de transporte e mudança;

II – auxílio-moradia, nas sedes de órgãos de execução onde não houver residência oficial condigna para o membro do Ministério Público;

** LC 157/2013.*

III – salário-família, na forma da legislação estadual pertinente;

IV – diárias;

V – gratificação pela prestação de serviço à Justiça Eleitoral, equivalente àquela devida ao magistrado ante o qual oficiar e pagável com as dotações próprias do Tribunal Regional Eleitoral neste Estado;

**** Inciso com a eficácia suspensa por força de decisão do STF, proferida nos autos da ADInMC 2.831, Rel. Min. Marco Aurélio, julgada em 12.03.2004.***

VI – gratificação adicional por tempo de serviço;

VII – gratificação pelo efetivo exercício em órgão de atuação de difícil provimento, assim definido pelo Órgão Especial do Colégio de Procuradores de Justiça;

VIII – gratificação pelo exercício cumulativo de funções, na forma de Resolução do Procurador-Geral de Justiça;

IX – gratificação pelo exercício de cargos ou funções de confiança, nos órgãos da Administração Superior do Ministério Público;

X – gratificação de magistério, por aula ou palestra proferida em curso promovido ou patrocinado pelo Centro de Estudos e Aperfeiçoamento Funcional, bem como por entidade conveniada com a Instituição, exceto quando receba remuneração específica para essa atividade;

*** Inciso alterado pela LC nº 159, de 02 de maio de 2014.**

XI – gratificação adicional de permanência;

XII – Inciso revogado pela LC nº 159, de 02 de maio de 2014.

XIII – gratificação pela prestação de serviços de natureza especial;

XIV – demais vantagens previstas em lei, inclusive as concedidas aos servidores públicos em geral.

§ 1º O membro do Ministério Público, cuja remoção ou promoção, salvo por permuta, importar em necessária mudança de residência, perceberá ajuda de custo para transporte e reinstalação de até 100% (cem por cento) de seus vencimentos.

§2º O valor máximo da gratificação a que se refere o inciso VII do *caput* deste artigo será de 10% (dez por cento) do subsídio do membro do Ministério Público beneficiário.

*** Parágrafo incluído pela LC nº 159/2014.**

§ 3º Perceberá diária o membro do Ministério Público que, em razão da função, tiver de se deslocar da sede do órgão onde tenha exercício, observadas as condições fixadas em resolução do Procurador-Geral de Justiça e obedecidos os seguintes limites máximos:

a) trigésima parte do subsídio, nos deslocamentos para fora do Estado;

b) nonagésima parte do subsídio, nos demais casos.

*** Nova redação dada pela LC-RJ 113/2006.**

§ 4º A gratificação adicional por tempo de serviço será de 10% (dez por cento), incidentes sobre os vencimentos, para os 3 (três) primeiros anos de serviço e de 5% (cinco por cento) por triênio subsequente, até o limite de 60% (sessenta por cento).

§ 5º O membro do Ministério Público, quando exercer a acumulação de suas funções com as de outro cargo da carreira, perceberá gratificação não excedente a 1/3 (um terço) de seus vencimentos.

§ 6º A gratificação de magistério será fixada e reajustada em Resolução do Procurador-Geral de Justiça.

§ 7º A gratificação adicional de permanência será paga ao membro do Ministério Público que, tendo completado tempo de serviço suficiente para aposentadoria voluntária, permanecer em efetivo exercício e corresponderá a 5% (cinco por cento), calculados sobre o total de sua remuneração, por ano de serviço excedente daquele tempo, até o limite de 25% (vinte e cinco por cento), iniciando-se o pagamento um ano após a aquisição do direito à aposentadoria voluntária do direito à aposentadoria voluntária.

§ 8º As vantagens relacionadas nos incisos I, II, IV, VII, VIII e IX a XIV do "*caput*" deste artigo serão regulamentadas em ato do Procurador-Geral de Justiça, atendidos os limites e as condições estabelecidas nos parágrafos anteriores.

§ 9º – São considerados serviços de natureza especial, dentre outros, a participação efetiva em bancas examinadoras e comissões de concursos públicos do Ministério Público, os plantões judiciários em geral e a fiscalização de concursos, assim definidos em ato do Procurador-Geral de Justiça, que fixará os respectivos valores, observado o mínimo de 5% (cinco por cento) e o máximo de 10% (dez por cento) do subsídio.

*** Inciso alterado pela LC nº 159/2014.**

§ 10 Aplicam-se aos membros do Ministério Público os direitos sociais previstos no Art. 7º, VIII, XII, XVII, XVIII e XIX da Constituição da República.

Seção II
Das licenças

Art. 92. Conceder-se-á licença:

I – para tratamento de saúde;

II – por motivo de doença em pessoa da família;

III – à gestante;

IV – paternidade;

V- em caráter especial;

VI – para trato de interesses particulares;

VII – por motivo de afastamento de cônjuge;

VIII – para casamento;

IX – por luto;

X – por adoção, na forma de ato a ser editado pelo Procurador-Geral;

XI – nos demais casos previstos em outras leis aplicáveis ao Ministério Público.

Art. 93. O membro do Ministério Público comunicará ao Procurador-Geral de Justiça o lugar onde poderá ser encontrado, quando em gozo de licença.

Art. 94. O membro do Ministério Público licenciado não poderá exercer qualquer de suas funções, nem exercitar qualquer função pública ou particular, ressalvados, quanto a atividades particulares, os casos dos incisos V a VII do art. 92 desta Lei.

Parágrafo único. Salvo contra-indicação médica, o membro do Ministério Público licenciado oficiará nos autos que tiver recebido com vista antes de iniciado o gozo da licença, na forma da Resolução do Procurador-Geral de Justiça.

 Art. 95. A concessão de licença para tratamento de saúde dependerá de inspeção feita por médico do Quadro de Serviços Auxiliares do Ministério Público.

Parágrafo único. A licença dependerá de inspeção por junta médica, quando o prazo inicial, ou das prorrogações por período ininterrupto, ultrapasse 30 (trinta) dias.

Art. 96. A licença por doença em pessoa da família será concedida pelo mesmo prazo previsto no Estatuto dos Servidores Públicos Civis do Estado do Rio de Janeiro, quando o membro do Ministério Público comprovar, mediante inspeção médica, nos termos do artigo anterior, a indispensabilidade da assistência pessoal ao familiar enfermo, que não possa ser prestada concomitantemente ao exercício de suas funções.

Artigo alterado pela LC nº 159/2014.

Parágrafo único. Consideram-se pessoas da família, para os efeitos deste artigo, os ascendentes, descendentes, o cônjuge ou companheiro(a), e dependentes legais, para fins previdenciários, do membro do Ministério Público.

Art. 97. Observadas as condições do art. 95, dar-se-á licença à gestante por até 4 (quatro) meses, prorrogáveis, em caso de aleitamento materno, por mais 2 (dois) meses.

Art. 98. Ao membro do Ministério Público será concedida licença-paternidade de 5 (cinco) dias, contados do nascimento.

Parágrafo Único – A licença paternidade de que trata a presente lei será aplicada também aos casos de adoção.

*** Nova redação dada pela Lei Complementar nº 172/2016.**

Art. 99. Após cada quinquênio ininterrupto de efetivo exercício no serviço público, o membro do Ministério Público terá direito ao gozo de licença em caráter especial, pelo prazo de 3 (três) meses, parceláveis em períodos não inferiores a 30 (trinta) dias, com todos os direitos e vantagens do cargo ou função que esteja exercendo.

§ 1º Adquirido o direito à licença especial:

I – não haverá prazo para ser exercitado;

II- seu gozo poderá ser suspenso por ato excepcional do Procurador-Geral de Justiça, fundamentado na necessidade do serviço.

§ 2º A licença especial poderá ser convertida em pecúnia indenizatória, não se estendendo aos inativos, na forma disciplinada em resolução do Procurador-Geral de Justiça.

*** Nova redação dada pela Lei Complementar no 129/2009.**

Art. 100. Ao membro do Ministério Público, após o vitaliciamento, poderá conceder-se, a critério do Procurador-Geral de Justiça e pelo prazo de 1 (um) ano, prorrogável uma só vez por igual período, licença sem vencimentos e vantagens para tratar de interesses particulares.

Art. 101. Será concedida ao membro do Ministério Público licença, sem vencimentos e vantagens, para acompanhar o cônjuge ou companheiro investido em mandato para o Congresso Nacional ou mandado servir fora do Estado, se servidor público civil ou militar.

Art. 102. Dar-se-á licença por luto, com duração de 8 (oito) dias, contados do óbito, no caso de falecimento do cônjuge, companheiro, ascendente, descendente ou irmão do membro do Ministério Público.

Art. 103. Será concedida ao membro do Ministério Público licença por seu casamento, pelo prazo de 8 (oito) dias, contados do dia da celebração civil.

Seção III
Do afastamento

Art. 104. Além dos demais casos previstos nesta Lei, o membro do Ministério Público poderá afastar-se do cargo, ou do órgão de execução, conforme o caso, para:

I – exercer cargo eletivo ou a ele concorrer, observada a legislação pertinente;

II – exercer a Presidência da Associação do Ministério Público do Estado do Rio de Janeiro ou da Associação Nacional dos Membros do Ministério Público;

*** Inciso II com redação dada pela LC-RJ 113/2006.**

III – pelo prazo máximo de 5 (cinco) dias úteis, comparecer, mediante autorização ou designação, individual ou coletiva, do Procurador-Geral de Justiça, a congressos, seminários ou encontros, promovidos pela Instituição ou pelos órgãos ou entidades referidos no inciso anterior, ou relacionados, também a critério do Chefe da Instituição, com as funções do interessado;

IV – ministrar ou frequentar, com aproveitamento, cursos ou seminários de aperfeiçoamento e estudos, no País ou no exterior, de duração máxima de dois anos, mediante prévia autorização do Conselho Superior do Ministério Público;

*** V. Nesta edição, Deliberação CSMP 47/2005.**

V – filiar-se a partido político.

VI- integrar o Conselho Nacional do Ministério Público ou o Conselho Nacional de Justiça.

*** Inciso acrescentado pela LC-RJ 113/2006.**

§ 1º O afastamento de membro do Ministério Público para concorrer a cargo público eletivo dar-se-á sem prejuízo da percepção de vencimentos e vantagens, salvo no caso de eleição a se realizar em outro Estado da Federação.

*** V. Nesta edição, CF art. 128, § 5º, inciso II.**

§ 2º Salvo no caso do inciso III deste artigo, o afastamento implicará, sempre, suspensão do prazo para vitaliciamento.

§ 3º No caso do inciso V deste artigo, o afastamento dar-se-á sem a percepção de vencimentos ou vantagens, os quais somente serão restabelecidos com o requerimento de registro de candidatura a cargo eletivo, perante o órgão competente da Justiça Eleitoral, ou a partir da desincompatibilização prevista na Lei Eleitoral, cessando o pagamento, salvo se o membro do Ministério Público comprovar o seu desligamento do partido, no dia imediato à proclamação dos eleitos.

§ 4º Ainda que o membro do Ministério Público tenha permanecido 2 (dois) anos afastado para a frequência de curso no exterior, ser-lhe-á assegurado, em comprovando a necessidade, um período suplementar de afastamento, a ser fixado pelo Conselho Superior, imprescindível para a defesa da tese ou dissertação.

*** V. Nesta edição, Deliberação CSMP 47/2005.**

Seção IV
Das férias

Art. 105. Os membros do Ministério Público gozarão férias individuais de 60 (sessenta) dias, remunerados com os vencimentos e vantagens do cargo acrescidos de 1/3 (um terço) do total respectivo, a cada ano de efetivo exercício.

§ 1º Os primeiros 60 (sessenta) dias de férias somente poderão ser gozados após 12 (doze) meses de efetivo exercício, contados do início deste.

§ 2º As férias serão gozadas por períodos, consecutivos ou não, de 30 (trinta) dias cada um, nos meses indicados em requerimento, observadas a antecedência e demais condições estabelecidas em Resolução do Procurador-Geral de Justiça.

§ 3º As férias não gozadas serão concedidas, acumuladamente ou não, dentro do prazo de cinco anos contados da data da respectiva aquisição.

§ 4º Por ato excepcional do Procurador-Geral de Justiça, fundamentado na necessidade de serviço, poderá o membro do Ministério Público ter suspenso até um terço de cada período de suas férias, desde que deferida com antecedência mínima de três meses, caso em que terá o direito de optar pela fruição em outra oportunidade ou receber os dias suspensos em pecúnia indenizatória.

§ 5º Não poderá entrar em gozo de férias o membro do Ministério Público que tiver processo ou procedimento em seu poder, por tempo excedente ao prazo legal.

Seção V
Da aposentadoria e da disponibilidade

Subseção I
Da aposentadoria

Art. 106. O membro do Ministério Público será aposentado, com proventos integrais, compulsoriamente, aos 70 (setenta) anos de idade ou por invalidez e, facultativamente, desde que atenda às seguintes condições:

a) 60 (sessenta) anos de idade e 35 (trinta e cinco) de contribuição previdenciária, se homem, e 55 (cinquenta e cinco) anos de idade e 30 (trinta) de contribuição previdenciária, se mulher;

b) dez anos de efetivo exercício no serviço público; e

c) cinco anos de efetivo exercício na carreira.

§ 1º Ao membro do Ministério Público que tenha ingressado regularmente na carreira até 16.12.1998 aplicar-se-ão as regras contidas no Art. 8º e parágrafos da Emenda Constitucional 20, de 15.12.1998, no que lhe for aplicável.

§ 2º Ao membro do Ministério Público que, até 16.12.1998, tenha cumprido os requisitos para obtenção da aposentadoria aplicar-se-á o disposto no Art. 3º e parágrafos da Emenda Constitucional 20, de 15.12.1998, no que lhe for aplicável.

Art. 107. A aposentadoria compulsória vigorará a partir do dia em que for atingida a idade limite.

Art. 108. A aposentadoria por invalidez será concedida a pedido ou decretada de ofício e dependerá da verificação, em inspeção de saúde, por junta médica, determinada pelo Procurador-Geral de Justiça, de moléstia que venha a determinar, ou que haja determinado, o afastamento contínuo da função por mais de 2 (dois) anos.

Art. 109. Os proventos da aposentadoria, que corresponderão à totalidade dos vencimentos e vantagens percebidos no serviço ativo, a qualquer título, serão revistos na mesma proporção e na mesma data, sempre que se modificar a remuneração dos membros do Ministério Público em atividade, sendo também estendidos aos inativos quaisquer benefícios ou vantagens posteriormente concedidos àqueles, inclusive quando decorrentes de transformação ou reclassificação do cargo ou função em que se deu a aposentadoria conforme o disposto na Constituição Federal.

Parágrafo único. Os proventos dos membros do Ministério Público aposentados serão pagos na mesma ocasião e na mesma folha de pagamento em que o forem os vencimentos dos membros do Ministério Público em atividade.

Subseção II
Da disponibilidade

Art. 110. Ficará em disponibilidade o membro do Ministério Público, com vencimentos e vantagens integrais, nas hipóteses dos arts. 71, I e II.

Parágrafo único. O membro do Ministério Público em disponibilidade continuará sujeito às vedações constitucionais e será classificado em quadro especial, provendo-se a vaga que ocorrer, no respectivo órgão de execução, quando couber.

Seção VI
Dos direitos previdenciários

Art. 111. A previdência social dos membros do Ministério Público, mediante contribuição, é objeto de regime próprio instituído por lei.

Art. 112. O regime de previdência social dos membros do Ministério Público tem por finalidade assegurar a seus participantes e dependentes meios indispensáveis de manutenção, por motivo de incapacidade, de inatividade compulsória ou voluntária, definidos na forma das normas constitucionais e legais específicas, bem assim, garantir encargos familiares, em razão do falecimento daqueles de quem dependiam economicamente.

Parágrafo único. Aos membros do Ministério Público são assegurados, ainda, todo e qualquer benefícios instituído a seu favor por norma legal ou específica ou outros que sejam reconhecidos ou criados em prol dos servidores públicos estaduais em geral.

Art. 113. A pensão por morte, quando devida aos dependentes de membros do Ministério Público, corresponderá à totalidade dos vencimentos e vantagens ou proventos do falecido, assegurada a revisão do benefício, na forma do art. 109 desta Lei.

Parágrafo único. A Lei a que se refere o art. 111 definirá a forma de nomeação, identificação e habilitação dos beneficiários da pensão, a ordem de preferência destes, os modos de rateio e extinção do benefício da pensão por morte e as fontes de recursos para suprimento do disposto no artigo anterior.

Art. 114. Ao cônjuge sobrevivente e, em sua falta, aos herdeiros ou dependentes de membro do Ministério Público, ainda que aposentado ou em disponibilidade, será pago auxílio funeral em importância igual a um mês de vencimentos ou proventos percebidos pelo falecido.

Capítulo IX
Do tempo de serviço

Art. 115. A apuração do tempo de serviço dos membros do Ministério Público será feita em dias, convertendo-se o número de dias em anos e meses, à razão de 365 (trezentos e sessenta e cinco) dias por ano e 30 (trinta) dias por mês.

Art. 116. Será computado integralmente, para os efeitos de disponibilidade e acréscimos o tempo:

I – de serviço prestado à administração direta federal, estadual e municipal, inclusive o militar;

II – de serviço prestado a qualquer entidade da administração indireta ou fundacional federal, estadual ou municipal;

III – de exercício da advocacia, inclusive como provisionado, solicitador ou estagiário, comprovável na forma que se estipular em Resolução do Procurador-Geral de Justiça, até o limite de 15 (quinze) anos;

IV – de estágio forense instituído pela Procuradoria-Geral de Justiça, inclusive do antigo Distrito Federal e dos extintos Estados do Rio de Janeiro e da Guanabara.

§ 1º Nos casos de serviços prestados à iniciativa privada ou no exercício de atividade autônoma, em que tenha havido, em qualquer das hipóteses, a correspondente contribuição previdenciária, bem como nas situações dos incisos I e II, o tempo de serviço será igualmente computado para fins de aposentadoria.

§ 2º Em nenhuma hipótese será computado cumulativamente tempo de serviço simultâneo com o exercício no Ministério Público ou em mais de uma das situações previstas neste artigo.

Art. 117. Salvo para fins de vitaliciamento, considerar-se-á em efetivo exercício do cargo o membro do Ministério Público:

I – em gozo de férias ou de licença prevista no art. 92, exceto as elencadas nos seus incisos VI e VII;

II – em missão oficial;

III – convocado para serviço militar e demais serviços obrigatórios por lei;

IV – afastado, nas hipóteses legais;

V – em disponibilidade, nos casos dos arts. 71, I e II, e 80, desta Lei.

Capítulo X
Dos deveres e vedações dos membros do Ministério Público

Art. 118. São deveres dos membros do Ministério Público, além de outros previstos em lei:

I – manter ilibada conduta pública e particular;

II- zelar por suas prerrogativas, pela dignidade de suas funções, pelo respeito aos membros da Instituição e pelo prestígio da Justiça;

III – indicar os fundamentos jurídicos de seus pronunciamentos processuais, elaborando relatório em sua manifestação final ou recursal;

IV – obedecer aos prazos processuais;

V – atender ao expediente forense e assistir aos atos judiciais, quando obrigatória ou conveniente sua presença;

VI – desempenhar com zelo e presteza suas funções;

VII – declarar-se suspeito ou impedido, nos termos da lei;

VIII – adotar, nos limites de suas atribuições, as providências cabíveis em face de irregularidade de que tenha conhecimento ou que ocorra nos serviços a seu cargo;

IX – tratar com urbanidade os magistrados, advogados, partes, testemunhas, funcionários e auxiliares da justiça;

X – residir, se titular, na Comarca ou Região correspondente à sua lotação, observado o disposto em Resolução do Procurador-Geral de Justiça;

*** V. Nesta edição, Res CNMP 26/2007.**

XI – prestar informações solicitadas pelos órgãos da Instituição;

XII – identificar-se em suas manifestações funcionais;

XIII – atender às autoridades e aos interessados, a qualquer momento, nos casos e situações urgentes, mantendo-se permanentemente disponível para o cumprimento da missão social a que se destinam seu cargo e sua função;

XIV – atender às convocações e determinações de caráter administrativo e de ordem geral emanadas dos órgãos da Administração Superior do Ministério Público;

XV – encaminhar ao Corregedor-Geral do Ministério Público relatórios periódicos, para os fins do art. 24, IV e V, desta Lei;

XVI – manter informado o Procurador-Geral dos meios para ser localizado, mesmo durante férias ou licença;

XVII – comparecer pontualmente à hora de iniciar-se o expediente, a audiência ou a sessão, e não se ausentar injustificadamente antes de seu término;

XVIII – velar pela conservação e correta utilização dos bens confiados à sua guarda;

XIX – encaminhar ao Corregedor-Geral do Ministério Público, quando da promoção, remoção voluntária ou substituição, declaração referente aos processos e procedimentos que estejam com vista aberta ao Ministério Público, permanecendo a eles pessoalmente vinculado;

XX – apresentar anualmente declaração dos seus bens e informar sobre a ocupação de outro cargo, função ou emprego, e sobre a existência de qualquer outra fonte de renda, em relação a si próprio e àqueles que vivam sob sua dependência econômica.

Parágrafo único. Os membros do Ministério Público não estão sujeitos a ponto, mas o Procurador-Geral poderá estabelecer normas para comprovação do comparecimento, quando necessário.

Art. 119. Aos membros do Ministério Público se aplicam as seguintes vedações:

I – receber, a qualquer título e sob qualquer pretexto, honorários, percentagens ou custas processuais;

II – exercer a advocacia;

*** V. Nesta edição, Res. CNMP 8/2006.**

III – exercer atividade empresarial ou participar de sociedades empresárias, exceto como quotista ou acionista;

IV – exercer, ainda que em disponibilidade, qualquer outra função pública, salvo uma de magistério;

*** V. Nesta edição, Res. CNMP 73/2011.**

V – exercer atividade político-partidária, ressalvada a filiação e o direito de afastar-se para exercer cargo eletivo ou a ele concorrer.

Parágrafo único. Constituem funções do Ministério Público, não se lhes aplicando o inciso IV deste artigo, as atividades exercidas em organismos estatais afetos a área de atuação da Instituição e o exercício de cargos e funções de confiança na sua administração e nos órgãos auxiliares.

*** V. Nesta edição, Res. CNMP 5/2006.**

Art. 120. Além das vedações decorrentes do exercício de cargo público, aos membros do Ministério Público é, ainda, vedado especialmente:

I – valer-se de sua condição funcional para desempenhar atividade estranha às suas atribuições ou para lograr vantagem de qualquer natureza, que não decorra de previsão legal;

II – ausentar-se do País sem autorização do Procurador-Geral de Justiça, salvo nos casos de férias e licenças, sem prejuízo do disposto no inciso XVI do art. 118.

Capítulo XI
Dos impedimentos, incompatibilidades e suspeições

*** V. Nesta edição, Súmula 18 da Assessoria de Assuntos Institucionais do Procurador-Geral de Justiça.**

Art. 121. É defeso ao membro do Ministério Público exercer as suas funções em processo ou procedimento judicial ou extrajudicial, nos casos de impedimento previstos na legislação processual.

Art. 122. O membro do Ministério Público não poderá, quando concorrer ou for interessado seu cônjuge, companheiro ou companheira ou parente consanguíneo ou afim em linha reta ou colateral, até o 3º (terceiro) grau:

I – participar da Comissão de Concurso e banca examinadora;

II – fiscalizar prova de concurso para ingresso na carreira;

III – participar de indicação para promoção, remoção ou convocação.

Parágrafo único. Ao membro do Ministério Público é vedado manter, sob sua chefia imediata, em cargo ou função de confiança, cônjuge, companheiro ou parente até o segundo grau civil.

Art. 123. O membro do Ministério Público não poderá atuar em órgão de execução junto a Juízo, no qual cstcja cm cxcrcício qualquer das pessoas mencionadas no artigo anterior.

Art. 124. O membro do Ministério Público dar-se-á por suspeito quando:

I – tenha emitido parecer, respondido a consulta ou de qualquer forma opinado publicamente sobre o fato do processo ou procedimento;

II – houver motivo de ordem íntima que o iniba de funcionar;

III – nos demais casos previstos na legislação processual.

Parágrafo único. O membro do Ministério Público, na hipótese prevista no inciso II deste artigo, comunicará sua suspeição ao Procurador-Geral de Justiça, em expediente reservado. Neste caso, poderá o Procurador-Geral de Justiça, como medida compensatória, designar o que se declarou suspeito para atuar em procedimentos de atribuição do órgão tabelar, havendo expressa concordância deste, sem direito à percepção de qualquer vantagem correlata.

Capítulo XII
Da responsabilidade funcional
Seção I
Disposições gerais

Art. 125. Pelo exercício irregular de suas funções, o membro do Ministério Público responde penal, civil e administrativamente.

§ 1º A atividade funcional dos membros do Ministério Público é sujeita a inspeção permanente, na forma dos arts. 24, I e II, 30, II, e 42, § 2º, desta Lei.

§ 2º O membro do Ministério Público será civilmente responsável somente quando, no exercício de suas funções, proceder com dolo ou fraude.

Art. 126. A responsabilidade administrativa do membro do Ministério Público apurar-se-á sempre através de procedimento instaurado pela Corregedoria-Geral do Ministério Público, observado o disposto no inciso V do artigo 19 desta Lei.

Seção II
Das faltas e penalidades

Art. 127. Constituem infrações disciplinares:

I – negligência no exercício das funções;

II – descumprimento de dever funcional;

III – infringência de proibição ou vedação;

IV – procedimento reprovável ou conduta que importe em desrespeito às leis em vigor, às autoridades constituídas ou à própria Instituição;

V – revelação de segredo que conheça em razão de cargo ou função;

VI – abandono de cargo;

VII – prática de crime incompatível com o exercício do cargo;

VIII – prática de improbidade administrativa, nos termos do art. 37, § 4º, da Constituição da República.

Art. 128. Os membros do Ministério Público são passíveis das seguintes sanções disciplinares:

I – advertência;

II – censura;

III – suspensão;

IV – demissão;

V – cassação de aposentadoria ou de disponibilidade.

Art. 129. A pena de advertência será aplicada por escrito, de forma reservada, em caso de:

I – negligência no exercício das funções;

II – infringência das vedações previstas no inciso II do art. 120;

III – descumprimento de dever funcional previsto no art. 118, III, V, VI e IX a XX, desta Lei.

Art. 130. A pena de censura será aplicada por escrito, de forma reservada:

I – em caso de descumprimento de dever funcional previsto no art. 118, I, II, IV, VII e VIII, desta Lei;

II – na reincidência em falta anteriormente punida com advertência;

III – na prática das infrações previstas nos incisos IV e V do art. 127 desta Lei.

Art. 131. A pena de suspensão, de 10 (dez) até 90 (noventa) dias, será aplicada:

I – na infringência de vedação prevista nos incisos I, III, IV e V do art. 119 e no inciso I do art. 120, ambos desta Lei;

II – na reincidência em falta anteriormente punida com censura;

III – na prática da infração prevista no art. 127, VI, se inferior a 30 dias.

§ 1º A suspensão importa, enquanto durar, na perda dos vencimentos e das vantagens pecuniárias inerentes ao exercício do cargo.

§ 2º Quando houver conveniência para o serviço, anuindo expressamente o interessado, a penalidade de suspensão poderá ser convertida em multa, na base de 50% (cinquenta por cento) por dia de remuneração, ficando o membro do Ministério Público obrigado a permanecer em serviço.

§ 3º O prazo para a anuência referida no parágrafo anterior será de 5 (cinco) dias, contados da data da intimação da decisão que determinou a suspensão do interessado.

Art. 132. A pena de disponibilidade, com vencimentos proporcionais ao tempo de serviço, será aplicada por motivo de interesse público, a juízo do Conselho Superior do Ministério Público, nos casos de:

I – infringência à proibição prevista no inciso I do art. 120, se, não obstante a gravidade, não for punível com demissão;

II – na segunda reincidência em falta anteriormente punida com suspensão.

Parágrafo único. Na hipótese prevista no inciso I deste artigo, o Conselho

Superior do Ministério Público, se não deliberar pela disponibilidade, poderá determinar a aplicação da pena de suspensão, na forma do art. 131.

Art. 133. Considera-se reincidência, para os efeitos desta lei, a prática de nova infração, nos 5 (cinco) anos seguintes à ciência da imposição definitiva de sanção disciplinar, inclusive na hipótese do § 2º do art. 131.

Art. 134. A demissão do cargo será aplicada:

I – ao membro vitalício do Ministério Público, mediante ação civil própria, nos casos de:

a) prática de crime incompatível com o exercício do cargo, após decisão judicial condenatória transitada em julgado;

b) exercício da advocacia;

c) abandono do cargo por prazo superior a 30 (trinta) dias corridos;

d) prática de improbidade administrativa;

II – ao membro do Ministério Público não vitalício, mediante processo administrativo, nas mesmas hipóteses das alíneas do inciso anterior e ainda no caso de falta grave, incompatível com o exercício do cargo.

§ 1º A ação civil para decretação da perda do cargo do membro vitalício do Ministério Público, será proposta pelo Procurador-Geral de Justiça, perante o Tribunal de Justiça deste Estado, após autorização do Órgão Especial do Colégio de Procuradores de Justiça, por maioria simples.

§ 2º A mesma ação será proposta para cassação da aposentadoria ou da disponibilidade, nos casos de falta punível com demissão, praticada quando o membro inativo do Ministério Público se achava em exercício.

§ 3º Para os fins deste artigo, consideram-se incompatíveis com o exercício do cargo os crimes dolosos contra o patrimônio, contra a administração e a fé pública, os que importem em lesão aos cofres públicos, dilapidação do patrimônio público ou de bens confiados à guarda do Ministério Público, e os previstos no Art. 5º, inciso XLIII, da Constituição da República.

§ 4º Além das hipóteses previstas no parágrafo anterior, são considerados incompatíveis com o exercício do cargo os crimes, cuja prática, no caso concreto, venha a ser assim considerada na deliberação do Órgão Especial do Colégio de Procuradores de Justiça que autorizar a propositura da ação civil.

§ 5º Respondendo o membro do Ministério Público a processo criminal pela prática dos crimes descritos no § 3º, ou a qualquer outro crime que possa ser considerado incompatível com o exercício do cargo, deliberará o Órgão Especial do Colégio de Procuradores de Justiça, mediante provocação do Procurador-Geral de Justiça, sobre o afastamento do membro do Ministério Público de seu órgão de execução até o trânsito em julgado da decisão, permanecendo o mesmo à disposição do Procurador-Geral de Justiça nesse período.

§ 6º A atribuição prevista no § 1º aplica-se a todas as ações civis de que possa resultar a perda do cargo do membro vitalício do Ministério Público, qualquer que seja o foro competente para o respectivo processo e julgamento.

*** Parágrafo acrescentado pela LC-RJ 113/2006.**

Art. 135. Na aplicação das penalidades disciplinares, considerar-se-ão os antecedentes do infrator, a natureza e a gravidade da infração, as circunstâncias em que foi praticada e os danos que dela resultaram ao serviço ou à dignidade da Instituição ou da Justiça.

Parágrafo único. Em função do disposto no *caput* deste artigo, poderá ser aplicada pena mais branda do que a especificamente cominada para a infração.

Art. 136. Compete:

I – ao Corregedor-Geral do Ministério Público aplicar as penas de advertência e censura a Promotor de Justiça;

II – ao Procurador-Geral de Justiça:

a) aplicar as penas de advertência e censura a Procurador de Justiça;

b) aplicar a pena de suspensão;

c) impor ao membro do Ministério Público não vitalício a pena de demissão;

d) editar os atos de disponibilidade punitiva e de demissão de membro vitalício do Ministério Público, após o trânsito em julgado da ação civil para perda do cargo.

Art. 137. Extinguir-se-á, por prescrição, a punibilidade administrativa da falta:

I – em 2 (dois) anos, quando aplicáveis as penas de advertência ou censura;

II – em 3 (três) anos, quando aplicável a pena de suspensão;

III – em 5 (cinco) anos, quando cabíveis a disponibilidade, a demissão ou a cassação de aposentadoria.

Parágrafo único. A falta, prevista na lei penal como crime, terá sua punibilidade extinta no mesmo prazo de prescrição deste, tomando-se sempre por base a pena cominada.

Art. 138. A prescrição começa a correr do dia em que a falta for praticada ou, nas faltas continuadas ou permanentes, do dia em que tenha cessado a continuação ou permanência.

Parágrafo único. Interrompem a prescrição a instauração do processo disciplinar e a decisão recorrível neste proferida, bem como a citação na ação civil para perda do cargo.

Capítulo XIII
Do processo disciplinar
Seção I
Disposições gerais

Art. 139. A apuração das infrações disciplinares será feita mediante processo de natureza administrativa, instaurado pelo Corregedor-Geral do Ministério Público, asseguradas as garantias da ampla defesa e do contraditório, observado sempre o sigilo, salvo se o indiciado a ele renunciar.

§ 1º O processo disciplinar será:

I – ordinário, quando cabíveis as penas de suspensão, demissão ou cassação da aposentadoria ou da disponibilidade;

II – sumário, nos casos de faltas apenadas com advertência ou censura.

§ 2º Independe de processo disciplinar a propositura da ação civil para perda do cargo, na hipótese de condenação irrecorrível pela prática de crime incompatível com o exercício do cargo, prevista nos §§ 3º e 4º do art. 134.

Art. 140. O processo disciplinar será precedido de sindicância, de caráter investigatório, quando insuficientemente instruída a notícia de infração imputável a Promotor de Justiça, e dependerá de autorização do Órgão Especial do Colégio de Procuradores de Justiça, quando imputável o Procurador de Justiça, que será previamente ouvido pelo Corregedor-Geral.

*** Artigo alterado pela LC nº 159/2014.**

§ 1º Tratando-se de representação contra Procurador de Justiça, se houver urgência, o Procurador-Geral de Justiça, na qualidade de Presidente do Órgão Especial do Colégio de Procuradores de Justiça, determinará a realização das diligências necessárias, comunicando-as imediatamente àquele Colegiado.

§ 2º Na sindicância, colher-se-ão as provas através dos meios pertinentes, observado o disposto no art. 145 e obrigatoriamente ouvido o sindicado.

§ 3º Encerrada a sindicância contra Promotor de Justiça, o Corregedor-Geral do Ministério Público, no prazo máximo de 60 (sessenta) dias, contados de sua abertura, prorrogável por igual período, em razão da necessidade do serviço, decidirá quanto à instauração do processo disciplinar.

§ 4º O Corregedor-Geral poderá delegar competência à Subcorregedor-Geral do Ministério Público para atuar como sindicante.

Art. 141. Ao instaurar processo disciplinar ordinário, ou no curso deste, o Corregedor-Geral do Ministério Público poderá representar ao Procurador-Geral de Justiça para o afastamento provisório do imputado de suas funções, se necessária a medida para garantia da regular apuração dos fatos.

§ 1º O afastamento, sem prejuízo dos vencimentos e vantagens do imputado, terá duração de até 60 (sessenta) dias, prorrogável, no máximo, por mais 30 (trinta) dias.

§ 2º Tratando-se de falta punível com as sanções previstas nos incisos III a V do art. 128, imputada a membro do Ministério Público ainda não vitaliciado, o afastamento importará na imediata suspensão do exercício funcional e do prazo para vitaliciamento, na conformidade do disposto no art. 62, §§ 2º e 4º, desta Lei.

Art. 142. Aplicam-se supletivamente ao processo disciplinar, no que couber, as normas da legislação processual penal e civil.

Seção II
Do processo disciplinar ordinário

Art. 143. O ato de instauração do processo disciplinar deverá conter o nome e a qualificação do indiciado, a exposição sucinta dos fatos a ele imputados e a respectiva capitulação legal.

Art. 144. O processo disciplinar será conduzido por Comissão designada pelo Corregedor-Geral do Ministério Público, sob sua presidência ou de seu substituto legal, e integrada por 2 (dois) outros membros vitalícios do Ministério Público, da mesma classe, preferencialmente mais antigos, ou de classe superior à do imputado.

§ 1º Quando se tratar de Procurador de Justiça, a Presidência será do Corregedor-Geral, salvo nos casos de impedimento ou suspeição.

§ 2º Um dos membros da Comissão será designado relator, cabendo-lhe:

I – sugerir as provas e diligências necessárias à comprovação dos fatos;

II – emitir parecer sobre os requerimentos apresentados pelo imputado;

III – elaborar a parte expositiva do relatório final.

§ 3º Os trabalhos serão secretariados por servidor do Quadro de Serviços Auxiliares do Ministério Público, lotado na Corregedoria-Geral, que prestará compromisso de bem desempenhar suas funções e de observar rigorosamente o sigilo.

Art. 145. À Comissão serão assegurados todos os meios necessários ao desempenho de suas funções, sendo-lhe facultado o exercício das funções e prerrogativas asseguradas aos membros do Ministério Público nos arts. 35, I e VI, e 82, VI a VIII, desta Lei.

§ 1º Os órgãos estaduais e municipais, sob pena de responsabilização de seus titulares, deverão atender com a máxima presteza às solicitações da

Comissão, inclusive às requisições de técnicos e peritos, feitas por intermédio do Corregedor-Geral do Ministério Público.

§ 2º Para a apuração de fatos fora do território do Estado, a Comissão poderá delegar atribuição a um de seus membros.

Art. 146 – A Comissão deverá iniciar seus trabalhos dentro de 5 (cinco) dias de sua constituição e concluí-los, com apresentação de relatório final, no prazo máximo de 120 (cento e vinte) dias, contados da citação do imputado, prorrogável por mais 60 (sessenta) dias, a critério do Corregedor-Geral ou, na hipótese do art. 11, XXII, desta Lei Complementar, a juízo do Procurador-Geral de Justiça.

*** Artigo alterado pela LC nº 159/2014.**

Parágrafo único. A inobservância dos prazos estabelecidos neste artigo não acarretará nulidade do processo, podendo importar, contudo, em falta funcional dos integrantes da Comissão.

Art. 147. Instalada a Comissão de Processo Disciplinar, o seu Presidente encaminhará os autos ao Relator, para que proponha, em 5 (cinco) dias, as provas e diligências que entender necessárias, sobre o que decidirá a Comissão nos 5 (cinco) dias seguintes, designando, então, data para depoimento do indiciado e determinando sua citação.

§ 1º A citação será pessoal, com antecedência mínima de 10 (dez) dias da data marcada para o depoimento do indiciado, entregando-se a este cópia do ato de instauração do processo e da decisão da Comissão quanto às provas e diligências a serem realizadas.

§ 2º Não sendo encontrado o indiciado, ou furtando-se ele à citação, esta se fará por edital, publicado por 3 (três) vezes no órgão oficial do Estado, na parte relativa ao expediente do Ministério Público, com prazo de 10 (dez) dias, a contar da última publicação, para comparecimento, a fim de ser ouvido.

§ 3º Depois de citado, o indiciado não poderá, sob pena de prosseguir o processo à sua revelia, deixar de comparecer, sem justo motivo, aos atos processuais para os quais tenha sido regularmente intimado.

§ 4º As intimações do indiciado, para os atos procedimentais, ser-lhe-ão feitas na pessoa de seu defensor, quando aquele não estiver presente, sempre com a antecedência mínima de 3 (três) dias, mediante termo de ciência nos autos, comunicação postal com aviso de recebimento, ou publicação no órgão oficial do Estado, no expediente do Ministério Público.

§ 5º Salvo o disposto no § 2º deste artigo, as publicações concernentes ao andamento de processo disciplinar serão feitas com omissão do nome do indiciado e de qualquer dado pelo qual se possa indentificá-lo, limitando-se a referir o número do feito, de série própria da Corregedoria-Geral do

Ministério Público, o nome dos advogados constituídos ou do defensor dativo e a finalidade da publicação.

Art. 148. Da data marcada para o depoimento do indiciado correrá o prazo de 15 (quinze) dias para o oferecimento de sua defesa preliminar, juntada de documentos e rol de testemunhas, no máximo de 8 (oito), requerimento de perícias e demais provas.

§ 1º A Comissão poderá indeferir, fundamentaldamente, as provas desnecessárias, impertinentes ou requeridas com intuito meramente protelatório.

§ 2º Se o indiciado não atender à citação, nem se fizer representar por procurador, será declarado revel, sendo-lhe designado defensor dativo, pelo Corregedor-Geral, sem prejuízo da intervenção, em qualquer fase do processo, de defensor por ele constituído.

Art. 149. A Comissão procederá a todos os atos e diligências necessários ao completo esclarecimento dos fatos, podendo ouvir testemunhas, promover perícias, realizar inspeções locais e examinar documentos e autos.

Parágrafo único. Será assegurado ao indiciado o direito de participar, pessoalmente ou por seu defensor, dos atos procedimentais, podendo contraditar e reinquirir testemunhas, oferecer quesitos e indicar assistentes técnicos.

Art. 150. Encerrada a produção de provas, abrir-se-á vista dos autos ao indiciado para oferecer razões finais, no prazo de 15 (quinze) dias.

Parágrafo único. Havendo mais de um indiciado, o prazo será comum e em dobro.

Art. 151. Decorrido o prazo do artigo anterior, a Comissão, nos 15 (quinze) dias subsequentes, remeterá o feito ao órgão competente para a decisão, com relatório conclusivo, no qual proporá justificadamente o arquivamento do processo ou a punição do indiciado, especificando, neste caso, as disposições legais transgredidas e as sanções aplicáveis.

Parágrafo único. Divergindo os membros da Comissão quanto aos termos do relatório, deverão constar do processo as razões apresentadas pelos divergentes.

Art. 152. Recebido o processo, o órgão competente deverá julgá-lo no prazo de 60 (sessenta) dias, podendo:

*** Artigo alterado pela LC nº 159/2014.**

I – julgar improcedente a imputação, determinando o arquivamento do processo;

II – aplicar ao indiciado a penalidade cabível, observado o disposto no art. 135 e seu parágrafo único;

III – autorizar o Procurador-Geral de Justiça a ajuizar ação civil para decretação de perda do cargo.

Parágrafo único. A propositura da ação civil para perda do cargo acarretará o afastamento do membro do Ministério Público do exercício de suas funções, com a perda dos vencimentos e vantagens do cargo.

Art. 153. Da decisão que julgar procedente a imputação, caberá recurso para o Órgão Especial do Colégio de Procuradores de Justiça, no prazo de 15 (quinze) dias.

Parágrafo Único – O recurso deverá ser julgado no prazo de 60 (sessenta) dias, contados do recebimento dos autos.

*** Parágrafo alterado pela LC nº 159/2014.**

Seção III
Do processo disciplinar sumário

Art. 154. O processo disciplinar sumário, para apuração de falta punível com advertência ou censura, será instaurado e conduzido pelo Corregedor-Geral do Ministério Público, observado o disposto no art. 140 desta Lei.

Art. 155. Aplicam-se ao processo disciplinar sumário as disposições relativas ao processo disciplinar ordinário, com as seguintes modificações:

I – as atribuições conferidas à Comissão de Processo Disciplinar serão exercidas pelo Corregedor-Geral do Ministério Público, ou por delegação;

II – o número de testemunhas arroladas pelo indiciado não excederá de 3 (três);

III – os prazos para defesa preliminar e para razões finais serão de 5(cinco) e 10 (dez) dias, respectivamente;

IV – o prazo para conclusão do processo será de 90 (noventa) dias, prorrogável por mais 60 (sessenta), conforme definido no art. 146.

*** Parágrafo alterado pela LC nº 159/2014.**

Seção IV
Da revisão do processo disciplinar

Art. 156. Admitir-se-á, a qualquer tempo, salvo na hipótese de decretação de perda do cargo, a revisão do processo disciplinar de que tenha resultado imposição de sanção, sempre que forem alegados vícios insanáveis no procedimento ou prova nova que justifique o reexame da decisão.

§ 1º Não constituirá fundamento para revisão a simples alegação de injustiça da penalidade imposta.

§ 2º Não será admitida a reiteração do pedido de revisão pelo mesmo motivo.

Art. 157. A revisão poderá ser pleiteada pelo punido ou, se falecido, desaparecido ou interdito, por seu curador, cônjuge ou companheiro, ascendente, descendente ou irmão.

Art. 158. O pedido de revisão será dirigido ao Órgão Especial do Colégio de Procuradores de Justiça, que, se o admitir, determinará seu processamento, na forma regimental, em apenso aos autos originais e designará Comissão Revisora composta por três Procuradores de Justiça que não tenham participado do processo disciplinar.

Art. 159. Concluída a instrução no prazo máximo de 30 (trinta) dias, a Comissão Revisora relatará o processo em 10 (dez) dias e encaminhará ao Órgão Especial do Colégio de Procuradores de Justiça, que decidirá dentro de 30 (trinta) dias.

Art. 160. Julgada procedente a revisão, será tornada sem efeito a sanção aplicada, com o restabelecimento, em sua plenitude, dos direitos por ela atingidos, exceto se for o caso de aplicar-se penalidade mais branda.

Art. 161. O membro do Ministério Público punido com advertência ou censura poderá requerer ao Órgão Especial do Colégio de Procuradores de Justiça o cancelamento das respectivas notas em seus assentamentos, decorridos 5 (cinco) anos da decisão final que as aplicou, desde que não tenha sofrido, no período, nova punição, nem esteja respondendo a sindicância ou processo disciplinar.

Título III
Das disposições finais e transitórias

Art. 162. É assegurada aos membros do Ministério Público que, anteriormente à publicação da Emenda 20 à Constituição da República, preenchiam os requisitos exigidos em lei, a contagem em dobro dos períodos de férias e de licenças não gozadas para fins de aposentadoria.

Art. 163. Revogado pela Lei Complementar 177/2017.

Art. 164. Os membros do Ministério Público aposentados conservarão as prerrogativas e as honras do cargo e terão porte de arma, independentemente, neste caso, de qualquer ato formal de licença ou autorização.

Art. 165. Aos membros do Ministério Público, admitidos anteriormente à promulgação da Constituição da República de 1988, fica assegurado o que dispõe o § 3º do art. 29 do respectivo Ato das Disposições Constitucionais Transitórias.

Art. 166 – Aplica-se aos ocupantes dos cargos de Procurador-Geral de Justiça, Subprocurador-Geral de Justiça, Corregedor-Geral do Ministério Público, Subcorregedor-Geral do Ministério Público, Chefe de Gabinete e Secretário-Geral do Ministério Público o disposto no art. 5º da Lei Complementar nº 113, de 24 de agosto de 2006.

Parágrafo único – Se o designado para exercer as funções de Secretário-Geral do Ministério Público não for membro da Instituição, será investido no cargo em comissão de idêntica nomenclatura, símbolo SA.

*** Nova redação dada pela LC 164/2015.**

Art. 167. Enquanto não dispuser o Ministério Público de médicos em seu Quadro de Serviços Auxiliares, as inspeções médicas poderão ser feitas pelo Departamento de Perícias Médicas da Secretaria de Estado de Administração ou órgão de idêntica competência que venha a substituí-lo.

Art. 168. Fica mantida, como órgão de divulgação cultural do Ministério Público do Estado do Rio de Janeiro, na estrutura da Procuradoria-Geral de Justiça, a sua Revista.

Art. 169. Decorridos 120 (cento e vinte) dias da vigência desta Lei, serão convocadas eleições para o preenchimento das duas novas vagas para o Conselho Superior, criadas pelo art. 20.

Parágrafo único. Os eleitos tomarão posse até 15 (quinze) dias após o pleito, extinguindo-se os respectivos mandatos juntamente com os dos demais Conselheiros.

Art. 170. O dia 5 (cinco) de outubro será considerado o Dia do Ministério Público do Estado do Rio de Janeiro.

Art. 171. As insígnias do Ministério Público do Estado do Rio de Janeiro, de uso exclusivo dos seus membros, e as vestes talares serão instituídas por Resolução do Procurador-Geral de Justiça, ouvido o Órgão Especial do Colégio de Procuradores de Justiça.

Art. 172. Ficam criados 2 (dois) cargos de Promotor de Justiça para exercício na Capital e no interior, respectivamente, em órgãos de execução destinados à proteção dos idosos.

*** Nesta edição, Res. GPGJ 1.284/2005.**

Art. 173. O cargo de Secretário-Geral de Administração do Ministério Público é de livre nomeação do Procurador-Geral de Justiça, com remuneração correspondente ao símbolo SA, no caso de não ser nomeado membro da Instituição.

Art. 174. Todas as normas desta Lei, restritivas ou impeditivas de direito, não se aplicam aos atuais ocupantes de cargos ou funções nelas referidas.

Art. 175. Os artigos da Lei Complementar 28, de 21 de maio de 1982, que cuidam das atribuições dos órgãos de execução do Ministério Público, permanecerão em vigor até a edição das Resoluções que dispuserem sobre as novas atribuições.

Art. 176. Esta Lei entra em vigor em 1º de janeiro de 2003, revogadas as disposições em contrário, especialmente, em tudo o que não estiver mantida pela presente Lei, a Lei Complementar 28, de 21 de maio de 1982 e a referência, mediante remissão ao art. 1º da Lei 680, de 8 de novembro de 1983, aos destinatários da referida Lei Complementar, contida no Art. 3º da Lei Complementar 68, de 7 de novembro de 1990.

Rio de Janeiro, 3 de janeiro de 2003

Rosinha Garotinho

Governadora

Lei Complementar nº 129, de 10 de setembro de 2009.

(Alterada pela Lei Complementar 150/2013)

*** Altera as Leis Complementares nos 106/2003 e 113/2006 e revoga a Lei Estadual no 4.134, de 13 de agosto de 2006, e dá outras providências.**

O Governador do Estado do Rio de Janeiro. Faço saber que a Assembleia Legislativa do Estado do Rio de Janeiro decreta e eu sanciono a seguinte Lei:

Art. 1o Fica assegurado aos membros do Ministério Público do Estado do Rio de Janeiro o pagamento, a título de indenização, dos períodos de férias não usufruídos integralmente, quando renunciados ou indeferidos em virtude de absoluta necessidade de serviço, observados os limites e condições estabelecidos na Lei Complementar nº 101, de 4 de maio de 2000.

§ 1º As férias não usufruídas poderão ser convertidas em indenização equivalente ao valor integral do subsídio, acrescido do terço constitucional, por cada mês de férias não usufruídas.

§ 2º Quando da concessão da aposentadoria do membro do Ministério Público, presumir-se-ão, como fundados em absoluta necessidade de serviço, todos os períodos de férias não gozados pelo mesmo, os quais serão convertidos em indenização, observada a forma prevista no parágrafo anterior.

Art. 2º Compete ao Procurador-Geral de Justiça disciplinar, por Resolução, a forma de requerimento e concessão da indenização assegurada por esta lei complementar, sempre atendidos os fatores pertinentes à conveniência do serviço e ao exercício das funções institucionais.

Art. 3º O artigo 6º da Lei Complementar nº 113/2006 passa a ter a seguinte redação:

"**Art. 6º** – O desempenho simultâneo de funções em mais de um órgão de execução do Ministério Público conferirá direito a 1 (um) dias de licença compensatória a cada tríduo, na forma de resolução do Procurador-Geral de Justiça, aplicando-se o disposto no §2º do art. 99."

Art.4o Aos membros do Ministério Público será concedida licença-paternidade de oito dias, contados do nascimento ou da adoção.

Art. 5º O §2º do Artigo 99 da Lei Complementar nº 106/2006, passa a ter a seguinte redação:

"Art. 99 – (...)

§2º A licença especial poderá ser convertida em pecúnia indenizatória, não se estendendo aos inativos, na forma disciplinada em resolução do Procurador-Geral de Justiça."

Art. 6º As despesas decorrentes da aplicação desta Lei Complementar correrão à conta das dotações próprias na Lei de Orçamento.

Art. 7º Esta Lei Complementar entra em vigor na data de sua publicação, ficando revogada a Lei Estadual no 4.134, de 13 de agosto de 2003.

* **Artigo alterado pela LC nº 150/2013.**

Rio de Janeiro, 10 de setembro de 2009.

SÉRGIO CABRAL

Governador

Lei Complementar nº 157, de 20 de dezembro de 2013.

* Altera o art. 91 da lei complementar nº 106, de 3 de janeiro de 2003, e dá outras providências.

O GOVERNADOR DO ESTADO DO RIO DE JANEIRO

Faço saber que a Assembleia Legislativa do Estado do Rio de Janeiro decreta e eu sanciono a seguinte Lei:

Art. 1º O auxílio-moradia, referido no inciso II do art. 91 da Lei Complementar nº 106, de 3 de janeiro de 2003, a ser concedido aos membros do Ministério Público não poderá exceder a 18% (dezoito por cento) do limite estipendial mais elevado previsto no art. 37, XI, da Constituição da República.

Art. 2º O benefício a que se refere o inciso II do art. 91 da Lei Complementar nº 106, de 3 de janeiro de 2003, de caráter permanente e de natureza indenizatória, observará, quanto à sua disciplina, as diretrizes adotadas em relação ao disposto no art. 86 do mesmo diploma legal.

Art. 3º O Ministério Público enviará à ALERJ cópia do inteiro teor da regulamentação, no prazo de 30 (trinta), a contar da publicação da resolução da regulamentação da presente Lei.

Art. 4º Esta Lei Complementar entra em vigor na data de sua publicação, ficando revogado o §2º do art. 91 da Lei Complementar nº 106 de 03 de janeiro de 2003, não produzindo qualquer efeito retroativo.

Rio de Janeiro, 20 de dezembro de 2013.

SERGIO CABRAL

Governador

Lei Complementar Federal nº 152, de 3 de dezembro de 2015.

Dispõe sobre a aposentadoria compulsória por idade, com proventos proporcionais, nos termos do inciso II do § 1º do art. 40 da Constituição Federal.

A **PRESIDENTA DA REPÚBLICA** Faço saber que o Congresso Nacional decreta e eu promulgo, nos termos do parágrafo 5o do art. 66 da Constituição, a seguinte Lei Complementar:

Art. 1º Esta Lei Complementar dispõe sobre a aposentadoria compulsória por idade, com proventos proporcionais, no âmbito da União, dos Estados, do Distrito Federal e dos Municípios, dos agentes públicos aos quais se aplica o inciso II do § 1º do art. 40 da Constituição Federal.

Art. 2º Serão aposentados compulsoriamente, com proventos proporcionais ao tempo de contribuição, aos 75 (setenta e cinco) anos de idade:

I – os servidores titulares de cargos efetivos da União, dos Estados, do Distrito Federal e dos Municípios, incluídas suas autarquias e fundações;

II – os membros do Poder Judiciário;

III – os membros do Ministério Público;

IV – os membros das Defensorias Públicas;

V – os membros dos Tribunais e dos Conselhos de Contas.

Parágrafo único. Aos servidores do Serviço Exterior Brasileiro, regidos pela Lei nº 11.440, de 29 de dezembro de 2006, o disposto neste artigo será aplicado progressivamente à razão de 1 (um) ano adicional de limite para aposentadoria compulsória ao fim de cada 2 (dois) anos, a partir da vigência desta Lei Complementar, até o limite de 75 (setenta e cinco) anos previsto no *caput*.

Art. 3º Revoga-se o inciso I do art. 1º da Lei Complementar nº 51, de 20 de dezembro de 1985.

Art. 4º Esta Lei Complementar entra em vigor na data de sua publicação.

Brasília, 3 de dezembro de 2015; 194o da Independência e 127o da República.

DILMA ROUSSEFF

Este texto não substitui o publicado no DOU de 4.12.2015

Lei nº 11.372, de 28 de novembro de 2006.

Regulamenta o § 1º do art. 130-A da Constituição Federal, para dispor sobre a forma de indicação dos membros do Conselho Nacional do Ministério Público oriundos do Ministério Público e criar sua estrutura organizacional e funcional, e dá outras providências.

O PRESIDENTE DA REPÚBLICA Faço saber que o Congresso Nacional decreta e eu sanciono a seguinte Lei:

Art. 1º Os membros do Conselho Nacional do Ministério Público oriundos do Ministério Público da União serão escolhidos pelo Procurador-Geral de cada um dos ramos, a partir de lista tríplice composta por membros com mais de 35 (trinta e cinco) anos de idade, que já tenham completado mais de 10 (dez) anos na respectiva Carreira.

§ 1º As listas tríplices serão elaboradas pelos respectivos Colégios de Procuradores do Ministério Público Federal, do Ministério Público do Trabalho e do Ministério Público Militar, e pelo Colégio de Procuradores e Promotores de Justiça do Ministério Público do Distrito Federal e Territórios.

§ 2º O nome escolhido pelo Procurador-Geral de cada um dos ramos será encaminhado ao Procurador-Geral da República, que o submeterá à aprovação do Senado Federal.

Art. 2º Os membros do Conselho Nacional do Ministério Público oriundos dos Ministérios Públicos dos Estados serão indicados pelos respectivos Procuradores-Gerais de Justiça, a partir de lista tríplice elaborada pelos integrantes da Carreira de cada instituição, composta por membros com mais de 35 (trinta e cinco) anos de idade, que já tenham completado mais de 10 (dez) anos na respectiva Carreira.

Parágrafo único. Os Procuradores-Gerais de Justiça dos Estados, em reunião conjunta especialmente convocada e realizada para esse fim, formarão lista com os 3 (três) nomes indicados para as vagas destinadas a membros do Ministério Público dos Estados, a ser submetida à aprovação do Senado Federal.

Art. 3º Durante o exercício do mandato no Conselho Nacional do Ministério Público, ao membro do Ministério Público é vedado:

I – integrar lista para promoção por merecimento;

II – integrar lista para preenchimento de vaga reservada a membro do Ministério Público na composição do Tribunal;

III – integrar o Conselho Superior e exercer a função de Corregedor;

IV – integrar lista para Procurador-Geral.

Art. 4º Compete ao Conselho Superior de cada Ministério Público estabelecer o procedimento para a elaboração das listas tríplices mencionadas nos arts. 1º e 2º desta Lei.

Art. 5º *(VETADO.)*

Art. 6º *(Revogado pela Lei nº 11.967, de 2009.)*

Art. 7º Ficam criados os cargos efetivos nas Carreiras de Analista e Técnico do Ministério Público da União para atender a estrutura do Conselho Nacional do Ministério Público, conforme o Anexo III desta Lei.

Parágrafo único. O provimento dos cargos efetivos de Analista e Técnico poderá ser efetuado com a nomeação de candidatos já aprovados em concursos públicos realizados pelo Ministério Público da União.

Art. 8º O Conselho Nacional do Ministério Público poderá utilizar a estrutura administrativa da Procuradoria-Geral da República para atender as suas necessidades gerenciais, operacionais e de execução orçamentária.

Art. 9º *(VETADO)*

Art. 10. Aos Conselheiros são asseguradas as prerrogativas conferidas em lei aos membros do Ministério Público.

Art. 11. As despesas decorrentes da aplicação desta Lei correrão à conta das dotações orçamentárias do Conselho Nacional do Ministério Público, e seus efeitos financeiros retroagirão à data de sua implantação.

Art. 12. Esta Lei entra em vigor na data de sua publicação.

Brasília, 23 de novembro de 2006;
185º da Independência e 118º da República.
LUIZ INÁCIO LULA DA SILVA
Márcio Thomaz Bastos
Guido Mantega
Paulo Bernardo Silva

Lei RJ 11.967, De 6 de julho de 2009.

Dispõe sobre a estrutura organizacional e funcional do Conselho Nacional do Ministério Público e dá outras providências.

O VICE PRESIDENTE DA REPÚBLICA, no exercício do cargo de **PRESIDENTE DA REPÚBLICA** Faço saber que o Congresso Nacional decreta e eu sanciono a seguinte Lei:

Art. 1o Fica criada a estrutura organizacional do Conselho Nacional do Ministério Público, conforme Anexo I desta Lei.

Art. 2º Ficam criados os Cargos em Comissão e as Funções de Confiança constantes do Anexo II, que passam a integrar o Quadro de Pessoal do Conselho Nacional do Ministério Público.

Art. 3º A retribuição pelo exercício de Cargo em Comissão e de Funções de Confiança é a constante dos Anexos III e IV da Lei nº 11.415, de 15 de dezembro de 2006, que dispõe sobre as Carreiras dos Servidores do Ministério Público da União.

Parágrafo único. Ao servidor ocupante de cargo efetivo, investido em função de confiança ou em cargo em comissão, é facultado optar pela remuneração do cargo efetivo acrescida de 65% (sessenta e cinco por cento) dos valores fixados nos Anexos III e IV ou pelo valor integral da função de confiança ou do cargo em comissão.

Art. 4º As despesas decorrentes da aplicação desta Lei correrão à conta das dotações orçamentárias do Conselho Nacional do Ministério Público, e seus efeitos financeiros retroagirão à data de sua implantação.

Art. 5º Revoga-se o Art. 6º da Lei nº 11.372, de 28 de novembro de 2006.

Art. 6º Esta Lei entra em vigor na data de sua publicação.

Brasília, 6 de julho de 2009;188º da Independência e 121º da República.

JOSÉ ALENCAR GOMES DA SILVA
Luiz Paulo Teles Ferreira Barreto
Paulo Bernardo Silva

Lei RJ 5.260, de 11 de junho de 2008.

(alterada pela Lei nº 7.628/17)

Estabelece o regime jurídico próprio e único da previdência social dos membros do Poder Judiciário, do Ministério Público, da Defensoria Pública, do Tribunal de Contas e dos Servidores Públicos Estatutários do Estado do Rio de Janeiro e dá outras providências.

O GOVERNADOR DO ESTADO DO RIO DE JANEIRO

Faço saber que a Assembleia Legislativa do Estado do Rio de Janeiro decreta e eu sanciono a seguinte Lei:

Título I

DA FINALIDADE E DOS PRINCÍPIOS BÁSICOS DO REGIME PRÓPRIO DE PREVIDÊNCIA SOCIAL DOS MEMBROS DO PODER JUDICIÁRIO, DO MINISTÉRIO PÚBLICO, DA DEFENSORIA PÚBLICA, DO TRIBUNAL DE CONTAS E DOS SERVIDORES PÚBLICOS ESTATUTÁRIOS DO ESTADO DO RIO DE JANEIRO.

Art. 1º A previdência social dos membros do Poder Judiciário, Legislativo, do Ministério Público, da Defensoria Pública, do Tribunal de Contas e dos servidores públicos estatutários do Estado do Rio de Janeiro se organiza em regime jurídico próprio e único, de caráter contributivo e solidário, mediante contribuição dos entes públicos, dos membros, dos servidores estatutários, ativos e inativos, e dos pensionistas, observados os critérios que preservem o equilíbrio financeiro e atuarial e o disposto nesta Lei.

Parágrafo único. Caberá ao RIOPREVIDÊNCIA o pagamento dos benefícios do regime de previdência de que cuida esta Lei, sem prejuízo da responsabilidade do Estado.

Art. 2º O regime próprio de previdência social dos membros do Poder Judiciário, do Ministério Público, da Defensoria Pública, do Tribunal de Contas e dos servidores públicos estatutários do Estado do Rio de Janeiro assegurará a seus beneficiários meios indispensáveis de manutenção, por motivo de incapacidade, idade avançada, tempo de contribuição, prisão ou morte daqueles de quem dependiam economicamente.

Título II
DA UNIDADE GESTORA DO REGIME PREVIDENCIÁRIO

Art. 3º Compete ao Fundo Único de Previdência Social do Estado do Rio de Janeiro – RIOPREVIDÊNCIA, de acordo com o disposto na presente Lei, bem como no art. 40, § 20, da Constituição da República e na Lei nº 3.189, de 22 de fevereiro de 1999, a gestão do regime previdenciário próprio do Estado do Rio de Janeiro mediante o exercício das seguintes atribuições:

I – arrecadação das contribuições previdenciárias dos membros e servidores, ativos e inativos, e pensionistas, bem como do Estado do Rio de Janeiro;

II – administração de recursos financeiros e outros ativos incorporados ao seu patrimônio, para fins de custeio dos benefícios previdenciários descritos na presente Lei, concedidos ou a conceder;

III – gerenciamento da folha de pagamento dos membros e servidores aposentados e dos pensionistas, nos estritos termos dos §§ 1º, 2º e 3º deste artigo.

§ 1º O exercício da competência prevista no inciso III deste artigo se dará nos termos dos atos de concessão, fixação ou alteração dos benefícios, praticados pelos Poderes Executivo, Legislativo e Judiciário, pelo Ministério Público, pela Defensoria Pública e pelo Tribunal de Contas do Estado, relativamente a seus membros, servidores e pensionistas.

§ 2º O pagamento dos benefícios previdenciários se dará através de sistema unificado gerenciado pelo RIOPREVIDÊNCIA e operado pelos Poderes, pelo Ministério Público, pela Defensoria Pública e pelo Tribunal de Contas que, para tanto, deverão manter permanentemente atualizadas as informações relativas ao cadastro individualizado dos respectivos beneficiários.

§ 3º Caberá aos Poderes, ao Ministério Público e ao Tribunal de Contas atualizarem, mensalmente, o sistema com suas alterações, formando sua base de dados, cabendo ao RIOPREVIDÊNCIA a consolidação dos dados, auditagem e consequente crítica, podendo corrigir erros materiais e reportar eventuais irregularidades ao respectivo poder ou instituição concedente para reavaliação, no âmbito de sua autonomia constitucional, sem prejuízo da imediata comunicação ao Tribunal de Contas do Estado.

*** Representação por Inconstitucionalidade nº 0045692-66.2013.8.19.0000 - Declarada a inconstitucionalidade da expressão "podendo corrigir erros materiais".**

Título III
DOS BENEFICIÁRIOS

Art. 4º São beneficiários do regime próprio de previdência social dos membros do Poder Judiciário, do Ministério Público, da Defensoria Pública, do Tribunal de Contas e dos servidores públicos estatutários do Estado do Rio de Janeiro os segurados e dependentes, na forma dos dispositivos integrantes deste Título.

Art. 5º São segurados, em caráter obrigatório:

I – os titulares de cargo de provimento efetivo do Poder Executivo, incluídos os servidores das autarquias e fundações regidas pelas normas de Direito Público, ativos e inativos;

II – os titulares de cargo de provimento efetivo do Poder Legislativo, ativos e inativos;

III – os magistrados, de carreira ou investidos no cargo na forma do artigo 94 da Constituição da República, e os titulares de cargo de provimento efetivo do Poder Judiciário, ativos e inativos;

IV – os membros do Ministério Público e os titulares de cargo de provimento efetivo do Ministério Público, ativos e inativos;

V – os Conselheiros do Tribunal de Contas do Estado os titulares de cargo de provimento efetivo do Tribunal de Contas, ativos e inativos;

VI – membros da Defensoria Pública.

Art. 6º São dependentes os beneficiários que, nos termos da presente Lei, fazem jus a pensão por morte de segurado ou auxílio-reclusão.

Título IV
DOS BENEFÍCIOS
Capítulo I
DISPOSIÇÕES GERAIS

Art. 7º O regime próprio de previdência social dos membros do Poder Judiciário, do Ministério Público, da Defensoria Pública, do Tribunal de Contas e dos servidores públicos estatutários do Estado do Rio de Janeiro compreende as seguintes prestações:

I – quanto aos segurados:

a) aposentadoria voluntária:

1 – por idade;

2 – por tempo de contribuição;

b) aposentadoria compulsória por idade;

c) aposentadoria por invalidez permanente;

II – quanto aos dependentes:

a) pensão por morte;

b) auxílio-reclusão.

Art. 8° O pagamento dos benefícios previdenciários respeitará os limites remuneratórios máximos de cada Poder, do Ministério Público, da Defensoria Pública e do Tribunal de Contas do Estado, na forma do art. 37, inciso XI da Constituição Federal e Emenda Constitucional nº 58/2014, da Constituição Estadual.

§ 1º – O pagamento dos benefícios previdenciários respeitará, o calendário de pagamento de servidores ativos do Poder Executivo, exceto em situações excepcionais de calamidade financeira.

§ 2 – A soma de todos os benefícios previdenciários pagos aos aposentados e pensionistas de todos os poderes, não poderá ultrapassar os limites constitucionais.

*** Nova redação dada pela Lei 7628/2017.**

Capítulo II
DA APOSENTADORIA
Seção I
DISPOSIÇÕES GERAIS

Art. 9º A aposentadoria dos membros do Poder Judiciário, do Ministério Público, da Defensoria Pública, do Tribunal de Contas e dos servidores públicos estatutários do Estado do Rio de Janeiro rege-se pelas normas constitucionais e legais vigentes quando da aquisição do respectivo direito, assim consideradas:

I – a data de preenchimento do requisito constitucional de idade mínima, nos casos de aposentadoria voluntária por idade;

II – a data de preenchimento de ambos os requisitos constitucionais de idade mínima e tempo de contribuição, nos casos de aposentadoria voluntária por tempo de contribuição;

III – a data de preenchimento do requisito constitucional de idade, nos casos de aposentadoria compulsória por idade;

IV – a data do laudo médico ou a data nele fixada, nos casos de aposentadoria por invalidez;

*** Nova redação dada pela Lei 7628/2017.**

V – a data de preenchimento dos requisitos legais, nos casos de aposentadoria especial.

*** Nova redação dada pela Lei 7628/2017.**

§ 1º No caso de aposentadoria compulsória por idade, o segurado afastar-se-á do exercício de seu cargo no dia a que se refere o inciso III deste artigo, sendo o ato de aposentação meramente declaratório, para todos os efeitos jurídicos.

*** Nova redação dada pela Lei 7628/2017.**

§ 2º Concorrendo as condições previstas para a aposentadoria voluntária por tempo de contribuição, por invalidez permanente ou compulsória, o servidor poderá optar, uma única vez, por qual delas deseja se aposentar, assegurado os direitos e vantagens inerentes ao cargo.

*** Nova redação dada pela Lei 7628/2017.**

§3º Não sendo realizada a opção a que se refere o inciso anterior, ter-se-á presumido o pedido pela aposentadoria que gere os proventos de maior valor bruto.

*** Incluído pela Lei 7628/2017.**

§ 4º Na hipótese prevista no inciso IV deste artigo, os efeitos financeiros da aposentadoria por invalidez serão produzidos a partir do ato concessório, dispensando-se o servidor de restituir diferenças eventualmente verificadas entre o valor da remuneração e o valor dos proventos de aposentadoria.

*** Incluído pela Lei 7628/2017.**

§ 5º O segurado aposentado por invalidez poderá ser convocado a qualquer momento, com antecedência mínima de 30 (trinta) dias, para avaliação das condições que ensejaram a aposentadoria ou reforma, concedida judicial ou administrativamente devendo, entretanto, a suspensão dos benefícios ser precedida de processo administrativo onde sejam assegurados ao aposentado a ampla defesa e o contraditório.

*** Incluído pela Lei 7628/2017.**

Seção II
DA FIXAÇÃO DOS PROVENTOS DE APOSENTADORIA

Art. 10 A fixação e atualização dos proventos obedecerá ao disposto no § 3º do artigo 40, da Constituição da República, os artigos 2º, 3º e 6º da Emenda

Constitucional nº 41, de 19 de dezembro de 2003, e no artigo 3º da Emenda Constitucional nº 47, de 5 de julho de 2005, observado o disposto na Lei Federal nº 10.887, de 18 de junho de 2004.

*** Nova redação dada pela Lei 7628/2017.**

Art. 11 Os proventos de aposentadoria serão proporcionais ao tempo de contribuição, exceto na hipótese de aposentadoria por invalidez decorrente de acidente em serviço, moléstia profissional ou doença grave, contagiosa ou incurável adquirida após o ingresso do servidor em cargo efetivo do Estado do Rio de Janeiro.

§1º – Para gerar direito a proventos de aposentadoria integrais, a doença grave, contagiosa ou incurável referida no *caput* deverá constar da lista elaborada pelos Ministérios da Saúde e da Fazenda, atualizada a cada 3 (três) anos, de acordo com os critérios de estigma, deformação, mutilação, deficiência ou outro fator que lhe confira especificidade e gravidade que mereçam tratamento particularizado, conforme especificado no art. 26, inciso II da Lei Federal n. 8.213/91, alterado pela Lei Federal n.13.135/2015.

§ 2° Para os efeitos desta lei, entende-se por:

I – Acidente de serviço: aquele que acarreta dano físico ou mental que tenha relação mediata ou imediata com o exercício do cargo bem como o ocorrido no deslocamento entre a residência e o local de trabalho e, ainda, a agressão física ocorrida em decorrência do exercício do cargo, salvo quanto provocada pelo próprio segurado.

II – Doença profissional: a que resultar da natureza e das condições de trabalho.

*** Nova redação dada pela Lei 7628/2017.**

Art. 12. Considerar-se-ão, para determinação da base de cálculo dos proventos de aposentadoria o subsídio ou a remuneração do cargo efetivo, acrescido das vantagens pecuniárias permanentes estabelecidas em lei, os adicionais de caráter individual ou quaisquer outras vantagens, excluídas:

I – as diárias para viagens;

II – a ajuda de custo em razão de mudança de sede;

III – a indenização de transporte;

IV – o salário-família;

V – o auxílio-alimentação;

VI – o auxílio-creche;

VII – as parcelas remuneratórias pagas em decorrência de local de trabalho;

VIII – a parcela percebida em decorrência do exercício de cargo em comissão ou de função de confiança; e

 IX – o abono de permanência de que tratam o § 19 do art. 40 da Constituição

Federal, o § 5º do art. 2º e o § 1º do art. 3º da Emenda Constitucional nº 41, de 19 de dezembro de 2003.

*** Nova redação dada pela Lei 6243/2012.**

§ 1º Os proventos calculados de acordo com a média das remunerações estabelecida pela Lei Federal nº 10.887/2004, por ocasião da sua concessão, não poderão ser inferiores ao valor do salário-mínimo estadual – piso estabelecido em lei estadual ou salário-mínimo nacional, o que for de valor maior – , nem exceder a remuneração do servidor no cargo efetivo em que se deu a aposentadoria, bem como deverá respeitar, em todos os casos, o teto constitucional estabelecido no artigo 37, XI da Constituição da República Federativa do Brasil.

*** Redação dada pela Lei 7628/2017.**

§ 2º Integrarão a base de cálculo dos proventos de aposentadoria, calculados na forma do §1º, as parcelas remuneratórias percebidas em decorrência de local de trabalho, do exercício de cargo em comissão ou de função de confiança sobre as quais tenha incidido contribuição previdenciária, na proporção do tempo de contribuição;

*** Redação dada pela Lei 7628/2017.**

§ 3.º Os proventos de aposentadoria não excederão o limite máximo de benefícios do regime geral de previdência social, em se tratando de segurados:

a) que tenham ingressado no serviço público a partir da data do início do funcionamento da RJPREV, independentemente de adesão ao regime de previdência complementar ali instituído;

b) que tenham ingressado no serviço público em data anterior ao início do funcionamento da RJPREV (Lei nº 6243, de 21 de maio de 2012) e tenham optado por aderir ao regime de previdência complementar ali instituído, exceto participante sem patrocínio; ou

*** * Nova redação da alínea b pela Lei 7628/2017.**

c) que sejam oriundos do serviço público em outro ente da Federação e ali estivessem vinculados ao Regime de Previdência Complementar, na forma do artigo 40, §§ 14 a 16, da Constituição da República Federativa do Brasil, independentemente de adesão ao plano de benefícios administrado por entidade fechada de previdência complementar.

*** Art 12 - nova redação dada pela Lei 6243/2012.**

**** Redação dada pela Lei 7628/2017.**

Art. 13 Para efeito de aposentadoria, é assegurada a contagem do tempo de contribuição para os regimes próprios de previdência social dos servidores estatutários da União, de outros Estados, Distrito Federal e de Municípios, incluídas as autarquias e fundações, bem como a contagem do tempo de contribuição para o regime geral de previdência social, observado o disposto no art. 201, § 9º, da Constituição da República.

*** Redação dada pela Lei 7628/2017.**

Capítulo III
DA PENSÃO POR MORTE

Seção I
DOS DEPENDENTES

Art. 14. São beneficiários da pensão por morte, na qualidade de dependentes do segurado:

I – - o cônjuge, a companheira ou o companheiro, os parceiros homoafetivos e os filhos não emancipados, de qualquer condição, menores de 21 (vinte e um) anos ou maiores, se inválidos ou interditados;

*** Redação dada pela Lei 7628/2017.**

II – os pais;

III – os irmãos, de qualquer condição, menores de 21 (vinte e um) anos, ou inválidos.

IV - os filhos não emancipados, de qualquer condição, até 24 (vinte e quatro) anos, se estudantes universitários.

*** Incluído pela Lei 7628/2017.**

§ 1º – A existência de dependente de qualquer das classes deste artigo exclui do direito às prestações os das classes seguintes.

§ 2º – § 2º O enteado, o menor sob guarda judicial e o menor tutelado equiparam-se a filho mediante comprovação documental.

*** Redação dada pela Lei 7628/2017.**

§ 3º – Considera-se companheira ou companheiro a pessoa que mantém união estável com o segurado, nos termos dos artigos 1723 a 1727 do Código Civil, equiparada, para os efeitos desta Lei, ao casamento.

§ 4º – Para a configuração da parceria homoafetiva, aplicam-se no que couber, os preceitos legais incidentes sobre a união estável.

§ 5º – A condição de dependente se verificará mediante a comprovação da existência, ao tempo do óbito do segurado, de relação de dependência econômica, que é presumida para as pessoas indicadas no inciso I, ressalvados os termos do § 2º deste artigo.

§ 6º O beneficiário de pensão concedida em razão da invalidez poderá ser convocado a cada ano para avaliação das condições que ensejaram a concessão do benefício, devendo, entretanto a suspensão dos benefícios ser precedida de processo administrativo onde sejam assegurados ao beneficiário a ampla defesa e o contraditório.

*** Incluído pela Lei 7628/2017.**

Art. 15. A metade da pensão por morte será concedida a uma das pessoas seguintes: ao cônjuge, à companheira, ao companheiro ou ao parceiro homoafetivo; e a outra metade, repartidamente e em proporções iguais entre si, aos filhos de qualquer condição (inciso I do art. 14) e aos equiparados na forma do § 2º do art. 14.

Art. 16 O cônjuge, a companheira ou o companheiro, e os parceiros homoafetivos não serão considerados beneficiários da pensão por morte nas seguintes hipóteses:

*** Redação dada pela Lei 7628/2017.**

I – no caso do cônjuge, especificamente, se estiver separado judicialmente ou divorciado por ocasião do falecimento do segurado, sem que lhe tenha sido assegurado judicialmente prestação de alimentos ou outro auxílio; e, também, pela anulação do casamento;

II – em qualquer caso, encontrando-se o cônjuge, o companheiro, a companheira ou o parceiro homoafetivo separado(a) de fato por mais de 2 (dois) anos, sem pensão alimentícia ou outro auxílio determinado em juízo.

Parágrafo único. Caberá ao cônjuge, à companheira ou ao companheiro, e ao parceiro homoafetivo comprovar a efetiva constância do casamento ou da união estável.

*** Incluído pela Lei 7628/2017.**

Art. 17. A companheira, o companheiro ou o parceiro homoafetivo concorre para a percepção da pensão com a esposa ou o marido do segurado, separados de fato há menos de 02 (dois) anos, ou que esteja recebendo pensão alimentícia ou outro auxílio fixado em juízo.

§ 1º O cônjuge separado, de fato ou judicialmente, ou divorciado, ou, ainda, a ex-companheira ou o ex-companheiro que esteja recebendo prestação de alimentos terá direito ao valor da pensão por morte correspondente ao percentual desses alimentos arbitrados judicialmente, destinando-se o restante da pensão aos demais dependentes habilitados.

§ 2º Na hipótese do *caput* deste artigo, a pensão por morte que caberá à esposa ou ao marido será dividida em partes iguais com a companheira, o companheiro ou o parceiro homoafetivo, ou na forma prevista no § 1º deste artigo.

§ 3º Na hipótese do § 1º deste artigo, quando existir companheira, companheiro ou parceiro homoafetivo com direito ao benefício, a pensão do alimentado não poderá ultrapassar 50% (cinquenta por cento) da parcela a eles destinada; e, se superior, dividir-se-á em partes iguais aquela parcela.

Art. 18. O dependente perde a qualidade de beneficiário da pensão por morte:

I – em qualquer caso:

a) se cessada a dependência econômica, assegurada a ampla defesa;

b) se condenado, após trânsito em julgado, pela prática de crime da qual tenha dolosamente resultado a morte do segurado;

c) pelo falecimento;

d) pela renúncia expressa ao direito à pensão;

II – no caso de cônjuge, companheira ou companheiro e parceiro homoafetivo:

a) a qualquer tempo, pelo novo casamento ou união estável;

b) a qualquer tempo, se comprovada simulação ou fraude no casamento ou na união estável, ou sua formalização com o fim exclusivo de constituir benefício previdenciário, assegurado ao beneficiário direito ao contraditório e ampla-defesa;

c) pela cessação da invalidez ou da interdição, se inválido ou interditado, respeitados os períodos mínimos decorrentes da aplicação das alíneas "d" e "e";

d) em 4 (quatro) meses, se o óbito ocorrer sem que o segurado tenha vertido 18 (dezoito) contribuições mensais ou se o casamento ou a união estável tiverem sido iniciados em menos de 2 (dois) anos antes do óbito do segurado;

e) transcorridos os seguintes períodos, estabelecidos de acordo com a idade do beneficiário ao término do ano do óbito do segurado, se o óbito ocorrer depois de vertidas 18 (dezoito) contribuições mensais e pelo menos 2 (dois) anos após o início do casamento ou da união estável:

1) 3 (três) anos, com menos de 21 (vinte e um) anos de idade;

2) 6 (seis) anos, entre 21 (vinte e um) e 26 (vinte e seis) anos de idade;

3) 10 (dez) anos, entre 27 (vinte e sete) e 29 (vinte e nove) anos de idade;

4) 15 (quinze) anos, entre 30 (trinta) e 40 (quarenta) anos de idade

5) 20 (vinte) anos, entre 41 (quarenta e um) e 43 (quarenta e três) anos de idade;

III – no caso de irmãos e filhos, ou equiparados:

a) a qualquer tempo, pelo casamento ou união estável, ou pela emancipação;

b) pelo implemento da idade de 24 (vinte e quatro) anos ou, para o menor sob guarda e o menor tutelado, a idade de 18 (dezoito) anos, exceto na hipótese da alínea "c";

c) pela cessação da invalidez ou da interdição, se inválidos ou interditados;

§ 1º Será vitalícia a pensão do cônjuge, companheira ou companheiro, e parceiro homoafetivo se contarem com a idade de 44 (quarenta e quatro) anos completos ao término do ano do óbito do segurado e este ocorrer depois de vertidas 18 (dezoito) contribuições mensais e pelo menos 2 (dois) anos após o início do casamento ou da união estável;

§ 2º Ao cônjuge, companheira ou companheiro, e parceiro homoafetivo serão aplicados, conforme o caso, a regra contida na alínea "c" ou os prazos da alínea "e", do inciso II, independentemente do recolhimento de 18 (dezoito) contribuições mensais ou da comprovação de 2 (dois) anos de casamento ou união estável, se o óbito do segurado decorrer de causas não naturais ou de doença profissional ou do trabalho.

§ 3° - O tempo de contribuição a outros Regimes Próprios de Previdência Social e ao Regime Geral de Previdência Social, será considerado na contagem das 18 (dezoito) contribuições mensais referidas nas alíneas "d" e "e" do inciso II, cabendo ao interessado comprovar o período de contribuição aos outros regimes"

§ 4°- Após o transcurso de pelo menos 3 (três) anos e desde que nesse período se verifique o incremento mínimo de um ano inteiro na média nacional única, para ambos os sexos, correspondente à expectativa de sobrevida da população brasileira ao nascer, poderão ser fixadas, em números inteiros, novas idades para os fins previstos na alínea "e" do inciso II, limitado o acréscimo na comparação com as idades anteriores ao referido incremento.

§ 5º A perda da condição de dependente, para fins de percepção da pensão por morte, é definitiva, sendo inviável o seu restabelecimento sob qualquer fundamento, ressalvada as hipóteses de decisão judicial.

§ 6º Cabe ao pensionista informar ao RIOPREVIDÊNCIA a mudança de situação que o faça perder a qualidade de beneficiário, sob pena de restituição dos valores indevidamente pagos e apuração de má-fé, com aplicação das penalidades legais.

§7º Fica mantida a qualidade de beneficiário da pensão por morte, ainda que cessada a dependência econômica, ao dependente que se enquadre nas hipóteses previstas no inciso II, alínea "e" deste artigo, respeitado os prazos estabelecidos neste dispositivo.

§ 8º - Não se aplica a restrição referente ao número de contribuições mínimas previstos no Inciso II, letra "d", bem como os períodos estabelecidos pela letra "e" do mesmo inciso, sendo as pensões sempre vitalícias, às pensionistas de servidores das seguintes carreiras:

I – Policiais Civis

II – Policiais Militares

III – Bombeiros Militares

IV – Inspetores de Segurança e Administração Penitenciária

V – Agentes Socioeducativos.

*** Redação dada pela Lei 7628/2017.**

Art. 19 A concessão da pensão por morte não será adiada pela possibilidade de existirem outros dependentes.

§ 1º O pedido de redistribuição da pensão por morte que ocasionar a inclusão ou a exclusão de dependentes produzirá efeito a partir do fato que o determinar.

§ 2º Ao cônjuge ausente, assim declarado em juízo, será aplicável, para fins de pensão por morte, a disciplina relativa ao cônjuge separado de fato.

*** Redação dada pela Lei 7628/2017.**

Art. 20 A dependência econômica a que se refere esta Lei, quando não presumida, somente será admitida em relação àqueles que não auferirem, a qualquer título, rendimentos superiores ao limite máximo estabelecido para os benefícios do regime geral de previdência social de que trata o art. 201 da Constituição da República no mês do óbito.

Art. 21 Ressalvado o direito de opção, é vedada a percepção cumulativa de mais de duas pensões.

*** Redação dada pela Lei 7628/2017.**

Art. 22 Por morte presumida do segurado ou seu desaparecimento em consequência de acidente, desastre ou catástrofe, declarados pela autoridade judiciária competente, decorridos seis meses de ausência, será concedida a seus dependentes uma pensão provisória, a contar da data da declaração, na forma estabelecida nesta Seção.

Parágrafo único. Verificado o reaparecimento do segurado, o pagamento da pensão cessará imediatamente, desobrigados os beneficiários da reposição das quantias já recebidas.

Art. 23. O pagamento da pensão por morte será devido a partir da data em que ocorrer o falecimento do segurado, desde que seja requerido em até 60 (sessenta) dias após o óbito.

Parágrafo único. Decorrido o prazo de 60 (sessenta) dias, a pensão será devida a partir da data do requerimento.

*** Redação dada pela Lei 7628/2017.**

Art. 24 – A pensão por morte somente reverterá entre os pensionistas nas hipóteses seguintes:

I – da viúva para a companheira ou parceiro homoafetivo, do viúvo para o companheiro ou parceira homoafetiva, ou vice-versa, pelo falecimento, e na falta destes, em partes iguais, para os filhos de qualquer condição e seus equiparados, nos termos desta Lei;

II – de um filho para os outros, inclusive seus equiparados, pelo atingimento das idades máximas referidas no artigo 14, inciso I, da presente Lei, pela emancipação, pela cessação da invalidez ou da interdição, pelo casamento ou pelo falecimento;

III – no último filho, ou equiparado, nas hipóteses do inciso II deste artigo, para a viúva, viúvo, companheira, companheiro ou parceiro homoafetivo do segurado, atendidas as demais condições exigidas nesta Lei para a concessão da pensão;

IV – da viúva ou viúvo, separados de fato, dos separados judicialmente, desquitados ou divorciados, da ex-companheira ou ex-companheiro, da ex-parceira ou ex-parceiro que perceba pensão alimentícia ou outro auxílio determinado em Juízo, pelo falecimento, para o cônjuge supérstite, a companheira, o companheiro ou parceiro homoafetivo e, na falta deste, para os filhos;

V – de um dos pais para o outro, se dependentes economicamente do segurado, inválidos ou interditos, ou pelo falecimento de um deles;

VI – de um irmão para outro, pelo atingimento da idade limite prevista no art. 14, I, pela cessação da invalidez, pelo falecimento ou pelo casamento.

Art. 25. Revogado pela Lei nº 7.628/2017

Seção II
DA FIXAÇÃO DA PENSÃO POR MORTE

Art. 26. A pensão por morte de segurado corresponderá:

I - ao valor da totalidade da remuneração do servidor no cargo efetivo em que se deu o falecimento, até o limite máximo estabelecido para os benefícios do Regime Geral de Previdência Social (RGPS), acrescido de 70% (setenta por cento) da parcela excedente a este limite, caso em atividade na data do óbito; ou

II - ao valor da totalidade dos proventos do servidor falecido, até o limite máximo estabelecido para os benefícios do Regime Geral de Previdência Social (RGPS), acrescido de 70% (setenta por cento) da parcela excedente a este limite, caso aposentado à data do óbito.

*** Redação dada pela Lei 7628/2017.**

§ 1º Revogado pela Lei 7628/2017.

§ 2º As pensões não excederão o limite máximo de benefícios do Regime Geral de Previdência Social quando decorrentes de óbitos de segurados:

*** Redação dada pela Lei 7628/2017.**

a) que tenham ingressado no serviço público a partir da data do início do funcionamento da RJPREV, independentemente de adesão ao regime de previdência complementar ali instituído;

*** Redação dada pela Lei 6243/2012.**

b) que tenham ingressado no serviço público em data anterior ao início do funcionamento da RJPREV e tenham optado por aderir ao regime de previdência complementar ali instituído, exceto no caso de participante sem patrocínio; ou

*** Redação dada pela Lei 7628/2017.**

c) que sejam oriundos do serviço público em outro ente da Federação e ali estivessem vinculados ao Regime de Previdência Complementar, na forma do artigo 40, §§ 14 a 16, da Constituição da República Federativa do Brasil, independentemente de adesão ao plano de benefícios administrado por entidade fechada de previdência complementar.

*** Redação dada pela Lei 6243/2012.**

Art. 26A – Será pago adicional de 100% (cem por cento) aos benefícios da pensão por morte, observando-se os limites constitucionais sobre o total, quando o óbito decorrer no exercício das funções para os beneficiários dos segurados das seguintes carreiras:

I - Policiais Civis

II - Policiais Militares

III - Bombeiros Militares

IV - Inspetores de Segurança e Administração Penitenciária

V - Agentes Socioeducativos ".

§ 1º– A situação do óbito em ato de serviço de que trata o *caput* deste artigo será objeto de avaliação por comissão a ser instituída pelo Poder Executivo para tal finalidade.

§2º – O adicional de que trata o *caput* deste artigo será custeado com recursos do Tesouro do Estado.

*** Incluído pela Lei 7628/2017.**

Art. 27. Revogado pela Lei 7628/2017.

Capítulo IV
DO AUXÍLIO-RECLUSÃO

Seção I
DISPOSIÇÕES GERAIS

Art. 28. O auxílio-reclusão será devido aos dependentes dos segurados de baixa renda recolhidos à prisão.

*** Artigo com redação dada pela Lei nº 5352/2008.**

§ 1º Não acarreta perda do direito ao recebimento do auxílio-reclusão pelos seus dependentes o exercício de atividade remunerada pelo segurado recluso em cumprimento de pena em regime fechado ou semiaberto que contribuir na condição de segurado, ou mesmo no caso de não exercer este atividade remunerada e nem estar vinculado a qualquer regime de previdência social.

§ 2º Aplicam-se para o auxílio-reclusão, no que couber, as normas previstas no Capítulo III do Título IV desta Lei.

§3º Consideram-se segurados de baixa renda aqueles que recebem remuneração ou subsídio mensal igual ou inferior menor piso salarial do Estado .

*** Redação dada pela Lei 7628/2017.**

Art. 29. O auxílio-reclusão será pago durante o cumprimento da pena e cessa imediatamente no dia em que o segurado for posto em liberdade, ainda que condicional.

§ 1º Concedido o auxílio-reclusão, será feita a comunicação ao órgão controlador do cumprimento da pena, para fins de anotação da concessão do benefício na ficha carcerária do segurado ou ex-segurado, a fim de que o referido órgão comunique ao RIOPREVIDÊNCIA o dia da respectiva libertação, sob pena de caracterização de transgressão disciplinar do servidor responsável pela comunicação.

§ 2º Suspende-se o benefício em caso de fuga do segurado, restabelecendo-se o mesmo a partir da data de recaptura ou de reapresentação à prisão.

§ 3º Não será devido o auxílio-reclusão enquanto estiver o segurado evadido ou durante o período de fuga.

Art. 30. O auxílio-reclusão, observadas as condições para a sua concessão, só será pago a partir do mês em que for requerido, aplicando-se-lhe, no mais, as disposições que regulam a pensão, exceto quanto à prescrição que, no caso, se consumará no prazo apenas de um ano a contar do mês em que a prestação for devida e não reclamada.

Parágrafo único O requerimento do auxílio-reclusão deverá ser instruído com certidão do efetivo recolhimento à prisão, sendo obrigatória, para a manutenção do benefício, a apresentação de declaração de permanência na condição de presidiário.

Art. 31 Em caso de falecimento do segurado ou ex-segurado na prisão, converte-se o auxílio-reclusão em pensão por morte no mesmo valor, aplicando-se as disposições do Capítulo III do Título IV desta Lei.

Seção II
DA FIXAÇÃO DO AUXÍLIO-RECLUSÃO

Art. 32. O auxílio-reclusão corresponderá:

I – a dois terços das parcelas estipendiais recebidas pelo segurado, sobre as quais incida contribuição previdenciária, quando afastado por motivo de prisão em flagrante ou preventiva, determinada pela autoridade competente, enquanto perdurar a prisão;

II – a metade das parcelas estipendiais recebidas pelo segurado, sobre as quais incida contribuição previdenciária, durante o afastamento em virtude de condenação por sentença definitiva que não determine ou de que não decorra a perda do cargo.

Título V
DO CUSTEIO

Art. 33. O custeio dos benefícios previdenciários do regime próprio de previdência social dos membros do Poder Judiciário, do Ministério Público, da Defensoria Pública, do Tribunal de Contas e dos servidores públicos estatutários do Estado do Rio de Janeiro se dará nos termos da Lei 3.189, de 22 de fevereiro de 1999, com suas posteriores alterações, observadas, ainda as disposições desta Lei e da Lei nº 5.166, de 19 de dezembro de 2007.

Título VI
DISPOSIÇÕES GERAIS E TRANSITÓRIAS

Art. 34. A Lei nº 3.189, de 22 de fevereiro de 1999, passa a vigorar com os seguintes acréscimos e modificações:

"Art. 1º Fica instituído o FUNDO ÚNICO DE PREVIDÊNCIA SOCIAL DO ESTADO DO RIO DE JANEIRO – RIOPREVIDÊNCIA com a finalidade de arrecadar, assegurar e administrar recursos financeiros e outros ativos para o custeio dos proventos de aposentadoria ou reforma, das pensões e outros benefícios, concedidos e a conceder aos membros e servidores estatutários e seus dependentes, pelo Estado do Rio de Janeiro, suas autarquias e fundações. (NR)

§1º – O RIOPREVIDÊNCIA deverá efetuar os pagamentos dos proventos de aposentadoria e reforma, das pensões e de outros benefícios devidos, nos termos estabelecidos na legislação relativa ao regime jurídico próprio e único de previdência dos membros e servidores públicos estatutários estaduais. (NR)

(...)

§3º – Ao Estado do Rio de Janeiro compete responder solidariamente pelas obrigações assumidas pelo RIOPREVIDÊNCIA com relação aos membros e servidores estatutários, ativos e inativos, bem como seus beneficiários." (NR)

Art. 6º O Conselho de Administração será composto por 15 (quinze) membros, a saber:

I – o Secretário de Estado de Planejamento e Gestão;

II – o Secretário Chefe da Casa Civil;

III – o Secretário de Estado de Fazenda;

IV – o Procurador-Geral do Estado;

V – o Defensor Público Geral do Estado;(NR)

VI – um representante indicado pelo Tribunal de Justiça do Estado; (NR)

VII – um representante indicado pela Assembleia Legislativa; (NR)

VIII – um representante indicado pelo Ministério Público; (NR)

IX – um representante indicado pelo Tribunal de Contas do Estado; (NR)

X – cinco representantes dos segurados e beneficiários, sendo um de cada um dos Poderes, um do Ministério Público e um do Tribunal de Contas, escolhidos e nomeados pelo Governador a partir de lista tríplice, formada pelas respectivas associações de classe; (NR)

XI – o Diretor-Presidente do RIOPREVIDÊNCIA. (NR)

(...)

§4º – Cada membro do Conselho possuirá um suplente, observados os mesmos critérios de escolha dos titulares."

"Art. 7º (...)

I – reunir-se, ordinariamente, na forma de seu Regimento Interno, no mínimo a cada 3 (três) meses, e, extraordinariamente, por convocação de seu Presidente ou da maioria de seus membros; (NR)

(...)

VII – estabelecer, privativamente, os parâmetros para funcionamento do sistema unificado de pagamento do regime jurídico próprio e único de previdência dos membros e servidores públicos estatutários estaduais; (NR)

VIII – supervisionar a gestão da folha e do sistema unificado de pagamento de benefícios previdenciários." (NR)"

"Art. 10. O RIOPREVIDÊNCIA contará com Conselho Fiscal composto de 03(três) membros efetivos e 03 (três) membros suplentes, escolhidos, entre segurados e/ou beneficiários, ouvidas as respectivas entidades representativas de classe, na forma do inciso X do Artigo 6º, até o dia 10 de março de cada ano, e nomeados pelo Governador para o exercício de mandato de um ano." (NR)

"Art. 14 – (...)

III – as contribuições de natureza previdenciária do Estado do Rio de Janeiro, e suas autarquias e fundações, na forma da lei;" (NR)

"Art. 19 – O segurado em gozo de licença sem remuneração, salvo opção expressa, contribuirá para o regime jurídico próprio e único de previdência dos membros e servidores públicos estatutários estaduais durante o período de afastamento, recolhendo a contribuição, inclusive a patronal, diretamente ao RIOPREVIDÊNCIA, por meio de documento próprio de arrecadação. (NR)

§1º – Durante o período de licença sem remuneração, permanece o vínculo com o regime jurídico próprio e único de previdência social, independente do recolhimento da contribuição.

§2º – Realizada a opção a que se refere o *caput*, o não recolhimento da contribuição previdenciária por prazo superior a 12 (doze) meses importa a suspensão do exercício dos direitos previdenciários. (NR)

§3º – O período da licença sem remuneração será computado como tempo de contribuição para fins de aposentadoria, caso seja realizado o devido recolhimento." (NR)

"Art. 19-A – As contribuições previdenciárias dos segurados cedidos a órgãos de outros entes da Federação, sem ônus para o Estado do Rio de Janeiro, serão recolhidas ao Fundo pelo órgão cessionário." (NR)

"Art. 20 – (...)

§ 4º Os débitos existentes serão parcelados em até 60 (sessenta) vezes a critério do servidor.

I – Caso o comprometimento da renda do servidor supere o percentual de 40% (quarenta por cento), poderá haver o alongamento do prazo para quitação do débito.

§5º Caso a quitação do parcelamento, previsto no parágrafo anterior, seja realizada mediante desconto em folha de pagamento, deverá ser respeitada a respectiva margem consignável." (NR)

"Art. 23 Após a concessão da aposentadoria, reforma ou pensionamento, os órgãos competentes do Poder Executivo, suas autarquias e fundações, encaminharão ao RIOPREVIDÊNCIA os autos do procedimento administrativo, para verificação e imediata implantação em folha de pagamento." (NR)

"Art. 24 – (...)

VII – à minimização dos custos administrativos, vedados quaisquer outros pagamentos de despesas de natureza não previdenciária;" (NR)

"Art. 34 A contribuição prevista no artigo anterior incidirá sobre a seguinte base de cálculo:

I – para os membros do Poder Judiciário, do Ministério Público, da Defensoria Pública, do Tribunal de Contas e os servidores públicos estatutários inativos, o montante de seus proventos de aposentadoria que exceder o limite máximo estabelecido para os benefícios do regime geral de previdência social de que trata o art. 201, combinado com o art. 40, § 21, ser for o caso, ambos da Constituição da República;

II – para os pensionistas, o montante da pensão por morte ou do somatório das cotas de pensão, quando repartida por dois ou mais dependentes, que exceder ao limite máximo estabelecido para os benefícios do regime geral de previdência social de que trata o art. 201, combinado com o art. 40, §21, se for o caso, ambos da Constituição da República;

III – para os membros do Poder Judiciário, do Ministério Público, da Defensoria Pública, do Tribunal de Contas e os servidores públicos estatutários ativos o subsídio ou a remuneração do cargo efetivo, acrescido das vantagens pecuniárias permanentes estabelecidas em lei, as adicionais de caráter individual ou quaisquer outras vantagens, excluídas:

a) as diárias para viagens;

b) a ajuda de custo em razão da mudança de sede;

c) a indenização de transporte;

d) o salário-família;

e) o auxílio-alimentação;

f) o auxílio-creche;

g) as parcelas remuneratórias pagas em decorrência de local de trabalho;

h) a parcela percebida em decorrência do exercício de cargo em comissão ou de função de confiança; e

i) o abono de permanência de que tratam o § 19 do art. 40 da Constituição Federal, o § 5º do Art. 2º e o § 1º do Art. 3º da Emenda Constitucional nº 41, de 19 de dezembro de 2003.

Parágrafo único. O membro do Poder Judiciário, do Ministério Público, da Defensoria Pública, do Tribunal de Contas e o servidor público estatutário poderão optar pela inclusão na base de cálculo da contribuição de parcelas remuneratórias percebidas em decorrência de local de trabalho, do exercício de cargo em comissão ou de função de confiança, para efeito de cálculo do benefício." (NR)

Art. 35. Não integrarão os proventos dos segurados as parcelas remuneratórias pagas em decorrência de local de trabalho, de função de confiança ou de cargo em comissão, exceto quando tais parcelas integrarem a remuneração de contribuição do servidor que se aposentar com fundamento no artigo 40 da Constituição da República, respeitado, em qualquer hipótese, o limite do §2º do citado artigo.

*** Nova redação dada pela Lei no 5352/2008.**

Art. 36. Restituem-se ao patrimônio do Estado do Rio de Janeiro os seguintes ativos:

I – os saldos das contas correntes A e B originadas do empréstimo concedido pela Caixa Econômica Federal para o financiamento, a título de ajuste prévio, de obrigações decorrentes da liquidação extrajudicial da PREVI-BANERJ, para com os ex-participantes e ex-pensionistas desta e eventuais obrigações pecuniárias de responsabilidade do Banco do Estado do Rio de Janeiro S.A. (BANERJ), assumidas pelo Estado e decorrentes da liquidação extrajudicial deste;

II – recursos financeiros e outros ativos oriundos do patrimônio da PREVI-BANERJ.

Art. 37. Até que seja implantado o sistema unificado de pagamento de que trata o Art. 3º, § 2º, os Poderes Legislativo, Judiciário, o Ministério Público e o Tribunal de Contas informarão mensalmente ao RIOPREVIDÊNCIA o montante de recursos necessários ao pagamento dos benefícios previdenciários previstos nesta Lei.

Art. 38. Ficam assegurados os direitos constituídos até a data de vigência desta Lei.

Parágrafo único. Ficam mantidos os benefícios já concedidos com base na Lei nº 7.301, de 23 de novembro de 1973, revogada pela Lei nº 3.189, de 22 de fevereiro de 1999, que continuarão a ser pagos à conta do Tesouro Estadual.

Art. 39. Ficam revogados:

I – a Lei nº 2.173, de 26 de outubro de 1993;

II – a Lei nº 285, de 03 de dezembro de 1979;

III – a Lei nº 3.308, a Lei nº 3.309, a Lei nº 3.310 e a Lei nº 3.311, todas de 30 de novembro de 1999, ressalvado o disposto nos §§ 1º e 2º deste artigo;

IV – os artigos 13, incisos III e IV, 14, incisos II e IV, 23, §§ 1º e 3º, 34, § 4º, 38, *caput* e parágrafo único, 39, 40, 41 e 49 da Lei nº 3.189, de 22 de fevereiro de 1999.

§ 1º Permanecerão vigentes, pelo prazo de 90 (noventa) dias contados da data de publicação desta Lei:

I – o artigo 10 e seus respectivos incisos da Lei nº 3.308, de 30 de novembro de 1999;

II – o artigo 10 e seus respectivos incisos da Lei nº 3.309, de 30 de novembro de 1999;

III – o artigo 10 e seus respectivos incisos da Lei nº 3.310, de 30 de novembro de 1999;

IV – o artigo 11 e seus respectivos incisos da Lei nº 3.311, de 30 de novembro de 1999.

§ 2º Aplicar-se-ão ao produto da arrecadação efetuada com base nos dispositivos legais mencionados no § 1º deste artigo, no que couber, as normas da Lei nº 3.189, de 22 de fevereiro de 1999.

Art. 40. Os militares terão um regime próprio de previdência conforme determina a Constituição Federal.

Art. 41. Esta Lei entra em vigor na data de sua publicação.

Rio de Janeiro, 11 de junho de 2008.
SÉRGIO CABRAL
Governador

Lei RJ nº 5.891 de 14 de janeiro de 2011.

Dispõe sobre o quadro permanente dos serviços auxiliares do Ministério Público do Estado do Rio de Janeiro e dá outras providências.

O GOVERNADOR DO ESTADO DO RIO DE JANEIRO

Faço saber que a Assembleia Legislativa do Estado do Rio de Janeiro decreta e eu sanciono a seguinte Lei:

CAPÍTULO I
DISPOSIÇÕES GERAIS

Art. 1º Esta lei dispõe sobre o Quadro Permanente dos Serviços Auxiliares do Ministério Público do Estado do Rio de Janeiro, nos termos do art. 170, § 2º, da Constituição Estadual.

Art. 2º O Quadro Permanente dos Serviços Auxiliares do Ministério Público do Estado do Rio de Janeiro compreende os cargos de provimento efetivo, organizados em carreiras, e os cargos de provimento em comissão.

CAPÍTULO II
DOS CARGOS DE PROVIMENTO EFETIVO
SEÇÃO I
DAS CARREIRAS

Art. 3º Os cargos de provimento efetivo do Quadro Permanente dos Serviços Auxiliares do Ministério Público do Estado do Rio de Janeiro organizam-se nas seguintes carreiras:

I – Analista do Ministério Público;

II – Técnico do Ministério Público;

III – Auxiliar Especializado do Ministério Público;

IV – Auxiliar do Ministério Público.

§ 1º A carreira de Analista do Ministério Público é constituída do cargo de provimento efetivo de mesma denominação.

§ 2º A carreira de Técnico do Ministério Público é constituída do cargo de provimento efetivo de mesma denominação.

§ 3º A carreira de Auxiliar Especializado do Ministério Público é constituída do cargo de provimento efetivo de mesma denominação.

§ 4º A carreira de Auxiliar do Ministério Público é constituída do cargo de provimento efetivo de mesma denominação.

Art. 4º O quantitativo dos cargos de provimento efetivo que compõem o Quadro Permanente dos Serviços Auxiliares do Ministério Público do Estado do Rio de Janeiro é o constante do Anexo I.

Art. 5º – As carreiras de Analista do Ministério Público, Técnico do Ministério Público, Auxiliar Especializado do Ministério Público e Auxiliar do Ministério Público são estruturadas em três classes, sendo “A” a primeira e “C” a última, cada qual subdividida em cinco padrões remuneratórios, conforme Anexo II.

§ 1º Classe é o segmento de padrões remuneratórios integrantes da carreira, que delimita a gradação para efeito de promoção, segundo critério de temporalidade.

§ 2º Padrão é a posição do servidor na escala de remuneração da respectiva carreira.

§ 3º As carreiras de que trata o *caput* deste artigo poderão ser divididas em áreas de atividade e especialização profissional.

Art. 6º As atribuições dos cargos e sua respectiva distribuição em áreas de atividade e especializações profissionais serão disciplinadas por Resolução do Procurador-Geral de Justiça.

Art. 7º – As carreiras de Auxiliar Especializado do Ministério Público e de Auxiliar do Ministério Público serão extintas, na medida em que vagarem todos os seus cargos.

Parágrafo único. Os cargos vagos das carreiras mencionadas no *caput* deste artigo serão transformados, de forma progressiva, em cargos de Analista do Ministério Público e Técnico do Ministério Público, respectivamente.

Art. 8º – O servidor ocupante de cargo de provimento efetivo do Quadro Permanente dos Serviços Auxiliares do Ministério Público do Estado do Rio de Janeiro poderá ser readaptado, *ex officio* ou a pedido, caso sobrevenha problema relacionado com sua saúde.

§ 1º – A readaptação se dará pela necessária adequação entre as atribuições a serem exercidas pelo servidor e o seu estado de saúde.

§ **2o** – O ato do Procurador-Geral de Justiça que conceder a readaptação será precedido de avaliação pericial do órgão de saúde oficial do Ministério Público do Estado do Rio de Janeiro.

SEÇÃO II
DO INGRESSO E LOTAÇÃO

Art. 9º – O ingresso no Quadro Permanente dos Serviços Auxiliares do Ministério Público do Estado do Rio de Janeiro dar-se-á por concurso público de provas ou de provas e títulos, no padrão remuneratório inicial da primeira classe da respectiva carreira, observadas a área de atividade e a especialização profissional para as quais o candidato tenha sido aprovado.

§ **1º** – São requisitos de escolaridade para o ingresso nas carreiras:

I – Analista do Ministério Público: nível superior completo, em curso correlacionado com as áreas de atividades e especialização profissional;

II – Técnico do Ministério Público: nível médio completo, abrangido o curso profissional técnico equivalente.

§ **2º** Além dos requisitos referidos no parágrafo anterior, poderão ser exigidos para ingresso nas carreiras do Quadro Permanente dos Serviços Auxiliares do Ministério Público do Estado do Rio de Janeiro, desde que expressamente previstos no regulamento ou no edital do concurso público:

I – formação especializada, experiência e/ou registro profissional prévios;

II – prova prática e/ou prova de capacidade física, de caráter eliminatório e/ ou classificatório;

III – participação em programa de formação, de caráter eliminatório e/ou classificatório;

IV – exame psicotécnico, de caráter eliminatório.

Art. 10. Ficam mantidos os requisitos de escolaridade exigidos na ocasião do ingresso dos integrantes nas carreiras em extinção.

Art. 11. O servidor ocupante de cargo de provimento efetivo do Quadro Permanente dos Serviços Auxiliares será lotado e terá exercício nos órgãos do Ministério Público do Estado do Rio de Janeiro, ressalvada a autorização para ocupar cargo de provimento em comissão ou função gratificada em outros órgãos da Administração Pública, a critério exclusivo do Procurador-Geral de Justiça.

*** Nova redação dada pela Lei 6245/2012.**

SEÇÃO III
DA EVOLUÇÃO NAS CARREIRAS

Art. 12. A evolução nas carreiras dar-se-á por progressão e por promoção, obedecendo a critério de temporalidade que poderá ser conjugado com a avaliação especial de desempenho de que trata o art. 15 desta lei, na forma de Resolução do Procurador-Geral de Justiça.

§ 1º Estará impedido de evoluir na carreira o servidor ocupante de cargo de provimento efetivo do Quadro Permanente dos Serviços Auxiliares do Ministério Público do Estado do Rio de Janeiro que, no ano anterior à progressão ou promoção:

I – tiver sido cedido para exercício de funções junto a outro órgão da Administração Pública, na forma do art. 11;

II – tiver se afastado voluntariamente do serviço, com perda de vencimento;

III – tiver falta não abonada;

IV – tiver sofrido sanção disciplinar;

V – tiver sido preso em decorrência de decisão judicial transitada em julgado.

§ 2º A restrição estabelecida no inciso I do parágrafo anterior poderá deixar de incidir, desde que expressamente consignada na decisão do Procurador-Geral de Justiça que autorizar o afastamento do servidor, por interesse superior do Ministério Público do Estado do Rio de Janeiro.

Art. 13. Promoção é a movimentação do servidor do último padrão remuneratório de uma classe para o primeiro da classe seguinte, observado o interstício de dois anos em relação à progressão imediatamente anterior.

Parágrafo único. O escalonamento positivo dos padrões remuneratórios nas promoções corresponde a dez por cento.

Art. 14. Progressão é a movimentação do servidor de um padrão remuneratório para o seguinte, dentro de uma mesma classe, observado o interstício de um ano em relação à progressão imediatamente anterior.

Parágrafo único. O escalonamento dos padrões remuneratórios da primeira classe observa a proporção de sete por cento e, nas demais classes, cinco por cento.

SEÇÃO IV
DA AVALIAÇÃO ESPECIAL DE DESEMPENHO

Art. 15. A avaliação especial de desempenho constitui requisito para a aquisição de estabilidade e instrumento essencial à gestão da política de recursos humanos do Ministério Público do Estado do Rio de Janeiro, sendo sua forma regulamentada por Resolução do Procurador-Geral de Justiça.

Art. 16. O Procurador-Geral de Justiça instituirá Comissão de Avaliação Funcional, para os fins previstos no artigo anterior, à qual competirá:

I – a formulação do relatório final das avaliações especiais de desempenho, com a finalidade de subsidiar a decisão acerca da aquisição de estabilidade dos servidores, na forma do art. 41, § 4º, da Constituição Federal;

II – a elaboração do relatório final das avaliações periódicas, com a finalidade de colaborar com o permanente desenvolvimento dos recursos e métodos disponíveis para execução das funções técnico-administrativas no âmbito do Ministério Público do Estado do Rio de Janeiro.

§ 1º Da Comissão farão parte, pelo menos, três servidores e seus respectivos suplentes, todos estáveis, ocupantes de cargo de provimento efetivo do Quadro Permanente dos Serviços Auxiliares do Ministério Público do Estado do Rio de Janeiro, sendo ao menos um titular e seu respectivo suplente indicados pela Associação de Classe dos Servidores do Ministério Público do Estado do Rio de Janeiro.

§ 2º A nomeação dos membros da Comissão e a definição acerca das demais atribuições e da forma de realização das avaliações previstas no *caput* deste artigo serão objeto de regulamentação por Resolução do Procurador-Geral de Justiça.

SEÇÃO V
DA CAPACITAÇÃO

Art. 17. O Ministério Público do Estado do Rio de Janeiro instituirá Programa Permanente de Capacitação dos Servidores.

Parágrafo único. O Programa Permanente de Capacitação dos Servidores destina-se à elevação da capacitação profissional nas tarefas executadas, à educação profissional continuada, bem como à preparação para o desempenho de funções de maior complexidade e responsabilidade, aí incluídas as de direção, chefia e assessoramento.

CAPÍTULO III
DOS CARGOS DE PROVIMENTO EM COMISSÃO E DAS FUNÇÕES GRATIFICADAS
SEÇÃO I
DOS CARGOS DE PROVIMENTO EM COMISSÃO

Art. 18. Os cargos de provimento em comissão do Quadro Permanente dos Serviços Auxiliares do Ministério Público do Estado do Rio de Janeiro, de livre nomeação e exoneração pelo Procurador-Geral de Justiça, são voltados ao desempenho de atividades de direção, chefia e assessoramento e apresentam as seguintes denominações, de acordo com a complexidade das atividades a serem desenvolvidas pelos seus ocupantes:

I – Cargo em Comissão de Direção – CCD;

II – Cargo em Comissão de Gerência – CCG;

III – Cargo em Comissão de Assessoramento a Promotoria – CCA;

IV – Cargo em Comissão de Assessoramento a Procuradoria – CCP.

§ 1º O Cargo em Comissão de Direção será preferencialmente ocupado por servidores ocupantes de cargo de provimento efetivo do Quadro Permanente dos Serviços Auxiliares do Ministério Público, a critério exclusivo do Procurador-Geral de Justiça.

§ 2º O Cargo em Comissão de Gerência, no percentual de oitenta por cento do respectivo número, será ocupado por servidores ocupantes de cargo de provimento efetivo do Quadro Permanente dos Serviços Auxiliares do Ministério Público do Estado do Rio de Janeiro.

§ 3º Os servidores ocupantes dos Cargos em Comissão de Assessoramento a Promotoria e de Assessoramento a Procuradoria deverão atuar com estrita observância às ordens, orientações e critérios estabelecidos pelo membro do Ministério Público ao qual estejam subordinados, competindo-lhes, em especial:

I – a organização e operacionalização do trâmite de documentos e processos no órgão de execução;

II – a realização das pesquisas necessárias ao desempenho da atividade funcional do membro do Ministério Público;

III – o auxílio na elaboração de minutas de manifestações e peças processuais;

IV – o atendimento ao público, quando necessário;

V – a execução das demais atividades que lhes forem determinadas.

§ 4º Resolução do Procurador-Geral de Justiça definirá as demais atribuições dos ocupantes dos cargos de provimento em comissão, inclusive quanto às ordens, orientações e critérios, bem assim as respectivas posições na estrutura organizacional do Ministério Público do Estado do Rio de Janeiro.

Art. 19. Os cargos de provimento em comissão de símbolo DG, A e TP, de livre nomeação e exoneração pelo Procurador-Geral de Justiça, integram a estrutura básica da Procuradoria-Geral de Justiça.

Parágrafo único. Resolução do Procurador-Geral de Justiça definirá as atribuições inerentes aos cargos de provimento em comissão de que trata o *caput* deste artigo.

Art. 20. Estendem-se aos servidores ocupantes de cargos de provimento em comissão as disposições do art. 17 desta lei.

SEÇÃO II
DAS FUNÇÕES GRATIFICADAS

Art. 21. Os servidores ocupantes de cargo de provimento efetivo do Quadro Permanente dos Serviços Auxiliares do Ministério Público do Estado do Rio de Janeiro poderão ser designados, conforme ato do Procurador-Geral de Justiça, para o exercício das seguintes funções gratificadas:

I – chefia da secretaria de órgãos e serviços auxiliares;

II – supervisão de atividades administrativas nos órgãos de administração e nos órgãos e serviços auxiliares;

III – assessoria junto aos órgãos e serviços auxiliares;

IV – assessoramento direto às Promotorias de Justiça.

Parágrafo único. Resolução do Procurador-Geral de Justiça definirá as atribuições inerentes às funções gratificadas previstas neste artigo.

CAPÍTULO IV
DA REMUNERAÇÃO E VANTAGENS
SEÇÃO I
DA REMUNERAÇÃO DOS CARGOS DE PROVIMENTO EFETIVO

Art. 22. A remuneração dos cargos de provimento efetivo das carreiras de que trata esta lei é composta pelo vencimento, adicional por tempo de serviço, adicional de qualificação e demais vantagens previstas em lei.

Art. 23. O vencimento observará o escalonamento positivo existente entre os quinze padrões remuneratórios constantes do Anexo II.

Art. 24. Sobre o vencimento do cargo de provimento efetivo ocupado pelo servidor incidirá o adicional por tempo de serviço.

§ 1º A cada três anos de efetivo exercício no serviço público, o servidor fará jus à percepção do acréscimo de cinco por cento ao vencimento, à exceção do primeiro triênio, que corresponde a dez por cento de acréscimo.

§ 2º O adicional por tempo de serviço é limitado a 60% (sessenta por cento) do vencimento, sendo computado, para fins de sua concessão, o período exercido pelo servidor em cargo e emprego público da Administração Direta e Indireta federal, estaduais e municipais.

Art. 25. Aos servidores ocupantes de cargo de provimento efetivo do Quadro Permanente dos Serviços Auxiliares do Ministério Público do Estado do Rio de Janeiro portadores de títulos, diplomas ou certificados oficiais de cursos de ensino médio, graduação ou pós-graduação, em sentido amplo ou estrito, bem como àqueles concluintes de ações de capacitação, poderá ser concedido adicional de qualificação, a ser implantado na forma de Resolução do Procurador-Geral de Justiça.

§ 1º O adicional de que trata este artigo não será concedido quando o curso constituir requisito para ingresso no cargo.

§ 2º Resolução do Procurador-Geral de Justiça definirá as áreas de conhecimento dos cursos de graduação e de pós-graduação que ensejam a concessão do adicional de que trata este artigo.

§ 3º Para efeito do disposto neste artigo, só serão considerados:

I – cursos de ensino médio, ministrados por estabelecimentos de ensino credenciados perante a respectiva Secretaria Estadual de Educação, na forma da legislação aplicável;

II – cursos de graduação e de pós-graduação, reconhecidos e ministrados por instituições de ensino credenciadas ou reconhecidas pelo Ministério da Educação, na forma da legislação específica;

III – ações de capacitação, devidamente reconhecidas pelo Ministério Público.

§ 4º Os cursos de pós-graduação *lato sensu* serão admitidos, para fins de concessão do adicional, desde que com duração mínima de trezentas e sessenta horas.

§ 5º O adicional de qualificação somente será considerado no cálculo dos proventos se o título ou o diploma forem anteriores à data da inatividade, excetuado do cômputo o disposto no art. 26, inciso VI, e observado, ainda, o que dispõe o § 3º do mesmo artigo.

§ 6º As Resoluções do Procurador-Geral de Justiça que tratem de matéria relacionada a este artigo deverão estar disponíveis na internet, em site do Ministério Público, para acesso a qualquer cidadão, sempre que a página principal do referido site estiver acessível.

Art. 26. Fica instituído o Adicional de Qualificação – AQ, a ser concedido aos titulares dos cargos de que trata a presente Lei, de acordo com o estabelecido no Anexo IV, em retribuição ao atendimento a requisitos técnico-funcionais, acadêmicos e organizacionais necessários à melhoria do desempenho das atribuições inerentes aos respectivos cargos.

SEÇÃO II
DA REMUNERAÇÃO DOS CARGOS DE PROVIMENTO EM COMISSÃO E FUNÇÕES GRATIFICADAS

Art. 27. A remuneração dos cargos de provimento em comissão do Quadro Permanente dos Serviços Auxiliares do Ministério Público do Estado do Rio de Janeiro observa a seguinte forma:

I – Cargo em Comissão de Direção: vencimento correspondente a noventa e oito por cento do padrão remuneratório inicial da carreira de Analista do Ministério Público;

II – Cargo em Comissão de Gerência: vencimento correspondente a setenta e seis por cento do padrão remuneratório inicial da carreira de Analista do Ministério Público;

III – Cargos em Comissão de Assessoramento a Promotoria e de Assessoramento a Procuradoria: vencimento correspondente a cinquenta por cento do padrão remuneratório inicial da carreira de Analista do Ministério Público.

Parágrafo único. Aos ocupantes dos Cargos em Comissão de Direção e de Gerência, que não sejam titulares de cargo de provimento efetivo do Quadro dos Serviços Auxiliares do Ministério Público do Estado do Rio de Janeiro, será concedida gratificação correspondente a sessenta e seis por cento e sessenta e dois por cento, respectivamente, do vencimento do cargo.

Art. 28. A retribuição inerente ao exercício das funções gratificadas previstas no art. 21 observa a seguinte forma:

I – para o exercício da chefia de órgãos e serviços auxiliares, em valor correspondente a até setenta e cinco por cento do padrão remuneratório inicial da carreira de Analista do Ministério Público;

II – para o exercício da supervisão de atividades administrativas nos órgãos de administração e nos órgãos e serviços auxiliares, em valor correspondente a quarenta por cento do padrão remuneratório inicial da carreira de Analista do Ministério Público;

III – para o exercício da assessoria junto aos órgãos e serviços auxiliares, em valor correspondente a até noventa e cinco por cento do padrão remuneratório inicial da carreira de Analista do Ministério Público;

IV – para o assessoramento direto às Promotorias de Justiça, em valor correspondente a trinta por cento do padrão remuneratório inicial da carreira de Analista do Ministério Público, aplicando-se-lhes as disposições do art. 18, § 3º, desta lei.

Art. 29. O Procurador-Geral de Justiça poderá atribuir aos servidores ocupantes de cargos de provimento em comissão símbolos DG, A e TP da estrutura básica da Procuradoria-Geral de Justiça, sem vínculo com o Ministério Público, gratificação correspondente a até cento e oitenta por cento sobre o valor base e representação do respectivo cargo.

SEÇÃO III
DAS VANTAGENS

Art. 30. Os servidores ocupantes do cargo de provimento efetivo de Técnico do Ministério Público da área de atividade Notificação e Atos Intimatórios farão jus à gratificação de deslocamento para fins de indenização das despesas com sua locomoção, desde que esta se dê em razão do exercício estrito das funções inerentes ao cargo.

Parágrafo único. A gratificação de deslocamento será concedida em valor mensal, estabelecido conforme ato do Procurador-Geral de Justiça, e não integrará a base de cálculo de qualquer vantagem funcional nem será incorporada aos vencimentos, não sendo devido o seu pagamento nas férias, licenças e afastamentos de qualquer natureza.

Art. 31. Poderá ser atribuída aos servidores ocupantes de cargo de provimento efetivo do Quadro Permanente dos Serviços Auxiliares do Ministério Público do Estado do Rio de Janeiro, em razão das peculiaridades da função desempenhada e consoante critérios fixados em Resolução do Procurador-Geral de Justiça, gratificação correspondente a até dezoito por cento do padrão remuneratório inicial da carreira de Analista do Ministério Público.

Art. 32. Os servidores do Ministério Público do Estado do Rio de Janeiro farão jus à percepção de benefícios, de caráter assistencial e indenizatório, observada a forma disciplinada por Resolução do Procurador-Geral de Justiça.

CAPÍTULO V
DOS DIREITOS, DEVERES E VEDAÇÕES

Art. 33. Aplicam-se aos servidores do Ministério Público do Estado do Rio de Janeiro os direitos, deveres e vedações expressamente previstos no Estatuto dos Servidores Públicos Civis do Estado do Rio de Janeiro e respectivo Regulamento.

Art. 34. Poderão ser afastados do exercício do cargo, mediante autorização do Procurador-Geral de Justiça, sem prejuízo da percepção de remuneração e vantagens:

I – servidor ocupante de cargo de provimento efetivo do Quadro Permanente dos Serviços Auxiliares do Ministério Público do Estado do Rio de Janeiro, eleito para exercício do mandato de Presidente da Associação de Classe dos Servidores do Ministério Público do Estado do Rio de Janeiro;

II – servidores estáveis ocupantes de cargo de provimento efetivo do Quadro Permanente dos Serviços Auxiliares do Ministério Público do Estado do Rio de Janeiro para ministrar ou frequentar, com aproveitamento, curso de pós-graduação, em sentido amplo ou estrito, no País ou no exterior, de duração máxima de dois anos, mediante manifestação favorável da Comissão de Avaliação Funcional e autorização do Procurador-Geral de Justiça.

§ 1º Fica garantida a manutenção do último órgão de lotação dos servidores afastados na forma do inciso I do *caput* deste artigo, pelo prazo mínimo de dois anos, contados da data do retorno ao exercício de suas funções.

§ 2º Os demais critérios para os afastamentos previstos no *caput* deste artigo serão objeto de regulamentação por Resolução do Procurador-Geral de Justiça.

Art. 35. Os servidores do Ministério Público do Estado do Rio de Janeiro cumprirão jornada de trabalho diária de oito horas.

Art. 36. Ao servidor que já ocupava cargo de provimento efetivo do Quadro Permanente dos Serviços Auxiliares do Ministério Público do Estado do Rio de Janeiro na época da reestruturação promovida pela Lei Estadual nº 2.121, de 6 de junho de 1993, que tenha optado pelo regime de jornada de trabalho diária de seis horas, será facultado:

I – permanecer nesse regime especial, caso em que perceberá seis oitavos da remuneração fixada para a sua classe e padrão;

II – optar, a qualquer tempo e irreversivelmente, pelo regime comum previsto no *caput* deste artigo, caso em que deverá permanecer em exercício por um período mínimo de cinco anos, sendo os respectivos proventos calculados sobre o percebido no regime anterior, se o optante vier a se aposentar antes desse prazo.

Art. 37. No âmbito do Ministério Público do Estado do Rio de Janeiro, é vedada a nomeação ou designação para cargos de provimento em comissão e funções gratificadas de cônjuge, companheiro ou parente em linha reta, colateral ou por afinidade, até o terceiro grau, inclusive, dos respectivos membros ou de servidor ocupante, no âmbito do mesmo Ministério Público, de cargo de direção, chefia ou assessoramento.

§ 1º A vedação prevista no parágrafo anterior abrange o ajuste mediante designações ou cessões recíprocas em qualquer órgão da Administração Pública direta e indireta dos Poderes da União, dos Estados, do Distrito Federal e dos Municípios.

§ 2º Ficam ressalvadas as situações envolvendo servidor ocupante de cargo de provimento efetivo das carreiras do Quadro Permanente dos Serviços Auxiliares do Ministério Público do Estado do Rio de Janeiro, caso em que a vedação é restrita à nomeação ou designação para exercício perante o membro ou servidor determinante da incompatibilidade.

CAPÍTULO VI
DAS DISPOSIÇÕES FINAIS E TRANSITÓRIAS

Art. 38. As carreiras do Quadro Permanente dos Serviços Auxiliares do Ministério Público do Estado do Rio de Janeiro são renomeadas da seguinte forma:

I – Técnico Superior passa a ser denominada Analista do Ministério Público;

II – Técnico passa a ser denominada Técnico do Ministério Público;

III – Auxiliar Especializado passa a ser denominada Auxiliar Especializado do Ministério Público;

IV – Auxiliar passa a ser denominada Auxiliar do Ministério Público.

§ 1º Ficam mantidas as atribuições dos cargos que compõem as carreiras do Quadro Permanente dos Serviços Auxiliares do Ministério Público do Estado do Rio de Janeiro, observado o que dispõe o Art. 6º desta lei.

§ 2º Os atuais servidores ocupantes dos cargos efetivos das carreiras de Técnico Superior, Técnico, Auxiliar Especializado e Auxiliar ficam enquadrados na mesma classe em que estiverem posicionados na data de início de vigência desta lei, observada a correspondência entre os padrões remuneratórios estabelecida, para cada carreira, pelo Anexo III.

Art. 39. As disposições do Art. 9º, § 2º, desta lei aplicam-se aos concursos públicos realizados a partir da data de início de vigência desta lei.

Art. 40. Os servidores ocupantes de cargo de provimento efetivo em outros órgãos da Administração Pública cedidos ao Ministério Público do Estado do Rio de Janeiro farão jus, a critério do Procurador-Geral de Justiça, à percepção de gratificação correspondente a até oitenta por cento do padrão remuneratório inicial da carreira correspondente ao nível de escolaridade de seu cargo efetivo.

Art. 41. Nenhuma redução de remuneração poderá resultar da aplicação desta lei, assegurada ao servidor a percepção da diferença como vantagem pessoal nominalmente identificada, a ser absorvida por quaisquer reajustes subsequentes.

Art. 42. Compete ao Secretário-Geral do Ministério Público a aplicação de sanções disciplinares, exceto a de demissão, aos servidores ocupantes de cargo do Quadro Permanente dos Serviços Auxiliares do Ministério Público do Estado do Rio de Janeiro, cabendo recurso da decisão, no prazo de quinze dias, ao Procurador-Geral de Justiça.

Parágrafo único. A sanção de demissão, proposta pelo Secretário-Geral do Ministério Público, será aplicada pelo Procurador-Geral de Justiça, com recurso para o Órgão Especial do Colégio de Procuradores de Justiça, observado o mesmo prazo previsto no *caput* deste artigo.

Art. 43. Fica estabelecido o dia 1º de maio para a revisão geral anual da remuneração dos servidores ocupantes de cargo de provimento efetivo do Quadro Permanente dos Serviços Auxiliares do Ministério Público do Estado do Rio de Janeiro, prevista no art. 37, inciso X, da Constituição Federal.

Art. 44. O disposto nesta lei aplica-se aos aposentados e pensionistas, observadas as disposições da Constituição Federal e suas emendas.

Art. 45. O Procurador-Geral de Justiça baixará os atos necessários regulamentando as disposições contidas nesta lei.

Art. 46. As despesas resultantes da aplicação desta lei correrão à conta das dotações orçamentárias consignadas ao Ministério Público do Estado do Rio de Janeiro.

Art. 47. A execução das despesas decorrentes desta lei será escalonada, nos exercícios de 2011 e 2012, observadas as disponibilidades orçamentária e financeira e os limites estabelecidos pela Lei Complementar Federal nº 101, de 04 de maio de 2000, sendo efetivada, em 2011, no percentual mínimo de cinquenta por cento.

Parágrafo único. Enquanto perdurar a implementação desta lei, não se aplicará a revisão geral anual remuneratória de que trata o art. 43.

Art. 48. Esta lei entra em vigor na data de sua publicação, revogadas as disposições em contrário e, em especial, a Lei Estadual nº 3.899, de 19 de julho de 2002, o art. 1º da Lei Estadual nº 4.552, de 17 de maio de 2005, e o art. 1º da Lei Estadual nº 4.853, de 25 de setembro de 2006.

Rio de Janeiro, em 17 de janeiro de 2011.

SÉRGIO CABRAL
GOVERNADOR

REGIMENTO INTERNO DO CONSELHO NACIONAL DO MINISTÉRIO PÚBLICO

Resolução nº 92, de 13 de março de 2013.

1. LIVRO I – DA COMPOSIÇÃO, COMPETÊNCIA E ORGANIZAÇÃO

1.1. TÍTULO I – DA COMPOSIÇÃO
1.2. TÍTULO II – DA COMPETÊNCIA
1.3. TÍTULO III – DA ORGANIZAÇÃO
1.3.1. CAPÍTULO I – DOS ÓRGÃOS
1.3.2. CAPÍTULO II – DO PLENÁRIO
1.3.3. CAPÍTULO III – DA PRESIDÊNCIA
1.3.4. CAPÍTULO IV – DA CORREGEDORIA NACIONAL DO MINISTÉRIO PÚBLICO
1.3.5. CAPÍTULO V – DOS CONSELHEIROS
1.3.6. CAPÍTULO VI – DAS COMISSÕES
1.3.7. CAPÍTULO VII – DA OUVIDORIA NACIONAL

2. LIVRO II – DO PROCESSO

2.1. TÍTULO I – DAS DISPOSIÇÕES GERAIS
2.1.1 CAPÍTULO I – DO REGISTRO E CLASSIFICAÇÃO
2.1.2 CAPÍTULO II – DA DISTRIBUIÇÃO
2.1.3 CAPÍTULO III – DA COMUNICAÇÃO DOS ATOS
2.1.4 CAPÍTULO IV – DOS PRAZOS
2.2. TÍTULO II – DA COMPETÊNCIA DO RELATOR
2.3. TÍTULO III – DAS PROVAS
2.3.1. CAPÍTULO I – DOS DOCUMENTOS E INFORMAÇÕES
2.3.2 CAPÍTULO II – DOS DEPOIMENTOS
2.3.3 CAPÍTULO III – DAS AUDIÊNCIAS
2.4. TÍTULO IV – DAS SESSÕES
2.4.1 CAPÍTULO I – DAS DISPOSIÇÕES GERAIS
2.4.2 CAPÍTULO II – DA EFETIVIDADE DOS ATOS E DECISÕES

1. LIVRO I – DA COMPOSIÇÃO, COMPETÊNCIA E ORGANIZAÇÃO

1.1. TÍTULO I – DA COMPOSIÇÃO

Art. 1º O Conselho Nacional do Ministério Público – CNMP, instalado no dia 21 de junho de 2005, com atuação em todo o território nacional e sede em Brasília, Distrito Federal, compõe-se de catorze membros, nos termos do artigo 130-A, da Constituição Federal.

1.2. TÍTULO II – DA COMPETÊNCIA

Art. 2º Compete ao Conselho Nacional do Ministério Público o controle da atuação administrativa e financeira do Ministério Público e do cumprimento dos deveres funcionais de seus membros, cabendo-lhe:

I – zelar pela autonomia funcional e administrativa do Ministério Público, podendo expedir atos regulamentares no âmbito de sua competência, ou recomendar providências;

II – zelar pela observância do artigo 37 da Constituição Federal e apreciar, de ofício ou mediante provocação, a legalidade dos atos administrativos praticados por membros ou órgãos do Ministério Público da União e dos estados, podendo desconstituí-los, revê-los ou fixar prazo para que se adotem as providências necessárias ao exato cumprimento da lei, sem prejuízo da competência dos Tribunais de Contas;

III – receber e conhecer das reclamações contra membros, ou órgãos do Ministério Público da União ou dos estados, inclusive contra seus serviços auxiliares, sem prejuízo da competência disciplinar e correcional da instituição, podendo avocar processos disciplinares em curso, determinar a remoção, a disponibilidade ou a aposentadoria com subsídios ou proventos proporcionais ao tempo de serviço, e aplicar outras sanções administrativas, assegurada ampla defesa;

IV – rever, de ofício ou mediante provocação, os processos disciplinares de membros do Ministério Público da União ou dos estados julgados há menos de um ano;

V – elaborar relatório anual, propondo as providências que julgar necessárias, sobre a situação do Ministério Público no País e as atividades do Conselho, o qual deve integrar a mensagem prevista no artigo 84, XI, da Constituição Federal.

1.3. TÍTULO III – DA ORGANIZAÇÃO

1.3.1. CAPÍTULO I – DOS ÓRGÃOS

Art. 3º São órgãos do Conselho:

I – o Plenário;

II – a Presidência;

III – a Corregedoria Nacional do Ministério Público;

IV – os Conselheiros;

V – as Comissões;

VI – a Ouvidoria Nacional.

1.3.2. CAPÍTULO II – DO PLENÁRIO

Art. 4º O Plenário representa a instância máxima do Conselho e é constituído por seus membros, estando validamente instalado quando presente a maioria deles.

Parágrafo único. O Presidente do Conselho Federal da Ordem dos Advogados do Brasil terá assento e voz no Plenário, podendo se fazer representar em suas sessões por membro da Diretoria do Conselho Federal da entidade.

Art. 5º Além de outras competências que lhe sejam conferidas por lei ou por este Regimento, compete ao Plenário:

I – julgar os processos administrativos disciplinares regularmente instaurados, assegurada ampla defesa, determinando a remoção, a disponibilidade ou a aposentadoria com subsídios proporcionais ao tempo de serviço, e aplicar outras sanções administrativas previstas em lei;

II – encaminhar ao Ministério Público notícias ou documentos que indiquem a existência de fato que configure ato de improbidade administrativa ou crime de ação penal pública;

III – representar ao Ministério Público para a propositura de ação civil com vista à decretação de perda do cargo ou de cassação da aposentadoria;

IV – requisitar das autoridades competentes informações, exames, perícias e documentos imprescindíveis ao esclarecimento de fatos submetidos à sua apreciação, ressalvados os casos que dependam de autorização judicial, nos quais é legitimado a formular requerimento à instância judicial competente;

V – deliberar sobre o encaminhamento de notas técnicas quando caracterizado o interesse institucional do Ministério Público;

VI – deliberar quanto à criação, transformação ou extinção de cargos e fixação de vencimentos dos servidores do seu quadro de pessoal, cabendo ao Procurador-Geral da República o encaminhamento da proposta;

VII – aprovar a proposta orçamentária do Conselho;

VIII – deliberar sobre o provimento, por concurso público, dos cargos necessários à sua administração, ressalvadas as nomeações para cargos em comissão, declarados em lei de livre nomeação e exoneração;

IX – decidir, na condição de instância revisora, os recursos contra as decisões monocráticas proferidas pelo Presidente do Conselho, pelo Corregedor Nacional do Ministério Público e pelos Relatores;

X – julgar e homologar os processos de restauração de autos;

XI – fixar critérios para as promoções funcionais de seus servidores;

XII – alterar este Regimento Interno;

XIII – resolver as dúvidas suscitadas pelo Presidente ou pelos demais membros do Conselho sobre a ordem do serviço ou a interpretação e a execução deste Regimento Interno;

XIV – conceder licença aos Conselheiros;

XV – eleger o Corregedor Nacional;

XVI – deliberar sobre pedido de afastamento das funções ou exclusão, parcial ou integral, da distribuição de processos no órgão de origem do Conselheiro, quando necessário e conveniente para o desempenho de seu mandato;

XVII – apreciar as arguições de impedimento e suspeição dos membros do Conselho;

XVIII – responder as consultas apresentadas em tese pelos Procuradores-Gerais e Corregedores-Gerais ou pelo Presidente do Conselho Federal da Ordem dos Advogados do Brasil ou de entidade de classe representativa dos membros ou servidores do Ministério Público;

XIX – declarar a perda de mandato do Conselheiro, nos casos do artigo 29 deste Regimento.

§ 1° As consultas de que trata o inciso XVIII deste artigo deverão indicar com precisão seu objeto, demonstrar a pertinência temática com as respectivas áreas de atribuição e ser instruídas com o parecer do órgão de assistência técnica ou jurídica da autoridade suscitante, acerca da matéria veiculada.

§ 2º A resposta do Conselho às consultas de que trata o inciso XVIII deste artigo não constitui julgamento definitivo do objeto apreciado.

Art. 6º Dos atos e decisões do Plenário não cabe recurso, salvo embargos de declaração.

Art. 7º As sessões plenárias serão ordinárias ou extraordinárias.

§ 1º As sessões ordinárias serão realizadas em dias úteis, sendo, no mínimo, duas a cada mês, conforme calendário semestral instituído e publicado na última quinzena do semestre anterior.

§ 2º As sessões extraordinárias serão convocadas pelo Presidente do Conselho, de ofício, com pelo menos cinco dias de antecedência ou por requerimento da maioria absoluta dos Conselheiros, em peça escrita e fundamentada, com a indicação do tema objeto de deliberação, para se realizar em até quinze dias.

§ 3º As pautas das sessões plenárias expressarão a ordem do dia e serão publicadas no Diário Eletrônico do Conselho, com pelo menos três dias de antecedência, conjuntamente, se houver sessões ordinárias e extraordinárias subsequentes, devendo ser encaminhada aos Conselheiros a documentação pertinente a cada um de seus pontos.

*** (Redação dada pela Emenda Regimental nº 7, de 13 de outubro de 2015, com vigência a partir de 26 de outubro de 2015)**

§ 4º Em caso de reconhecida e inadiável necessidade, mediante aprovação da maioria dos Conselheiros presentes, poderão ser incluídos assuntos que não se encontrem inscritos na pauta da sessão.

§ 5º Os processos não julgados permanecerão em pauta, observada a ordem de inclusão.

§ 6º A inclusão de processo em pauta obedecerá, preferencialmente, a ordem cronológica de conclusão no gabinete do Conselheiro relator, ressalvadas as hipóteses do § 4º, de questões surgidas e já decididas em sessão, de julgamento com base em enunciados, de embargos de declaração e de questões urgentes.

*** (Incluído pela Emenda Regimental nº 14, de 9 de maio de 2017)**

Art. 8º Nas sessões plenárias, o Presidente do Conselho sentar-se-á ao centro da mesa; à sua direita, sucessivamente, o Presidente do Conselho Federal da Ordem dos Advogados do Brasil e o Corregedor Nacional; à sua esquerda, o Secretário-Geral.

§ 1º Os demais Conselheiros, a partir da primeira cadeira da bancada, à direita do Presidente, tomarão assento segundo a sua antiguidade, à direita e à esquerda, alternadamente.

§ 2º O disposto neste artigo aplica-se às comissões, no que couber.

Art. 9º De cada sessão plenária será lavrada ata pelo Secretário- Geral ou por quem regularmente o substitua, contendo a data da reunião, o registro sucinto dos debates e das deliberações, os nomes do Presidente, dos Relatores, dos Conselheiros presentes, inclusive dos que firmaram impedimento ou suspeição, e dos advogados ou interessados que tiverem realizado sustentação oral.

§ 1° A ata especificará se as votações foram por maioria ou por unanimidade, devendo constar o número dos votos proferidos e o sentido de cada um deles e, se for o caso, do autor do primeiro voto divergente.

§ 2º O Secretário-Geral providenciará a juntada da certidão de julgamento e dos votos escritos aos autos.

Art. 10. Sempre que possível, o Plenário fixará prazo para o cumprimento de suas decisões.

1.3.3. CAPÍTULO III – DA PRESIDÊNCIA

Art. 11. O Conselho será presidido pelo Procurador-Geral da República.

Art. 12. Além de outras competências que lhe sejam conferidas por lei ou por este Regimento, compete ao Presidente do Conselho:

I – cumprir e fazer cumprir este Regimento;

II – dar posse aos Conselheiros, ao Secretário-Geral, aos diretores e aos chefes das unidades administrativas do Conselho;

III – representar o Conselho;

IV – convocar e presidir as sessões plenárias;

V – exercer o poder de polícia nos trabalhos do Conselho, podendo requisitar o auxílio da força pública;

VI – antecipar, prorrogar ou encerrar o expediente nos casos urgentes, dando disto ciência ao Plenário;

VII – submeter ao Plenário as questões de ordem suscitadas;

VIII – conceder licença aos servidores do Conselho;

IX – autorizar o pagamento de diárias, passagens, ajuda de custo, transporte e/ou indenização de despesa, em conformidade com as tabelas aprovadas pelo Conselho e a legislação aplicável à espécie;

X – aprovar as pautas de julgamento organizadas pelo Secretário- Geral;

XI – assinar as atas das sessões plenárias;

XII – despachar o expediente do Conselho;

XIII – executar e fazer executar as ordens e as deliberações do Conselho;

XIV – decidir as matérias relacionadas com os direitos e deveres dos servidores do Conselho;

XV – prover, na forma da lei, os cargos do quadro de pessoal do Conselho;

XVI – prover cargos em comissão e designar servidores para exercer funções de confiança;

XVII – definir, em ato próprio e específico, a organização e a competência das chefias e órgãos internos do Conselho;

XVIII – zelar pela ordem e disciplina do Conselho, bem como aplicar penalidades aos seus servidores;

XIX – exonerar servidor do quadro de pessoal do Conselho;

XX – requisitar membros e servidores do Ministério Público e conferir-lhes atribuições, dando disto conhecimento ao Plenário;

XXI – determinar o desconto nos vencimentos e/ou proventos dos servidores do quadro de pessoal do Conselho nos casos previstos em lei;

XXII – autorizar, homologar, anular e revogar os procedimentos licitatórios, mediante decisão fundamentada;

XXIII – reconhecer as situações de dispensa e inexigibilidade de licitação;

XXIV – celebrar contratos e convênios do Conselho, ouvido o Plenário nos casos em que os ajustes importarem a realização de despesas estimadas no limite estabelecido no artigo 22, I e § 1° c/c artigo 23, I, "c" e II, "c", da Lei nº 8.666, de 21 de junho de 1993;

XXV – ordenar as despesas do Conselho, podendo delegar atos específicos ao Secretário-Geral;

XXVI – delegar aos demais membros do Conselho e ao Secretário- Geral a prática de atos de sua competência;

XXVII – apresentar ao Plenário relatório circunstanciado dos trabalhos do ano;

XXVIII – praticar, em caso de urgência, ato de competência do Plenário, submetendo-o a referendo na primeira sessão subsequente;

XXIX – instaurar e conduzir o processo de perda de mandato de Conselheiro;

XXX – apreciar liminarmente, antes da distribuição, os requerimentos anônimos, sem formulação de pedido ou estranhos à competência do Conselho.

§ 1° A requisição prevista no inciso XX deste artigo, à exceção do previsto no artigo 130-A, § 3º, III, da Constituição Federal, dar-se-á com ou sem prejuízo das funções do membro ou servidor no órgão de origem e por período de um ano, admitindo prorrogações sucessivas, desde que observado o prazo máximo de quatro anos.

§ 2º Os membros e os servidores requisitados do Ministério Público conservarão os direitos e as vantagens inerentes ao exercício de seus cargos ou empregos no órgão de origem.

Art. 13. Compete ao Presidente, nas sessões plenárias:

I – dirigir os debates, podendo limitar a duração das intervenções;

II – considerar o assunto em discussão suficientemente debatido, delimitando os pontos objeto da votação e submetendo-o à deliberação do Plenário;

III – chamar à ordem todo aquele que se comporte de forma inadequada, extrapole o tempo previamente estipulado ou aborde assunto alheio ao objeto de deliberação;

IV – suspender a sessão quando houver motivo relevante e justificado, fixando a hora em que deva ser reiniciada;

V – proferir voto.

Art. 14. Os serviços da Secretaria-Geral serão dirigidos pelo Secretário-Geral, membro de qualquer dos ramos do Ministério Público, auxiliado pelo Secretário-Geral Adjunto, escolhidos e nomeados pelo Presidente do Conselho.

Parágrafo único. O Secretário-Geral e seu adjunto exercerão suas atividades na sede do Conselho, com dedicação exclusiva.

1.3.4. CAPÍTULO IV – DA CORREGEDORIA NACIONAL DO MINISTÉRIO PÚBLICO

Art. 15. Os procedimentos que tramitam na Corregedoria Nacional são públicos, podendo, se for o caso, ter o acesso restrito aos interessados e aos seus procuradores, durante as investigações, na forma da lei.

Art. 16. A Corregedoria Nacional disciplinará, por ato próprio, sua organização, bem como as atribuições e rotinas de trabalho de suas unidades internas, devendo o Conselho facilitar-lhe os recursos materiais e financeiros necessários.

Art. 17. O Corregedor Nacional será eleito entre os membros do Ministério Público que integram o Conselho, para um mandato de dois anos, vedada a recondução.

§ 1° Proceder-se-á à eleição pelo voto secreto, na sessão imediatamente posterior à vacância do cargo, sendo eleito o candidato escolhido pela maioria absoluta.

§ 2° Não sendo alcançada a maioria absoluta, os dois candidatos mais votados concorrerão em segundo escrutínio, proclamando-se vencedor, em caso de empate, o mais antigo no Conselho.

§ 3° O Corregedor Nacional tomará posse imediatamente após a proclamação do resultado da eleição.

§ 4º O mandato do Corregedor Nacional expirará juntamente com seu mandato de Conselheiro.

§ 5º O Corregedor Nacional exercerá suas funções em regime de dedicação exclusiva, ficando afastado do órgão do Ministério Público a que pertence.

Art. 18. Além de outras competências que lhe sejam conferidas por lei ou por este Regimento, ao Corregedor Nacional compete:

I – receber reclamações e denúncias, de qualquer interessado, relativas aos membros do Ministério Público e dos seus serviços auxiliares;

II – exercer funções executivas do Conselho, de inspeção e correição geral;

III – requisitar e designar membros do Ministério Público e requisitar servidores de órgãos do Ministério Público;

IV – determinar o processamento das reclamações que atendam aos requisitos de admissibilidade e arquivar, sumariamente, as anônimas ou aquelas manifestamente improcedentes ou desprovidas de elementos mínimos para sua compreensão, dando ciência ao interessado;

V – propor ao Plenário a revisão de procedimentos acompanhados por reclamações disciplinares instauradas na Corregedoria Nacional, já decididos na origem, quando discordar das conclusões;

*** (Redação dada pela Emenda Regimental nº 6, de 22 de setembro de 2015)**

VI – instaurar sindicância de ofício, ou, quando houver indícios suficientes de materialidade e autoria da infração, processo administrativo disciplinar, observado o disposto no § 2º do artigo 77 deste Regimento;

*** (Redação dada pela Emenda Regimental n° 12, de 28 de março de 2017)**

VII – realizar, de ofício ou mediante provocação, inspeções e correições para apuração de fatos relacionados aos serviços do Ministério Público, em todas as áreas de sua atuação, havendo ou não evidências de irregularidades;

VIII – elaborar e apresentar ao Plenário relatório trimestral sobre as atividades desenvolvidas na Corregedoria Nacional, divulgando relatório consolidado no final do exercício;

IX – executar e fazer executar as ordens e as deliberações do Conselho sujeitas à sua competência;

X – expedir recomendações orientadoras, não vinculativas, destinadas ao aperfeiçoamento das atividades dos membros, órgãos e serviços auxiliares do Ministério Público, em processos e procedimentos que tramitem na Corregedoria Nacional;

XI – requisitar das autoridades fiscais, monetárias, judiciárias e outras, informações, exames, perícias ou documentos, sigilosos ou não, imprescindíveis ao esclarecimento de processos ou procedimentos submetidos à sua apreciação;

XII – manter contato, no que diz respeito às matérias de sua competência, com as corregedorias e demais órgãos das unidades do Ministério Público, bem como com autoridades judiciárias ou administrativas;

XIII – promover e participar de reuniões periódicas com os órgãos e os membros do Ministério Público envolvidos na atividade correcional para fins de estudo, acompanhamento e apresentação de sugestões;

XIV – realizar a coleta de dados necessários ao bom desempenho das atividades administrativas, correcionais e disciplinares da Corregedoria Nacional e dos órgãos do Ministério Público, podendo constituir e manter bancos de dados, disponibilizando seus resultados aos órgãos do Conselho ou a quem couber o seu conhecimento, respeitado o sigilo legal;

XV – indicar nomes ao Presidente do Conselho, para provimento de cargo em comissão e designação de servidores para o exercício de função de confiança, no âmbito da Corregedoria Nacional;

XVI – delegar aos demais Conselheiros, membros auxiliares ou servidores expressamente indicados, atribuições para a prática de procedimentos específicos.

XVII – avocar, de ofício, procedimentos de natureza investigativa ou inquisitiva, preparatórios de processo administrativo disciplinar, em trâmite no Ministério Público, ad referendum do Plenário, observando, no que couber, as normas do artigo 81 e dos artigos 106 a 108 deste Regimento;

*** (Incluído pela Emenda Regimental nº 6, de 22 de setembro de 2015)**

XVIII – avocar, de ofício, processo administrativo disciplinar em trâmite no Ministério Público, ad referendum do Plenário, redistribuindo-o, incontinenti a um Relator, observando, no que couber, as normas dos artigos 106 a 108 deste Regimento.

*** (Incluído pela Emenda Regimental nº 6, de 22 de setembro de 2015))**

1.3.5. CAPÍTULO V – DOS CONSELHEIROS

Art. 19. O Conselheiro é nomeado pelo Presidente da República, depois de aprovada a escolha pela maioria absoluta do Senado Federal, para cumprir mandato de dois anos, admitida uma recondução.

Art. 20. Até cento e vinte dias antes do término do mandato ou imediatamente após a vacância do cargo de Conselheiro, o Presidente do Conselho oficiará aos órgãos legitimados, solicitando indicação nos termos do artigo 130-A, da Constituição Federal.

Art. 21. Os Conselheiros tomam posse formalmente perante o Presidente do Conselho, com a assinatura do termo respectivo.

§ 1º O prazo para a posse é de trinta dias contados da nomeação, prorrogável uma vez por igual período, por motivo justificado.

§ 2º Em caso de recondução, a assinatura do termo de compromisso dispensa a formalidade da posse, mantendo o Conselheiro sua antiguidade, independentemente da data da nova investidura.

Art. 22. O Conselheiro tem os seguintes deveres:

I – participar das sessões plenárias para as quais for regularmente convocado;

II – declarar impedimentos, suspeições ou incompatibilidades que lhe afete;

III – despachar, nos prazos legais, as petições e expedientes que lhe forem dirigidos;

IV – elaborar e assinar as decisões tomadas pelo Conselho nas quais tiver atuado como Relator;

V – desempenhar as funções próprias do cargo ou que lhe forem cometidas pelo Plenário.

§ 1º O Conselheiro membro do Ministério Público ou magistrado estará sujeito às regras de impedimentos, suspeições e incompatibilidades que regem as respectivas carreiras.

§ 2º Os demais Conselheiros terão as mesmas prerrogativas, deveres, impedimentos, suspeições e incompatibilidades que regem a carreira do Ministério Público, no que couber, salvo quanto à vedação do exercício da advocacia, que será regulada pelo disposto na Lei nº 8.906, de 4 de julho de 1994.

§ 3º Os impedimentos e suspeições previstos no CPC, CPP e na Lei de Processo Administrativo Federal aplicam-se, no que couber, a todos os Conselheiros.

*** (Redação dada pela Emenda Regimental nº 14, de 9 de maio de 2017)**

§ 4º O Corregedor Nacional poderá atuar e votar em processo que já tenha conhecido ou participado, de qualquer maneira, no âmbito do próprio CNMP.

*** (Incluído pela Emenda Regimental nº 14, de 9 de maio de 2017)**

§ 5º Ao Conselheiro é vedado o exercício da advocacia perante o Conselho nos dois anos subsequentes ao término do seu mandato.

*** (Anterior § 3º renumerado para § 5º pela Emenda Regimental nº 14, de 9 de maio de 2017, com redação dada pela Resolução nº 92, de 13 de março de 2013)**

Art. 23. O Conselheiro tem os seguintes direitos:

I – ter assento e voto nas sessões plenárias e das comissões para as quais haja sido regularmente designado, e voz em todas as reuniões do Conselho ou de seus órgãos colegiados;

II – registrar em ata o sentido de seus votos ou opiniões manifestados durante as sessões plenárias ou das comissões para as quais tenha sido designado, fazendo juntar seus votos, se entender conveniente;

III – eleger e ser eleito integrante de comissões instituídas pelo Plenário;

IV – apresentar projetos, propostas ou estudos sobre matérias de competência do Conselho ou subscrever proposta apresentada pela Comissão a que pertença ou por outro Conselheiro;

V – requisitar de quaisquer órgãos do Ministério Público ou do Conselho as informações e documentos que considere úteis para o exercício de suas funções;

VI – propor à Presidência do Conselho a constituição de grupos de trabalho ou comissões necessários à elaboração de estudos, propostas e projetos a serem apresentados ao Plenário;

VII – desempenhar a função de Relator nos processos que lhe forem distribuídos;

VIII – requerer a inclusão, na ordem dos trabalhos, de assunto que considere sujeito à deliberação do Plenário ou das comissões e propor ao Presidente do Conselho a realização de sessões extraordinárias;

IX – propor o convite a especialistas, representantes de entidades ou autoridades para prestarem os esclarecimentos que o Conselho entenda necessários;

X – gozar das licenças, férias e afastamentos concedidos pelo órgão de origem, sem prejuízo de suas atribuições no Conselho Nacional do Ministério Público em assim desejando, bem como as deferidas pelo Plenário;

*** (Redação dada pela Emenda Regimental nº 13, de 18 de abril de 2017)**

XI – ter vista de processos, observada a regra do artigo 59 deste Regimento;

XII – indicar ao Presidente do Conselho os nomes dos servidores a serem nomeados para os cargos em comissão e as funções de confiança que a lei reserve à sua assessoria;

XIII – propor ao Plenário a revisão do feito arquivado por decisão monocrática.

Parágrafo único. Aprovada a proposta de que trata o inciso XIII deste artigo, o Plenário designará o Conselheiro revisor, observada a posterior compensação, que apresentará suas conclusões na sessão subsequente.

Art. 24. Os membros do Conselho Nacional do Ministério Público serão substituídos, em seus eventuais impedimentos ou ausências:

I – o Presidente do Conselho, pelo Vice-Procurador-Geral da República e, em caso de ausências ou impedimentos de ambos, pelo Corregedor Nacional do Ministério Público;

II – o Corregedor Nacional, pelo representante do Ministério Público mais antigo;

III – o Presidente de Comissão, pelo mais antigo entre seus membros;

IV – o Relator, observado, sempre que possível, o disposto nos artigos 38 a 40 deste Regimento, pelo Conselheiro:

a) imediato em antiguidade, entre os Conselheiros do Plenário ou da Comissão que integre, conforme o caso, quando se tratar de deliberação sobre medida urgente;

b) autor do primeiro voto divergente, quando vencido no julgamento, para fins de redação do acórdão;

c) nomeado para a vaga que ocupava, em caso de vacância do cargo.

§ 1º A substituição prevista nos incisos I, II e III deste artigo dar-se-á também em caso de vacância, até o provimento dos respectivos cargos.

§ 2º Nos casos de impedimento, suspeição ou afastamento do Relator por período superior a trinta dias, os processos serão redistribuídos.

Art. 25. A antiguidade do Conselheiro, para todos os fins regimentais, será apurada observada a data da respectiva posse no Conselho e a ordem de composição constitucional do órgão, adotando-se, quanto aos membros do Ministério Público e da magistratura, a antiguidade na carreira e, quanto aos membros da advocacia, a inscrição na Ordem dos Advogados do Brasil.

Parágrafo único. Aplica-se a regra prevista no *caput*, primeira parte, ainda que tenha havido interrupção no exercício do cargo, nos casos de recondução.

Art. 26. A licença de Conselheiro será requerida com a indicação do período, começando a correr do dia em que passar a ser usufruída.

Parágrafo único. O Conselheiro licenciado não poderá exercer suas funções no Conselho, mas poderá reassumir o cargo a qualquer tempo, salvo contraindicação médica, entendendo-se que renunciou ao restante do prazo.

Art. 27. A renúncia ao cargo de Conselheiro deverá ser apresentada por escrito ao Presidente do Conselho, que a comunicará ao Plenário na primeira reunião que se seguir, informando, inclusive, as providências adotadas para o preenchimento da vaga.

Art. 28. Ao membro do Ministério Público, durante o exercício do mandato, é vedado:

I – integrar lista para Procurador-Geral, promoção por merecimento ou preenchimento de vaga na composição de tribunal;

II – exercer cargo ou função de chefia, direção ou assessoramento na instituição a que pertença;

III – integrar o Conselho Superior ou exercer a função de Corregedor;

IV – exercer cargo de direção em entidade de classe.

Art. 29. O Conselheiro perderá o mandato em razão de:

I – condenação, pelo Senado Federal, por crime de responsabilidade;

II – condenação judicial, por sentença transitada em julgado, nas infrações penais comuns;

III – alteração na condição que legitimou sua indicação ao cargo ou superveniência de incapacidade civil.

§ 1º O procedimento para perda do mandato será conduzido pelo Presidente do Conselho, que ouvirá o Conselheiro interessado, no prazo de quinze dias.

§ 2º Declarada a perda do mandato por voto de três quintos dos membros do Conselho, comunicar-se-á a decisão aos Presidentes da República e do Senado Federal e ao órgão legitimado para a nova indicação, nos termos do artigo 130-A, da Constituição Federal.

1.3.6. CAPÍTULO VI – DAS COMISSÕES

Art. 30. O Conselho poderá criar comissões permanentes ou temporárias, compostas por seus membros, para o estudo de temas e de atividades específicas, relacionados às suas áreas de atuação.

§ 1º As comissões permanentes serão compostas por, no mínimo, três Conselheiros, sendo um deles não integrante do Ministério Público, assegurada, sempre que possível, a representação proporcional dos órgãos legitimados pelo artigo 130-A, da Constituição Federal.

§ 2º As comissões temporárias serão constituídas na forma e com as atribuições previstas no ato de que resultar a sua criação e terão suas atividades encerradas ao fim do prazo estabelecido ou tão logo atinjam o fim a que se destinam.

Art. 31. São comissões permanentes do Conselho:

I – Comissão de Controle Administrativo e Financeiro;

II – Comissão da Infância e Juventude;

III – Comissão de Preservação da Autonomia do Ministério Público;

IV – Comissão do Sistema Prisional, Controle Externo da Atividade Policial e Segurança Pública;

V – Comissão de Planejamento Estratégico;

VI – Comissão de Acompanhamento Legislativo e Jurisprudência;

VII – Comissão de Defesa dos Direitos Fundamentais.

Art. 32. Os presidentes das comissões serão eleitos pelo voto da maioria do Plenário, na sessão imediatamente posterior à vacância do cargo, para mandato de um ano ou, no caso de comissão temporária, até o encerramento de suas atividades.

§ 1° No caso de substituição de membro de comissão, o substituto a integrará pelo tempo restante do seu mandato ou até o encerramento das atividades da comissão temporária.

§ 2° As comissões poderão propor ao Presidente do Conselho a contratação de assessorias e auditorias, bem como a celebração de convênios com universidades ou outras instituições.

§ 3° As comissões, no âmbito específico de suas competências, poderão indicar membros e servidores do Ministério Público, observado o disposto no artigo 12, XX e §§ 1° e 2°, deste Regimento, para auxiliar nos trabalhos que lhe são afetos.

§ 4° Cada comissão comunicará as matérias e as proposições aprovadas em seu âmbito ao Presidente do Conselho, que providenciará a inclusão da matéria na ordem do dia do Plenário.

1.3.7. CAPÍTULO VII – DA OUVIDORIA NACIONAL

Art. 33. A Ouvidoria Nacional é o órgão de comunicação direta e simplificada entre o Conselho Nacional do Ministério Público e a sociedade e tem por objetivo principal o aperfeiçoamento e o esclarecimento, aos cidadãos, das atividades realizadas pelo Conselho e pelo Ministério Público.

§ 1° 1° O Ouvidor será eleito entre os membros do Conselho, em votação aberta, na sessão imediatamente posterior à vacância do cargo, para mandato de um ano, permitida uma recondução por igual período, e tomará posse imediatamente após a eleição.

*** (Redação dada pela Resolução n° 151, de 27 de setembro de 2016)**

§ 2° A estrutura e o funcionamento da Ouvidoria Nacional serão regulamentados por ato do Plenário.

§ 3° A Ouvidoria Nacional, no âmbito específico de suas competências, poderá indicar membros e servidores do Ministério Público, observado o disposto no artigo 12, XX e §§ 1° e 2°, deste Regimento, para auxiliar nos trabalhos que lhe são afetos.

Art. 34. Compete à Ouvidoria Nacional:

I – receber, examinar, encaminhar, responder e arquivar críticas, comentários, elogios, sugestões e quaisquer expedientes que lhe sejam dirigidos acerca das atividades desenvolvidas pelo Conselho;

II – promover a integração das ouvidorias do Ministério Público, com vistas à implementação de sistema nacional que viabilize a consolidação das principais demandas e informações colhidas, de forma a permitir a formulação de estratégias nacionais relacionadas ao atendimento ao público e ao aperfeiçoamento da instituição;

III – manter registro atualizado da documentação relativa às suas atribuições, preferencialmente em meio eletrônico;

IV – apresentar, semestralmente, dados estatísticos sobre os atendimentos realizados, objetivando o aprimoramento dos serviços;

V – divulgar à sociedade, permanentemente, seu papel institucional;

VI – funcionar, no âmbito do Conselho, como unidade responsável pelo Serviço de Informação do Cidadão – SIC, para os efeitos da Lei nº 12.527, de 18 de novembro de 2011, e de recebimento periódico de informação das decisões proferidas pelas unidades do Ministério Público que, em grau de recurso, negarem acesso a informações.

VII – instaurar o Procedimento Interno de Ouvidoria – PIO, administrativamente, por meio de sistema eletrônico, para os documentos destinados a estudo, manifestação ou desenvolvimento de atividades específicas relacionadas à Ouvidoria Nacional, e, em caso de relevância ou urgência, determinado por despacho fundamentado do Ouvidor Nacional, as informações do PIO instruirá o registro e a autuação nos termos do art. 37, deste Regimento.

*** (Incluído pela Emenda Regimental nº 16, de 25 de julho de 2017)**

Parágrafo único. A Ouvidoria Nacional não processará demandas relacionadas às unidades do Ministério Público, de forma a preservar suas competências, as atribuições de suas Ouvidorias e do próprio Conselho.

Art. 35. A Ouvidoria Nacional não processará solicitações anônimas, mas poderá resguardar a identidade do solicitante, caso haja fundada circunstância que justifique esta medida.

2. LIVRO II – DO PROCESSO

2.1. TÍTULO I – DISPOSIÇÕES GERAIS

2.1.1. CAPÍTULO I – DO REGISTRO E CLASSIFICAÇÃO

Art. 36. As petições, documentos e processos recebidos ou instaurados de ofício serão protocolados, registrados e autuados imediatamente, na ordem de recebimento, podendo a juntada e a digitalização ser realizadas em até três dias úteis.

§ 1° As petições, representações ou notícias deverão ser acompanhadas da qualificação do autor, mediante a informação de seu nome completo e a apresentação de cópia dos documentos de identidade, inscrição no Cadastro das Pessoas Físicas – CPF ou no Cadastro Nacional das Pessoas Jurídicas – CNPJ e comprovante de endereço, sob pena de não serem conhecidas pelo Relator.

§ 2º O relator, ao verificar que a petição não preenche os requisitos legais, apresenta defeitos ou irregularidades capazes de dificultar a análise e julgamento, ou, ainda, contenha cumulação de pedidos que não guardam pertinência temática entre si, determinará que o autor, no prazo de 15 (quinze) dias, a emende ou a complete, indicando com precisão o que deve ser corrigido ou completado, sob pena de arquivamento.

*** (Redação dada pela Emenda Regimental nº 14, de 9 de maio de 2017)**

§ 3° Se a petição apresentada por procurador não estiver acompanhada do instrumento de mandato, do qual constem poderes especiais para essa finalidade, o Relator marcará prazo de 15 (quinze) dias, prorrogável, nos casos de ato considerado urgente ou para evitar preclusão, decadência ou prescrição, por igual período, para exibição da procuração, sob pena de arquivamento.

*** (Redação dada pela Emenda Regimental nº 14, de 9 de maio de 2017)**

§ 4º O Relator, mediante despacho fundamentado, considerará suprida a ausência de qualificação ou o defeito de representação e dará prosseguimento ao feito, quando a gravidade ou a relevância dos fatos noticiados exigirem apuração, caso em que o Conselho constará como autor.

*** (Redação dada pela Emenda Regimental nº 14, de 9 de maio de 2017)**

§ 5º Os requerimentos, pedidos ou documentos relativos aos processos em andamento, mas recebidos diretamente nos Gabinetes, serão encaminhados à Secretaria do Conselho para protocolo e registro nos sistemas de acompanhamento processual.

§ As petições e documentos poderão ser apresentados por meio eletrônico, e, apenas, no caso de processos físicos remanescentes os originais devem ser encaminhados ao Conselho no prazo de cinco dias, sob pena de não serem conhecidos, salvo se a autenticidade puder ser de pronto reconhecida ou admitida pelo setor técnico da Secretaria do Conselho.

*** (Redação dada pela Emenda Regimental nº 14, de 9 de maio de 2017)**

§ 7º Ato da Presidência do Conselho, ratificado pelo Plenário, poderá regulamentar as hipóteses e condições do peticionamento obrigatório com o uso de ferramentas de tecnologia da informação, com vistas à implementação plena do processo eletrônico.

§ 8º O Conselho manterá, em seu sítio eletrônico na internet, relação atualizada dos processos em tramitação, da qual constem a natureza do feito, seu número de ordem e o nome das partes, salvo o dos autores, quando for deferido o sigilo.

Art. 37. O registro e a autuação far-se-ão em numeração contínua e seriada, observadas as seguintes classes processuais:

I – Inspeção;

II – Correição;

III – Reclamação Disciplinar;

IV – Sindicância;

V – Representação por Inércia ou Excesso de Prazo;

VI – Processo Administrativo Disciplinar;

VII – Avocação;

VIII – Revisão de Processo Disciplinar;

IX – Reclamação para Preservação da Autonomia do Ministério Público;

X – Reclamação para Preservação da Competência e da Autoridade das Decisões do Conselho;

XI – Procedimento de Controle Administrativo;

XII – Arguição de Impedimento ou Suspeição;

XIII – Restauração de Autos;

XIV – Pedido de Providências;

XV – Remoção por Interesse Público;

XVI – Proposição;

XVII – Revisão de Decisão do Conselho;

XVIII – Procedimento Avocado;

XIX – Consulta;

XX – **(Revogado pela Emenda Regimental nº 4, de 24 de fevereiro de 2015)**

XXI – Procedimento Interno de Comissão;

XXII – Nota Técnica;

XXIII – Anteprojeto de Lei.

§ 1º Serão autuados como:

I – Procedimento Avocado, os autos oriundos de pedidos de avocação procedentes, devendo o registro indicar seu tipo e origem;

II – Consulta, as dúvidas suscitadas, presentes o interesse e a repercussão gerais, sobre a aplicação de dispositivos legais e regimentais concernentes à matéria de competência do Conselho, observado o disposto no artigo 5º, XVIII e §§ 1º e 2º deste Regimento;

III – **(Revogado pela Emenda Regimental nº 4, de 24 de fevereiro de 2015)**

IV – Procedimento Interno de Comissão, os documentos destinados a estudo, manifestação ou desenvolvimento de atividades específicas relacionadas às competências das comissões do Conselho;

V – Nota Técnica, a solicitação de manifestação do entendimento do Conselho em determinado assunto ou documento, para divulgação pública ou encaminhamento a órgão da administração;

VI – Anteprojeto de Lei, os anteprojetos de lei encaminhados ao Conselho, para manifestação.

§ 2º Na reautuação de processos mudar-se-á a classe, mantendo-se a numeração e indicando-se a classe do processo originário.

§ 3º Ato do Presidente do Conselho regulamentará a distribuição e o trâmite dos processos registrados nas classes processuais não disciplinadas neste Regimento.

2.1.2. CAPÍTULO II – DA DISTRIBUIÇÃO

Art. 38. A distribuição de processos será realizada imediatamente pela SecretariaGeral, entre todos os Conselheiros, por meio de sorteio eletrônico em sessão pública, em cada classe de processo, com exclusão do Presidente do Conselho e do Corregedor Nacional, observada a ordem de autuação.

*** (Vide art. 2° da Emenda Regimental n° 11, de 31 de janeiro de 2017)**

§ 1º O sorteio incluirá os Conselheiros ausentes ou licenciados por até trinta dias, ressalvadas as medidas urgentes, que necessitem de solução inadiável.

§ 2º Concluído o sorteio, os autos serão imediatamente conclusos ao Relator, com ele permanecendo mesmo durante os afastamentos temporários.

§ 3º A distribuição não realizada a Conselheiro ausente ou licenciado por prazo superior a trinta dias será compensada quando do término da licença ou ausência, salvo se o Plenário dispensar a compensação.

§ 4º Não será distribuída a reclamação disciplinar, cuja tramitação iniciar-se-á na Corregedoria Nacional.

§ 5º O exercício do cargo de Presidente de Comissão não exclui o Conselheiro da distribuição de processos.

Art. 39. Na data de encerramento do mandato, o Conselheiro devolverá os processos à Secretaria-Geral, que os redistribuirá ao sucessor imediatamente empossado.

*** (Redação dada pela Emenda Regimental nº 18, de 8 de agosto de 2017)**

§ 1º Se a posse não ocorrer no prazo de até 60 (sessenta) dias, os processos remanescentes serão redistribuídos entre os Conselheiros, com posterior compensação de feitos.

*** (Redação dada pela Emenda Regimental nº 18, de 8 de agosto de 2017)**

§ 2º Excluem-se do parágrafo anterior os processos de natureza disciplinar, que serão redistribuídos de imediato.

*** (Redação dada pela Emenda Regimental nº 18, de 8 de agosto de 2017)**

§ 3º Os processos cujo julgamento tenha sido iniciado serão redistribuídos ao sucessor, independentemente de data de posse, ressalvados os casos urgentes deliberados pelo Plenário.

*** (Redação dada pela Emenda Regimental nº 18, de 8 de agosto de 2017)**

§ 4º O Conselheiro reconduzido manterá sob sua relatoria os processos a ele distribuídos no mandato anterior.

*** (Redação dada pela Emenda Regimental nº 18, de 8 de agosto de 2017)**

§ 5º O sistema de distribuição de processos será reiniciado com o ingresso de novo Conselheiro.

*** (Redação dada pela Emenda Regimental nº 18, de 8 de agosto de 2017)**

Art. 39-A O Conselheiro eleito Corregedor Nacional em seu primeiro mandato receberá, em caso de recondução, por redistribuição, o acervo daquele que vier a sucedê-lo na Corregedoria Nacional.

*** (Incluído pela Emenda Regimental nº 18, de 8 de agosto de 2017)**

Parágrafo único. O acervo que caberia ao Conselheiro eleito Corregedor Nacional em seu primeiro mandato será redistribuído:

*** (Incluído pela Emenda Regimental nº 18, de 8 de agosto de 2017)**

I – ao ex-Corregedor Nacional, se vier a ser reconduzido como Conselheiro;

*** (Incluído pela Emenda Regimental nº 18, de 8 de agosto de 2017)**

II – àquele que vier a assumir a vaga de origem do ex-Corregedor Nacional.

*** (Incluído pela Emenda Regimental nº 18, de 8 de agosto de 2017)**

Art. 39-B O acervo do Conselheiro que, em seu segundo mandato, for eleito Corregedor Nacional, será redistribuído:

*** (Incluído pela Emenda Regimental nº 18, de 8 de agosto de 2017)**

I – ao ex-Corregedor Nacional, se vier a ser reconduzido como Conselheiro; *

(Incluído pela Emenda Regimental nº 18, de 8 de agosto de 2017)

II – àquele empossado na vaga de origem do ex-Corregedor Nacional.

*** (Incluído pela Emenda Regimental nº 18, de 8 de agosto de 2017)**

Art. 40. Considera-se prevento, para todos os feitos supervenientes, o Relator a quem foi distribuído o primeiro processo, ou o seu sucessor no cargo de Conselheiro:

*** (Redação dada pela Emenda Regimental nº 14, de 9 de maio de 2017)**

I – quando se relacionarem, por conexão ou continência, com outro já distribuído;

*** (Incluído pela Emenda Regimental nº 14, de 9 de maio de 2017)**

II – quando tendo sido extinto o procedimento sem análise do mérito, for reiterado o pedido, ainda que em litisconsórcio com outros representantes ou que sejam parcialmente alterados os representados da demanda;

*** (Incluído pela Emenda Regimental nº 14, de 9 de maio de 2017)**

III – quando houver representações que imponham análise reunida das questões para evitar risco de prolação de decisões conflitantes ou contraditórias caso sejam decididas separadamente;

*** (Incluído pela Emenda Regimental nº 14, de 9 de maio de 2017)**

IV – nas demais hipóteses previstas neste Regimento.

*** (Incluído pela Emenda Regimental nº 14, de 9 de maio de 2017)**

§ 1º Será compensada a distribuição realizada por prevenção.

§ 2º A prevenção cessa com o trânsito em julgado da decisão monocrática ou colegiada, exceto quanto ao acompanhamento de sua execução, com vistas a garantir a efetividade das decisões do Conselho, nos termos dos artigos 64 a 66, deste Regimento.

2.1.3. CAPÍTULO III – DA COMUNICAÇÃO DOS ATOS

Art. 41. As partes e demais interessados serão intimados dos atos processuais por meio de publicação no Diário Eletrônico do Conselho.

*** (Redação dada pela Emenda Regimental nº 7, de 13 de outubro de 2015, com vigência a partir de 26 de outubro de 2015)**

§ 1º A juízo do Relator, além da forma prevista no *caput* deste artigo, a intimação poderá ser:

I – por carta registrada, com aviso de recebimento; II – pessoalmente, por servidor designado;

III – por meio eletrônico, na forma dos §§ 2º e 4º deste artigo;

*** (Redação dada pela Emenda Regimental nº 14, de 9 de maio de 2017)**

IV – por edital publicado no Diário Eletrônico do CNMP ou, conforme o caso, no Diário Oficial da União.

*** (Redação dada pela Emenda Regimental nº 14, de 9 de maio de 2017)**

§ 2º No processo originado por requerimento eletrônico, as intimações serão preferencialmente realizadas na forma do inciso III.

§ 3º A parte ou interessado poderá solicitar sejam as intimações enviadas para o endereço eletrônico ou número de fac-símile que espontaneamente informar, ou que utilizar para remeter documento ao Conselho, casos em que não poderá alegar ausência de comunicação.

§ 4º A intimação por correio eletrônico deverá ser certificada e juntada aos autos, mediante termo do qual conste dia, hora e endereço eletrônico.

*** (Redação dada pela Emenda Regimental nº 14, de 9 de maio de 2017)**

§ 5º Nos feitos de que possa resultar aplicação de sanção disciplinar, as intimações do requerido serão realizadas na forma do inciso II, do § 1o deste artigo, ou na forma do inciso IV do mesmo parágrafo, se não encontrado.

§ 6º Presumem-se válidas as intimações dirigidas ao endereço residencial, profissional ou eletrônico declinado na inicial, bem como por meio do sistema de processo eletrônico, cabendo às partes manter atualizados os respectivos endereços.

*** (Redação dada pela Emenda Regimental nº 14, de 9 de maio de 2017)**

§ 7º Quando o membro ou servidor do Ministério Público a ser intimado na forma do inciso II do § 1º deste artigo tiver domicílio fora do Distrito Federal, os mandados de intimação pessoal serão encaminhados à chefia correspondente, que lhes dará cumprimento.

§ 8º Ato da Secretaria-Geral disciplinará a elaboração, a expedição e o controle da entrega das intimações.

2.1.4. CAPÍTULO IV – DOS PRAZOS

Art. 42. Os prazos serão computados excluindo o dia do começo e incluindo o do vencimento.

§ 1º Os dias do começo e do vencimento do prazo serão protraídos para o primeiro dia útil seguinte, se coincidirem com fim de semana, feriado, dia sem expediente ou em que o expediente no Conselho Nacional do Ministério Público for encerrado antes ou iniciado depois do horário normal ou houver indisponibilidade de comunicação eletrônica reconhecida pelo CNMP.

*** (Redação dada pela Emenda Regimental nº 14, de 9 de maio de 2017)**

§ 2º Na contagem de prazo em dias, computar-se-ão dias corridos.

*** (Redação dada pela Emenda Regimental nº 14, de 9 de maio de 2017)**

§ 3º Suspende-se o curso do prazo nos dias compreendidos entre 20 de dezembro e 20 de janeiro, inclusive.

*** (Redação dada pela Emenda Regimental nº 14, de 9 de maio de 2017)**

§ 4º Durante a suspensão dos prazos, não ocorrerão sessões.

*** (Incluído pela Emenda Regimental nº 14, de 9 de maio de 2017)**

§ 5° Salvo disposição em sentido diverso, considera-se dia do começo do prazo:

*** (Incluído pela Emenda Regimental nº 14, de 9 de maio de 2017)**

I – a data de juntada aos autos do aviso de recebimento;

*** (Incluído pela Emenda Regimental nº 14, de 9 de maio de 2017)**

II – a data de juntada aos autos do mandado cumprido;

*** (Incluído pela Emenda Regimental nº 14, de 9 de maio de 2017)**

III – a data de ocorrência da citação ou da intimação, quando ela se der na Secretaria do Conselho;

*** (Incluído pela Emenda Regimental nº 14, de 9 de maio de 2017)**

IV – o dia útil seguinte ao fim da dilação assinada pelo Relator, quando a citação ou a intimação for por edital;

*** (Incluído pela Emenda Regimental nº 14, de 9 de maio de 2017)**

V – o dia útil seguinte à consulta ao teor da citação ou da intimação ou ao término do prazo para que a consulta se dê, quando a citação ou a intimação for eletrônica;

*** (Incluído pela Emenda Regimental nº 14, de 9 de maio de 2017)**

VI – a data de juntada do comunicado de realização do ato pela autoridade deprecada ou, não havendo esse, a data de juntada da carta precatória aos autos de origem devidamente cumprida, quando a citação ou a intimação se realizar em cumprimento de carta;

*** (Incluído pelaEmenda Regimental nº 14, de 9 de maio de 2017)**

VII – a data de publicação, quando a intimação se der pelo Diário Eletrônico do CNMP, observado o disposto no § 7° deste artigo, ou pelo Diário Oficial da União, conforme o caso;

*** (Incluído pela Emenda Regimental nº 14, de 9 de maio de 2017)**

VIII – a data do envio da comunicação, nos casos do art. 41, III, deste Regimento.

*** (Incluído pela Emenda Regimental nº 17, de 8 de agosto de 2017)**

§ 6° Considera-se como data de publicação o primeiro dia útil seguinte ao da disponibilização da informação no Diário Eletrônico do CNMP.

*** (Incluído pela Emenda Regimental nº 14, de 9 de maio de 2017)**

§ 7º Feita a intimação mediante mais de uma das modalidades previstas no artigo 41 deste Regimento, iniciar-se-á a contagem do prazo na forma prevista para a última delas.

*** (Anterior § 3º renumerado para § 7 ºpela Emenda Regimental nº 14, de 9 de maio de 2017, com redação dada pela Resolução nº 92, de 13 de março de 2013)**

§ 8º Decorrido o prazo, extingue-se o direito de praticar o ato, assegurando-se a possibilidade de provar que não o realizou por justa causa.

*** (Incluído pela Emenda Regimental nº 14, de 9 de maio de 2017)**

2.2. TÍTULO II – DA COMPETÊNCIA DO RELATOR

Art. 43. Compete ao Relator:

I – dirigir, ordenar e instruir o processo, podendo realizar atos e diligências necessários, bem como fixar prazos para os respectivos atendimentos, após, se for o caso, a tentativa frustrada de conciliação ou de qualquer outra forma de autocomposição;

*** (Redação dada pela Emenda Regimental nº 14, de 9 de maio de 2017)**

II – conceder vista dos autos aos interessados, observadas as hipóteses de sigilo;

III – submeter ao Plenário, à Comissão ou à Presidência, conforme a competência, quaisquer questões de ordem para o bom andamento do processo;

IV – decidir os incidentes que não dependerem de pronunciamento do Plenário, bem como fazer executar as diligências necessárias ao julgamento do processo;

V – requisitar, se necessário, os autos originais dos processos submetidos a seu exame em traslados, cópias ou certidões, assim como os feitos que com eles tenham conexão ou dependência, desde que já findos;

VI – lavrar o acórdão, com a respectiva ementa;

VII – manifestar-se sobre prescrição, decadência e intempestividade dos feitos que lhe forem distribuídos, para decisão pelo Plenário;

VIII – conceder medida liminar ou cautelar, presentes relevantes fundamentos jurídicos e fundado receio de dano irreparável ou de difícil reparação;

IX – sem prejuízo da competência do Plenário, decidir monocraticamente quando:

a) não estiverem atendidos os requisitos estabelecidos nos parágrafos do artigo 36 deste Regimento;

b) concluir por manifesta improcedência, ilegitimidade, falta de interesse, perda de objeto ou ainda reconhecer a litispendência ou coisa julgada;

*** (Redação dada pela Emenda Regimental nº 14, de 9 de maio de 2017)**

c) o pedido não se enquadrar na competência do Conselho ou não contiver providência a ser adotada;

d) o pedido estiver em manifesto confronto com as resoluções, recomendações, súmulas e os enunciados do Conselho, com súmula do Supremo Tribunal Federal ou do Superior Tribunal de Justiça, bem como acórdão proferido pelo Supremo Tribunal Federal ou pelo Superior Tribunal de Justiça em julgamento de recursos repetitivos;

*** (Redação dada pela Emenda Regimental nº 14, de 9 de maio de 2017)**

e) manifesta prescrição ou decadência.

*** (Redação dada pela Emenda Regimental nº 14, de 9 de maio de 2017)**

X – propor conciliação às partes em litígio, podendo reduzir a termo o acordo, que será submetido ao Plenário, para homologação;

XI – decidir o pedido de sigilo do procedimento, nas hipóteses previstas neste Regimento, comunicando a decisão ao requerente;

XII – requisitar das autoridades fiscais, monetárias, judiciárias e outras, informações, exames, perícias ou documentos, sigilosos ou não, imprescindíveis ao esclarecimento de processos ou procedimentos submetidos à sua apreciação;

 XIII – praticar os demais atos de sua competência, bem como os que lhe sejam facultados por lei e pelo Regimento ou delegados pelo Presidente do Conselho.

§ 1º O Relator poderá delegar a membro auxiliar a realização de atos instrutórios.

§ 2º As decisões monocráticas de arquivamento serão comunicadas por escrito ao Plenário, na primeira sessão subsequente, pelo Secretário- Geral.

§ 3º Na hipótese do inciso VIII deste artigo, o Relator poderá, a seu critério, submeter a decisão ao referendo do Plenário.

§ 4º No caso do inciso XI, se a decisão for denegatória, a comunicação do ato deverá indagar do requerente o interesse na continuidade do procedimento.

§ 5º O Relator, mediante decisão fundamentada, poderá determinar o sigilo da realização de determinados atos instrutórios, permitindo somente a presença das partes e de seus advogados, ou apenas destes, desde que tal medida não prejudique o interesse público.

§ 6º Da decisão que concede ou denega sigilo ao feito cabe recurso, no prazo e na forma preconizados nos artigos 153 a 155 deste Regimento.

§ 7º O Relator poderá propor ao Plenário a correção da decisão, quando constatar a existência de erro material.

2.3. TÍTULO III – DAS PROVAS

2.3.1. CAPÍTULO I – DOS DOCUMENTOS E INFORMAÇÕES

Art. 44. As provas requeridas devem estar vinculadas aos fundamentos do pedido, podendo ser motivadamente indeferidas, se consideradas protelatórias ou desnecessárias.

Art. 45. Se o reclamante não puder desde logo instruir suas alegações por impedimento ou demora em obter certidões ou cópias autenticadas de peças junto aos órgãos do Ministério Público, o Corregedor Nacional ou o Relator conceder-lhe-á prazo para esse fim ou as requisitará diretamente, quando necessário à comprovação dos fatos ou quando, justificadamente, o reclamante solicitar.

Art. 46. O interessado poderá ser intimado a falar sobre documento juntado após sua última intervenção no processo.

2.3.2. CAPÍTULO II – DOS DEPOIMENTOS

Art. 47. Os depoimentos serão reduzidos a termo e assinados por quem presidir o ato, pelo depoente, pela parte e pelos advogados presentes.

§ 1° Quando gravados, os depoimentos serão, se necessário, degravados e, depois da certificação de sua autenticidade pelo Secretário- Geral, permanecerão à disposição das partes, observado o sigilo, se for o caso.

§ 2° Aplica-se o disposto neste artigo ao interrogatório dos acusados em processos administrativos disciplinares, sendo, neste caso, obrigatória a presença de defesa constituída ou dativa.

2.3.3. CAPÍTULO III – DAS AUDIÊNCIAS

Art. 48. As audiências para conciliação ou mediação e instrução dos feitos serão realizadas em local, dia e hora designados pelo Relator ou pela autoridade que presidirá o ato.

*** (Redação dada pela Emenda Regimental nº 14, de 9 de maio de 2017)**

§ 1° A abertura e o encerramento da audiência serão apregoados pelo servidor designado para secretariar os trabalhos.

§ 2° Nas hipóteses previstas em lei e naquelas em que a preservação do direito à intimidade assim o recomendar, as audiências poderão ser realizadas em caráter reservado, com a presença apenas dos Conselheiros, no caso de a competência ser do Plenário, ou do Relator, do secretário designado, das partes e de seus advogados.

§ 3º A audiência de conciliação ou mediação sob responsabilidade do relator não será realizada quando o relator não a identificar como conveniente ou necessária, quando as partes manifestarem desinteresse na composição consensual ou quando a questão não admitir autocomposição.

*** (Incluído pela Emenda Regimental nº 14, de 9 de maio de 2017)**

Art. 49. O secretário lavrará a ata, na qual registrará o nome da autoridade que houver presidido o ato, das partes e de seus respectivos advogados, se presentes, e, ainda, os requerimentos verbais eventualmente apresentados e todos os outros atos e ocorrências.

Art. 50. À exceção dos advogados, os presentes à audiência não poderão retirar-se da sala sem a permissão da autoridade que a presidir.

2.4. TÍTULO IV – DAS SESSÕES

2.4.1. CAPÍTULO I – DAS DISPOSIÇÕES GERAIS

Art. 51. Todas as sessões do Conselho serão públicas.

Art. 52. Nas sessões do Plenário e das Comissões observar-se-á a seguinte ordem:

I – verificação do número de Conselheiros;

II – discussão e aprovação da ata da sessão anterior;

III – apreciação da pauta na ordem em que houver sido publicada.

Art. 53. Terão preferência de julgamento os feitos disciplinares, seguidos dos feitos com vista que hajam ultrapassado o prazo disposto no artigo 59, § 2º, deste Regimento Interno.

*** (Redação dada pela Resolução n° 130, de 22 de setembro de 2015)**

§ 1º Em caso de relevância ou urgência, o Relator poderá solicitar preferência para o julgamento.

§ 2º O Presidente também poderá dar preferência aos julgamentos nos quais as partes pretendam produzir sustentação oral.

Art. 54. Após a apresentação de relatório e voto pelo Relator, e havendo pedido de sustentação oral, o Presidente dará a palavra, sucessivamente, ao requerente ou recorrente e ao requerido ou recorrido.

§ 1º As inscrições para sustentação oral serão realizadas no sítio eletrônico do Conselho, desde a publicação da pauta no Diário Oficial, até duas horas antes do horário programado para o início da sessão, ficando condicionado o deferimento da preferência à presença do solicitante no momento do pregão.

*** (Redação dada pela Emenda Regimental nº 5, de 22 de setembro de 2015.)**

§ 2º A sustentação oral terá o prazo de até dez minutos.

§ 3º Havendo interessados com pretensões convergentes, o prazo será de vinte minutos, divididos igualmente entre os do mesmo grupo, se não o convencionarem diversamente.

§ 4º Não será admitida sustentação oral no julgamento de Embargos de Declaração.

§ 5° No caso em que houver trancamento para inserção de novos processos na pauta de julgamentos do Plenário do Conselho Nacional do Ministério Público, fica vedada nova inscrição para sustentação oral da parte ou de seu representante, mantendo-se as inscrições orais realizadas na sessão anterior cujos processos não foram apregoados.

*** (Incluído pela Emenda Regimental nº 10, de 26 de julho de 2016)**

§ 6° Em se tratando de sessão que teve a pauta trancada, a Secretaria-Geral do Conselho Nacional do Ministério Público tomará as medidas necessárias para que tal informação conste nas publicações aludidas à referida pauta.

*** (Incluído pela Emenda Regimental nº 10, de 26 de julho de 2016)**

Art. 55. Poderão ocupar a tribuna, pelo prazo de dez minutos, autoridades, técnicos ou peritos que, a critério do Presidente, possam contribuir para o julgamento do caso com o esclarecimento de questões de fato.

§ 1º Os Procuradores-Gerais e os presidentes das entidades representativas dos membros e servidores do Ministério Público, assim comprovados, poderão usar da palavra, uma única vez, por até dez minutos, antes da votação dos temas de interesse direto e coletivo dos segmentos representados.

§ 2º Havendo mais de uma inscrição por segmento representado, o prazo será de vinte minutos, comum a todos os inscritos.

Art. 56. Durante os debates, cada Conselheiro poderá falar tantas vezes quantas forem necessárias ao esclarecimento do assunto em discussão ou, em regime de votação, para explicar a modificação do voto.

Art. 57. Questões preliminares poderão ser suscitadas durante o julgamento por qualquer Conselheiro, podendo as partes usar da palavra exclusivamente para esclarecimento de matéria de fato, pelo prazo regimental.

§ 1º As questões preliminares serão julgadas antes do mérito, dele não se conhecendo se incompatível com a decisão proferida.

§ 2º Rejeitada a preliminar, ou se a decisão for compatível com a apreciação do mérito, seguir-se-ão a discussão e o julgamento da matéria principal.

Art. 58. O julgamento, uma vez iniciado, será concluído na mesma sessão, salvo se for convertido em diligência ou houver pedido de vista.

§ 1º O julgamento poderá ser convertido em diligência, quando essencial ao deslinde da causa.

§ 2º Se a conversão em diligência decorrer de questão preliminar suscitada e votada pelo Plenário, o Relator do processo conduzirá a providência a ser adotada, ainda que tenha sido vencido nessa votação, submetendo o feito a ulterior julgamento.

§ 3º Caso a conversão em diligência tenha sido decidida durante os debates em torno do mérito, e desde que tenha sido vencido o Relator, será o processo redistribuído ao Conselheiro que houver inaugurado a divergência, cabendo a este conduzir a diligência e submeter o feito a ulterior julgamento.

Art. 59. O pedido de vista será deferido uma única vez, de forma coletiva e extensiva a todos os Conselheiros que manifestarem interesse, sendo-lhes encaminhada reprodução digitalizada dos autos, permanecendo os originais na Secretaria do Conselho.

§ 1º O voto-vista deve ser apresentado em até 30 (trinta) dias contados da data da solicitação, prorrogáveis uma vez por mais 30 (trinta) dias.

*** (Parágrafo único renumerado para § 1º, com redação dada pela**

Resolução n° 130, de 22 de setembro de 2015)

§ 2º Ultimado o prazo do parágrafo antecedente, apresentado ou não o voto-vista, o Presidente dará prosseguimento ao julgamento, desde que presente o Relator, salvo situação excepcional devidamente motivada.

*** (Incluído pela Resolução n° 130, de 22 de setembro de 2015)**

§ 3º O prazo referido no § 1º deste artigo não se aplica às hipóteses de referendo previstas no art. 77, § 2º, para as quais será concedida apenas vista coletiva, em mesa.

*** (Incluído pela Emenda Regimental n° 12, de 28 de março de 2017)**

Art. 60. Concluídos os debates orais, o Presidente tomará o voto dos demais Conselheiros, na ordem da precedência prevista no § 1º do artigo 8º, deste Regimento.

§ 1º Os Conselheiros poderão antecipar o voto, bem como alterar o voto antecipado.

§ 2º O voto antecipado dos Conselheiros sucedidos não poderá ser modificado.

§ 3º Encerrada a votação, o Presidente proclamará a decisão.

§ 4º Vencido o Relator na questão principal do processo submetido a julgamento, será designado para lavrar o acórdão o Conselheiro que houver proferido o primeiro voto vencedor.

§ 5º O Corregedor Nacional votará em todos os feitos, inclusive nos processos administrativos disciplinares.

Art. 61. Ao reiniciar-se o julgamento, serão computados os votos já proferidos pelos Conselheiros, ainda que não compareçam ou hajam deixado o exercício do cargo.

Parágrafo único. Não participarão do julgamento os Conselheiros que não tenham assistido ao relatório ou aos debates, salvo quando se derem por esclarecidos.

Art. 62. Salvo disposição regimental em contrário, as deliberações do Plenário e das Comissões serão tomadas pela maioria dos votos, presente a maioria absoluta de seus membros.

§ 1º Não será permitida a abstenção de Conselheiro nos julgamentos.

§ 2º No caso de empate na votação, serão:

I – declarados improcedentes os seguintes feitos:

Representação por Inércia ou Excesso de Prazo;

Avocação;

Reclamação para Preservação da Autonomia do Ministério Público;

Reclamação para Preservação da Competência e da Autoridade das Decisões do Conselho;

Procedimento de Controle Administrativo;

Pedido de Providências;

II – rejeitadas as arguições de impedimento ou suspeição;

III – improvidos os recursos internos.

Art. 63. A aplicação de sanção disciplinar será decidida por maioria absoluta.

Parágrafo único. Decidida a aplicação de sanção disciplinar e havendo divergência quanto à pena, sem que se tenha formado maioria absoluta por uma delas, proceder-se-á à votação sucessiva das penas propostas, em ordem decrescente de gravidade.

2.4.2. CAPÍTULO II – DA EFETIVIDADE DOS ATOS E DECISÕES

Art. 64. A Presidência, por meio da Secretaria-Geral ou, facultativamente, o Relator, acompanhará o cumprimento das decisões do Plenário, devendo a Corregedoria Nacional acompanhar o cumprimento de suas decisões.

Parágrafo único. Os atos normativos que contenham determinação ensejarão, após sua publicação e por determinação do Relator no voto que os aprovar, a abertura de procedimento único de acompanhamento pelo Secretário-Geral, abrangendo todo Ministério Público.

Art. 65. Comprovada a resistência ao cumprimento de ato ou decisão do Conselho, por mais de noventa dias além do prazo estabelecido, a Secretaria-Geral certificará o ocorrido, extrairá cópias dos documentos de acompanhamento e as enviará à Secretaria Processual para autuação e distribuição.

§ 1º Caso o ato ou decisão não estabeleça prazo para seu cumprimento, este será de trinta dias após o trânsito em julgado, podendo ser prorrogado, motivadamente, pelo Relator, que comunicará ao Plenário a prorrogação.

§ 2º O Plenário, por sugestão do Relator ou do Corregedor Nacional, ou ainda por reclamação de interessado, adotará as providências necessárias à imediata efetivação da decisão, sem prejuízo da instauração do procedimento disciplinar contra a autoridade recalcitrante e, quando for o caso, do envio de cópias ao Ministério Público competente para a adoção das providências cabíveis.

Art. 66. O Conselho determinará à autoridade recalcitrante, sob as cominações do disposto no artigo 65 deste Regimento, o imediato cumprimento do ato ou decisão, quando impugnado perante outro juízo que não o Supremo Tribunal Federal.

2.5. TÍTULO V – DOS DIVERSOS TIPOS DE PROCESSOS

2.5.1. CAPÍTULO I – DA INSPEÇÃO E DA CORREIÇÃO

Art. 67. A Corregedoria Nacional do Ministério Público poderá realizar correições para verificação do eficiente funcionamento dos serviços do Ministério Público, em todas as suas áreas de atividade, havendo ou não evidências de irregularidades, sem prejuízo da atuação das Corregedorias Gerais do Ministério Público.

*** (Redação dada pela Emenda Regimental nº 9, de 26 de julho de 2016)**

§ 1º O Corregedor apresentará ao Plenário do Conselho, no início de cada semestre, o calendário de correições ordinárias a serem realizadas.

*** (Redação dada pela Emenda Regimental nº 9, de 26 de julho de 2016)**

§ 2º Sem prejuízo do disposto no § 1º deste artigo, as correições poderão ser realizadas a qualquer tempo, por iniciativa da Corregedoria Nacional ou por deliberação do Plenário.

*** (Redação dada pela Emenda Regimental nº 9, de 26 de julho de 2016)**

§ 3º Mediante decisão fundamentada, as correições poderão ser realizadas independentemente de comunicação prévia, com ou sem a presença das autoridades responsáveis pelos órgãos correicionados, podendo ser colhidas, individualmente ou em audiência pública previamente convocada, manifestações de interessados e autoridades, que poderão prestar esclarecimentos e protocolar documentos que reputem relevantes.

*** (Redação dada pela Emenda Regimental nº 9, de 26 de julho de 2016)**

§ 4º A audiência pública será presidida pelo Corregedor Nacional ou Conselheiro ou membro auxiliar designado, a quem caberá manter a ordem dos trabalhos.

Art. 68. A Corregedoria Nacional realizará correições ordinárias nos órgãos de controle disciplinar das unidades do Ministério Público da União e dos Estados, qualquer que seja a espécie de procedimento disciplinar e a participação do órgão no seu trâmite, para verificação do funcionamento e regularidade das atividades desenvolvidas.

*** (Redação dada pela Emenda Regimental nº 9, de 26 de julho de 2016.)**

§ 1º O Corregedor Nacional apresentará ao Plenário do Conselho o calendário anual de correições ordinárias nos órgãos de controle disciplinar das unidades do Ministério Público da União e dos Estados.

*** (Redação dada pela Emenda Regimental nº 9, de 26 de julho de 2016.)**

§ 2º O Corregedor Nacional comunicará aos chefes da unidade ministerial e do órgão correicionado, com antecedência mínima de trinta dias, o dia e a hora em que se iniciará a correição ordinária.

*** (Redação dada pela Emenda Regimental nº 9, de 26 de julho de 2016.)**

§ 3º Das correições realizadas nos órgãos de controle disciplinar das unidades do Ministério Público da União e dos Estados será elaborado relatório a ser apreciado pelo Plenário do Conselho, com as determinações, recomendações e providências a serem adotadas.

*** (Redação dada pela Emenda Regimental nº 9, de 26 de julho de 2016.)**

Art. 69. A Corregedoria Nacional poderá realizar inspeções para apuração de fatos determinados relacionados com deficiências dos serviços do Ministério Público, bem como de seus serviços auxiliares.

*** (Redação dada pela Emenda Regimental nº 9, de 26 de julho de 2016.)**

§ 1º A inspeção será precedida de ato convocatório com indicação dos fatos a apurar e realizada na presença de autoridades responsáveis pelos órgãos objeto da inspeção, que poderão prestar esclarecimentos e fazer as observações que reputem relevantes para elucidação da apuração.

*** (Redação dada pela Emenda Regimental nº 9, de 26 de julho de 2016.)**

§ 2º Em caso de urgência ou em virtude de motivo relevante devidamente fundamentado, a inspeção poderá ser realizada sem a comunicação prévia e independente da presença e/ou ciência da autoridade ou serviço responsável.

*** (Redação dada pela Emenda Regimental nº 9, de 26 de julho de 2016.)**

Art. 70. O Corregedor Nacional, ou os membros auxiliares e servidores por ele expressamente autorizados, disporão de livre acesso aos locais onde se processarem as atividades de inspeção e correição, podendo, se entender conveniente, compulsar ou requisitar documentos, livros, registros de computadores ou qualquer outro dado ou informação que repute relevante para os propósitos da inspeção e da correição.

§ 1º Para auxiliar nos trabalhos de inspeção e correição poderão ser requisitados servidores do Ministério Público ou, mediante cooperação, solicitados servidores dos Poderes Executivo, Legislativo e Judiciário.

§ 2º No exercício de sua função, o Corregedor Nacional poderá ser acompanhado de Conselheiros, membros auxiliares, peritos ou servidores da Corregedoria Nacional.

Art. 71. Concluídos os trabalhos, o Corregedor Nacional ou aquele por ele designado, mandará lavrar auto circunstanciado, nele mencionando tudo quanto for útil aos objetivos da inspeção ou correição.

Art. 72. O Corregedor Nacional poderá desde logo adotar as providências de sua competência e proporá ao Plenário do Conselho a adoção das demais medidas cabíveis, à vista do apurado em suas atividades de inspeção e correição.

§ 1º O Conselho encaminhará traslado dos autos de inspeção ou de correição aos órgãos do ramo do Ministério Público inspecionado ou submetido a correição, para a adoção das providências a seu cargo.

§ 2º Os fatos que em tese configurem ilícito penal serão imediatamente comunicados ao Ministério Público competente.

Art. 73. O Plenário do Conselho poderá, tendo em vista o conteúdo das atas de inspeção e correição, regulamentar práticas administrativas, uniformizando procedimentos tendentes à melhoria da organização, do funcionamento e do controle dos serviços do Ministério Público.

2.5.2. CAPÍTULO II – DA RECLAMAÇÃO DISCIPLINAR E DA SINDICÂNCIA

Art. 74. A reclamação disciplinar é o procedimento investigativo de notícia de falta disciplinar atribuída a membro ou servidor do Ministério Público, proposta por qualquer interessado, nos termos do artigo 130-A, § 2º, III e § 3º, I, da Constituição Federal.

Art. 75. A reclamação disciplinar, dirigida ao Corregedor Nacional, deverá conter a descrição dos fatos, a identificação do reclamado, a qualificação e a assinatura do reclamante, de acordo com requisitos previstos no artigo 36 deste Regimento, sob pena de indeferimento liminar.

§ 1º Diante da gravidade, relevância ou verossimilhança dos fatos noticiados, poderá o Corregedor Nacional, por decisão fundamentada, considerar suprida a ausência de qualificação e, agindo de ofício, prosseguir na instrução.

§ 2º Até decisão definitiva sobre a matéria, o Corregedor Nacional poderá conferir tratamento sigiloso à autoria da reclamação.

Art. 76. O Corregedor Nacional poderá notificar o reclamado para prestar informações no prazo de dez dias, podendo ainda realizar diligências para apuração preliminar da verossimilhança da imputação ou encaminhar a reclamação ao órgão disciplinar local, para proceder na forma do artigo 78 deste Regimento.

Parágrafo único. O Corregedor Nacional arquivará de plano a reclamação se o fato narrado não configurar infração disciplinar ou ilícito penal, devendo dar ciência da decisão ao Plenário e ao reclamante.

Art. 77. Prestadas as informações pelo reclamado, decorrido o prazo sem manifestação ou encerradas as diligências, o Corregedor Nacional poderá adotar uma das seguintes providências:

I – arquivar a reclamação, se ocorrer a perda do objeto ou se o fato não constituir infração disciplinar ou ilícito penal;

II – instaurar sindicância, se as provas não forem suficientes ao esclarecimento dos fatos;

III – encaminhar cópia da reclamação ao órgão disciplinar local, para proceder na forma do artigo 78 deste Regimento;

IV – instaurar, desde logo, processo administrativo disciplinar, se houver indícios suficientes de materialidade e autoria da infração ou se configurada inércia ou insuficiência de atuação, publicando a respectiva portaria;

V – propor ao Plenário a revisão do processo administrativo disciplinar instaurado na origem;

VI – encaminhar a matéria para distribuição a outro Conselheiro, se se fizer necessário o exame preliminar da legalidade do ato praticado.

§ 1º Na hipótese do inciso IV deste artigo, o Corregedor Nacional "ad referendum" poderá afastar o acusado pelo prazo previsto na respectiva lei orgânica ou por até cento e vinte dias, prorrogáveis justificadamente, se omissa a legislação pertinente, assegurado o subsídio ou remuneração integral.

*** (Anterior § 2º, com redação dada pela Resolução nº 103, de 2 de dezembro de 2013, restabelecido como § 1º pela Emenda Regimental nº 12, de 28 de março de 2017)**

§ 2º Nas hipóteses do inciso IV e do § 1º deste artigo, o feito será submetido ao referendo do Plenário na sessão plenária subsequente, com a prévia intimação do reclamado, ao qual será facultada a realização de sustentação oral.

*** (Redação dada pela Emenda Regimental n° 12, de 28 de março de 2017)**

§ 3º Nos casos do parágrafo anterior, a decisão só produzirá efeitos a partir do seu referendo pelo Plenário.

*** (Redação dada pela Emenda Regimental n° 12, de 28 de março de 2017)**

§ 4º Instaurado o processo administrativo disciplinar, o feito será encaminhado para distribuição a outro Conselheiro.

*** (Incluído pela Resolução n° 103, de 2 de dezembro de 2013)**

Art. 78. O órgão disciplinar local que receber reclamação disciplinar encaminhada pelo Corregedor Nacional deverá:

I – instaurar procedimento, caso tenha tomado conhecimento dos fatos apenas pela comunicação do Corregedor Nacional, cientificando-o, no prazo de dez dias, das providências adotadas, inclusive com cópias dos respectivos atos;

II – informar, no prazo de cinco dias, a preexistência de procedimento disciplinar sobre os fatos, remetendo cópia integral dos autos e informações sobre o andamento, caso ainda não esteja encerrado;

III – apresentar, no prazo de dez dias, justificativa para o arquivamento das peças encaminhadas, remetendo cópia da decisão fundamentada à Corregedoria Nacional, quando entenda não ser o caso de abertura de procedimento disciplinar.

§ 1º Nas hipóteses dos incisos I e II deste artigo, o Corregedor Nacional sobrestará a reclamação disciplinar, por meio de decisão que assinará ao órgão disciplinar de origem o prazo de até noventa dias, contados da comunicação, para concluir o procedimento e, ao final, remeter cópia integral do feito.

§ 2º O Corregedor Nacional poderá, motivadamente, prorrogar, por prazo certo, o prazo de que trata o § 1º deste artigo.

Art. 79. Informado da medida adotada pelo órgão disciplinar de origem e divergindo de suas conclusões, o Corregedor Nacional poderá:

I – realizar diligências complementares;

II – adotar uma das medidas previstas nos incisos I, II, IV, e V do artigo 77 deste Regimento.

Art. 80. Transcorridos os prazos previstos no artigo 78 sem resposta ou conclusão do procedimento, não havendo sido apresentado motivo justificado, a reclamação, a juízo do Corregedor Nacional, terá prosseguimento perante o Conselho Nacional, apurando-se, em procedimento autônomo, a responsabilidade do órgão disciplinar de origem pela omissão, quando necessário.

Parágrafo único. O Corregedor Nacional poderá arquivar a reclamação disciplinar quando considerar suficiente a atuação do órgão disciplinar de origem, cientificando-o, bem como ao reclamante e ao reclamado.

Art. 81. A sindicância é procedimento investigativo sumário destinado a apurar irregularidades atribuídas a membro ou servidor do Ministério Público, com prazo de conclusão de trinta dias, contados da publicação da portaria inaugural, prorrogável, motivadamente, por prazo certo, a juízo do Corregedor Nacional, que disso dará ciência ao Plenário na sessão imediatamente após sua decisão.

Art. 82. A portaria inaugural, expedida pelo Corregedor Nacional, designará comissão sindicante composta por membros vitalícios ou servidores estáveis do Ministério Público, que não poderão ocupar cargo de hierarquia inferior ao do sindicado, indicando, entre eles, seu presidente.

Parágrafo único. A portaria de instauração deve conter ainda, sempre que possível, a qualificação do sindicado, a exposição circunstanciada dos fatos e o prazo para conclusão dos trabalhos.

Art. 83. O Corregedor Nacional, ou a comissão sindicante por ele designada, determinará a oitiva do sindicado, que terá o prazo de quinze dias para apresentar, querendo, as alegações que entender pertinentes à defesa de seus direitos, oferecendo, desde logo, as provas pelas quais possa demonstrar, se for o caso, a improcedência da imputação.

Art. 84. Encerrada a instrução, será elaborado relatório conclusivo, cabendo ao Corregedor Nacional arquivar a sindicância ou instaurar processo administrativo disciplinar, indicando, neste caso, os fundamentos da decisão, a infração cometida e a sanção que entender cabível.

Art. 85. Os autos da reclamação disciplinar e da sindicância serão apensados ao processo disciplinar dela decorrente, como peça informativa da instrução.

Art. 86. Os procedimentos da reclamação disciplinar e da sindicância contra membro do Ministério Público obedecerão ao disposto neste Regimento e, no que couber, ao disposto na Lei Complementar nº 75, de 20 de maio de 1993, na Lei nº 8.625, de 12 de fevereiro de 1993, e na legislação estadual editada com amparo no artigo 128, § 5º, da Constituição Federal, conforme o caso.

2.5.3. CAPÍTULO III – DA REPRESENTAÇÃO POR INÉRCIA OU POR EXCESSO DE PRAZO

Art. 87. A representação contra membro do Ministério Público por inércia ou excesso injustificado de prazo na realização de atos processuais ou administrativos poderá ser formulada por qualquer interessado ou Conselheiro.

§ 1º A representação será apresentada por petição instruída com os documentos necessários à sua comprovação e distribuída a um Relator.

§ 2º Não sendo o caso de indeferimento sumário, o Relator notificará previamente o representado, encaminhando-lhe cópia da representação e dos documentos que a instruem, facultando-lhe o prazo de quinze dias para que preste as informações que entender cabíveis.

§ 3º Se houver prova pré-constituída do fato e o caso exigir providência urgente, o Relator poderá fixar desde logo prazo para que a irregularidade seja sanada.

§ 4º Decorrido o prazo do § 2º deste artigo com ou sem as informações, o Relator, se entender não ser o caso de extinção por perda de objeto, pedirá a inclusão do feito em pauta, a fim de que o Plenário decida sobre a necessidade de instauração de processo administrativo disciplinar.

§ 5º As disposições deste artigo são aplicáveis, no que couber, ao pedido de representação por excesso de prazo apresentado contra servidor do Ministério Público.

2.5.4. CAPÍTULO IV – DO PROCESSO ADMINISTRATIVO DISCIPLINAR

Art. 88. O processo administrativo disciplinar, em que se assegurarão o contraditório e a ampla defesa, é o instrumento destinado a apurar a responsabilidade de membro ou servidor do Ministério Público por infração disciplinar.

Art. 89. Decidida a instauração de processo administrativo disciplinar no âmbito do Conselho, o feito será distribuído a um Relator.

*** (Redação dada pela Resolução n° 103, de 2 de dezembro de 2013)**

§ 1º Competirá ao Relator ordenar, presidir e instruir o processo administrativo disciplinar, podendo delegar a membro ou servidor do Ministério Público a realização de diligências.

§ 2º A portaria de instauração, expedida pelo Corregedor Nacional, no caso do artigo 77, IV, deste Regimento, ou pelo Relator, nos demais casos, deverá conter a qualificação do acusado, a exposição circunstanciada dos fatos imputados, a previsão legal sancionadora e o rol de testemunhas, se for o caso.

§ 3º O Plenário, ao referendar ou determinar a instauração do processo administrativo disciplinar, poderá, sempre que o caso recomendar, afastar o acusado pelo prazo previsto na respectiva lei orgânica ou por até cento e vinte dias, se omissa a legislação pertinente, assegurado o subsídio ou remuneração integral.

§ 4º A indicação da previsão legal sancionadora, exigida nos termos do § 2º deste artigo, não vincula as conclusões do processo administrativo disciplinar, observado o disposto no artigo 97 deste Regimento.

Art. 90. O processo administrativo disciplinar terá prazo de conclusão de noventa dias, a contar da publicação da portaria inaugural, prorrogável, motivadamente, pelo Relator, em decisão a ser referendada pelo Plenário na primeira sessão subsequente.

Art. 91. Autuada a portaria com as peças informativas que lhe deram origem ou outros elementos de prova existentes, o Relator deliberará sobre a realização de diligências necessárias à comprovação da materialidade dos fatos e de sua autoria e determinará a citação do acusado.

Art. 92. O acusado será citado pessoalmente, recebendo cópia integral dos autos em meio digital, sendo-lhe concedido o prazo de dez dias, contados da citação, para apresentar defesa prévia.

§ 1º Após a citação, o Relator produzirá cópia dos autos em meio digital e a entregará ao acusado, mediante solicitação escrita.

*** (Redação dada pela Emenda Regimental nº 15, de 13 de junho de 2017)**

§ 2º Se o acusado não for encontrado ou furtar-se à citação, será citado por edital publicado uma vez no Diário Eletrônico do Conselho, concedendo-lhe o prazo do *caput* deste artigo para apresentar defesa prévia.

*** (Redação dada pela Emenda Regimental nº 7, de 13 de outubro de 2015, com vigência a partir de 26 de outubro de 2015)**

§ 3º Se o acusado não atender à citação e não se fizer representar por procurador, será declarado revel, designando-se-lhe defensor dativo, sem prejuízo de seu direito à indicação, a qualquer tempo, de defensor de sua preferência.

§ 4º O processo seguirá sem a presença do acusado que, citado ou intimado pessoalmente para qualquer ato, deixar de comparecer sem motivo justificado ou, no caso de mudança de domicílio, não comunicar o novo endereço.

Art. 93. O acusado indicará seu defensor na primeira oportunidade que se manifestar no processo.

Parágrafo único. Caso o acusado não indique um defensor, nem opte pela autodefesa, o Relator designar-lhe-á um defensor dativo, reabrindo-lhe o prazo de defesa prévia.

Art. 94. Na defesa prévia o acusado poderá apresentar rol de testemunhas, juntar prova documental, requerer diligências, oferecer e especificar as provas que pretenda produzir.

§ 1º O Relator poderá indeferir pedidos considerados impertinentes, meramente protelatórios ou de nenhum interesse para o esclarecimento dos fatos.

§ 2º Será indeferido o pedido de prova pericial quando a comprovação do fato independer de conhecimento especial de perito.

Art. 95. Transcorrido o prazo para defesa prévia, o Relator promoverá a instrução, realizando as diligências necessárias, podendo recorrer à prova pericial.

Parágrafo único. O acusado ou seu defensor deverá ser intimado de todos os atos e termos do processo, com antecedência mínima de três dias úteis.

Art. 96. As testemunhas serão intimadas por mandado, devendo a segunda via ser juntada aos autos, com o ciente do intimado.

Art. 97. Durante a instrução, caso o Relator identifique fatos novos conexos com o objeto de apuração que possam configurar indícios ou novas infrações disciplinares por parte do acusado, poderá aditar a portaria ou adotar outra providência cabível.

Parágrafo único. Aditada a portaria inaugural, será aberto novo prazo para a defesa se manifestar.

Art. 98. Concluída a instrução, o Relator promoverá o interrogatório do acusado, que poderá requerer diligências complementares.

Parágrafo único. O Relator decidirá sobre as diligências requeridas e poderá determinar outras que julgar necessárias, em decorrência das provas já produzidas.

Art. 99. Quando houver dúvida sobre a sanidade mental do acusado, o Relator proporá a realização de exame por junta médica oficial.

Art. 100. Constará dos autos cópia dos assentamentos funcionais do acusado.

Art. 101. Superada a fase de diligências complementares, o acusado terá vista dos autos, por dez dias, para alegações finais.

Art. 102. Transcorrido o prazo, com ou sem a apresentação das alegações finais, o Relator apreciará as provas colhidas e as razões de defesa, elaborando relatório no qual proporá, fundamentadamente, o arquivamento, a absolvição ou a punição do acusado, indicando, neste caso, a pena considerada cabível e seu fundamento legal.

Art. 103. Havendo mais de um acusado, os prazos serão comuns.

Art. 104. Concluídos os trabalhos, o Relator solicitará a inclusão do feito na pauta de julgamento e enviará cópia integral dos autos, em meio digital, aos demais Conselheiros.

Art. 105. Além das disposições deste Regimento Interno, o processo administrativo disciplinar instaurado no âmbito do Conselho obedecerá, subsidiária e sucessivamente, às disposições da Lei Complementar nº 75, de 20 de maio de 1993, e das Leis nºs 8.112, de 11 de dezembro de 1990 e 9.784, de 29 de janeiro de 1999.

Parágrafo único. As penas disciplinares aplicadas serão as previstas no artigo 130-A, § 2º, III, da Constituição Federal e no respectivo estatuto funcional do membro ou servidor acusado.

2.5.5. CAPÍTULO V – DA AVOCAÇÃO

Art. 106. A avocação de procedimento ou processo administrativo disciplinar em curso contra membro ou servidor do Ministério Público dar-se-á mediante proposição de qualquer Conselheiro ou representação fundamentada de qualquer cidadão, dirigida ao Presidente do Conselho, a quem caberá determinar sua autuação e distribuição a um Relator.

Parágrafo único. Se o processo objeto do pedido de avocação estiver sendo acompanhado em sede de reclamação disciplinar no âmbito da Corregedoria Nacional, o Relator solicitará informações ao Corregedor Nacional sobre o andamento do feito e as alegações do pedido.

Art. 107. O Relator ouvirá em dez dias o membro ou o servidor do Ministério Público e o órgão disciplinar de origem.

§ 1º Findo o prazo do *caput* deste artigo, com ou sem as informações, o Relator pedirá a inclusão do processo em pauta, para deliberação pelo Plenário.

§ 2º Decidindo o Plenário pela avocação, a decisão será imediatamente comunicada ao Ministério Público respectivo, para o envio dos autos no prazo máximo de cinco dias.

Art. 108. Recebidos os autos do feito avocado, serão estes novamente autuados com distribuição ao mesmo Relator, por prevenção.

§ 1º Tratando-se de procedimento de natureza investigativa ou inquisitiva, preparatório ao processo administrativo disciplinar, será encaminhado ao Corregedor Nacional.

§ 2º Ao Relator ou ao Corregedor Nacional, conforme o caso, caberá ordenar e dirigir o procedimento avocado, podendo aproveitar os atos praticados regularmente na origem.

2.5.6. CAPÍTULO VI – DA REVISÃO DE PROCESSO DISCIPLINAR

Art. 109. Os procedimentos e os processos administrativos disciplinares contra membros do Ministério Público, definitivamente julgados há menos de um ano, poderão ser revistos de ofício ou mediante provocação de qualquer cidadão.

Parágrafo único. Não será admitida a reiteração do pedido de revisão, sob os mesmos fundamentos.

Art. 110. O pedido de revisão será fundamentado e instruído com a certidão de julgamento e a comprovação dos fatos alegados, devendo ser dirigido ao Presidente do Conselho, que o distribuirá a um Relator.

Parágrafo único. Caso o requerente não tenha acesso às peças necessárias à instrução do pedido, por restrição do órgão disciplinar de origem, o Relator diligenciará para que sejam enviadas ao Conselho.

Art. 111. O Relator indeferirá de plano o pedido de revisão que se mostre intempestivo, manifestamente infundado ou improcedente, em decisão da qual caberá recurso.

Art. 112. Se na instrução da revisão de processo disciplinar o Relator verificar que o procedimento disciplinar objeto do pedido já tenha sido apreciado no âmbito da Corregedoria Nacional por meio de Reclamação Disciplinar, solicitará informações ao Corregedor Nacional.

Parágrafo único. Verificando que o procedimento disciplinar objeto do pedido teve regular tramitação na Corregedoria Nacional, o Relator arquivará o feito.

Art. 113. O Relator poderá determinar o apensamento dos autos originais ou de suas cópias, requisitando ao órgão competente do Ministério Público as providências necessárias nesse sentido, assinando-lhe o prazo de dez dias.

Art. 114. Finda a instrução, o membro acusado ou seu defensor terá vista dos autos por dez dias, para alegações finais.

Art. 115. Julgado procedente o pedido de revisão, o Plenário poderá instaurar ou determinar a instauração de processo administrativo disciplinar, alterar a classificação da infração, absolver ou condenar o membro do Ministério Público, modificar a pena ou anular o processo.

2.5.7. CAPÍTULO VII – DA RECLAMAÇÃO PARA PRESERVAÇÃO DA AUTONOMIA DO MINISTÉRIO PÚBLICO

Art. 116. O Conselho zelará pela independência funcional e pelo livre exercício das competências administrativas do Ministério Público, de ofício ou mediante provocação, sempre que houver ofensa, ameaça ou restrição à independência funcional de seus membros ou interferência indevida na autonomia de seus órgãos, observando-se o procedimento previsto nos artigos 118 a 122 deste Regimento.

Art. 117. Julgada procedente a reclamação, o Conselho expedirá ato regulamentar ou recomendará providência, conforme o caso, para eliminação da ameaça ou da restrição sofrida.

2.5.8. CAPÍTULO VIII – DA RECLAMAÇÃO PARA PRESERVAÇÃO DA COMPETÊNCIA E DA AUTORIDADE DAS DECISÕES DO CONSELHO

Art. 118. Caberá reclamação para preservar a competência do Conselho ou garantir a autoridade de suas decisões plenárias.

§ 1º A reclamação poderá ser instaurada de ofício pelo Plenário ou mediante provocação de qualquer cidadão, devendo ser instruída com prova documental.

§ 2º Se a reclamação noticiar descumprimento de julgado do Conselho, serão a ela apensados os autos do procedimento em que prolatado o decisório alegadamente violado, com posterior distribuição.

Art. 119. O Relator requisitará informações da autoridade a quem for imputado o ato comissivo ou omissivo, que serão prestadas no prazo de dez dias.

Parágrafo único. O Relator poderá determinar à autoridade reclamada, liminarmente ou à vista das informações prestadas, o imediato cumprimento do ato ou decisão, submetendo a determinação ao referendo do Plenário.

Art. 120. Qualquer interessado poderá impugnar o pedido do reclamante.

Art. 121. Julgada procedente a reclamação, o Plenário poderá:

I – avocar o processo em que se verifique usurpação da competência do Conselho;

II – cassar o ato ofensivo à decisão do Conselho;

III – determinar medida adequada à preservação da competência do Conselho;

IV – instaurar processo administrativo disciplinar contra a autoridade reclamada.

Art. 122. O Presidente do Conselho determinará o imediato cumprimento da decisão, ainda que o acórdão venha a ser lavrado posteriormente.

2.5.9. CAPÍTULO IX – DO PROCEDIMENTO DE CONTROLE ADMINISTRATIVO

Art. 123. O controle dos atos administrativos praticados por membros, órgãos e serviços auxiliares do Ministério Público será exercido pelo Conselho, de ofício ou mediante provocação, sempre que restarem contrariados, em tese, os princípios estabelecidos no artigo 37 da Constituição Federal.

Parágrafo único. Não será admitido o controle de atos administrativos praticados há mais de cinco anos, salvo quando houver afronta direta à Constituição Federal.

Art. 124. A petição deverá conter a indicação clara e precisa do ato impugnado, sendo autuada e distribuída a um Relator.

Art. 125. A instauração do procedimento de controle administrativo, de ofício, será determinada pelo Plenário, mediante proposição de qualquer Conselheiro ou do Presidente do Conselho Federal da Ordem dos Advogados do Brasil.

Art. 126. O Relator requisitará informações dos requeridos no prazo de quinze dias, podendo determinar a publicação de edital para notificação dos interessados.

Parágrafo único. O Relator poderá determinar, liminarmente, de ofício ou mediante provocação, a suspensão da execução do ato impugnado.

Art. 127. Julgado procedente o Procedimento de Controle Administrativo, o Plenário determinará a desconstituição ou a revisão do respectivo ato administrativo e instaurará, se for o caso, processo administrativo disciplinar.

Parágrafo único. O Plenário disciplinará as relações jurídicas decorrentes do ato desconstituído ou revisado e fixará prazo para o cumprimento de sua decisão.

Art. 128. Havendo disposição legal considerada pela maioria do Plenário como contrária à Constituição Federal, a decisão, após o trânsito em julgado, será encaminhada ao Procurador-Geral da República.

2.5.10. CAPÍTULO X – DA ARGUIÇÃO DE IMPEDIMENTO OU SUSPEIÇÃO

Art. 129. O Conselheiro deverá declarar seu impedimento ou suspeição oralmente, em sessão de julgamento ou, no caso de ser o Relator do processo, por decisão escrita, quando então devolverá os autos à Secretaria do Conselho para redistribuição, observada a posterior compensação.

Art. 130. O interessado poderá arguir o impedimento ou a suspeição de Conselheiro Relator em petição fundamentada e devidamente instruída com documentos e rol de testemunhas, no prazo de quinze dias a partir da data da publicação da distribuição dos autos, do fato que provocou o impedimento ou a suspeição ou, ainda, da primeira oportunidade que lhe for facultada a manifestação, caso venha a integrar o feito em momento posterior ao seu início.

*** (Redação dada pela Emenda Regimental nº 14, de 9 de maio de 2017)**

§ 1º Se reconhecer o impedimento ou a suspeição, o Relator devolverá os autos à Secretaria para redistribuição.

*** (Redação dada pela Emenda Regimental nº 14, de 9 de maio de 2017)**

§ 2º Se rejeitar a alegação, o Relator determinará a autuação em apartado da petição e, no prazo de 15 (quinze) dias, apresentará suas razões, acompanhadas de documentos e de rol de testemunhas, se houver, remetendo os autos do incidente à Secretaria, para distribuição.

*** (Redação dada pela Emenda Regimental nº 14, de 9 de maio de 2017)**

§ 3º Ao receber os autos do incidente, o Relator deverá declarar se confere efeito suspensivo ao ato, caso em que o processo permanecerá suspenso até o seu julgamento.

*** (Redação dada pela Emenda Regimental nº 14, de 9 de maio de 2017)**

§ 4° Verificando que a arguição de impedimento ou de suspeição é improcedente, o Plenário rejeitá-la-á.

*** (Incluído pela Emenda Regimental nº 14, de 9 de maio de 2017)**

§ 5° Reconhecido o impedimento ou a suspeição, o Plenário fixará o momento a partir do qual o Conselheiro não poderia ter atuado no processo, determinando sua redistribuição.

*** (Incluído pela Emenda Regimental nº 14, de 9 de maio de 2017)**

§ 6º O Plenário poderá decretar a nulidade dos atos do Conselheiro, se praticados quando já presente o motivo de impedimento ou de suspeição.

*** (Incluído pela Emenda Regimental nº 14, de 9 de maio de 2017)**

§ 7º Nos casos de omissão quanto à forma de tramitação da exceção de impedimento ou de suspeição, aplica-se o disposto no CPC e, na sua lacuna, o contido no Regimento Interno do STF.

*** (Incluído pela Emenda Regimental nº 14, de 9 de maio de 2017)**

Art. 131. Não sendo o Conselheiro arguido o Relator do processo, a Secretaria do Conselho autuará a arguição e a apensará ao feito, devolvendo-o ao seu Relator, que solicitará informações no prazo de cinco dias.

§ 1º Se o arguido reconhecer a procedência da arguição, o Relator comunicará o fato ao Plenário, por ocasião do julgamento.

§ 2º Se o arguido rejeitar a arguição, o Plenário decidirá o incidente na mesma sessão em que julgar o processo principal.

Art. 132. O Plenário decidirá:

I – pela procedência da arguição, ficando o arguido impedido de atuar no processo;

II – pela improcedência da arguição, caso em que o feito seguirá seu trâmite regular.

Parágrafo único. Sendo procedente a arguição, os autos serão remetidos à Secretaria do Conselho para redistribuição, se o arguido for o Relator.

2.5.11. CAPÍTULO XI – DA RESTAURAÇÃO DE AUTOS

Art. 133. Os autos originais de processos extraviados ou destruídos no âmbito do Conselho serão restaurados.

§ 1º Se existir e for exibida cópia autêntica ou certidão de inteiro teor do processo, será uma ou outra considerada como original.

§ 2º Na falta de cópia autêntica ou certidão de inteiro teor do processo, a restauração dos autos far-se-á mediante petição ao Presidente do Conselho, que a distribuirá, sempre que possível, ao Conselheiro que funcionou como Relator no processo extraviado ou destruído.

§ 3º Têm o mesmo valor dos documentos referidos no parágrafo primeiro deste artigo eventuais digitalizações de autos previamente produzidas a pedido do Relator e, como tais, certificadas por ocasião da restauração.

Art. 134. A outra parte interessada, se houver, será intimada para se manifestar sobre o pedido no prazo de cinco dias, cabendo ao Relator requisitar cópias, contrafés e reproduções dos atos e documentos que estiverem em seu poder.

Parágrafo único. Se a parte intimada concordar com a reconstituição, lavrar-se-á o respectivo auto que, assinado pelos interessados e homologado pelo Relator, suprirá o processo desaparecido.

Art. 135. Poderá o Relator determinar que a Secretaria-Geral junte aos autos as cópias de documentos e peças de que dispuser, dando vista aos interessados.

Art. 136. Julgada a restauração, os autos restaurados valerão pelos originais.

Parágrafo único. Se os autos originais forem localizados, os atos processuais subsequentes serão neles incorporados, ficando apensos os autos da restauração.

Art. 137. No processo de restauração de autos aplicar-se-ão, supletivamente, os Códigos de Processo Civil e Penal, competindo ao Relator assinar o auto de restauração e levá-lo à homologação do Plenário.

2.5.12. CAPÍTULO XII – DO PEDIDO DE PROVIDÊNCIAS

Art. 138. Todo e qualquer requerimento que não tenha classificação específica nem seja acessório ou incidente de processo em trâmite será autuado como pedido de providências, devendo ser distribuído a um Relator.

Art. 139. Verificando-se que o objeto do procedimento se adequa a outro tipo processual, o Relator solicitará a sua reautuação, seguindo o procedimento de conformidade com a nova classificação.

Art. 140. Atendidos os requisitos mínimos, e sendo o caso, o Relator solicitará a inclusão do feito na pauta de julgamento.

Art. 141. Aplica-se ao Pedido de Providências, no que couber, as disposições relativas ao Procedimento de Controle Administrativo.

2.5.13. CAPÍTULO XIII – DA REMOÇÃO POR INTERESSE PÚBLICO

Art. 142. A remoção por interesse público, quando não decorrente de sanção disciplinar, somente poderá ser iniciada ou avocada por decisão do Plenário, mediante provocação de qualquer autoridade ou cidadão.

Art. 143. Determinada pelo Conselho a instauração, revisão ou avocação do processo de remoção por interesse público, o feito será distribuído a um Relator, a quem competirá ordená-lo e instruí-lo.

§ 1º O Relator ouvirá o interessado, que poderá, no prazo de cinco dias, apresentar defesa preliminar e requerer provas orais, documentais e periciais, pessoalmente ou por procurador.

§ 2º Poderão ser produzidas provas determinadas pelo Plenário e pelo Relator, bem como as requeridas pelo interessado, podendo ser arroladas no máximo cinco testemunhas pelo Relator ou interessado e igual número na defesa preliminar, nesta ordem.

Art. 144. Antes de encerrada a instrução o interessado será interrogado e cientificado para, querendo, oferecer razões finais no prazo de cinco dias, após o que o Relator emitirá relatório final e solicitará a inclusão do feito na pauta de julgamento, ao qual se dará preferência.

Art. 145. A remoção por interesse público será decidida pelo voto da maioria absoluta dos membros do Conselho.

Parágrafo único. Considerando procedente a remoção por interesse público, o Conselho comunicará a decisão ao chefe da unidade ministerial respectiva, que deverá observar o seguinte:

I – inexistindo cargo vago disponível, o removido ficará à disposição da Procuradoria-Geral, devendo ser lotado na primeira vaga, de igual entrância ou categoria, aberta após a decisão;

II – havendo mais de uma vaga, o removido será lotado na mais antiga.

Art. 146. Além das disposições deste Regimento, o processo de remoção por interesse público obedecerá aos procedimentos estabelecidos nas leis orgânicas.

2.5.14. CAPÍTULO XIV – DA PROPOSIÇÃO

Art. 147. Qualquer membro ou Comissão poderá apresentar Proposta de:

I – Resolução;

II – Enunciado;

III – Emenda Regimental;

IV – Recomendação;

V – Súmula.

Art. 148. A proposta deverá ser redigida na forma articulada, com observância das disposições da Lei Complementar nº 95, de 26 de fevereiro de 1998, e será lida em sessão, juntamente com sua justificativa.

Parágrafo único. A proposta será autuada na Classe 'Proposição', distribuída e remetida por cópia aos Conselheiros, com exclusão do proponente.

Art. 149. As emendas, apresentadas ao Relator no prazo de trinta dias, serão aditivas, supressivas, modificativas ou substitutivas e deverão ser acompanhadas de justificação sucinta.

§ 1º Findo o prazo de apresentação de emendas, o Relator emitirá parecer, no prazo de trinta dias, podendo incluir emendas de sua iniciativa ou optar pela apresentação de substitutivo, enviará cópia integral dos autos, em meio digital, aos demais Conselheiros, e solicitará a inclusão do feito na pauta de julgamento.

§ 2º Em casos de excepcional relevância e urgência, os prazos poderão ser reduzidos ou suprimidos pelo Plenário.

Art. 150. As proposições que versem sobre matéria de conteúdo idêntico ou correlato serão apensadas.

Art. 151. O Plenário votará em primeiro lugar a proposta do Relator, ressalvados os destaques dela requeridos e as emendas, que serão votados em separado.

Parágrafo único. A proposição considerar-se-á aprovada se obtiver o voto favorável da maioria absoluta do Plenário e será publicada no Diário Eletrônico do Conselho.

*** (Redação dada pela Emenda Regimental nº 7, de 13 de outubro de 2015, com vigência a partir de 26 de outubro de 2015)**

2.5.15. CAPÍTULO XV – DA REVISÃO DE DECISÃO DO CONSELHO

Art. 152. A decisão de mérito do Conselho, transitada em julgado, poderá ser revista pelo Plenário quando:

I – se fundar em prova falsa;

II – o autor obtiver documento de que não pôde fazer uso ou cuja existência ignorava, capaz, por si só, de lhe assegurar pronunciamento favorável;

III – fundada em erro de fato, resultante de atos ou de documentos do feito.

§ 1º O requerimento de revisão será distribuído a Conselheiro diverso do Relator da decisão atacada.

§ 2º O Relator poderá determinar a suspensão da execução da decisão, em caso de comprovado risco de dano grave e de difícil reparação, devendo submeter a decisão ao Plenário na sessão seguinte, quando terá preferência de julgamento.

§ 3º Haverá conexão entre o procedimento de revisão e o procedimento da Reclamação para Preservação da Competência e da Autoridade das Decisões do Conselho que, tramitando simultaneamente, versarem sobre a mesma decisão, ficando prevento o Relator ao qual for distribuído o primeiro deles.

§ 4º O prazo para requerer a revisão será de um ano, a contar do trânsito em julgado da decisão, salvo em matéria disciplinar, cuja revisão poderá ser requerida a qualquer tempo.

2.6. TÍTULO VI – DOS RECURSOS

2.6.1. CAPÍTULO I – DO RECURSO INTERNO

Art. 153. Das decisões monocráticas do Presidente do Conselho, do Corregedor Nacional e do Relator caberá recurso ao Plenário.

Parágrafo único. São recorríveis apenas as decisões monocráticas de que manifestamente resulte ou possa resultar restrição de direito ou prerrogativa, determinação de conduta ou anulação de ato ou decisão.

Art. 154. O recurso interno será interposto no prazo de cinco dias contados da data da ciência da decisão recorrida pelo interessado e será dirigido à autoridade que praticou o ato atacado, que poderá reconsiderá-lo.

§ 1º O Relator abrirá vista ao recorrido para que, querendo, manifeste-se no prazo de cinco dias.

§ 2º Mantida a decisão, o Relator apresentará o processo para julgamento, ocasião em que proferirá seu voto, salvo nos casos de decisões do Presidente do Conselho e do Corregedor Nacional, que remeterão o recurso para distribuição a um Relator.

§ 3º Provido o recurso, o processo terá seguimento, se for o caso.

Art. 155. O Relator poderá atribuir efeito suspensivo ao recurso, até decisão do Plenário.

2.6.2. CAPÍTULO II – DOS EMBARGOS DE DECLARAÇÃO

Art. 156. Das decisões do Plenário e do Relator cabem embargos de declaração quando houver obscuridade, omissão, contradição ou erro material.

§ 1º Os embargos de declaração serão interpostos pela parte interessada por escrito, no prazo de cinco dias.

§ 2º Os embargos de declaração de acórdãos serão submetidos, em mesa, à deliberação do Plenário pelo Relator ou pelo seu Redator, conforme o caso.

§ 3º Os embargos de declaração de decisão do Relator serão decididos monocraticamente.

§ 4º Os embargos de declaração não possuem efeito suspensivo e interrompem o prazo para a interposição de recurso.

*** (Redação dada pela Emenda Regimental nº 14, de 9 de maio de 2017)**

§ 5º Interpostos os embargos de declaração, a eficácia da decisão monocrática ou colegiada poderá ser suspensa pelo relator se demonstrada a probabilidade de provimento do recurso ou, sendo relevante a fundamentação, se houver risco de dano grave ou de difícil reparação, até decisão do Plenário.

*** (Redação dada pela Emenda Regimental nº 14, de 9 de maio de 2017)**

§ 6º Verificando o Relator que os embargos possuem potenciais efeitos infringentes, cujo acolhimento poderá resultar em modificação da decisão recorrida, abrirá vista ao embargado para que, querendo, manifeste-se, no prazo de cinco dias.

*** (Incluído pela Emenda Regimental nº 2, de 4 de agosto de 2014)**

3. LIVRO III – DO PLANEJAMENTO ESTRATÉGICO

Art. 157. O Plenário promoverá permanentemente o planejamento estratégico do Ministério Público nacional, que consistirá em:

I – definir e fixar, com a participação dos órgãos do Ministério Público, os planos de metas e os programas de avaliação institucional do Ministério Público, visando ao aumento da eficiência, à racionalização e à produtividade, podendo ser ouvidas as associações nacionais de classe;

II – produzir diagnósticos, estudos e avaliação de gestão dos diversos ramos do Ministério Público, visando à sua modernização, desburocratização e eficiência;

III – determinar e estimular o desenvolvimento de programas de aperfeiçoamento da gestão administrativa e financeira dos órgãos do Ministério Público, estabelecendo metas;

IV – coordenar a implantação de políticas institucionais.

Art. 158. Para a definição de planos e a execução das metas fixadas, o Conselho expedirá atos regulamentares e recomendará providências.

Art. 159. As deliberações do Plenário sobre matérias relacionadas ao planejamento ocorrerão mediante proposta da Comissão de Planejamento Estratégico.

Parágrafo único. Os Conselheiros, os membros do Ministério Público e as associações representativas de membros e servidores do Ministério Público poderão provocar a Comissão de Planejamento Estratégico, apresentando sugestões de providências articuladas e políticas institucionais que, uma vez sistematizadas, serão submetidas à deliberação do Plenário.

Art. 160. A Comissão de Planejamento Estratégico elaborará, no mês de dezembro de cada exercício, proposta de relatório anual, de cujo teor tomarão conhecimento todos os Conselheiros.

*** Vide art. 1°, § 3°, da Resolução n° 74, de 19 de julho de 2011**

§ 1º Os Conselheiros poderão oferecer emendas à proposta de relatório, até o dia 10 de janeiro do ano subsequente.

§ 2º A proposta de relatório e as emendas apresentadas, acolhidas ou não pela Comissão, serão submetidas ao Plenário, que dará a redação final ao relatório anual.

Art. 161. Até 30 de janeiro de cada ano, o Conselho encaminhará ao Presidente da República relatório de suas atividades no exercício anterior e oferecerá as propostas que julgar necessárias ao aprimoramento do Ministério Público, para que sejam incorporados à mensagem e ao plano de governo a serem remetidos ao Congresso Nacional, por ocasião da abertura da sessão legislativa, nos termos do artigo 84, XI, da Constituição Federal.

Parágrafo único. O relatório versará sobre as atividades desenvolvidas pelo Conselho e os resultados obtidos, bem como as medidas e providências que julgar necessárias para o desenvolvimento do Ministério Público, podendo basear-se na avaliação de desempenho de seus órgãos e membros, em dados estatísticos sobre cada um dos seus ramos e na discriminação de dados quantitativos sobre execução orçamentária, movimentação processual e recursos humanos e tecnológicos.

4. LIVRO IV – DAS DISPOSIÇÕES FINAIS E TRANSITÓRIAS

Art. 162. O Conselho poderá utilizar ferramentas de tecnologia da informação no processamento e no julgamento dos feitos, nos termos de resolução editada especificamente com esse fim.

§ 1º A resolução mencionada no *caput* disciplinará o processo eletrônico no âmbito do Conselho Nacional do Ministério Público, inclusive dispondo sobre o respectivo sistema eletrônico de processamento de informações e prática de atos administrativos e processuais.

*** (Incluído pela Emenda Regimental nº 4, de 24 de fevereiro de 2015)**

§ 2º Ao processo eletrônico, aplicam-se, subsidiariamente, as normas do Regimento Interno.

*** (Redação dada pela Emenda Regimental nº 7, de 13 de outubro de 2015, com vigência a partir de 26 de outubro de 2015)**

Art. 163-A. Ao Diário Eletrônico do Conselho aplicam-se as normas constantes da Resolução n° 124, de 26 de maio de 2015, e, subsidiariamente, as disposições deste Regimento Interno.

*** (Incluído pela Emenda Regimental nº 7, de 13 de outubro de 2015, com vigência a partir de 26 de outubro de 2015)**

Art. 163-B. Na hipótese de conflito entre a Resolução n° 124, de 26 de maio de 2015, e a resolução de que trata o artigo 163 deste Regimento, prevalecerá esta, quando se tratar de processo eletrônico.

*** (Incluído pela Emenda Regimental nº 7, de 13 de outubro de 2015, com vigência a partir de 26 de outubro de 2015)**

Art. 163. O Conselho poderá utilizar ferramentas de tecnologia da informação no processamento e no julgamento dos feitos, nos termos de resolução editada especificamente com esse fim.

Art. 164. Os casos omissos serão resolvidos pelo Plenário ou, em caso de urgência, pelo Presidente do Conselho, ad referendum do Plenário.

Art. 165. Aos procedimentos previstos neste Regimento aplicam-se subsidiariamente, no que for cabível, o Código de Processo Civil, o Código de Processo Penal e a Lei nº 9.784, de 29 de janeiro de 1999.

Art. 166. Ficam revogadas a Resolução nº 31, de 1º de setembro de 2008, e suas alterações.

Art. 167. Este Regimento entra em vigor na data de sua publicação.

Brasília, 13 de março de 2013.

Roberto Monteiro Gurgel Santos

PRESIDENTE

RESOLUÇÕES DO CONSELHO NACIONAL DO MINISTÉRIO PÚBLICO

Res. CNMP nº 1, de 7 de novembro de 2005.

Disciplina o exercício de cargos, empregos e funções por parentes, cônjuges e companheiros de membros do Ministério Público e dá outras providências.

O Conselho Nacional do Ministério Público, no exercício da competência fixada no art. 130-A, § 2º, inciso II, da Constituição da República e com arrimo no art. 19 do seu Regimento Interno, conforme decisão plenária tomada em sessão realizada nesta data;

Considerando a existência de parentes de membros do Ministério Público ocupando cargos de provimento em comissão da estrutura de órgãos do Ministério Público da União e dos Estados;

Considerando os princípios constitucionais da isonomia e, especialmente, da moralidade e da impessoalidade;

Considerando que tais princípios impossibilitam o exercício da competência administrativa para obter proveito pessoal ou qualquer espécie de favoritismo, assim como impõem a necessária obediência aos preceitos éticos, principalmente os relacionados à indisponibilidade do interesse público;

Considerando que nepotismo é conduta nefasta que viola flagrantemente os princípios maiores da Administração Pública e, portanto, é inconstitucional, independentemente da superveniente previsão legal, uma vez que os referidos princípios são auto-aplicáveis e não precisam de lei para ter plena eficácia.

Resolve:

Art. 1o É vedada a nomeação ou designação, para os cargos em comissão e para as funções comissionadas, no âmbito de qualquer órgão do Ministério Público da União e dos Estados, de cônjuge, companheiro ou parente até o terceiro grau, inclusive, dos respectivos membros.

*** (Vide arts . 1° e 2° da Resolução n° 37, de 28 de abril de 2009)**

Art. 2º A proibição não alcança o servidor ocupante de cargo de provimento efetivo dos quadros do Ministério Público, caso em que a vedação é restrita à nomeação ou designação para servir junto ao membro determinante da incompatibilidade.

*** (Vide arts . 1° e 2° da Resolução n° 37, de 28 de abril de 2009)**

Art. 3º Não serão admitidas nomeações no âmbito dos órgãos do Ministério Público que configurem reciprocidade por nomeações das pessoas indicadas no art. 1º para cargo em comissão de qualquer órgão da Administração Pública, direta e indireta, da União, dos Estados, do Distrito Federal e dos Municípios.

*** (Vide arts. 1° e 2° da Resolução n° 37, de 28 de abril de 2009)**

Art. 4º Os órgãos do Ministério Público não poderão contratar empresas prestadoras de serviços que tenham como sócios, gerentes ou diretores as pessoas referidas no art. 1º.

Parágrafo único. As pessoas referidas no art. 1º que, eventualmente, sejam empregadas das prestadoras de serviços não poderão ser lotadas nos órgãos do Ministério Público.

*** (Vide arts. 3° e 4° da Resolução n° 37, de 28 de abril de 2009)**

Art. 5º Os atuais ocupantes de cargos comissionados e funções gratificadas em desacordo com o disposto no artigo 1º serão exonerados no prazo de 60 dias.

Art. 6º Esta Resolução entra em vigor na data de sua publicação.

Belo Horizonte, 7 de novembro de 2005.

Antonio Fernando Barros e Silva de Souza
Presidente

Res. CNMP nº 2, de 21 de novembro de 2005.

Dispõe sobre os critérios objetivos e o voto aberto e fundamentado nas promoções e remoções por merecimento de membros dos Ministérios Públicos da União e dos Estados.

O Conselho Nacional do Ministério Público, no uso das atribuições que lhe são conferidas pelo artigo 130-A, § 2o, I e II, da Constituição Federal, e pelo seu Regimento Interno,

Resolve:

Art. 1o As promoções e remoções por merecimento de membros do Ministério Público da União e dos Estados serão realizadas em sessão pública, em votação nominal, aberta e fundamentada.

Art. 2º O merecimento será apurado e aferido conforme o desempenho e por critérios objetivos de produtividade e presteza no exercício das atribuições e pela frequência e aproveitamento em cursos oficiais ou reconhecidos de aperfeiçoamento.

Parágrafo único. É obrigatória a promoção do membro do Ministério Público que figure por três vezes consecutivas ou cinco alternadas em lista de merecimento.

Art. 3º No prazo de 120 (cento e vinte) dias, os Conselhos Superiores dos Ministérios Públicos deverão editar atos administrativos, disciplinando a valoração objetiva dos critérios, para efeito de promoção e remoção por merecimento dos membros do Ministério Público da União e dos Estados, considerando:

I. o desempenho, produtividade e presteza nas manifestações processuais;

II. o número de vezes em que já tenha participado de listas;

III. a frequência e o aproveitamento em cursos oficiais ou reconhecidos de aperfeiçoamento, atribuindo-se respectiva gradação, observados, para efeito de participação nesses cursos, critérios de isonomia e razoabilidade, respeitado sempre o interesse público.

Parágrafo único. No prazo referido no *caput*, os Conselhos Superiores dos Ministérios Públicos deverão enviar ao Conselho Nacional do Ministério Público cópia dos respectivos atos administrativos.

Art. 4º Durante o prazo referido no artigo anterior e até que sejam editados os respectivos atos, os membros dos Conselhos Superiores dos Ministérios Públicos que participarem dos procedimentos de votação para promoção por merecimento deverão fundamentar, detalhadamente, suas indicações, apontando os critérios valorativos que os levaram à escolha.

Parágrafo único. Inexistindo especificação de critérios valorativos que permitam diferenciar os membros do Ministério Público inscritos, deverão ser indicados os de maior antiguidade na entrância ou no cargo.

Art. 5º Esta resolução entra em vigor na data de sua publicação.

Antonio Fernando Barros e Silva de Souza
Presidente

Res. CNMP nº 5, de 20 de março de 2006.

* Alterada pela Resolução no 144/2016.

Disciplina o exercício de atividade político-partidária e de cargos públicos por membros do Ministério Público Nacional.

O Conselho Nacional do Ministério Público, no exercício da competência fixada no art. 130-A, § 2º, inciso II, da Constituição da República e, com arrimo no art. 19 do seu Regimento Interno, conforme decisão plenária tomada em sessão realizada nesta data;

CONSIDERANDO as alterações promovidas pela Emenda Constitucional 45/2004 no § 5º, inciso II, e, do artigo 128 da Constituição da República;

CONSIDERANDO o teor do § 5º, inciso II, alínea "d", do art. 128 da Constituição de 1988, em sua redação original;

CONSIDERANDO a necessidade de estabelecer parâmetros definitivos para o exercício de atividade político-partidária e de qualquer outro cargo público por membro do Ministério Público Nacional.

RESOLVE:

Art. 1º Estão proibidos de exercer atividade político-partidária os membros do Ministério Público que ingressaram na carreira após a publicação da Emenda 45/2004.

Art. 2º Os membros do Ministério Público estão proibidos de exercer qualquer outra função pública, salvo uma de magistério.

* **(Redação original restaurada pela Resolução nº 144, de 14 de junho de 2016)**

Parágrafo único. A vedação não alcança os que integravam o Parquet em 5 de outubro de 1988 e que tenham manifestado a opção pelo regime anterior.

* **(Redação original restaurada pela Resolução nº 144, de 14 de junho de 2016)**

Art. 3º O inciso IX do artigo 129 da Constituição não autoriza o afastamento de membros do Ministério Público para exercício de outra função pública, senão o exercício da própria função institucional, e nessa perspectiva devem ser interpretados os artigos 10, inciso IX, c, da Lei n.º 8.625/93, e 6º, §§ 1º e 2º, da Lei Complementar nº 75/93.

* **(Redação original restaurada pela Resolução nº 144, de 14 de junho de 2016)**

Art. 4º 7O artigo 44, parágrafo único, da Lei n.º 8.625/93 não autoriza o afastamento para o exercício de outra função, vedado constitucionalmente.

* **(Redação original restaurada pela Resolução nº 144, de 14 de junho de 2016)**

Parágrafo único. As leis orgânicas estaduais que autorizam o afastamento de membros do Ministério Público para ocuparem cargos, empregos ou funções públicas contrariam expressa disposição constitucional, o que desautoriza sua aplicação, conforme reiteradas decisões do Supremo Tribunal Federal.

*** (Redação original restaurada pela Resolução n° 144, de 14 de junho de 2016)**

Art. 5º Os membros do Ministério Público afastados para exercício de cargo público que não se enquadrem na hipótese do parágrafo único do Art. 2º deverão retornar aos órgãos de origem, no prazo de 90 dias.

Art. 6º Esta Resolução entra em vigor na data de sua publicação.

Antonio Fernando Barros e Silva de Souza
Presidente

Res. CNMP nº 7, de 17 de abril de 2006.

* Alterada pela resolução nº 28/2008.

Disciplina o exercício de cargos, empregos e funções por parentes, cônjuges e companheiros de servidores do Ministério Público, ocupantes de cargo de direção e chefia, e dá outras providências.

O CONSELHO NACIONAL DO MINISTÉRIO PÚBLICO, no exercício da competência fixada no art. 130-A, § 2º, inciso II, da Constituição da República e com arrimo no art. 19 do seu Regimento Interno, conforme decisão plenária tomada em sessão realizada nesta data;

Considerando os princípios constitucionais da isonomia e, especialmente, da moralidade e da impessoalidade;

Considerando que tais princípios impossibilitam o exercício da competência administrativa para obter proveito pessoal ou qualquer espécie de favoritismo, assim como impõem a necessária obediência aos preceitos éticos, principalmente os relacionados à indisponibilidade do interesse público;

Considerando que o nepotismo é conduta nefasta que viola flagrantemente os princípios maiores da Administração Pública e, portanto, é inconstitucional, independentemente da superveniente previsão legal, uma vez que os referidos princípios são auto-aplicáveis e não precisam de lei para ter plena eficácia.

Considerando que a prática do nepotismo já foi vedada a membros do Ministério Público e deve ser estendida aos servidores graduados na instituição, pelos mesmos fundamentos.

Resolve:

 Art. 1o Aplicam-se aos servidores ocupantes de cargos de direção dos órgãos do Ministério Público da União e dos Estados as vedações fixadas para seus membros pela Resolução 1/05 do Conselho Nacional do Ministério Público, de 7 de novembro de 2005.

*** Artigo alterado pela resolução no 28/2008.**

Art. 2º Na aplicação desta Resolução serão considerados, no que couber, os termos do Enunciado 1, do Conselho Nacional do Ministério Público.

Art. 3º Os atuais ocupantes de cargos comissionados e funções gratificadas em desacordo com o disposto nos artigos anteriores serão exonerados no prazo de 60 dias.

Art. 4º Esta Resolução entra em vigor na data de sua publicação.

Brasília, 17 de abril de 2006.

Antonio Fernando Barros e Silva de Souza

Presidente

Res. CNMP nº 8, de 8 de maio de 2006.

* Alterada pela resolução nº 16/2007.

Dispõe sobre impedimentos e vedações ao exercício de advocacia por membros do Ministério Público com respaldo no § 3º do art. 29 do ADCT da Constituição Federal de 1988.

O Conselho Nacional do Ministério Público, considerando o que consta no Processo 0.00.000.000071/2005-25,

Resolve:

Art. 1º Somente poderão exercer a advocacia com respaldo no § 3º do art. 29 do ADCT da Constituição de 1988, os membros do Ministério Público da União que integravam a carreira na data da sua promulgação e que, desde então, permanecem regularmente inscritos na Ordem dos Advogados do Brasil.

*** Alteração dada pela Resolução no 16/2007.**

Parágrafo único. O exercício da advocacia, para os membros do Ministério Público do Distrito Federal e Territórios está, incondicionalmente, vedado, desde a vigência do artigo 24, § 2º, da Lei Complementar nº 40/81.

*** Alteração dada pela Resolução no 16/2007.**

Art. 2º Além dos impedimentos e vedações previstos na legislação que regula o exercício da advocacia pelos membros do Ministério Público, estes não poderão fazê-lo nas causas em que, por força de lei ou em face do interesse público, esteja prevista a atuação do Ministério Público, por qualquer dos seus órgãos ou ramos (Ministérios Públicos dos Estados e da União).

Art. 3º Esta Resolução entra em vigor na data de sua publicação.

Brasília, 08 de maio de 2006.

Antonio Fernando Barros e Silva de Souza

Presidente

Res. CNMP nº 14, de 06 de novembro de 2006

* Alterada pela Resolução n**o** 24/2007

Dispõe sobre Regras Gerais Regulamentares para o concurso de ingresso na carreira do Ministério Público Brasileiro.

O CONSELHO NACIONAL DO MINISTÉRIO PÚBLICO, no exercício das atribuições conferidas pelo artigo 130-A, § 2º, inciso II, da Constituição da República e no artigo 19 do seu Regimento Interno, em conformidade com decisão plenária tomada em Sessão realizada no dia 06 de novembro de 2006;

CONSIDERANDO o disposto no art. 130-A, § 2º, inciso I, e art. 129, §3º, da Constituição Federal, com a redação conferida pela Emenda Constitucional 41/2003;

CONSIDERANDO as constantes reclamações, por parte de integrantes do Ministério Público e de outros interessados acerca das diversas formas como são realizados os concursos públicos para o ingresso na carreira do Ministério Público;

CONSIDERANDO a necessidade da maior observância às regras do art. 37, "*caput*", da

Constituição Federal;

R E S O L V E:

Art. 1º Os regulamentos e os editais de concurso para o ingresso na carreira do Ministério Público deverão observar as regras contidas nas disposições seguintes, sem prejuízo de outras normas de caráter geral compatíveis com o disposto nesta Resolução, salvo se contrariarem normas constantes em Leis Orgânicas do Ministério Público.

*** Alterada pela Resolução no 24/2007.**

Art. 2º. O ingresso na carreira do Ministério Público far-se-á mediante concurso público de provas e títulos, com prazo de validade de dois anos, a contar da homologação, prorrogável uma vez, por igual período.

Art. 3º As Comissões de Concurso serão presididas e constituídas na forma prevista nas respectivas Leis Orgânicas.

*** Alterada pela Resolução no 24/2007.**

§ 1o. O Procurador-Geral da República, o Procurador-Geral do Trabalho, o Procurador-Geral da Justiça Militar e o Procurador Geral de Justiça, em seus impedimentos, serão substituídos na forma da lei complementar respectiva.

§ 2o. Será vedada a participação de membro do Ministério Público na Comissão de Concurso e pessoas outras que, de alguma forma, integrarem a organização e fiscalização do certame, que tenham, entre os candidatos inscritos, parentes consanguíneos, civis ou afins até o terceiro grau, bem como amigos íntimos ou inimigos capitais.

§ 3o. Fica proibida de integrar a Comissão de Concurso pessoa que seja ou tenha sido, nos últimos três anos, titular, sócia, dirigente, empregada ou professora de curso destinado a aperfeiçoamento de alunos para fins de aprovação em concurso público.

§ 4o. Se as vedações a que aludem os parágrafos anteriores inviabilizarem a formação da Comissão, poderão compô-la integrantes de outros Ministérios Públicos.

Art. 4º. O Secretário do Concurso e da Comissão de Concurso será um membro do Ministério Público, designado pelo Presidente da Comissão, aplicando-se-lhe as mesmas vedações previstas nos §§ 2º e 3º do artigo anterior.

Parágrafo único. Aplicam-se ao pessoal de coordenação e de apoio as vedações dos §§ 2º e 3º do Art. 3º.

DAS INSCRIÇÕES E DO PRAZO

Art. 5º. Poderão inscrever-se, no concurso público, bacharéis em Direito com, no mínimo, três anos de atividade jurídica (art. 129, § 3º da CF e Resolução nº 04/2.006, deste Conselho Nacional).

Art. 6º. As pessoas portadoras de deficiência que declararem tal condição no momento da inscrição do concurso, terão reservados 5% (cinco por cento) do total das vagas, arredondando para o número inteiro seguinte, caso fracionário, o resultado da aplicação do percentual indicado.

Art. 7º. O candidato portador de deficiência deverá juntar, obrigatoriamente, ao requerimento de inscrição preliminar relatório médico detalhado, recente, que indique a espécie e o grau ou nível de deficiência de que é portador, com expressa referência ao código correspondente da Classificação Internacional de Doenças (CID) e à sua provável causa ou origem.

Art. 8º. Ainda que fundamentado em laudo médico, por ocasião do exame de higidez física e mental a que se refere o art. 22, a condição de deficiente físico deverá ser apreciada pelo médico ou junta médica, designado ou designada para tal mister que, no caso, deverá fundamentar sua divergência, cabendo à Comissão do Concurso decidir.

Art. 9º. Serão adotadas todas as medidas necessárias a permitir o fácil acesso, aos locais das provas, dos candidatos portadores de deficiência, sendo de responsabilidade destes trazer os instrumentos e equipamentos necessários à feitura das provas, previamente autorizados pela Comissão de Concurso.

Art. 10. Considera-se deficiência física, para os fins previstos nesta Resolução, aquelas conceituadas na medicina especializada, de acordo com os padrões mundialmente estabelecidos e que constituam motivo de acentuado grau de dificuldade para a integração social.

Art. 11. Os candidatos portadores de deficiência concorrerão a todas as vagas oferecidas, somente utilizando-se das vagas reservadas quando, tendo sido aprovados, for insuficiente a classificação obtida no quadro geral de candidatos para habilitá-los à nomeação.

Art. 12. O Procurador-Geral fará publicar edital de abertura de concurso, no qual especificará a documentação necessária, nas diversas fases, bem como o valor da taxa de inscrição e a forma de pagamento.

§ 1o. As inscrições serão realizadas pelo prazo mínimo de 30 (trinta) dias, contados a partir do primeiro dia útil seguinte ao da publicação do edital, em local e horário nele indicados.

§ 2o. O candidato será dispensado do pagamento da taxa de inscrição ao concurso, se demonstrar que não dispõe de condições financeiras para suportá-la, devendo o edital prever procedimento hábil a tal intento.

Art. 13. Deverá ser publicada, no Diário Oficial e na página oficial da Instituição na internet, a relação dos inscritos nas diversas fases do concurso.

Art. 14. O deferimento das inscrições preliminar e definitiva poderá ser revisto pela Comissão, se for verificada a falsidade de qualquer declaração ou de documento apresentado.

Art. 15. Na conversão em caráter definitivo da inscrição, o Presidente da Comissão de Concurso poderá promover as diligências que se fizerem necessárias sobre a vida pregressa do candidato, colher elementos informativos junto a quem os possa fornecer, de tudo dando-se conhecimento ao interessado, assegurando-lhe ampla defesa e tramitação reservada.

DAS PROVAS E SEU JULGAMENTO

Art. 16. O concurso constará de provas escritas, oral e de títulos.

§1º As provas versarão exclusivamente sobre matérias jurídicas detalhadas no programa, facultando-se a aplicação de prova sobre conhecimento da língua portuguesa.

*** (Alterada pela Resolução no 24, de 03 de dezembro de 2007)**

§ 2º. As provas orais terão caráter eliminatório e serão registradas em gravação de áudio ou por qualquer outro meio que possibilite a sua posterior reprodução.

§3º. A prova de tribuna, onde houver, será meramente classificatória e, quanto ao registro, observará o disposto no parágrafo anterior.

§ 4º A prova de títulos será meramente classificatória, devendo o edital estabelecer o prazo para a apresentação dos mesmos, com o devido detalhamento e pontuação.

DAS PROVAS PREAMBULAR E DISCURSIVAS

Art. 17. As provas escritas serão desdobradas em duas etapas, a saber:

I – prova preambular, de múltipla escolha, constando de questões objetivas, de pronta resposta e apuração padronizada, em número estabelecido pelo edital, com a finalidade de selecionar os candidatos a serem admitidos às provas previstas no inciso II deste artigo.

§ 1º. A prova preambular não poderá ser formulada com base em entendimentos doutrinários divergentes ou jurisprudência não consolidada dos tribunais. As opções consideradas corretas deverão ter embasamento na legislação, em súmulas ou jurisprudência dominante dos Tribunais Superiores.

§ 2º. Na prova preambular, não será permitida a consulta à legislação, súmulas e jurisprudência dos Tribunais, anotações ou quaisquer outros comentários.

II – prova ou provas discursivas de respostas fundamentadas, na forma que o edital estabelecer.

Art. 18. É vedado ao candidato, sob pena de nulidade, inserir na folha de respostas, afora o local reservado para esse fim, ou no corpo das provas, o seu nome, assinatura, local de realização, ou qualquer outro sinal que o possa identificar.

Art. 19. Na correção das provas escritas discursivas, o examinador lançará sua rubrica, a pontuação dada a cada uma das questões e, por extenso, a nota atribuída à prova.

Art. 20. O resultado das provas escritas será publicado no Diário Oficial e na página oficial da Instituição na internet, do qual constará a nota de cada prova.

Art. 21. O Presidente da Comissão de Concurso convocará por edital, publicado no Diário Oficial, os candidatos que tiverem deferida a inscrição definitiva a submeterem-se às provas orais, com indicação de hora e local da realização das arguições.

§ 1º. Nas provas orais o candidato será arguido por um ou mais dos membros da Comissão Examinadora, em sessão pública, sobre pontos do programa, sorteados no momento da arguição.

§ 2º. Após o resultado final das provas orais, serão avaliados pela Comissão os títulos tempestivamente apresentados, de acordo com os critérios objetivos que deverão constar do edital.

DOS RECURSOS

Art. 22. Os candidatos poderão recorrer para a Comissão de Concurso contra o resultado de quaisquer uma das provas no tocante a erro material, ou relativamente ao conteúdo das questões e respostas, e contra a classificação final.

§ 1º. Assiste ao candidato, diretamente ou por intermédio de procurador habilitado com poderes específicos, a faculdade de ter vista das suas provas escritas e acesso à gravação da prova oral.

§ 2º. Os recursos não conterão identificação dos recorrentes, devendo o edital prever a forma de procedimento que impeça a identificação.

DA AFERIÇÃO DA HIGIDEZ

Art. 23. Somente após exame de higidez física e mental do candidato, será o concurso homologado por ato do Procurador-Geral, ouvido o Conselho Superior.

§ 1º O exame de higidez física e mental do candidato poderá, a critério do Conselho Superior, ser realizado como pré-requisito para a inscrição definitiva no concurso, desde que previsto no edital.

§ 2º A critério do Conselho Superior, o exame psicotécnico poderá constar do exame de higidez física e mental, e será realizado por especialistas idôneos que apresentarão laudo fundamentado.

Art. 24. Esta resolução entra em vigor na data de sua publicação, não alcançando os concursos em andamento.

Brasília, 06 de novembro de 2006.

ANTONIO FERNANDO BARROS E SILVA DE SOUZA

Presidente

Res. CNMP nº 20, de 28 de maio de 2007.

*** Alterada pelas Resoluções no 65/2011, 98/2013, 113/2014 e 121/2015.**

*** V. Nesta Edição, Res. GPGJ 1524/2009, que disciplina, no âmbito do MPRJ, o controle externo da atividade policial.**

Regulamenta o Art. 9º da Lei Complementar no 75, de 20 de maio de 1993 e o art. 80 da Lei nº 8.625, de 12 de fevereiro de 1993, disciplinando, no âmbito do Ministério Público, o controle externo da atividade policial.

O CONSELHO NACIONAL DO MINISTÉRIO PÚBLICO, no uso de suas atribuições, em conformidade com a decisão plenária tomada em Sessão realizada no dia 28 de maio de 2007;

O CONSELHO NACIONAL DO MINISTÉRIO PÚBLICO, no exercício das atribuições que lhe são conferidas pelo artigo 130-A, §2º, inciso I, da Constituição Federal e com fulcro no artigo 64-A, de seu Regimento Interno;

CONSIDERANDO o disposto no artigo 127, caput e artigo 129, incisos I, II e VII, da Constituição Federal;

CONSIDERANDO o que dispõem o artigo 9º, da Lei Complementar nº 75, de 20 de maio de 1993 e o artigo 80, da Lei nº 8.625, de 12 de fevereiro de 1993;

CONSIDERANDO a necessidade de regulamentar no âmbito do Ministério Público o controle externo da atividade policial;

RESOLVE:

Art. 1º Estão sujeitos ao controle externo do Ministério Público, na forma do art. 129, inciso VII, da Constituição Federal, da legislação em vigor e da presente Resolução, os organismos policiais relacionados no art. 144 da Constituição Federal, bem como as polícias legislativas ou qualquer outro órgão ou instituição, civil ou militar, à qual seja atribuída parcela de poder de polícia, relacionada com a segurança pública e persecução criminal.

Art. 2º O controle externo da atividade policial pelo Ministério Público tem como objetivo manter a regularidade e a adequação dos procedimentos empregados na execução da atividade policial, bem como a integração das funções do Ministério Público e das Polícias voltada para a persecução penal e o interesse público, atentando, especialmente, para:

I – o respeito aos direitos fundamentais assegurados na Constituição Federal e nas leis;

II – a preservação da ordem pública, da incolumidade das pessoas e do patrimônio público;

III – a prevenção da criminalidade;

IV – a finalidade, a celeridade, o aperfeiçoamento e a indisponibilidade da persecução penal;

V – a prevenção ou a correção de irregularidades, ilegalidades ou de abuso de poder relacionados à atividade de investigação criminal;

VI – a superação de falhas na produção probatória, inclusive técnicas, para fins de investigação criminal;

VII – a probidade administrativa no exercício da atividade policial.

Art. 3º O controle externo da atividade policial será exercido:

I – na forma de controle difuso, por todos os membros do Ministério Público com atribuição criminal, quando do exame dos procedimentos que lhes forem atribuídos;

II – em sede de controle concentrado, através de membros com atribuições específicas para o controle externo da atividade policial, conforme disciplinado no âmbito de cada Ministério Público.

Parágrafo único. As atribuições de controle externo concentrado da atividade policial civil ou militar estaduais poderão ser cumuladas entre um órgão ministerial central, de coordenação geral, e diversos órgãos ministeriais locais.

*** Parágrafo único incluído pela Resolução CNMP nº 113/2014.**

Art. 4º Incumbe aos órgãos do Ministério Público, quando do exercício ou do resultado da atividade de controle externo:

I – realizar visitas ordinárias nos meses de abril ou maio e outubro ou novembro e, quando necessárias, a qualquer tempo, visitas extraordinárias, em repartições policiais, civis e militares, órgãos de perícia técnica e aquartelamentos militares existentes em sua área de atribuição;

*** Inciso alterado pela Resolução CNMP nº 121/2015.**

II – examinar, em quaisquer dos órgãos referidos no inciso anterior, autos de inquérito policial, inquérito policial militar, autos de prisão em flagrante ou qualquer outro expediente ou documento de natureza persecutória penal, ainda que conclusos à autoridade, deles podendo extrair cópia ou tomar apontamentos, fiscalizando seu andamento e regularidade;

III – fiscalizar a destinação de armas, valores, substâncias entorpecentes, veículos e objetos apreendidos;

IV – fiscalizar o cumprimento dos mandados de prisão, das requisições e demais medidas determinadas pelo Ministério Público e pelo Poder Judiciário, inclusive no que se refere aos prazos;

V – verificar as cópias dos boletins de ocorrência ou sindicâncias que não geraram instauração de Inquérito Policial e a motivação do despacho da autoridade policial, podendo requisitar a instauração do inquérito, se julgar necessário;

VI – comunicar à autoridade responsável pela repartição ou unidade militar, bem como à respectiva corregedoria ou autoridade superior, para as devidas providências, no caso de constatação de irregularidades no trato de questões relativas à atividade de investigação penal que importem em falta funcional ou disciplinar;

VII – solicitar, se necessária, a prestação de auxílio ou colaboração das corregedorias dos órgãos policiais, para fins de cumprimento do controle externo;

VIII – fiscalizar cumprimento das medidas de quebra de sigilo de comunicações, na forma da lei, inclusive através do órgão responsável pela execução da medida;

IX – expedir recomendações, visando à melhoria dos serviços policiais, bem como o respeito aos interesses, direitos e bens cuja defesa seja de responsabilidade do Ministério Público, fixando prazo razoável para a adoção das providências cabíveis.

§ 1º Incumbe, ainda, aos órgãos do Ministério Público, havendo fundada necessidade e conveniência, instaurar procedimento investigatório referente a ilícito penal ocorrido no exercício da atividade policial.

§ 2º O Ministério Público poderá instaurar procedimento administrativo visando sanar as deficiências ou irregularidades detectadas no exercício do controle externo da atividade policial, bem como apurar as responsabilidades decorrentes do descumprimento injustificado das requisições pertinentes.

§ 3º Decorrendo do exercício de controle externo repercussão do fato na área cível e, desde que não possua o órgão do Ministério Público encarregado desse controle atribuição também para a instauração de inquérito civil público ou ajuizamento de ação civil por improbidade administrativa, incumbe a este encaminhar cópias dos documentos ou peças de que dispõe ao órgão da instituição com a referida atribuição.

*** Redação dada pela Resolução no 65/2011.**

Art. 5º Aos órgãos do Ministério Público, no exercício das funções de controle externo da atividade policial, caberá:

I – ter livre ingresso em estabelecimentos ou unidades policiais, civis ou aquartelamentos militares, bem como casas prisionais, cadeias públicas ou quaisquer outros estabelecimentos onde se encontrem pessoas custodiadas, detidas ou presas, a qualquer título, sem prejuízo das atribuições previstas na Lei de Execução Penal que forem afetadas a outros membros do Ministério Público;

II – ter acesso a quaisquer documentos, informatizados ou não, relativos à atividade-fim policial civil e militar, incluindo as de polícia técnica desempenhadas por outros órgãos, em especial:

a) ao registro de mandados de prisão;

b) ao registro de fianças;

c) ao registro de armas, valores, substâncias entorpecentes, veículos e outros objetos apreendidos;

d) ao registro de ocorrências policiais, representações de ofendidos e *notitia criminis*;

e) ao registro de inquéritos policiais;

f) ao registro de termos circunstanciados;

g) ao registro de cartas precatórias;

h) ao registro de diligências requisitadas pelo Ministério Público ou pela autoridade judicial;

i) aos registros e guias de encaminhamento de documentos ou objetos à perícia;

j) aos registros de autorizações judiciais para quebra de sigilo fiscal, bancário e de comunicações;

l) aos relatórios e soluções de sindicâncias findas.

III – acompanhar, quando necessária ou solicitada, a condução da investigação policial civil ou militar;

IV – requisitar à autoridade competente a instauração de inquérito policial ou inquérito policial militar sobre a omissão ou fato ilícito ocorrido no exercício da atividade policial, ressalvada a hipótese em que os elementos colhidos sejam suficientes ao ajuizamento de ação penal;

V – requisitar informações, a serem prestadas pela autoridade, acerca de inquérito policial não concluído no prazo legal, bem assim requisitar sua imediata remessa ao Ministério Público ou Poder Judiciário, no estado em que se encontre;

VI – receber representação ou petição de qualquer pessoa ou entidade, por desrespeito aos direitos assegurados na Constituição Federal e nas leis, relacionados com o exercício da atividade policial;

VII – ter acesso ao preso, em qualquer momento;

VIII – ter acesso aos relatórios e laudos periciais, ainda que provisórios, incluindo documentos e objetos sujeitos à perícia, guardando, quanto ao conteúdo de documentos, o sigilo legal ou judicial que lhes sejam atribuídos, ou quando necessário à salvaguarda do procedimento investigatório.

Art. 6º. Nas visitas de que trata o artigo 4º, inciso I, desta Resolução, o órgão do Ministério Público lavrará relatório respectivo, a ser enviado à validação da Corregedoria Geral da respectiva unidade do Ministério Público, mediante sistema informatizado disponível no sítio do CNMP, até o dia 5 (cinco) do mês subsequente à visita, consignando todas as constatações e ocorrências, bem como eventuais deficiências, irregularidades ou ilegalidades e as medidas requisitadas para saná-las, sem prejuízo de que, conforme estabelecido em atos normativos próprios, cópias sejam enviadas para outros órgãos com atuação no controle externo da atividade policial, para conhecimento e providências cabíveis no seu âmbito de atuação.

*** (Redação dada pela Resolução n° 121, de 10 de março de 2015)**

§1º O relatório será elaborado mediante o preenchimento de formulário, a ser aprovado pela Comissão do Sistema Prisional, Controle Externo da Atividade Policial e Segurança Pública, o qual será disponibilizado no sítio eletrônico do CNMP.

*** (Redação dada pela Resolução n° 121, de 10 de março de 2015)**

§ 2º O preenchimento do formulário deverá indicar as alterações, inclusões e exclusões procedidas após a última remessa de dados, especialmente aquelas resultantes de iniciativa implementada pelo membro do Ministério Público.

*** (Redação dada pela Resolução n° 121, de 10 de março de 2015)**

§ 3º Visitas com objeto e finalidade específicos poderão ser realizadas conforme necessidade ou definição de cada Ministério Público ou da Comissão do Sistema Prisional, Controle Externo da Atividade Policial e Segurança Pública, e com o preenchimento, no que for cabível, do formulário referido no § 1º.

*** (Redação dada pela Resolução n° 121, de 10 de março de 2015)**

§ 4º Caberá às Corregedorias Gerais, além do controle periódico das visitas realizadas em cada unidade, o envio dos relatórios validados à Comissão do Sistema Prisional, Controle Externo da Atividade Policial e Segurança Pública, até o dia 5 (cinco) do mês subsequente à visita, mediante acesso ao mesmo sistema informatizado.

*** (Redação dada pela Resolução n° 121, de 10 de março de 2015)**

§ 5º Cópias dos relatórios poderão, conforme estabelecido em atos normativos próprios, ser encaminhadas para órgãos de coordenação dos ramos do Ministério Público com atuação no controle externo da atividade policial, para conhecimento e adoção das providências cabíveis no seu âmbito de atuação.

*** (Redação dada pela Resolução n° 121, de 10 de março de 2015)**

§ 6º O formulário referido no § 1º não terá conteúdo exaustivo, cabendo ao órgão responsável pelo exercício do controle externo verificar e certificar outras informações, ocorrências e providências referentes à unidade visitada, na forma do artigo 4º desta Resolução.

*** (Redação dada pela Resolução n° 121, de 10 de março de 2015)**

§ 7º A autoridade diretora ou chefe de repartição policial poderá ser previamente notificada da data ou período da visita, bem como dos procedimentos e ações que serão efetivadas, com vistas a disponibilizar e organizar a documentação a ser averiguada.

*** (Redação dada pela Resolução n° 121, de 10 de março de 2015)**

§ 8º A Comissão do Sistema Prisional, Controle Externo da Atividade Policial e Segurança Pública encaminhará à Corregedoria Nacional relatório semestral acerca do atendimento desta Resolução.

*** (Redação dada pela Resolução n° 121, de 10 de março de 2015)**

*** Redação dada pela Resolução CNMP nº 121/2015**

Art. 7º Os Ministérios Públicos dos Estados e da União deverão adequar os procedimentos de controle externo da atividade policial, expedindo os atos necessários ao cumprimento da presente Resolução, no prazo de 90 dias a contar de sua entrada em vigor.

Art. 8º Esta Resolução entra em vigor na data de sua publicação.

Brasília, 28 de maio de 2007.

ANTÔNIO FERNANDO BARROS E SILVA DE SOUZA

Presidente do Conselho Nacional do Ministério Público

Res. CNMP nº 23, DE 17 SETEMBRO DE 2007.

*** Alteração adotada pelas Resoluções no 35/2009, 59/2010, 107/2014 e 126/2015.**

*** V. Nesta Edição, Res. GPGJ 1769/2009, que disciplina, no âmbito do MPRJ, a instauração e tramitação do Inquérito Civil.**

Regulamenta os artigos 6º, inciso VII, e 7º, inciso I, da Lei Complementar no 75/93 e os artigos 25, inciso IV, e 26, inciso I, da Lei nº 8.625/93, disciplinando, no âmbito do Ministério Público, a instauração e tramitação do inquérito civil.

O **CONSELHO NACIONAL DO MINISTÉRIO PÚBLICO**, no exercício das atribuições que lhe são conferidas pelo artigo 130-A, § 2º, inciso I, da Constituição Federal e com fulcro no artigo 64-A, de seu Regimento Interno;

CONSIDERANDO o disposto no artigo 129, inciso III e inciso VI, da Constituição Federal;

CONSIDERANDO o que dispõem os artigos 6º, inciso VII, e 7º, inciso I, da Lei Complementar nº 75/93; os artigos 25, inciso IV, e 26, inciso I, da Lei nº 8.625/93 e a Lei nº 7.347/85;

CONSIDERANDO a necessidade de uniformizar o procedimento do inquérito civil, em vista dos princípios que regem a Administração Pública e dos direitos e garantias individuais;

RESOLVE:

Capítulo I
Dos Requisitos para Instauração

Art. 1º O inquérito civil, de natureza unilateral e facultativa, será instaurado para apurar fato que possa autorizar a tutela dos interesses ou direitos a cargo do Ministério Público nos termos da legislação aplicável, servindo como preparação para o exercício das atribuições inerentes às suas funções institucionais.

Parágrafo único. O inquérito civil não é condição de procedibilidade para o ajuizamento das ações a cargo do Ministério Público, nem para a realização das demais medidas de sua atribuição própria.

Art. 2º O inquérito civil poderá ser instaurado:

I – de ofício;

II – em face de requerimento ou representação formulada por qualquer pessoa ou comunicação de outro órgão do Ministério Público, ou qualquer autoridade, desde que forneça, por qualquer meio legalmente permitido, informações sobre o fato e seu provável autor, bem como a qualificação mínima que permita sua identificação e localização;

III – por designação do Procurador-Geral de Justiça, do Conselho Superior do Ministério Público, Câmaras de Coordenação e Revisão e demais órgãos superiores da Instituição, nos casos cabíveis.

§ 1º O Ministério Público atuará, independentemente de provocação, em caso de conhecimento, por qualquer forma, de fatos que, em tese, constituam lesão aos interesses ou direitos mencionados no artigo 1º desta Resolução, devendo cientificar o membro do Ministério Público que possua atribuição para tomar as providências respectivas, no caso de não a possuir.

§ 2º No caso do inciso II, em sendo as informações verbais, o Ministério Público reduzirá a termo as declarações. Da mesma forma, a falta de formalidade não implica indeferimento do pedido de instauração de inquérito civil, salvo se, desde logo, mostrar-se improcedente a notícia, atendendo-se, na hipótese, o disposto no artigo 5º desta Resolução.

§ 3º O conhecimento por manifestação anônima, justificada, não implicará ausência de providências, desde que obedecidos os mesmos requisitos para as representações em geral, constantes no artigo 2º, inciso II, desta Resolução.

§ 4º O Ministério Público, de posse de informações previstas nos artigos 6º e 7º da Lei nº 7.347/85 que possam autorizar a tutela dos interesses ou direitos mencionados no artigo 1º desta Resolução, poderá complementá-las antes de instaurar o inquérito civil, visando apurar elementos para identificação dos investigados ou do objeto, instaurando procedimento preparatório.

§ 5º O procedimento preparatório deverá ser autuado com numeração sequencial à do inquérito civil e registrado em sistema próprio, mantendo-se a numeração quando de eventual conversão.

§ 6º O procedimento preparatório deverá ser concluído no prazo de 90 (noventa) dias, prorrogável por igual prazo, uma única vez, em caso de motivo justificável.

§ 7º Vencido este prazo, o membro do Ministério Público promoverá seu arquivamento, ajuizará a respectiva ação civil pública ou o converterá em inquérito civil.

Art. 3º Caberá ao membro do Ministério Público investido da atribuição para propositura da ação civil pública a responsabilidade pela instauração de inquérito civil.

Parágrafo único. Eventual conflito negativo ou positivo de atribuição será suscitado, fundamentadamente, nos próprios autos ou em petição dirigida ao órgão com atribuição no respectivo ramo, que decidirá a questão no prazo de trinta dias.

Capítulo II
Da Instauração do Inquérito Civil

Art. 4º O inquérito civil será instaurado por portaria, numerada em ordem crescente, renovada anualmente, devidamente registrada em livro próprio e autuada, contendo:

I – o fundamento legal que autoriza a ação do Ministério Público e a descrição do fato objeto do inquérito civil;

II – o nome e a qualificação possível da pessoa jurídica e/ou física a quem o fato é atribuído;

III – o nome e a qualificação possível do autor da representação, se for o caso;

IV – a data e o local da instauração e a determinação de diligências iniciais;

V – a designação do secretário, mediante termo de compromisso, quando couber;

VI – a determinação de afixação da portaria no local de costume, bem como a de remessa de cópia para publicação.

Parágrafo único. Se, no curso do inquérito civil, novos fatos indicarem necessidade de investigação de objeto diverso do que estiver sendo investigado, o membro do Ministério Público poderá aditar a portaria inicial ou determinar a extração de peças para instauração de outro inquérito civil, respeitadas as normas incidentes quanto à divisão de atribuições.

Capítulo III
Do Indeferimento de Requerimento de Instauração do Inquérito Civil

Art. 5º Em caso de evidência de que os fatos narrados na representação não configurem lesão aos interesses ou direitos mencionados no artigo 1º desta Resolução ou se o fato já tiver sido objeto de investigação ou de ação civil pública ou se os fatos apresentados já se encontrarem solucionados, o membro do Ministério Público, no prazo máximo de trinta dias, indeferirá o pedido de instauração de inquérito civil, em decisão fundamentada, da qual se dará ciência pessoal ao representante e ao representado.

§ 1º Do indeferimento caberá recurso administrativo, com as respectivas razões, no prazo de dez dias.

§ 2º As razões de recurso serão protocoladas junto ao órgão que indeferiu o pedido, devendo ser remetidas, caso não haja reconsideração, no prazo de três dias, juntamente com a representação e com a decisão impugnada, ao

Conselho Superior do Ministério Público ou à Câmara de Coordenação e Revisão respectiva para apreciação.

§ 3º Do recurso serão notificados os interessados para, querendo, oferecer contra-razões.

§ 4º Expirado o prazo do artigo 5º, § 1º, desta Resolução, os autos serão arquivados na própria origem, registrando-se no sistema respectivo, mesmo sem manifestação do representante.

§ 5º Na hipótese de atribuição originária do Procurador-Geral, caberá pedido de reconsideração no prazo e na forma do parágrafo primeiro.

Capítulo IV
Da Instrução

Art. 6º A instrução do inquérito civil será presidida por membro do Ministério Público a quem for conferida essa atribuição, nos termos da lei.

§ 1º O membro do Ministério Público poderá designar servidor do Ministério Público para secretariar o inquérito civil.

§ 2º Para o esclarecimento do fato objeto de investigação, deverão ser colhidas todas as provas permitidas pelo ordenamento jurídico, com a juntada das peças em ordem cronológica de apresentação, devidamente numeradas em ordem crescente.

§ 3º Todas as diligências serão documentadas mediante termo ou auto circunstanciado.

§ 4º As declarações e os depoimentos sob compromisso serão tomados por termo pelo membro do Ministério Público, assinado pelos presentes ou, em caso de recusa, na aposição da assinatura por duas testemunhas.

§ 5º Qualquer pessoa poderá, durante a tramitação do inquérito civil, apresentar ao Ministério Público documentos ou subsídios para melhor apuração dos fatos.

§ 6º Os órgãos da Procuradoria-Geral, em suas respectivas atribuições, prestarão apoio administrativo e operacional para a realização dos atos do inquérito civil.

§ 7º O Ministério Público poderá deprecar diretamente a qualquer órgão de execução a realização de diligências necessárias para a investigação.

§ 8º. As notificações, requisições, intimações ou outras correspondências expedidas por órgãos do Ministério Público da União ou pelos órgãos do Ministério Público dos Estados, destinadas a instruir inquérito civil ou procedimento preparatório observarão o disposto no artigo 8º, § 4º, da Lei

Complementar nº 75/93, no artigo 26, § 1º, da Lei nº 8.625/93 e, no que couber, no disposto na legislação estadual, devendo serem encaminhadas no prazo de dez (10) dias pelo respectivo Procurador-Geral, não cabendo a este a valoração do contido no expediente, podendo deixar de encaminhar aqueles que não contenham os requisitos legais ou que não empreguem o tratamento protocolar devido ao destinatário."

*** Texto alterado pelas Resoluções no 35/2009 e 59/2010.**

§ 9º Aplica-se o disposto no parágrafo anterior em relação aos atos dirigidos aos Conselheiros do Conselho Nacional de Justiça e do Conselho Nacional do Ministério Público.

*** Texto acrescentado pela Resolução no 35/2009.**

§ 10º. Todos os ofícios requisitórios de informações ao inquérito civil e ao procedimento preparatório deverão ser fundamentados e acompanhados de cópia da portaria que instaurou o procedimento ou da indicação precisa do endereço eletrônico oficial em que tal peça esteja disponibilizada.

*** Alterado pela Resolução no 59/2010.**

§ 11. O defensor constituído nos autos poderá assistir o investigado durante a apuração de infrações, sob pena de nulidade absoluta do seu depoimento e, subsequentemente, de todos os elementos investigatórios e probatórios dele decorrentes ou derivados, direta ou indiretamente, podendo, inclusive, no curso da respectiva apuração, apresentar razões e quesitos.

*** (Incluído pela Resolução n° 161, de 21 de fevereiro de 2017)**

Art. 7º Aplica-se ao inquérito civil o princípio da publicidade dos atos, com exceção dos casos em que haja sigilo legal ou em que a publicidade possa acarretar prejuízo às investigações, casos em que a decretação do sigilo legal deverá ser motivada.

§ 1º Nos requerimentos que objetivam a obtenção de certidões ou extração de cópia de documentos constantes nos autos sobre o inquérito civil, os interessados deverão fazer constar esclarecimentos relativos aos fins e razões do pedido, nos termos da Lei nº 9.051/95.

§ 2º A publicidade consistirá:

I – na divulgação oficial, com o exclusivo fim de conhecimento público mediante publicação de extratos na imprensa oficial;

II – na divulgação em meios cibernéticos ou eletrônicos, dela devendo constar as portarias de instauração e extratos dos atos de conclusão;

III – na expedição de certidão e na extração de cópias sobre os fatos investigados, mediante requerimento fundamentado e por deferimento do presidente do inquérito civil;

IV – na prestação de informações ao público em geral, a critério do presidente do inquérito civil;

V – (Inciso suprimido pela Resolução no 107/2014).

§ 3º As despesas decorrentes da extração de cópias correrão por conta de quem as requereu.

§ 4º A restrição à publicidade deverá ser decretada em decisão motivada, para fins do interesse público, e poderá ser, conforme o caso, limitada a determinadas pessoas, provas, informações, dados, períodos ou fases, cessando quando extinta a causa que a motivou.

§ 5º Os documentos resguardados por sigilo legal deverão ser autuados em apenso.

§ 6º O defensor poderá, mesmo sem procuração, examinar autos de investigações findas ou em andamento, ainda que conclusos à autoridade, podendo copiar peças e tomar apontamentos, em meio físico ou digital.

*** (Incluído pela Resolução n° 161, de 21 de fevereiro de 2017)**

§ 7º Nos autos sujeitos a sigilo, deve o advogado apresentar procuração para o exercício dos direitos de que trata o § 6º.

*** (Incluído pela Resolução n° 161, de 21 de fevereiro de 2017)**

§ 8º O presidente do inquérito civil poderá delimitar, de modo fundamentado, o acesso do defensor à identificação do(s) representante(s) e aos elementos de prova relacionados a diligências em andamento e ainda não documentados nos autos, quando houver risco de comprometimento da eficiência, da eficácia ou da finalidade das diligências.

*** (Incluído pela Resolução n° 161, de 21 de fevereiro de 2017)**

Art. 8º Em cumprimento ao princípio da publicidade das investigações, o membro do Ministério Público poderá prestar informações, inclusive aos meios de comunicação social, a respeito das providências adotadas para apuração de fatos em tese ilícitos, abstendo-se, contudo de externar ou antecipar juízos de valor a respeito de apurações ainda não concluídas.

Art. 9º O inquérito civil deverá ser concluído no prazo de um ano, prorrogável pelo mesmo prazo e quantas vezes forem necessárias, por decisão fundamentada de seu presidente, à vista da imprescindibilidade da realização ou conclusão de diligências, dando-se ciência ao Conselho Superior do Ministério Público, à Câmara de Coordenação e Revisão ou à Procuradoria Federal dos Direitos do Cidadão.

Parágrafo único. Cada Ministério Público, no âmbito de sua competência administrativa, poderá estabelecer prazo inferior, bem como limitar a prorrogação mediante ato administrativo do Órgão da Administração Superior competente.

Art. 9º-A Após a instauração do inquérito civil ou do procedimento preparatório, quando o membro que o preside concluir ser atribuição de outro Ministério Público, este deverá submeter sua decisão ao referendo do órgão de revisão competente, no prazo de 3 (três) dias.

*** Artigo acrescido pela Resolução no 126/2015.**

Capítulo V
Do Arquivamento

Art. 10. Esgotadas todas as possibilidades de diligências, o membro do Ministério Público, caso se convença da inexistência de fundamento para a propositura de ação civil pública, promoverá, fundamentadamente, o arquivamento do inquérito civil ou do procedimento preparatório.

§ 1º Os autos do inquérito civil ou do procedimento preparatório, juntamente com a promoção de arquivamento, deverão ser remetidos ao órgão de revisão competente, no prazo de três dias, contado da comprovação da efetiva cientificação pessoal dos interessados, através de publicação na imprensa oficial ou da lavratura de termo de afixação de aviso no órgão do Ministério Público, quando não localizados os que devem ser cientificados.

§ 2º A promoção de arquivamento será submetida a exame e deliberação do órgão de revisão competente, na forma do seu Regimento Interno.

§ 3º Até a sessão do Conselho Superior do Ministério Público ou da Câmara de Coordenação e Revisão respectiva, para que seja homologada ou rejeitada a promoção de arquivamento, poderão as pessoas co-legitimadas apresentar razões escritas ou documentos, que serão juntados aos autos do inquérito ou do procedimento preparatório.

§ 4º Deixando o órgão de revisão competente de homologar a promoção de arquivamento, tomará uma das seguintes providências:

I – converterá o julgamento em diligência para a realização de atos imprescindíveis à sua decisão, especificando-os e remetendo ao órgão competente para designar o membro do Ministério Público que irá atuar;

*** (Redação dada pela Resolução n° 143, de 14 de junho de 2016)**

II – deliberará pelo prosseguimento do inquérito civil ou do procedimento preparatório, indicando os fundamentos de fato e de direito de sua decisão, adotando as providências relativas à designação, em qualquer hipótese, de outro membro do Ministério Público para atuação.

§ 5º Será pública a sessão do órgão revisor, salvo no caso de haver sido decretado o sigilo.

Art. 11. Não oficiará nos autos do inquérito civil, do procedimento preparatório ou da ação civil pública o órgão responsável pela promoção de arquivamento não homologado pelo Conselho Superior do Ministério Público ou pela Câmara de Coordenação e Revisão.

*** (Redação dada pela Resolução n° 143, de 14 de junho de 2016)**

Art. 12. O desarquivamento do inquérito civil, diante de novas provas ou para investigar fato novo relevante, poderá ocorrer no prazo máximo de seis meses após o arquivamento. Transcorrido esse lapso, será instaurado novo inquérito civil, sem prejuízo das provas já colhidas.

Parágrafo único. O desarquivamento de inquérito civil para a investigação de fato novo, não sendo caso de ajuizamento de ação civil pública, implicará novo arquivamento e remessa ao órgão competente, na forma do art. 10, desta Resolução.

Art. 13. O disposto acerca de arquivamento de inquérito civil ou procedimento preparatório também se aplica à hipótese em que estiver sendo investigado mais de um fato lesivo e a ação civil pública proposta somente se relacionar a um ou a algum deles.

Capítulo VI
Do Compromisso de Ajustamento de Conduta

Art. 14. O Ministério Público poderá firmar compromisso de ajustamento de conduta, nos casos previstos em lei, com o responsável pela ameaça ou lesão aos interesses ou direitos mencionados no artigo 1º desta Resolução, visando à reparação do dano, à adequação da conduta às exigências legais ou normativas e, ainda, à compensação e/ou à indenização pelos danos que não possam ser recuperados.

Capítulo VII
Das Recomendações

Art. 15. ***Revogado pela Resolução nº 164/2017.***

Parágrafo único. ***Revogado pela Resolução nº 164/2017.***

Capítulo VIII
Das Disposições Finais

Art. 16. Cada Ministério Público deverá adequar seus atos normativos referentes a inquérito civil e a procedimento preparatório de investigação cível aos termos da presente Resolução, no prazo de noventa dias, a contar de sua entrada em vigor.

Art. 17. Esta Resolução entrará em vigor na data de sua publicação.

Brasília, 17 de setembro de 2007.

ANTONIO FERNANDO BARROS E SILVA DE SOUZA

Presidente do Conselho Nacional do Ministério Público

Res. CNMP nº 26, DE 17 DE DEZEMBRO DE 2007.

***Alterada pela Res. 112/2014**

*** V. Nesta Edição, Res. GPGJ 1427/2008, que disciplina, no âmbito do MPRJ, a residência na Comarca.**

Disciplina a residência na Comarca pelos membros do Ministério Público e determina outras providências.

O CONSELHO NACIONAL DO MINISTÉRIO PÚBLICO, no exercício das atribuições conferidas pelo artigo 130-A, §2º, inciso II, da Constituição da República, e no artigo 19 do seu Regimento Interno, em conformidade com a decisão plenária tomada em Sessão realizada no dia 17 de dezembro de 2007;

Considerando o que dispõe o art. 129, § 2º, da Constituição Federal, com a redação conferida pela Emenda Constitucional nº 45/2004, impondo aos membros do Ministério Público o indeclinável dever de fixar residência na Comarca de sua titularidade;

Considerando o que dispõe o art. 93, inciso XII, da Constituição da República, que trata da atividade jurisdicional ininterrupta e o estabelecimento de plantões permanentes, aplicável ao Ministério Público nos termos do art. 129, § 4º, da Constituição Federal;

Considerando a possibilidade da autorização excepcional do Procurador-Geral, para que membros do Ministério Público possam residir em Comarca diversa de sua titularidade;

Considerando que os pedidos de remoção, promoção e permuta devem estar instruídos com elementos, entre outros, que comprovem a residência do membro do Ministério Público na Comarca;

Considerando que a prática dos atos administrativos em geral pressupõe a prévia exposição de sua motivação e fundamentação;

Considerando a necessidade de estabelecer parâmetros objetivos para as autorizações excepcionais para residir fora da Comarca,

RESOLVE:

Art. 1o É obrigatória a residência do membro do Ministério Público na Comarca ou na localidade onde exerce a titularidade de seu cargo, inclusive nos finais de semana.

§ 1º. Para fins desta Resolução, configura-se residência a moradia habitual, legal e efetiva do membro do Ministério Público na respectiva Comarca ou localidade onde exerce as suas atribuições, ressalvado o afastamento temporário, na forma da lei.

§ 2º. A obrigatoriedade constitucional da residência na Comarca ou na localidade onde há o exercício da titularidade de seu cargo aplica-se aos membros do Ministério Público que atuam nas 1ª e 2ª instâncias e nos Tribunais Superiores.

Art. 2º O Procurador-Geral poderá autorizar, através de ato motivado, em caráter excepcional, a residência fora da Comarca ou da localidade onde o membro do Ministério Público exerce a titularidade de seu cargo, podendo ouvir previamente a Corregedoria-Geral.

§ 1º. A autorização somente poderá ocorrer se não houver prejuízo ao serviço e à comunidade atendida.

§ 2º. A autorização não implicará no pagamento de diárias, ajuda de custo ou quaisquer parcelas remuneratórias e indenizatórias alusivas ao deslocamento.

§ 3º. A autorização está condicionada à prévia comprovação dos seguintes requisitos:

I – apresentar o interessado requerimento dirigido ao Procurador-Geral, devidamente fundamentado;

II – estar em conformidade com a distância máxima entre a sede da Comarca ou localidade onde exerce sua titularidade e a sede da Comarca ou localidade onde pretende fixar residência, definida em ato do Procurador-Geral, previsto nesta Resolução, de modo a oportunizar o pronto deslocamento à sede de sua Comarca para atendimento de situações emergenciais, urgentes e necessárias;

III – estar regular o serviço, inclusive quanto à disponibilidade para o atendimento ao público, às partes e à comunidade, atestada pela Corregedoria-Geral do Ministério Público.

IV – Inciso suprimido pela Resolução nº 112/2014.

§ 4º. O pedido não será conhecido se o interessado não estiver regularmente em dia com as suas atribuições ou tenha sido constatado atraso injustificado de serviço no cargo anteriormente ocupado.

§ 5º. O membro do Ministério Público que obtiver a autorização deverá, no caso de habilitação para concurso de promoção, remoção ou permuta, apresentar prova de efetiva residência no local autorizado.

§ 6º. É vedada a autorização para que membro do Ministério Público possa residir em Estado diverso do qual deva exercer as suas funções.

§ 7º. A Corregedoria-Geral do Ministério Público, quando provocada, terá um prazo de dez (10) dias para se manifestar sobre o pedido.

Art. 3º O membro do Ministério Público, autorizado nos termos do artigo anterior, comparecerá diariamente, durante todo o expediente forense, à Comarca ou à localidade onde exerce a titularidade de seu cargo.

Parágrafo único. O comparecimento diário importa no desenvolvimento de todas as atribuições e, especialmente, no atendimento ao público, às partes e à comunidade.

Art. 4º. A autorização é de caráter precário, podendo ser revogada a qualquer momento por ato do Procurador-Geral, quando se tornar prejudicial à adequada representação da Instituição ou pela ocorrência de falta funcional por parte do membro do Ministério Público.

§ 1º. O pedido de revogação deverá ser motivado e poderá ser feito pela Corregedoria-Geral, por membros do Ministério Público ou por qualquer cidadão, vedado o anonimato, ouvindo-se, neste caso, o interessado.

§ 2º. Revogado o ato, o membro do Ministério Público terá o prazo de trinta (30) dias para fixar residência na Comarca ou na localidade onde exerce a titularidade de seu cargo.

Art. 5º. A autorização será revogada pelo Procurador-Geral, de ofício ou a requerimento, podendo ser ouvida a Corregedoria-Geral, em caso de descumprimento de qualquer das disposições contidas nesta Resolução, ou na hipótese de instauração de processo administrativo disciplinar por inobservância dos deveres inerentes ao cargo.

Parágrafo único. A residência fora da Comarca ou do local onde exerce a titularidade de seu cargo, sem a devida autorização, caracterizará infração funcional, sujeita a processo administrativo-disciplinar, nos termos da respectiva Lei Orgânica.

Art. 6º. O Procurador-Geral cientificará a Corregedoria-Geral sobre a autorização para residir fora da Comarca ou da localidade onde exerce a titularidade de seu cargo, bem como sua revogação, que exigirá, dos membros do Ministério Público autorizados, o relatório detalhado de suas atividades e do cumprimento de suas funções e atribuições.

Art. 7º. A Corregedoria-Geral manterá o cadastro atualizado dos membros do Ministério Público autorizados a residir fora da Comarca.

Art. 8º. Os Ministérios Públicos dos Estados e da União editarão ato administrativo, em até sessenta (60) dias, contendo estas normas gerais e outras, conforme as suas peculiaridades.

Art. 9º. Os Procuradores-Gerais informarão, em até noventa (90) dias da publicação desta Resolução, as providências adotadas no seu âmbito de administração.

§ 1º. As autorizações concedidas até o prazo do Art. 8º serão revistas, à luz dos diplomas normativos de regência, após a regulamentação pelos Ministérios Públicos dos Estados e da União, no prazo de 30 (trinta) dias.

§ 2º. Os membros do Ministério Público que não preencherem os requisitos definidos nesta Resolução e nos atos normativos referidos no artigo anterior, fixarão residência na Comarca de lotação ou no local onde exercem a titularidade de seu cargo, no prazo de trinta (30) dias, comunicando ao Procurador-Geral com a devida comprovação.

Art. 10º. Esta Resolução entre em vigor na data de sua publicação.

Brasília, 17 dezembro de 2007.

ANTONIO FERNANDO BARROS E SILVA DE SOUZA

Presidente do Conselho Nacional do Ministério Público

Res. CNMP nº 27, DE 10 DE MARÇO DE 2008.

Disciplina a vedação do exercício da advocacia por parte dos servidores do Ministério Público dos Estados e da União.

O CONSELHO NACIONAL DO MINISTÉRIO PÚBLICO, no exercício das atribuições conferidas pelo artigo 130-A, §2º, inciso II, da Constituição da República, e no artigo 19 do seu Regimento Interno, em conformidade com a decisão plenária tomada em sessão realizada no dia 10 de março de 2008;

Considerando a decisão plenária proferida nos autos do processo nº 0.00.000.000126/2007-69, em sessão realizada no dia 18 de junho de 2007;

Considerando os princípios constitucionais da moralidade, da isonomia e da eficiência;

Considerando as disposições dos artigos 21 da Lei nº 11.415/2006 e 30 da Lei nº 8.906/94;

Considerando a necessidade de estabelecer, no particular, tratamento isonômico entre os servidores do Ministério Público da União e dos Estados;

RESOLVE:

Art. 1o. É vedado o exercício da advocacia aos servidores efetivos, comissionados, requisitados ou colocados à disposição do Ministério Público dos Estados e da União.

Art. 2º. Ficam resguardados os atos processuais já praticados, vedando-se, entretanto, a continuidade do exercício da advocacia, mesmo àqueles que já venham exercendo essa atividade até a data da publicação desta Resolução, observado o impedimento fixado no art. 30, I, da Lei nº 8.906/94.

Art. 3º. Esta Resolução entra em vigor na data de sua publicação.

Brasília, 10 de março de 2008.

ANTONIO FERNANDO BARROS E SILVA DE SOUZA

Presidente do Conselho Nacional do Ministério Público

Res. CNMP nº 30, DE 19 DE MAIO DE 2008.

*** Alterada pelas Resoluções no 90/2012 e 131/2015**

*** V. Nesta Edição, Res. Conjunta MPRJ/MPE no 11/2015, que disciplina, no âmbito do MPRJ, a atribuição dos Promotores Eleitorais no Estado do Rio de Janeiro.**

Estabelece parâmetros para a indicação e a designação de membros do Ministério Público para exercer função eleitoral em 1o grau.

O CONSELHO NACIONAL DO MINISTÉRIO PÚBLICO, no exercício das atribuições conferidas pelo artigo 130-A, § 2º, inciso II, da Constituição Federal, e artigo 19 do seu Regimento Interno, em conformidade com a decisão plenária tomada em sessão realizada no dia 19 de maio de 2008;

Considerando que o exercício das funções eleitorais do Ministério Público Federal encontra-se disciplinado no art. 37, I, *in fine*, e arts. 72 a 80 da Lei Orgânica do Ministério Público da União (Lei Complementar nº 75, de 20 de maio de 1993);

Considerando a necessidade de conferir plena eficácia aos citados dispositivos da citada Lei Complementar;

Considerando que, sendo de natureza federal, a designação para o exercício da função eleitoral por membro do Ministério Público em primeiro grau compete ao Procurador Regional Eleitoral, a quem cabe, em cada Estado, dirigir as atividades do setor, nos termos do art. 77 da Lei Complementar nº 75, de 1993;

Considerando a aplicação, em tais hipóteses, da regra subsidiária estabelecida no art. 79, parágrafo único da mesma LOMPU;

Considerando a necessidade, em face da mesma hipótese (art. 79, parágrafo único da LOMPU), de estabelecimento de parâmetros uniformes e objetivos mínimos a serem observados no Ministério Público dos Estados e do Distrito Federal, na indicação ao Procurador Regional Eleitoral dos Promotores de Justiça que atuarão na primeira instância da Justiça Eleitoral, em consonância com os princípios da impessoalidade, da eficiência e da continuidade dos serviços eleitorais;

RESOLVE

Art. 1º Para os fins do art. 79 da Lei Complementar nº 75/93, a designação de membros do Ministério Público de primeiro grau para exercer função eleitoral perante a Justiça Eleitoral de primeira instância, observará o seguinte:

I – a designação será feita por ato do Procurador Regional Eleitoral, com base em indicação do Chefe do Ministério Público local;

II – a indicação feita pelo Procurador-Geral de Justiça do Estado recairá sobre o membro lotado em localidade integrante de zona eleitoral que por último houver exercido a função eleitoral;

III – nas indicações e designações subsequentes, obedecer-se-á, para efeito de titularidade ou substituição, à ordem decrescente de antiguidade na titularidade da função eleitoral, prevalecendo, em caso de empate, a antiguidade na zona eleitoral;

IV – a designação será feita pelo prazo ininterrupto de dois anos, nele incluídos os períodos de férias, licenças e afastamentos, admitindo-se a recondução apenas quando houver um membro na circunscrição da zona eleitoral;

§1º – Não poderá ser indicado para exercer a função eleitoral o membro do Ministério Público:

I – lotado em localidade não abrangida pela zona eleitoral perante a qual este deverá oficiar, salvo em caso de ausência, impedimento ou recusa justificada, e quando ali não existir outro membro desimpedido;

II – que se encontrar afastado do exercício do ofício do qual é titular, inclusive quando estiver exercendo cargo ou função de confiança na administração superior da Instituição, ou

III – que estiver respondendo a processo administrativo disciplinar, ou tiver sido punido disciplinarmente, por atraso injustificado no serviço, observado o período de reabilitação de 2 (dois) anos, contados da data em que se der por cumprida a sanção aplicada.

*** Inciso alterado pela Resolução no 131/2015.**

§2º Em caso de ausência, impedimento ou recusa justificada, terá preferência, para efeito de indicação e designação, o membro do Ministério Público que, sucessivamente, exercer suas funções:

I – na sede da respectiva zona eleitoral;

II – em município que integra a respectiva zona eleitoral;

III – em comarca contígua à sede da zona eleitoral.

§3º- Os casos omissos serão resolvidos pelo Procurador Regional Eleitoral.

Art. 2º Não será permitida, em qualquer hipótese, a percepção cumulativa de gratificação eleitoral.

Art. 3º É vedado o recebimento de gratificação eleitoral por quem não houver sido regularmente designado para o exercício de função eleitoral.

Art. 4º A filiação a partido político impede o exercício de funções eleitorais por membros do Ministério Público pelo período de dois anos, a contar de seu cancelamento.

Art. 5º As investiduras em função eleitoral não ocorrerão em prazo inferior a noventa dias da data do pleito eleitoral e não cessarão em prazo inferior a noventa dias após a eleição, devendo ser providenciadas pelo Procurador Regional Eleitoral as prorrogações eventualmente necessárias à observância deste preceito.

§1º Excepcionalmente, as prorrogações de investidura em função eleitoral ficarão aquém ou irão além do limite temporal de dois anos estabelecido nesta Resolução, sendo a extensão ou redução do prazo realizada apenas pelo lapso suficiente ao cumprimento do disposto no *caput* deste artigo.

§2º No período de 90 (noventa) dias que antecede o pleito até 15 (quinze) dias após a diplomação dos eleitos, é vedada a fruição de férias ou de licença voluntária pelo Promotor de Justiça que exerça funções eleitorais, salvo em situações excepcionais autorizadas pelo Chefe do Ministério Público respectivo, instruídos os pedidos, nessa ordem, com os seguintes requisitos:

I – demonstração da necessidade e da ausência de prejuízo ao serviço eleitoral;

II – indicação e ciência do Promotor substituto;

III – anuência expressa do Procurador Regional Eleitoral.

*** Redação dada pela Resolução no 90/2012.**

Art. 6º – As autorizações previstas no Art. 2º da Resolução CNMP nº 26, de 17.12.2007, que implicarem residência em localidade não abrangida pela zona perante a qual o promotor eleitoral deva oficiar serão suspensas por ato do Procurador-Geral, no período a que se refere o Art. 5º, §2º, desta Resolução.

Art. 7º Os Procuradores Regionais Eleitorais editarão, no prazo máximo de sessenta dias, atos prorrogando a investidura dos atuais membros do Ministério Público Eleitoral de 1º grau indicados e designados para exercer a função eleitoral por prazo inferior a dois anos, observado o disposto no artigo 5º.

Art. 8º Esta Resolução entra em vigor na data de sua publicação.

Brasília, 19 de maio de 2008.

ANTONIO FERNANDO BARROS E SILVA DE SOUZA

Presidente do Conselho Nacional do Ministério Público

Res. CNMP nº 40, DE 26 DE MAIO DE 2009

*** Alterada pelas Resoluções no 57/2010, 87/2012 e 141/2016.**

Regulamenta o conceito de atividade jurídica para concursos públicos de ingresso nas carreiras do Ministério Público e dá outras providências.

O CONSELHO NACIONAL DO MINISTÉRIO PÚBLICO, no exercício das atribuições conferidas pelo artigo 130-A da Constituição Federal, com a redação da Emenda Constitucional nº 45/2004, e na forma do artigo 66 do seu Regimento Interno, em conformidade com a decisão plenária tomada na 7ª Sessão Extraordinária, realizada em 26 de Maio de 2009;

CONSIDERANDO a necessidade de adequação nas regras para concursos públicos de ingresso nas carreiras do Ministério Público, a propósito do disposto no § 3º do art. 129 da Constituição Federal, com a redação da Emenda Constitucional nº 45/2004,

RESOLVE:

Art. 1‘ Considera-se atividade jurídica, desempenhada exclusivamente após a conclusão do curso de bacharelado em Direito:

I – O efetivo exercício de advocacia, inclusive voluntária, com a participação anual mínima em 5 (cinco) atos privativos de advogado (Lei nº 8.906, de 4 Julho de 1994), em causas ou questões distintas.

II – O exercício de cargo, emprego ou função, inclusive de magistério superior, que exija a utilização preponderante de conhecimentos jurídicos.

III – O exercício de função de conciliador em tribunais judiciais, juizados especiais, varas especiais, anexos de juizados especiais ou de varas judiciais, assim como o exercício de mediação ou de arbitragem na composição de litígios, pelo período mínimo de 16 (dezesseis) horas mensais e durante 1 (um) ano.

§ 1º É vedada, para efeito de comprovação de atividade jurídica, a contagem de tempo de estágio ou de qualquer outra atividade anterior à conclusão do curso de bacharelado em Direito.

§ 2º A comprovação do tempo de atividade jurídica relativa a cargos, empregos ou funções não privativas de bacharel em Direito será realizada por meio da apresentação de certidão circunstanciada, expedida pelo órgão competente, indicando as respectivas atribuições e a prática reiterada de atos que exijam a utilização preponderante de conhecimentos jurídicos, cabendo à comissão de concurso analisar a pertinência do documento e reconhecer sua validade em decisão fundamentada.

Art. 2º Também serão considerados atividade jurídica, desde que integralmente concluídos com aprovação, os cursos de pós-graduação em Direito ministrados pelas Escolas do Ministério Público, da Magistratura e da Ordem dos Advogados do Brasil, bem como os cursos de pós-graduação reconhecidos, autorizados ou supervisionados pelo Ministério da Educação ou pelo órgão competente.

§ 1º Os cursos referidos no *caput* deste artigo deverão ter toda a carga horária cumprida após a conclusão do curso de bacharelado em Direito, não se admitindo, no cômputo da atividade jurídica, a concomitância de cursos nem de atividade jurídica de outra natureza.

*** Alterado pela Resolução no 57/2010.**

§2º Os cursos *lato sensu* compreendidos no *caput* deste artigo deverão ter, no mínimo, um ano de duração e carga horária total de 360 horas-aulas, distribuídas semanalmente.

§3º Independente do tempo de duração superior, serão computados como prática jurídica:

a) Um ano para pós-graduação *lato sensu.*

b) Dois anos para Mestrado.

c) Três anos para Doutorado.

§4º Os cursos de pós-graduação (*lato sensu* ou *stricto sensu*) que exigirem apresentação de trabalho monográfico final serão considerados integralmente concluídos na data da respectiva aprovação desse trabalho.

§5º Os casos omissos serão decididos pela comissão de concurso.

Art. 3º A comprovação do período de três anos de atividade jurídica deverá ser feita no ato da inscrição definitiva do concurso.

*** (Redação original restaurada pela Resolução n° 141, de 26 de abril de 2016)**

Art. 4º É vedada a participação de quem exerce o magistério e/ou a direção de cursos destinados à preparação de candidatos a concursos públicos em comissão de concurso ou em banca examinadora.

Parágrafo único. A vedação prevista neste artigo prevalece por três anos, após o encerramento das referidas atividades.

Art. 5º Aplicam-se ao membro da comissão de concurso ou da banca examinadora, no que couber, as causas de suspeição e de impedimento previstas nos arts. 134 e 135 do Código de Processo Civil.

Art. 6º Considera-se fundada a suspeição de membro da comissão de concurso ou da banca examinadora, quando:

I – For deferida a inscrição de candidato que seja seu servidor funcionalmente vinculado, cônjuge, companheiro, ex-companheiro, padrasto, enteado ou parente em linha reta, colateral ou por afinidade, até o terceiro grau, inclusive.

II – Tiver participação societária, como administrador ou não, em cursos formais ou informais de preparação de candidatos para ingresso no Ministério Público, ou contar com parentes em até terceiro grau, em linha reta, colateral ou por afinidade nessa condição de sócio ou administrador.

§1º O impedimento ou a suspeição decorrente de parentesco por afinidade cessará pela dissolução do casamento que lhe tiver dado causa, salvo sobrevindo descendentes; mas, ainda que dissolvido o casamento sem descendentes, não poderá ser membro da comissão de concurso ou da banca examinadora o ex-cônjuge, os sogros, o genro ou a nora de quem for candidato inscrito ao concurso.

§2º Poderá, ainda, o membro da comissão de concurso ou da banca examinadora, declarar-se suspeito por motivo íntimo.

§3º O impedimento ou suspeição deverá ser comunicado ao presidente da comissão de concurso, por escrito, até 5 (cinco) dias úteis após a publicação da relação dos candidatos inscritos no diário oficial respectivo.

§4º Não prevalecerá o impedimento ou a suspeição para integrar a comissão de concurso ou a banca examinadora, para as fases subsequentes, se o candidato gerador dessa restrição for excluído definitivamente do concurso.

§5º A suspeição por motivo íntimo não poderá ser retratada.

Art. 7º O Conselho Superior de cada ramo do Ministério Público da União e de cada Ministério Público dos Estados deverá adequar o regulamento de seu concurso a esta resolução.

Art. 8º Esta resolução entra em vigência na data de sua publicação e não se aplica aos concursos em andamento.

Art. 9º Revoga-se a Resolução nº 29, de 31 de Março de 2008, publicada no Diário da Justiça de 24/04/2008, pág. 228.

Brasília, DF, 26 de Maio de 2009

ANTONIO FERNANDO BARROS E SILVA DE SOUZA

Presidente do Conselho Nacional do Ministério Público

Res. CNMP nº 56, de 22 de junho de 2010.

*** alterada pela Res. CNMP 120/2015 e 134/2016.**

Dispõe sobre a uniformização das inspeções em estabelecimentos penais pelos membros do Ministério Público.

O **CONSELHO NACIONAL DO MINISTÉRIO PÚBLICO**, no exercício das atribuições que lhe são conferidas pelo artigo 130-A, parágrafo 2°, inciso I, da Constituição Federal e com arrimo no artigo 19 de seu Regimento Interno, em conformidade com a decisão Plenária tomada na 5ª Sessão Extraordinária, realizada em 22/06/2010,

Considerando que o respeito à integridade física e moral dos presos é assegurado pelo artigo 5°, inciso XLIX, da Constituição Federal;

Considerando a necessidade de regulamentação da atribuição conferida ao Ministério Público pelo artigo 68, parágrafo único, da Lei n. 7.210/84;

Considerando a importância da padronização das visitas aos estabelecimentos penais promovidas pelo Ministério Público, com vista à atuação integrada da instituição na área da execução penal;

Considerando a conveniência da unificação dos relatórios de visita a estabelecimentos penais, a fim de criar e alimentar banco de dados deste órgão nacional de controle, RESOLVE:

Art. 1º Os membros do Ministério Público incumbidos do controle do sistema carcerário devem visitar mensalmente os estabelecimentos penais sob sua responsabilidade, registrando a sua presença em livro próprio.

Parágrafo único. As respectivas unidades do Ministério Público devem assegurar condições de segurança aos seus membros no cumprimento do dever de visita aos estabelecimentos penais.

Art. 2º No mês de março, lavrar-se-á o relatório anual, sendo que nos meses de junho, setembro e dezembro lavrar-se-ão relatórios trimestrais, a serem enviados à Corregedoria-Geral do respectivo Ministério Público até o dia 5 (cinco) dos meses subsequentes.

*** (Redação dada pela Resolução n° 120, de 24 de fevereiro de 2015)**

§ 1º As visitas mensais, legalmente exigidas pela Lei de Execuções Penais, deverão ser realizadas e registradas em livro próprio.

*** (Redação dada pela Resolução n° 120, de 24 de fevereiro de 2015)**

§ 2º Os formulários serão previamente aprovados no âmbito da Comissão do Sistema Prisional, Controle Externo da Atividade Policial e Segurança Pública, e disponibilizados no sítio do Conselho Nacional do Ministério Público, contendo:

*** (Redação dada pela Resolução n° 120, de 24 de fevereiro de 2015)**

I - classificação, instalações físicas, recursos humanos, capacidade e ocupação do estabelecimento penal;

*** (Incluído pela Resolução n° 120, de 24 de fevereiro de 2015)**

II - perfil da população carcerária, assistência, trabalho, disciplina e observância dos direitos dos presos ou internados;

*** (Incluído pela Resolução n° 120, de 24 de fevereiro de 2015)**

III - medidas adotadas para a promoção do funcionamento adequado do estabelecimento;

*** (Incluído pela Resolução n° 120, de 24 de fevereiro de 2015)**

IV - considerações gerais e outros dados reputados relevantes.

*** (Incluído pela Resolução n° 120, de 24 de fevereiro de 2015)**

§ 3º Nos estabelecimentos prisionais militares federais que estejam situados fora das sedes das respectivas Procuradorias de Justiça Militar, ocorrendo situação excepcional que inviabilize a realização das visitas mensais, tal falto deverá constar do respectivo relatório.

*** (Redação dada pela Resolução n° 134, de 26 de janeiro de 2016)**

Art. 3º A Comissão do Sistema Prisional, Controle Externo da Atividade Policial e Segurança Pública encaminhará à Corregedoria Nacional relatório trimestral acerca do atendimento desta Resolução.

*** (Redação dada pela Resolução n° 120, de 24 de fevereiro de 2015)**

Art. 4º A Comissão do Sistema Prisional, Controle Externo da Atividade Policial e Segurança Pública disponibilizará no sítio do Conselho Nacional do Ministério Público instruções para o preenchimento e remessa dos relatórios.

*** (Redação dada pela Resolução n° 120, de 24 de fevereiro de 2015)**

Art. 5º Esta Resolução entra em vigor na data de sua publicação.

Brasília, 22 de junho de 2010.

ROBERTO MONTEIRO GURGEL SANTOS

Presidente do Conselho Nacional do Ministério Público

Res. CNMP nº 73, de 15 de junho de 2011.

*** alterada pela Res. CNMP 132 e 133/2015**

Dispõe sobre o acúmulo do exercício das funções ministeriais com o exercício do magistério por membros do Ministério Público da União e dos Estados.

O **CONSELHO NACIONAL DO MINISTÉRIO PÚBLICO**, no exercício das suas atribuições conferidas pelo artigo 130-A, parágrafo 2º, inciso I, da Constituição da República e no artigo 19 do seu Regimento Interno;

CONSIDERANDO que aos membros do Ministério Público é vedada a acumulação de funções ministeriais com quaisquer outras, exceto as de magistério, nos termos do art. 128,II, "d", da Constituição;

CONSIDERANDO a importância de serem delineados os contornos objetivos da atividade de magistério, para os efeitos previstos na Constituição; e

CONSIDERANDO ainda, o decidido na sessão plenária de 15 de junho de 2011, no

processo nº 2346/2010-22,

R E S O L V E

Art. 1º. Ao membro do Ministério Público da União e dos Estados, ainda que em disponibilidade, é defeso o exercício de outro cargo ou função pública, ressalvado o magistério, público ou particular.

*** artigo alterado pelas Res. CNMP 133/2015.**

§1o. A coordenação de ensino ou de curso é considerada compreendida no magistério e poderá ser exercida pelo membro do Ministério Público se houver compatibilidade de horário com as funções ministeriais.

§2º Haverá compatibilidade de horário quando do exercício da atividade docente não

conflitar com o período em que o membro deverá estar disponível para o exercício de suas funções institucionais, especialmente perante o público e o Poder Judiciário.

§3º Consideram-se atividades de coordenação de ensino ou de curso, para os efeitos do

parágrafo anterior, as de natureza formadora e transformadora, como o acompanhamento e a promoção do projeto pedagógico da instituição de ensino, a formação e orientação de professores, a articulação entre corpo docente e discente para a formação do ambiente acadêmico participativo, a iniciação científica, a orientação de acadêmicos, a promoção e a orientação da pesquisa e outras ações relacionadas diretamente com o processo de ensino e aprendizagem.

§4º. Não estão compreendidas nas atividades previstas no parágrafo anterior as de natureza administrativo-institucional e outras atribuições relacionadas à gestão da instituição de ensino.

Art. 2º. Somente será permitido o exercício da docência ao membro, em qualquer hipótese, se houver compatibilidade de horário com o do exercício das funções ministeriais, e desde que o faça em sua comarca ou circunscrição de lotação, ou na mesma região metropolitana.

§1º. Fora das hipóteses previstas no *caput* deste artigo, a unidade do Ministério Público, através do órgão competente, poderá autorizar o exercício da docência por membro do Ministério Público, quando se tratar de instituição de ensino sediada em comarca ou circunscrição próxima, nos termos de ato normativo e em hipóteses excepcionais, devidamente fundamentadas.

*** artigo e § 1º alterados pela Res. CNMP 132/2015.**

§2º. O cargo ou função de direção nas entidades de ensino não é considerado exercício de magistério, sendo vedado aos membros do Ministério Público.

Art. 3º. Não se incluem nas vedações referidas nos artigos anteriores as funções exercidas em curso ou escola de aperfeiçoamento do próprio Ministério Público ou aqueles mantidos por associações de classe ou fundações a ele vinculadas estatutariamente, desde que essas atividades não sejam remuneradas.

Art. 4º. O exercício de docência deverá ser comunicado pelo membro ao Corregedor-Geral da respectiva unidade do Ministério Público, ocasião em que informará o nome da entidade de ensino, sua localização e os horários das aulas que ministrará.

Parágrafo único. O Corregedor de cada unidade do Ministério Público deverá informar anualmente à Corregedoria Nacional os nomes dos membros de seu órgão que exerçam atividades de docência e os casos em que foi autorizado pela unidade o exercício da docência fora do município de lotação."

Art. 5º. Ciente de eventual exercício do magistério em desconformidade com a presente Resolução, o Corregedor-Geral, após oitiva do membro, não sendo solucionado o problema, tomará as medidas necessárias, no âmbito de suas atribuições.

Art. 6º. Esta Resolução entra em vigor na data de sua publicação, revogando-se a Resolução 3, de 16 de dezembro de 2005.

Brasília, 15 de junho de 2011.

Roberto Monteiro Gurgel Santos

Presidente do Conselho Nacional do Ministério Público – CNMP

Res. CNMP nº 82, de 29 de fevereiro de 2012.

*** alterada pela Res. CNMP 159/2017.**

Dispõe sobre as audiências públicas no âmbito do Ministério Público da União e dos Estados.

O **CONSELHO NACIONAL DO MINISTÉRIO PÚBLICO**, no exercício da competência fixada no artigo 130-A, parágrafo 2º, inciso II, da Constituição Federal, e com arrimo no artigo 19 do Regimento Interno;

CONSIDERANDO o disposto no artigo 27, parágrafo único, inciso IV, da Lei nº 8.625/93 (Lei Orgânica do Ministério Público), que estabelece como atribuição do Ministério Público promover audiências públicas e emitir relatórios, anual ou especiais;

CONSIDERANDO o disposto no Art. 6º, inciso XIV, da Lei Complementar nº 75/93 (Lei Orgânica do MPU), que estabelece como atribuição do Ministério Público da União a promoção de outras ações necessárias ao exercício de suas funções institucionais, em defesa da ordem jurídica, do regime democrático e dos interesses sociais e individuais indisponíveis;

CONSIDERANDO que as audiências cometidas ao Ministério Público são um mecanismo pelo qual o cidadão e a sociedade organizada podem colaborar com o Ministério Público no exercício de suas finalidades institucionais ligadas ao zelo do interesse público e à defesa dos direitos e interesses difusos e coletivos de modo geral;

CONSIDERANDO ainda que o referido ato normativo não exclui, a cada unidade do Ministério Público, na esfera de sua autonomia, a possibilidade de editar atos regulamentares sobre a matéria;

RESOLVE:

Art. 1º Compete aos Órgãos do Ministério Público, nos limites de suas respectivas atribuições, promover audiências públicas para auxiliar nos procedimentos sob sua responsabilidade, na identificação de demandas sociais que exijam a instauração de procedimento, para elaboração e execução de Planos de Ação e Projetos Estratégicos Institucionais ou para prestação de contas de atividades desenvolvidas.

*** (Redação dada pela Resolução n° 159, de 14 de fevereiro de 2017)**

§ 1º As audiências públicas serão realizadas na forma de reuniões organizadas, abertas a qualquer cidadão, representantes dos setores público, privado, da sociedade civil organizada e da comunidade, para discussão de situações das quais decorra ou possa decorrer lesão a interesses difusos, coletivos e individuais homogêneos, e terão por finalidade coletar, junto à sociedade e ao Poder Público, elementos que embasem a decisão do órgão do Ministério Público quanto à matéria objeto da convocação ou para prestar contas de atividades desenvolvidas.

*** (Redação dada pela Resolução n° 159, de 14 de fevereiro de 2017)**

§ 2º O Ministério Público poderá receber auxílio de entidades públicas para custear a realização das audiências referidas no caput deste artigo, mediante termo de cooperação ou procedimento específico, com a devida prestação de contas.

§ 3º As audiências públicas poderão ser realizadas também no âmbito das Câmaras de Coordenação e Revisão e dos Centros de Apoio Operacional, no âmbito de suas atribuições, sem prejuízo da observância das demais disposições desta Resolução.

*** (Incluído pela Resolução n° 159, de 14 de fevereiro de 2017)**

§ 4º A audiência pública será autuada e registrada segundo o sistema adotado por cada ramo ou unidade do Ministério Público.

*** (Incluído pela Resolução n° 159, de 14 de fevereiro de 2017)**

Art. 2º As audiências públicas serão precedidas da expedição de edital de convocação do qual constará, no mínimo, a data, o horário e o local da reunião, bem como o objetivo e a forma de cadastramento dos expositores, além da forma de participação dos presentes.

Art. 3º Ao edital de convocação será dada a publicidade possível, sendo facultada a sua publicação no Diário Oficial do Estado e nos perfis institucionais do Órgão Ministerial nas redes sociais e obrigatória a publicação no sítio eletrônico, bem como a afixação na sede da unidade do Ministério Público, com antecedência mínima de 10 (dez) dias úteis, salvo em situações urgentes, devidamente motivadas no ato convocatório.

*** (Redação dada pela Resolução n° 159, de 14 de fevereiro de 2017)**

Art. 4º Da audiência será lavrada ata circunstanciada, no prazo de 30 (trinta) dias, a contar de sua realização, devendo constar o encaminhamento que será dado ao tema, se for o caso.

*** (Redação dada pela Resolução n° 159, de 14 de fevereiro de 2017)**

§ 1º A ata e seu extrato serão encaminhadas ao Procurador-Geral de cada unidade, ou a quem estes indicarem, no prazo de 30 (trinta) dias após sua lavratura para fins de conhecimento.

*** (Redação dada pela Resolução n° 159, de 14 de fevereiro de 2017)**

§ 2º A ata, por extrato, será afixada na sede da unidade e será publicada no sítio eletrônico do respectivo Ministério Público, assegurando-se aos inscritos e participantes a comunicação por meio eletrônico, no respectivo endereço cadastrado.

Art. 5º Se o objeto da audiência pública consistir em fato que possa ensejar providências por parte de mais de um membro do Ministério Público, aquele que teve a iniciativa do ato participará sua realização aos demais membros, com antecedência mínima de 10 (dez) dias úteis, podendo a audiência pública ser realizada em conjunto.

Art. 6º Ao final dos trabalhos que motivaram a audiência pública, o representante do Ministério Público deverá produzir um relatório, no qual poderá constar, dentre outras, alguma das seguintes providências:

*** (Redação dada pela Resolução n° 159, de 14 de fevereiro de 2017)**

I – arquivamento das investigações;

II – celebração de termo de ajustamento de conduta;

III – expedição de recomendações;

IV – instauração de procedimento, inquérito civil ou policial;

*** (Redação dada pela Resolução n° 159, de 14 de fevereiro de 2017)**

V – ajuizamento de ação civil pública;

VI – divulgação das conclusões de propostas de soluções ou providências alternativas, em prazo razoável, diante da complexidade da matéria.

VII – prestação de contas das atividades desenvolvidas em determinado período.

*** (Incluído pela Resolução n° 159, de 14 de fevereiro de 2017)**

VIII – elaboração e revisão de Plano de Ação ou de Projeto Estratégico Institucional.

*** (Incluído pela Resolução n° 159, de 14 de fevereiro de 2017)**

Art. 7º As deliberações, opiniões, sugestões, críticas ou informações emitidas na audiência pública ou em decorrência desta terão caráter consultivo e não-vinculante, destinando-se a subsidiar a atuação do Ministério Público, zelar pelo princípio da eficiência e assegurar a participação popular na condução dos interesses públicos.

Art. 8º Cada unidade do Ministério Público debaterá, no âmbito de seu planejamento estratégico, a necessidade de realização de audiências públicas, podendo definir metas correlatas.

Art. 9º Esta Resolução entra em vigor na data de sua publicação.

Brasília (DF), 29 de fevereiro de 2012.

ROBERTO MONTEIRO GURGEL SANTOS

Presidente do Conselho Nacional do Ministério Público

Res. CNMP nº 88, de 28 de agosto 2012

Dispõe sobre o atendimento ao público e aos advogados por parte dos membros do Ministério Público.

O CONSELHO NACIONAL DO MINISTÉRIO PÚBLICO, no exercício da competência fixada no art. 130-A, § 2º, inciso II, da Constituição Federal, e com fundamento no art. 19 do Regimento Interno; em conformidade com a decisão Plenária proferida na 8ª Sessão Ordinária, realizada em 28 de agosto de 2012;

CONSIDERANDO os esforços deste Conselho no sentido de incrementar os mecanismos formais de diálogo entre o Ministério Público e a sociedade, especialmente a Resolução nº 64, de 1º de dezembro de 2010, que dispõe sobre a implementação de Ouvidorias no âmbito do Ministério Público brasileiro e do CNMP, bem como a Resolução nº 82, de 29 de fevereiro de 2012, que dispõe sobre a realização de audiências públicas pelo Ministério Público;

CONSIDERANDO que o atendimento ao público tende a reforçar a observância dos princípios da publicidade e da eficiência no âmbito do Ministério Público, assegurando maior transparência em sua atuação institucional;

CONSIDERANDO que a atividade ministerial deve ser compreendida essencialmente como um serviço público;

RESOLVE:

Art. 1ª O membro do Ministério Público, no exercício das funções institucionais previstas no art. 129 da Constituição da República ou de sua atuação em face da defesa da ordem jurídica, do regime democrático e dos interesses sociais e individuais indisponíveis, deve prestar atendimento ao público, sempre que solicitado, e em local e horário adequados, com a finalidade de avaliar as demandas que lhe sejam dirigidas.

§ 1º O disposto no *caput* deste artigo inclui o atendimento ao advogado de qualquer uma das partes ou de terceiros interessados, independentemente de horário previamente marcado ou outra condição, observando-se a ordem de chegada.

§ 2º Se, justificadamente, não for possível atender aos advogados e partes no momento da solicitação, o membro do Ministério Público agendará dia e horário para o atendimento, com a necessária brevidade.

§ 3º Em casos urgentes com evidente risco de perecimento de direito, garante-se o atendimento, inclusive em regime de plantão, quando for o caso.

§ 4º No caso de atendimento de pessoas investigadas criminalmente ou de réus em processos penais, o membro do Ministério Público poderá adotar cautelas adicionais que se façam necessárias à preservação da livre atuação do Ministério Público e da sua integridade e de seus auxiliares, inclusive solicitar a presença de defensor público ou do advogado da parte.

§ 5º Além do disposto no § 4º deste artigo, o atendimento ao público em geral poderá ser suspenso em razão de fundada ameaça à integridade física do membro do Ministério Público que decorra de sua atuação funcional, desde que justificada a excepcionalidade da medida.

§ 6º Para eficiência dos serviços da Instituição e fluidez e organização do acesso da população ao órgão ministerial, o membro do Ministério Público poderá designar um ou mais dias da semana para atendimento ao público, sem prejuízo do disposto no § 1º deste artigo.

Art. 2º O disposto nesta Resolução também se aplica aos membros do

Conselho Nacional do Ministério Público.

Art. 3º Esta Resolução entrará em vigor na data de sua publicação.

Brasília, 28 de agosto de 2012.

ROBERTO MONTEIRO GURGEL SANTOS

Presidente do Conselho Nacional do Ministério Público

Res. CNMP nº 154, de 13 de dezembro de 2016.

Dispõe sobre a atuação dos membros do Ministério Público na defesa dos direitos fundamentais das pessoas idosas residentes em instituições de longa permanência e dá outras providências.

O **CONSELHO NACIONAL DO MINISTÉRIO PÚBLICO**, no exercício da competência fixada no artigo 130-A, §2º, inciso I, da Constituição Federal, com fundamento nos artigos 147 e seguintes de seu Regimento Interno, e na decisão plenária proferida nos autos da Proposição n.º 1.00184/2016-91, julgada na 24ª Sessão Ordinária, realizada no dia 13 de dezembro de 2016;

CONSIDERANDO que é dever do Ministério Público zelar pelo efetivo respeito dos Poderes Públicos e dos serviços de relevância pública aos direitos assegurados na Constituição da República, nos termos do seu art. 129, inciso II;

CONSIDERANDO o disposto no art. 9º da Lei n.º 10.741/2003, o qual estabelece ser obrigação do Estado garantir à pessoa idosa a proteção à vida e à saúde, mediante efetivação de políticas sociais públicas que permitam um envelhecimento saudável e em condições de dignidade;

CONSIDERANDO as atribuições dispostas no art. 52 da Lei n.º 10.741/2003, o qual estabelece que as entidades governamentais e não-governamentais de atendimento à pessoa idosa serão fiscalizadas pelo Ministério Público, Conselhos do Idoso, Vigilância Sanitária e outros órgãos previstos em lei;

CONSIDERANDO a atribuição específica disposta no art. 74, inciso VII, da Lei n.º 10.741/2003, de competir ao Ministério Público inspecionar as entidades públicas e particulares de atendimento e os programas de que trata esta lei, adotando de pronto as medidas administrativas ou judiciais necessárias a sanar irregularidades porventura verificadas;

CONSIDERANDO o aumento da população idosa sem que haja na mesma proporção um incremento na prestação ou transparência desses serviços;

CONSIDERANDO a necessidade de racionalização das atividades de inspeção, de forma a garantir sua plena efetividade, sem prejuízo das demais atividades sob a responsabilidade dos membros do Ministério Público, RESOLVE:

Art. 1º O membro do Ministério Público em defesa dos direitos da pessoa idosa deve inspecionar pessoalmente, com periodicidade mínima anual, ressalvada a necessidade de comparecimento em período inferior, as instituições que prestem serviços de longa permanência a idosos.

Art. 2º As respectivas unidades do Ministério Público devem disponibilizar, sempre que possível, ao menos um assistente social, um psicólogo e um arquiteto e/ou engenheiro para acompanharem os membros do Ministério Público nas fiscalizações, a fim de prestar-lhes assistência técnica, adotando as providências necessárias para a constituição da equipe, podendo, inclusive, realizar convênios com entidades habilitadas para tanto.

§1º A impossibilidade de constituição da equipe interdisciplinar acima referida não exime os membros do Ministério Público com atribuição do dever de realizar as inspeções.

§2º O membro do Ministério Público, na impossibilidade de realizar pessoalmente todas as inspeções referidas no caput deste artigo em razão da quantidade de equipamentos sob sua atribuição, poderá, de forma justificada, determinar que a equipe interdisciplinar realize a inspeção de alguns deles e envie o relatório preliminar respectivo para a sua apreciação.

§3º Na hipótese do parágrafo anterior, deverá ser elaborado um plano de execução de fiscalização com calendário de visitas àquelas unidades às quais o membro do Ministério Público não pôde comparecer, a fim de fazê-lo.

Art. 3º São finalidades da inspeção:

I – zelar pela efetividade e qualidade do serviço prestado;

II – zelar pela observância, nos equipamentos disponibilizados, das normas relativas à política de assistência à pessoa idosa;

III – identificar eventuais situações de violação dos direitos humanos dos usuários.

Art. 4º As condições das unidades inspecionadas devem ser objeto de relatório a ser enviado à Corregedoria-Geral da respectiva unidade do Ministério Público, até o dia 15 (quinze) do mês subsequente, no qual serão registradas as providências adotadas, sejam judiciais ou administrativas.

Parágrafo único O relatório conterá dados sobre:

I – classificação, regularização formal, instalações físicas, recursos humanos, capacidade e ocupação da unidade inspecionada;

II - regularização dos serviços das entidades de atendimento, com os necessários registros e inscrições perante os Conselho Municipal de Assistencial Social (CMAS) e Conselho Municipal dos Direitos da Pessoa Idosa (CMDPI);

III – cumprimento, pela unidade, das normativas e orientações estabelecidas pelo Ministério do Desenvolvimento Social e Combate à Fome;

IV – a existência de violações a direitos humanos dos usuários;

V – considerações gerais e outros dados reputados relevantes. Art. 5º Os membros do Ministério Público deverão adotar as medidas administrativas e judiciais necessárias à implementação das Políticas Nacional, Estadual, Municipal e/ou Distrital para a pessoa idosa, especialmente quanto aos serviços, programas, projetos e benefícios a ela destinados.

Art. 6º A Comissão de Defesa dos Direitos Fundamentais do Conselho Nacional do Ministério Público avaliará o resultado das providências adotadas e promoverá as respectivas adequações sempre que necessárias ao aperfeiçoamento da atividade fiscalizatória dos serviços e programas destinados à pessoa idosa.

Art. 7º Esta Resolução entra em vigor na data de sua publicação.

Brasília-DF, 13 de dezembro de 2016.

RODRIGO JANOT MONTEIRO DE BARROS

Presidente do Conselho Nacional do Ministério Público

Res. CNMP nº 155, de 13 de dezembro de 2016.

Fixa diretrizes para a organização e funcionamento do regime de plantão ministerial nas unidades do Ministério Público da União e dos Ministérios Públicos dos Estados.

O **CONSELHO NACIONAL DO MINISTÉRIO PÚBLICO**, no exercício da competência fixada no artigo 130-A, §2º, inciso I, da Constituição Federal, com fundamento nos artigos 147 e seguintes de seu Regimento Interno, e na decisão plenária proferida nos autos da Proposição n.º 1.00766/2016-22, julgada na 24ª Sessão Ordinária, realizada no dia 13 de dezembro de 2016;

Considerando que a Constituição da República Federativa do Brasil, notadamente em seu art. 37, caput, consagrou a eficiência como um dos princípios reitores da Administração Pública, cabendo ao Conselho Nacional do Ministério Público, nos termos do art. 130-A, §2º, II, zelar pela sua observância;

Considerando que, nos termos do art. 130-A, §2º, I, da Constituição da República Federativa do Brasil, compete ao Conselho Nacional do Ministério Público zelar pela autonomia funcional e administrativa do Ministério Público, podendo expedir atos regulamentares;

Considerando que a atuação do Ministério Público será ininterrupta, funcionando, nos dias em que não houver expediente normal, membros em plantão permanente, nos termos do art. 93, XII, combinado com o art. 129, §4º, da Constituição da República Federativa do Brasil;

Considerando que o funcionamento ininterrupto do Ministério Público é condição ao pleno acesso à justiça e à efetiva tutela dos direitos, especialmente quando houver urgência na prestação da atividade; Considerando a necessidade de atendimento a parâmetros e diretrizes mínimas de qualidade no funcionamento dos plantões ministeriais, RESOLVE:

Art. 1º O Ministério Público da União e os Ministérios Públicos dos Estados funcionarão em regime de plantão permanente nos dias em que não houver expediente normal para atendimento das matérias urgentes assim definidas em lei ou por ato da Administração Superior das respectivas instituições.

Art. 2º Caberá a cada instituição, conforme as atribuições definidas em suas respectivas leis orgânicas, a organização e gestão do regime de plantão e da sua respectiva prestação pelos membros e servidores, atendidas as seguintes diretrizes:

I – o plantão ministerial funcionará ininterruptamente aos sábados, domingos, feriados, nos dias em que não houver expediente normal e, nos dias úteis, durante o período não compreendido pelo expediente normal;

II – os serviços do plantão ministerial atenderão a toda a extensão da unidade territorial abrangida pelo órgão do Ministério Público, permitido o atendimento regionalizado;

III – os serviços do plantão ministerial funcionarão perante todas as instâncias jurisdicionais nas quais exerçam suas atribuições ordinárias, inclusive tribunais.

Art. 3º No prazo de 90 (noventa) dias, os órgãos referidos no art. 1º adaptarão, no âmbito de suas atribuições, as respectivas normas às diretrizes estabelecidas nesta Resolução.

Art. 4º Esta Resolução entra em vigor na data de sua publicação, ficando revogada a Recomendação CNMP nº 5, de 6 de agosto de 2007.

Brasília-DF, 13 de dezembro de 2016.
RODRIGO JANOT MONTEIRO DE BARROS
Presidente do Conselho Nacional do Ministério Público

Res. CNMP nº 157, de 31 de janeiro de 2017.

Regulamenta o teletrabalho no âmbito do Ministério Público e do Conselho Nacional do Ministério Público e dá outras providências.

O **CONSELHO NACIONAL DO MINISTÉRIO PÚBLICO**, no exercício da competência fixada no artigo 130-A, §2º, inciso I, da Constituição Federal, com fundamento nos artigos 147 e seguintes de seu Regimento Interno, e na decisão plenária proferida nos autos da Proposição n.º 1.00447/2016-80, julgada na 2ª Sessão Ordinária, realizada no dia 31 de janeiro de 2017;

Considerando o princípio da eficiência, previsto no art. 37 da Constituição da República;

Considerando o disposto nos artigos 44, 116, inciso X, 117, incisos I e II, 138 e 139 da Lei n.º 8.112, de 11 de dezembro de 1990, com a redação dada pela Lei n.º 9.527, de 10 de dezembro de 1997;

Considerando a possibilidade de imprimir maior produtividade às atividades do Conselho Nacional do Ministério Público e do Ministério Público brasileiro;

Considerando a necessidade de racionalizar os custos operacionais no âmbito do Conselho Nacional do Ministério Público e do Ministério Público;

Considerando a possibilidade de exercício do trabalho de forma remota, dado o avanço tecnológico, mormente em razão da implantação do processo eletrônico;

Considerando o atendimento ao interesse público e as vantagens advindas do teletrabalho para a Administração, para o servidor e para a sociedade;

Considerando imperativos de melhoria de qualidade de vida dos servidores;

Considerando que a Lei n.º 12.551/2011 equipara os efeitos jurídicos da subordinação exercida por meios telemáticos e informatizados à exercida por meios pessoais e diretos;

Considerando a experiência bem-sucedida em órgãos do Poder Judiciário que já adotaram essa forma de trabalho remoto;

Considerando a necessidade de regulamentar o teletrabalho no âmbito do Conselho Nacional do Ministério Público e do Ministério Público brasileiro, RESOLVE:

CAPÍTULO I

DAS DISPOSIÇÕES GERAIS

Art. 1º As atividades dos servidores dos órgãos do Ministério Público e do Conselho Nacional do Ministério Público podem ser executadas fora de suas dependências, de forma remota, sob a denominação de teletrabalho, observadas as diretrizes, os termos e as condições estabelecidos nesta Resolução.

Parágrafo único. Não se enquadram no conceito de teletrabalho as atividades que, em razão da natureza do cargo ou das atribuições da unidade de lotação, são desempenhadas externamente às dependências do órgão.

Art. 2º Para os fins de que trata esta Resolução, define-se:

I – teletrabalho: modalidade de trabalho realizada de forma remota, com a utilização de recursos tecnológicos;

II – unidade: subdivisão administrativa do Ministério Público ou do Conselho Nacional do Ministério Público dotada de gestor;

III – gestor da unidade: conselheiro, membro do Ministério Público ou servidor ocupante de cargo em comissão responsável pelo gerenciamento da unidade;

IV – chefia imediata: servidor ocupante de cargo em comissão ou função comissionada de natureza gerencial, ao qual se reporta(m) diretamente servidor(es) com vínculo de subordinação.

Art. 3º São objetivos do teletrabalho:

I – aumentar a produtividade dos servidores;

II – promover mecanismos para atrair servidores, motivá-los e comprometê-los com os objetivos da instituição;

III – economizar tempo e reduzir custo de deslocamento dos servidores até o local de trabalho;

IV – contribuir para a melhoria de programas socioambientais, com a diminuição de poluentes e a redução no consumo de água, esgoto, energia elétrica, papel e outros bens e serviços disponibilizados nos órgãos do Ministério Público e do Conselho Nacional do Ministério Público;

V – ampliar a possibilidade de trabalho aos servidores com dificuldade de deslocamento;

VI – aumentar a qualidade de vida dos servidores;

VII – promover a cultura orientada a resultados, com foco no incremento da eficiência e da efetividade dos serviços prestados à sociedade;

VIII – estimular o desenvolvimento de talentos, o trabalho criativo e a inovação;

IX – respeitar a diversidade dos servidores;

X – considerar a multiplicidade das tarefas, dos contextos de produção e das condições de trabalho para a concepção e implemento de mecanismos de avaliação e alocação de recursos.

Art. 4º A realização do teletrabalho é facultativa, a critério dos ramos do Ministério Público, do Conselho Nacional do Ministério Público e dos gestores das unidades, e restrita às atribuições em que seja possível mensurar objetivamente o desempenho, não se constituindo, portanto, direito ou dever do servidor.

CAPÍTULO II
DAS CONDIÇÕES PARA A REALIZAÇÃO DO TELETRABALHO

Art. 5º Compete ao gestor da unidade indicar, entre os servidores interessados, aqueles que atuarão em regime de teletrabalho, observadas as seguintes diretrizes:

I – a realização do teletrabalho é vedada aos servidores que:

a) apresentem contraindicações por motivo de saúde, constatadas em perícia médica;

b) tenham sofrido penalidade disciplinar, por período de tempo definido em ato normativo de cada Ministério Público, que não poderá ser inferior a um, nem superior a três anos contados da decisão final condenatória;

II – verificada a adequação de perfil, terão prioridade servidores:

a) com deficiência;

b) que tenham filhos, cônjuge ou dependentes com deficiência;

c) gestantes e lactantes;

d) que demonstrem comprometimento e habilidades de autogerenciamento do tempo e de organização;

e) que estejam gozando de licença para acompanhamento de cônjuge;

III – a quantidade de servidores em teletrabalho, por unidade, não poderá ser superior a 50% de sua lotação, salvo casos excepcionais autorizados pela autoridade competente e indicação devidamente motivada, nos termos do caput, atestando o pleno funcionamento da unidade;

IV – é facultado à Administração proporcionar revezamento entre os servidores, para fins de regime de teletrabalho;

V – será mantida a capacidade plena de funcionamento dos setores que haja atendimento ao público externo e interno.

§1º O regime previsto neste ato não deve obstruir o convívio social e laboral, a cooperação, a integração e a participação do servidor em regime de teletrabalho, incluída a pessoa com deficiência, nem embaraçar o direito ao tempo livre.

§2º Recomenda-se que os ramos do Ministério Público fixem quantitativo mínimo de dias por ano para o comparecimento do servidor à instituição, para que não deixe de vivenciar a cultura organizacional ou para fins de aperfeiçoamento, no caso de não estar em regime de teletrabalho parcial.

§3º Os órgãos do Ministério Público e o Conselho Nacional do Ministério Público devem priorizar os servidores que desenvolvam atividades que demandem maior esforço individual e menor interação com outros servidores, tais como elaboração de minutas de decisões, de pareceres e de relatórios, entre outras.

§4º As unidades de saúde e de gestão de pessoas podem auxiliar na seleção dos servidores, avaliando, entre os interessados, aqueles cujo perfil se ajuste melhor à realização do teletrabalho.

§5º A participação dos servidores indicados pelo gestor da unidade condiciona-se à aprovação formal da chefia institucional do órgão ou de outra autoridade por ele definida.

§6º Aprovados os participantes do teletrabalho, o gestor da unidade comunicará os nomes à área de gestão de pessoas, para fins de registro nos assentamentos funcionais.

§7º O servidor em regime de teletrabalho pode, sempre que entender conveniente ou necessário, e no interesse da Administração, prestar serviços nas dependências do órgão a que pertence.

§8º Os ramos do Ministério Público e o Conselho Nacional do Ministério Público disponibilizarão no seu sítio eletrônico, no Portal da Transparência, os nomes dos servidores que atuam no regime de teletrabalho, com atualização mínima semestral.

§9º O servidor beneficiado por horário especial previsto no art. 98 da Lei 8.112, de 11 de dezembro de 1990, ou em legislação específica poderá optar pelo teletrabalho, caso em que ficará vinculado às metas e às obrigações da citada norma, obedecido o disposto no art. 4º.

§10 O servidor que estiver no gozo da licença referida no art. 5º, inc. I, e, caso opte pela realização do teletrabalho, deverá dela declinar, para a volta ao exercício efetivo do cargo.

§11 A remuneração do servidor em teletrabalho sofrerá desconto correspondente ao auxílio-transporte a que fizer jus, exceto nas hipóteses de comparecimento às dependências do Ministério Público ou do Conselho

Nacional do Ministério Público para o exercício de suas atribuições.

Art. 6º A estipulação de metas de desempenho (diárias, semanais e/ou mensais) no âmbito da unidade, alinhadas ao Plano Estratégico da instituição, e a elaboração de plano de trabalho individualizado para cada servidor são requisitos para início do teletrabalho.

§1º Os gestores das unidades estabelecerão as metas a serem alcançadas, sempre que possível em consenso com os servidores, comunicando previamente à chefia institucional do órgão ou a outra autoridade por esta definida.

§2º A meta de desempenho estipulada aos servidores em regime de teletrabalho será no mínimo igual à dos servidores que executam mesma atividade nas dependências do órgão.

§3º O plano de trabalho a que se refere o caput deste artigo deverá contemplar:

I – a descrição das atividades a serem desempenhadas pelo servidor;

II – as metas a serem alcançadas;

III – a periodicidade em que o servidor em regime de teletrabalho deverá comparecer ao local de trabalho para exercício regular de suas atividades;

IV – o cronograma de reuniões com a chefia imediata para avaliação de desempenho, bem como eventual revisão e ajustes de metas;

V – o prazo em que o servidor estará sujeito ao regime de teletrabalho, permitida a renovação.

Art. 7º O alcance da meta de desempenho estipulada ao servidor em regime de teletrabalho equivale ao cumprimento da respectiva jornada de trabalho.

§1º Não caberá pagamento de adicional por prestação de serviço extraordinário para o alcance das metas previamente estipuladas.

§2º Na hipótese de atraso injustificado no cumprimento da meta, o servidor não se beneficiará da equivalência de jornada a que alude o caput deste artigo, cabendo ao órgão ou ao gestor da unidade estabelecer regra para compensação, sem prejuízo do disposto no art. 10, caput e parágrafo único, desta Resolução.

Art. 8º São atribuições da chefia imediata, em conjunto com os gestores das unidades, acompanhar o trabalho dos servidores em regime de teletrabalho, monitorar o cumprimento das metas estabelecidas e avaliar a qualidade do trabalho apresentado.

Art. 9º Constituem deveres do servidor em regime de teletrabalho:

I – cumprir, no mínimo, a meta de desempenho estabelecida, com a qualidade exigida pela chefia imediata e pelo gestor da unidade;

II – atender às convocações para comparecimento às dependências do órgão, sempre que houver necessidade da unidade ou interesse da Administração;

III – manter telefones de contato permanentemente atualizados e ativos nos dias úteis;

IV – consultar nos dias úteis a sua caixa de correio eletrônico institucional;

V – manter a chefia imediata informada acerca da evolução do trabalho e de eventuais dificuldades que possam atrasar ou prejudicar o seu andamento;

VI – reunir-se periodicamente com a chefia imediata para apresentar resultados parciais e finais e obter orientações e informações, de modo a proporcionar o acompanhamento dos trabalhos;

VII – retirar processos e demais documentos das dependências do órgão, quando necessário, somente mediante assinatura de termo de recebimento e responsabilidade, e devolvê-los íntegros ao término do trabalho ou quando solicitado pela chefia imediata ou gestor da unidade;

VIII – preservar o sigilo dos dados acessados de forma remota, mediante observância das normas internas de segurança da informação e da comunicação, bem como manter atualizados os sistemas institucionais instalados nos equipamentos de trabalho.

§1º As atividades deverão ser cumpridas diretamente pelo servidor em regime de teletrabalho, sendo vedada a utilização de terceiros, servidores ou não, para o cumprimento das metas estabelecidas.

§2º Fica vedado o contato do servidor com partes ou advogados, vinculados, direta ou indiretamente, aos dados acessados pelo servidor ou àqueles disponíveis à sua unidade de trabalho.

Art. 10 Verificado o descumprimento das disposições contidas no art. 9º ou em caso de denúncia identificada, o servidor deverá prestar esclarecimentos à chefia imediata, que os repassará ao gestor da unidade, o qual determinará a imediata suspensão do trabalho remoto.

Parágrafo único. Além da temporária ou definitiva suspensão imediata do regime de teletrabalho conferido a servidor, a autoridade competente promoverá a abertura de procedimento administrativo disciplinar para apuração de responsabilidade.

CAPÍTULO III
DO ACOMPANHAMENTO E CAPACITAÇÃO

Art. 11 Os ramos do Ministério Público e o Conselho Nacional do Ministério Público promoverão o acompanhamento e a capacitação de gestores e servidores envolvidos com o regime de teletrabalho, observando-se o mínimo de:

I – 1 (uma) entrevista individual, no primeiro ano de realização do teletrabalho;

II – 1 (uma) oficina anual de capacitação e de troca de experiências para servidores em teletrabalho e respectivos gestores;

III – acompanhamento individual e de grupo sempre que se mostrar necessário.

Art. 12 Os ramos do Ministério Público e o Conselho Nacional do Ministério

Público promoverão a difusão de conhecimentos relativos ao teletrabalho e de orientações para saúde e ergonomia, mediante cursos, oficinas, palestras e outros meios.

CAPÍTULO IV
DAS DISPOSIÇÕES FINAIS E TRANSITÓRIAS

Art. 13 O servidor é responsável por providenciar e manter, às suas expensas, estruturas física e tecnológica necessárias e adequadas à realização do teletrabalho.

Art. 14 Compete às unidades de tecnologia da informação viabilizar o acesso remoto e controlado dos servidores em regime de teletrabalho aos sistemas dos órgãos do Ministério Público e do Conselho Nacional do Ministério Público, bem como divulgar os requisitos tecnológicos mínimos para o referido acesso.

Art. 15 O servidor pode, a qualquer tempo, solicitar o seu desligamento do regime de teletrabalho.

Art. 16 O gestor da unidade pode, a qualquer tempo, cancelar o regime de teletrabalho para um ou mais servidores, justificadamente.

Art. 17 Os órgãos que adotarem o regime de trabalho previsto nesta Resolução deverão instituir Comissão de Gestão do Teletrabalho com os objetivos, entre outros, de:

I – analisar os resultados apresentados pelas unidades participantes, em avaliações com periodicidade máxima semestral, e propor os aperfeiçoamentos necessários;

II – apresentar relatórios anuais à Presidência do órgão, com descrição dos resultados auferidos e dados sobre o cumprimento dos objetivos descritos no art. 3º desta Resolução;

III – analisar e deliberar, fundamentadamente, sobre dúvidas e casos omissos. Parágrafo único. A Comissão de que trata o caput deste artigo deverá ser composta, no mínimo, por 1 (um) representante das unidades participantes do teletrabalho, 1 (um) servidor da unidade de saúde, 1 (um) servidor da área de gestão de pessoas e 1 (um) representante da entidade sindical ou, na ausência desta, da associação de servidores.

Art. 18 Os gestores das unidades participantes deverão encaminhar relatório à Comissão de Gestão do Teletrabalho, pelo menos a cada semestre, apresentando a relação dos servidores que participaram do teletrabalho, as dificuldades observadas e os resultados alcançados.

Art. 19 Os órgãos do Ministério Público poderão editar atos normativos complementares, a fim de adequar e especificar a regulamentação da matéria às suas necessidades, devendo ainda, a cada dois anos, fazer avaliação técnica sobre o proveito da adoção do teletrabalho para a Administração, com justificativa, para o Conselho Nacional do Ministério Público, quanto à conveniência de continuidade de adoção deste regime de trabalho.

Art. 20 Os órgãos do Ministério Público deverão avaliar o teletrabalho, após o prazo máximo de 1 (um) ano da implementação, com o objetivo de analisar e aperfeiçoar as práticas adotadas.

Art. 21 Os órgãos do Ministério Público deverão encaminhar ao Conselho Nacional do Ministério Público relatório sobre os resultados da avaliação mencionada no art. 20, visando a realização de eventuais melhorias nesta Resolução.

Art. 22 Recomenda-se que os órgãos do Ministério Público fixem um prazo máximo para o regime de teletrabalho por servidor, podendo ser reavaliado sempre que se julgar necessário.

Art. 23 As eventuais despesas decorrentes desta resolução deverão observar a disponibilidade orçamentária e financeira.

Art. 24 Esta resolução entra em vigor na data de sua publicação.

Brasília-DF, 31 de janeiro de 2017.
RODRIGO JANOT MONTEIRO DE BARROS
Presidente do Conselho Nacional do Ministério Público

Res. CNMP nº 164, de 28 de março de 2017.

Disciplina a expedição de recomendações pelo Ministério Público.

O **CONSELHO NACIONAL DO MINISTÉRIO PÚBLICO**, no exercício da competência fixada no artigo 130-A, §2º, inciso I, da Constituição Federal, com fundamento nos artigos 147 e seguintes, e 157 de seu Regimento Interno, e na decisão plenária proferida nos autos da Proposição n.º 0.00.000.000660/2014-02, julgada na 6ª Sessão Ordinária, realizada no dia 28 de março de 2017;

Considerando que a Constituição da República inclui dentre as funções institucionais do Ministério Público a de zelar pelo efetivo respeito dos Poderes Públicos e dos serviços de relevância pública aos direitos assegurados nesta Constituição, promovendo as medidas necessárias a sua garantia (Art. 129, II);

Considerando que esta função, atribuída ao Ministério Público após aprofundados debates constituintes em razão das peculiaridades da nova configuração institucional, se assemelha ao que no direito comparado se denomina função ombudsman ou de defensor do povo e conta com a recomendação, historicamente, como um de seus principais instrumentos;

Considerando que a Lei Complementar n.º 75/93 estabeleceu, em seu art. 6º, XX, caber ao Ministério Público da União expedir recomendações, visando à melhoria dos serviços públicos e de relevância pública, bem como ao respeito, aos interesses, direitos e bens cuja defesa lhe cabe promover, fixando prazo razoável para a adoção das providências cabíveis, disposição que é extensível ao Ministério Público dos Estados por força do art. 80 da Lei n.º 8.625/93;

Considerando que para o exercício da função institucional do art. 129, II, a Lei n.º 8.625/1993 estabelece caber ao Ministério Público expedir recomendações, requisitando ao destinatário sua divulgação adequada e imediata, assim como resposta por escrito (art. 27, par. ún, IV);

Considerando a acentuada utilidade da recomendação para a autocomposição dos conflitos e controvérsias envolvendo os direitos de cuja defesa é incumbido o Ministério Público, sendo importante instrumento de redução da litigiosidade, e de ampliação do acesso à justiça em sua visão contemporânea;

Considerando a conveniência institucional de estimular a atuação resolutiva e proativa dos membros do Ministério Público para promoção da justiça;

Considerando, por fim, a necessidade de uniformizar a atuação do Ministério Público em relação à expedição de recomendações, como garantia da sociedade e legítimo mecanismo de promoção dos direitos fundamentais individuais e coletivos, sem prejuízo da preservação da independência funcional assegurada constitucionalmente a seus membros, RESOLVE:

Art. 1º A recomendação é instrumento de atuação extrajudicial do Ministério Público por intermédio do qual este expõe, em ato formal, razões fáticas e jurídicas sobre determinada questão, com o objetivo de persuadir o destinatário a praticar ou deixar de praticar determinados atos em benefício da melhoria dos serviços públicos e de relevância pública ou do respeito aos interesses, direitos e bens defendidos pela instituição, atuando, assim, como instrumento de prevenção de responsabilidades ou correção de condutas. Parágrafo único. Por depender do convencimento decorrente de sua fundamentação para ser atendida e, assim, alcançar sua plena eficácia, a recomendação não tem caráter coercitivo.

Art. 2º A recomendação rege-se, entre outros, pelos seguintes princípios:

I – motivação;

II – formalidade e solenidade;

III – celeridade e implementação tempestiva das medidas recomendadas;

IV – publicidade, moralidade, eficiência, impessoalidade e legalidade;

V – máxima amplitude do objeto e das medidas recomendadas;

VI – garantia de acesso à justiça;

VII – máxima utilidade e efetividade;

VIII – caráter não-vinculativo das medidas recomendadas;

IX – caráter preventivo ou corretivo; X – resolutividade; XI – segurança jurídica;

X – a ponderação e a proporcionalidade nos casos de tensão entre direitos fundamentais.

Art. 3º O Ministério Público, de ofício ou mediante provocação, nos autos de inquérito civil, de procedimento administrativo ou procedimento preparatório, poderá expedir recomendação objetivando o respeito e a efetividade dos direitos e interesses que lhe incumba defender e, sendo o caso, a edição ou alteração de normas.

§1º Preliminarmente à expedição da recomendação à autoridade pública, serão requisitadas informações ao órgão destinatário sobre a situação jurídica e o caso concreto a ela afetos, exceto em caso de impossibilidade devidamente motivada

§2º Em casos que reclamam urgência, o Ministério Público poderá, de ofício, expedir recomendação, procedendo, posteriormente, à instauração do respectivo procedimento.

Art. 4º A recomendação pode ser dirigida, de maneira preventiva ou corretiva, preliminar ou definitiva, a qualquer pessoa, física ou jurídica, de direito público ou privado, que tenha condições de fazer ou deixar de fazer alguma coisa para salvaguardar interesses, direitos e bens de que é incumbido o Ministério Público.

§1º A recomendação será dirigida a quem tem poder, atribuição ou competência para a adoção das medidas recomendadas, ou responsabilidade pela reparação ou prevenção do dano.

§2º Quando dentre os destinatários da recomendação figurar autoridade para as quais a lei estabelece caber ao Procurador-Geral o encaminhamento de correspondência ou notificação, caberá a este, ou ao órgão do Ministério Público a quem esta atribuição tiver sido delegada, encaminhar a recomendação expedida pelo promotor ou procurador natural, no prazo de dez dias, não cabendo à chefia institucional a valoração do conteúdo da recomendação, ressalvada a possibilidade de, fundamentadamente, negar encaminhamento à que tiver sido expedida por órgão ministerial sem atribuição, que afrontar a lei ou o disposto nesta resolução ou, ainda, quando não for observado o tratamento protocolar devido ao destinatário.

Art. 5º Não poderá ser expedida recomendação que tenha como destinatária(s) a(s) mesma(s) parte(s) e objeto o(s) mesmo(s) pedido(s) de ação judicial, ressalvadas as situações excepcionais, justificadas pelas circunstâncias de fato e de direito e pela natureza do bem tutelado, devidamente motivadas, e desde que não contrarie decisão judicial.

Art. 6º Sendo cabível a recomendação, esta deve ser manejada anterior e preferencialmente à ação judicial.

Art. 7º A recomendação deve ser devidamente fundamentada, mediante a exposição dos argumentos fáticos e jurídicos que justificam a sua expedição.

Art. 8º A recomendação conterá a indicação de prazo razoável para a adoção das providências cabíveis, indicandoas de forma clara e objetiva. Parágrafo único. O atendimento da recomendação será apurado nos autos do inquérito civil, procedimento administrativo ou preparatório em que foi expedida.

Art. 9º O órgão do Ministério Público poderá requisitar ao destinatário a adequada e imediata divulgação da recomendação expedida, incluindo sua afixação em local de fácil acesso ao público, se necessária à efetividade da recomendação.

Art. 10 O órgão do Ministério Público poderá requisitar, em prazo razoável, resposta por escrito sobre o atendimento ou não da recomendação, bem como instar os destinatários a respondê-la de modo fundamentado.

Parágrafo único. Havendo resposta fundamentada de não atendimento, ainda que não requisitada, impõe-se ao órgão do Ministério Público que expediu a recomendação apreciá-la fundamentadamente.

Art. 11 Na hipótese de desatendimento à recomendação, de falta de resposta ou de resposta considerada inconsistente, o órgão do Ministério Público adotará as medidas cabíveis à obtenção do resultado pretendido com a expedição da recomendação.

§1º No intuito de evitar a judicialização e fornecer ao destinatário todas as informações úteis à formação de seu convencimento quanto ao atendimento da recomendação, poderá o órgão do Ministério Público, ao expedir a recomendação, indicar as medidas que entende cabíveis, em tese, no caso de desatendimento da recomendação, desde que incluídas em sua esfera de atribuições.

§2º Na hipótese do parágrafo anterior, o órgão ministerial não adotará as medidas indicadas antes de transcorrido o prazo fixado para resposta, exceto se fato novo determinar a urgência dessa adoção.

§3º A efetiva adoção das medidas indicadas na recomendação como cabíveis em tese pressupõe a apreciação fundamentada da resposta de que trata o parágrafo único do artigo anterior.

Art. 12 As Escolas do Ministério Público e seus Centros de Estudos promoverão cursos de aperfeiçoamento sobre técnicas de elaboração de recomendações.

Art. 13 Fica revogado o art. 15 da Resolução CNMP n.º 23, de 17 de setembro de 2007.

Art. 14 Esta Resolução entrará em vigor na data de sua publicação.

Brasília-DF, 28 de março de 2017.
RODRIGO JANOT MONTEIRO DE BARROS
Presidente do Conselho Nacional do Ministério Público

Res. CNMP nº 174, de 04 de julho de 2017.

Disciplina, no âmbito do Ministério Público, a instauração e a tramitação da Notícia de Fato e do Procedimento Administrativo.

O **CONSELHO NACIONAL DO MINISTÉRIO PÚBLICO**, no exercício das atribuições que lhe são conferidas pelo artigo 130-A, § 2°, I, da Constituição Federal, com fundamento nos arts. 147 e seguintes de seu Regimento Interno, e na decisão plenária proferida nos autos da Proposição nº 0.00.000.001222/2014-53, julgada na 2ª Sessão Extraordinária, realizada no dia 4 de julho de 2017;

Considerando o disposto no art. 129, III e VI, da Constituição Federal;

Considerando o que dispõem o art. 7°, I, da Lei Complementar nº 75/93; os arts. 26, I e 27, parágrafo único, III, da Lei nº 8.625/93;

Considerando a necessidade de uniformizar a Notícia de Fato e o Procedimento Administrativo, em vista dos princípios que regem a Administração Pública e dos direitos e garantias individuais;

RESOLVE:

CAPÍTULO I
DA NOTÍCIA DE FATO

Art. 1º A Notícia de Fato é qualquer demanda dirigida aos órgãos da atividade-fim do Ministério Público, submetida à apreciação das Procuradorias e

Promotorias de Justiça, conforme as atribuições das respectivas áreas de atuação, podendo ser formulada presencialmente ou não, entendendo-se como tal a realização de atendimentos, bem como a entrada de notícias, documentos, requerimentos ou representações.

Art. 2º A Notícia de Fato deverá ser registrada em sistema informatizado de controle e distribuída livre e aleatoriamente entre os órgãos ministeriais com atribuição para apreciá-la.

§ 1º Quando o fato noticiado for objeto de procedimento em curso, a Notícia de Fato será distribuída por prevenção.

§ 2º Se aquele a quem for encaminhada a Notícia de Fato entender que a atribuição para apreciá-la é de outro órgão do Ministério Público promoverá a sua remessa a este.

§ 3º Na hipótese do parágrafo anterior, a remessa se dará independentemente de homologação pelo Conselho Superior ou pela Câmara de Coordenação e Revisão se a ausência de atribuição for manifesta ou, ainda, se estiver fundada em jurisprudência consolidada ou orientação desses órgãos.

Art. 3º A Notícia de Fato será apreciada no prazo de 30 (trinta) dias, a contar do seu recebimento, prorrogável uma vez, fundamentadamente, por até 90 (noventa) dias. Parágrafo único. No prazo do caput, o membro do Ministério Público poderá colher informações preliminares imprescindíveis para deliberar sobre a instauração do procedimento próprio, sendo vedada a expedição de requisições.

Art. 4º A Notícia de Fato será arquivada quando:

I – o fato narrado não configurar lesão ou ameaça de lesão aos interesses ou direitos tutelados pelo Ministério Público;

II – o fato narrado já tiver sido objeto de investigação ou de ação judicial ou já se encontrar solucionado;

III – a lesão ao bem jurídico tutelado for manifestamente insignificante, nos termos de jurisprudência consolidada ou orientação do Conselho Superior ou de Câmara de Coordenação e Revisão;

IV – for desprovida de elementos de prova ou de informação mínimos para o início de uma apuração, e o noticiante não atender à intimação para complementá-la;

V – for incompreensível.

§ 1º O noticiante será cientificado da decisão de arquivamento preferencialmente por correio eletrônico, cabendo recurso no prazo de 10 (dez) dias.

§ 2º A cientificação é facultativa no caso de a Notícia de Fato ter sido encaminhada ao Ministério Público em face de dever de ofício.

§ 3º O recurso será protocolado na secretaria do órgão que a arquivou e juntado à Notícia de Fato, que deverá ser remetida, no prazo de 3 (três) dias, ao Conselho Superior do Ministério Público ou à Câmara de Coordenação e Revisão respectiva para apreciação, caso não haja reconsideração.

Art. 5º Não havendo recurso, a Notícia de Fato será arquivada no órgão que a apreciou, registrando-se no sistema respectivo, em ordem cronológica, ficando a documentação à disposição dos órgãos correcionais.

Art. 6º Na hipótese de notícia de natureza criminal, além da providência prevista no parágrafo único do art. 3°, o membro do Ministério Público deverá observar as normas pertinentes do Conselho Nacional do Ministério Público e da legislação vigente.

Art. 7º O membro do Ministério Público, verificando que o fato requer apuração ou acompanhamento ou vencido o prazo do caput do art. 3º, instaurará o procedimento próprio.

CAPÍTULO II
DO PROCEDIMENTO ADMINISTRATIVO

Art. 8° O procedimento administrativo é o instrumento próprio da atividade-fim destinado a:

I – acompanhar o cumprimento das cláusulas de termo de ajustamento de conduta celebrado;

II – acompanhar e fiscalizar, de forma continuada, políticas públicas ou instituições;

III – apurar fato que enseje a tutela de interesses individuais indisponíveis;

IV – embasar outras atividades não sujeitas a inquérito civil.

Parágrafo único. O procedimento administrativo não tem caráter de investigação cível ou criminal de determinada pessoa, em função de um ilícito específico.

Art. 9º O procedimento administrativo será instaurado por portaria sucinta, com delimitação de seu objeto, aplicando-se, no que couber, o princípio da publicidade dos atos, previsto para o inquérito civil.

Art. 10. Se no curso do procedimento administrativo surgirem fatos que demandem apuração criminal ou sejam voltados para a tutela dos interesses ou direitos difusos, coletivos ou individuais homogêneos, o membro do Ministério Público deverá instaurar o procedimento de investigação pertinente ou encaminhar a notícia do fato e os elementos de informação a quem tiver atribuição.

Art. 11. O procedimento administrativo deverá ser concluído no prazo de 1 (um) ano, podendo ser sucessivamente prorrogado pelo mesmo período, desde que haja decisão fundamentada, à vista da imprescindibilidade da realização de outros atos.

Art. 12. O procedimento administrativo previsto nos incisos I, II e IV do art. 8º deverá ser arquivado no próprio órgão de execução, com comunicação ao Conselho Superior do Ministério Público ou à Câmara de Coordenação e Revisão respectiva, sem necessidade de remessa dos autos para homologação do arquivamento.

Art. 13. No caso de procedimento administrativo relativo a direitos individuais indisponíveis, previsto no inciso III do art. 8°, o noticiante será cientificado da decisão de arquivamento, da qual caberá recurso ao Conselho Superior do Ministério Público ou à Câmara de Coordenação e Revisão, no prazo de 10 (dez) dias.

§ 1º A cientificação será realizada, preferencialmente, por correio eletrônico.

§ 2º A cientificação é facultativa no caso de o procedimento administrativo ter sido instaurado em face de dever de ofício.

§ 3º O recurso será protocolado na secretaria do órgão que arquivou o procedimento e juntado aos respectivos autos extrajudiciais, que deverão ser remetidos, no prazo de 3 (três) dias, ao Conselho Superior do Ministério Público ou à Câmara de Coordenação e Revisão respectiva, para apreciação, caso não haja reconsideração.

§ 4º Não havendo recurso, os autos serão arquivados no órgão que a apreciou, registrando-se no sistema respectivo.

Art. 14. Esta resolução entra em vigor na data de sua publicação.

Brasília-DF, 4 de julho de 2017.
JOSÉ BONIFÁCIO BORGES DE ANDRADA
Presidente do Conselho Nacional do Ministério Público em exercício

Res. CNMP nº 179, de 26 de julho de 2017.

Regulamenta o § 6º do art. 5º da Lei nº 7.347/1985, disciplinando, no âmbito do Ministério Público, a tomada do compromisso de ajustamento de conduta.

O **CONSELHO NACIONAL DO MINISTÉRIO PÚBLICO**, no exercício da competência fixada no art. 130-A, § 2º, inciso I, da Constituição Federal, com fundamento nos arts. 147 e seguintes de seu Regimento Interno, e na decisão plenária proferida nos autos da Proposição nº 0.00.000.000659/2014-70, julgada na 14ª Sessão Ordinária, realizada no dia 26 de julho de 2017;

Considerando o disposto no art. 129, inciso III, da Constituição da República;

Considerando o que dispõe o art. 5º, § 6º, da Lei nº 7.347/1985;

Considerando a necessidade de garantir a efetividade dos compromissos de ajustamento de conduta;

Considerando a acentuada utilidade do compromisso de ajustamento de conduta como instrumento de redução da litigiosidade, visto que evita a judicialização por meio da autocomposição dos conflitos e controvérsias envolvendo os direitos de cuja defesa é incumbido o Ministério Público e, por consequência, contribui decisivamente para o acesso à justiça em sua visão contemporânea;

Considerando a conveniência institucional de estimular a atuação resolutiva e proativa dos membros do Ministério Público para promoção da justiça e redução da litigiosidade;

Considerando a necessidade de uniformizar a atuação do Ministério Público em relação ao compromisso de ajustamento de conduta como garantia da sociedade, sem prejuízo da preservação da independência funcional assegurada constitucionalmente a seus membros;

Considerando, por fim, que os direitos ou interesses coletivos, amplamente considerados, são direitos fundamentais da sociedade (Título II, Capítulo I, da Constituição da República), incumbindo ao Ministério Público a sua defesa, judicial ou extrajudicialmente, nos termos dos arts. 127, caput e 129, da Constituição da República, RESOLVE:

Art. 1º O compromisso de ajustamento de conduta é instrumento de garantia dos direitos e interesses difusos e coletivos, individuais homogêneos e outros direitos de cuja defesa está incumbido o Ministério Público, com natureza de negócio jurídico que tem por finalidade a adequação da conduta às exigências legais e constitucionais, com eficácia de título executivo extrajudicial a partir da celebração.

§ 1º Não sendo o titular dos direitos concretizados no compromisso de ajustamento de conduta, não pode o órgão do Ministério Público fazer concessões que impliquem renúncia aos direitos ou interesses difusos, coletivos e individuais homogêneos, cingindo-se a negociação à interpretação do direito para o caso concreto, à especificação das obrigações adequadas e necessárias, em especial o modo, tempo e lugar de cumprimento, bem como à mitigação, à compensação e à indenização dos danos que não possam ser recuperados.

§ 2º É cabível o compromisso de ajustamento de conduta nas hipóteses configuradoras de improbidade administrativa, sem prejuízo do ressarcimento ao erário e da aplicação de uma ou algumas das sanções previstas em lei, de acordo com a conduta ou o ato praticado.

§ 3º A celebração do compromisso de ajustamento de conduta com o Ministério Público não afasta, necessariamente, a eventual responsabilidade administrativa ou penal pelo mesmo fato, nem importa, automaticamente, no reconhecimento de responsabilidade para outros fins que não os estabelecidos expressamente no compromisso.

§ 4º Caberá ao órgão do Ministério Público com atribuição para a celebração do compromisso de ajustamento de conduta decidir quanto à necessidade, conveniência e oportunidade de reuniões ou audiências públicas com a participação dos titulares dos direitos, entidades que os representem ou demais interessados.

Art. 2º No exercício de suas atribuições, poderá o órgão do Ministério Público tomar compromisso de ajustamento de conduta para a adoção de medidas provisórias ou definitivas, parciais ou totais. Parágrafo único. Na hipótese de adoção de medida provisória ou parcial, a investigação deverá continuar em relação aos demais aspectos da questão, ressalvada situação excepcional que enseje arquivamento fundamentado.

Art. 3º O compromisso de ajustamento de conduta será tomado em qualquer fase da investigação, nos autos de inquérito civil ou procedimento correlato, ou no curso da ação judicial, devendo conter obrigações certas, líquidas e exigíveis, salvo peculiaridades do caso concreto, e ser assinado pelo órgão do Ministério Público e pelo compromissário.

§ 1º Quando o compromissário for pessoa física, o compromisso de ajustamento de conduta poderá ser firmado por procurador com poderes especiais outorgados por instrumento de mandato, público ou particular, sendo que neste último caso com reconhecimento de firma.

§ 2º Quando o compromissário for pessoa jurídica, o compromisso de ajustamento de conduta deverá ser firmado por quem tiver por lei, regulamento, disposição estatutária ou contratual, poderes de representação extrajudicial daquela, ou por procurador com poderes especiais outorgados pelo representante.

§ 3º Tratando-se de empresa pertencente a grupo econômico, deverá assinar o representante legal da pessoa jurídica controladora à qual esteja vinculada, sendo admissível a representação por procurador com poderes especiais outorgados pelo representante.

§ 4º Na fase de negociação e assinatura do compromisso de ajustamento de conduta, poderão os compromissários ser acompanhados ou representados por seus advogados, devendo-se juntar aos autos instrumento de mandato.

§ 5º É facultado ao órgão do Ministério Público colher assinatura, como testemunhas, das pessoas que tenham acompanhado a negociação ou de terceiros interessados.

§ 6º Poderá o compromisso de ajustamento de conduta ser firmado em conjunto por órgãos de ramos diversos do Ministério Público ou por este e outros órgãos públicos legitimados, bem como contar com a participação de associação civil, entes ou grupos representativos ou terceiros interessados.

Art. 4º O compromisso de ajustamento de conduta deverá prever multa diária ou outras espécies de cominação para o caso de descumprimento das obrigações nos prazos assumidos, admitindo-se, em casos excepcionais e devidamente fundamentados, a previsão de que esta cominação seja fixada judicialmente, se necessária à execução do compromisso.

Art. 5º As indenizações pecuniárias referentes a danos a direitos ou interesses difusos e coletivos, quando não for possível a reconstituição específica do bem lesado, e as liquidações de multas deverão ser destinadas a fundos federais, estaduais e municipais que tenham o mesmo escopo do fundo previsto no art. 13 da Lei nº 7.347/1985.

§ 1º Nas hipóteses do caput, também é admissível a destinação dos referidos recursos a projetos de prevenção ou reparação de danos de bens jurídicos da mesma natureza, ao apoio a entidades cuja finalidade institucional inclua a proteção aos direitos ou interesses difusos, a depósito em contas judiciais ou, ainda, poderão receber destinação específica que tenha a mesma finalidade dos fundos previstos em lei ou esteja em conformidade com a natureza e a dimensão do dano.

§ 2º Os valores referentes às medidas compensatórias decorrentes de danos irreversíveis aos direitos ou interesses difusos deverão ser, preferencialmente, revertidos em proveito da região ou pessoas impactadas.

Art. 6º Atentando às peculiaridades do respectivo ramo do Ministério Público, cada Conselho Superior disciplinará os mecanismos de fiscalização do cumprimento do compromisso de ajustamento de conduta tomado pelos órgãos de execução e a revisão pelo Órgão Superior do arquivamento do inquérito civil ou do procedimento no qual foi tomado o compromisso, observadas as regras gerais desta resolução.

§ 1º Os mecanismos de fiscalização referidos no caput não se aplicam ao compromisso de ajustamento de conduta levado à homologação do Poder Judiciário.

§ 2º A regulamentação do Conselho Superior deve compreender, no mínimo, a exigência de ciência formal do conteúdo integral do compromisso de ajustamento de conduta ao Órgão Superior em prazo não superior a três dias da promoção de arquivamento do inquérito civil ou procedimento correlato em que foi celebrado.

Art. 7º O Órgão Superior de que trata o art. 6º dará publicidade ao extrato do compromisso de ajustamento de conduta em Diário Oficial próprio ou não, no site da instituição, ou por qualquer outro meio eficiente e acessível, conforme as peculiaridades de cada ramo do Ministério Público, no prazo máximo de quinze dias, a qual deverá conter:

I – a indicação do inquérito civil ou procedimento em que tomado o compromisso;

II – a indicação do órgão de execução;

III – a área de tutela dos direitos ou interesses difusos, coletivos e individuais homogêneos em que foi firmado o compromisso de ajustamento de conduta e sua abrangência territorial, quando for o caso;

IV – a indicação das partes compromissárias, seus CPF ou CNPJ, e o endereço de domicílio ou sede;

V – o objeto específico do compromisso de ajustamento de conduta;

VI – indicação do endereço eletrônico em que se possa acessar o inteiro teor do compromisso de ajustamento de conduta ou local em que seja possível obter cópia impressa integral.

§ 1º Ressalvadas situações excepcionais devidamente justificadas, a publicação no site da Instituição disponibilizará acesso ao inteiro teor do compromisso de ajustamento de conduta ou indicará o banco de dados público em que pode ser acessado.

§ 2º A disciplina deste artigo não impede a divulgação imediata do compromisso de ajustamento de conduta celebrado nem o fornecimento de cópias aos interessados, consoante os critérios de oportunidade, conveniência e efetividade formulados pelo membro do Ministério Público.

Art. 8º No mesmo prazo mencionado no artigo anterior, o Órgão Superior providenciará o encaminhamento ao Conselho Nacional do Ministério Público de cópia eletrônica do inteiro teor do compromisso de ajustamento de conduta para alimentação do Portal de Direitos Coletivos, conforme disposto na Resolução Conjunta CNJ/CNMP nº 2, de 21 de junho de 2011, que institui os cadastros nacionais de informações de ações coletivas, inquéritos e termos de ajustamento de conduta.

Art. 9º O órgão do Ministério Público que tomou o compromisso de ajustamento de conduta deverá diligenciar para fiscalizar o seu efetivo cumprimento, valendo-se, sempre que necessário e possível, de técnicos especializados.

 Parágrafo único. Poderão ser previstas no próprio compromisso de ajustamento de conduta obrigações consubstanciadas na periódica prestação de informações sobre a execução do acordo pelo compromissário.

Art. 10. As diligências de fiscalização mencionadas no artigo anterior serão providenciadas nos próprios autos em que celebrado o compromisso de ajustamento de conduta, quando realizadas antes do respectivo arquivamento, ou em procedimento administrativo de acompanhamento especificamente instaurado para tal fim.

Art. 11. Descumprido o compromisso de ajustamento de conduta, integral ou parcialmente, deverá o órgão de execução do Ministério Público com atribuição para fiscalizar o seu cumprimento promover, no prazo máximo de sessenta dias, ou assim que possível, nos casos de urgência, a execução judicial do respectivo título executivo extrajudicial com relação às cláusulas em que se constatar a mora ou inadimplência.

Parágrafo único. O prazo de que trata este artigo poderá ser excedido se o compromissário, instado pelo órgão do Ministério Público, justificar satisfatoriamente o descumprimento ou reafirmar sua disposição para o cumprimento, casos em que ficará a critério do órgão ministerial decidir pelo imediato ajuizamento da execução, por sua repactuação ou pelo acompanhamento das providências adotadas pelo compromissário até o efetivo cumprimento do compromisso de ajustamento de conduta, sem prejuízo da possibilidade de execução da multa, quando cabível e necessário.

Art. 12. O Ministério Público tem legitimidade para executar compromisso de ajustamento de conduta firmado por outro órgão público, no caso de sua omissão frente ao descumprimento das obrigações assumidas, sem prejuízo da adoção de outras providências de natureza civil ou criminal que se mostrarem pertinentes, inclusive em face da inércia do órgão público compromitente.

Art. 13. Cada ramo do Ministério Público adequará seus atos normativos que tratem sobre o compromisso de ajustamento de conduta aos termos da presente Resolução no prazo de cento e oitenta dias, a contar de sua entrada em vigor.

Art. 14. As Escolas do Ministério Público ou seus Centros de Estudos promoverão cursos de aperfeiçoamento sobre técnicas de negociação e mediação voltados para a qualificação de Membros e servidores com vistas ao aperfeiçoamento da teoria e prática do compromisso de ajustamento de conduta.

Art. 15. Esta Resolução entra em vigor na data de sua publicação.

Brasília-DF, 26 de julho de 2017.

RODRIGO JANOT MONTEIRO DE BARROS

Presidente do Conselho Nacional do Ministério Público

Res. CNMP nº 181, de 7 de agosto de 2017.

(Alterado pelo plenário do CNMP em 12/12/2017, aguardando somente sua publicação)

Dispõe sobre instauração e tramitação do procedimento investigatório criminal a cargo do Ministério Público.

O **CONSELHO NACIONAL DO MINISTÉRIO PÚBLICO**, no exercício da competência fixada no art. 130-A, § 2º, I, da Constituição Federal, com fundamento nos arts. 147 e seguintes de seu Regimento Interno, e na decisão plenária proferida nos autos da Proposição nº 1.00578/2017-01, julgada na 4ª Sessão Extraordinária, realizada no dia 7 de agosto de 2017;

Considerando o disposto nos arts. 127, caput, e 129, I, II, VIII e IX, da Constituição da República Federativa do Brasil, bem como no art. 8º da Lei Complementar nº 75/1993 (LOMPU) e no art. 26 da Lei nº 8.625/1993 (Lei Orgânica Nacional do Ministério Público);

Considerando as conclusões do Procedimento de Estudos e Pesquisas nº 01/2017, instaurado com o objetivo de levantar sugestões e apresentar propostas de aperfeiçoamento: a) para o exercício mais efetivo da função orientadora e fiscalizadora das Corregedorias do Ministério Público, com o objetivo de aprimorar a investigação criminal presidida pelo Ministério Público; e b) da Resolução CNMP nº 13 (que disciplina o procedimento investigatório criminal do Ministério Público), com o objetivo de tornar as investigações mais céleres, eficientes, desburocratizadas, informadas pelo princípio acusatório e respeitadoras dos direitos fundamentais do investigado, da vítima e das prerrogativas dos advogados;

Considerando que o Plenário do Supremo Tribunal Federal, fixou, em repercussão geral, a tese de que o "Ministério Público dispõe de competência para promover, por autoridade própria, e por prazo razoável, investigações de natureza penal, desde que respeitados os direitos e garantias que assistem a qualquer indiciado ou a qualquer pessoa sob investigação do Estado". (RE 593727, Repercussão Geral, Relator: Min. CÉZAR PELUSO, Relator para Acórdão: Min. GILMAR MENDES, julgamento em 14/5/2015, publicação em 8/9/2015);

Considerando que, como bem aponta o Ministro Roberto Barroso, em julgamento do Tribunal Pleno do Supremo Tribunal Federal, "a Constituição de 1988 fez uma opção inequívoca pelo sistema acusatório – e não pelo sistema inquisitorial – criando as bases para uma mudança profunda na condução das investigações criminais e no processamento das ações penais no Brasil" (ADI 5104 MC, Relator: Min. ROBERTO BARROSO, julgamento em 21/5/2014, publicação em 30/10/2014);

Considerando a necessidade de permanente aprimoramento das investigações criminais levadas a cabo pelo Ministério Público, especialmente na necessidade de modernização das investigações com o escopo de agilização, efetividade e proteção dos direitos fundamentais dos investigados, das vítimas e das prerrogativas dos advogados, superando um paradigma de investigação cartorial, burocratizada, centralizada e sigilosa;

Considerando a carga desumana de processos que se acumulam nas varas criminais do País e que tanto desperdício de recursos, prejuízo e atraso causam no oferecimento de Justiça às pessoas, de alguma forma, envolvidas em fatos criminais;

Considerando, por fim, a exigência de soluções alternativas no Processo Penal que proporcionem celeridade na resolução dos casos menos graves, priorização dos recursos financeiros e humanos do Ministério Público e do Poder Judiciário para processamento e julgamento dos casos mais graves e minoração dos efeitos deletérios de uma sentença penal condenatória aos acusados em geral, que teriam mais uma chance de evitar uma condenação judicial, reduzindo os efeitos sociais prejudiciais da pena e desafogando os estabelecimentos prisionais, RESOLVE, nos termos do art. 130-A, § 2º, I, da Constituição Federal, expedir a seguinte RESOLUÇÃO:

CAPÍTULO I
DA DEFINIÇÃO E FINALIDADE

Art. 1º O procedimento investigatório criminal é instrumento sumário e desburocratizado de natureza administrativa e inquisitorial, instaurado e presidido pelo membro do Ministério Público com atribuição criminal, e terá como finalidade apurar a ocorrência de infrações penais de natureza pública, servindo como preparação e embasamento para o juízo de propositura, ou não, da respectiva ação penal.

§ 1º O membro do Ministério Público deverá promover a investigação de modo efetivo e expedito, evitando a realização de diligências impertinentes, desnecessárias e protelatórias e priorizando, sempre que possível, as apurações sobre violações a bens jurídicos de alta magnitude, relevância ou com alcance de número elevado de ofendidos.

§ 2º O procedimento investigatório criminal não é condição de procedibilidade ou pressuposto processual para o ajuizamento de ação penal e não exclui a possibilidade de formalização de investigação por outros órgãos legitimados da Administração Pública.

Art. 1º O procedimento investigatório criminal é instrumento sumário e desburocratizado de natureza administrativa e investigatória, instaurado e presidido pelo membro do Ministério Público com atribuição criminal, e terá como finalidade apurar a ocorrência de infrações penais de iniciativa pública, servindo como preparação e embasamento para o juízo de propositura, ou não, da respectiva ação penal.

§ 1º O procedimento investigatório criminal não é condição de procedibilidade ou pressuposto processual para o ajuizamento de ação penal e não exclui a possibilidade de formalização de investigação por outros órgãos legitimados da Administração Pública.

§ 2º A regulamentação do procedimento investigatório criminal prevista nesta Resolução não se aplica às autoridades abrangidas pela previsão do art. 33, parágrafo único, da Lei Complementar nº 35, de 14 de março de 1979.

Artigo e parágrafos 1º e 2º alterados pelo plenário do CNMP em 12/12/2017, aguardando somente sua publicação.

Art. 2º Em poder de quaisquer peças de informação, o membro do Ministério Público poderá:

I – promover a ação penal cabível;

II – instaurar procedimento investigatório criminal;

III – encaminhar as peças para o Juizado Especial Criminal, caso a infração seja de menor potencial ofensivo;

IV – promover fundamentadamente o respectivo arquivamento;

V – requisitar a instauração de inquérito policial, indicando, sempre que possível, as diligências necessárias à elucidação dos fatos, sem prejuízo daquelas que vierem a ser realizadas por iniciativa da autoridade policial competente.

Art. 3º O procedimento investigatório criminal poderá ser instaurado de ofício, por membro do Ministério Público, no âmbito de suas atribuições criminais, ao tomar conhecimento de infração penal, por qualquer meio, ainda que informal, ou mediante provocação.

§ 1º O procedimento investigatório criminal deverá tramitar, comunicar seus atos e transmitir suas peças, preferencialmente, por meio eletrônico.

§ 2º O procedimento deverá ser instaurado sempre que houver determinação do Procurador-Geral da República, do Procurador-Geral de Justiça ou do Procurador-Geral de Justiça Militar, diretamente ou por delegação, nos moldes da lei, em caso de discordância da promoção de arquivamento de peças de informação.

§ 3º A designação a que se refere o § 2º deverá recair sobre membro do Ministério Público diverso daquele que promoveu o arquivamento.

§ 4º A distribuição de peças de informação deverá observar as regras internas previstas no sistema de divisão de serviços.

Art. 3.º O procedimento investigatório criminal poderá ser instaurado de ofí- cio, por membro do Ministério Público, no âmbito de suas atribuições criminais, ao tomar conhecimento de infração penal de iniciativa pública, por qualquer meio, ainda que informal, ou mediante provocação.

(...)

§ 2º A distribuição de peças de informação deverá observar as regras internas previstas no sistema de divisão de serviços.

§ 3º No caso de instauração de ofício, o procedimento investigatório criminal será distribuído livremente entre os membros da instituição que tenham atribuições para apreciá-lo, incluído aquele que determinou a sua instauração, observados os critérios fixados pelos órgãos especializados de cada Ministério Público e respeitadas as regras de competência temporária em razão da matéria, a exemplo de grupos específicos criados para apoio e assessoramento e de forças-tarefas devidamente designadas pelo procurador-geral competente, e as relativas à conexão e à continência.

§ 4º O membro do Ministério Público, no exercício de suas atribuições criminais, deverá dar andamento, no prazo de 30 (trinta) dias a contar de seu recebimento, às representações, requerimentos, petições e peças de informação que lhe sejam encaminhadas, podendo este prazo ser prorrogado, fundamentadamente, por até 90 (noventa) dias, nos casos em que sejam necessárias diligências preliminares.

Caput e parágrafos 2º, 3º e 4º alterados pelo plenário do CNMP em 12/12/2017, aguardando somente sua publicação.

§ 5º No caso de instauração de ofício, o procedimento investigatório criminal será distribuído livremente entre os membros da instituição que tenham atribuições para apreciá-lo, incluído aquele que determinou a sua instauração, observados os critérios fixados pelos órgãos especializados de cada Ministério Público e respeitadas as regras de competência temporária em razão da matéria, a exemplo de grupos específicos criados para apoio e assessoramento e de forças-tarefas devidamente designadas pelo procurador-geral competente, e as relativas à conexão e à continência.

§ 6º O membro do Ministério Público, no exercício de suas atribuições criminais, deverá dar andamento, no prazo de 30 (trinta) dias a contar de seu recebimento, às representações, requerimentos, petições e peças de informação que lhe sejam encaminhadas, podendo este prazo ser prorrogado, fundamentadamente, por até 90 (noventa) dias, nos casos em que sejam necessárias diligências preliminares.

Art. 4º O procedimento investigatório criminal será instaurado por portaria fundamentada, devidamente registrada e autuada, com a indicação dos fatos a serem investigados e deverá conter, sempre que possível, o nome e a qualificação do autor da representação e a determinação das diligências iniciais.

Parágrafo único. Se, durante a instrução do procedimento investigatório criminal, for constatada a necessidade de investigação de outros fatos, o membro do Ministério Público poderá aditar a portaria inicial ou determinar a extração de peças para instauração de outro procedimento.

Art. 5º Da instauração do procedimento investigatório criminal far-se-á comunicação imediata e, preferencialmente, eletrônica ao Órgão Superior competente, sendo dispensada tal comunicação em caso de registro em sistema eletrônico.

CAPÍTULO II
DAS INVESTIGAÇÕES CONJUNTAS

Art. 6º O procedimento investigatório criminal poderá ser instaurado de forma conjunta, por meio de força tarefa ou por grupo de atuação especial composto por membros do Ministério Público, cabendo sua presidência àquele que o ato de instauração designar.

§ 1º Poderá também ser instaurado procedimento investigatório criminal, por meio de atuação conjunta entre Ministérios Públicos dos Estados, da União e de outros países.

§ 2º O arquivamento do procedimento investigatório deverá ser objeto de controle e eventual revisão em cada Ministério Público, cuja apreciação se limitará ao âmbito de atribuição do respectivo Ministério Público.

CAPÍTULO III
DA INSTRUÇÃO

Art. 7º Sem prejuízo de outras providências inerentes a sua atribuição funcional e legalmente previstas, o membro do Ministério Público, na condução das investigações, poderá:

I – fazer ou determinar vistorias, inspeções e quaisquer outras diligências, inclusive em organizações militares;

II – requisitar informações, exames, perícias e documentos de autoridades, órgãos e entidades da Administração Pública direta e indireta, da União, dos Estados, do Distrito Federal e dos Municípios;

III – requisitar informações e documentos de entidades privadas, inclusive de natureza cadastral;

IV – notificar testemunhas e vítimas e requisitar sua condução coercitiva, nos casos de ausência injustificada, ressalvadas as prerrogativas legais;

V – acompanhar buscas e apreensões deferidas pela autoridade judiciária;

VI – acompanhar cumprimento de mandados de prisão preventiva ou temporária deferidas pela autoridade judiciária;

VII – expedir notificações e intimações necessárias;

VIII – realizar oitivas para colheita de informações e esclarecimentos;

IX – ter acesso incondicional a qualquer banco de dados de caráter público ou relativo a serviço de relevância pública;

X – requisitar auxílio de força policial.

§ 1º Nenhuma autoridade pública ou agente de pessoa jurídica no exercício de função pública poderá opor ao Ministério Público, sob qualquer pretexto, a exceção de sigilo, sem prejuízo da subsistência do caráter sigiloso da informação, do registro, do dado ou do documento que lhe seja fornecido.

§ 2º As respostas às requisições realizadas pelo Ministério Público deverão ser encaminhadas, sempre que determinado, em meio informatizado e apresentadas em arquivos que possibilitem a migração de informações para os autos do processo sem redigitação.

§ 3º As requisições do Ministério Público serão feitas fixando-se prazo razoável de até 10 (dez) dias úteis para atendimento, prorrogável mediante solicitação justificada.

§ 4º Ressalvadas as hipóteses de urgência, as notificações para comparecimento devem ser efetivadas com antecedência mínima de 48 horas, respeitadas, em qualquer caso, as prerrogativas legais pertinentes.

§ 5º A notificação deverá mencionar o fato investigado, salvo na hipótese de decretação de sigilo, e a faculdade do notificado de se fazer acompanhar por advogado.

§ 6º As correspondências, notificações, requisições e intimações do Ministério Público quando tiverem como destinatário o Presidente da República, o Vice-Presidente da República, membro do Congresso Nacional, Ministro do Supremo Tribunal Federal, Ministro de Estado, Ministro de Tribunal Superior, Ministro do Tribunal de Contas da União ou chefe de missão diplomática de caráter permanente serão encaminhadas e levadas a efeito pelo Procurador-Geral da República ou outro órgão do Ministério Público a quem essa atribuição seja delegada.

§ 7º As notificações e requisições previstas neste artigo, quando tiverem como destinatários o Governador do Estado, os membros do Poder Legislativo e os desembargadores, serão encaminhadas pelo Procurador-Geral de Justiça ou outro órgão do Ministério Público a quem essa atribuição seja delegada.

§ 8º As autoridades referidas nos §§ 6º e 7º poderão fixar data, hora e local em que puderem ser ouvidas, se for o caso.

§ 9º O membro do Ministério Público será responsável pelo uso indevido das informações e documentos que requisitar, inclusive nas hipóteses legais de sigilo e de documentos assim classificados.

> *Art. 7º O membro do Ministério Público, observadas as hipóteses de reserva constitucional de jurisdição e sem prejuízo de outras providências inerentes a sua atribuição funcional, poderá:*
>
> *(...)*
>
> *§ 1º Nenhuma autoridade pública ou agente de pessoa jurídica no exercício de função pública poderá opor ao Ministério Público, sob qualquer pretexto, a exceção de sigilo, sem prejuízo da subsistência do caráter sigiloso da informação, do registro, do dado ou do documento que lhe seja fornecido, ressalvadas as hipóteses de reserva constitucional de jurisdição.*
>
> *(...)*
>
> *§ 5º A notificação deverá mencionar o fato investigado, salvo na hipótese de decretação de sigilo, e a faculdade do notificado de se fazer acompanhar por defensor.*
>
> ****Caput e parágrafos 1º** e **5º alterados pelo plenário do CNMP em 12/12/2017, aguardando somente sua publicação.***

Art. 8º A colheita de informações e depoimentos deverá ser feita preferencialmente de forma oral, mediante a gravação audiovisual, com o fim de obter maior fidelidade das informações prestadas.

§ 1º O membro do Ministério Público poderá requisitar o cumprimento das diligências de oitiva de testemunhas ou informantes a servidores da instituição, a policiais civis, militares ou federais, guardas municipais ou a qualquer outro servidor público que tenha como atribuições fiscalizar atividades cujos ilícitos possam também caracterizar delito.

§ 2º A requisição referida no parágrafo anterior deverá ser comunicada ao seu destinatário pelo meio mais expedito possível e a oitiva deverá ser realizada, sempre que possível, no local em que se encontrar a pessoa a ser ouvida.

§ 3º O funcionário público, no cumprimento das diligências de que trata este artigo, após a oitiva da testemunha ou informante, deverá imediatamente elaborar relatório legível, sucinto e objetivo sobre o teor do depoimento, no qual deverão ser consignados a data e hora aproximada do crime, onde ele foi praticado, as suas circunstâncias, quem o praticou e os motivos que o levaram a praticar, bem ainda identificadas eventuais vítimas e outras testemunhas do fato, sendo dispensável a confecção do referido relatório quando o depoimento for colhido mediante gravação audiovisual.

§ 4º O Ministério Público, sempre que possível, deverá fornecer formulário para preenchimento pelo servidor público dos dados objetivos e sucintos que deverão constar do relatório.

§ 5º O funcionário público que cumpriu a requisição deverá assinar o relatório e, se possível, também o deverá fazer a testemunha ou informante.

§ 6º O interrogatório de suspeitos e a oitiva das pessoas referidas nos §§ 6º e 7º do art. 7º deverão necessariamente ser realizados pelo membro do Ministério Público.

§ 7º Somente em casos excepcionais e imprescindíveis deverá ser feita a transcrição dos depoimentos colhidos na fase investigatória.

§ 8º As testemunhas, informantes e suspeitos ouvidos na fase de investigação serão informados do dever de comunicar ao Ministério Público qualquer mudança de endereço, telefone ou e-mail.

§ 1.º Somente em casos excepcionais e imprescindíveis deverá ser feita a transcrição dos depoimentos colhidos na fase investigatória.

§ 2.º O membro do Ministério Público poderá requisitar o cumprimento das diligências de oitiva de testemunhas ou informantes a servidores da instituição, a policiais civis, militares ou federais, guardas municipais ou a qualquer outro servidor público que tenha como atribuições fiscalizar atividades cujos ilícitos possam também caracterizar delito.

§ 3.º A requisição referida no parágrafo anterior deverá ser comunicada ao seu destinatário pelo meio mais expedito possível e a oitiva deverá ser realizada, sempre que possível, no local em que se encontrar a pessoa a ser ouvida

§ 4.º O funcionário público, no cumprimento das diligências de que trata este artigo, após a oitiva da testemunha ou informante, deverá imediatamente elaborar relatório legível, sucinto e objetivo sobre o teor do depoimento, no qual deverão ser consignados a data e hora aproximada do crime, onde ele foi praticado, as suas circunstâncias, quem o praticou e os motivos que o levaram a praticar, bem ainda identificadas eventuais vítimas e outras testemunhas do fato, sendo dispensável a confecção do referido relatório quando o depoimento for colhido mediante gravação audiovisual.

§ 5.º O Ministério Público, sempre que possível, deverá fornecer formulário para preenchimento pelo servidor público dos dados objetivos e sucintos que deverão constar do relatório.

§ 6.º O funcionário público que cumpriu a requisição deverá assinar o relatório e, se possível, também o deverá fazer a testemunha ou informante.

§ 7.º O interrogatório de suspeitos e a oitiva das pessoas referidas nos §§

6º e 7º do art. 7º deverão necessariamente ser realizados pelo membro do Ministério Público.

§ 8º As testemunhas, informantes e suspeitos ouvidos na fase de investigação serão informados do dever de comunicar ao Ministério Público qualquer mudança de endereço, telefone ou e-mail.

Parágrafos 1º ao 8º alterados pelo plenário do CNMP em 12/12/2017, aguardando somente sua publicação.

Art. 9º O autor do fato investigado poderá apresentar, querendo, as informações que considerar adequadas, inclusive por meio de advogado.

Art. 9º O autor do fato investigado poderá apresentar, querendo, as informações que considerar adequadas, facultado o acompanhamento por defensor.

§ 1º O defensor poderá examinar, mesmo sem procuração, autos de procedimento de investigação criminal, findos ou em andamento, ainda que conclusos ao presidente, podendo copiar peças e tomar apontamentos, em meio físico ou digital.

§ 2º Para os fins do parágrafo anterior, o defensor deverá apresentar procuração, quando decretado o sigilo das investigações, no todo ou em parte.

§ 3º O órgão de execução que presidir a investigação velará para que o defensor constituído nos autos assista o investigado durante a apuração de infrações, de forma a evitar a alegação de nulidade do interrogatório e, subsequentemente, de todos os elementos probatórios dele decorrentes ou derivados, nos termos da Lei nº 8.906, de 4 de julho de 1994.

§ 4º O presidente do procedimento investigatório criminal poderá delimitar o acesso do defensor aos elementos de prova relacionados a diligências em andamento e ainda não documentados nos autos, quando houver risco de comprometimento da eficiência, da eficácia ou da finalidade das diligências.

Artigo alterado e parágrafos incluídos pelo plenário do CNMP em 12/12/2017, aguardando somente sua publicação.

Art. 10. As diligências serão documentadas em autos sucinto e circunstanciado.

Art. 10. As diligências serão documentadas em autos de modo sucinto e circunstanciado.

Artigo alterado pelo plenário do CNMP em 12/12/2017, aguardando somente sua publicação.

Art. 11. As inquirições que devam ser realizadas fora dos limites territoriais da unidade em que se realizar a investigação serão feitas, sempre que possível, por meio de videoconferência, podendo ainda ser deprecadas ao respectivo órgão do Ministério Público local.

§ 1º Nos casos referidos no caput deste artigo, o membro do Ministério Público poderá optar por realizar diretamente a inquirição com a prévia ciência ao órgão ministerial local, que deverá tomar as providências necessárias para viabilizar a diligência e colaborar com o cumprimento dos atos para a sua realização.

§ 2º A deprecação e a ciência referidas neste artigo poderão ser feitas por qualquer meio hábil de comunicação. § 3º O disposto neste artigo não obsta a requisição de informações, documentos, vistorias, perícias a órgãos ou organizações militares sediados em localidade diversa daquela em que lotado o membro do Ministério Público.

Art. 12. A pedido da pessoa interessada, será fornecida comprovação escrita de comparecimento.

Art. 13. O procedimento investigatório criminal deverá ser concluído no prazo de 90 (noventa) dias, permitidas, por igual período, prorrogações sucessivas, por decisão fundamentada do membro do Ministério Público responsável pela sua condução.

§ 1º Cada unidade do Ministério Público manterá, para conhecimento dos órgãos superiores, controle atualizado, preferencialmente por meio eletrônico, do andamento de seus procedimentos investigatórios criminais, observado o nível de sigilo e confidencialidade que a investigação exigir, nos termos do art. 15 desta Resolução.

§ 2º O controle referido no parágrafo anterior poderá ter nível de acesso restrito ao Procurador-Geral da República, Procurador-Geral de Justiça ou Procurador-Geral de Justiça Militar, mediante justificativa lançada nos autos.

§ 2º O controle referido no parágrafo anterior poderá ter nível de acesso restrito ao Procurador-Geral da República, ao Procurador-Geral de Justiça, ao Procurador-Geral de Justiça Militar e ao respectivo Corregedor-Geral, mediante justificativa lançada nos autos.

**** Parágrafo 2º alterados pelo plenário do CNMP em 12/12/2017, aguardando somente sua publicação.***

CAPÍTULO IV
DA PERSECUÇÃO PATRIMONIAL

Art. 14. A persecução patrimonial voltada à localização de qualquer benefício derivado ou obtido, direta ou indiretamente, da infração penal, ou de bens ou valores lícitos equivalentes, com vistas à propositura de medidas cautelares reais, confisco definitivo e identificação do beneficiário econômico final da conduta, será realizada em anexo autônomo do procedimento investigatório criminal.

§ 1º Proposta a ação penal, a instrução do procedimento tratado no caput poderá prosseguir até que ultimadas as diligências de persecução patrimonial.

§ 2° Caso a investigação sobre a materialidade e autoria da infração penal já esteja concluída, sem que tenha sido iniciada a investigação tratada neste capítulo, procedimento investigatório específico poderá ser instaurado com o objetivo principal de realizar a persecução patrimonial.

CAPÍTULO V
PUBLICIDADE

Art. 15. Os atos e peças do procedimento investigatório criminal são públicos, nos termos desta Resolução, salvo disposição legal em contrário ou por razões de interesse público ou conveniência da investigação.

Parágrafo único. A publicidade consistirá:

I – na expedição de certidão, mediante requerimento do investigado, da vítima ou seu representante legal, do Poder Judiciário, do Ministério Público ou de terceiro diretamente interessado;

II – no deferimento de pedidos de vista ou de extração de cópias, desde que realizados de forma fundamentada pelas pessoas referidas no inciso I ou a seus advogados ou procuradores com poderes específicos, ressalvadas as hipóteses de sigilo;

III – na prestação de informações ao público em geral, a critério do presidente do procedimento investigatório criminal, observados o princípio da presunção de inocência e as hipóteses legais de sigilo.

II – no deferimento de pedidos de extração de cópias, com atenção ao disposto no § 1.º do art. 3.º desta Resolução e ao uso preferencial de meio eletrônico, desde que realizados de forma fundamentada pelas pessoas referidas no inciso I, pelos seus procuradores com poderes específicos ou por advogado, independentemente de fundamentação, ressalvada a limitação de acesso aos autos sigilosos a defensor que não possua procuração ou não comprove atuar na defesa do investigado;

III – no deferimento de pedidos de vista, realizados de forma fundamentada pelas pessoas referidas no inciso I ou pelo defensor do investigado, pelo prazo de 5 (cinco) dias ou outro que assinalar fundamentadamente o presidente do procedimento investigatório criminal, com atenção à restrição de acesso às diligências cujo sigilo tenha sido determinado na forma do § 4.º do art. 9.º desta Resolução;

> *IV – na prestação de informações ao público em geral, a critério do presidente do procedimento investigatório criminal, observados o princípio da presunção de inocência e as hipóteses legais de sigilo.*
>
> ***Incisos alterados pelo plenário do CNMP em 12/12/2017, aguardando somente sua publicação.**

Art. 16. O presidente do procedimento investigatório criminal poderá decretar o sigilo das investigações, no todo ou em parte, por decisão fundamentada, quando a elucidação do fato ou interesse público exigir, garantida ao investigado a obtenção, por cópia autenticada, de depoimento que tenha prestado e dos atos de que tenha, pessoalmente, participado.

> *Art. 16. O presidente do procedimento investigatório criminal poderá decretar o sigilo das investigações, no todo ou em parte, por decisão fundamentada, quando a elucidação do fato ou interesse público exigir, garantido o acesso aos autos ao investigado e ao seu defensor, desde que munido de procuração ou de meios que comprovem atuar na defesa do investigado, cabendo a ambos preservar o sigilo sob pena de responsabilização.*
>
> ***Artigo alterado pelo plenário do CNMP em 12/12/2017, aguardando somente sua publicação.**

Parágrafo único. Em caso de pedido da parte interessada para a expedição de certidão a respeito da existência de procedimentos investigatórios criminais, é vedado fazer constar qualquer referência ou anotação sobre investigação sigilosa.

CAPÍTULO VI
DOS DIREITOS DAS VÍTIMAS

Art. 17. O membro do Ministério Público que preside o procedimento investigatório criminal esclarecerá a vítima sobre seus direitos materiais e processuais, devendo tomar todas as medidas necessárias para a preservação dos seus direitos, a reparação dos eventuais danos por ela sofridos e a preservação da intimidade, vida privada, honra e imagem.

§ 1º O membro do Ministério Público velará pela segurança de vítimas e testemunhas que sofrerem ameaça ou que, de modo concreto, estejam suscetíveis a sofrer intimidação por parte de acusados, de parentes deste ou pessoas a seu mando, podendo, inclusive, requisitar proteção policial em seu favor.

§ 2º O membro do Ministério Público que preside o procedimento investigatório criminal, no curso da investigação ou mesmo após o ajuizamento da ação penal, deverá providenciar o encaminhamento da vítima ou de testemunhas, caso presentes os pressupostos legais, para inclusão em Programa de Proteção de Assistência a Vítimas e a Testemunhas ameaçadas ou em Programa de Proteção a Crianças e Adolescentes Ameaçados, conforme o caso.

§ 3º Em caso de medidas de proteção ao investigado, as vítimas e testemunhas, o membro do Ministério Público observará a tramitação prioritária do feito, bem como providenciará, se o caso, a oitiva antecipada dessas pessoas ou pedirá a antecipação dessa oitiva em juízo.

§ 4º O membro do Ministério Público que preside o procedimento investigatório criminal providenciará o encaminhamento da vítima e outras pessoas atingidas pela prática do fato criminoso apurado à rede de assistência, para atendimento multidisciplinar, especialmente nas áreas psicossocial, de assistência jurídica e de saúde, a expensas do ofensor ou do Estado.

CAPÍTULO VII
DO ACORDO DE NÃO-PERSECUÇÃO PENAL

Art. 18. Nos delitos cometidos sem violência ou grave ameaça à pessoa, não sendo o caso de arquivamento, o Ministério Público poderá propor ao investigado acordo de nãopersecução penal, desde que este confesse formal e detalhadamente a prática do delito e indique eventuais provas de seu cometimento, além de cumprir os seguintes requisitos, de forma cumulativa ou não:

I – reparar o dano ou restituir a coisa à vítima;

II – renunciar voluntariamente a bens e direitos, de modo a gerar resultados práticos equivalentes aos efeitos genéricos da condenação, nos termos e condições estabelecidos pelos arts. 91 e 92 do Código Penal;

III – comunicar ao Ministério Público eventual mudança de endereço, número de telefone ou e-mail;

IV – prestar serviço à comunidade ou a entidades públicas por período correspondente à pena mínima cominada ao delito, diminuída de um a dois terços, em local a ser indicado pelo Ministério Público.

V – pagar prestação pecuniária, a ser estipulada nos termos do art. 45 do Código Penal, a entidade pública ou de interesse social a ser indicada pelo Ministério Público, devendo a prestação ser destinada preferencialmente àquelas entidades que tenham como função proteger bens jurídicos iguais ou semelhantes aos aparentemente lesados pelo delito.

Art. 18. Não sendo o caso de arquivamento, o Ministério Público poderá propor ao investigado acordo de não persecução penal, quando, cominada pena mínima inferior a 4 (quatro) anos e o crime não for cometido com violência ou grave ameaça a pessoa, o investigado tiver confessado formal e circunstanciadamente a sua prática, mediante as seguintes condições, ajustadas cumulativa ou alternativamente:

I – reparar o dano ou restituir a coisa à vítima, salvo impossibilidade de fazê-lo;

II – renunciar voluntariamente a bens e direitos, indicados pelo Ministério Público como instrumentos, produto ou proveito do crime;

III – prestar serviço à comunidade ou a entidades públicas por período correspondente à pena mínima cominada ao delito, diminuída de um a dois terços, em local a ser indicado pelo Ministério Público;

IV – pagar prestação pecuniária, a ser estipulada nos termos do art. 45 do Código Penal, a entidade pública ou de interesse social a ser indicada pelo Ministério Público, devendo a prestação ser destinada preferencialmente àquelas entidades que tenham como função proteger bens jurídicos iguais ou semelhantes aos aparentemente lesados pelo delito;

V – cumprir outra condição estipulada pelo Ministério Público, desde que proporcional e compatível com a infração penal aparentemente praticada.

Caput e incisos I ao V alterados pelo plenário do CNMP em 12/12/2017, aguardando somente sua publicação.

VI – cumprir outra condição estipulada pelo Ministério Público, desde que proporcional e compatível com a infração penal aparentemente praticada.

§ 1º Não se admitirá a proposta nos casos em que:

I – for cabível a transação penal, nos termos da lei;

II – o dano causado for superior a vinte salários-mínimos ou a parâmetro diverso definido pelo respectivo órgão de coordenação;

II – o dano causado for superior a vinte salários-mínimos ou a parâmetro econômico diverso definido pelo respectivo órgão de revisão, nos termos da regulamentação local;

Inciso alterado pelo plenário do CNMP em 12/12/2017, aguardando somente sua publicação.

III – o investigado incorra em alguma das hipóteses previstas no art. 76, § 2º, da Lei nº 9.099/95;

IV – o aguardo para o cumprimento do acordo possa acarretar a prescrição da pretensão punitiva estatal.

V – o delito for hediondo ou equiparado e nos casos de incidência da Lei nº 11.340, de 7 de agosto de 2006;

VI – a celebração do acordo não atender ao que seja necessário e suficiente para a reprovação e prevenção do crime.

Incisos V e VI incluídos pelo plenário do CNMP em 12/12/2017, aguardando somente sua publicação.

§ 2º O acordo será formalizado nos autos, com a qualificação completa do investigado e estipulará de modo claro as suas condições, eventuais valores a serem restituídos e as datas para cumprimento e será firmado pelo membro do Ministério Público, pelo investigado e seu advogado.

§ 3º A confissão detalhada dos fatos e as tratativas do acordo deverão ser registrados pelos meios ou recursos de gravação audiovisual, destinados a obter maior fidelidade das informações.

§ 4º É dever do investigado comprovar mensalmente o cumprimento das condições, independentemente de notificação ou aviso prévio, devendo ele, quando for o caso, por iniciativa própria, apresentar imediatamente e de forma documentada eventual justificativa para o não cumprimento do acordo.

§ 5º O acordo de não-persecução poderá ser celebrado na mesma oportunidade da audiência de custódia.

§ 6º Descumpridas quaisquer das condições estipuladas no acordo ou não comprovando o investigado o seu cumprimento, no prazo e nas condições estabelecidas, o membro do Ministério Público deverá, se for o caso, imediatamente oferecer denúncia.

§ 7º O descumprimento do acordo de não-persecução pelo investigado, também, poderá ser utilizado pelo membro do Ministério Público como justificativa para o eventual não-oferecimento de suspensão condicional do processo.

§ 8º Cumprido integralmente o acordo, o Ministério Público promoverá o arquivamento da investigação, sendo que esse pronunciamento, desde que esteja em conformidade com as leis e com esta Resolução, vinculará toda a Instituição.

§ 2º A confissão detalhada dos fatos e as tratativas do acordo serão registrados pelos meios ou recursos de gravação audiovisual, destinados a obter maior fidelidade das informações, e o investigado deve estar sempre acompanhado de seu defensor.

§ 3º O acordo será formalizado nos autos, com a qualificação completa do investigado e estipulará de modo claro as suas condições, eventuais

valores a serem restituídos e as datas para cumprimento e será firmado pelo membro do Ministério Público, pelo investigado e seu defensor.

§ 4º Realizado o acordo, a vítima será comunicada por qualquer meio idôneo e os autos serão submetidos à apreciação judicial.

§ 5º Se o juiz considerar o acordo cabível e as condições adequadas e suficientes, devolverá os autos ao Ministério Público para sua implementação.

§ 6º Se o juiz considerar incabível o acordo, bem como inadequadas ou insuficientes as condições celebradas, fará remessa dos autos ao procurador-geral ou órgão superior interno responsável por sua apreciação, nos termos da legislação vigente, que poderá adotar as seguintes providências:

I – oferecer denúncia ou designar outro membro para oferecê-la;

II – complementar as investigações ou designar outro membro para complementá-la;

III – reformular a proposta de acordo de não persecução, para apreciação do investigado;

IV – manter o acordo de não persecução, que vinculará toda a Instituição.

§ 7º O acordo de não persecução poderá ser celebrado na mesma oportunidade da audiência de custódia.

§ 8º É dever do investigado comunicar ao Ministério Público eventual mudança de endereço, número de telefone ou e-mail, e comprovar mensalmente o cumprimento das condições, independentemente de notificação ou aviso prévio, devendo ele, quando for o caso, por iniciativa própria, apresentar imediatamente e de forma documentada eventual justificativa para o não cumprimento do acordo.

***** Parágrafos 2º ao 8º alterados pelo plenário do CNMP em 12/12/2017, aguardando somente sua publicação.***

§ 9º Descumpridas quaisquer das condições estipuladas no acordo ou não observados os deveres do parágrafo anterior, no prazo e nas condições estabelecidas, o membro do Ministério Público deverá, se for o caso, imediatamente oferecer denúncia.

§ 10 O descumprimento do acordo de não persecução pelo investigado, também, poderá ser utilizado pelo membro do Ministério Público como justificativa para o eventual não-oferecimento de suspensão condicional do processo.

§ 11 Cumprido integralmente o acordo, o Ministério Público promoverá o arquivamento da investigação, nos termos desta Resolução.

§ 12 As disposições deste Capítulo não se aplicam aos delitos cometidos por militares que afetem a hierarquia e a disciplina.

§ 13 Para aferição da pena mínima cominada ao delito, a que se refere o caput, serão consideradas as causas de aumento e diminuição aplicáveis ao caso concreto.

**** Parágrafos 9º ao 13º incluídos pelo plenário do CNMP em 12/12/2017, aguardando somente sua publicação.***

CAPÍTULO VII
DA CONCLUSÃO E DO ARQUIVAMENTO

Art. 19. Se o membro do Ministério Público responsável pelo procedimento investigatório criminal se convencer da inexistência de fundamento para a propositura de ação penal pública ou constatar o cumprimento do acordo de não-persecução, nos termos do art. 17, promoverá o arquivamento dos autos ou das peças de informação, fazendo-o fundamentadamente.

Parágrafo único. A promoção de arquivamento será apresentada ao juízo competente, nos moldes do art. 28 do Código de Processo Penal, ou ao órgão superior interno responsável por sua apreciação, nos termos da legislação vigente.

Art. 19. Se o membro do Ministério Público responsável pelo procedimento investigatório criminal se convencer da inexistência de fundamento para a propositura de ação penal pública, nos termos do art. 17, promoverá o arquivamento dos autos ou das peças de informação, fazendo-o fundamentadamente.

§ 1º A promoção de arquivamento será apresentada ao juízo competente, *nos moldes do art. 28 do Código de Processo Penal, ou ao órgão superior interno responsável por sua apreciação, nos termos da legislação vigente.*

§ 2º Na hipótese de arquivamento do procedimento investigatório criminal, ou do inquérito policial, quando amparado em acordo de não persecução penal, nos termos do artigo anterior, a promoção de arquivamento será necessariamente apresentada ao juízo competente, nos moldes do art. 28 do Código de Processo Penal.

**** Artigo alterado e parágrafos 1º e 2º incluídos pelo plenário do CNMP em 12/12/2017, aguardando somente sua publicação.***

Art. 20. Se houver notícia da existência de novos elementos de informação, poderá o membro do Ministério Público requerer o desarquivamento dos autos, providenciando-se a comunicação a que se refere o art. 5º desta Resolução.

CAPÍTULO VII
DAS DISPOSIÇÕES FINAIS E TRANSITÓRIAS

Art. 21. No procedimento investigatório criminal serão observados os direitos e as garantias individuais consagrados na Constituição da República Federativa do Brasil, aplicando-se, no que couber, as normas do Código de Processo Penal e a legislação especial pertinente.

Parágrafo único. É direito do defensor, no interesse do representado, ter acesso amplo aos elementos de informação que, já documentados em procedimento investigatório realizado pelo Ministério Público, digam respeito ao exercício do direito de defesa.

Art. 21. No procedimento investigatório criminal serão observados os direitos e as garantias individuais consagrados na Constituição da República Federativa do Brasil, bem como as prerrogativas funcionais do investigado, aplicando-se, no que couber, as normas do Código de Processo Penal e a legislação especial pertinente.

**** Artigo alterado pelo plenário do CNMP em 12/12/2017, aguardando somente sua publicação.***

Art. 22. Os órgãos do Ministério Público deverão promover a adequação dos procedimentos de investigação em curso aos termos da presente Resolução, no prazo de 90 (noventa) dias a partir de sua entrada em vigor.

Art. 23. Esta Resolução entra em vigor na data de sua publicação.

Art. 24. Fica revogada a Resolução CNMP nº 13, de 2 de outubro de 2006.

Brasília-DF, 7 de agosto de 2017.
RODRIGO JANOT MONTEIRO DE BARROS
Presidente do Conselho Nacional do Ministério Público

ENUNCIADOS DO CONSELHO NACIONAL DO MINISTÉRIO PÚBLICO

Enunciado CNMP nº 1, de 6 de fevereiro de 2006

* Alterado pela resolução nº 28 de 26/2008

Interpretação da Resolução 1/2005-CNMP, de 7 de novembro de 2005. Nepotismo.

I. É possível a nomeação de Membro aposentado do Ministério Público para cargo em comissão na Administração Ministerial, consoante o art. 37, § 10, CF, desde que o aposentado não esteja inserido na vedação por parentesco até terceiro grau com Membros da ativa do Ministério Público, constante no artigo 1º da Resolução 1/2005-CNMP.

II. As vedações estabelecidas pelos artigos 1º e 3º da Resolução 1/2005-CNMP não são aplicáveis aos parentes de Membros aposentados ou falecidos do Ministério Público.

III) As vedações estabelecidas pelo artigo 1º da Resolução nº 1/2005 do CNMP não se aplicam aos parentes de servidores efetivos ou não efetivos que atuem no Ministério Público, desde que não ocupem os cargos de direção na Administração Ministerial.

*** Redação alterada pela Res. CNMP 28/2008**

IV. São aplicáveis as vedações dos artigos 1º e 3º da Resolução 1/2005-CNMP, aos servidores oriundos de outros órgãos da Administração Pública direta, ou indireta, que tenham cargo efetivo na Instituição de origem e que se encontrem no exercício de alguma atividade submetida à Administração do Ministério Público que tenham parentesco com Membros do MP.

V. As vedações previstas no artigo 2º da Resolução 1/2005-CNMP, quanto ao impedimento por parentesco superveniente à nomeação ou à designação, aplicam-se aos servidores efetivos do Ministério Público, apenas à nomeação ou designação para servir junto ao Membro do Ministério Público determinante da incompatibilidade, vedada nova nomeação para outro cargo em comissão ou função comissionada.

VI. A vedação do artigo 1º da Resolução 1/2005-CNMP, no caso de impedimento superveniente, não se aplica aos servidores sem vínculo com o Ministério Público, no exercício do cargo em comissão ou da função comissionada.

VII. As vedações da Resolução 1/2005-CNMP são aplicáveis no âmbito de cada Ministério Público Estadual e do Ministério Público da União, e não destes entre si.

VIII. Os convênios gerais de credenciamento do PLAN-ASSISTE com pessoas físicas e jurídicas (médicos, dentistas, clínicas, hospitais etc.) não estão sujeitos às restrições da Resolução 1/2005-CNMP.

IX. As vedações constantes dos arts. 1º e 3º da Resolução 1/CNMP-2005 abrangem o parentesco natural e civil, na linha reta e colateral, até o terceiro grau, inclusive, e o parentesco por afinidade, na linha reta ou colateral, alcançando ainda o parente colateral de terceiro grau, do cônjuge ou companheiro dos Membros do Ministério Público.

X. A interpretação do artigo 3º não pode ser dissociada do artigo 1º, devendo ser aplicado a ambos o disposto no artigo 5º da Resolução 1/2005-CNMP.

XI. Configura-se reciprocidade prevista no artigo 3º da Resolução 1/2005-CNMP a indicação e a nomeação de qualquer das pessoas referidas no artigo 1º, realizada diretamente ou mediante triangulação entre Membro do Ministério Público e outro agente político ou autoridade de órgão da Administração Pública direta ou indireta.

Antonio Fernando Barros e Silva de Souza
Presidente

Enunciado CNMP nº 2, de 3 de julho de 2006.

Conselho Nacional do Ministério Público. Referente ao conceito de atividade jurídica previsto no artigo 129, § 3º, da Constituição Federal, regulado pela Resolução 4/2006.

O Conselho Nacional do Ministério Público, ao editar a Resolução 4/2006, já se pronunciou abstratamente sobre o conceito e comprovação de atividade jurídica de que trata o artigo 129, § 3º, da Constituição Federal, cabendo às comissões de concurso, no âmbito de cada Ministério Público, a análise dos casos concretos.

Antonio Fernando Barros e Silva de Souza
Presidente

Enunciado CNMP nº 3, de 26 de fevereiro de 2007

O Presidente do Conselho Nacional do Ministério Público, no uso de suas atribuições, torna público que o plenário do Conselho, na sessão do dia 26 de fevereiro de 2007, aprovou o ENUNCIADO Nº 03, com a seguinte redação:

Se o objeto do pedido de providências não se encontrar, manifestamente, no rol de atribuições do CNMP, poderá o Relator determinar o seu arquivamento por despacho monocrático, passível de revisão pelo Plenário por simples petição do interessado, dos legitimados nos termos do Regimento Interno ou de algum Conselheiro.

Antonio Fernando Barros e Silva de Souza
Presidente

Enunciado CNMP nº 4, de 4 de fevereiro de 2008

O Presidente do Conselho Nacional do Ministério Público, no uso de suas atribuições, torna público que o plenário do Conselho, na sessão do dia 04 de agosto de 2008, aprovou o ENUNCIADO Nº 04, sobre a interpretação da Resolução CNMP nº 30 e da Resolução CNMP nº 26, com a seguinte redação:

Na comarca em que exista mais de uma zona eleitoral, poderá ser indicado e designado para exercer função eleitoral, de acordo com o art. 1º, da Resolução CNMP nº 30, o membro do Ministério Público que resida na comarca que abranja a respectiva zona eleitoral, devendo-se suspender, na forma do Art. 6º da Resolução CNMP nº 30, as autorizações previstas no Art. 2º da Resolução CNMP nº 26, que implicarem residência em localidade não abrangida pela comarca.

Antonio Fernando Barros e Silva de Souza
Presidente

Enunciado CNMP nº 5, de 3 de novembro de 2008.

O Presidente do Conselho Nacional do Ministério Público, no uso de suas atribuições, torna público que o plenário do Conselho, na sessão do dia 03 de novembro de 2008, aprovou o ENUNCIADO Nº 05, sobre o conhecimento das consultas formuladas ao Conselho Nacional do Ministério Público, com a seguinte redação:

As consultas dirigidas ao Conselho Nacional do Ministério Público devem: a) ter pertinência temática com as finalidades do Conselho; b) ser formuladas em tese, não sendo admitidas consultas emergentes de questões administrativas concretas, decorrentes de interesse individual ou de matérias *sub judice*; c) ser de interesse institucional, não sendo permitidas, também, as consultas de caráter puramente acadêmico; e d) observar os requisitos do artigo 19, inciso XXI e parágrafos do Regimento Interno.

 O Secretário-Geral do Conselho Nacional do Ministério Público determinará o arquivamento de plano das consultas que não preencherem os requisitos do presente enunciado e comunicará as partes da decisão.

Antonio Fernando Barros e Silva de Souza
Presidente

Enunciado CNMP nº 6, de 28 de abril de 2009.

O Presidente do Conselho Nacional do Ministério Público, no uso de suas atribuições, torna público que o Plenário do Conselho, na sessão do dia 28 de abril de 2009, aprovou o ENUNCIADO Nº 06, com a seguinte redação:

Os atos relativos à atividade fim do Ministério Público são insuscetíveis de revisão ou desconstituição pelo Conselho Nacional do Ministério Público. Os atos praticados em sede de inquérito civil público, procedimento preparatório ou procedimento administrativo investigatório dizem respeito à atividade finalística, não podendo ser revistos ou desconstituídos pelo Conselho Nacional do Ministério Público, pois, embora possuam natureza administrativa, não se confundem com aqueles referidos no art. 130-A, §2º, inciso II, CF, os quais se referem à gestão administrativa e financeira da Instituição.

ANTONIO FERNANDO BARROS E SILVA DE SOUZA
Procurador-Geral da República
Presidente do Conselho Nacional do
Ministério Público

Enunciado CNMP nº 08, de 07 de abril de 2014.

O Presidente do Conselho Nacional do Ministério Público, no uso de suas atribuições, torna público que o Plenário do Conselho, na sessão do dia 07 de abril de 2014, aprovou o Enunciado nº 08, com a seguinte redação:

"Não cabe ao Conselho Nacional do Ministério Público o exame de pretensões que ostentem natureza meramente individual, que não ultrapassem o interesse subjetivo das partes envolvidas, mostrando-se desprovidas de repercussão geral para a sociedade ou para o Ministério Público. Pressupõe-se a repercussão geral da demanda que esteja relacionada a função eminentemente institucional do Ministério Público ou que tenha natureza disciplinar dos seus membros. Aplica-se este enunciado somente aos feitos protocolizados neste Conselho após a sua publicação."

Brasília, 07 de abril de 2014.
RODRIGO JANOT MONTEIRO DE BARROS
Presidente do Conselho Nacional do Ministério Público

Enunciado CNMP nº 09, de 12 de abril de 2016.

O **CONSELHO NACIONAL DO MINISTÉRIO PÚBLICO**, no exercício da competência fixada no art. 130-A, § 2º, inciso I, da Constituição Federal e artigo 147, inciso II e seguintes de seu Regimento Interno, em conformidade com a decisão plenária proferida na 7ª Sessão Ordinária, realizada no dia 12 de abril de 2016, nos autos da Proposição nº 1.00222/2015-52;

Considerando que cabe à Comissão de Acompanhamento Legislativo e Jurisprudência o exame, tratamento, aglutinação e, eventualmente, proposição de enunciado;

Considerando que o plenário do CNMP apreciou, em 2013, 06 (seis) PCAs que pretendiam o controle de atos de gestão e administração dos Procuradores-Gerais que não desbordavam os limites da legalidade;

Considerando que o enunciado tem a função de explicitar posicionamento firmado por esse Conselho, RESOLVE:

Art. 1º Propor o seguinte enunciado:

Não compete ao Conselho Nacional do Ministério Público revisar ato de Procurador-Geral, no âmbito de seu dever-poder de gestão e administração de sua unidade ministerial, que não desborde os limites da legalidade, proporcionalidade e moralidade.

Brasília-DF, 12 de abril de 2016.
RODRIGO JANOT MONTEIRO DE BARROS
Presidente do Conselho Nacional do Ministério Público

Enunciado CNMP nº 10, de 12 de abril de 2016.

O **CONSELHO NACIONAL DO MINISTÉRIO PÚBLICO**, no exercício da competência fixada no art. 130-A, §2º, inciso I, da Constituição Federal e artigo 147, inciso II e seguintes de seu Regimento Interno, em conformidade com a decisão plenária proferida na 7ª Sessão Ordinária, realizada no dia 12 de abril de 2016, nos autos da Proposição nº 1.00224/2015-60;

Considerando que cabe à Comissão de Acompanhamento Legislativo e Jurisprudência o exame, tratamento, aglutinação e, eventualmente, proposição de enunciado;

Considerando que apenas no ano de 2013 foram julgados pelo Plenário deste Conselho Nacional do Ministério Público 09 (nove) Procedimentos de Controle Administrativo em que se manejaram Embargos de Declaração de maneira a buscar efeitos infringentes da decisão primária sem que houvesse fato novo, nova oportunidade para apresentar questões já preclusas ou meramente rediscussão de matéria fática;

Considerando que o enunciado tem a função de explicitar posicionamento firmado por esse Conselho, RESOLVE:

Art. 1º Propor o seguinte enunciado: Não são cabíveis embargos de declaração com a simples finalidade de promover a rediscussão do caso, não havendo demonstração de omissão, contradição, obscuridade ou erro material na decisão embargada.

Brasília-DF, 12 de abril de 2016.

RODRIGO JANOT MONTEIRO DE BARROS

Presidente do Conselho Nacional do Ministério Público

Enunciado CNMP nº 11, de 13 de dezembro DE 2016.

*** Vide Resoluções nº 14/2006 e 40/2009**

O **CONSELHO NACIONAL DO MINISTÉRIO PÚBLICO**, no exercício da competência fixada no art. 130-A, § 2º, inciso I, da Constituição Federal e artigo 147, inciso II e seguintes de seu Regimento Interno, torna público que o Plenário, em conformidade com a decisão plenária proferida na 24ª Sessão Ordinária, realizada no dia 13 de dezembro de 2016, nos autos da Proposição n.º 1.00223/2015-06, aprovou enunciado que tem por objeto firmar o entendimento sobre a participação da Ordem dos Advogados do Brasil nos concursos públicos para ingresso na carreira de membro do Ministério Público, com a seguinte redação:

Art. 1º É obrigatória a participação da Ordem dos Advogados do Brasil em todas as fases de concurso para ingresso no Ministério Público, inclusive na apreciação de eventuais recursos apreciados pela respectiva banca, sob pena de nulidade de todas as fases posteriores à comprovada ausência de participação.

Art. 2º O enunciado terá aplicação a partir de sua publicação.

Brasília-DF, 13 de dezembro de 2016.

RODRIGO JANOT MONTEIRO DE BARROS

Presidente do Conselho Nacional do Ministério Público

Enunciado CNMP nº 12, de 31 de janeiro de 2017.

Dispõe sobre a competência do Conselho Nacional do Ministério Público para, no exercício de suas atribuições, afastar a incidência de lei que veicule matéria já declarada inconstitucional pelo Plenário do Supremo Tribunal Federal.

O **CONSELHO NACIONAL DO MINISTÉRIO PÚBLICO**, no exercício da competência fixada no art. 130-A, §2º, inciso I, da Constituição Federal e artigo 147, inciso II e seguintes de seu Regimento Interno, torna público que o Plenário, em conformidade com a decisão plenária proferida na 2ª Sessão Ordinária, realizada no dia 31 de janeiro de 2017, nos autos da Proposição n.º 1.00073/2017-48;

Considerando que o Conselho Nacional do Ministério Público, no exercício de suas atribuições, assim como todos os Poderes da República, deve interpretar a Constituição e tem o dever de assegurar seu cumprimento;

Considerando que o Conselho Nacional do Ministério Público não deve permitir a aplicação, no âmbito do Ministério Público brasileiro, de lei que verifique ser absolutamente contrária à Norma Fundamental e sobre cujo tema o Plenário do Supremo Tribunal Federal já tenha se manifestado pela inconstitucionalidade;

Considerando que o princípio da força normativa da Constituição disciplina, com rigor, que não apenas o Judiciário, mas, também, o Estado-Administração exerce o controle dos seus atos administrativos em conformidade estrita com a Carta Maior;

Considerando que é salutar conferir de forma expressa ao Conselho Nacional do Ministério Público autorização para afastar a aplicação de norma legal quando a matéria nela veiculada colidir com entendimento pacificado do Supremo Tribunal Federal;

Considerando que não se trata de declaração de inconstitucionalidade pelo CNMP, mas do afastamento de norma tida por inconstitucional;

Considerando que a possibilidade de afastamento pelos conselhos nacionais de regras contidas em leis estaduais que disciplinem matéria com teor já reconhecido como inconstitucional pelo Supremo Tribunal Federal tem guarda no próprio Pretório Excelso (MS 26739 e Pet. 4.656), RESOLVE:

Propor Enunciado, com a seguinte redação:

O Conselho Nacional do Ministério Público detém competência para, no exercício de suas atribuições, afastar a incidência de lei que veicule matéria já declarada inconstitucional pelo Plenário do Supremo Tribunal Federal.

Brasília-DF, 31 de janeiro de 2017.

RODRIGO JANOT MONTEIRO DE BARROS

Presidente do Conselho Nacional do Ministério Público

Enunciado CNMP nº 13, de 21 de fevereiro de 2017.

Dispõe sobre a aplicação subsidiária do art. 60, da Lei n.º 8.625/1993, na hipótese de a lei orgânica local não ter previsão de suspensão, até o julgamento definitivo, do exercício funcional de membros do Ministério Público da União ou dos Estados, quando houver impugnação ao seu vitaliciamento.

O **CONSELHO NACIONAL DO MINISTÉRIO PÚBLICO**, no exercício da competência fixada no art. 130-A, §2º, inciso I, da Constituição Federal, e artigo 147, inciso II e seguintes de seu Regimento Interno, torna público que o Plenário, em conformidade com a decisão plenária proferida na 4ª Sessão Ordinária, realizada no dia 21 de fevereiro de 2017, nos autos da Proposição n.º 1.01028/2016-20;

Considerando que a Lei Orgânica Nacional do Ministério Público (Lei n.º 8.625/1993) dispõe sobre normas gerais para organização dos Ministérios Públicos Estaduais e que sua observância é obrigatória (art. 80);

Considerando que a Lei n.º 8.625/1993 reservou às leis orgânicas locais a normatização do procedimento de impugnação ao vitaliciamento do membro do Ministério Público (art. 60, §1º);

Considerando o disposto no art. 60 da Lei n.º 8625/1993, que impõe o afastamento compulsório do membro do Ministério Público até decisão final sobre a sua permanência ou não, inadmitindo-se qualquer discricionariedade quanto à permanência ou não no cargo;

Considerando que ainda há Estados que não têm previsto expressamente o afastamento cautelar do membro do Ministério Público enquanto não houver o julgamento definitivo do procedimento administrativo regular;

Considerando por fim, que o enunciado tem a função de explicitar o posicionamento firmado por esse Conselho, RESOLVE:

Propor enunciado, com a seguinte redação: A disposição constante do artigo 60 da Lei n.º 8.625/1993 é aplicável subsidiariamente aos procedimentos de impugnação de vitaliciamento de membros do Ministério Público da União ou dos Estados quando as respectivas leis orgânicas não prescreverem a suspensão do membro impugnado até o julgamento definitivo quanto à sua permanência no cargo.

Brasília-DF, 21 de fevereiro de 2017.
RODRIGO JANOT MONTEIRO DE BARROS
Presidente do Conselho Nacional do Ministério Público

Enunciado CNMP nº 14, de 13 de junho de 2017.

Dispõe sobre a impossibilidade de revisão de atos praticados pelo Procurador-Geral na função de ordenador de despesas ou de gestão, por parte de qualquer outro órgão interno do respectivo Ministério Público.

O **CONSELHO NACIONAL DO MINISTÉRIO PÚBLICO**, no exercício da competência fixada no art. 130-A, § 2º, inciso I, da Constituição Federal, e arts. 147, inciso II, e seguintes de seu Regimento Interno, torna público que o Plenário, em conformidade com a decisão plenária proferida na 11ª Sessão Ordinária, realizada no dia 13 de junho de 2017, nos autos da Proposição nº 1.00498/2017-57;

Considerando que não é possível admitir que o Colégio de Procuradores de Justiça, o seu respectivo Órgão Especial ou qualquer outro Órgão da Administração Superior do Ministério Público revise atos praticados pelo Procurador-Geral na função de ordenador de despesas ou de gestão;

Considerando que quanto à estrutura subjetiva da competência para a prática dos referidos atos administrativos, está-se, de fato, diante de um ato administrativo simples (e não complexo ou coletivo), em que a vontade da Instituição Ministério Público é produzida pela atuação daquele que detém a titularidade desta competência – na hipótese, o ocupante do Cargo de Procurador-Geral;

Considerando que a conclusão de que atos e/ou decisões relativos à gestão ou execução orçamentária do Ministério Público não são passíveis de revisão ou deliberação por parte de qualquer outro Órgão da Administração Superior do Ministério Público que não o Procurador-Geral de Justiça não significa que se está diante de um ato definitivo, incontestável e insindicável, sendo certo que o controle de legalidade é possível, deferido tanto a este Conselho Nacional do Ministério Público como aos Tribunais de Contas e ao próprio Poder Judiciário, quando desbordem os limites da legalidade, proporcionalidade e moralidade;

Considerando que é função também deste Conselho Nacional reafirmar suas posições anteriores e fazer respeitar os precedentes firmados pelo Plenário deste CNMP, seja como forma de assegurar que o padrão interpretativo estabelecido seja replicado para o futuro, seja para resguardar a segurança jurídica em matérias afetas à gestão do Ministério Público colocadas ao conhecimento deste Conselho Nacional em termos de estabilidade e previsibilidade;

Considerando que este Conselho Nacional do Ministério Público, além do decidido no Procedimento de Controle Administrativo nº 1.00.287/2017-88, quando também do julgamento do Procedimento de Controle Administrativo nº 1.00449/2015-06, do Procedimento de Controle Administrativo nº 0.00.000.000277/2015-27, do Procedimento de Controle Administrativo nº 0.00.000.000143/2015-14, da Reclamação para Preservação da Autonomia nº 1.00024/2015-99 e do Procedimento de Controle Administrativo nº 1.00172/2017-201, acabou por definir o entendimento de que é da competência interna exclusiva (e não passível de revisão via recursal) do Procurador-Geral de Justiça a expedição de atos ou prolatação de decisões administrativas que tenham por objeto questões de execução orçamentária daquele respectivo Ministério Público, RESOLVE:

Editar Enunciado, com a seguinte redação: Atos praticados por Procuradores-Gerais ou por seus delegatários, na função de ordenador de despesas ou de gestão, não podem ser revistos por qualquer órgão colegiado dentro da própria instituição.

Brasília-DF, 13 de junho de 2017.

RODRIGO JANOT MONTEIRO DE BARROS

Presidente do Conselho Nacional do Ministério Público

RECOMENDAÇÃO DO CNMP nº 34, de 5 de abril de 2016.

Dispõe sobre a atuação dos membros do Ministério Público como órgão interveniente no processo civil.

O **CONSELHO NACIONAL DO MINISTÉRIO PÚBLICO**, no exercício da competência fixada no artigo 130-A, §2°, I, da Constituição Federal e com fundamento nos artigos 147 e seguintes do Regimento Interno do Conselho Nacional do Ministério PúblicoRICNMP, nos autos da Proposição n° 0.00.000.001310/2013-74, julgada na 1ª Sessão Extraordinária, realizada em 5 de abril de 2016;

Considerando a necessidade de racionalizar a intervenção do Ministério Público no Processo Civil, notadamente em função da utilidade e efetividade da referida intervenção em benefício dos interesses sociais, coletivos e individuais indisponíveis;

Considerando a necessidade de orientar a atuação ministerial em respeito à evolução institucional do Ministério Público e ao perfil traçado pela Constituição da República, que priorizam a defesa de tais interesses na qualidade de órgão agente;

Considerando a Lei nº 13.105, de 16 de março de 2015 (Novo Código de Processo Civil) e a iterativa jurisprudência dos Tribunais pátrios, inclusive sumuladas, em especial dos Egrégios Supremo Tribunal Federal e Superior Tribunal de Justiça;

Considerando a exclusividade do Ministério Público na identificação do interesse que justifique a intervenção da Instituição na causa, RESOLVE, respeitada a independência funcional dos membros da Instituição, expedir a seguinte RECOMENDAÇÃO, sem caráter vinculativo:

Art. 1º Os órgãos do Ministério Público Brasileiro, no âmbito de sua autonomia administrativa e funcional, devem priorizar:

I – o planejamento das questões institucionais;

II – a avaliação da relevância social dos temas e processos em que atuem; III – a busca da efetividade em suas ações e manifestações;

IV – a limitação da sua atuação em casos sem relevância social para direcioná-la na defesa dos interesses da sociedade.

Art. 2º A identificação do interesse público no processo é juízo exclusivo do membro do Ministério Público, sendo necessária a remessa e indevida a renúncia de vista dos autos.

Art. 3º É prescindível a manifestação, em primeiro grau, acerca da admissibilidade de recurso, ressalvada disposição legal em contrário.

Art. 4º É prescindível a atuação simultânea de mais de um órgão do Ministério Público em ações individuais ou coletivas, propostas ou não por membro da Instituição.

Parágrafo único. Nas ações não propostas pelo Ministério Público em que exista a necessidade de intervenção ministerial, atuará como 'custos legis' o membro do Ministério Público com atribuições especializadas de acordo com o objeto da ação em questão.

Art. 5º Além dos casos que tenham previsão legal específica, destaca-se de relevância social, nos termos do art. 1º, inciso II, os seguintes casos:

I – ações que visem à prática de ato simulado ou à obtenção de fim proibido por lei;

II – normatização de serviços públicos;

III – licitações e contratos administrativos;

IV – ações de improbidade administrativa;

V – os direitos assegurados aos indígenas e às minorias;

VI – licenciamento ambiental e infrações ambientais;

VII – direito econômico e direitos coletivos dos consumidores;

VIII – os direitos dos menores, dos incapazes e dos idosos em situação de vulnerabilidade;

IX – *(Revogado pela Recomendação n° 37, de 13 de junho de 2016)*

X – ações que envolvam acidentes de trabalho, quando o dano tiver projeção coletiva;

XI – ações em que sejam partes pessoas jurídicas de Direito Público, Estados estrangeiros e Organismos Internacionais, nos termos do art.83, inciso XIII, da Lei Complementar nº 75/93, respeitada a normatização interna;

XII – ações em que se discuta a ocorrência de discriminação ou qualquer prática atentatória à dignidade da pessoa humana do trabalhador, quando o dano tiver projeção coletiva;

XIII – ações relativas à representação sindical, na forma do inciso III do artigo 114 da Constituição da República/88; XIV – ações rescisórias de decisões proferidas em ações judiciais nas quais o Ministério Público já tenha atuado como órgão interveniente; Parágrafo único. Os assuntos considerados relevantes pelo planejamento institucional (Art.1º, inciso I) são equiparados aos de relevância social.

Art. 6º As unidades do Ministério Público, respeitada a autonomia administrativa e funcional, devem disciplinar a matéria da intervenção cível, por ato interno, preservada a independência funcional dos membros da Instituição, sem caráter vinculante, nos termos desta Recomendação.

Art. 7º A modificação do quantitativo processual de promotoria ou ofício ministerial, decorrente da adoção da presente Recomendação, implicará a redefinição de suas atribuições, na transformação ou extinção da unidade.

Art. 8º Revoga-se a Recomendação CNMP nº 16, de 28 de abril de 2010.

Brasília-DF, 5 de abril de 2016.
RODRIGO JANOT MONTEIRO DE BARROS
Presidente do Conselho Nacional do Ministério Público

RESOLUÇÃO DO GABINETE DA PROCURADORIA-GERAL DE JUSTIÇA DO MINISTÉRIO PÚBLICO DO RIO DE JANEIRO:

Resolução GPGJ 1.241, de 3 de agosto de 2004.

Expede recomendação, sem caráter normativo, dirigida aos membros do Ministério Público, no que concerne à observância da prerrogativa funcional prevista no art. 82, inciso III, da Lei Complementar 106/2003, no sentido de que o recebimento de intimação em qualquer processo ou procedimento seja pessoal, mediante a entrega dos autos com vista ao membro do Ministério Público com atribuição.

O Procurador-Geral de Justiça, no uso de suas atribuições legais, especialmente as fundadas no art. 10, inciso XII, da Lei 8.625, de 12.02.1993, e art. 11, inciso XVIII, da Lei Complementar Estadual 106, de 03.01.2003,

Considerando as normas contidas no art. 82, inciso III, da Lei Complementar Estadual 106, de 03.01.2003 e no art. 41, inciso IV da Lei 8.625, de 12.02.93 que dispõem que constitui prerrogativa dos membros do Ministério Público, no exercício de suas funções, receber intimação pessoal em qualquer processo ou procedimento, através da entrega dos autos com vista ao órgão de execução com atribuição;

Considerando que as garantias e prerrogativas dos membros do Ministério Público são inerentes ao exercício de suas funções e irrenunciáveis, conforme dispõe o parágrafo único do art. 82 da Lei Complementar Estadual 106, de 03.01.2003;

Considerando que diversos órgãos judiciários tem determinado a intimação dos membros do Ministério Público, através de mandado, sem disponibilizar os autos para manifestação;

Considerando a necessidade de garantir o cumprimento dos prazos processuais, principalmente na hipótese de oferecimento de contra-razões em recursos de agravo de instrumento, pelos órgãos de execução do Ministério Público junto à 1ª Instância;

Considerando que os Procuradores de Justiça tem recebido os processos para Parecer em recursos de Agravo de Instrumento sem a prévia apresentação de contra-razões pelos órgãos de execução com atribuição junto ao 1º Grau de Jurisdição;

Considerando a conveniência, para fins institucionais, de manter uniformização de procedimentos a serem adotados pelos membros do Ministério Público, na hipótese de ser determinada a intimação de Promotor de Justiça, sem a entrega dos autos com vista ao órgão de execução;

Considerando, enfim, que, para tal propósito, se torna adequado expedir recomendação, sem caráter normativo, aos membros do Ministério Público;

Resolve:

Art. 1o Recomendar, sem caráter normativo:

I. Aos membros do Ministério Público que, no exercício de suas funções, zelem pelo cumprimento da prerrogativa de receber intimação pessoal em qualquer processo ou procedimento, através da entrega dos autos com vista ao órgão de execução com atribuição;

II. Aos Procuradores de Justiça que, ao receberem os autos para manifestação em agravos de instrumento, antes de apresentar o Parecer, solicitem aos órgãos judiciários competentes que seja procedida a intimação pessoal do órgão de execução com atribuição para oferecer contra-razões nos recursos.

Art. 2º Esta Resolução entrará em vigor na data de sua publicação, revogadas as disposições em contrário.

Antônio Vicente da Costa Júnior

Procurador-Geral de Justiça

Resolução GPGJ 1.284, de 8 de março de 2005.

Institui o sistema de proteção ao idoso e à pessoa portadora de deficiência no âmbito do Ministério Público, cria órgãos de execução e dá outras providências.

O Procurador-Geral de Justiça do Estado do Rio de Janeiro, no uso de suas atribuições legais;

Considerando que a Constituição da República confere ao Ministério Público a tutela dos interesses transindividuais das pessoas portadoras de deficiência;

Considerando que a Lei Federal 10.741, de 1º de outubro de 2003, ao dispor sobre o Estatuto do Idoso, cometeu ao Ministério Público atribuições judiciais e extrajudiciais, destacadamente a fiscalização em entidades de atendimento e a aplicação de medidas protetivas em prol de pessoa idosa que se encontre em situação de risco;

Considerando que, em função dos novos encargos, impõe-se redistribuir as atribuições dos órgãos de execução do Ministério Público.

Resolve:

Art. 1o Ficam criados na estrutura do Ministério Público do Estado do Rio de Janeiro os seguintes órgãos de execução:

I. a 1ª Promotoria de Justiça de Proteção ao Idoso e à Pessoa Portadora de Deficiência, em correspondência a um dos cargos de Promotor de Justiça criados pelo art. 172 da Lei Complementar Estadual 106, de 3 de janeiro de 2003, com atribuição para a Comarca da Capital;

II. a 2ª Promotoria de Justiça de Proteção ao Idoso e à Pessoa Portadora de Deficiência, por transformação da 7ª Promotoria de Justiça de Substituição Regional junto ao 10º Centro Regional de Apoio Administrativo Institucional, com atribuição para a Comarca da Capital;

III. a 3ª Promotoria de Justiça de Proteção ao Idoso e à Pessoa Portadora de Deficiência, em correspondência ao segundo dos cargos criados pelo art. 172 da Lei Complementar Estadual 106, de 3 de janeiro de 2003, com atribuição para as Comarcas de Niterói, Maricá, Rio Bonito, Silva Jardim, Itaboraí e São Gonçalo, tendo sede na primeira;

IV. a 4ª Promotoria de Justiça de Proteção ao Idoso e à Pessoa Portadora de Deficiência, por transformação da 4ª Promotoria de Justiça de Substituição Regional junto ao 11º Centro Regional de Apoio Administrativo Institucional, com atribuição para as Comarcas de Nova Iguaçu, Belford Roxo, Duque de

Caxias, São João de Meriti, Nilópolis, Queimados e Japeri, tendo sede na primeira.

Art. 2º Às Promotorias de Justiça de Proteção ao Idoso e à Pessoa Portadora de Deficiência incumbe desempenhar as atribuições concernentes às tutelas individual e coletiva dos idosos e à tutela coletiva dos portadores de deficiência, exercendo a defesa dos direitos e garantias constitucionais desses segmentos sociais por meio de medidas administrativas e judiciais, e, em especial:

I. atender as pessoas idosas e as portadoras de deficiência e receber representação ou petição de qualquer pessoa ou entidade, por desrespeito aos direitos assegurados na Constituição da República, na Constituição Estadual e em normas infraconstitucionais;

II. manter intercâmbio com entidades voltadas à promoção da política de bem-estar dos idosos e dos portadores de deficiência;

III. acompanhar as políticas de âmbito nacional, estadual e municipal para a defesa dos direitos do idoso e da pessoa portadora de deficiência;

IV. examinar quaisquer documentos, expedientes, fichas e procedimentos relativos ao idoso e à pessoa portadora de deficiência, resguardado o sigilo, quando for o caso;

V. instaurar procedimentos administrativos ou inquéritos civis, observado o disposto na Resolução 1.066, de 16 de agosto de 2002;

VI. visitar e fiscalizar, periodicamente, os estabelecimentos que prestem serviço a idosos e a pessoas portadoras de deficiência;

VII. aplicar as medidas de proteção ao idoso previstas no art. 45 da Lei Federal 10.741/2003, quando presente qualquer das situações definidas no art. 43 da referida Lei;

VIII. oficiar em prol de direitos individuais indisponíveis de idosos, nos casos em que se verificar qualquer das situações previstas no art. 43 da Lei Federal 10.741/2003, propondo e acompanhando as ações judiciais cabíveis, sem prejuízo da adoção das medidas de caráter extraprocessual necessárias à instrução do feito;

IX. propor e acompanhar ação civil pública para a defesa dos interesses difusos, coletivos ou individuais homogêneos de idosos e de pessoas portadoras de deficiência, podendo fazê-lo separadamente, na esfera de suas atribuições, ou em conjunto com outro órgão de execução, se os interesses em questão assim recomendarem;

X. atuar como fiscal da lei nas ações civis públicas propostas por outros legitimados para a defesa dos interesses do idoso e da pessoa portadora de deficiência, bem como nas ações que lhes forem conexas;

XI. atuar como fiscal da lei nas ações concernentes a direitos individuais indisponíveis propostas por outros legitimados, que tramitem no Juízo especializado em matéria de idoso, desde que ocorrente qualquer das situações previstas no art. 43 da Lei Federal 10.741/2003;

XII. exercer as demais atribuições cometidas ao Ministério Público nas Leis Federais 7.853/89 e 10.741/2003;

XIII. representar à autoridade competente para a adoção de providências que visem a sanar omissões, prevenir ou corrigir irregularidades no tratamento de pessoa idosa ou de pessoa portadora de deficiência, promovendo, ainda, no âmbito de suas atribuições, o efetivo cumprimento das normas concernentes à preservação dos respectivos interesses;

XIV. implementar o aperfeiçoamento dos Conselhos dos Idosos e dos Conselhos das Pessoas Portadoras de Deficiência;

XV. manter contato com os Conselhos dos Idosos e os Conselhos das Pessoas Portadoras de Deficiência e com outras entidades voltadas à promoção da política de bem-estar desses segmentos sociais, com o objetivo de buscar, em conjunto, soluções satisfatórias aos interesses tutelados;

XVI. desempenhar outras atribuições correlatas conferidas por ato normativo próprio.

Art. 3º Incumbe às Promotorias de Justiça Cíveis dos Foros Regionais da Comarca da Capital:

a) receber peças de informação e representações referentes à tutela coletiva de pessoas idosas e de pessoas portadoras de deficiência, bem como as relativas à tutela individual de pessoas idosas que se encontrem em qualquer das situações previstas no art. 43 da Lei Federal 10.741/2003, encaminhando-as às 1ª e 2ª Promotorias de Justiça de Proteção ao Idoso e à Pessoa Portadora de Deficiência, na forma do Art. 3° da Resolução 1.173, de 13 de outubro de 2003;

b) adotar, subsidiariamente, as medidas judiciais ou extrajudiciais urgentes que entenderem necessárias à imediata proteção de pessoa idosa que se encontrar em qualquer das situações previstas no art. 43 da Lei Federal 10.741/2003, dando ciência às 1ª e 2ª Promotorias de Justiça de Proteção ao Idoso e à Pessoa Portadora de Deficiência, no primeiro dia útil subsequente, mediante remessa de cópia dos respectivos expedientes.

Art. 4º Nas Comarcas mencionadas nos incisos III e IV do art. 1º desta Resolução, onde não estiver localizada a sede de Promotoria de Justiça de Proteção ao Idoso e à Pessoa Portadora de Deficiência, incumbe às Promotorias de Justiça Cíveis:

a) receber peças de informação e representações referentes à tutela coletiva de pessoas idosas e de pessoas portadoras de deficiência, encaminhando-as à respectiva Promotoria de Justiça de Proteção ao Idoso e à Pessoa Portadora de Deficiência, na forma do Art. 3° da Resolução 1.173, de 13 de outubro de 2003;

b) exercer, em relação a pessoa idosa que estiver em qualquer das situações previstas no art. 43 da Lei Federal 10.741/2003, as atribuições definidas no Art. 5°, alínea "b", desta Resolução.

Art. 5º Nas Comarcas não compreendidas nos incisos I a IV do art. 1º desta Resolução, incumbe:

a) às Promotorias de Justiça de Tutela Coletiva desempenhar as atribuições concernentes à tutela coletiva do idoso e da pessoa portadora de deficiência, exercendo a defesa dos direitos e garantias constitucionais desses segmentos sociais, por meio de medidas administrativas e judiciais, e especialmente as atribuições mencionadas nos incisos I a VI, IX, X e XII a XVI do artigo 2º, desta Resolução;

b) às Promotorias de Justiça Cíveis exercer, desde que ocorrente qualquer das situações definidas no art. 43 da Lei Federal 10.741/2003, as seguintes atribuições relativas à defesa dos direitos individuais indisponíveis dos idosos:

I. aplicar as medidas de proteção previstas no art. 45 da mesma Lei;

II. propor e acompanhar as ações judiciais cabíveis;

III. atuar como fiscal da lei nas ações propostas por outros legitimados.

Parágrafo único. Nas Comarcas em que não se localizar a sede de Promotoria de Justiça de Tutela Coletiva, incumbe ainda às Promotorias de Justiça Cíveis receber peças de informação e representações referentes à tutela coletiva de pessoas idosas e de portadores de deficiência, encaminhando-as às Promotorias de Justiça de Tutela Coletiva da respectiva Região, na forma do Art. 3° da Resolução 1.173, de 13 de outubro de 2003.

Art. 6º Os órgãos de execução ora criados serão oferecidos à remoção no prazo de 60 (sessenta) dias, a contar da data da publicação da presente Resolução.

Art. 7º Aplicam-se às atribuições definidas nesta Resolução, no que couber, os termos das Resoluções 1.066, de 16 de agosto de 2002, e 1.173, de 13 de outubro de 2003.

Art. 8º Esta Resolução entra em vigor na data de sua publicação, revogadas as disposições em contrário.

Marfan Martins Vieira

Procurador-Geral de Justiça

RESOLUÇÃO GPGJ nº 1.468 DE 04 DE NOVEMBRO DE 2008.

Dispõe sobre as atribuições das Promotorias de Justiça de Investigação Penal.

O **PROCURADOR-GERAL DE JUSTIÇA DO ESTADO DO RIO DE JANEIRO**, no uso de suas atribuições legais,

CONSIDERANDO que o deferimento de medida cautelar constritiva de liberdade não põe fim, necessariamente, o procedimento investigatório;

CONSIDERANDO que é atribuição das Promotorias de Justiça de Investigação Penal o exercício do controle externo da atividade policial, compreendendo todos os atos praticados no curso do procedimento investigatório;

CONSIDERANDO o deliberado pelo Egrégio Órgão Especial do Colégio de Procuradores de Justiça, nas sessões dos dias 02 de março de 2007 e 31 de outubro de 2008,

RESOLVE

Art. 1º – As Promotorias de Justiça de Investigação Penal atuarão privativamente em todas as fases da investigação penal, inclusive nas medidas cautelares, excetuados os inquéritos policiais iniciados por auto de prisão em flagrante.

Art. 2º – Nos crimes de competência do juízo comum, não havendo composição civil ou aceitação da proposta de transação penal que possibilite a extinção da punibilidade, a atribuição para oficiar nos ulteriores termos do procedimento investigatório será da Promotoria de Justiça de Investigação Penal, até o oferecimento da denúncia.

Art. 3º – Em consequência do disposto no artigo 2º, a ciência da decisão de rejeição ou de não-recebimento da denúncia será privativa da Promotoria de Justiça que a ofereceu.

Parágrafo único – A atribuição para interpor recurso da decisão referida no *caput* será exercida, com exclusividade, pelo órgão de execução que ofereceu a denúncia.

Art. 4º – Na medida cautelar de produção antecipada de provas, a atribuição para atuar nos respectivos atos judiciais permanecerá com o órgão de execução que a requereu.

Art. 5º – Esta Resolução entra em vigor na data de sua publicação, somente se aplicando aos processos, inquéritos e procedimentos administrativos instaurados a partir de sua vigência, revogadas as disposições em contrário.

Rio de Janeiro, 04 de novembro de 2008.

Marfan Martins Vieira
Procurador-Geral de Justiça

RESOLUÇÃO GPGJ nº 1.521 DE 30 DE JUNHO DE 2009

Dispõe sobre a prorrogação das atribuições do Promotor de Justiça na hipótese de interposição de recurso em matéria criminal desacompanhada das respectivas razões.

O **PROCURADOR-GERAL DE JUSTIÇA DO ESTADO DO RIO DE JANEIRO**, no uso de suas atribuições legais,

CONSIDERANDO que, nos exatos termos do art. 576 do Código de Processo Penal, é vedado ao Ministério Público desistir do recurso que haja interposto;

CONSIDERANDO ser plenamente factível, à luz do Princípio da Independência Funcional, a existência de entendimentos divergentes entre membros do Ministério Público quanto à mesma base fática;

CONSIDERANDO que, não obstante legítima, a possível dissonância de opiniões entre o membro do Ministério Público que apresente a manifestação recursal e aquele responsável pelo oferecimento das razões recursais termina por afetar a unidade de um ato processual;

CONSIDERANDO não ser incomum que o membro do Ministério Público responsável pela elaboração das razões recursais não seja o mesmo que interpôs o respectivo recurso;

CONSIDERANDO o decidido pelo egrégio Órgão Especial do Colégio de Procuradores de Justiça na sessão realizada em 30 de junho de 2009 (Proc. MPRJ 2007.00096059 e 1999.001.13176.00);

R E S O L V E

Art. 1o – Interposto recurso em matéria criminal, ao Promotor de Justiça que receber os autos para o oferecimento das respectivas razões, caso não encampe a posição antes assumida, incumbe, em 24 horas, promover a comunicação ao responsável pela interposição.

Parágrafo único – O Promotor de Justiça responsável pela interposição do recurso será comunicado por meio de expediente reservado, acompanhado dos fundamentos adotados pelo comunicante, com cópias para o Procurador-Geral de Justiça e para o Corregedor-Geral do Ministério Público.

Art. 2º – Na hipótese do artigo anterior, prorroga-se a atribuição do Promotor de Justiça que subscreveu o recurso, caso tenha sido removido para outro órgão de execução e, na fluência do prazo para o oferecimento das razões, encontre-se no regular exercício de suas funções.

Art. 3º – Não sendo possível a prorrogação referida no Art. 2º, a atribuição se deslocará para o Procurador-Geral de Justiça, que designará integrante de sua assessoria para a apresentação das razões recursais.

Art. 4º – Esta Resolução entra em vigor na data de sua publicação, revogadas as disposições em contrário.

Rio de Janeiro, 30 de junho de 2009.

Cláudio Soares Lopes
Procurador-Geral de Justiça

RESOLUÇÃO GPGJ Nº 1.524 DE 8 DE JULHO DE 2009.

*** Nesta Edição, Res. CNMP 20/2007.**

Disciplina a atuação do Ministério Público do Estado do Rio de Janeiro no controle externo da atividade policial, função constitucional prevista no art. 129, VII, da Constituição da República e no art. 34, XIV, da Lei Complementar Estadual no 106, de 3 de janeiro de 2003.

O **PROCURADOR-GERAL DE JUSTIÇA DO ESTADO DO RIO DE JANEIRO**, no uso de suas atribuições legais,

CONSIDERANDO que o Ministério Público é Instituição permanente, essencial à função jurisdicional do Estado, incumbindo-lhe a defesa da ordem jurídica e dos interesses sociais e individuais indisponíveis, nos termos do art. 127, *caput*, da Constituição da República, e do art. 167, *caput*, da Constituição do Estado do Rio de Janeiro;

CONSIDERANDO que o art. 129, VII, da Constituição da República e o art. 34, XIV, da Lei Complementar nº 106, de 3 de janeiro de 2003 atribuem ao Ministério Público o exercício do controle externo da atividade policial;

CONSIDERANDO a necessidade de padronização de procedimentos das Promotorias de Justiça com atribuição para o exercício do controle externo da atividade policial;

CONSIDERANDO o disposto na Resolução CNMP nº 20, de 28 de maio de 2007, sobretudo diante da regra posta em seu Art. 7º, que prescreve a expedição de atos próprios no âmbito de cada Unidade do Ministério Público Brasileiro; e

CONSIDERANDO, por fim, o teor do parecer lançado pela Assessoria de Assuntos Institucionais nos autos do Prot. MPRJ 2009.00054415, devidamente aprovado pela Subprocuradoria-Geral de Justiça de Atribuição Originária Institucional e Judicial;

R E S O L V E

CAPÍTULO I
DAS DISPOSIÇÕES GERAIS

Art. 1o – O controle externo da atividade policial pelo Ministério Público tem como objetivo a verificação da regularidade, da eficiência e da adequação dos procedimentos desenvolvidos na realização da atividade de polícia judiciária, bem como a integração das funções do Ministério Público e das polícias, voltada para a persecução penal e para o interesse público.

Parágrafo único – Para esse fim, em sua atividade de controle externo, o Ministério Público atentará, especialmente, para:

I – o respeito aos direitos fundamentais assegurados na Constituição da República e na legistação infraconstitucional;

II – a preservação da ordem pública, da incolumidade das pessoas e do patrimônio público;

III – a prevenção da criminalidade;

IV – a finalidade, a celeridade, o aperfeiçoamento e a indisponibilidade da persecução penal;

V – a prevenção ou a correção de irregularidades, ilegalidades ou abuso de poder relacionados à atividade policial;

VI – a busca da superação de falhas na produção da prova, inclusive técnica, para fins de investigação criminal;

VII – a probidade administrativa da atividade policial.

Art. 2º – Estão sujeitos ao controle externo do Ministério Público do Estado do Rio de Janeiro, na forma do art. 129, VII, da Constituição da República, da legislação em vigor e da presente Resolução, os organismos policiais relacionados no art. 144, IV e V, da Constituição da República, bem como as polícias legislativas ou qualquer outro órgão ou instituição, civil ou militar, à qual seja atribuída parcela de poder de polícia, relacionada com a segurança pública e persecução criminal.

§ 1º – Está igualmente sujeita ao controle externo a atividade dos agentes que fiscalizam presos recolhidos em delegacias, cadeias públicas ou quaisquer outros estabelecimentos penais.

§ 2º – O controle externo não abrange a atividade policial de caráter administrativo, em seus aspectos funcionais ou disciplinares, sujeita à fiscalização hierárquica e ao poder correcional por parte dos órgãos e das autoridades do próprio organismo policial.

Art. 3º – Incumbe aos órgãos do Ministério Público, quando do exercício ou do resultado da atividade de controle externo:

I – realizar visitas ordinárias periódicas e, quando necessárias, a qualquer tempo, visitas extraordinárias, em repartições policiais, civis e militares, órgãos de perícia técnica e aquartelamentos militares existentes em sua área de atribuição;

II – examinar, em quaisquer dos órgãos referidos no inciso anterior, autos de inquérito policial, inquérito policial militar, autos de prisão em flagrante ou qualquer outro expediente ou documento de natureza persecutória penal, ainda que conclusos à autoridade, dele podendo extrair cópia ou tomar apontamentos, fiscalizando seu andamento e regularidade;

III – fiscalizar a destinação de armas, valores, substâncias entorpecentes, veículos e objetos apreendidos;

IV – fiscalizar o cumprimento dos mandados de prisão, das requisições e demais medidas determinadas pelo Ministério Público e pelo Poder Judiciário, inclusive no que se refere aos prazos;

V – verificar as cópias dos registros de ocorrência ou sindicâncias que não geraram instauração de inquérito policial e a motivação do despacho da autoridade policial, podendo requisitar a instauração do inquérito, se julgar necessário;

VI – comunicar à autoridade responsável pela repartição ou unidade militar, bem como à respectiva Corregedoria ou autoridade superior, para as devidas providências, no caso de constatação de irregularidades no trato de questões relativas à atividade de investigação penal que importem falta funcional ou disciplinar;

VII – solicitar, se necessário, por intermédio do Procurador-Geral de Justiça, a prestação de auxílio ou colaboração das Corregedorias dos órgãos policiais, para fins de cumprimento do controle externo;

VIII – acompanhar, quando necessário ou solicitado, a condução da investigação policial civil ou militar;

IX – fiscalizar o cumprimento das medidas de quebra de sigilo de comunicações, na forma da lei, inclusive junto ao órgão responsável pela execução da medida;

X – expedir recomendações, visando à melhoria dos serviços policiais, bem como o respeito aos interesses, direitos e bens cuja defesa seja de responsabilidade do Ministério Público, fixando prazo razoável para a adoção das providências cabíveis;

XI – impetrar ordem de *habeas corpus* sempre que constatada a prisão ilegal de qualquer pessoa, ou postular em juízo todas as providências destinadas a restabelecer ou resguardar o direito de liberdade ameaçado ou violado;

XII – verificar a existência de irregularidades ou ofensas à lei quando das inspeções realizadas, adotando as medidas pertinentes para coibi-las, podendo proceder à oitiva de presos ou de pessoas, inclusive servidores públicos;

XIII – provocar, por escrito, o Procurador-Geral de Justiça, para que sugira ao Poder competente a edição de normas e a alteração de legislação em vigor, bem assim a adoção de medidas destinadas à prevenção e ao controle da criminalidade, e ao melhoramento da segurança pública.

§ 1º – Incumbe, ainda, aos órgãos do Ministério Público, havendo fundada necessidade e conveniência, instaurar procedimento investigatório referente a ilícito penal ocorrido no exercício da atividade policial.

§ 2º – O Ministério Público poderá instaurar procedimento administrativo visando a sanar as deficiências ou irregularidades detectadas no exercício do controle externo da atividade policial, bem como apurar as responsabilidades decorrentes do descumprimento injustificado das requisições pertinentes.

Art. 4º – Caso, no exercício de controle externo, seja verificada repercussão na área cível, deverão ser encaminhadas cópias dos documentos e peças disponíveis ao órgão do Ministério Público investido de atribuição para instauração de inquérito civil público ou ajuizamento de ação civil por improbidade administrativa.

Art. 5º – Se, em virtude do controle externo, for oferecida denúncia ou proposta ação civil pública por ato de improbidade contra policial civil ou militar, o órgão do Ministério Público deverá providenciar a extração de peças à autoridade administrativa competente, para as providências cabíveis.

CAPÍTULO II
DAS VISITAS ÀS REPARTIÇÕES POLICIAIS, CIVIS E MILITARES EAOS ÓRGÃOS DE PERÍCIA TÉCNICA

Art. 6º – O membro do Ministério Público com atribuição efetuará visitas periódicas às repartições policiais, civis e militares e aos órgãos de perícia técnica, cabendo-lhe, dentre outras:

I – ter livre ingresso em estabelecimentos ou unidades policiais, civis ou aquartelamentos militares, bem como casas prisionais, cadeias públicas ou quaisquer outros estabelecimentos onde se encontrem pessoas custodiadas, detidas ou presas, a qualquer título, sem prejuízo das atribuições previstas na Lei de Execução Penal, afetas, nos termos do Art. 2° da Resolução GPGJ 1206/2003, às Promotorias de Justiça de Execução Penal;

II – ter acesso a quaisquer documentos, informatizados ou não, relativos à atividade-fim policial civil e militar, incluindo as de polícia técnica desempenhadas por outros órgãos, em especial:

a) ao registro de mandados de prisão;

b) ao registro de fianças;

c) ao registro de armas, valores, substâncias entorpecentes, veículos e outros objetos apreendidos;

d) ao registro de ocorrências policiais, representações de ofendidos e *notitia criminis*;

e) ao registro de inquéritos policiais;

f) ao registro de termos circunstanciados;

g) ao registro de cartas precatórias;

h) ao registro de diligências requisitadas pelo Ministério Público ou pela autoridade judicial;

i) aos registros e guias de encaminhamento de documentos ou objetos à perícia;

j) aos registros de autorizações judiciais para quebra de sigilo fiscal, bancário e de comunicações;

k) aos relatórios e soluções de sindicâncias findas.

III – acompanhar, quando necessário ou solicitado, a condução da investigação policial civil ou militar;

IV – requisitar à autoridade competente a instauração de inquérito policial ou inquérito policial militar sobre omissão ou fato ilícito ocorrido no exercício da atividade policial, ressalvada a hipótese em que os elementos colhidos sejam desde logo suficientes ao ajuizamento de ação penal;

V – requisitar informações, a serem prestadas pela autoridade, acerca de inquérito policial não concluído no prazo legal, bem assim requisitar sua imediata remessa ao Ministério Público, no estado em que se encontre;

VI – receber representação ou petição de qualquer pessoa ou entidade, por desrespeito aos direitos assegurados na Constituição e nas leis relacionado com o exercício da atividade policial;

VII – ter acesso ao preso, em qualquer momento;

VIII – ter acesso a relatórios e laudos periciais, ainda que provisórios, incluindo documentos e objetos sujeitos a perícia, guardando, quanto ao conteúdo de documentos, o sigilo legal ou judicial que lhes sejam atribuídos, ou quando necessário à salvaguarda do procedimento investigatório.

Art. 7º – No prazo de dez dias, a contar da realização da visita, o membro do Ministério Público lavrará a ata ou o relatório respectivo, consignando todas as constatações e ocorrências, bem como eventuais deficiências, irregularidades ou ilegalidades e as medidas requisitadas para saná-las, devendo manter, na Promotoria de Justiça, cópia em arquivo específico.

Parágrafo único – A autoridade diretora ou chefe de repartição policial poderá ser previamente notificada da data ou período da visita, bem como dos procedimentos e ações que serão efetivadas, com vistas a disponibilizar e organizar a documentação a ser averiguada.

CAPÍTULO III
DAS ATRIBUIÇÕES RELATIVAS AO CONTROLE EXTERNO

Art. 8º – O controle externo da atividade policial será exercido:

I – na forma de controle difuso, por todos os membros do Ministério Público com atribuição criminal, quando do exame dos procedimentos cuja apreciação lhes seja submetida;

II – em sede de controle concentrado, mediante visitas periódicas e sempre que necessário, devendo encaminhar-se relatório bimestral das atividades à Procuradoria-Geral da Justiça e à Corregedoria-Geral do Ministério Público:

a) pelas Promotorias de Justiça de Investigação Penal, nos termos do Art. 2º, XV, da Resolução GPGJ nº 786/96 e do Art. 3º, VI, da Resolução GPGJ 447/1991, inclusive no tocante à fiscalização das unidades policiais, casas de custódia e demais estabelecimentos civis que abriguem pessoas detidas em regime de prisão provisória, sediados na sua área de atribuições;

b) pelas Promotorias de Justiça junto à Auditoria Militar, nos termos do art. 1º da

Resolução GPGJ 894/1999, em relação às unidades militares, inclusive quanto aos estabelecimentos prisionais militares de custódia provisória, observada a respectiva área territorial de atribuição.

§ 1º – Os estabelecimentos destinados a presos provisórios deverão ser fiscalizados com periodicidade mínina mensal, nos termos do Art. 2º, parágrafo único, e do art. 68, parágrafo único, ambos da Lei de Execução Penal, com a apresentação de relatório bimestral das atividades à Procuradoria-Geral da Justiça e à Corregedoria-Geral do Ministério Público.

§ 2º – Nas Comarcas onde não houver Promotoria de Justiça de Investigação Penal, a atribuição para fiscalizar os estabelecimentos destinados a presos provisórios caberá à respectiva Promotoria de Justiça Criminal ou, se houver mais de uma, à Promotoria de Justiça com atribuição para funcionar nos inquéritos policiais e demais procedimentos investigatórios.

§ 3º – A autoridade diretora ou chefe de repartição policial poderá ser previamente notificada da data ou período da visita, bem como dos procedimentos e ações que serão efetivadas, com vistas a disponibilizar e organizar a documentação a ser averiguada.

CAPÍTULO IV
DAS DISPOSIÇÕES FINAIS

Art. 9º – Esta Resolução entra em vigor na data de sua publicação, revogadas as disposições em contrário.

Rio de Janeiro, 8 de julho de 2009.
Cláudio Soares Lopes
Procurador-Geral de Justiça

RESOLUÇÃO GPGJ nº 1.531 DE 06 AGOSTO DE 2009.

Dispõe sobre a padronização das atividades exercidas pelos Centros Regionais de Apoio Administrativo e Institucional do Ministério Público do Estado do Rio de Janeiro, e dá outras providências.

O **PROCURADOR-GERAL DE JUSTIÇA DO ESTADO DO RIO DE JANEIRO**, no uso de suas atribuições legais,

CONSIDERANDO a imprescindibilidade das atividades desenvolvidas pelos Centros Regionais de Apoio Administrativo e Institucional na descentralização dos serviços oferecidos pela Procuradoria-Geral de Justiça;

CONSIDERANDO a necessidade de padronização de tais atividades, a fim de uniformizar a atuação do Ministério Público em todo o Estado do Rio de Janeiro,

R E S O L V E

Título I – Da Organização

Capítulo I – Da Coordenação do Centro Regional

Art. 1º – Os Centros Regionais de Apoio Administrativo e Institucional (CRAAIs) constituem uma descentralização administrativa da Procuradoria-Geral de Justiça e têm por objetivo facilitar e agilizar o exercício das funções pelos órgãos administrativos e de execução do Ministério Público do Estado do Rio de Janeiro.

Art. 2º – Cada CRAAI deve contar com um Coordenador, função exclusiva de membro do Ministério Público, um Secretário e uma equipe de servidores designados para o exercício de funções administrativas e junto aos órgãos de execução.

Art. 3º – À Coordenação Regional, dentre outras atribuições, incumbe, em sua área territorial:

I – exercer a supervisão administrativa sobre os servidores, as atividades e os serviços;

II – manter inventário e zelar pela conservação e bom uso do patrimônio à disposição de todos os órgãos administrativos e de execução;

III – realizar a intermediação entre os órgãos administrativos e de execução do CRAAI e entre a Procuradoria-Geral de Justiça e os seus departamentos;

IV – buscar constante comunicação com os membros e servidores do Ministério Público para a otimização dos serviços e das atividades oferecidas;

V – buscar a adequação e o aprimoramento das instalações das sedes do Ministério Público;

 VI – manter atualizado o cadastro de telefones dos membros e servidores.

Art. 4º – Todos os eventos nas instalações do Ministério Público devem ser comunicados previamente e autorizados pela Coordenação Regional.

§ 1º – Na comunicação a que se refere o *caput*, o solicitante deve informar:

a) data e finalidade do evento;

b) previsão de horário de início e término;

c) local onde se pretende realizar o evento;

d) número aproximado de pessoas que devem comparecer ao evento;

e) necessidade de equipamento ou providência especiais;

f) necessidade de permanência de funcionários ou servidores além do horário normal de trabalho.

§ 2º – Caso haja a necessidade de permanência de funcionários ou servidores além do horário normal de serviço, deverá ser compensada a carga horária de trabalho.

Capítulo II – Dos Servidores

Art. 5º – O horário de funcionamento da sede do CRAAI é das 9 às 18horas, salvo em caso de determinação extraordinária do Coordenador Regional.

Art. 6º – São deveres dos servidores:

I – dedicar-se exclusivamente ao Ministério Público, salvo se houver possibilidade legal e compatibilidade para o exercício de outro cargo ou emprego, sempre com a ciência do Coordenador Regional;

II – cumprir a carga horária integralmente;

III – atuar com discrição e empenho;

IV – manter, dentro e fora do ambiente de trabalho, padrão de comportamento moral e ético compatível com o Ministério Público;

V – evitar receber, nas dependências do Ministério Público, pessoas de seu convívio privado, ressalvadas situações urgentes ou excepcionais;

VI – usar de forma racional, econômica e exclusivamente para o fim público, todos os bens e serviços do Ministério Público.

Art. 7º – Os servidores lotados nos órgãos situados na área territorial do CRAAI devem preencher, na primeira quinzena de outubro, formulário fornecido pela Coordenação para indicar, em ordem de preferência, os meses ou períodos nos quais desejam fruir suas férias ou licenças no ano seguinte.

Art. 8º – A escala anual de férias será elaborada pela Coordenação Regional no mês de novembro, para o exercício seguinte, baseada na preferência do servidor e respeitado o critério de antiguidade.

§ 1o – Por antiguidade se entende o tempo de efetivo exercício no Ministério Público, contado da data de admissão ao Quadro Permanente dos Serviços Auxiliares do Ministério Público ou, em caso de servidor extraquadro, da data de cessão do órgão de origem.

§ 2o – O termo inicial da antiguidade do servidor ocupante exclusivamente de cargo em comissão será a data da nomeação.

§ 3o – Em caso de conflito de interesses entre servidores na escolha da escala de férias, a Coordenação deverá adotar, após o primeiro ano, sistema de rodízio.

Art. 9º – A concessão de férias ou licença aos servidores do quadro da Procuradoria-Geral de Justiça e extraquadro deve ser antecedida da concordância da chefia imediata e do Coordenador Regional.

Art. 10 – Sempre que possível, será evitada a coincidência de férias ou licença do Promotor de Justiça e do servidor responsável pelo seu órgão, principalmente nas Comarcas com lotação de um único servidor.

Art. 11 – A Coordenação Regional deve organizar, para os casos de faltas, férias ou licenças, sistema de substituição recíproca dos servidores dos diferentes órgãos do Ministério Público no âmbito do CRAAI, inclusive nas Comarcas onde houver apenas um servidor lotado.

Parágrafo único – A substituição será automática e, preferencialmente e sempre que possível, entre servidores da mesma comarca e sem prejuízo das suas funções no órgão de origem, vedada a fruição concomitante de férias ou licença dos servidores que forem designados para se substituírem reciprocamente.

Art. 12 – Caso não haja voluntários em número suficiente, todos os servidores do quadro da Procuradoria-Geral de Justiça e extraquadro em atuação junto aos órgãos de execução e administrativos vinculados ao CRAAI devem prestar auxílio aos membros do Ministério Público durante o plantão judicial dos finais de semana (sábado e domingo) e feriados, no horário das 11h às 18h.

Parágrafo único – O Coordenador Regional pode, excepcionalmente e mediante justificativa, excluir algum servidor do cumprimento de plantão.

Art. 13 – A Coordenação Regional deve organizar escala mensal para cumprimento de plantão em cada Comarca do CRAAI, segundo o critério objetivo da ordem alfabética dos nomes dos servidores.

§ 1o – A escala será publicada no Diário Oficial e no quadro de avisos do CRAAI, além de informada aos servidores e aos Promotores

§ 2o – Nas Comarcas com lotação de um único servidor, a ele caberá cumprir o respectivo plantão.

Art. 14 – Será admitida a substituição de comum acordo entre os servidores, devendo os interessados manifestar à Coordenação Regional o interesse em fazê-lo com antecedência mínima de 48 horas do dia do plantão.

§ 1o – O servidor designado que estiver impossibilitado de comparecer ao plantão, por razões de saúde ou por outro motivo relevante, deve comunicar à Coordenação Regional para que seja providenciada a sua substituição imediata.

§ 2o – O servidor faltoso será designado para cumprir o plantão do servidor que o substituiu, a título de compensação.

Art. 15 – A falta de prévia comunicação à Coordenação Regional para que se providencie a substituição mencionada no art. 14, bem como a ausência injustificada, serão consideradas faltas graves, devendo ser dada ciência ao Secretário-Geral do Ministério Público, para adoção das medidas funcionais e administrativas pertinentes.

Capítulo III – Da Utilização dos Veículos Oficiais

Art. 16 – Cabe ao Coordenador Regional organizar a utilização dos veículos oficiais para o desempenho das atividades desenvolvidas pelo CRAAI, bem como na condução de membros ou servidores do Ministério Público no exercício de suas atividades funcionais.

Art. 17 – Cabe ao Coordenador Regional conceder a autorização para direção de veículo oficial, desde que o interessado seja portador de Carteira Nacional de Habilitação válida e esteja habilitado junto à Gerência de Transportes da Secretaria-Geral do Ministério Público.

Parágrafo único A pessoa interessada deve solicitar à Coordenação Regional a utilização de veículo oficial, descrevendo a necessidade de motorista, a finalidade e o trajeto previsto, sendo dispensada a solicitação nas atividades desenvolvidas pela Coordenação Regional ou pela Supervisão do GAP.

Art. 18 – Ao condutor de veículo oficial do CRAAI incumbe:

a) zelar pela sua conservação e bom uso;

b) utilizar o veículo de forma econômica e racional, de modo a não danificá-lo ou desgastá-lo em demasia;

c) comunicar à Coordenação Regional eventual causa que impeça a utilização do veículo;

d) comunicar à Coordenação Regional a ocorrência de acidentes, avarias ou defeitos no veículo;

e) comunicar à Coordenação Regional a necessidade de revisão, manutenção do veículo ou substituição de componente do veículo;

f) preencher o Boletim Diário de Transporte.

Art. 19 – O veículo oficial, sua chave, o cartão de abastecimento e os documentos correspondentes à sua utilização devem sempre pernoitar

nas dependências da sede do CRAAI, salvo em hipóteses excepcionais expressamente autorizadas pelo Coordenador.

Parágrafo único – O cartão de abastecimento deve ser usado exclusivamente para os veículos oficiais do CRAAI.

Art. 20 – Para maior racionalização e otimização do tempo e dos recursos materiais e humanos, o responsável pelo veículo deverá organizar os atendimentos e serviços de maneira a realizar no mesmo dia o máximo de tarefas em um só local ou em Comarcas próximas, excepcionados os casos de urgência.

Art. 21 – Cabe à Coordenação do CRAAI, quinzenalmente, encaminhar à Gerência de Transportes da Secretaria-Geral relatório diário dos deslocamentos realizados pelos veículos, descrevendo, de modo sucinto e esclarecedor, os serviços e diligências cumpridos.

Capítulo IV – Do Protocolo

Art. 22 – Na sede de cada CRAAI deve haver sistema de protocolo integrado para recebimento e encaminhamento de ofícios, representações, procedimentos, processos ou documentos dirigidos aos órgãos administrativos ou de execução.

Parágrafo único – O protocolo integrado não impede a possibilidade de utilização dos protocolos específicos dos órgãos de execução.

Capítulo V – Do Almoxarifado

Art. 23 – Cada CRAAI deve dispor de um almoxarifado para armazenamento dos bens de consumo e para repasse e fornecimento aos órgãos correspondentes.

Art. 24 – Ao responsável pelo almoxarifado, dentre outras atribuições, incumbe:

I – manter rígido e constante controle sobre o consumo, as necessidades de reposição e a distribuição de material aos órgãos correspondentes;

II – receber os pedidos de reposição de material dos órgãos administrativos ou de execução do CRAAI e encaminhá-los ao departamento responsável;

III – informar ao Coordenador Regional qualquer problema de fornecimento de material que possa acarretar a ocorrência de desabastecimento.

Parágrafo único – A solicitação de material pelos órgãos de execução ou de administração vinculados ao CRAAI deve ser feita, salvo necessidade emergencial, mensalmente e na semana seguinte à do recebimento, devendo o solicitante observar as reais necessidades, a fim de evitar desabastecimento ou estocagem.

Capítulo VI – Arquivo Regional

Art. 25 – Cada CRAAI poderá dispor de um arquivo regional para os órgãos correspondentes, onde serão armazenados documentos que não são utilizados rotineiramente, mas que devem ser guardados para eventual consulta.

Art. 26 – Os documentos devem ser organizados, na medida do possível, com a indicação do órgão responsável e em ordem cronológica.

Art. 27 – O interessado no arquivamento ou desarquivamento deve solicitar ao Coordenador Regional o deferimento da medida através do preenchimento de formulário próprio de cada CRAAI, com as informações específicas dos documentos ou procedimentos.

Art. 28 – O responsável pelo arquivo regional deve organizar um livro para registro das solicitações de arquivamento e desarquivamento, indicando as informações necessárias ao controle, dentre as quais: data da solicitação, órgão responsável, número dc caixas, cstado dc conservação e localização no arquivo.

Título II – Do Grupo de Apoio Técnico, do Grupo de Apoio aos Promotores e dos Técnicos de Notificação e Intimação

Capítulo I – Da Estrutura e das Atribuições do Grupo de Apoio Técnico (“GATE”)

Art. 29 – Cada CRAAI poderá contar com uma equipe exclusiva de peritos do GATE, que será integrado por profissionais técnicos nas áreas de atuação e interesse do Ministério Público, designados pelo Procurador-Geral de Justiça.

Art. 30 – Ao GATE, dentre outras atribuições, incumbe:

I – elaborar estudo social e psicológico de criança, adolescente, idoso, portador de deficiência ou outras pessoas sujeitas a situações de risco ou de interesse do Ministério Público;

II – elaborar laudos técnicos e periciais;

III – realizar visitas, inspeções e fiscalizações;

IV – prestar integral apoio técnico ao membro do Ministério Público no exercício de suas funções;

V – exercer as tarefas inerentes à respectiva atividade profissional, quando requisitado pelo membro do Ministério Público no exercício de suas funções.

Capítulo II – Da Estrutura e das Atribuições do Grupo de Apoio aos Promotores

Art. 31 – O Grupo de Apoio aos Promotores ("GAP") será composto por servidores civis e militares, integrantes ou não do Quadro de Serviços Auxiliares da Instituição, designados pelo Procurador-Geral de Justiça após indicação da Coordenadoria de Segurança e Inteligência e manifestação do Coordenador Regional.

Parágrafo único – Cada GAP terá um supervisor, devendo a escolha, sempre que possível, seguir os padrões da hierarquia militar.

Art. 32 – Cabe ao Supervisor do GAP orientar os agentes no cumprimento de suas diligências.

§ 1o – O Supervisor do GAP deve solicitar o apoio técnico e operacional ao Coordenador Regional ou à Coordenadoria de Segurança e Inteligência.

§ 2o – O Supervisor do GAP, ou, no caso de urgência, o próprio agente encarregado, poderá solicitar ao Coordenador Regional, ou ao órgão solicitante, uma orientação imediata e específica sobre o conteúdo ou a forma de realização da diligência.

§ 3o – O Supervisor do GAP pode solicitar ao Coordenador Regional a presença de Técnico de Notificação e Intimação, ou outros servidores no cumprimento de diligências.

Art. 33 – Ao GAP, além de outras atividades, incumbe:

I – identificar e localizar pessoas;

II – conduzir e proteger testemunhas, caso seja inconveniente ou impossível o cumprimento da medida pelos órgãos de segurança pública;

III – realizar condução coercitiva;

IV – realizar diligências investigatórias, fiscalizações e inspeções;

V – cumprir mandados de prisão;

VI – cumprir mandados de busca e apreensão, inclusive de adolescentes infratores;

VII – realizar medições sonoras;

VIII – realizar consultas junto a órgãos de inteligência e pesquisa na busca de dados sobre pessoas ou fatos;

IX – criar e manter atualizado banco de dados com as diligências investigatórias já realizadas;

X – acompanhar os membros do Ministério Público e servidores no cumprimento de diligências em áreas ou situações de risco;

XI – prestar apoio à CSI e ao Coordenador Regional nas alterações do quadro de agentes do GAP.

XII – prover a segurança pessoal de membro do Ministério Público em situação de risco decorrente de sua atividade, desde que em virtude de determinação expressa do Coordenador Regional e da CSI.

§ 1o – Em caso de urgência, poderá o Coordenador Regional autorizar a segurança pessoal diretamente, devendo a CSI ser informada assim que possível.

§ 2o – São vedadas aos agentes do GAP a realização direta de oitivas e a colheita de depoimentos formais.

Art. 34 – Os agentes do GAP devem observar, ainda, as seguintes responsabilidades, além daquelas anteriormente já estabelecidas para os servidores:

I – informar ao respectivo supervisor as faltas disciplinares e os comportamentos inapropriados de integrantes do GAP;

II – manter cadastro atualizado de endereços, pessoas diligenciadas e dados em geral, para facilitar futuras diligências e compartilhar informações com os órgãos de execução do Ministério Público, TNAI's e motoristas;

III – executar os procedimentos preventivos para o bom funcionamento e conservação das viaturas e dos demais equipamentos;

IV – preencher o Boletim Diário de Transporte (BDT);

V – avisar ao Supervisor do GAP, em tempo hábil, a previsão do término da cota de combustível.

VI – informar ao respectivo Coordenador sobre as atuações, demandas e ocorrências extraordinárias do GAP.

Capítulo III – Das Atribuições dos Técnicos de Notificação e Intimação

Art. 35 – Os Técnicos de Notificação e Intimação serão designados pelo Procurador-Geral de Justiça para atuação na área de abrangência de cada CRAAI.

Art. 36 – O TNAI deve cumprir as diligências mediante a utilização de seus próprios meios de locomoção.

Parágrafo único – O Coordenador Regional pode, excepcionalmente, autorizar a utilização de veículo oficial, considerando fatores como localização, distância, oportunidade do deslocamento e urgência.

Art. 37 – Aos Técnicos de Notificação e Intimação, dentre outras atribuições, incumbe:

I – realizar notificações, intimações e conduções;

II – expedir certidões;

III – cumprir ordens de entrega ou arrecadação de material;

IV – cumprir ordens de verificação que tenham por objetivo pesquisar ou detalhar endereços e constatar fatos relevantes, desde que, para tanto, não seja necessário o emprego de técnicas de investigação e inteligência;

V – entregar ofícios ou outros expedientes, observado o disposto no art. 38.

Art. 38 – Os encaminhamentos e as entregas das notificações, ofícios ou outros expedientes do Ministério Público devem, sempre que for mais conveniente, ser realizados pelo sistema postal.

Parágrafo único – Cabe aos Técnicos de Notificação e Intimação a realização do serviço a que se refere o *caput*, pessoalmente, sem prejuízo de outras hipóteses que forem justificadamente solicitadas pelo Promotor de Justiça ou determinadas pelo Coordenador Regional, quando:

I – houver grande número de expedientes destinados a um mesmo órgão público;

II – houver determinação do Promotor de Justiça de que a cópia do documento receba número de protocolo do órgão de destino;

III – os expedientes tiverem volume e/ou peso superior ao permitido pela empresa de Correios;

IV – forem destinados a localidades não abrangidas pelo serviço postal;

V – já houver tentativa frustrada de envio por via postal ou pelo sistema de protocolo;

VI – houver insuficiência de dados de endereçamento, que justifique sua entrega pessoal;

VII – houver situação de urgência ou quando a natureza da diligência o exigir;

VIII – os documentos enviados contiverem informações sigilosas.

Capítulo IV – Da Organização das Atividades

Art. 39 – Cabe ao Coordenador Regional a supervisão administrativa do GATE, do GAP e dos TNAI's.

Parágrafo único – O Coordenador Regional pode, conforme o interesse institucional, dispensar os integrantes do GATE, do GAP e os TNAI's do cumprimento do horário de expediente normal de trabalho ou determinar a realização de expediente no horário noturno ou fora dos dias úteis.

Art. 40 – Cabe ao Coordenador Regional determinar cronograma de plantão para cumprimento de diligências especiais, urgentes ou em atraso.

Art. 41 – A organização, divisão e distribuição interna dos serviços entre os integrantes do GATE, do GAP e os TNAI's devem obedecer a critérios de prazo, localização das diligências e urgência.

Parágrafo único – As diligências serão efetuadas segundo a ordem cronológica dos pedidos; na eventualidade de pedidos urgentes ou de solicitações simultâneas, a Coordenação Regional deve definir a prioridade no cumprimento das tarefas, podendo ser ouvidos os interessados.

Art. 42 – O Promotor de Justiça solicitante deve encaminhar a solicitação dirigida ao GATE, ao GAP ou aos TNAI's à Coordenação Regional correspondente ao local da diligência.

§ 1o – As solicitações oriundas de órgãos localizados em Comarcas não abrangidas pelo Centro Regional devem, preferencialmente, ser enviadas por meio de transporte oficial da Coordenação de origem ou por malote.

§ 2o – Em caso de urgência, a solicitação pode ser encaminhada diretamente à Secretaria da Coordenação Regional por e-mail ou fax-símile, com posterior envio do original.

Art. 43 – Incumbem ao GATE, ao GAP e aos TNAI's o cumprimento das diligências na área territorial do CRAAI a que estiverem vinculados.

Parágrafo único – O Coordenador Regional deve encaminhar ao CRAAI responsável a diligência recebida que não seja de sua atribuição ou, excepcionalmente, admitir o seu cumprimento.

Art. 44 – Na solicitação de diligência, o Promotor de Justiça indicará prazo apenas para o cumprimento das diligências emergenciais, justificando o seu pedido.

§ 1º – Cabe à Secretaria da Coordenação Regional ou à Supervisão do GAP comunicar à Secretaria do órgão de execução solicitante a impossibilidade de cumprimento da diligência dentro do prazo emergencial assinalado e solicitar a dilação do prazo.

§ 2º – Caso não seja possível a pronta análise do pedido de dilação, cabe ao Coordenador Regional determinar o prazo de cumprimento da diligência.

Art. 45 – Considera-se integralmente cumprida a diligência com a entrega no órgão solicitante do relatório correspondente ou da certidão negativa, caso não tenha sido possível cumpri-la.

Art. 46 – A Secretaria da Coordenação Regional, a Supervisão do GAP, os peritos do GATE e os TNAI's devem anotar em Livro próprio de controle as informações pertinentes às suas rotinas, como a data de recebimento da solicitação; o prazo eventualmente indicado; as datas do encaminhamento ao responsável pelo cumprimento, da realização da diligência, da devolução e do recebimento da certidão ou do relatório; do parecer técnico ou da certidão negativa; e a data do encaminhamento do expediente ao órgão solicitante.

Art. 47 – O resultado da diligência será informado por meio de relatório claro, informativo, abrangente e digitado, ou, em hipóteses excepcionais, em manuscrito legível, no qual constem todos os atos praticados para o seu cumprimento e as conclusões.

Parágrafo único – O relatório deve acompanhar a cópia do expediente, que será devolvida ao órgão solicitante.

Art. 48 – A devolução do resultado da diligência à Secretaria do órgão solicitante será de responsabilidade da Secretaria da Coordenação Regional.

Parágrafo único – Os expedientes oriundos de órgãos localizados em Comarcas não abrangidas pelo Centro Regional devem, preferencialmente, ser entregues por meio de transporte oficial da Coordenação.

Art. 49 – Nos casos de urgência, ou quando, por algum motivo, não for possível a devolução do expediente antes da data sugerida para o ato, a Secretaria da Coordenação Regional deve comunicar ao órgão solicitante o resultado da diligência.

Capítulo V – Do Cumprimento da Diligência

Art. 50 – A solicitação de diligência deve, sempre que possível:

I – especificar os aspectos relevantes a serem abordados nas diligências e a forma mais conveniente para a sua realização;

II – seguir acompanhada das peças e informações necessárias à sua instrução, ou conter o máximo de informações relevantes para o seu cumprimento, tais como dados qualificativos da pessoa física ou jurídica, possíveis apelidos e características, endereço completo, telefone de contato, referência de localização do endereço.

§ 1o – Em caso de assunto sigiloso, o órgão solicitante poderá fazer descrição sumária e superficial do fato.

§ 2o – No ofício de solicitação deverá ser necessariamente indicado o número do procedimento ou processo correspondente.

§ 3o – A Secretaria da Coordenação Regional ou a Supervisão do GAP devem instaurar um procedimento administrativo interno para anexar os procedimentos recebidos sem uma numeração específica dos órgãos solicitantes.

Art. 51 – As diligências externas devem ser cumpridas no horário legal ou, em caso de impossibilidade e diante de indicação do órgão solicitante, em dias e horários alternativos.

Parágrafo único – As diligências internas devem ser cumpridas no horário de funcionamento do CRAAI.

Art. 52 – Cabe aos integrantes do GATE e aos TNAI's, em caso de necessidade decorrente de situação de risco no cumprimento de diligências externas:

I – verificar a possibilidade de cumprir a diligência em outros endereços do destinatário;

II – estabelecer contato com o destinatário, seu representante ou pessoa responsável, a fim de marcar local, dia e hora para cumprimento da diligência;

III – solicitar ao Coordenador Regional a participação do GAP no cumprimento da diligência ou, emergencialmente, o apoio policial.

Parágrafo único – Cabe aos integrantes do GAP, além das providências descritas nos incisos I e II, solicitar o apoio da CSI ou policial para a realização de diligências especiais ou de risco extraordinário.

Art. 53 – Cabe aos integrantes do GATE e do GAP e aos TNAI's, em caso de impossibilidade de cumprimento da diligência, a realização das seguintes providências, desde que indicadas ao caso concreto:

I – retornar ao local em outros dias e horários distintos, desde que aconselhável para o sucesso da diligência, e certificar todas as tentativas;

II – consultar a vizinhança sobre o melhor dia e horário para encontrar o notificando ou, em caso de mudança de endereço, angariar elementos que permitam sua localização;

III – marcar dia e horário para o cumprimento da diligência e comunicar o seu retorno, por meio de formulário próprio, a parentes, vizinhos ou colegas de trabalho do notificando;

IV – deixar a notificação com terceiro responsável, que lançará sua assinatura e identificação na cópia, e lavrar certidão sobre o ocorrido, devendo retornar ao local posteriormente a fim de recolher a cópia do expediente com a assinatura de recebimento do destinatário;

V – solicitar a contribuição de terceiro responsável, caso seja possível cumprir a diligência sem a participação da pessoa indicada;

VI – buscar outras informações em bancos de dados, diferentes das fornecidas na solicitação da diligência.

Art. 54 – Cabe aos integrantes do GAP e aos TNAI's, ao cumprirem as diligências:

I – solicitar a assinatura do destinatário na cópia, bem como a indicação do RG, CPF e/ou matrícula e um número de telefone de contato e, em caso de recusa pelo destinatário de lançar sua assinatura na cópia do expediente ou de informar os dados mencionados, registrar o ocorrido em certidão ou relatório;

II – prestar os esclarecimentos necessários para que o destinatário compareça ao local indicado ou preste as informações solicitadas.

Art. 55 – Se o destinatário da diligência não souber assinar o nome, deve o integrante do GAP ou o TNAI, após prestar os devidos esclarecimentos, recorrer a terceira pessoa, que lançará sua assinatura e dados na cópia, como testemunha, caso possível.

Art. 56 – Devem os integrantes do GATE e do GAP e os TNAI's, em caso de dúvida no cumprimento da diligência, buscar orientação com o Coordenador Regional ou junto ao órgão solicitante antes de devolver o expediente com a certidão ou o relatório de impossibilidade de cumprimento.

Título V – Das Disposições Finais

Art. 57 – Cabe ao Coordenador Regional resolver os casos omissos e editar atos normativos internos para disciplinar as rotinas administrativas específicas de cada CRAAI.

Art. 58 – Esta Resolução não se aplica ao CRAAI Rio de Janeiro quando conflitar com suas regras específicas.

Art. 59 – Esta Resolução entra em vigor na data da sua publicação, revogadas as disposições em contrário.

Rio de Janeiro, 06 de agosto de 2009.

Cláudio Soares Lopes

Procurador-Geral de Justiça

RESOLUÇÃO GPGJ nº 1.637 DE 04 DE FEVEREIRO DE 2011.

Disciplina a atuação do Ministério Público do Estado do Rio de Janeiro no exercício das fiscalizações dos estabelecimentos penais.

O **PROCURADOR-GERAL DE JUSTIÇA DO ESTADO DO RIO DE JANEIRO**, no uso de suas atribuições legais,

CONSIDERANDO que o Ministério Público é Instituição permanente, essencial à função jurisdicional do Estado, incumbindo-lhe a defesa da ordem jurídica e dos interesses sociais e individuais indisponíveis, nos termos do art. 127, *caput*, da Constituição da República, e do art. 167, *caput*, da Constituição do Estado do Rio de Janeiro;

CONSIDERANDO o disposto no art. 68, parágrafo único, da Lei de Execuções Penais, que determina a obrigatoriedade das fiscalizações mensais dos estabelecimentos penais, por órgão do Ministério Público;

CONSIDERANDO os termos da Resolução nº 56, de 22 de junho de 2010, do Conselho Nacional do Ministério Público;

CONSIDERANDO a necessidade de padronização de procedimentos de fiscalização dos estabelecimentos penais;

CONSIDERANDO a necessidade de fixar-se uma rotina administrativa a disciplinar a matéria; e

CONSIDERANDO, por fim, o que consta nos autos do Proc. MPRJ nº 201000123918,

R E S O L V E

CAPÍTULO I
DAS DISPOSIÇÕES GERAIS

Art. 1o – A fiscalização pelo Ministério Público tem como objetivo a verificação das condições das estruturas e serviços dos estabelecimentos prisionais, de forma a assegurar a observância dos direitos fundamentais da pessoa presa ou submetida à medida de segurança.

Art. 2º – Nos termos do Art. 8º, II, *a*, da Resolução GPGJ nº 1.524/09, do Art. 2º, XV, da Resolução GPGJ nº 786/96 e do Art. 3º, VI, da Resolução GPGJ 447/1991, é atribuição das Promotorias de Justiça de Investigação Penal e, onde não houver, das Promotorias de Justiça Criminais, a fiscalização das cadeias públicas, dependências da Polinter e estabelecimentos congêneres, destinados ao aprisionamento dos presos provisórios.

Art. 3º – Nos termos do art. 1º da Resolução GPGJ nº 894/99, é atribuição das Promotorias de Justiça junto à Auditoria Militar a fiscalização dos estabelecimentos penais destinados ao aprisionamento dos presos militares.

Art. 4º – Nos termos do Art. 2º da Resolução GPGJ nº 1.206/03, é atribuição das Promotorias de Execução Penal a fiscalização dos estabelecimentos penais destinados ao cumprimento definitivo de penas e medidas de segurança.

CAPÍTULO II
DAS VISITAS AOS ESTABELECIMENTOS PENAIS

Art. 5º – As visitas aos estabelecimentos penais, por questões de segurança, deverão ser realizadas por membros do Ministério Público com o apoio de agentes da Coordenadoria de Segurança e Inteligência.

Parágrafo único – Caso seja necessária a utilização de contingente maior, em decorrência de situações excepcionais, deverá ser cientificado o Coordenador de Segurança e Inteligência para o reforço da equipe de escolta de segurança.

Art. 6º – Os membros do Ministério Público deverão registrar a visita na unidade prisional em livro próprio, de acordo com o art. 68, parágrafo único, da Lei de Execuções Penais.

Art. 7º – Nas atividades de visita, os membros do Ministério Público deverão observar os termos dos relatórios mensais e anuais, previstos no Art. 2º da Resolução nº 56/2010 do Conselho Nacional do Ministério Público.

§ 1º – O relatório anual será preenchido no mês de janeiro de cada ano, devendo ser minucioso sobre as condições do estabelecimento, verificadas nas visitas mensais, conforme modelo concebido pelo Conselho Nacional do Ministério Público.

§ 2º – O relatório mensal deverá indicar as alterações, inclusões e exclusões, procedidas no estabelecimento penal desde a última visita realizada, devendo constar, em especial, as iniciativas adotadas por membro do Ministério Público.

§ 3º – O relatório de fiscalização deverá ser enviado à Corregedoria-Geral do Ministério Público até o quinto dia do mês seguinte ao da fiscalização, devendo indicar as providências tomadas para o adequado funcionamento do estabelecimento penal, sejam judiciais ou administrativas.

CAPÍTULO III
DOS ÓRGÃOS DE APOIO

Art. 8º – É atribuição do 8º Centro de Apoio Operacional, com a colaboração da Coordenadoria de Segurança e Inteligência, realizar o planejamento anual das fiscalizações aos estabelecimentos penais, dando ciência aos órgãos de execução envolvidos até o dia 1º de dezembro do ano anterior ao período a ser regulamentado.

§ 1º – O 8º Centro de Apoio Operacional deverá remeter à Coordenadoria de Segurança e Inteligência o calendário anual das fiscalizações para a preparação da logística de apoio.

§ 2º – Será admitida a posterior mudança de data da fiscalização, no calendário anual, pelo Promotor de Justiça interessado, desde que informado ao 8º Centro de Apoio Operacional com o prazo mínimo de 5 dias úteis; o agendamento de nova data dependerá da disponibilidade dos agentes da Coordenadoria de Segurança e Inteligência para proceder à atividade de escolta.

§ 3º – O prazo do § 2º não se aplicará na hipótese da necessidade de visita extraordinária, em decorrência de notícias de violação a direitos fundamentais dos presos ou de irregularidades no funcionamento dos estabelecimentos penais; neste caso, o Promotor de Justiça deverá informar ao 8º Centro de Apoio Operacional para que proceda ao agendamento da diligência junto à Coordenadoria de Segurança e Inteligência.

§ 4º – Em até 24 horas anteriores à data agendada para a visita, deverá o 8º Centro de Apoio Operacional encaminhar ao Promotor de Justiça responsável o relatório de inteligência, que conterá as informações sobre as condições de segurança do estabelecimento prisional a ser visitado e outras informações solicitadas pelo membro do Ministério Público.

Art. 9º – É atribuição da Coordenadoria de Segurança e Inteligência, no que se refere às atividades de visitas dos estabelecimentos penais:

§ 1º – Elaborar o relatório de inteligência (*relint),* contendo as informações de segurança do estabelecimento penal a ser fiscalizado e outras informações solicitadas pelo Promotor de Justiça.

§ 2º – Disponibilizar equipe especializada, composta, por no mínimo, dois agentes, para a realização do serviço de escolta dos membros do Ministério Público.

Art. 10º – Esta Resolução entra em vigor na data de sua publicação, revogadas as disposições em contrário.

Rio de Janeiro, 4 de fevereiro de 2011.

Cláudio Soares Lopes
Procurador-Geral de Justiça

RESOLUÇÃO GPGJ Nº 1.639 DE 11 DE FEVEREIRO DE 2011.

Dispõe sobre a distribuição de processos aos membros do Ministério Público em exercício no segundo grau de jurisdição.

O **PROCURADOR-GERAL DE JUSTIÇA DO ESTADO DO RIO DE JANEIRO**, no uso de suas atribuições legais,

CONSIDERANDO que o Tribunal de Justiça do Estado do Rio de Janeiro, nos termos da Resolução TJ/OE 16/2009 e em razão do disposto na Lei nº 11.419, de 19 de dezembro de 2.006 e na Resolução CNJ nº 99/2009, está implementando o processo eletrônico na segunda instância;

CONSIDERANDO a necessidade de o Ministério Público adequar-se à tramitação dos processos judiciais em meio eletrônico;

CONSIDERANDO, ainda, a necessidade de aperfeiçoar o sistema de distribuição e encaminhamento dos processos judiciais físicos e eletrônicos aos Procuradores de Justiça;

CONSIDERANDO o deliberado pelo Egrégio Órgão Especial do Colégio de Procuradores de Justiça na sessão de 9 de fevereiro de 2011; e

CONSIDERANDO, por fim, o que consta nos autos do Procedimento MPRJ nº 2011.00118205,

R E S O L V E

Art. 1º – Os processos oriundos do Tribunal de Justiça, com ingresso nos setores de apoio administrativo vinculados ao 1º Centro de Apoio Operacional das Procuradorias de Justiça no período compreendido entre o primeiro e o último dia de cada mês, serão distribuídos e encaminhados aos Procuradores de Justiça que estiverem em exercício nos correspondentes órgãos de execução na vigência do respectivo mês.

Art. 2º – Para fins de controle interno no âmbito administrativo e fixação de atribuição, considerar-se-á dirigida a intimação ao Procurador de Justiça que estiver em exercício no correspondente órgão de execução para o qual for distribuído o processo no último dia do mês.

Art. 3º – Nos casos de aposentadoria voluntária, o Procurador de Justiça requerente oficiará nos processos que tiverem ingressado nos órgãos de apoio administrativo vinculados ao 1º Centro de Apoio Operacional até o último dia do mês, em cujo término providenciará a certidão de que trata o item 5 da Resolução nº 503, de 31.7.92, ou firmará declaração no mesmo sentido, a ser juntada ao processo administrativo da aposentadoria antes da lavratura do respectivo ato.

Art. 4º – Incumbirá à Corregedoria-Geral do Ministério Público resolver os casos omissos.

Art. 5º – Esta Resolução entra em vigor na data de sua publicação, produzindo, na área criminal, efeitos imediatos e, na área cível, a partir de 1º de junho de 2011, revogadas as disposições em contrário, em especial a Resolução GPGJ nº 636, de 19 de dezembro de 1994.

Rio de Janeiro, 11 de fevereiro de 2011

Cláudio Soares Lopes
Procurador-Geral de Justiça

RESOLUÇÃO GPGJ nº 1.654 DE 26 DE ABRIL DE 2011.

Regulamenta o funcionamento da Ouvidoria-Geral do Ministério Público do Estado do Rio de Janeiro.

*** Nesta Edição, Res. CNMP 95/2013.**

O **PROCURADOR-GERAL DE JUSTIÇA DO ESTADO DO RIO DE JANEIRO**, no uso de suas atribuições legais,

CONSIDERANDO que à Ouvidoria-Geral do Ministério Público incumbe ouvir, orientar e encaminhar qualquer pessoa que procure o Ministério Público, em busca de sua atuação e proteção institucional, facilitando o acesso aos órgãos do *Parquet;*

CONSIDERANDO a necessidade de regulamentar o funcionamento e as atividades da Ouvidoria-Geral do Ministério Público;

CONSIDERANDO a necessidade de facilitar o acesso do cidadão aos serviços prestados pelo Ministério Público por meio de canal específico para a apresentação de sugestões, reclamações, representações, denúncias, críticas, elogios, obtenção de informações e acompanhamento das ações desenvolvidas pela Instituição;

CONSIDERANDO que constitui dever funcional dos membros do Ministério Público adotar as providências cabíveis a respeito de notícias que cheguem ao seu conhecimento por meio da Ouvidoria-Geral do Ministério Público; e

CONSIDERANDO, por fim, o que consta nos Processos MPRJ nº 2008.00071235 e 2008.00052980,

R E S O L V E

Art. 1o – Compete à Ouvidoria:

I – receber, examinar e encaminhar representações, reclamações, críticas, apreciações, comentários, elogios, pedidos de informações e sugestões sobre as atividades desenvolvidas pelo Ministério Público;

II – representar, à vista de graves indícios de ocorrências dos fatos noticiados, aos órgãos da Administração Superior do Ministério Público, a fim de que adotem as providências cabíveis, e, se for o caso, encaminhar ao Conselho Nacional do Ministério Público, nas hipóteses de sua competência;

III – divulgar, permanentemente, seu papel institucional à sociedade;

IV – elaborar e dirigir ao Procurador-Geral de Justiça relatório bimestral consolidado das representações, reclamações, críticas, apreciações, comentários, elogios, pedidos de informações e sugestões recebidas, bem como os seus encaminhamentos;

V – manter intercâmbio e celebrar convênio com entidade pública ou privada que exerça atividades similares, com vista à consecução dos seus objetivos;

VI – dar conhecimento ao Procurador-Geral de Justiça, ao Corregedor-Geral do Ministério Público ou ao Conselho Nacional do Ministério Público, sempre que solicitado, das denúncias, reclamações e representações recebidas.

Art. 2º – As reivindicações dirigidas à Ouvidoria são denominadas "notícias", não possuindo limitação temática, podendo o Ouvidor arquivá-las de plano, declinando sucintamente as razões e cientificando os interessados sobre aquelas cujo conteúdo não traduza irregularidade imputável a membro ou servidor do Ministério Público, não tenha relação com as funções ou atividades por eles desenvolvidas ou reclame providências incompatíveis com as possibilidades legais da Ouvidoria.

Parágrafo único – As notícias poderão ser registradas sem necessidade de identificação de seu autor.

Art. 3º – Os interessados poderão comunicar-se com a Ouvidoria:

I – pessoalmente, registrando-se a notícia no sistema da Ouvidoria, ou por petição reduzida a termo pelo noticiante, facultada a juntada de documentos, hipótese em que a notícia será protocolizada na Gerência de Comunicação para tramitação pelo sistema MGP;

II – por fac-símile ou via postal, tramitando, neste caso, pelo sistema MGP;

III – por via telefônica, registrando-se o teor da notícia no sistema da Ouvidoria, hipótese em que, para efeito de registro, o conteúdo da conversação poderá ser gravado;

IV – mediante uso de formulário eletrônico próprio da Ouvidoria, disponibilizado no sítio oficial do Ministério Público na internet.

Art. 4º – Ao receber a notícia, por qualquer meio, o servidor encarregado deverá registrá-la no Sistema de Gestão da Ouvidoria ou no sistema MGP, fornecendo ao noticiante o número do protocolo, para o acompanhamento do respectivo trâmite.

§ 1º – Se constatados, em notícia anônima fatos graves imputados a membro ou a servidor, ainda que desacompanhada de documentos, o registro poderá ser encaminhado ao Corregedor-Geral, ao Procurador-Geral de Justiça ou ao Secretário-Geral, conforme o caso.

§ 2º – Nas hipóteses excepcionais em que não for utilizado o sistema informatizado da Ouvidoria, o número do protocolo do sistema MGP somente poderá ser disponibilizado após a autuação da notícia.

§ 3º – Não sendo utilizado o formulário eletrônico da Ouvidoria, as notícias, antes de se submeterem ao trâmite referido neste artigo, serão lançadas, a partir de seus dados e informações essenciais, no sistema informatizado MGP, para fins de registro e tramitação.

§ 4º – Notícias enviadas por fac-símile ou via postal serão registradas no sistema MGP, observando-se, na sequência, o disposto no § 3º.

§ 5º – Nas hipóteses dos §§ 3º e 4º, o interessado deverá ser informado, para fins de acompanhamento, do número do protocolo recebido pela respectiva notícia quando de sua inserção no sistema MGP.

Art. 5º – As notícias deduzidas em formulário eletrônico obedecerão, em regra, a partir de seu recebimento pela Ouvidoria, ao seguinte trâmite:

I – análise prévia, complementação de dados, caso necessário, e proposta de encaminhamento e de resposta ao interessado;

II – submissão da proposta a que alude o inciso I ou, dependendo da complexidade, do inteiro teor da notícia ao Ouvidor, que decidirá sobre o encaminhamento e, eventualmente, acerca de outras medidas que devam ser tomadas, bem como sobre o conteúdo da resposta ao interessado;

III – execução, sempre que possível em meio eletrônico, dos atos relacionados ao encaminhamento inicial que tenha sido deliberado, com o retorno automático das informações ao interessado por correio eletrônico;

IV – quando se tratar de sugestão, o registro será encaminhado ao órgão ministerial com atribuição sobre o serviço alvo da notícia, para apreciação e eventual aprimoramento;

V – quando se tratar de denúncia ou reclamação envolvendo Promotor ou Procurador de Justiça, a notícia deverá ser encaminhada ao Corregedor-Geral do Ministério Público e ao Procurador-Geral de Justiça, acompanhada de documentos que eventualmente venham a instruí-la;

VI – caso se trate de elogio, a notícia será enviada ao Procurador-Geral de Justiça e ao Secretário-Geral, com cópia para o membro ou servidor citado, respectivamente;

VII – tratando-se de solicitação, a notícia dirigir-se-á à Assessoria ou ao Centro de Apoio Operacional, que a encaminhará ao Promotor ou Procurador de Justiça que tiver atribuição sobre a matéria abordada, observada a Lei Complementar 106/2003 e o Quadro de Movimentação dos Promotores e Procuradores de Justiça, para que adote as providências pertinentes, devendo, em tempo hábil, responder à Ouvidoria, pelo sistema;

VIII – a notícia contendo crítica será remetida ao membro ou servidor citado e, se caracterizar eventual prática de infração administrativa disciplinar, encaminhada ao Corregedor-Geral do Ministério Público, ao Procurador-Geral de Justiça e ao Secretário-Geral, respectivamente;

IX – ao receber a notícia, o destinatário deverá informar à Ouvidoria, pelo sistema, as medidas iniciais adotadas em face do fato noticiado.

§ 1º – Quando a notícia envolver fato diante do qual o Ministério Público tenha o dever de agir e, para tanto, esteja legitimado, o Ouvidor determinará sua remessa ao Centro de Apoio Operacional, que a encaminhará ao órgão de execução ao qual, segundo as normas internas, tenha sido confiada atribuição geral ou específica para o trato da matéria.

§ 2º – Nas hipóteses a que alude o § 1º, incumbirá ao titular do órgão de execução, ou a quem o esteja substituindo, informar à Ouvidoria, por meio do sistema, acerca das providências adotadas, as quais ficarão disponíveis para consulta do noticiante, cabendo à Ouvidoria, se for o caso, repassar aos interessados, de modo didático e em linguagem acessível, as informações.

 § 3º – Quando as notícias não se inserirem nas atribuições do Ministério

Público do Estado do Rio de Janeiro, os noticiantes serão informados a que órgão deverão se reportar.

§ 4º – Em casos excepcionais, visando a preservar os membros ou servidores envolvidos, o Ouvidor poderá decretar o sigilo da notícia, que não se estenderá, entretanto, aos Órgãos da Administração Superior, bem como aos Procuradores, Promotores de Justiça e servidores eventualmente citados.

Art. 6º – As Assessorias, as Coordenadorias, os Centros de Apoio Operacional, as Secretarias dos Órgãos de Execução, a Secretaria-Geral, a Corregedoria-Geral do Ministério Público e a Procuradoria-Geral de Justiça deverão estar interligados com a Ouvidoria-Geral, mediante sistema informatizado, para que as notícias possam ser encaminhadas diretamente ao setor pertinente, por meio de endereço eletrônico institucional.

§ 1º – O órgão deverá, no prazo razoavelmente assinalado pelo Ouvidor, responder e/ou comunicar à Ouvidoria, por meio do sistema, a providência adotada.

§ 2º – As notícias destinadas a entidades que não integrem a estrutura do Ministério Público, excepcionalmente, poderão ser encaminhadas via ofício, ou outro meio mais eficaz, e autuadas em procedimento específico.

Art. 7º – O Ouvidor-Geral será indicado pelo Procurador-Geral de Justiça dentre os membros ativos da Instituição.

Art. 8º – Esta Resolução entra em vigor na data de sua publicação, revogadas as disposições em contrário.

Rio de Janeiro, 26 de abril de 2011.

Cláudio Soares Lopes

Procurador-Geral de Justiça

RESOLUÇÃO GPGJ nº 1.678 DE 05 DE SETEMBRO DE 2011.

Regulamenta o art. 26 da Lei nº 8.625/93, disciplinando, no âmbito do Ministério Público do Estado do Rio de Janeiro, a instauração e tramitação do procedimento investigatório criminal.

*** Nesta Edição, Res. CNMP 13/2006.**

O **PROCURADOR-GERAL DE JUSTIÇA DO ESTADO DO RIO DE JANEIRO**, no uso de suas atribuições legais,

CONSIDERANDO o disposto no art. 127, *caput*, e no art. 129, incisos I, II, VIII e IX, da Constituição da República,

CONSIDERANDO o disposto no art. 26 da Lei nº 8.625/93 e mo Art. 4º, parágrafo único, do Código de Processo Penal;

CONSIDERANDO a edição da Resolução nº 13/2006, do Conselho Nacional do Ministério Público (CNMP), que disciplinou, no âmbito do Ministério Público Brasileiro, a instauração e a tramitação do procedimento investigatório criminal;

CONSIDERANDO a necessidade de regulamentar, no âmbito do Ministério Público do Estado do Rio de Janeiro, a instauração e tramitação do procedimento investigatório criminal;

CONSIDERANDO a necessidade de efetivar o combate à criminalidade, primando pelo resguardo do poder punitivo estatal; e

CONSIDERANDO, por fim, o que consta nos autos do Proc. MPRJ 201100471874,

R E S O L V E

Capítulo I
DA DEFINIÇÃO E FINALIDADE

Art. 1º- O procedimento investigatório criminal é instrumento de natureza administrativa e inquisitorial, instaurado e presidido pelo membro do Ministério Público com atribuição criminal, e terá como finalidade apurar a ocorrência de infrações penais de natureza pública, servindo como preparação e embasamento para o juízo de propositura, ou não, da respectiva ação penal.

Parágrafo único- O procedimento investigatório criminal não é condição de procedibilidade ou pressuposto processual para o ajuizamento de ação penal e não exclui a possibilidade de formalização de investigação por outros órgãos legitimados da Administração Pública.

Capítulo II
DA INSTAURAÇÃO

Art. 2º- Em poder de quaisquer peças de informação, o membro do Ministério Público poderá:

I – promover a ação penal cabível;

II – instaurar procedimento investigatório criminal;

III – encaminhar as peças para o Juizado Especial Criminal, caso a infração seja de menor potencial ofensivo;

IV – promover fundamentadamente o respectivo arquivamento;

V – requisitar a instauração de inquérito policial.

Art. 3º- O procedimento investigatório criminal poderá ser instaurado de ofício, por membro do Ministério Público, no âmbito de suas atribuições criminais, ao tomar conhecimento de infração penal, por qualquer meio, ainda que informal, ou mediante provocação.

§ 1º- O procedimento deverá ser instaurado sempre que houver determinação do Procurador-Geral de Justiça, diretamente ou por delegação, nos moldes da lei, em caso de discordância da promoção de arquivamento de peças de informação.

§ 2º- A designação a que se refere o § 1º deverá recair sobre membro do Ministério Público diverso daquele que promoveu o arquivamento.

§ 3º- A distribuição de peças de informação deverá observar as regras internas previstas no sistema de divisão de serviços.

§ 4º- No caso de instauração de ofício, o membro do Ministério Público poderá prosseguir na presidência do procedimento investigatório criminal até a distribuição da denúncia ou promoção de arquivamento em juízo.

§ 5º- O membro do Ministério Público, no exercício de suas atribuições criminais, deverá dar andamento, no prazo de 30 (trinta) dias a contar de seu recebimento, às representações, requerimentos, petições e peças de informação que lhes sejam encaminhadas.

§ 6º- O procedimento investigatório criminal poderá ser instaurado por grupo de atuação especial composto por membros do Ministério Público, cabendo sua presidência àquele que o ato de instauração designar.

Art. 4º- O procedimento investigatório criminal será instaurado por portaria fundamentada, devidamente registrada e autuada, com a indicação dos fatos a serem investigados e deverá conter, sempre que possível, o nome e a qualificação do autor da representação e a determinação das diligências iniciais.

Parágrafo único- Se, durante a instrução do procedimento investigatório criminal, for constatada a necessidade de investigação de outros fatos, o membro do Ministério Público poderá aditar a portaria inicial ou determinar a extração de peças para instauração de outro procedimento.

Art. 5º- Da instauração do procedimento investigatório criminal far-se-á comunicação imediata e escrita ao Procurador-Geral de Justiça ou ao órgão a quem incumbir por delegação, nos termos da lei.

Capítulo III

DA INSTRUÇÃO

Art. 6º- Sem prejuízo de outras providências inerentes à sua atribuição funcional e legalmente previstas, o membro do Ministério Público, na condução das investigações, poderá:

I – fazer ou determinar vistorias, inspeções e quaisquer outras diligências;

II – requisitar informações, exames, perícias e documentos de autoridades, órgãos e entidades da Administração Pública direta e indireta, da União, dos Estados, do Distrito Federal e dos Municípios;

III – requisitar informações e documentos de entidades privadas, inclusive de natureza cadastral;

IV – notificar testemunhas e vítimas e requisitar sua condução coercitiva, nos casos de ausência injustificada, ressalvadas as prerrogativas legais;

V – acompanhar buscas e apreensões deferidas pela autoridade judiciária;

VI – acompanhar cumprimento de mandados de prisão preventiva ou temporária deferidas pela autoridade judiciária;

VII – expedir notificações e intimações necessárias;

VIII- realizar oitivas para colheita de informações e esclarecimentos;

IX – ter acesso incondicional a qualquer banco de dados de caráter público ou relativo a

serviço de relevância pública;

X – requisitar auxílio de força policial.

§ 1º -Nenhuma autoridade pública ou agente de pessoa jurídica no exercício de função pública poderá opor ao Ministério Público, sob qualquer pretexto, a exceção de sigilo, sem prejuízo da subsistência do caráter sigiloso da informação, do registro, do dado ou do documento que lhe seja fornecido.

§ 2º- O prazo mínimo para resposta às requisições do Ministério Público será de 10 (dez) dias úteis, a contar do recebimento, salvo hipótese justificada de relevância e urgência e em casos de complementação de informações.

§ 3º- Ressalvadas as hipóteses de urgência, as notificações para comparecimento devem ser efetivadas com antecedência mínima de 48 horas, respeitadas, em qualquer caso, as prerrogativas legais pertinentes.

§ 4º -A notificação deverá mencionar o fato investigado, salvo na hipótese de decretação de sigilo, e a faculdade do notificado de se fazer acompanhar por advogado.

§ 5º- As correspondências, notificações, requisições e intimações do Ministério Público quando tiverem como destinatário o Governador do Estado, membros do Poder Legislativo ou desembargadores, serão encaminhadas pelo Procurador-Geral de Justiça.

§ 6º- As autoridades referidas no parágrafo 5º poderão fixar data, hora e local em que puderem ser ouvidas, se for o caso.

§ 7º- O membro do Ministério Público será responsável pelo uso indevido das informações e documentos que requisitar, inclusive nas hipóteses legais de sigilo.

Art. 7º- O autor do fato investigado será notificado a apresentar, querendo, as informações que considerar adequadas, facultado o acompanhamento por advogado.

Art. 8º- As diligências serão documentadas em auto circunstanciado.

Art. 9º- As declarações e depoimentos serão tomados por termo, podendo ser utilizados

recursos áudio-visuais..

Art. 10- As diligências que devam ser realizadas fora dos limites territoriais da unidade em que se realizar a investigação, serão deprecadas ao respectivo órgão do Ministério Público local, podendo o membro do Ministério Público deprecante acompanhar a(s) diligência(s), com a anuência do membro deprecado.

§ 1º- A deprecação poderá ser feita por qualquer meio hábil de comunicação, devendo ser formalizada nos autos.

§ 2º- O disposto neste artigo não obsta a requisição de informações, documentos, vistorias, perícias a órgãos sediados em localidade diversa daquela em que lotado o membro do Ministério Público.

Art. 11- A pedido da pessoa interessada será fornecida comprovação escrita de comparecimento.

Art. 12- O procedimento investigatório criminal deverá ser concluído no prazo de 90 (noventa) dias, permitidas, por igual período, prorrogações sucessivas, por decisão fundamentada do membro do Ministério Público responsável pela sua condução.

§ 1º- O membro do Ministério Público do Estado, manterá, para conhecimento dos órgãos superiores, controle atualizado, preferencialmente por meio eletrônico, do andamento de seus procedimentos investigatórios criminais.

§ 2º- O controle referido no parágrafo anterior poderá ter nível de acesso restrito ao Procurador-Geral de Justiça, mediante justificativa lançada nos autos.

Capítulo IV
DA PUBLICIDADE

Art. 13- Os atos e peças do procedimento investigatório criminal são públicos, nos termos desta Resolução, salvo disposição legal em contrário ou por razões de interesse público ou conveniência da investigação.

Parágrafo único- A publicidade consistirá:

I – na expedição de certidão, mediante requerimento do investigado, da vítima ou seu representante legal, do Poder Judiciário, do Ministério Público ou de terceiro diretamente interessado;

II – no deferimento de pedidos de vista ou de extração de cópias, desde que realizados de forma fundamentada pelas pessoas referidas no inciso I ou a seus advogados ou procuradores com poderes específicos, ressalvadas as hipóteses de sigilo;

III – na prestação de informações ao público em geral, a critério do presidente do procedimento investigatório criminal, observados o princípio da presunção de inocência e as hipóteses legais de sigilo.

Art. 14- O presidente do procedimento investigatório criminal poderá decretar o sigilo das investigações, no todo ou em parte, por decisão fundamentada, quando a elucidação do fato ou interesse público exigir; garantida ao investigado a obtenção, por cópia autenticada, de depoimento que tenha prestado e dos atos de que tenha, pessoalmente, participado.

Capítulo V
DA CONCLUSÃO E DO ARQUIVAMENTO

Art. 15- Se o membro do Ministério Público responsável pelo procedimento investigatório criminal se convencer da inexistência de fundamento para a propositura de ação penal pública, promoverá o arquivamento dos autos ou das peças de informação, fazendo-o fundamentadamente.

Parágrafo único- A promoção de arquivamento será apresentada ao juízo competente, nos moldes do art.28 do CPP.

Art. 16- Se houver notícia de outras provas novas, poderá o membro do Ministério Público requerer o desarquivamento dos autos, providenciando-se a comunicação a que se refere o artigo 5º desta Resolução.

Capítulo VI
DAS DISPOSIÇÕES ESPECIAIS

Art. 17- é admitida a atuação simultânea no mesmo procedimento investigatório de mais de um membro do Ministério Público ou de grupo designado pelo Procurador-Geral de Justiça.

Art. 18 – Incumbe ao Procurador-Geral de Justiça:

I – instaurar e presidir o procedimento administrativo investigatório, pessoalmente ou mediante delegação, quando a autoridade noticiada ou investigada gozar de prerrogativa de foro em razão da função, conforme disciplinado na Constituição da República e na Constituição Estadual;

II – expedir e encaminhar as requisições e notificações, quando tiverem como destinatários:

a) Chefe do Poder Executivo da União ou dos Estados;

b) Ministros de Estado ou Secretários Estaduais;

c) membros do Congresso Nacional ou das Assembléias legislativas;

d) membros dos Tribunais de Contas da união e dos Estados;

e) membros do Supremo Tribunal Federal ou dos Tribunais Superiores, ou ainda dos órgãos do Poder Judiciário em segundo grau de jurisdição.

Capítulo VII
DAS DISPOSIÇÕES FINAIS E TRANSITÓRIAS

Art. 19 – No procedimento investigatório criminal serão observados os direitos e garantias individuais consagrados na Constituição da República Federativa do Brasil, aplicando-se, no que couber, as normas do Código de Processo Penal e a legislação especial pertinente.

Art. 20- Os membros do Ministério Público do Estado do Rio de Janeiro deverão promover a adequação dos procedimentos de investigação em curso aos termos da presente Resolução, no prazo de 90 (noventa) dias a partir de sua entrada em vigor.

Art. 21- Esta Resolução entra em vigor na data de sua publicação.

Rio de Janeiro, 5 de setembro de 2011.

Cláudio Soares Lopes

Procurador-Geral de Justiça

RESOLUÇÃO GPGJ Nº 1.769 DE 06 DE SETEMBRO DE 2012

Regulamenta os arts. 34, VI, e 35, I, da Lei Complementar Estadual no 106/03, disciplinando, no âmbito do Ministério Público do Rio de Janeiro, a instauração e tramitação do inquérito civil.

*** Nesta Edição, Res. CNMP 23/2007.**
*** Alterada pela Res. GPGJ nº 2.030/2016, 2.046/2016 e 2151/2017.**

O **PROCURADOR-GERAL DE JUSTIÇA DO ESTADO DO RIO DE JANEIRO**, no exercício de suas atribuições legais,

CONSIDERANDO a necessidade de serem estabelecidos os parâmetros básicos a serem seguidos pelos órgãos de execução na instauração e condução do inquérito civil;

CONSIDERANDO os subsídios apresentados pelo Egrégio Conselho Superior do Ministério Público e pelos Promotores de Justiça de Tutela Coletiva, bem como as sugestões trazidas pela Consultoria Jurídica e pelo 6º Centro de Apoio Operacional das Promotorias de Tutela Coletiva;

CONSIDERANDO a necessidade de compatibilizar a regulação da matéria com os dispositivos da Resolução 23, de 17 de setembro de 2007, do Conselho Nacional do Ministério Público; e

CONSIDERANDO o que consta nos autos do procedimento MPRJ nº 2012.00998268,

R E S O L V E

Capítulo I
DO INQUÉRITO CIVIL E DA SUA INSTAURAÇÃO

Art. 1º – O inquérito civil, de natureza inquisitiva, unilateral e facultativa, destina-se à colheita das provas necessárias à proteção dos interesses e direitos tutelados pelo Ministério Público, nos termos da legislação de regência.

Parágrafo único – O inquérito civil não é condição de procedibilidade para o ajuizamento das ações a cargo do Ministério Público, nem para a adoção das demais medidas inseridas em sua esfera de atribuição.

Art. 2º – O inquérito civil poderá ser instaurado:

I – de ofício;

II – em razão de representação, devidamente formalizada, de qualquer pessoa, de órgão público ou de entidades despersonalizadas;

III – por determinação do Conselho Superior do Ministério Público, nos casos em que tenha recusado o arquivamento anterior de procedimento preparatório ou de peças de informação.

Art. 3º – Sempre que tomar conhecimento de condutas que constituam lesão aos interesses e direitos referidos no art. 1º, deverá o órgão de execução do Ministério Público adotar as providências necessárias ou, caso não tenha atribuição, cientificar o órgão de execução que a possua.

Parágrafo único – As notícias anônimas, que narrem fato específico e devidamente individualizado, devem ser objeto de apuração pelo órgão de execução.

Art. 4º – A representação para instauração de inquérito civil, dirigida ao órgão com atribuição do Ministério Público, deverá:

I – ser formulada por pessoa natural ou jurídica, por órgão público ou por entidade despersonalizada, devidamente identificada e qualificada, com indicação de seus endereços;

II – conter a descrição dos fatos a serem investigados e a indicação do seu autor, quando conhecido.

§ 1º – Caso as informações sejam prestadas verbalmente, deverá o órgão de execução reduzi-las a termo.

§ 2º – A inobservância de qualquer formalidade exigida não autoriza o indeferimento de plano do pedido de instauração de inquérito civil, salvo se manifestamente improcedente, observando-se, neste caso, o disposto no Art. 8º desta Resolução.

§ 3º – Não contendo a representação elementos mínimos capazes de ensejar a instauração de procedimento investigatório, o órgão de execução poderá indeferi-la de plano, dando ciência ao interessado e submetendo-a ao Conselho Superior do Ministério Público caso haja recurso, salvo se exercido o juízo de retratação.

Art. 5º – Caberá ao membro do Ministério Público com atribuição para a propositura da ação civil pública a instauração de inquérito civil, ressalvadas as hipóteses de impedimento ou suspeição.

Parágrafo único – Eventual conflito negativo ou positivo de atribuição será suscitado, de modo fundamentado, nos próprios autos ou em petição dirigida ao Procurador-Geral de Justiça, que decidirá a questão no prazo de 30 (trinta) dias.

Art. 6º – O inquérito civil será instaurado por portaria, numerada em ordem crescente, renovada anualmente, devidamente autuada e registrada em livro próprio ou em sistema de controle informatizado, contendo:

I – ementa;

II – o fundamento legal que autoriza a atuação do Ministério Público e a descrição do fato objeto do inquérito civil;

III – o nome e a qualificação possível da pessoa jurídica e/ou física a quem o fato é atribuído;

IV – o nome e a qualificação possível do autor da representação, se for o caso;

V – a data e o local da instauração.

Capítulo II
DO PROCEDIMENTO PREPARATÓRIO DO INQUÉRITO CIVIL

Art. 7º – O órgão de execução poderá instaurar procedimento preparatório de inquérito civil, de ofício ou a partir de representação, quando esclarecimentos complementares se fizerem necessários para formar o seu convencimento sobre o cabimento, em tese, da tutela de interesses ou direitos a que se refere o art. 1º desta Resolução.

§ 1º – O procedimento preparatório deverá ser instaurado por portaria, observado, no que couber, o disposto no Art. 6º desta Resolução, sendo autuado com numeração sequencial à do inquérito civil e registrado em sistema próprio, mantendo-se a numeração quando de eventual conversão.

§ 2º – O procedimento preparatório deverá ser concluído no prazo de 90 (noventa) dias, prorrogável por igual período, uma única vez, por meio de promoção fundamentada.

Capítulo III
DO INDEFERIMENTO DE REQUERIMENTO DE INSTAURAÇÃO DO INQUÉRITO CIVIL

Art. 8º – Em caso de evidência de que o fato narrado na representação não gera lesão aos interesses ou direitos mencionados no art. 1º desta Resolução, bem como se já tiver sido objeto de investigação ou ensejado a propositura de ação ou se os fatos apresentados já se encontrarem solucionados, o órgão de execução, no prazo de 30 (trinta) dias, indeferirá o pedido de instauração de inquérito civil, em decisão fundamentada, da qual se dará, sempre que possível, ciência pessoal ao representante e ao representado.

§1º – A decisão que indeferir a representação para instauração de inquérito civil poderá ser objeto de recurso, com as respectivas razões, no prazo de 10 (dez) dias, para o Conselho Superior do Ministério Público.

§ 2º – Do recurso serão notificados, quando couber, os interessados para, querendo, oferecer contra-razões, no prazo de 10 (dez) dias.

§ 3º – O recurso será protocolizado junto ao órgão de execução que indeferiu o pedido, devendo ser remetido ao Conselho Superior do Ministério Público, caso não haja reconsideração, no prazo de 03 (três) dias, juntamente com a representação e a decisão impugnada.

§ 4º – Na hipótese de atribuição originária do Procurador-Geral de Justiça, caberá pedido de reconsideração no prazo e na forma do § 1º.

Capítulo IV
DA INSTRUÇÃO

Art. 9º – O inquérito civil e o procedimento preparatório serão presididos pelo membro do Ministério Público a quem for conferida essa atribuição, nos termos da normatização de regência.

§ 1º – O Presidente poderá designar servidor do Ministério Público para secretariá-lo ou, na sua falta, pessoa idônea, que firmará termo de compromisso.

§ 2º – Para o esclarecimento do fato objeto de investigação, poderão ser colhidas todas as provas permitidas pelo ordenamento jurídico, com a juntada das peças em ordem cronológica de apresentação.

§ 3º – As páginas do inquérito civil e do procedimento preparatório deverão ser numeradas, contendo, cada volume, no máximo 200 (duzentas) folhas, rubricadas pelo Presidente do inquérito ou pelo secretário.

§ 4º – As diligências realizadas para a instrução do inquérito civil ou do procedimento preparatório serão documentadas mediante termo ou auto circunstanciado, assinado pelo Presidente, pelo secretário e por qualquer interessado presente.

§ 5º – As declarações e os depoimentos sob compromisso serão tomados por termo pelo membro do Ministério Público, assinado pelos presentes ou, em caso de recusa, por duas testemunhas.

Art. 10 – No caso de o dano, ou de sua ameaça, estender-se a áreas abrangidas por mais de um órgão de execução do Ministério Público, o inquérito civil ou o procedimento preparatório será presidido pelo membro do Ministério Público que primeiro houver instaurado a investigação ou proposto medida judicial pertinente, ressalvado o que dispõe o art. 93, II, da Lei nº 8.078/1990.

Art. 11 – Para a instrução do inquérito civil e do procedimento preparatório, o órgão de execução, observados os permissivos constitucionais e legais, poderá, especialmente:

I – expedir notificações para colher depoimentos ou esclarecimentos e, em caso de não comparecimento injustificado, requisitar condução coercitiva, inclusive pela Polícia Civil ou Militar, ressalvadas as prerrogativas previstas em lei;

II – requisitar informações, exames periciais e documentos de autoridades federais, estaduais e municipais, bem como dos órgãos e entidades da administração direta, indireta ou fundacional, de qualquer dos Poderes da União, dos Estados, do Distrito Federal e dos Municípios;

III – promover inspeções e diligências investigatórias junto às autoridades, órgãos e entidades a que se refere o inciso anterior;

IV – requisitar informações e documentos às entidades privadas ou às pessoas naturais, para instruir procedimentos ou processos em que oficie;

V – requisitar à autoridade competente a instauração de sindicância ou procedimento administrativo cabível;

VI – praticar atos administrativos executórios, de caráter preparatório;

VII – ter acesso a qualquer banco de dados de caráter público ou relativo a serviço de relevância pública;

VIII – convocar audiência pública.

§ 1º – O Procurador-Geral de Justiça deve encaminhar, no prazo de 10 (dez) dias, os ofícios expedidos pelos membros do Ministério Público ao Presidente da República, Vice- Presidente da República, Governadores de Estado, Senadores, Deputados Federais, Estaduais e Distritais, Ministros de Estado, Ministros de Tribunais Superiores, Conselheiros do Conselho Nacional de Justiça e do Conselho Nacional do Ministério Público, membros do Ministério Público que atuem junto aos Tribunais, Conselheiros dos Tribunais de Contas, Desembargadores e chefes de missão diplomática de caráter permanente, não cabendo à chefia institucional a valoração da essência do ofício, podendo deixar de encaminhar aqueles que não contenham os requisitos legais ou não empreguem o tratamento protocolar devido ao destinatário.

§ 2º – As inspeções, perícias, diligências investigatórias e colheitas de depoimentos realizadas em outras comarcas poderão ser diretamente deprecadas ao respectivo órgão de execução do Ministério Público.

§ 3º – Todos os ofícios que requisitem informações para instruir o inquérito civil ou o procedimento preparatório deverão conter a fundamentação legal, a identificação do inquérito civil ou do procedimento preparatório, a descrição sucinta de seu objeto, bem como a fixação de prazo razoável para atendimento, prorrogável mediante solicitação justificada.

Art. 12 – Qualquer interessado poderá, no curso do inquérito civil ou do procedimento preparatório, apresentar documentos que auxiliem na apuração do fato ou requerer cópias ou certidão de seu conteúdo, ressalvadas as hipóteses de procedimento sigiloso, assim determinado por meio de ato fundamentado do Presidente e que será grafado na capa dos autos do procedimento.

§ 1º – Ao Presidente do inquérito civil caberá o exame da pertinência e oportunidade dos documentos eventualmente apresentados, podendo, em promoção fundamentada, indeferir sua juntada ou determinar a autuação em apenso.

§ 2º – Se, no curso do inquérito civil, novos fatos indicarem a necessidade de investigação de objeto diverso do que estiver sendo investigado, o Presidente poderá aditar a portaria ou determinar a extração de peças para instauração de outro procedimento, respeitadas as normas incidentes quanto à divisão de atribuições.

Art. 13 – Os Centros Regionais de Apoio Administrativo Institucional e o Centro de Apoio Operacional competente prestarão o apoio necessário para os atos do inquérito civil e do procedimento preparatório, sempre que solicitados, na medida de suas atribuições.

Art. 14 – O investigado no inquérito civil ou no procedimento preparatório, sempre que possível e conveniente, deverá ser notificado a prestar declarações ou convidado a oferecer subsídios, se assim o desejar, sem prejuízo da instrução e da natureza inquisitória da investigação.

Capítulo V
DA PUBLICIDADE

Art. 15 – Aplica-se ao inquérito civil o princípio da publicidade, com exceção dos casos em que haja sigilo legal ou em que a publicidade possa acarretar prejuízo às investigações, devendo ser motivada a decretação do sigilo.

§ 1º – A publicidade consistirá na:

I – afixação obrigatória do inteiro teor das portarias de instauração de inquéritos civis ou de procedimentos preparatórios em quadro próprio, na sede do órgão de execução, pelo prazo de 15 dias;

II – publicação de extratos na imprensa oficial, preferencialmente em diário oficial eletrônico, quando disponível, nas hipóteses em que o presidente julgar oportuno e conveniente;

III – divulgação por meios cibernéticos ou eletrônicos, dela devendo constar portarias de instauração e extratos dos atos de conclusão, nas hipóteses em que o presidente julgar oportuno e conveniente;

IV – expedição de certidão e extração de cópias dos autos, mediante prévio deferimento do presidente do procedimento preparatório ou inquérito civil;

V – prestação de informações ao público em geral, a critério do presidente do procedimento preparatório ou do inquérito civil;

VI – concessão de vista total ou parcial dos autos, mediante requerimento fundamentado do interessado ou do seu procurador legalmente constituído.

§ 2º – Aplica-se o disposto no inciso I do § 1º às portarias de instauração de inquéritos civis ou de procedimentos preparatórios disciplinadas no § 1º do art. 18 desta Resolução.

§ 3º – Nos casos previstos nesta Resolução, a ciência ao representante e ao representado poderá ser feita por qualquer meio hábil, desde que seja possível a sua comprovação.

§ 4º – Os requerimentos que objetivem à obtenção de certidões ou a extração de cópias dos autos deverão indicar os fins e as razões do pedido, nos termos da Lei nº 9.051/95.

§ 5º – As despesas decorrentes da extração de cópias correrão por conta do requerente.

§ 6º – A restrição à publicidade, por razões de interesse público, deverá ser decretada em decisão motivada, e poderá ser, conforme o caso, limitada a determinadas pessoas, provas, informações, dados, períodos ou fases, cessando quando extinta a causa que a motivou.

§ 7º – Os documentos resguardados por sigilo legal deverão ser autuados em anexo.

Art. 16 – Ocorrendo a hipótese prevista no art. 15, § 1º, inciso II, desta Resolução, os órgãos de execução encaminharão ao Centro de Apoio Operacional respectivo, no prazo de 15 dias, extratos da portaria que determinar a instauração de procedimento preparatório, de inquérito civil ou seu desarquivamento, por meio de arquivo digital, para viabilizar sua publicação na imprensa oficial.

Art. 17 – O inquérito civil deverá ser concluído no prazo de um (01) ano, que poderá ser prorrogado quantas vezes forem necessárias, a cada decisão que determinar a realização ou conclusão de diligências imprescindíveis para a investigação.

Parágrafo único – Anualmente, o membro do Ministério Público dará ciência ao Conselho Superior do Ministério Público dos inquéritos que se encontrem em tramitação há mais de 12 meses, observadas as seguintes regras:

I – o encaminhamento da relação dos procedimentos em curso há mais de 1 ano se dará por ofício, ou por meio eletrônico, e será dirigido à Secretaria dos Órgãos Colegiados, devendo conter o número do procedimento e o extrato resumido do objeto investigado;

II – o encaminhamento será feito apenas uma vez ao ano, todo final do mês de novembro, aferindo-se, naquele momento, o decurso do prazo anual;

*** Inciso alterado pela Resolução GPGJ nº 2.030/2016**

III – a fundamentação para a prorrogação do prazo de tramitação dos procedimentos em curso deverá constar de forma concisa da comunicação a que se refere o inciso I, o que não dispensa o membro do Ministério Público da fundamentação regular que deverá constar dos autos.

Capítulo VI
DO ARQUIVAMENTO E DO DESARQUIVAMENTO

Art. 18 – Esgotadas todas as possibilidades de diligências, o órgão de execução, caso se convença da inexistência de fundamento para a propositura de ação civil pública, promoverá, fundamentadamente, o arquivamento do inquérito civil, do procedimento preparatório ou das peças de informação.

§ 1º – Os autos do inquérito civil, do procedimento preparatório ou das peças de informação, juntamente com a promoção de arquivamento, deverão ser remetidos ao Conselho Superior do Ministério Público, no prazo de 3 dias, contado da comprovação da efetiva ciência dos interessados, na forma do § 3º do art. 15 desta Resolução, ou, quando não localizados, da lavratura de termo de afixação de aviso na sede do órgão de execução.

§ 2º – Não sendo possível a efetiva ciência dos interessados, o prazo aludido no § 1º correrá da data da promoção de arquivamento ou da informação prestada nos autos sobre a impossibilidade de notificação dos interessados.

§ 3º – A duplicidade de procedimentos que versem sobre o mesmo tema e objeto, ou daqueles cujo objeto seja parcialmente contemplado em outro já em curso, não servirá de fundamento para o seu arquivamento, devendo o segundo ser apensado ao primeiro, exceto quando se tratar de procedimentos absolutamente idênticos, em relação ao tema, conteúdo e abrangência, hipótese em que o segundo poderá ser arquivado, ressalvando-se expressamente o prosseguimento da investigação no bojo do procedimento inicialmente instaurado.

Art. 19 – Os co-legitimados à propositura da ação civil pública poderão apresentar, até a sessão do Conselho Superior do Ministério Público que apreciará a promoção de arquivamento, razões escritas ou prova documental.

§ 1º – Não homologada a promoção de arquivamento, o Conselho Superior do Ministério Público tomará uma das seguintes providências:

I – converterá o julgamento em diligência para a realização de atos imprescindíveis à prolação de sua decisão, especificando-os e remetendo os autos ao órgão do Ministério Público que determinou seu arquivamento e, no caso de recusa fundamentada, ao órgão competente para designar o membro que irá atuar;

*** Inciso alterado pela Resolução GPGJ nº 2.046/2016**

II – deliberará pelo prosseguimento do inquérito civil ou do procedimento preparatório, indicando os fundamentos de fato e de direito de sua decisão, adotando as providências relativas à designação, em qualquer hipótese, de outro membro do Ministério Público para atuação.

§ 2º – Na hipótese do inciso II do § 1º, o Conselho Superior do Ministério Público solicitará ao Procurador-Geral de Justiça a designação de outro membro do Ministério Público para atuar no caso.

§ 3º – As sessões do Conselho Superior serão públicas, ressalvadas as situações em que tenha sido decretado o sigilo.

Art. 20 – Após a homologação da promoção de arquivamento do inquérito civil, do procedimento preparatório ou das peças de informação pelo Conselho Superior do Ministério Público, será possível o desarquivamento, por provocação do órgão de execução, havendo novas provas a respeito de fato apreciado na promoção de arquivamento.

§ 1º – Desarquivado o procedimento na forma do *caput*, poderá receber nova numeração e autuação, se conveniente para o seu processamento.

§ 2º – O desarquivamento do inquérito civil, diante de novas provas ou para investigar fato novo relevante, poderá ocorrer no prazo máximo de seis meses após o arquivamento.

§ 3º – Sobrevindo novas provas ou relato de fato novo relevante após o transcurso do prazo previsto no parágrafo anterior, será instaurado novo inquérito civil, sem prejuízo das provas já colhidas.

§ 4º – O desarquivamento de inquérito civil, não sendo caso de ajuizamento de ação civil pública, implicará novo arquivamento e remessa ao Conselho Superior do Ministério Público, na forma do art. 18, § 1º, desta Resolução.

Art. 21 – Não oficiará nos autos do inquérito civil, do procedimento preparatório ou da ação civil pública o membro do Ministério Público responsável pela promoção de arquivamento rejeitada pelo Conselho Superior do Ministério Público, ressalvado o disposto no art. 19, § 1º, I, desta Resolução.

*** Inciso alterado pela Resolução GPGJ nº 2.046/2016**

Art. 22 – Proposta a ação civil pública somente em relação a um dos fatos objeto da investigação, aplicar-se-ão, em relação aos demais, as normas deste Capítulo.

Capítulo VII
DO TERMO DE AJUSTAMENTO DE CONDUTA

Art. 23 – O Ministério Público poderá firmar Termo de Ajustamento de Conduta, nos casos previstos em lei, visando à reparação do dano, à adequação da conduta às exigências legais ou normativas e, ainda, à compensação e/ou à indenização pelos danos materiais e morais causados.

Art. 24 – O Termo de Ajustamento de Conduta a que aludem o Art. 5º, § 6º, da Lei nº 7.347/1985 e o art. 79-A da Lei nº 9.605/98 deverá abranger todos os aspectos necessários à efetiva prevenção do dano ou à sua cabal reparação.

Parágrafo único – Cópia do termo de ajustamento de conduta deverá ser afixada em quadro próprio, na sede do órgão de execução, pelo prazo de 15 (quinze) dias, bem como ser encaminhada, por meio de arquivo digital, ao Centro de Apoio Operacional correspondente.

Art. 25 – No ajustamento de conduta formalizado por termo nos autos constará:

I – a qualificação completa do interessado;

II – a descrição minuciosa das obrigações assumidas, inclusive quanto ao prazo, forma e modo de cumprimento;

III – cláusula consignando a sua natureza de título executivo extrajudicial;

IV – as espécies de sanções a serem aplicadas em caso de não cumprimento integral das obrigações assumidas;

V – o foro competente para dirimir qualquer controvérsia a respeito de seu cumprimento.

Art. 26 – A fiscalização do integral cumprimento do termo de ajustamento de conduta será feita pelo órgão de execução com atribuição.

§ 1º – Após a celebração do termo de ajustamento de conduta, o Presidente promoverá a suspensão do procedimento preparatório ou do inquérito civil até o integral cumprimento do acordado.

§ 2º – Cumprido o termo de ajustamento de conduta, o Presidente do inquérito civil ou do procedimento preparatório deverá promover o seu arquivamento, remetendo os autos ao Conselho Superior do Ministério Público.

§ 3º – O acompanhamento do cumprimento do termo dar-se-á preferencialmente nos próprios autos.

§ 4º – Descumprido total ou parcialmente o termo de ajustamento de conduta, deverá o órgão de execução promover a execução judicial do título.

Capítulo VIII
DAS RECOMENDAÇÕES

Art. 27 – O Ministério Público, nos autos do inquérito civil ou do procedimento preparatório, poderá expedir recomendações devidamente fundamentadas, visando à melhoria dos serviços públicos e de relevância pública, bem como aos demais interesses, direitos e bens cuja defesa lhe caiba promover.

Parágrafo único – O Presidente deverá assinalar prazo razoável para resposta.

Capítulo IX
DA AÇÃO CIVIL PÚBLICA

Art. 28 – A ação civil pública será instruída com os elementos pertinentes dos autos do inquérito civil ou do procedimento preparatório ou com as peças de informação existentes.

§ 1º – Na hipótese do *caput*, o Presidente providenciará a extração de cópias das principais peças do inquérito civil, procedimento preparatório ou das peças de informação, que permanecerão no respectivo órgão de execução.

§ 2º – Serão formados autos de acompanhamento do processo judicial, em separado do inquérito civil ou das peças de informação, nos quais constarão peças acostadas ao processo judicial e que somente poderão ser consultadas mediante autorização da autoridade competente.

§ 3º – Proposta a ação civil pública, cópia da petição inicial deverá ser encaminhada pelo órgão de execução ao Coordenador do Centro de Apoio Operacional correspondente, por meio de arquivo digital, no prazo de 15 (quinze) dias.

Capítulo X
DOS LIVROS E DEMAIS REGISTROS

Art. 29 – No âmbito dos órgãos de execução com atribuições previstas na presente Resolução, deverão ser adotados os seguintes Livros e Pastas:

I – Livro Geral de Protocolo;

II – Livro de Registro dos inquéritos civis, procedimentos preparatórios e de ações civis públicas;

III – Livro Carga;

IV – Livro de Atendimento;

V – Pastas de Ofícios Expedidos;

VI – Pastas de Ofícios Recebidos;

VII – Pastas de cópias de Petições Iniciais de Ações Civis Públicas;

VIII – Pastas de Portarias;

IX – Pastas de Compromissos de Ajustamento de Condutas;

X – Pastas de Depoimentos;

XI – Pastas de Notificações;

XII – Pastas de Recomendações;

XIII – Pastas da Legislação Municipal.

Art. 30 – Os livros serão abertos e encerrados pelo membro do Ministério Público com atribuição ou pela secretaria do órgão, sob a supervisão daquele.

§ 1º – As folhas dos livros serão numeradas e rubricadas pelo membro do Ministério Público com atribuição ou por servidor designado para secretariar o inquérito civil ou procedimento preparatório.

§ 2º Os livros e as pastas deverão ser conservados em local adequado, de modo a que sejam mantidos em sua integridade extrínseca e intrínseca.

§ 3º – Encerrado um livro ou preenchida uma pasta, abrir-se-á outro, com numeração crescente sequencial.

Art. 31 – O Livro Geral de Protocolo registrará todos os expedientes recebidos pela secretaria e conterá os seguintes dados:

I – número;

II – data de recebimento;

III – remetente;

IV – assunto;

V – encaminhamento do expediente.

Art. 32 – Constarão, obrigatoriamente, do Livro de Registro dos Inquéritos Civis e Procedimentos Preparatórios os seguintes dados:

I – o número e a data da instauração do inquérito civil ou procedimento preparatório;

II – o nome e a qualificação da pessoa a quem é atribuído o fato objeto da investigação, quando for possível;

III – o nome e a qualificação do noticiante, se possível;

IV – o resumo do objeto do inquérito civil ou do procedimento preparatório;

V – o resultado do inquérito civil ou do procedimento preparatório.

Parágrafo único – No caso do inciso V do *caput*, deverão ser especificados os seguintes dados:

a) data da promoção de arquivamento;

b) data da homologação pelo Conselho Superior do Ministério Público;

c) data da propositura da ação civil pública com seu respectivo número, bem como o juízo e a comarca;

d) data da instauração do inquérito civil derivado de procedimento preparatório;

e) número do maço ou caixa do respectivo arquivamento dos autos.

Art. 33 – O Livro Carga será destinado à anotação do recebimento e remessa das ações civis públicas e de todo e qualquer expediente dirigido ao órgão de execução.

Parágrafo único – Na anotação referente ao recebimento e remessa dos autos de ações civis públicas, deverão constar, obrigatoriamente, o número do processo, o juízo e a comarca em que tramita, o tipo de ação, o nome das partes e a comprovação do recebimento pelo destinatário.

Art. 34 – O Livro de Atendimento será destinado ao registro dos atendimentos, dele constando os seguintes dados:

I – número;

II – data e horário;

III – nome do atendido;

IV – assunto;

V – providências adotadas e ofícios eventualmente expedidos.

Art. 35 – As pastas, que devem ser encerradas anualmente, bem como os ofícios, serão numeradas em ordem crescente sequencial.

Art. 36 – Os ofícios expedidos, relativos aos procedimentos administrativos tratados nesta Resolução, deverão ser extraídos em 03 (três) vias, sendo a primeira enviada ao destinatário, a segunda juntada aos autos do procedimento, acrescida da comprovação do recebimento, e a terceira arquivada na respectiva pasta.

Art. 37 – As portarias de instauração serão expedidas em 03 (três) vias, sendo a primeira juntada aos autos do procedimento, a segunda afixada em quadro próprio na sede do órgão de execução e a terceira arquivada na respectiva pasta.

Art. 38 – Mediante requerimento protocolizado junto ao órgão de execução com atribuição, será expedida certidão das informações constantes dos livros a que se refere esta Resolução.

Art. 39 – Os livros dos órgãos de execução ficarão sujeitos à consulta dos interessados, especialmente advogados regularmente constituídos.

Art. 40 – Os feitos administrativos de que trata esta Resolução, quando definitivamente arquivados, serão mantidos em local próprio, na sede do órgão de execução, observadas as cautelas devidas para a sua conservação, nos termos da tabela de temporalidade do Ministério Público.

§ 1º - O membro do Ministério Público que reputar conveniente e oportuno poderá determinar a remessa dos feitos definitivamente arquivados no órgão de execução junto ao qual atue à Diretoria de Comunicação e Arquivo.

§ 2º - Caso exista objeto juntado ou anexado ao feito, a parte interessada, na oportunidade em que cientificada do arquivamento do feito, será intimada para, querendo, levantá-lo no prazo improrrogável de 10 (dez) dias, antes de enviados os autos à Diretoria de Comunicação e Arquivo.

§ 3º - Solicitado o levantamento pela parte interessada, a Secretaria do respectivo órgão de execução, antes de proceder à entrega do bem, lavrará certidão da qual deverá constar, além de fotografias do objeto, a descrição de todas as suas principais características, devendo tal documento permanecer acostado aos autos e ser subscrito pelo Promotor de Justiça e pela parte a quem o bem será entregue.

§ 4º - Caso inexista solicitação de levantamento no prazo do § 2º, os autos serão remetidos à Diretoria de Comunicação e Arquivo no estado em que se encontrarem.

§ 5º - No caso de o objeto anexado ser perecível, será mantido nos autos somente até sua data de validade ou até que sua conservação não represente medida anti-higiênica.

§ 6º - Alcançada a data de validade ou quando as condições do objeto perecível demonstrarem a inconveniência de sua manutenção, proceder-se-á ao seu descarte, de tudo lavrando-se termo nos autos e a certidão de suas principais características, a ser subscrita pelo Diretor de Comunicação e Arquivo ou pelo membro do Ministério Público em atuação no correspondente órgão de execução.

§ 7º - Em se tratando de objetos não perecíveis, não tendo sido solicitado o levantamento pelo interessado, deverão ser mantidos nos autos arquivados, exceto se forem em grande quantidade ou, por qualquer outro motivo, de difícil manutenção, no entender do Diretor de Comunicação e Arquivo ou do membro do Ministério Público em atuação no órgão de execução, hipótese em que serão descartados, não sem antes ser lavrada certidão de suas principais características, documento que, subscrito pelo Diretor de Comunicação e Arquivo ou pelo membro do Ministério Público, será mantido acostado aos autos.

Artigo alterado pela Resolução GPGJ nº 2151/2017

Art. 41 – Os livros e pastas previstos nesta Resolução poderão ser substituídos por sistemas de controle informatizado para registro e tramitação de expedientes, do procedimento administrativo preparatório e do inquérito civil, observadas as cautelas legais.

Art. 42 – Aplica-se o disposto nesta Resolução, no que couber, nas hipóteses do inciso VIII do artigo 29 da Lei nº 8.625, de 12 de fevereiro de 1993.

Art. 43 – Esta Resolução entra em vigor na data de sua publicação, revogadas as disposições em contrário, em especial as Resoluções GPGJ nº 1.522, de 7 de julho de 2009 e 1.734, de 13 de abril de 2012.

Rio de Janeiro, 06 de setembro de 2012.

Cláudio Soares Lopes

Procurador-Geral de Justiça

RESOLUÇÃO GPGJ nº 1.778 DE 25 DE OUTUBRO DE 2012.

Regulamenta os arts. 34, I e XV, e 35, I, da Lei Complementar Estadual no 106/03, disciplinando, no âmbito do Ministério Público do Rio de Janeiro, a instauração e tramitação de procedimentos administrativos voltados à tutela dos direitos individuais indisponíveis.

O **PROCURADOR-GERAL DE JUSTIÇA DO ESTADO DO RIO DE JANEIRO**, no exercício de suas atribuições legais,

CONSIDERANDO a necessidade de estabelecer os parâmetros básicos a serem seguidos pelos órgãos de execução na instauração e condução dos procedimentos administrativos voltados à tutela dos direitos individuais indisponíveis;

CONSIDERANDO as sugestões trazidas pelos 3º e 4º Centros de Apoio Operacional às Promotorias de Justiça Cíveis e às Promotorias de Justiça da Infância e Juventude, respectivamente;

CONSIDERANDO o deliberado pelo Conselho Superior do Ministério Público na sessão de 18 de outubro de 2012; e

CONSIDERANDO, por fim, o que consta nos autos do Proc. MPRJ nº 2012.00138335,

R E S O L V E

Capítulo I
DO PROCEDIMENTO ADMINISTRATIVO E DA SUA INSTAURAÇÃO

Art. 1º – O procedimento administrativo instaurado no âmbito das Promotorias de Justiça com atribuição para a tutela dos direitos individuais indisponíveis destina-se à colheita de elementos necessários à proteção de tais interesses, nos termos da legislação de regência.

Art. 2º – O procedimento administrativo poderá ser instaurado:

I – de ofício;

II – em razão de representação, devidamente formalizada, de qualquer pessoa, de órgão público ou de entidades despersonalizadas.

Art. 3º – Sempre que tomar conhecimento de condutas que constituam lesão aos interesses e direitos referidos no art. 1º, deverá o órgão de execução do Ministério Público adotar as providências necessárias ou, caso não possua atribuição, cientificar o órgão de execução que a detenha.

Parágrafo único – As notícias anônimas que narrarem fato específico e devidamente individualizado deverão ser objeto de apuração pelo órgão de execução.

Art. 4º – O procedimento administrativo será instaurado por portaria, numerada em ordem crescente, devidamente autuada e registrada em livro próprio ou em sistema de controle informatizado, contendo:

I – ementa;

II – o fundamento legal que autoriza a atuação do Ministério Público e a descrição do fato objeto do procedimento;

III – o nome e a qualificação possível da pessoa cuja tutela dos direitos indisponíveis cabe ao Ministério Público;

IV – o nome e a qualificação possível do autor da representação, se for o caso.

Capítulo II
DO INDEFERIMENTO DE REQUERIMENTO DE INSTAURAÇÃO DE PROCEDIMENTO ADMINISTRATIVO

Art. 5º – Em caso de evidência de que o fato narrado na representação não gera lesão a interesses ou direitos mencionados no art. 1º, bem como se já tiver sido objeto de investigação ou ensejado a propositura de ação ou, ainda, se os fatos apresentados já se encontrarem solucionados ou não forem da atribuição do Ministério Público, o órgão de execução, no prazo de 30 dias, indeferirá o pedido de instauração de procedimento administrativo, em decisão fundamentada, da qual se dará ciência ao representante, se possível.

Capítulo III
DA INSTRUÇÃO

Art. 6º – O procedimento administrativo será presidido pelo membro do Ministério Público a quem for conferida essa atribuição, nos termos da normatização de regência.

§ 1º – O Presidente poderá designar servidor do Ministério Público para secretariá-lo ou, na sua falta, pessoa idônea, que firmará termo de compromisso.

§ 2º – Para o esclarecimento do fato objeto de investigação, poderão ser colhidas todas as provas permitidas pelo ordenamento jurídico, com a juntada das peças em ordem cronológica de apresentação.

§ 3º – As páginas do procedimento administrativo deverão ser numeradas, contendo, cada volume, no máximo, 200 folhas, rubricadas pelo Presidente do procedimento ou pelo secretário.

§ 4º – As diligências realizadas para a instrução do procedimento administrativo serão documentadas mediante termo ou auto circunstanciado, assinado pelo Presidente, pelo secretário e por qualquer interessado presente.

§ 5º – As declarações e os depoimentos sob compromisso serão tomados por termo pelo membro do Ministério Público, assinado pelos presentes ou, em caso de recusa, por duas testemunhas.

Art. 7º – Qualquer interessado poderá, no curso do procedimento administrativo, apresentar documentos que auxiliem na apuração do fato ou requerer cópias ou certidão de seu conteúdo, ressalvadas as hipóteses de procedimento sigiloso, assim classificado por meio de ato fundamentado do Presidente, o que será grafado na capa dos autos do procedimento.

§ 1º – Ao Presidente do procedimento administrativo, caberá o exame da pertinência e oportunidade dos documentos eventualmente apresentados, podendo, em promoção fundamentada, indeferir sua juntada ou determinar a autuação em apenso.

§ 2º – Se, no curso do procedimento administrativo, novos fatos indicarem a necessidade de investigação de objeto diverso do que estiver sendo investigado, o Presidente poderá aditar a portaria ou determinar a extração de peças para instauração de outro procedimento, respeitadas as normas incidentes quanto à divisão de atribuições.

Art. 8º – Os Centros Regionais de Apoio Administrativo Institucional e os Centros de Apoio Operacional competentes prestarão o apoio necessário para os atos do procedimento administrativo, sempre que solicitados, na medida de suas atribuições.

Capítulo IV
DO ARQUIVAMENTO

Art. 9º – Esgotadas todas as possibilidades de diligências, o órgão de execução, caso se convença da inexistência de fundamento para a propositura de ação judicial ou de qualquer outra medida, promoverá, fundamentadamente, o arquivamento do procedimento administrativo.

§ 1º – Os autos do procedimento administrativo, juntamente com a promoção de arquivamento, deverão ser remetidos ao Conselho Superior do Ministério Público, no prazo de 3 dias, contado da comprovação da efetiva ciência dos interessados ou, quando não localizados, da lavratura de termo de afixação de aviso na sede do órgão de execução.

§ 2º – Não sendo possível a efetiva ciência dos interessados, o prazo fixado no § 1º correrá da data da promoção de arquivamento ou da informação prestada nos autos sobre a impossibilidade de notificação dos interessados.

Art. 10 – Após a homologação da promoção de arquivamento do procedimento administrativo pelo Conselho Superior do Ministério Público, será possível o desarquivamento, por provocação do órgão de execução, havendo novas provas a respeito de fato apreciado na promoção de arquivamento.

§ 1º – Desarquivado o procedimento na forma do *caput*, poderá receber nova numeração e autuação, se conveniente para o seu processamento.

§ 2º – O desarquivamento do procedimento administrativo, não sendo caso de ajuizamento de ação judicial ou adoção de outra medida cabível, implicará novo arquivamento e remessa ao Conselho Superior do Ministério Público, na forma do Art. 9º, § 1º, desta Resolução.

Art. 11 – Não oficiará nos autos do procedimento administrativo o membro do Ministério Público responsável pela promoção de arquivamento rejeitada pelo Conselho Superior do Ministério Público.

Capítulo V
DAS DISPOSIÇÕES FINAIS

Art. 12 – As portarias de instauração serão expedidas em 2 duas vias, sendo a primeira juntada aos autos do procedimento e a segunda arquivada em pasta física ou eletrônica aberta para este fim.

Art. 13 – Os procedimentos administrativos de que trata esta Resolução, quando definitivamente arquivados, deverão ser mantidos na sede do órgão de execução pelo prazo de 6 meses, a contar da homologação da promoção de arquivamento pelo Conselho Superior do Ministério Público.

Parágrafo único – Expirado o prazo estabelecido no *caput*, os procedimentos deverão ser encaminhados para o Arquivo Permanente do Ministério Público, mediante registro no Sistema MGP ou correspondente que o substitua.

Art. 14 – Esta Resolução entra em vigor na data de sua publicação, revogadas as disposições em contrário.

Rio de Janeiro, 25 de outubro de 2012.

Cláudio Soares Lopes
Procurador-Geral de Justiça

RESOLUÇÃO GPGJ n 1.792 DE 08 DE JANEIRO DE 2013

*** Alterada pela Res. GPGJ 1.811/2013**

Dispõe sobre a obrigatoriedade e periodicidade das fiscalizações das instituições públicas e particulares de atendimento à mulher em situação de violência doméstica e familiar.

O **PROCURADOR-GERAL DE JUSTIÇA DO ESTADO DO RIO DE JANEIRO**, no uso de suas atribuições legais,

CONSIDERANDO as atribuições conferidas ao Ministério Público nos artigos 127 e 129, II, da Constituição da República;

CONSIDERANDO que é dever do Estado assegurar a assistência à família na pessoa de cada de um dos que a integram, criando mecanismos para coibir a violência no âmbito de suas relações;

CONSIDERANDO a necessidade de monitorar e acompanhar as atividades desenvolvidas nos estabelecimentos públicos e particulares de atendimento à mulher em situação de violência doméstica e familiar, fixando-se uma rotina administrativa e disciplinar da matéria;

CONSIDERANDO que é dever legal do Ministério Público fiscalizar as entidades públicas e particulares referidas no artigo 26, inciso II, da Lei 11.340/2006 (Lei Maria da Penha), destacando-se os programas de proteção destinados ao abrigamento das mulheres em situação de risco; e

CONSIDERANDO, por fim, o que consta nos autos do Proc. MPRJ nº 2012.00631923,

R E S O L V E

Art. 1º – A fiscalização pelo Ministério Público tem como objetivo a verificação das condições das estruturas, dos serviços prestados e das atividades desenvolvidas nos estabelecimentos públicos e particulares de atendimento à mulher em situação de violência doméstica e familiar, de forma a assegurar a observância dos direitos fundamentais inerentes à pessoa humana.

§ 1º – A fiscalização das referidas entidades incumbe às Promotorias de Justiça com atribuição para oficiar perante os Juizados de Violência Doméstica e Familiar contra a Mulher.

§ 2º – Nas Comarcas em que não houver Juizado de Violência Doméstica e Familiar contra a Mulher, a fiscalização incumbe à Promotoria de Justiça com atribuição para oficiar nos feitos de violência doméstica e familiar contra a mulher perante o Juízo competente para a matéria.

Art. 2º – As visitas e fiscalizações devem ser realizadas pessoalmente pelo membro do Ministério Público, com a periodicidade mínima quadrimestral, devendo ser necessariamente assessorado por profissional de Serviço Social, sem prejuízo de eventual assessoramento complementar por profissionais de outras áreas, integrantes do quadro de apoio técnico do Grupo de Apoio Técnico Especializado, dos Centros Regionais de Apoio Administrativo e Institucional ou disponíveis por meio da celebração de convênios com entidades reconhecidamente habilitadas.

Parágrafo único – Nos estabelecimentos destinados ao abrigamento de mulheres a periodicidade mínima será bimestral.

Art. 3º – Os relatórios de visita e inspeção devem ser encaminhados ao Centro de Apoio Operacional das Promotorias de Justiça de Violência doméstica contra a Mulher para fins de arquivamento e mapeamento da rede de assistência à mulher vítima de violência doméstica e familiar.

* Redação dada pela Res. GPGJ 1.811/2013.

Art. 4º – Esta Resolução entra em vigor na data de sua publicação, revogadas as disposições em contrário.

Rio de Janeiro, 08 de janeiro de 2013.

Cláudio Soares Lopes

Procurador-Geral de Justiça

RESOLUÇÃO GPGJ nº 1.804 DE 28 DE JANEIRO DE 2013

Dispõe sobre os Centros de Apoio Operacional do Ministério Público do Estado do Rio de Janeiro.

*** Alterada pela Resolução GPGJ nº 2.052/2016**

O **PROCURADOR GERAL DE JUSTIÇA DO ESTADO DO RIO DE JANEIRO**, no uso de suas atribuições legais,

CONSIDERANDO a necessidade de reorganização dos Centros de Apoio Operacional previstos no art. 33 da Lei nº 8.625, de 12 de fevereiro de 1993, e no art. 44 da Lei Complementar nº 106, de 3 de janeiro de 2003, de modo a atender, com maior eficiência, as demandas dos órgãos de execução.

R E S O L V E

Art. 1º – Os Centros de Apoio Operacional passam a ter a seguinte organização:

I – Centro de Apoio Operacional das Procuradorias de Justiça;

II – Centro de Apoio Operacional das Promotorias de Justiça Criminais;

III – Centro de Apoio Operacional das Promotorias de Justiça Cíveis;

IV – Centro de Apoio Operacional das Promotorias de Justiça da Infância e da Juventude;

V – Centro de Apoio Operacional das Promotorias Eleitorais;

VI – Centro de Apoio Operacional das Promotorias de Justiça de Tutela Coletiva de Defesa da Cidadania;

VII – Centro de Apoio Operacional das Promotorias de Justiça de Tutela Coletiva de Defesa do Consumidor e do Contribuinte;

VIII – Centro de Apoio Operacional das Promotorias de Justiça de Tutela Coletiva de Defesa do Meio Ambiente e do Patrimônio Cultural;

IX – Centro de Apoio Operacional das Promotorias de Justiça de Tutela Coletiva de Defesa da Saúde;

X – Centro de Apoio Operacional das Promotorias de Justiça de Tutela Coletiva de Proteção à Educação;

XI – Centro de Apoio Operacional das Promotorias de Justiça de Proteção ao Idoso e à Pessoa com Deficiência;

XII – Centro de Apoio Operacional das Promotorias de Justiça de Execução Penal.

XIII – Centro de Apoio Operacional das Promotorias de Justiça de Violência Doméstica contra a Mulher. (inciso acrescentado pela Res. GPGJ nº 1805/2013)

Art. 2º – O Centro de Apoio Operacional das Procuradorias de Justiça atende a totalidade dos órgãos de execução do Ministério Público com atuação junto ao Tribunal de Justiça.

Art. 3º – O Centro de Apoio Operacional das Promotorias de Justiça Criminais atende os órgãos de execução com atribuição em matéria criminal, inclusive na área de investigação penal, ressalvado o disposto no art. 13.

Art. 4º – O Centro de Apoio Operacional das Promotorias de Justiça Cíveis atende os órgãos de execução com atribuição em matéria cível, empresarial, de família, de órfãos e sucessões, de acidentes do trabalho, de fundações, de liquidações extrajudiciais, de registro civil, de fazenda pública, de registro público e de Juizados Especiais Cíveis.

Art. 5º – O Centro de Apoio Operacional das Promotorias de Justiça da Infância e da Juventude atende os órgãos de execução com atribuição em matéria da infância e da juventude.

Art. 6º – O Centro de Apoio Operacional das Promotorias Eleitorais atende os órgãos de execução com atuação junto à Justiça Eleitoral.

Art. 7º – O Centro de Apoio Operacional das Promotorias de Justiça de Tutela Coletiva de Defesa da Cidadania atende os órgãos de execução com atribuição na defesa de interesses difusos, coletivos e individuais homogêneos de relevância social, em matéria de cidadania, incluindo a defesa do patrimônio público e a repressão aos atos de improbidade administrativa.

Art. 8º – O Centro de Apoio Operacional das Promotorias de Justiça de Tutela Coletiva de Defesa do Consumidor e do Contribuinte atende os órgãos de execução com atribuição na defesa de interesses difusos, coletivos e individuais homogêneos de relevância social, em matéria do consumidor e do contribuinte.

Art. 9º – O Centro de Apoio Operacional das Promotorias de Justiça de Tutela Coletiva de Defesa do Meio Ambiente e do Patrimônio Cultural atende os órgãos de execução com atribuição na defesa de interesses difusos, coletivos e individuais homogêneos de relevância social, em matéria de meio ambiente, incluindo a proteção do meio ambiente natural, do patrimônio cultural e da ordem urbanística e da habitação.

Art. 10 – O Centro de Apoio Operacional das Promotorias de Justiça de Tutela Coletiva da Saúde atende os órgãos de execução com atribuição na defesa de interesses difusos, coletivos e individuais homogêneos de relevância social, em matéria de saúde.

Art. 11 – O Centro de Apoio Operacional das Promotorias de Justiça de Tutela Coletiva de Proteção à Educação atende os órgãos de execução com atribuição na defesa de interesses difusos, coletivos, individuais homogêneos de relevância social, em matéria de educação.

Art. 12 – O Centro de Apoio Operacional das Promotorias de Proteção ao Idoso e à Pessoa com Deficiência atende os órgãos de execução com atuação na defesa de interesses difusos, coletivos, individuais homogêneos de relevância social e individuais indisponíveis, em matéria de proteção ao idoso e à pessoa com deficiência.

Art. 13 – O Centro de Apoio Operacional das Promotorias de Justiça de Execução Penal atende os órgãos de execução com atribuição em matéria de execução penal.

Art. 14 – O Centro de Apoio Operacional das Promotorias de Justiça de Violência Doméstica contra a Mulher atende os órgãos de execução com atribuição em matéria de violência doméstica contra a mulher, incluindo as hipóteses não abrangidas pela Lei Maria da Penha.

§ 1º – Fica instituído, no âmbito do Centro de Apoio Operacional das Promotorias de Justiça de Violência Doméstica contra a Mulher, o Núcleo de Gênero, que será responsável pelo suporte aos órgãos de execução em matérias afetas aos direitos e garantias individuais e coletivos das mulheres, sejam, ou não, vítimas de infrações penais.

§ 2º – O disposto neste artigo não afeta as atribuições do Centro de Apoio Operacional das Promotorias de Justiça da Infância e Juventude.

*** Artigo acrescido pela Resolução GPGJ no 1.804/2013 e alterado pela Resolução GPGJ nº 2.052/2016**

Art. 15 – Os Centros de Apoio Operacional serão coordenados por membros do Ministério Público nomeados pelo Procurador-Geral de Justiça, podendo ser auxiliados por Subcoordenadores.

Art. 16 – Compete aos Centros de Apoio Operacional, como órgãos auxiliares da atividade funcional do Ministério Público, o exercício de atividades indutoras da atuação funcional, cumprindo-lhes:

I – estimular a integração e o intercâmbio entre os órgãos de execução que atuem na mesma área de atividade, inclusive para o fim de atuação conjunta, se for o caso;

II – interagir e realizar a articulação entre os órgãos do Ministério Público e entidades públicas ou privadas;

III – prestar suporte aos órgãos de execução do Ministério Público na adoção de medidas instrutórias;

IV – receber representações por meio do Sistema de Ouvidoria ou qualquer outro expediente, transmitindo-os aos órgãos encarregados de apreciá-las;

V – sugerir a celebração de convênios de interesse do Ministério Público, zelando pelo cumprimento das obrigações assumidas;

 VI – acompanhar as políticas nacional e estadual afetas à sua área de atuação, realizando estudos e oferecendo sugestões às entidades públicas e privadas com atribuições no setor;

VII – prestar auxílio à Assessoria de Assuntos Parlamentares no permanente contato com o Poder Legislativo, inclusive acompanhando o trabalho das comissões temáticas encarregadas do exame de projetos de lei, na sua área de atuação;

VIII – representar o Ministério Público, quando cabível e por delegação do Procurador-Geral de Justiça, perante os órgãos que atuem nas respectivas áreas, excluído o exercício, a qualquer título, de funções de execução.

IX – prestar, de ofício ou por provocação, informações técnico-jurídicas;

X – sugerir ao Procurador-Geral de Justiça a elaboração e a execução de planos e grupos especiais de atuação, bem como a realização de cursos, palestras e eventos similares, auxiliando na sua organização;

XI – apresentar ao Procurador-Geral de Justiça sugestões para a elaboração da política institucional em sua área de atuação e de programas específicos;

XII – responder pela implementação dos planos e programas de sua área, em conformidade com as diretrizes fixadas;

XIII – sugerir a edição de atos e instruções voltados ao aperfeiçoamento dos serviços do Ministério Público;

XIV – dar publicidade a entendimentos da Administração Superior acerca de matérias relacionadas à sua área de atuação;

XV – manter arquivo digital atualizado de petições iniciais das ações ajuizadas pelos órgãos de execução, bem como de medidas de natureza extrajudicial consideradas relevantes, como termos de ajustamento de conduta e outros;

XVI – apresentar ao Procurador-Geral de Justiça relatório anual das atividades do Ministério Público em sua área de atuação.

Art. 17 – Para o desempenho dos planos e programas afetos aos Centros de Apoio Operacional, os Coordenadores poderão fixar regulamentação interna e sugerir ao Procurador-Geral de Justiça a criação de grupos de trabalho e comissões.

Art. 18 – A Procuradoria-Geral de Justiça, por intermédio da Secretaria-Geral do Ministério Público, providenciará o suporte administrativo necessário ao efetivo funcionamento dos Centros de Apoio Operacional.

Art. 19 – Cada uma das três Centrais de Inquéritos existentes no âmbito do Ministério Público do Estado do Rio de Janeiro terá um Coordenador.

Parágrafo único. Sem prejuízo das atribuições definidas nos atos normativos próprios, compete, ainda, aos Coordenadores das Centrais de Inquéritos, reunirem-se regularmente, identificando problemas comuns e propondo soluções.

Art. 20 – Esta Resolução entra em vigor na data de sua publicação, revogadas as disposições em contrário, em especial a Resolução nº 898, de 1º de fevereiro de 2000, e suas modificações. (Arts. 15 a 20 renumerados em virtude da Res. GPGJ nº 1805/2013)

Rio de Janeiro, 28 de janeiro de 2013.
Marfan Martins Vieira
Procurador-Geral de Justiça

RESOLUÇÃO GPGJ nº 1.831 DE 15 DE MAIO DE 2013.

*** alterada pelas Resoluções GPGJ nº 1.920/2014, nº 2.011/2015, 2.044/2016 e 2.124/2017.**

Reestrutura a Secretaria-Geral do Ministério Público e dá outras providências.

*** Resolução republicada com as modificações introduzidas pela Resolução GPGJ nº 2.011, de 5 de novembro de 2015, em cumprimento ao disposto no art. 4º do aludido ato normativo.**

O **PROCURADOR-GERAL DE JUSTIÇA DO ESTADO DO RIO DE JANEIRO**, no uso de suas atribuições legais,

CONSIDERANDO a necessidade de se reestruturar a Secretaria-Geral do Ministério Público, de modo a melhor aproveitar os recursos humanos disponíveis e maximizar sua eficiência,

R E S O L V E

Art. 1º – A Secretaria-Geral do Ministério Público (SGMP) subordina-se à Subprocuradoria-Geral de Justiça de Administração.

Art. 2º – A Secretaria-Geral do Ministério Público é integrada pelos seguintes órgãos:

I – Gabinete do Secretário-Geral do Ministério Público;

II – Secretaria de Planejamento e Finanças;

III – Secretaria de Logística;

IV – Secretaria de Tecnologia da Informação e de Comunicação;

V – Secretaria de Engenharia e Arquitetura;

VI – Assessoria Jurídica.

§ 1º – Em suas faltas, licenças e férias, o Secretário-Geral do Ministério Público será substituído pelo Assessor da Secretaria-Geral que indicar.

§ 2º – Nas hipóteses de impedimento e suspeição, o Secretário-Geral do Ministério Público será substituído pelo Assessor da Secretaria-Geral mais antigo na carreira.

Art. 3º – O Gabinete do Secretário-Geral do Ministério Público é composto pelos seguintes órgãos:

I - Diretoria de Recursos Humanos;

II - Diretoria de Licitações e Contratos;

III - Comissão Permanente de Licitação e Pregoeiros;

IV - Comissão Permanente de Inquérito Administrativo;

V - Comissão Permanente de Sindicância;

VI - Núcleo Administrativo das Comissões Permanentes de Inquérito Administrativo e de Sindicância;

VII - Comissão Permanente de Procedimentos Apuratórios;

VIII - Comissão Permanente de Descarte de Bens;

IX - Comissão Permanente de Proposições Normativas;

X - Núcleo de Saúde Ocupacional;

XI - Assessoria de Patrimônio Imobiliário;

XII - Assessoria de Controle da Economicidade;

XIII - Assessoria Administrativa;

XIV - Central de Solicitações Administrativas;

XV - Núcleo de Sustentabilidade.

*** Artigo alterado pelas Resoluções GPGJ nº 2.044/2016 e nº 2.124/2017**

§ 1º – A Diretoria de Recursos Humanos é composta pelos seguintes órgãos:

I – Gerência de Processos e Benefícios de Membros do Ministério Público;

II – Gerência de Desenvolvimento Profissional;

III – Gerência de Processos e Benefícios de Servidores;

IV – Gerência de Pagamento de Pessoal;

V – Gerência de Cadastro e Movimentação Funcional;

VI – Núcleo de Estágio Não-Forense;

VII – Setor de Atendimento;

VIII – Setor de Expedição e Arquivo.

§ 2º – A Diretoria de Licitações e Contratos é composta pelos seguintes órgãos:
I – Gerência de Procedimentos Licitatórios;
II – Gerência de Contratos.
Art. 4º – A Secretaria de Planejamento e Finanças é composta pelos seguintes órgãos:
I – Diretoria de Orçamento e Finanças;
II – Diretoria de Controle;
III – Assessoria de Gestão de Custos.
§ 1º – A Diretoria de Orçamento e Finanças é composta pelos seguintes órgãos:
I – Gerência de Execução Financeira;
II – Gerência de Execução Orçamentária.
§ 2º – A Diretoria de Controle é composta pelos seguintes órgãos:
I – Gerência de Contabilidade;
II – Gerência de Revisão e Tomada de Contas.
Art. 5º – A Secretaria de Logística é composta pelos seguintes órgãos:
I – Diretoria de Material e Patrimônio;
II – Diretoria de Infraestrutura e Logística;
III – Assessoria de Eventos;
IV – Núcleo Administrativo.

§ 1º – A Diretoria de Material e Patrimônio é composta pelos seguintes órgãos:
I – Gerência de Almoxarifado;
II – Gerência de Compras;
III – Gerência de Patrimônio;
IV – Núcleo Administrativo.

*** parágrafo alterado pela Resolução nº 1.920 de 15 de julho de 2014**

*** artigos 2º ao 5º alterado pela Resolução nº 2.011 de 05 de novembro de 2015.**

§ 2º – A Diretoria de Infraestrutura e Logística é composta pelos seguintes órgãos:
I – Gerência de Infraestrutura;
II – Gerência de Transportes;
III – Núcleo Administrativo."
Art. 6º – A Secretaria de Tecnologia da Informação e de Comunicação é composta pelos seguintes órgãos:
I – Diretoria de Tecnologia da Informação;
II – Diretoria de Comunicação e Arquivo.
§ 1º – A Diretoria de Tecnologia da Informação é composta pelos seguintes órgãos:
I – Gerência de Sistemas de Informação;

II – Gerência de Manutenção de Informática;
III – Gerência de Operações;
IV – Gerência de Telecomunicações;
V – Gerência de Portal e Programação Visual;
VI – Assessoria de Projetos de Tecnologia da Informação.

§ 2º – A Diretoria de Comunicação e Arquivo é composta pelos seguintes órgãos:
I – Gerência de Comunicação;
II – Gerência de Arquivo.

Art. 7º – A Secretaria de Engenharia e Arquitetura é composta pelos seguintes órgãos:
I – Assessoria Técnica;
II – Diretoria de Projetos;
III – Diretoria de Operação e Manutenção;
IV – Diretoria de Obras;
V – Núcleo Administrativo.

§ 1º – A Diretoria de Projetos é composta pelos seguintes órgãos:
I – Gerência de Projetos de Novas Edificações;
II – Gerência de Projetos de Reformas e Adaptações;
III – Núcleo Administrativo.

§ 2º – A Diretoria de Operação e Manutenção é composta pelos seguintes órgãos:
I – Gerência de Manutenção Elétrica e Eletrônica;
II – Gerência de Manutenção Mecânica e de Refrigeração;
III – Gerência de Manutenção Civil;
IV – Núcleo Administrativo.

§ 3º – A Diretoria de Obras é composta pelos seguintes órgãos:
I – Gerência de Planejamento e de Orçamento;
II – Gerência de Fiscalização de Obras;
III – Núcleo Administrativo.

Art. 8º – A Secretaria-Geral do Ministério Público adotará as providências necessárias ao cumprimento do disposto nesta Resolução, encaminhando para aprovação do Procurador-Geral de Justiça, no prazo de 120 (cento e vinte) dias, o pertinente Manual de Competências.

Art. 9 º – A Gerência de Suporte ao Gabinete do Procurador-Geral de Justiça e a Gerência de Suporte às Assessorias do Procurador-Geral de Justiça passam a ser vinculadas, respectivamente, à Chefia de Gabinete e à Subprocuradoria-Geral de Justiça de Assuntos Institucionais e Judiciais.

Art. 10 – Esta Resolução entra em vigor na data de sua publicação, revogadas as disposições em contrário, especialmente a Resolução GPGJ nº 1.324, de 31 de março de 2006 e a Resolução GPGJ nº 1.758, de 9 de julho de 2012.

* artigos 7º ao 10º alterados pela Resolução nº 2.011 de 05 de novembro de 2015.

Rio de Janeiro, 15 de maio de 2013.
Marfan Martins Vieira
Procurador-Geral de Justiça

RESOLUÇÃO GPGJ Nº 1.841 DE 06 DE JUNHO DE 2013.

Institui o Grupo Especial de Análise Recursal e dá outras providências.

O **PROCURADOR-GERAL DE JUSTIÇA DO ESTADO DO RIO DE JANEIRO**, no uso de suas atribuições legais,

CONSIDERANDO a necessidade de se adequar a estrutura administrativa e funcional do Ministério Público à crescente demanda de trabalho, permitindo sejam devidamente atendidos os anseios sociais,

R E S O L V E

Art. 1º – Fica instituído o Grupo Especial de Análise Recursal, integrado por Procuradores de Justiça, incumbindo-lhe emitir pareceres, por delegação da Chefia Institucional:

I – em recursos ordinários interpostos das decisões finais dos órgãos do Tribunal de Justiça;

II – sobre a admissibilidade dos recursos extraordinários e especiais em matéria cível.

Art. 2º – Os integrantes do Grupo serão designados pelo Procurador-Geral de Justiça, mediante concurso, pelo critério de antiguidade na classe, para atuação pelo prazo mínimo de 4 (quatro) meses.

§ 1º – No caso de não haver interessados no concurso, a escolha será realizada mediante designação do Procurador-Geral de Justiça.

§ 2º – Um dos integrantes do Grupo cumulará as funções de Coordenador.

§ 3º – Em razão da produtividade e da demanda e mediante provocação do Coordenador, os integrantes do Grupo poderão ser reconduzidos por ato do Procurador-Geral de Justiça.

 § 4º – Os integrantes do Grupo poderão ficar afastados voluntariamente de sua lotação, observada a conveniência do serviço.

Art. 3º – O Grupo Especial ora instituído apresentará ao Procurador-Geral de Justiça, bimestralmente, relatório de suas atividades.

Art. 4º – Esta Resolução entra em vigor na data de sua publicação, ficando revogado, a contar da instalação do Grupo, o inciso IV e o § 4º do Art. 5º da Resolução GPGJ nº 1.796, de 17 de janeiro de 2013.

Rio de Janeiro, 06 de junho de 2013.

Marfan Martins Vieira
Procurador-Geral de Justiça

RESOLUÇÃO GPGJ nº 1.876 DE 03 DE DEZEMBRO DE 2013.

Dispõe sobre o tabelamento entre Promotorias de Justiça, nos casos de impedimento, suspeição, falta ocasional e afastamento por prazo exíguo do membro titular ou designado.

O **PROCURADOR-GERAL DE JUSTIÇA DO ESTADO DO RIO DE JANEIRO**, no uso de suas atribuições legais,

CONSIDERANDO a necessidade de disciplinar o tabelamento entre Promotorias de Justiça, nos casos de impedimento, suspeição, falta ocasional e afastamento por prazo exíguo do membro titular ou designado;

CONSIDERANDO o que consta nos autos do Procedimento MPRJ nº 2013.00407942,

R E S O L V E

Art. 1º – Ocorrendo falta ocasional, impedimento ou suspeição de membro do Ministério Público, titular ou em exercício em Promotoria de Justiça, o desempenho da atribuição será definido de acordo com as regras desta Resolução.

§ 1º – Salvo situações excepcionais, aplicam-se as regras previstas nesta Resolução à designação em substituição na hipótese de afastamento de curta duração.

§ 2º – Na hipótese de falta ocasional, o membro em substituição oficiará nos atos e medidas urgentes.

§ 3º – As designações decorrentes da não confirmação do arquivamento de inquéritos civis ou policiais observarão, preferencialmente, as regras previstas nesta Resolução.

Art. 2º – Havendo designação em auxílio ou codesignação, os membros em atuação perante o mesmo órgão de execução se substituirão reciprocamente.

Parágrafo único – Caso haja mais de dois membros atuando, a qualquer título, no mesmo órgão de execução, a definição do substituto observará a ordem inversa de antiguidade na classe.

Art. 3º – Inexistindo codesignados ou auxiliares, o membro do Ministério Público será substituído por quem estiver em exercício em Promotoria de Justiça com atuação vinculada ao mesmo órgão jurisdicional, desde que com atribuições de mesma natureza, respeitada a ordem crescente de numeração dos órgãos de execução, seguindo-se ao de número mais elevado o de numeração mais baixa.

Art. 4º – Não verificada alguma das hipóteses anteriores, o substituto será o membro do Ministério Público, titular ou em exercício em órgão de execução com atribuição perante órgão jurisdicional de igual competência quanto à matéria, no respectivo Foro, respeitada a ordem crescente de numeração dos Juízos ou, conforme o caso, das Promotorias de Justiça, seguindo-se ao de número mais elevado o de numeração mais baixa.

Art. 5º – Nas Promotorias de Justiça e nas designações para atuação exclusiva perante juízos únicos, a substituição será feita reciprocamente entre os Membros do Ministério Público, titulares ou em exercício, conforme o disposto no Anexo I.

§ 1º – Não se submetem às regras do *caput* as Promotorias de Justiça e designações indicadas no Anexo II, sendo os membros titulares ou designados para as mesmas substituídos pelos que estiverem em exercício nos órgãos de execução apontados no referido anexo.

§ 2º – Persistindo a indefinição, a substituição se dará pelo grupo de Promotorias de Justiça da Comarca onde estiver sediado o Centro Regional de Apoio Administrativo e Institucional a que o órgão de execução estiver atrelado, aplicando-se, a partir daí, o disposto no Anexo V.

Art. 6º – Existindo apenas dois órgãos de execução numa Comarca ou Foro Regional, ambos substituir-se-ão reciprocamente.

Art. 7º – Nas demais Comarcas, a substituição dar-se-á sequencialmente, dentro dos grupos e subgrupos indicados no Anexo III, seguindo-se ao último subgrupo de Promotorias de Justiça o primeiro.

Art. 8º – A substituição de Membro do Ministério Público, titular ou em exercício, em Promotorias de Justiça de Tutela Coletiva, operar-se-á da seguinte forma:

I – Os Promotores de Justiça substituir-se-ão entre si quando houver dois órgãos de execução sediados no mesmo Município;

II – Havendo mais de dois órgãos dessa espécie a substituição dar-se-á pelo membro titular ou em exercício na Promotoria de Justiça com sede no mesmo Município, observada a ordem crescente de numeração, seguindo-se ao de número mais elevado o de numeração mais baixa;

III – Quando sediados no mesmo Município órgãos de execução de tutela coletiva segmentada por matéria, a definição do membro substituto automático obedecerá à sequência dos grupos de órgãos definidos no Anexo IV, respeitado o critério ordinal do inciso anterior.

Art. 9º – Caso ainda subsistente a indefinição, a substituição, respeitado o disposto no Art. 7º, obedecerá a sequência de grupos de órgãos de execução e de Centros Regionais de Apoio Administrativo Institucional previstas no Anexo V, seguindo-se aos últimos grupos de Promotorias de Justiça de cada CRAAI os primeiros, aplicando-se a mesma regra, após, em relação aos Centros Regionais.

Art. 10 – Ressalvado o disposto no art. 1º, § 1º, as substituições expressamente previstas nesta Resolução prescindem de publicação ou ato formal de designação, mas exigem comunicação à Coordenadoria de Movimentação, preferencialmente por meio eletrônico, em até 24 horas a contar da causa que motivou a necessidade de atuação tabelar.

Art. 11 – A atuação em substituição, na forma desta Resolução, em casos de afastamento de curto prazo e de falta ocasional, gerará o direito previsto no Art. 6º da Lei Complementar nº 113/2003, regulamentado pela Resolução GPGJ nº 1344/06.

Parágrafo único – A substituição, em caso de falta ocasional, só produzirá os efeitos previstos no *caput* se devidamente comunicada e justificada, bem como se alcançar um dia de trabalho.

Art. 12 – Cessada a causa de impedimento ou suspeição por qualquer motivo, restabelece-se automaticamente a atribuição do órgão de execução tabelado.

§ 1º – As hipóteses de suspeição e impedimento são aquelas previstas na legislação institucional e processual.

§ 2º – Cabe ao membro do Ministério Público declinar, nos autos do procedimento ou do processo, o fundamento do impedimento ou da suspeição, adotando as providências para que sejam remetidos ao órgão tabelar.

§ 3º – O membro do Ministério Público, quando houver motivo de ordem íntima que o iniba de funcionar, comunicará sua suspeição ao Procurador-Geral de Justiça, que poderá, como medida compensatória, designar o que se declarou suspeito para atuar em procedimentos de atribuição do órgão tabelar, havendo expressa concordância deste, sem direito à percepção de qualquer vantagem correlata.

Art. 13 – A atualização dos anexos da presente Resolução será promovida pelo

Comitê Gestor de que trata o Art. 3°, parágrafo único, da Resolução Conjunta GPGJ/CGMP nº 01/2009.

Art. 14 – Os casos omissos serão resolvidos pelo Procurador-Geral de Justiça.

Art. 15 – Esta Resolução entra em vigor na data de sua publicação, revogadas as disposições em contrário, em especial as Resoluções GPGJ nº 161/84 e nº 1.124/03.

Rio de Janeiro, 03 de dezembro de 2013.

Marfan Martins Vieira
Procurador-Geral de Justiça

ANEXO I
Promotorias de Justiça e designações com atuação exclusiva perante juízos únicos sujeitas a substituição recíproca

I. Promotoria de Justiça de Arraial do Cabo e Promotoria de Justiça de Iguaba Grande
II. Promotoria de Justiça de Bom Jardim e Promotoria de Justiça de Duas Barras
III. Promotoria de Justiça de Cambuci e Promotoria de Justiça de Itaocara
IV. Promotoria de Justiça de Cantagalo e Promotoria de Justiça de Carmo
V. Promotoria de Justiça de Casimiro de Abreu e Promotoria de Justiça de Silva Jardim
VI. Promotoria de Justiça de Conceição de Macabu e Promotoria de Justiça de Carapebus/Quissamã
VII. Promotoria de Justiça de Engenheiro Paulo de Frontin e Promotoria de Justiça de Mendes
VIII. Promotoria de Justiça de Guapimirim e São José do Vale do Rio Preto
IX. Promotoria de Justiça de Italva/Cardoso Moreira e Promotoria de Justiça de São Francisco do Itabapoana
X. Promotoria de Justiça de Itatiaia e Promotoria de Justiça de Porto Real/Quatis
XI. Promotoria de Justiça de Mangaratiba e Promotoria de Justiça de Paraty
XII. Promotoria de Justiça de Miguel Pereira e Designação para atuar perante a Comarca de Paty do Alferes
XIII. Promotoria de Justiça de Natividade e Promotoria de Justiça de Porciúncula
XIV. Designação para atuar perante a Comarca de Pinheiral e Promotoria

de Justiça de Rio Claro
XV. Promotoria de Justiça de Paracambi e Promotoria de Justiça de Piraí
XVI. Promotoria de Justiça de Sapucaia e Promotoria de Justiça de Sumidouro
XVII. Promotoria de Justiça de São Sebastião do Alto e Promotoria de Justiça de Trajano de Moraes

ANEXO II

Grupo I – Foro Central da Comarca da Capital
1) Subgrupos de Promotorias de Justiça de Investigação Penal da 1ª Central de Inquéritos;
2) Subgrupos de Promotorias de Justiça junto ao Tribunal do Júri;
3) Subgrupos de Promotorias de Justiça junto à Auditoria da Justiça Militar;
4) Subgrupos de Promotorias de Justiça Criminais;
5) Subgrupos de Promotorias de Justiça junto aos Juizados de Violência Doméstica e Familiar contra a Mulher;
6) Subgrupos de Promotorias de Justiça junto aos Juizados Especiais Criminais e às Turmas Recursais Criminais;
7) Subgrupos de Promotorias de Justiça junto à Vara de Execução Penal.
Grupo II – Foro Central da Comarca da Capital
1) Subgrupos de Promotorias de Justiça Cíveis;
2) Subgrupos de Promotorias de Justiça de Família;
3) Subgrupos de Promotorias de Justiça de Proteção ao Idoso e à Pessoa com Deficiência;
4) Subgrupos de Promotorias de Justiça da Infância e da Juventude (Matéria Não Infracional);
5) Subgrupos de Promotorias de Justiça da Infância e da Juventude (Matéria Infracional);
6) Subgrupos de Promotorias de Justiça de Execução de Medidas Sócio-Educativas;
7) Subgrupos de Promotorias de Justiça de Órfãos, Sucessões e Resíduos;
8) Subgrupos de Promotorias de Justiça de Registro Civil;
9) Subgrupos de Promotorias de Justiça de Registros Públicos;
10) Subgrupos de Promotorias de Justiça de Fazenda Pública;
11) Subgrupos de Promotorias de Justiça de Fundações;
12) Subgrupos de Promotorias de Justiça de Massas Falidas;
13) Subgrupos de Promotorias de Justiça de Tutela Coletiva.
Grupo III – Foros Regionais e Comarcas do Interior, quando existentes:
1) Subgrupos de Promotorias de Justiça de Investigação Penal, caso haja alguma sediada na Comarca;
2) Subgrupos de Promotorias de Justiça com atribuição perante o Tribunal do Júri;
3) Subgrupos de Promotorias de Justiça com atribuição em matéria Criminal;
4) Subgrupos de Promotorias de Justiça com atribuição perante os Juizados de

Violência Doméstica e Familiar contra a Mulher;
5) Subgrupos de Promotorias de Justiça com atribuição perante os Juizados Especiais Criminais.
Grupo IV – Foros Regionais e Comarcas do Interior, quando existentes:
1) Subgrupos de Promotorias de Justiça com atribuição em matéria Cível;
2) Subgrupos de Promotorias de Justiça com atribuição em matéria de Família;
3) Subgrupos de Promotorias de Justiça de Proteção ao Idoso e à Pessoa Portadora de Deficiência, caso haja alguma sediada no Município;
4) Subgrupos de Promotorias de Justiça com atribuição em matéria da Infância e da Juventude, caso haja alguma sediada no mesmo bairro que o Foro Regional ou na mesma Comarca do Interior;
5) Subgrupos de Promotorias de Justiça de Tutela Coletiva, caso haja alguma sediada no Município.

ANEXO III
Subgrupos de Promotoria de Justiça de Tutela Coletiva especializadas por matéria

1) Promotorias de Justiça de Tutela Coletiva de Defesa da Cidadania;
2) Promotorias de Justiça de Tutela Coletiva do Sistema Prisional e Direitos Humanos;
3) Promotorias de Justiça de Tutela Coletiva de Proteção da Educação;
4) Promotorias de Justiça de Tutela Coletiva da Saúde;
5) Promotorias de Justiça de Tutela Coletiva de Defesa do Meio Ambiente e Patrimônio Cultural;
6) Promotorias de Justiça de Tutela Coletiva de Defesa da Ordem Urbanística;
7) Promotorias de Justiça de Tutela Coletiva de Defesa do Consumidor e do Contribuinte.

ANEXO IV

I. No Centro Regional de Apoio Administrativo e Institucional de Campos:
1) Promotorias sediadas na Comarca de São Francisco de Itabapoana;
2) Promotorias sediadas na Comarca de Campos dos Goytacazes;
3) Promotorias sediadas na Comarca de São Fidélis;
4) Promotorias sediadas na Comarca de São João da Barra.
II. No Centro Regional de Apoio Administrativo e Institucional de Itaperuna:
1) Promotorias sediadas na Comarca de Laje de Muriaé;
2) Promotorias sediadas na Comarca de Natividade;
3) Promotorias sediadas na Comarca de Porciúncula;
4) Promotorias sediadas na Comarca de Bom Jesus do Itabapoana;
5) Promotorias sediadas na Comarca de Itaperuna;
6) Promotorias sediadas na Comarca de Italva;
7) Promotorias sediadas na Comarca de Cambuci;

8) Promotorias sediadas na Comarca de Itaocara;
9) Promotorias sediadas na Comarca de Santo Antônio de Pádua;
10) Promotorias sediadas na Comarca de Miracema.
III. No Centro Regional de Apoio Administrativo e Institucional de Macaé:
1) Promotorias sediadas na Comarca de Silva Jardim;
2) Promotorias sediadas na Comarca de Casimiro de Abreu;
3) Promotorias sediadas na Comarca de Rio das Ostras;
4) Promotorias sediadas na Comarca de Conceição de Macabu;
5) Promotorias sediadas na Comarca de Quissamã;
6) Promotorias sediadas na Comarca de Macaé.
IV. No Centro Regional de Apoio Administrativo e Institucional de Cabo Frio:
1) Promotorias sediadas na Comarca de Saquarema;
2) Promotorias sediadas na Comarca de Araruama;
3) Promotorias sediadas na Comarca de Iguaba Grande;
4) Promotorias sediadas na Comarca de Arraial do Cabo;
5) Promotorias sediadas na Comarca de Armação dos Búzios;
6) Promotorias sediadas na Comarca de Cabo Frio;
7) Promotorias sediadas na Comarca de São Pedro da Aldeia.
V. No Centro Regional de Apoio Administrativo e Institucional de Niterói:
1) Promotorias sediadas na Comarca de Niterói;
2) Promotorias sediadas na Comarca de Maricá.
VI. No Centro Regional de Apoio Administrativo e Institucional de São Gonçalo:
1) Promotorias sediadas na Comarca de São Gonçalo;
2) Promotorias sediadas na Comarca de Itaboraí;
3) Promotorias sediadas na Comarca de Rio Bonito.
VII. No Centro Regional de Apoio Administrativo e Institucional de Nova Friburgo:
1) Promotorias sediadas na Comarca de Duas Barras;
2) Promotorias sediadas na Comarca de Bom Jardim;
3) Promotorias sediadas na Comarca de Cachoeiras de Macacu;
4) Promotorias sediadas na Comarca de Nova Friburgo;
5) Promotorias sediadas na Comarca de Santa Maria Madalena;
6) Promotorias sediadas na Comarca de Trajano de Morais;
7) Promotorias sediadas na Comarca de São Sebastião do Alto;
8) Promotorias sediadas na Comarca de Cantagalo;
9) Promotorias sediadas na Comarca de Cordeiro.
VIII. No Centro Regional de Apoio Administrativo e Institucional de Teresópolis:
1) Promotorias sediadas na Comarca de Guapimirim;
2) Promotorias sediadas na Comarca de Teresópolis;
3) Promotorias sediadas na Comarca de Sumidouro;

4) Promotorias sediadas na Comarca de Sapucaia;
5) Promotorias sediadas na Comarca de Carmo.
IX. No Centro Regional de Apoio Administrativo e Institucional de Petrópolis:
1) Promotorias sediadas na Comarca de São José do Vale do Rio Preto;
2) Promotorias sediadas na Comarca de Petrópolis;
3) Promotorias sediadas na Comarca de Três Rios
4) Promotorias sediadas na Comarca de Paraíba do Sul.
X. No Centro Regional de Apoio Administrativo e Institucional de Barra do Piraí:
1) Promotorias sediadas na Comarca de Rio das Flores;
2) Promotorias sediadas na Comarca de Paty do Alferes; (*)
3) Promotorias sediadas na Comarca de Miguel Pereira;
4) Promotorias sediadas na Comarca de Vassouras;
5) Promotorias sediadas na Comarca de Engenheiro Paulo de Frontin;
6) Promotorias sediadas na Comarca de Mendes;
7) Promotorias sediadas na Comarca de Piraí;
8) Promotorias sediadas na Comarca de Barra do Piraí;
9) Promotorias sediadas na Comarca de Valença.
XI. No Centro Regional de Apoio Administrativo e Institucional de Volta Redonda:
1) Promotorias sediadas na Comarca de Resende;
2) Promotorias sediadas na Comarca de Itatiaia;
3) Promotorias sediadas na Comarca de Porto Real/Quatis;
4) Promotorias sediadas na Comarca de Volta Redonda;
5) Promotorias sediadas na Comarca de Pinheiral; (*)
6) Promotorias sediadas na Comarca de Rio Claro;
7) Promotorias sediadas na Comarca de Barra Mansa.
XII. No Centro Regional de Apoio Administrativo e Institucional de Angra dos Reis:
1) Promotorias sediadas na Comarca de Paraty;
2) Promotorias sediadas na Comarca de Angra dos Reis;
3) Promotorias sediadas na Comarca de Mangaratiba.
XIII. No Centro Regional de Apoio Administrativo e Institucional de Nova Iguaçu:
1) Promotorias sediadas na Comarca de Paracambi;
2) Promotorias sediadas na Comarca de Japeri;
3) Promotorias sediadas na Comarca de Itaguaí;
4) Promotorias sediadas na Comarca de Seropédica;
5) Promotorias sediadas na Comarca de Queimados;
6) Promotorias sediadas na Comarca de Nilópolis;
7) Promotorias sediadas na Comarca de Nova Iguaçu.
XIV. No Centro Regional de Apoio Administrativo e Institucional de Duque de Caxias:

1) Promotorias sediadas na Comarca de Magé;
2) Promotorias sediadas no Foro Regional de Vila Inhomirim – Comarca de Magé;
3) Promotorias sediadas na Comarca de Duque de Caxias;
4) Promotorias sediadas na Comarca de Belford Roxo;
5) Promotorias sediadas na Comarca de São João de Meriti.

XV. No Centro Regional de Apoio Administrativo e Institucional do Rio de Janeiro:

1) Promotorias sediadas no Foro Central;
2) Promotorias sediadas no Foro Regional da Leopoldina;
3) Promotorias sediadas no Foro Regional da Ilha do Governador;
4) Promotorias sediadas no Foro Regional da Pavuna
5) Promotorias sediadas no Foro Regional de Bangu;
6) Promotorias sediadas no Foro Regional de Campo Grande;
7) Promotorias sediadas no Foro Regional de Santa Cruz;
8) Promotorias sediadas no Foro Regional da Barra da Tijuca;
9) Promotorias sediadas no Foro Regional de Jacarepaguá;
10) Promotorias sediadas no Foro Regional de Madureira;
11) Promotorias sediadas no Foro Regional do Méier.

RESOLUÇÃO GPGJ Nº 1.887 DE 26 DE DEZEMBRO DE 2013.

Institui, no âmbito do Ministério Público do Estado do Rio de Janeiro, o Sistema de Velamento de Fundações, cria órgãos de execução e dá outras providências.

O PROCURADOR-GERAL DE JUSTIÇA DO ESTADO DO RIO DE JANEIRO, no uso de suas atribuições legais,

CONSIDERANDO que é função institucional do Ministério Público a atuação na defesa dos interesses sociais, nos termos do art. 127 da Constituição Federal;

CONSIDERANDO que constitui atribuição do Ministério Público velar pelas fundações no Estado onde situadas, conforme dispõe o art. 66 do Código Civil;

CONSIDERANDO a necessidade de redefinição das atribuições dos órgãos de execução do Ministério Público, para adequá-los às novas demandas sociais;

CONSIDERANDO o deliberado pelo Órgão Especial do Colégio de Procuradores de Justiça, na sessão de 29 de novembro de 2013;
CONSIDERANDO o que consta nos autos do Processo MPRJ no 2005.001.05480.00 e seus apensos,
R E S O L V E

Título I
Disposições Gerais

Art. 1º – É atribuição do Ministério Público do Estado do Rio de Janeiro velar pelas fundações de direito privado que atuem no território estadual, exceto as instituídas ou mantidas pelo Poder Público e submetidas ao controle dos Tribunais de Contas, bem como aquelas excluídas por expressa disposição de lei.
Art. 2º – Os atos normativos que disciplinem o exercício da atribuição em matéria fundacional serão editados exclusivamente pelo Procurador-Geral de Justiça, na forma do art. 34, XII, da Lei Complementar nº 106/03.
Parágrafo único – O disposto no *caput* não impede a organização, pelas Promotorias de Justiça de Fundações, de seus serviços auxiliares e rotinas administrativas internas mediante ordem de serviço, desde que esta não interfira na competência exclusiva do Procurador-Geral de Justiça nem conflite com o conteúdo de ato normativo por ele editado.

Título II
Do Sistema de Velamento de Fundações
Seção I
Dos órgãos de execução integrantes do sistema de velamento

Art. 3º – Para o exercício das atribuições de velamento das fundações no Estado do Rio de Janeiro, fica instituído o Sistema de Velamento de Fundações, em cuja estrutura atuarão, de forma articulada e integrada, os seguintes órgãos de execução:
I – 1ª, 2ª e 3ª Promotorias de Justiça de Fundações, sediadas na Comarca da Capital do Estado do Rio de Janeiro;
II – Promotorias de Justiça do interior que detenham atribuição em matéria cível.
Art. 4º – As Promotorias de Justiça de Fundações possuem atribuições exclusivas para:
I – atuar judicialmente, como parte ou custos legis, em processos em curso na Comarca da Capital, bem como ajuizar demandas relativas a matéria fundacional em todo o Estado;
II – atuar extrajudicialmente em matéria fundacional em todo o Estado.

§ 1º – As Promotorias de Justiça de Fundações comunicarão à Corregedoria-Geral do Ministério Público, na forma da Resolução Conjunta GPGJ/CGMP nº 07, de 12 de abril de 2011, a divisão de trabalho ajustada entre os respectivos titulares.

§ 2º – Na divisão de trabalho mencionada no parágrafo anterior, deverá ser prevista regra de alternância periódica entre os órgãos de execução no que se refere à análise de contas e às visitas às fundações, a fim de que a fiscalização de uma entidade não fique permanentemente vinculada ao mesmo órgão.

Art. 5º – Nas Comarcas do interior em que estiver localizada sede de fundação, a atuação em processos judiciais envolvendo matéria fundacional, após a propositura da ação, será exercida pelo Promotor de Justiça com atribuição em matéria cível na respectiva Comarca.

§ 1º – Nas Comarcas em que houver mais de uma Promotoria de Justiça com atribuição em matéria cível, a atuação prevista no *caput* incumbirá àquela que estiver vinculada ao órgão judicial onde tramita o processo.

§ 2º – Não se fixando a atribuição pela regra do parágrafo anterior, a mesma será definida por critério objetivo e equânime de distribuição, devidamente comunicado à Corregedoria-Geral do Ministério Público.

§ 3º – As Promotorias de Justiça de Fundações, no exercício de sua atribuição extrajudicial, poderão, excepcionalmente, deprecar diligências às Promotorias de Justiça referidas no *caput*, exceto a de realizar visitas regulares a fundações.

Seção II
Das Promotorias de Justiça de Fundações
Capítulo I
Das atribuições

Art. 6º – Incumbe às Promotorias de Justiça de Fundações velar pela regularidade de todos os atos e atividades direta ou indiretamente relacionados às fundações sob sua fiscalização, devendo, dentre outras, exercer as atribuições de:

I – atuar extrajudicial e judicialmente em procedimentos e processos que envolvam matéria afeta ao velamento das fundações, observado o disposto no Art. 5º desta Resolução;

II – adotar as medidas judiciais e extrajudiciais que visem a assegurar a transparência e o controle na gestão das fundações

III – exigir e examinar anualmente a prestação de contas por parte dos administradores;

IV – promover, sempre que necessário, a realização de auditorias, estudos atuariais e técnicos, e perícias, correndo as despesas por conta da entidade fiscalizada;

V – emitir pronunciamento prévio sobre os pedidos de alienação, oneração ou cessão em locação, comodato ou a qualquer outro título, dos bens patrimoniais das fundações;
VI – comparecer, com periodicidade anual, às dependências das fundações e, quando necessário, às reuniões dos órgãos destas, com a faculdade de discussão das matérias, nas mesmas condições asseguradas aos respectivos membros;
VII – exigir que o representante legal da fundação, no ato da aprovação e imediatamente após a inscrição dos atos constitutivos no Cartório de Registro Civil de Pessoas Jurídicas, protocolize, na respectiva Promotoria de Justiça, certidão de inteiro teor do registro e instrumentos que comprovem a transferência dos bens que constituem a entidade;
VIII – propor, autorizar ou negar qualquer modificação no estatuto, desde que necessárias ao atendimento dos interesses da fundação, fixando, no caso de aprovação, prazo razoável para que o presidente da entidade protocolize, na respectiva Promotoria de Justiça, o registro do estatuto com a averbação efetuada;
IX – propor judicialmente a extinção da fundação, exigindo prestação de contas e indicando outra fundação para absorver o patrimônio, sempre que a entidade estiver inativa e não puder ser reabilitada ou quando não estiver cumprindo suas finalidades, bem como nas demais hipóteses previstas em lei;
X – promover, nas hipóteses do inciso anterior, a extinção pela via administrativa, que poderá ser feita da forma como se deu a instituição;
XI – receber ou requisitar relatórios, orçamentos, planos de custeio, elementos contábeis, informações, cópias de atas, de atos gerais, regulamentares e especiais dos administradores das fundações e demais documentos que interessem à sua fiscalização;
XII – fiscalizar o funcionamento das administrações das fundações, para controle da adequação da atividade da instituição a seus fins e da legalidade e pertinência dos atos de seus administradores, levando em conta as disposições legais, regulamentares e estatutárias;
XIII – promover judicialmente a remoção definitiva de administradores das fundações, nos casos de gestão irregular ou ruinosa, conforme o caso, responsabilizando-os civilmente;
XIV – acompanhar e promover as medidas pertinentes visando à consecução da atividade finalística da fundação;
XV – subsidiar a alimentação dos bancos de dados e ferramentas institucionais de controle e transparência, em meio físico ou digital, com as informações relevantes acerca das atividades e situação das fundações;
XVI – aprovar os contratos de auditoria externa com base em requisitos de capacidade técnica e idoneidade, abstendo-se de instituir no âmbito da

Promotoria de Justiça banco de auditores habilitados, cadastro prévio ou qualquer medida que possa restringir a competitividade entre profissionais do setor;

XVII – elaborar o estatuto da fundação projetada, quando presente a hipótese do art. 65, parágrafo único, do Código Civil;

XVIII – apreciar as hipóteses em que a fundação pretender filiar-se a outras entidades ou nelas ter participação;

XIX – apreciar as hipóteses de mudança de sede da fundação ou de instalação de filiais, estabelecimentos e unidades;

XX – praticar os demais atos necessários ao exercício de suas atribuições.

§ 1º – O Procurador-Geral de Justiça poderá, por provocação da Promotoria de Justiça de Fundações, designar administrador provisório para as fundações de direito privado, desde que não tenham sido criadas por lei e não sejam mantidas pelo Poder Público, sempre que inexistir administrador regularmente investido e tal se fizer necessário.

§ 2º – A administração provisória terá a duração de 6 (seis) meses, prorrogáveis fundamentadamente por igual período em caso de necessidade devidamente comprovada.

Capítulo II
Dos serviços auxiliares

Art. 7º – Para o exercício de suas atribuições, as Promotorias de Justiça de Fundações, sem prejuízo do apoio técnico prestado pelos órgãos existentes na estrutura da Procuradoria-Geral de Justiça, contarão com o apoio dos serviços auxiliares integrantes de sua estrutura.

Art. 8º – Os serviços auxiliares, desempenhados sob a chefia imediata das Promotorias de Justiça de Fundações, compreendem, dentre outras, as funções de:

I – receber os procedimentos remetidos pelos órgãos do Poder Judiciário ou por qualquer outro órgão, público ou privado, que sejam da atribuição das Promotorias de Justiça;

II – arquivar cópia de documentos por determinação do Promotor de Justiça;

III – encaminhar às Promotorias de Justiça de Fundações os processos judiciais, procedimentos e expedientes recebidos;

IV – receber diretamente das partes todos os documentos que se refiram a procedimentos em trâmite nas Promotorias de Justiça de Fundações;

V – proceder à remessa externa e interna de processos, procedimentos e expedientes em geral;

VI – expedir ofícios assinados pelos Promotores de Justiça de Fundações;

VII – preparar informações estatísticas;

VIII – juntar peças e prestar informações nos processos;

IX – lavrar termos e demais atos formais pertinentes;
X – atender inicialmente as partes interessadas e cidadãos, fazendo as anotações pertinentes, sem prejuízo do atendimento a ser realizado pelo membro do Ministério Público;
XI – organizar e manter em dia os livros e arquivos sob sua responsabilidade;
XII – organizar a agenda de reuniões;
XIII – organizar, conforme determinação das Promotorias de Justiça de Fundações, o calendário de visitas às fundações;
XIV – organizar o arquivo provisório de expedientes e documentos, mantendo os controles cabíveis em meio físico ou digital;
XIV – praticar os demais atos fixados nesta ou em outras resoluções.

Título III
Disposições finais e transitórias

Art. 9º – Ficam criadas as 2ª e 3ª Promotorias de Justiça de Fundações, respectivamente, por transformação da 20ª Promotoria de Justiça de Substituição do CRAAI Rio de Janeiro e pelo aproveitamento de um dos cargos de Promotor de Justiça transformados pela Resolução GPGJ nº 1809/2013, com as atribuições definidas nesta Resolução.
Art. 10 – Em razão do disposto no artigo anterior, a atual Promotoria de Justiça de Fundações passa a denominar-se 1ª Promotoria de Justiça de Fundações, ficando suas atribuições redefinidas nos termos desta Resolução.
Art. 11 – Fica mantida a atribuição das Promotorias de Justiça de Tutela Coletiva para a apuração e ajuizamento de ações visando à responsabilização por atos de improbidade que envolvam, enquanto partícipes ou beneficiários, a entidade fundacional ou seus representantes, nesta condição.
Art. 12 – As Promotorias de Justiça de Fundações comunicarão às entidades instituídas a entrada em vigor desta Resolução.
Art. 13 – Até a edição de novo ato normativo pelo Procurador-Geral de Justiça no exercício da competência prevista no Art. 2º, *caput*, desta Resolução, permanecem em vigor, naquilo que não conflitarem com a presente, as normas da Resolução GPGJ nº 68, de 20 de novembro de 1979.
Art. 14 – A presente Resolução entra em vigor na data de sua publicação, revogadas as disposições em contrário.

Rio de Janeiro, 26 de dezembro de 2013.
Marfan Martins Vieira
Procurador-Geral de Justiça

RESOLUÇÃO GPGJ Nº 1.935 DE 26 DE SETEMBRO DE 2014.

Disciplina o Procedimento Preparatório Eleitoral (PPE), a ser instaurado pelos Promotores de Justiça no exercício da função eleitoral.

O **PROCURADOR GERAL DE JUSTIÇA DO ESTADO DO RIO DE JANEIRO**, no uso de suas atribuições legais,

CONSIDERANDO a interpretação dispensada pelo egrégio Tribunal Superior Eleitoral ao artigo 105-A da Lei nº 9.504, de 30 de setembro de 1997;

CONSIDERANDO que a apuração das infrações eleitorais de natureza não criminal exige o estabelecimento de requisitos procedimentais mínimos, de modo a assegurar o respeito aos direitos individuais e o desenvolvimento do controle interno;

CONSIDERANDO que a disciplina dos procedimentos internos é projeção da autonomia constitucional assegurada a cada ramo do Ministério Público, devendo ser veiculada por ato normativo editado pela Chefia Institucional;

CONSIDERANDO que, enquanto não sobrevier lei prevendo a possibilidade de revisão dos arquivamentos realizados, devem prevalecer, em sua integridade, os juízos valorativos realizados pelos Promotores de Justiça, consectário lógico da independência funcional,

RESOLVE

Art. 1º. Os Promotores de Justiça, no exercício da função eleitoral, podem instaurar Procedimento Preparatório Eleitoral (PPE), visando à colheita dos subsídios necessários à adoção das medidas cabíveis em relação às infrações eleitorais de natureza não criminal.

Parágrafo único. O Procedimento Preparatório Eleitoral não constitui condição de procedibilidade para o ajuizamento das ações inseridas na esfera de atribuições dos Promotores Eleitorais.

Art. 2º. O Procedimento Preparatório Eleitoral será instaurado:

I – de ofício;

II – mediante representação de qualquer interessado ou de comunicação de autoridade pública.

§ 1º. A representação a que se refere o inciso II do *caput* deste artigo deverá conter os seguintes requisitos:

I – nome, qualificação e endereço do representante e, se possível, do autor do fato;

II – descrição do fato objeto da investigação;

III – indicação dos meios de prova ou apresentação de informações e documentos pertinentes, se houver.

§ 2º. O representante será instado, se for o caso, a complementar a representação, no prazo de 24 (vinte e quatro) horas, suprindo as falhas identificadas pelo Promotor de Justiça.

§ 3º. Em caso de representação oral, o Promotor de Justiça a reduzirá a termo.

§ 4º. A representação será autuada e registrada em livro próprio ou em sistema de registro, nos termos definidos em ato do Procurador-Geral de Justiça.

§ 5º. A representação será indeferida liminarmente:

I – se não preenchidos os requisitos previstos nesta Resolução;

II – em razão da falta de atribuição do Ministério Público para apurar o fato;

III – se o fato já for objeto de procedimento ou ação anteriores promovidos pelo Ministério Público.

Art. 3º. O Promotor de Justiça expedirá portaria fundamentada, na qual indicará o objeto da investigação.

Parágrafo único. A portaria será numerada em ordem crescente, renovada anualmente, devidamente registrada em livro próprio e autuada, observados os requisitos legais e também:

I – o fundamento legal que autoriza a atuação do Ministério Público, a descrição de seu objeto e a justificativa, ainda que sucinta, da necessidade de instauração do procedimento;

II – a indicação, se possível, das pessoas envolvidas no fato a ser apurado;

III – a data e o local da instauração e a determinação das diligências iniciais, se isso não for prejudicial à investigação;

IV – a cientificação do representante e a afixação de cópia da portaria em local de costume e sua disponibilização no portal da Instituição, se não houver prejuízo para a investigação.

Art. 4º. O procedimento deverá ser concluído no prazo de 60 (sessenta) dias, prorrogável quando necessário, cabendo ao órgão de execução declinar os motivos da prorrogação.

Parágrafo único. A motivação referida no *caput* será precedida de relatório circunstanciado acerca das providências já tomadas e daquelas ainda em curso.

Art. 5º. Mediante decisão fundamentada, o Promotor de Justiça poderá decretar a restrição total ou parcial à publicidade do procedimento, observando-se os balizamentos constitucionais, legais e regulamentares.

Art. 6º. Para instrução do procedimento, o Promotor de Justiça deve adotar todas as providências necessárias à apuração do fato, podendo, na forma da Lei nº 8.625/93:

I – expedir notificações para esclarecimentos, oitiva e coleta de declarações e testemunhos;

II – requisitar informações, dados, exames, documentos e perícias;

III – realizar ou requisitar inspeções e diligências investigatórias.

Art. 7º. O procedimento será arquivado em razão:

I – de não comprovação ou inexistência do fato noticiado;

II – de não constituir o fato infração eleitoral;
III – de prova de que o investigado não concorreu para a infração.
Art. 8º. O desarquivamento do procedimento, diante de novas provas ou para investigar fato novo relevante, poderá ocorrer no prazo máximo de 6 (seis) meses após o arquivamento.
Parágrafo único. Transcorrido o prazo a que se refere o *caput*, o conhecimento de novas provas exigirá a instauração de novo procedimento, que poderá aproveitar os elementos probatórios já existentes.
Art. 9º. Os Promotores de Justiça no exercício da função eleitoral adotarão as providências necessárias para que o Centro de Apoio Operacional das Promotorias Eleitorais:
I – receba cópia da portaria de instauração do procedimento, da promoção de arquivamento ou desarquivamento e da medida judicial que venha a ser proposta;
II – acautele os autos arquivados do procedimento; e
III – encaminhe o procedimento ao Promotor de Justiça que venha a ser designado para atuar na respectiva Promotoria Eleitoral.
Art. 10. Os Promotores de Justiça Eleitorais deverão promover a adequação dos procedimentos em curso aos termos da presente Resolução, no prazo de 90 (noventa) dias a contar de sua entrada em vigor.
Art. 11. Os casos omissos serão resolvidos pelo Procurador-Geral de Justiça.
Art. 12. Esta Resolução entrará em vigor na data de sua publicação.

Rio de Janeiro, 26 de setembro de 2014.
Marfan Martins Vieira
Procurador-Geral de Justiça

RESOLUÇÃO GPGJ Nº 2.009 DE 22 DE OUTUBRO DE 2015.

Regulamenta o exercício das atribuições do Ministério Público junto aos Grupos de Câmaras Criminais e dá outras providências.

O **PROCURADOR-GERAL DE JUSTIÇA DO ESTADO DO RIO DE JANEIRO**, no uso de suas atribuições legais,
CONSIDERANDO a edição da Resolução TJ/TP/RJ nº 01/2015, publicada no Diário Oficial de 20 de julho de 2015, que extinguiu a Seção Criminal do Tribunal de Justiça do Estado do Rio de Janeiro e repartiu sua competência entre o Órgão Especial, os Grupos de Câmaras Criminais e as Câmaras Criminais;

CONSIDERANDO, em especial, a necessidade de se definir a atribuição ministerial perante os Grupos de Câmaras Criminais, órgãos fracionários do Poder Judiciário criados pela Resolução TJ/TP/RJ nº 01/2015;

CONSIDERANDO o deliberado pelo Órgão Especial do Colégio de Procuradores de Justiça, na sessão de 16 de outubro de 2015;

CONSIDERANDO o que consta nos autos do Procedimento MPRJ nº 2015.00736447,

RESOLVE

Art. 1º – Incumbe às Procuradorias de Justiça Criminais, sem prejuízo de suas demais atribuições, oficiar concorrentemente nos processos de competência dos Grupos de Câmaras Criminais, criados pela Resolução TJ/TP/RJ nº 01/2015, bem como atuar nas respectivas sessões de julgamento.

§ 1º – A atribuição referida no *caput* será exercida pelas Procuradorias de Justiça junto às Câmaras Criminais que compõem o respectivo Grupo de Câmaras.

§ 2º – O disposto no *caput* não se aplica aos feitos de atribuição originária do Procurador-Geral de Justiça nem às respectivas sessões de julgamento.

Art. 2º – No exercício da atribuição concorrente fixada no artigo anterior, observar-se-á critério que assegure divisão equitativa de trabalho.

Art. 3º – Esta Resolução entra em vigor no dia 1º de novembro de 2015, revogada a Resolução GPGJ nº 1.989, de 23 de julho de 2015.

Rio de Janeiro, 22 de outubro de 2015.
Marfan Martins Vieira
Procurador-Geral de Justiça

RESOLUÇÃO GPGJ nº 2.080 DE 5 DE JANEIRO DE 2017.

Dispõe sobre a estrutura orgânica da Procuradoria-Geral de Justiça e dá outras providências.

O PROCURADOR-GERAL DE JUSTIÇA DO ESTADO DO RIO DE JANEIRO, em exercício, no uso de suas atribuições legais,

CONSIDERANDO a necessidade de reestruturar organicamente a Procuradoria-Geral de Justiça, maximizando o aproveitamento dos recursos materiais e humanos disponíveis, de modo a melhor atender aos interesses da sociedade;

CONSIDERANDO a necessidade de dinamizar o processo decisório dos órgãos internos,

RESOLVE

Art. 1º – A Procuradoria-Geral de Justiça é integrada pelos seguintes órgãos estruturais:

I – Gabinete do Procurador-Geral de Justiça;

II – Subprocuradoria-Geral de Justiça de Administração;

III – Subprocuradoria-Geral de Justiça de Planejamento Institucional;

IV – Subprocuradoria-Geral de Justiça de Assuntos Cíveis e Institucionais;

V – Subprocuradoria-Geral de Justiça de Assuntos Criminais e de Direitos Humanos;

VI – Subprocuradoria-Geral de Justiça de Relações Institucionais e Defesa de Prerrogativas.

§ 1º – Em suas faltas, licenças, férias e afastamentos, a qualquer título, o Procurador-Geral de Justiça será substituído pelo Subprocurador-Geral de Justiça que designar.

§ 2º – Caberão aos Subprocuradores-Gerais as atribuições descritas nesta Resolução, além de outras que lhes forem delegadas por ato específico do Procurador-Geral de Justiça.

Art. 2º – Ao Gabinete do Procurador-Geral de Justiça incumbe oferecer suporte administrativo, técnico e institucional imediato às atividades desenvolvidas pela Chefia do Ministério Público, sendo composto pelos seguintes órgãos:

I – Chefia de Gabinete;

II – Consultoria Jurídica;

III – Assessoria Executiva;

IV – Coordenadorias de Movimentação;

V – Coordenadoria de Segurança e Inteligência;

VI – Centro de Estudos e Aperfeiçoamento Funcional;

VII – Ouvidoria;

VIII – Conselho de Gestão Estratégica.

§ 1º – À Chefia de Gabinete incumbe:

I – assistir o Procurador-Geral de Justiça em suas representações funcionais e sociais;

II – facilitar a interlocução e a integração entre os órgãos internos da Instituição sempre que necessária a intervenção do Procurador-Geral de Justiça;

III – organizar a agenda do Procurador-Geral de Justiça;

IV – dirigir a Assessoria de Cerimonial, órgão incumbido de:

a) exercer as atividades de cerimonial da Procuradoria-Geral de Justiça;

b) organizar e supervisionar as solenidades institucionais, expedindo convites e comunicados a elas relativos;

c) encaminhar à Chefia de Gabinete, para ciência e agendamento, os convites e compromissos do Procurador-Geral de Justiça, no que concerne a solenidades e eventos;

d) manter cadastro atualizado de autoridades;

e) remeter à Chefia de Gabinete, trimestralmente, por meio eletrônico, relatório das atividades desenvolvidas;

f) desempenhar outras atividades que lhe forem atribuídas pelo Chefe de Gabinete;

V – desempenhar outras atividades, conforme determinação do Procurador-Geral de Justiça.

§ 2º – À Consultoria Jurídica incumbe:

I – opinar, sempre que solicitada pelo Procurador-Geral de Justiça, em expedientes administrativos afetos à decisão da Chefia Institucional;

II – assessorar o Procurador-Geral de Justiça na elaboração, interpretação e aplicação de atos normativos concernentes ao Ministério Público;

III – desempenhar outras atividades, conforme determinação do Procurador Geral de Justiça.

§ 3º – À Assessoria Executiva incumbe:

I – receber e analisar previamente os expedientes administrativos submetidos à apreciação do Procurador-Geral de Justiça, encarregando-se de sua guarda, processamento e tramitação física e eletrônica;

II – assessorar o Procurador-Geral de Justiça em expedientes administrativos e processos judiciais afetos à decisão da Chefia do Ministério Público, preparando atos, despachos, expedientes e correspondências, encarregando-se da respectiva expedição e divulgação;

III – receber, distribuir e controlar os prazos dos expedientes instaurados com base na Lei de Acesso à Informação, que tenham por objeto informações afetas às estruturas da Procuradoria-Geral de Justiça;

IV – supervisionar a Gerência de Suporte ao Gabinete do Procurador-Geral de Justiça e às Subprocuradorias-Gerais;

V – desempenhar outras atividades, conforme determinação do Procurador-Geral de Justiça.

§ 4º – Às Coordenadorias de Movimentação incumbe formular a minuta do quadro da movimentação, inclusive eleitoral, bem como da escala anual de férias e de licença especial dos membros do Ministério Público, encaminhandoa ao Procurador-Geral de Justiça, para decisão.

§ 5º – À Coordenadoria de Segurança e Inteligência, organizada na forma de resolução do Procurador-Geral de Justiça, incumbe:

I – reunir e analisar dados e informações, com a finalidade de produzir e difundir conhecimentos necessários à atuação dos órgãos do Ministério Público, no que se refere à segurança e à atividade de inteligência, bem como assessorar diretamente o Procurador-Geral de Justiça com informações da mesma natureza;

II – prevenir, detectar, obstruir e neutralizar ações de inteligência adversa de qualquer natureza, que constituam ameaça à proteção e preservação de dados, informações e conhecimentos de interesse operacional e de segurança da Instituição e de seus membros;

III – planejar, coordenar e executar as atividades de apoio operacional aos órgãos de execução, bem como todas aquelas relacionadas à segurança pessoal e patrimonial e à prevenção a incêndio e pânico;

IV – exercer a supervisão das atividades desenvolvidas pelos Grupos de Apoio aos Promotores de Justiça;

V – remeter ao Procurador-Geral de Justiça, trimestralmente, por meio eletrônico, relatório das atividades desenvolvidas;

VI – desempenhar outras atividades, conforme determinação do Procurador Geral de Justiça.

§ 6º – Ao Centro de Estudos e Aperfeiçoamento Funcional, destinado a oferecer apoio cultural aos membros e aos servidores da Instituição, incumbe:

I – realizar cursos, seminários, congressos, simpósios, conferências, atividades, programas de treinamento ou reciclagem profissional e palestras que contribuam para o aperfeiçoamento de membros e servidores do Ministério Público e da sociedade em geral;

II – manter biblioteca especializada em matéria jurídica;

III – divulgar matérias jurídicas e administrativas de interesse da Instituição;

IV – manter intercâmbio com instituições congêneres, nacionais ou estrangeiras;

V – apoiar administrativamente a Comissão de Concurso;

VI – celebrar, com autorização do Procurador-Geral de Justiça, parcerias para realização de seus objetivos.

§ 7º – O Centro de Estudos e Aperfeiçoamento Funcional contará em sua estrutura com: I – o Instituto de Educação e Pesquisa, destinado à promoção da pesquisa científica e ao aprimoramento intelectual de membros e servidores da Instituição, bem como da sociedade, incumbindo-lhe:

a) promover pesquisas, estudos e publicações de natureza jurídica de interesse do Ministério Público;

b) produzir conhecimento científico e difundir estudos, diagnósticos e indicadores institucionais e sociais;

c) celebrar, com autorização do Procurador-Geral de Justiça, parcerias para realização de seus objetivos;

II – a Revista do Ministério Público, incumbida da divulgação de trabalhos de doutrina, estudos e pareceres de membros do Ministério Público e de juristas de notório saber, com o objetivo de manter vivo e atualizado o pensamento jurídico dos integrantes da Instituição.

§ 8º – À Ouvidoria incumbe contribuir para a elevação dos padrões de transparência, presteza e segurança da atuação das atividades do Ministério Público, devendo:

I – receber e encaminhar aos órgãos administrativos e de execução da Instituição representações, reclamações, notícias de fatos, pedidos de providências e quaisquer outros expedientes que lhe sejam dirigidos;

II – receber e encaminhar aos órgãos competentes reclamações e notícias de irregularidades envolvendo membros, servidores e órgãos da Instituição;

III – receber, distribuir e controlar os prazos dos expedientes instaurados com base na Lei de Acesso à Informação, ressalvado o disposto no art. 2º, § 3º, III;

IV – representar, fundamentadamente, aos órgãos da Administração Superior do Ministério Público ou, se for o caso, ao Conselho Nacional do Ministério Público, nas hipóteses a que alude o art. 130-A, § 2º, da Constituição da República;

V – manter registro dos expedientes que lhe forem endereçados, informando ao interessado sobre as providências adotadas, ressalvadas as hipóteses legais de sigilo;

VI – informar ao Procurador-Geral de Justiça e ao Conselho Nacional do Ministério Público, sempre que solicitado, o panorama geral de suas atividades;

VII – elaborar e encaminhar ao Procurador-Geral de Justiça, trimestralmente, relatório contendo a síntese de suas atividades.

§ 9º – Ao Conselho de Gestão Estratégica incumbe planejar, coordenar, promover, orientar e avaliar as atividades relativas às estratégias e linhas de ação institucionais, sendo a ele vinculados:

I – o Fórum Permanente de Gestão, incumbido de realizar a análise, propor os critérios de priorização e acompanhar a execução dos planos, projetos e ações de natureza estratégica da Instituição, visando a subsidiar o processo decisório no Conselho de Gestão Estratégica;

II – o Fórum Institucional, incumbido de promover a articulação e a integração entre órgãos administrativos e de execução, formulando propostas de aperfeiçoamento do Ministério Público e a correlata elaboração de teses institucionais.

§ 10 – A Assessoria Executiva e a Consultoria Jurídica ficam equiparadas, para todos os efeitos regulamentares e protocolares, à Chefia de Gabinete, podendo exercer as respectivas atribuições sempre que solicitado pelo Procurador-Geral de Justiça.

Art. 3º – À Subprocuradoria-Geral de Justiça de Administração incumbe supervisionar as atividades administrativas internas do Ministério Público, sendo composta pelos seguintes órgãos:

I – Secretaria-Geral do Ministério Público;

II – Centros de Apoio Administrativo e Institucional, divididos em:

a) Centro de Apoio Administrativo e Institucional dos Procuradores de Justiça;

b) Centros Regionais de Apoio Administrativo e Institucional;

III – Centrais de Inquéritos;

IV – Coordenadoria de Análises, Diagnósticos e Geoprocessamento;

V – Coordenadoria de Comunicação Social.

§ 1º – À Secretaria-Geral do Ministério Público, organizada na forma de resolução do Procurador-Geral de Justiça e dirigida pelo Secretário-Geral do Ministério Público, incumbe:

I – planejar, organizar, dirigir, coordenar e acompanhar as atividades de recursos humanos, tecnologia da informação, material e patrimônio, incluídas as que englobem caráter licitatório, bem assim aquelas relativas a finanças, controladoria, documentação, arquivo e demais atividades de serviços auxiliares;

II – coordenar a elaboração da Proposta Anual de Orçamento e da Proposta Plurianual de Investimentos do Ministério Público, para apreciação da Administração Superior;

III – exercer a supervisão dos trabalhos realizados pela Comissão Permanente de Licitação e Pregoeiros, observando o que preconiza a legislação vigente;

IV – coordenar, orientar e acompanhar a elaboração e execução de programas pertinentes à formação, capacitação, desenvolvimento e reciclagem dos recursos humanos;

V – promover a realização de pesquisas e estudos, visando à utilização de novas técnicas e instrumentos de ação administrativa, destinados ao desenvolvimento e aprimoramento das atividades internas;

VI – coordenar a elaboração de normas e instruções destinadas à racionalização de métodos e procedimentos, articulando-se com os demais órgãos internos, bem assim orientar e supervisionar sua implementação, avaliando os resultados respectivos;

VII – emitir pareceres, em processos e outros documentos, sobre matérias que englobem assuntos afetos à sua esfera de atuação;

VIII – coordenar e supervisionar as tarefas destinadas ao suprimento dos órgãos de execução;

IX – articular-se com os demais integrantes da estrutura organizacional, visando à elaboração de relatórios parciais e anuais de atividades desenvolvidas pela Instituição;

X – supervisionar o preparo dos atos oficiais do Ministério Público e acompanhar os procedimentos destinados a dar-lhes publicidade;

XI – emitir certidões, apostilas, atestados e declarações;

XII – adotar providências para que sejam catalogados e mantidos atualizados atos oficiais, documentos, publicações e legislação de interesse da Secretaria-Geral;

XIII – promover e manter atualizado o registro e o controle dos bens patrimoniais do Ministério Público;

XIV – desempenhar outras atividades que lhe forem atribuídas pelo Subprocurador-Geral de Justiça.

§ 2º – Ao Centro de Apoio Administrativo e Institucional dos Procuradores de Justiça e aos Centros Regionais de Apoio Administrativo e Institucional incumbe:

I – exercer as atividades previstas no art. 45 da Lei Complementar nº 106, de 3 de janeiro de 2003, sugerindo providências à Administração Superior para atender às necessidades dos órgãos de execução;

II – encaminhar à Secretaria-Geral pedidos de material permanente e de consumo, para suprir as necessidades dos órgãos de execução;

III – desempenhar outras atividades que lhe forem atribuídas pelo Subprocurador-Geral de Justiça.

§ 3º – São os seguintes os Centros Regionais de Apoio Administrativo e Institucional:

I – CRAAI Angra dos Reis, abrangendo os órgãos de execução do Ministério Público situados nas Comarcas de Angra dos Reis, Mangaratiba e Paraty;

II – CRAAI Barra do Piraí, abrangendo os órgãos de execução do Ministério Público situados nas Comarcas de Barra do Piraí, Engenheiro Paulo de Frontin, Mendes, Miguel Pereira, Paty do Alferes, Piraí, Rio das Flores, Valença e Vassouras;

III – CRAAI Cabo Frio, abrangendo os órgãos de execução do Ministério Público situados nas Comarcas de Araruama, Armação de Búzios, Arraial do Cabo, Cabo Frio, Iguaba Grande, São Pedro da Aldeia e Saquarema;

IV – CRAAI Campos dos Goytacazes, abrangendo os órgãos de execução do Ministério Público situados nas Comarcas de Campos dos Goytacazes, São Fidélis, São Francisco do Itabapoana e São João da Barra;

V – CRAAI Duque de Caxias, abrangendo os órgãos de execução do Ministério Público situados nas Comarcas de Belford Roxo, Duque de Caxias, Magé e São João de Meriti;

VI – CRAAI Itaperuna, abrangendo os órgãos de execução do Ministério Público situados nas Comarcas de Bom Jesus do Itabapoana, Cambuci, Italva/Cardoso Moreira, Itaocara, Itaperuna, Laje do Muriaé, Miracema, Natividade, Porciúncula e Santo Antônio de Pádua;

VII – CRAAI Macaé, abrangendo os órgãos de execução do Ministério Público situados nas Comarcas de Casimiro de Abreu, Conceição de Macabu, Macaé, Quissamã/Carapebus, Rio das Ostras e Silva Jardim;

VIII – CRAAI Niterói, abrangendo os órgãos de execução do Ministério Público situados nas Comarcas de Maricá e Niterói;

IX – CRAAI Nova Friburgo, abrangendo os órgãos de execução do Ministério Público situados nas Comarcas de Bom Jardim, Cachoeiras de Macacu, Cantagalo, Cordeiro, Duas Barras, Nova Friburgo, Santa Maria Madalena, São Sebastião do Alto e Trajano de Moraes;

X – CRAAI Nova Iguaçu, abrangendo os órgãos de execução do Ministério Público situados nas Comarcas de Itaguaí, Japeri, Nilópolis, Nova Iguaçu, Paracambi, Queimados e Seropédica;

XI – CRAAI Petrópolis, abrangendo os órgãos de execução do Ministério Público situados nas Comarcas de Paraíba do Sul, Petrópolis, São José do Vale do Rio Preto e Três Rios;

XII – CRAAI Rio de Janeiro, abrangendo os órgãos de execução do Ministério Público situados na Comarca do Rio de Janeiro;

XIII – CRAAI São Gonçalo, abrangendo os órgãos de execução do Ministério Público situados nas Comarcas de Itaboraí, Rio Bonito e São Gonçalo;

XIV – CRAAI Teresópolis, abrangendo os órgãos de execução do Ministério Público situados nas Comarcas de Carmo, Guapimirim, Sapucaia, Sumidouro e Teresópolis;

XV – CRAAI Volta Redonda, abrangendo os órgãos de execução do Ministério Público situados nas Comarcas de Barra Mansa, Itatiaia, Pinheiral, Porto Real/Quatis, Resende, Rio Claro e Volta Redonda.

§ 4º – Os Centros Regionais de Apoio Administrativo e Institucional terão sede nos Municípios que constam de sua denominação.

§ 5º – Às Centrais de Inquéritos incumbe prestar apoio administrativo às

Promotorias de Investigação Penal nelas agrupadas, conforme detalhado em resolução do Procurador-Geral de Justiça.

§ 6º – À Coordenadoria de Análises, Diagnósticos e Geoprocessamento incumbe a análise, a sistematização e o geoprocessamento de dados coletados de fontes internas ou externas, a fim de produzir estudos, diagnósticos e indicadores institucionais e sociais.

§ 7º – À Coordenadoria de Comunicação Social caberá estabelecer o intercâmbio de informações e zelar pela imagem do Ministério Público do Estado do Rio de Janeiro perante o público interno e externo, incumbindo-lhe:

I – implementar a política de comunicação do Ministério Público, a ser definida em resolução do Procurador-Geral de Justiça;

II – desenvolver atividades, programas e projetos de comunicação interna e externa de interesse institucional, mantendo intercâmbio de informações com outras estruturas orgânicas;

III – supervisionar, diariamente, notadamente quanto à precisão jurídica e à adequação institucional, os textos veiculados no portal do Ministério Público;

IV – manter informações atualizadas do noticiário da imprensa sobre matérias de interesse institucional;

V – redigir notas oficiais, providenciando sua divulgação;

VI – auxiliar os membros do Ministério Público em seus contatos com a imprensa, sempre que identificada a relevância institucional;

VII – assistir os profissionais da mídia encarregados da elaboração de matérias e produções jornalísticas relacionadas ao Ministério Público;

VIII – fomentar a comunicação do Ministério Público com seus diversos públicos por meio de mídias eletrônicas;

IX – zelar pelo constante aprimoramento da identidade visual do Ministério Público;

X – atuar na realização de campanhas publicitárias que busquem esclarecer a população a respeito do alcance dos seus direitos e das atribuições institucionais do Ministério Público;

XI – remeter ao Subprocurador-Geral de Justiça, trimestralmente, por meio eletrônico, relatório das atividades desenvolvidas;

XII – desempenhar outras atividades que lhe forem atribuídas pelo Subprocurador-Geral de Justiça.

Art. 4º – À Subprocuradoria-Geral de Justiça de Planejamento Institucional incumbe formular políticas e projetos de natureza institucional, administrativa e cultural, visando ao aperfeiçoamento da Instituição, contando, em sua estrutura, com os seguintes órgãos:

I – Coordenadoria de Planejamento Estratégico;

II – Coordenadoria de Modernização Organizacional;

III – Centros de Apoio Operacional;

IV – Grupo de Apoio Técnico Especializado.

§ 1º – À Coordenadoria de Planejamento Estratégico, que contará em sua estrutura com a Diretoria de Gestão Estratégica, o Escritório de Gerenciamento de Projetos (EGP) e o Escritório de Processos e Análise de Indicadores (EPAI), incumbe:

I – realizar e difundir diagnósticos, projetos, estudos e pesquisas visando à desburocratização da gestão e ao aprimoramento de estruturas, procedimentos, rotinas e funções do Ministério Público, bem como à sua adequação às necessidades da sociedade contemporânea;

II – realizar o planejamento estratégico do Ministério Público;

III – interagir com os Centros de Apoio Operacional visando à realização dos seus objetivos;

IV – desempenhar outras atividades que lhe forem atribuídas pelo Subprocurador-Geral de Justiça.

§ 2º – À Diretoria de Gestão Estratégica incumbe promover a integração entre os Escritórios referidos no parágrafo anterior.

§ 3º – À Coordenadoria de Modernização Organizacional incumbe:

I – receber e analisar as propostas concernentes à criação, modificação ou extinção de órgãos de execução do Ministério Público e suas atribuições;

II – produzir e difundir estudos, diagnósticos e indicadores, bem como realizar projetos e avaliações visando ao aprimoramento da política de reengenharia institucional;

III – interagir com os Centros de Apoio Operacional e com os órgãos incumbidos da análise dos conflitos de atribuição, visando à realização dos seus objetivos;

IV – desempenhar outras atividades que lhe forem atribuídas pelo Subprocurador-Geral de Justiça.

§ 4º – Aos Centros de Apoio Operacional, que são disciplinados em resolução própria, incumbe:

I – estimular a integração e o intercâmbio entre órgãos de execução, de primeiro e de segundo graus, que atuem na mesma área de atividade ou que tenham atribuições comuns.

II – processar e remeter, aos órgãos de execução ligados à sua atividade, informações técnico-jurídicas ou indicadores institucionais e sociais que venham a produzir ou recebidos do Instituto de Ensino e Pesquisa do Ministério Público;

III – elaborar boletim informativo, com periodicidade não inferior a três meses, contendo as informações legais, doutrinárias e jurisprudenciais mais relevantes do período, bem como dados sobre a atuação dos órgãos de execução em casos de relevância para a sociedade;

IV – estabelecer intercâmbio permanente com entidades ou órgãos públicos ou privados que atuem em áreas afins, visando à obtenção de elementos técnicos especializados necessários ao desempenho de suas funções;

V – remeter ao Subprocurador-Geral de Justiça, trimestralmente, por meio eletrônico, relatório das atividades do Ministério Público referentes às suas atribuições;

VI – exercer outras funções compatíveis com suas finalidades, vedado o exercício de qualquer atividade de órgão de execução, bem como a expedição de atos normativos a estes dirigidos;

VII – desempenhar outras atividades que lhe forem atribuídas pelo Subprocurador-Geral de Justiça.

§ 5º – Ao Grupo de Apoio Técnico Especializado, sob a coordenação-geral da Subprocuradoria-Geral de Justiça de Planejamento Institucional, incumbe prestar apoio técnico especializado aos membros do Ministério Público, na forma de resolução do Procurador-Geral de Justiça.

Art. 5º – À Subprocuradoria-Geral de Justiça de Assuntos Cíveis e Institucionais incumbe coordenar, orientar e apreciar os trabalhos das seguintes assessorias, encarregadas de prestar apoio técnico-jurídico à Chefia Institucional:

I – Assessoria de Atribuição Originária em Matéria Cível;

II – Assessoria de Recursos Constitucionais Cíveis;

III – Assessoria de Direito Público.

§ 1º – À Assessoria de Atribuição Originária em Matéria Cível incumbe:

I – prestar apoio técnico-jurídico nos feitos de natureza não penal de atribuição originária exclusiva do Procurador-Geral de Justiça;

II – realizar diligências investigatórias para apurar atos de improbidade administrativa, nas hipóteses dos arts. 39, VIII e 134, § 6º, da Lei Complementar nº 106, de 3 de janeiro de 2003, agindo por delegação do Procurador-Geral de Justiça, conforme o art. 29, IX, da Lei federal nº 8.625, de 12 de fevereiro de 1993;

III – exercer as atribuições administrativas concernentes ao controle concentrado de constitucionalidade das leis estaduais e municipais;

IV – opinar em matéria pertinente à aplicação analógica ou extensiva do art. 28 do Código de Processo Penal, em processos ou procedimentos de natureza não penal;

V – opinar em todos os conflitos de atribuição de natureza não penal suscitados por membros do Ministério Público;

VI – encaminhar ao Subprocurador-Geral de Justiça, trimestralmente, por meio eletrônico, relatório das atividades desenvolvidas, com a produtividade de cada integrante da Assessoria;

VII – desempenhar outras atividades que lhe forem atribuídas Subprocurador-Geral de Justiça.

§ 2º – À Assessoria de Recursos Constitucionais Cíveis incumbe:

I – prestar apoio técnico-jurídico ao Subprocurador-Geral de Justiça na interposição de recursos especiais e extraordinários em matéria não penal, sem prejuízo das atribuições dos Procuradores de Justiça, quando presentes questões de direito de relevante interesse público ou institucional;

II – promover o acompanhamento dos processos de interesse do Ministério Público, em matéria não penal, no âmbito do Supremo Tribunal Federal e do Superior Tribunal de Justiça;

III – desenvolver estudos visando à formulação de teses jurídicas, em matéria não penal, que devam ser sustentadas em recursos ordinários, especiais e extraordinários nos quais atue o Ministério Público Estadual;

IV – organizar e manter atualizados arquivos de jurisprudência e legislação sobre recursos constitucionais, bem como arquivos de peças técnicas elaboradas e estudos desenvolvidos no exercício de suas atribuições;

V – encaminhar ao Subprocurador-Geral de Justiça, trimestralmente, por meio eletrônico, relatório das atividades desenvolvidas, com a produtividade de cada integrante da Assessoria;

VI – desempenhar outras atividades que lhe forem atribuídas pelo Subprocurador-Geral de Justiça.

§ 3º – À Assessoria de Direito Público incumbe:

I – oficiar junto ao Conselho da Magistratura;

II – encaminhar ao Subprocurador-Geral de Justiça, trimestralmente, por meio eletrônico, relatório das atividades desenvolvidas;

III – desempenhar outras atividades que lhe forem atribuídas pelo Subprocurador-Geral de Justiça.

§ 4º – Os relatórios encaminhados à Subprocuradoria-Geral de Justiça de Assuntos Cíveis e Institucionais pelos órgãos a ela vinculados serão publicados, na intranet, com detalhamento da produtividade de cada um dos seus integrantes, o mesmo ocorrendo com as peças produzidas e aprovadas, ressalvadas as hipóteses de sigilo.

Art. 6º – À Subprocuradoria-Geral de Justiça de Assuntos Criminais e de Direitos Humanos incumbe, por delegação do Procurador-Geral de Justiça, conforme dispõe o art. 29, IX, da Lei federal nº 8.625, de 12 de fevereiro de 1993:

I – instaurar, requisitar a instauração ou arquivar procedimentos investigatórios para apuração de ilícito penal atribuído a pessoa que goze de foro por prerrogativa de função junto ao Tribunal de Justiça, salvo na hipótese do parágrafo único do art. 33 da L.O.M.A.N;

II – ajuizar medidas cautelares antecedentes à propositura da ação penal, nas hipóteses do inciso I, atuando em seus ulteriores termos; III – coordenar, orientar e apreciar os trabalhos dos seguintes órgãos, encarregados de prestar apoio técnico-jurídico à Chefia Institucional:

a) Grupo de Atribuição Originária em Matéria Criminal;

b) Assessoria de Recursos Constitucionais Criminais;

c) Assessoria Criminal; d) Assessoria de Direitos Humanos e de Minorias.

§ 1º – Ao Grupo de Atribuição Originária em Matéria Criminal incumbe:

I – realizar as diligências investigatórias previstas no art. 26, incisos I, II e V, da Lei federal nº 8.625, de 12 de fevereiro de 1993, agindo por delegação do Procurador-Geral de Justiça, conforme o art. 29, IX, do referido diploma normativo, para apuração de ilícito penal atribuído a pessoa que goze de foro especial junto ao Tribunal de Justiça, salvo na hipótese do parágrafo único do art. 33 da L.O.M.A.N;

II – elaborar as minutas das medidas referidas nos incisos I e II do caput do art. 6º;

III – encaminhar ao Subprocurador-Geral de Justiça, trimestralmente, por meio eletrônico, relatório das atividades desenvolvidas, com a produtividade de cada integrante da Assessoria;

IV – desempenhar outras atividades que lhe forem atribuídas pelo Subprocurador-Geral de Justiça.

§ 2º – À Assessoria de Recursos Constitucionais Criminais incumbe:

I – prestar apoio técnico-jurídico ao Subprocurador-Geral de Justiça na interposição de recursos especiais e extraordinários em matéria penal, sem prejuízo das atribuições dos Procuradores de Justiça, quando presentes questões de direito de relevante interesse público ou institucional; II – promover o acompanhamento dos processos de interesse do Ministério Público, em matéria penal, no âmbito do Supremo Tribunal Federal e do Superior Tribunal de Justiça;

III – emitir parecer: a) sobre a admissibilidade de recursos extraordinários e especiais, em matéria penal; b) em recursos ordinários constitucionais interpostos contra acórdãos denegatórios de habeas corpus e de mandados de segurança, em matéria penal;

 IV – desenvolver estudos visando à formulação de teses jurídicas que devam ser sustentadas em recursos ordinários, especiais e extraordinários, em matéria penal, nos quais atue o Ministério Público Estadual;

V – organizar e manter atualizados arquivos de jurisprudência e legislação sobre recursos constitucionais, bem como arquivos de peças técnicas elaboradas e estudos desenvolvidos no exercício de suas atribuições; VI – encaminhar ao Subprocurador-Geral de Justiça, trimestralmente, por meio eletrônico, relatório das atividades desenvolvidas, com a produtividade de cada integrante da Assessoria;

VII – desempenhar outras atividades que lhe forem atribuídas pelo Subprocurador-Geral de Justiça.

§ 3º – À Assessoria Criminal incumbe:

I – opinar nos pedidos de desarquivamento de inquéritos policiais ou peças de informação;

II – opinar nos casos do art. 28 do Código de Processo Penal, inclusive quando envolver aplicação extensiva ou analógica;

III – opinar em todos os conflitos de atribuição de natureza penal suscitados por membros do Ministério Público;

IV – encaminhar ao Subprocurador-Geral de Justiça, trimestralmente, por meio eletrônico, relatório das atividades desenvolvidas;

V – desempenhar outras atividades que lhe forem atribuídas pelo Subprocurador-Geral de Justiça.

§ 4º – À Assessoria de Direitos Humanos e de Minorias incumbe:

I – identificar as demandas sociais de atuação do Ministério Público na área de defesa dos direitos humanos, inclusive quanto aos direitos das minorias, com especial atenção à discriminação em razão da origem, raça, cor, idade, etnia, religião, sexo, orientação sexual ou identidade de gênero, provocando a atuação dos órgãos de execução com atribuição;

II – propor ao Subprocurador-Geral de Justiça a celebração de convênios, contratos e acordos, objetivando ao aprimoramento do Ministério Público na promoção e defesa dos direitos humanos, bem como na identificação dos principais obstáculos à sua efetiva implementação;

III – apresentar ao Subprocurador-Geral de Justiça sugestões para elaboração de política institucional relativa ao combate de atos de violência, intolerância e discriminação;

IV – contribuir para a atuação dos órgãos de execução, visando à prevenção e à repressão de atos de tortura, bem como de todas as formas de tratamento cruel, desumano e degradante, com o objetivo de promover a sua erradicação e punição, em articulação com órgãos públicos, entidades da sociedade civil e organismos internacionais;

V – propor ao Subprocurador-Geral de Justiça a adoção de medidas administrativas relacionadas à sua área de atribuição;

VI – promover a integração dos órgãos de execução do Ministério Público com os organismos estatais e da sociedade civil que militem na defesa dos direitos humanos, apoiando projetos voltados à sua proteção e promoção;

VII – desempenhar outras atividades que lhe forem atribuídas pelo Subprocurador-Geral de Justiça.

§ 5º – Os relatórios encaminhados à Subprocuradoria-Geral de Justiça de Assuntos Criminais e de Direitos Humanos pelos órgãos a ela vinculados serão publicados, na intranet, com detalhamento da produtividade de cada um dos seus integrantes, o mesmo ocorrendo com as peças produzidas e aprovadas, ressalvadas as hipóteses de sigilo.

Art. 7º – À Subprocuradoria-Geral de Justiça de Relações Institucionais e Defesa de Prerrogativas incumbe:

I – auxiliar o Procurador-Geral de Justiça no relacionamento institucional junto às esferas de poder com as quais o Ministério Público mantenha relações diretas;

II – atuar nos processos de interesse da Instituição em tramitação no Conselho Nacional do Ministério Público, adotando as medidas necessárias ao atendimento das demandas existentes;

III – acompanhar as proposições legislativas de interesse direto ou indireto do Ministério Público no âmbito do Poder Legislativo;

IV – manter frequente comunicação com as Assessorias de Recursos Constitucionais, de modo a oferecer o apoio necessário à sua atuação perante o Supremo Tribunal Federal e o Superior Tribunal de Justiça, podendo, inclusive, participar de reuniões e realizar sustentações orais junto a estes Tribunais;

V – prestar assistência aos membros do Ministério Público em procedimentos externos, judiciais ou administrativos, instaurados em razão de fato relacionado ao exercício de suas funções;

VI – adotar as providências administrativas e judiciais cabíveis, sempre que configurada ameaça às garantias e prerrogativas funcionais dos membros do Ministério Público, com o objetivo de assegurar a sua observância;

VII – adotar as providências administrativas necessárias ao funcionamento da unidade da Procuradoria-Geral de Justiça referida no art. 9º, situada na Capital da República, ressalvadas as atribuições exclusivas da Secretaria-Geral do Ministério Público.

§ 1º – A Subprocuradoria-Geral de Justiça de Relações Institucionais e Defesa de Prerrogativas será integrada pela Assessoria de Relações Institucionais e Defesa de Prerrogativas, pela Assessoria Internacional e pela Assessoria de Assuntos Parlamentares.

§ 2º – À Assessoria de Relações Institucionais e Defesa de Prerrogativas incumbe:

I – acompanhar a tramitação das proposições de interesse do Ministério Público do Estado do Rio de Janeiro no âmbito do Conselho Nacional do Ministério Público.

II – formar banco de dados, de modo a separar, por temática, as decisões individuais ou coletivas prolatadas pelo Conselho Nacional do Ministério Público;

III – elaborar as minutas de informações a serem encaminhadas ao Conselho Nacional do Ministério Público;

IV – oferecer apoio às Assessorias de Recursos Constitucionais, sempre que solicitado, junto ao Supremo Tribunal Federal e ao Superior Tribunal de Justiça;

V – remeter ao Subprocurador-Geral de Justiça, trimestralmente, por meio eletrônico, relatório das atividades desenvolvidas;

VI – desempenhar outras atividades que lhe forem atribuídas pelo Subprocurador-Geral de Justiça.

§ 3º – À Assessoria Internacional incumbe:

I – coordenar os contatos internacionais do Ministério Público, principalmente junto a Universidades que tenham recebido membros da Instituição para estudo, e assessorar os membros e os órgãos interessados em eventos e convênios internacionais;

II – sempre que solicitado pelo Conselho Superior do Ministério Público, emitir parecer nos pedidos de afastamento para estudo no exterior, a respeito da Universidade e do respectivo curso, acompanhando, ainda, as atividades desenvolvidas;

III – remeter ao Subprocurador-Geral de Justiça, trimestralmente, por meio eletrônico, relatório das atividades desenvolvidas;

IV – desempenhar outras atividades que lhe forem atribuídas pelo Subprocurador-Geral de Justiça.

§ 4º – À Assessoria de Assuntos Parlamentares incumbe:

I – acompanhar a tramitação de proposições legislativas de interesse do Ministério Público, junto ao Poder Legislativo Federal, Estadual ou Municipal;

II – encaminhar ao Subprocurador-Geral de Justiça informações relativas à tramitação das proposições referidas no inciso anterior;

III – coordenar grupos de trabalho destinados a formular dados técnicos em projetos legislativos de interesse institucional do Ministério Público;

IV – remeter ao Subprocurador-Geral de Justiça, trimestralmente, por meio eletrônico, relatório das atividades desenvolvidas;

V – desempenhar outras atividades que lhe forem atribuídas pelo Subprocurador-Geral de Justiça.

Art. 8º – Os órgãos referidos nesta Resolução continuam regidos pelas normas infralegais vigentes, desde que com ela compatíveis.

Art. 9º – A Procuradoria-Geral de Justiça, além das unidades administrativas localizadas no Estado do Rio de Janeiro, também é integrada pela unidade formada pelas salas nos 402 e 403 do Edifício Via Office, situado no Lote 2, do Bloco B, da Quadra 2, do SAF/Sul, na Capital da República.

Art. 10 – Esta Resolução entra em vigor no dia 17 de janeiro de 2017, ficando revogada a Resolução GPGJ nº 1.796, de 17 de janeiro de 2013, com suas posteriores alterações.

Rio de Janeiro, 5 de janeiro de 2017.

José Eduardo Ciotola Gussem
Procurador-Geral de Justiça, em exercício.

RESOLUÇÃO GPGJ nº 2.096 DE 9 DE FEVEREIRO DE 2017.

Regulamenta, no âmbito do Ministério Público do Estado do Rio de Janeiro, a determinação de luto em caso de falecimento de membros ativos ou inativos.

O **PROCURADOR-GERAL DE JUSTIÇA DO ESTADO DO RIO DE JANEIRO**, no uso de suas atribuições legais,

CONSIDERANDO a necessidade de regulamentar a determinação de luto oficial em caso de falecimento de membros ativos ou inativos do Ministério Público do Estado do Rio de Janeiro,

R E S O L V E

Art. 1º - No caso de falecimento de membros ativos ou inativos do Ministério Público do Estado do Rio de Janeiro, o Procurador-Geral de Justiça determinará luto oficial de três dias.

Art. 2º - Durante o período de luto oficial, a bandeira do Ministério Público do Estado do Rio de Janeiro será hasteada a meio mastro, nas sedes do Parquet fluminense, observando-se um minuto de silêncio nos eventos oficiais realizados pela Instituição.

Art. 3º - Esta Resolução entra em vigor na data de sua publicação.

Rio de Janeiro, 9 de fevereiro de 2017.
José Eduardo Ciotola Gussem
Procurador-Geral de Justiça

RESOLUÇÃO GPGJ nº 2.100 DE 17 DE FEVEREIRO DE 2017.

Cria, na estrutura da Procuradoria-Geral de Justiça do Estado do Rio de Janeiro, o Grupo de Atuação Especializada no Combate à Sonegação Fiscal e aos Ilícitos contra a Ordem Tributária (GAESF).

O **PROCURADOR-GERAL DE JUSTIÇA DO ESTADO DO RIO DE JANEIRO**, no uso de suas atribuições legais,

CONSIDERANDO a necessidade de otimização das ações do Ministério Público no tocante à prevenção e à repressão à sonegação fiscal e aos ilícitos penais e civis praticados em detrimento da ordem tributária;

CONSIDERANDO que o enfrentamento à sonegação fiscal e aos ilícitos penais e civis contra a ordem tributária exige metodologia específica, orientada pelo compartilhamento de dados e informações, bem como pela articulação entre órgãos públicos;

CONSIDERANDO o que consta nos autos do Procedimento MPRJ nº 2013.00358258,

RESOLVE

Art. 1° – Fica instituído, na estrutura da Procuradoria-Geral de Justiça do Estado do Rio de Janeiro, o Grupo de Atuação Especializada no Combate à Sonegação Fiscal e aos Ilícitos contra a Ordem Tributária (GAESF).

Parágrafo único – Poderão ser implementados, no âmbito do GAESF, por meio de convênios com os Governos Estadual e Municipais, mecanismos extrajudiciais dirigidos à solução de conflitos, tendo como foco a mediação entre os sujeitos da relação tributária, ficando condicionada a extinção de punibilidade, em todos os casos, à apreciação judicial.

Art. 2º – O GAESF tem por finalidade prestar auxílio aos órgãos de execução do Ministério Público incumbidos da prevenção e da repressão:

I – à sonegação fiscal, aos ilícitos penais cometidos em detrimento das ordens tributárias Estadual e Municipais, bem como aqueles praticados por funcionários públicos das Fazendas Estadual e Municipais, no exercício de suas funções ou em razão do ofício;

II – aos ilícitos civis praticados em detrimento das ordens tributárias Estadual e Municipais, que atentem contra as normas regulamentares, legais e constitucionais referentes à previsão, instituição e arrecadação da receita tributária, em especial nos procedimentos que tenham por objeto:

a) zelar pelo efetivo cumprimento das normas referentes à previsão, instituição e arrecadação da receita tributária, previstas na Lei de Responsabilidade Fiscal (Lei Complementar nº 101, de 4 de maio 2000) e outras legislações congêneres;

b) zelar pelo efetivo cumprimento das normas previstas na Lei de Responsabilidade Fiscal (Lei Complementar nº 101, de 4 de maio 2000) e outras legislações congêneres referentes à renúncia de receita tributária;

c) acompanhar as metas de arrecadação de tributos, as medidas de combate à sonegação fiscal, de cobrança da dívida ativa e dos créditos executáveis pela via administrativa, a fim de propor medidas para dar eficiência a essas políticas e fiscalizar a legalidade dos atos praticados nesta seara;

d) acompanhar as metas fiscais estabelecidas na Lei de Diretrizes Orçamentárias e outras normas congêneres que tenham referência com a receita tributária, a fim de zelar pelo cumprimento do resultado primário pretendido;

e) promover a responsabilização dos agentes públicos por meio da ação de improbidade administrativa, pelo descumprimento das normas relativas à previsão, instituição, arrecadação e renúncia de receitas tributárias ou ainda em caso de quaisquer condutas que atentem contra a ordem tributária.

Parágrafo único – Nos temas referidos neste artigo, o GAESF atuará com exclusividade em relação aos demais grupos de atuação especializada do Ministério Público do Estado do Rio de Janeiro, sem prejuízo do disposto no § 6º do art. 5º desta Resolução.

Art. 3º – O GAESF terá atuação em todo o Estado do Rio de Janeiro e contará com o apoio da Coordenadoria de Segurança e Inteligência, dos Centros de Apoio Operacional e dos Centros Regionais de Apoio Administrativo e Institucional.

Art. 4º – O GAESF será integrado por Coordenador, Subcoordenador, além de Promotores de Justiça em número que atenda às finalidades previstas no art. 2º desta Resolução, todos designados pelo Procurador-Geral de Justiça, e contará com estrutura administrativa compatível com sua destinação. Parágrafo único – Poderão compor a estrutura administrativa do GAESF, ainda, servidores oriundos de outras instituições públicas.

Art. 5º – Incumbe ao GAESF, observada a especialização temática indicada no art. 2º desta Resolução:

I – oficiar nas representações, peças de informação, notícias de fato, expedientes de ouvidoria, inquéritos policiais e procedimentos investigatórios de natureza criminal, bem como ajuizar a respectiva ação penal e as medidas cautelares cabíveis;

II – oficiar nas representações, peças de informação, notícias de fato, expedientes de ouvidoria, inquéritos civis ou procedimentos preparatórios, celebrar termos de ajustamento de conduta, expedir recomendações e ajuizar ação civil pública ou de improbidade administrativa, bem como as medidas cautelares cabíveis.

§ 1º – O GAESF somente poderá atuar:

I – se houver pedido de auxílio formulado expressamente pelo Promotor Natural;

II – mediante prévia e expressa anuência do membro do Ministério Público com atribuição, se a iniciativa da atuação partir do próprio Grupo.

§ 2º – Em ambos os casos previstos no parágrafo anterior, a atuação do GAESF dependerá de expressa concordância do Promotor Natural com o disposto no § 5º deste artigo, bem como de autorização do Procurador-Geral de Justiça, que deverá ser publicada no Diário Oficial.

§ 3º – Cabe ao Coordenador do GAESF emitir pronunciamento a respeito da relevância institucional do auxílio solicitado pelo Promotor Natural e da possibilidade de seu deferimento, considerando, em particular, a lesividade, a repercussão, a gravidade ou a complexidade dos fatos investigados.

§ 4º – Deferido o auxílio, os membros do GAESF poderão, nos termos da lei, inspecionar e fiscalizar estabelecimentos públicos e privados, convocar reuniões e oitivas, atender a qualquer do povo, adotando as providências cabíveis e cientificandoas aos interessados, solicitar o auxílio técnico de serviços públicos ou conveniados para o desempenho de suas atribuições, bem como adotar as demais medidas necessárias ao desenvolvimento de suas atividades.

§ 5º – Os atos de sonegação fiscal, os ilícitos penais e civis contra a ordem tributária e as infrações a eles relacionadas identificadas pelo GAESF nas fiscalizações a que se refere o parágrafo anterior serão investigados independentemente de nova anuência do Promotor Natural, que será devidamente cientificado do ocorrido.

§ 6º – Em hipóteses específicas e mediante ajuste entre os respectivos Coordenadores, o GAESF poderá atuar de forma integrada a outros grupos de atuação especializada do Ministério Público do Estado do Rio de Janeiro.

§ 7º – O auxílio do GAESF cessará por solicitação do órgão de execução com atribuição ou mediante ato do Procurador-Geral de Justiça, a requerimento do Coordenador.

Art. 6º – A atuação do GAESF será realizada, prioritariamente, na fase de investigação e de ajuizamento das ações cabíveis, incumbindo ao Promotor Natural oficiar nos ulteriores atos e termos processuais.

Parágrafo único – Será excepcionalmente admitida a atuação do GAESF em juízo, mediante designação do Procurador-Geral de Justiça, a requerimento do Coordenador, desde que haja concordância do Promotor de Justiça com atribuição.

Art. 7º – Incumbe ao GAESF, ainda, sem prejuízo de outras atribuições determinadas pelo Procurador-Geral de Justiça:

I – atuar como órgão fiscalizador do Ministério Público no planejamento, coordenação, controle e execução dos convênios celebrados pela Instituição para o enfrentamento à sonegação fiscal e aos ilícitos penais e civis contra a ordem tributária;

II – apresentar ao Procurador-Geral de Justiça sugestões para a elaboração da política institucional relativa ao combate à sonegação fiscal e aos ilícitos penais e civis contra a ordem tributária;

III – manter intercâmbio com os órgãos de combate à sonegação fiscal e aos ilícitos penais e civis contra a ordem tributária;

IV – adotar medidas extrajudiciais e atuar em atividades de mediação fiscal, observado o disposto nos arts. 2º e 5º desta Resolução;

V – apresentar ao Procurador-Geral de Justiça, a cada quadrimestre, relatório das atividades do Grupo.

Art. 8º – O auxílio prestado pelo GAESF não acarretará a incidência do disposto no art. 2º da Resolução GPGJ nº 1.344, de 22 de setembro de 2006.

Art. 9º – Os casos omissos serão decididos pelo Procurador-Geral de Justiça.

Art. 10 – Esta Resolução entra em vigor em 1º de março de 2017, revogada a Resolução GPGJ nº 1.379, de 2 de agosto de 2007.

Rio de Janeiro, 17 de fevereiro de 2017.

José Eduardo Ciotola Gussem

Procurador-Geral de Justiça

RESOLUÇÃO GPGJ nº 2.106 DE 23 DE MARÇO DE 2017.

Dispõe sobre a criação do Centro de Mediação, Métodos Autocompositivos e Sistema Restaurativo do Ministério Público do Estado do Rio de Janeiro (CEMEAR) e dá outras providências.

O **PROCURADOR-GERAL DE JUSTIÇA DO ESTADO DO RIO DE JANEIRO**, no uso de suas atribuições legais,

CONSIDERANDO que um dos objetivos definidos no Mapa Estratégico do Ministério Público do Estado do Rio de Janeiro diz respeito ao fortalecimento da atuação extrajudicial e das formas alternativas de solução de conflitos, visando ao reconhecimento da Instituição como agente de transformação social e fomentador de políticas públicas;

CONSIDERANDO que a mediação e os demais instrumentos não adversariais de solução de conflitos se mostram adequados à solução de questões que envolvam relações continuadas ou não, tanto extrajudicialmente quanto no curso do processo, podendo ser empregados pelo Ministério Público no aprimoramento de suas atividades;

CONSIDERANDO a necessidade de estímulo aos mecanismos de mediação, aos métodos autocompositivos e ao sistema restaurativo no âmbito do Ministério Público;

CONSIDERANDO o disposto na Resolução CNMP nº 118, de 1º de dezembro de 2014;

CONSIDERANDO o disposto nas Resoluções CNJ nº 125, de 29 de novembro de 2010 e 225, de 31 de maio de 2016;

CONSIDERANDO, ainda, o que consta do Processo MPRJ nº 2015.00121325,

R E S O L V E

Art. 1º - Fica instituído no âmbito do Ministério Público do Estado do Rio de Janeiro, como órgão integrante do Gabinete do Procurador-Geral de Justiça, o Centro de Mediação, Métodos Autocompositivos e Sistema Restaurativo (CEMEAR), com a finalidade de prestar auxílio aos órgãos de execução do Ministério Público na pacificação de conflitos com o emprego da técnica de mediação, do sistema restaurativo e de outros instrumentos não adversariais.

§ 1º - O CEMEAR somente poderá atuar:

I - se houver pedido de auxílio formulado expressamente pelo Promotor Natural;

II - mediante prévia e expressa anuência do membro do Ministério Público com atribuição, se a iniciativa da atuação partir do próprio CEMEAR.

§ 2º - Também será admitida a atuação do CEMEAR a partir de provocação dos órgãos administrativos do Ministério Público ou de solicitação do público externo, hipóteses nas quais a Coordenação do CEMEAR deverá identificar o órgão de execução do Ministério Público com atribuição para oficiar e dele obter o consentimento necessário ao auxílio.

Art. 2º - O CEMEAR terá atuação em todo o Estado do Rio de Janeiro e será dotado:

I - de estrutura administrativa destinada ao suporte de suas atividades, incumbida, em especial, de:

a) manter controle dos expedientes encaminhados ao CEMEAR;

b) efetuar os registros pertinentes e manter controle dos expedientes instaurados no âmbito do CEMEAR;

c) elaborar mensalmente, ou quando for solicitado, relatório estatístico das atividades desenvolvidas pelo CEMEAR, sob a supervisão do Coordenador;

d) manter arquivo de todas as comunicações recebidas e enviadas pelo CEMEAR, em particular os relatórios, informações, acordos e outros documentos encaminhados pelas câmaras de mediação, métodos autocompositivos e sistema restaurativo;

e) elaborar pesquisas e levantamento de dados;

f) desempenhar quaisquer outras atividades determinadas pela Coordenação para o bom andamento dos trabalhos.

II - de equipe técnica especializada, composta por psicólogos, assistentes sociais e outros profissionais técnicos especializados necessários ao desenvolvimento de suas atividades.

DAS ATRIBUIÇÕES

Art. 3º - Ao CEMEAR incumbirá:

I - apresentar ao Procurador-Geral de Justiça sugestões para elaboração da política institucional de fomento à utilização dos instrumentos não adversariais de solução de conflitos;

II - apresentar ao Centro de Estudos e Aperfeiçoamento Funcional o modelo padrão de curso de capacitação, treinamento e atualização permanente de membros e servidores da Instituição, para o exercício da atividade de facilitador nos processos de resolução de conflitos e das atividades de apoio;

III - sugerir ao Centro de Estudos e Aperfeiçoamento Funcional a realização de palestras, seminários e outros eventos afetos à sua finalidade;

IV - proceder à regulamentação do processo de seleção, supervisão e desligamento de profissionais para atuar como facilitadores nos processos de resolução de conflitos realizados pelo CEMEAR;

V - manter cadastro atualizado de mediadores e facilitadores voluntários, capacitados para a atividade de mediação, métodos autocompositivos e práticas restaurativas, e de utilização de outros instrumentos não adversariais de solução de conflitos, que atuem no Ministério Público, na aplicação dos mecanismos próprios às questões que lhes sejam submetidas;

VI - sugerir a realização de convênios e assessorar o Procurador-Geral de Justiça no planejamento, coordenação, controle e execução daqueles afetos a temas disciplinados nesta Resolução;

VII - avaliar os casos encaminhados ao CEMEAR, com emissão de parecer acerca da conveniência da utilização da mediação ou de outros instrumentos não adversariais de solução de conflitos e do sistema restaurativo;

VIII - promover e acompanhar o processo de mediação ou de utilização de outros instrumentos não adversariais de solução de conflitos e práticas restaurativas, nos casos em que a atuação do grupo for recomendável, encaminhando ao membro do Ministério Público com atribuição o acordo final ou, nos casos em que este não for alcançado, informação sobre a impossibilidade de continuação do procedimento;

IX - representar o Ministério Público em eventos que versem sobre os temas desta Resolução, mediante indicação do Procurador-Geral de Justiça, quando esta for necessária;

X - desempenhar outras atividades afetas à sua finalidade.

DA COMPOSIÇÃO E ORGANIZAÇÃO

Art. 4º - O CEMEAR será composto da seguinte estrutura:

I - Coordenação;

II - Gerência de Suporte à Coordenação;

III - Secretaria;

IV - Central de monitoramento de acordo;

V - Central de convites;

VI - Equipe interdisciplinar;

VII - Núcleos de Mediação e Métodos Autocompositivos;

VIII - Núcleos de Práticas Restaurativas;

IX - Núcleo de suporte aos órgãos de execução do Ministério Público e aos núcleos regionais;

X - Núcleo de formação e capacitação;

XI - Núcleo de interlocução comunitária.

Parágrafo único - A implementação das estruturas de apoio e da equipe técnica especializada referidas acima será realizada gradativamente, observadas as limitações materiais e as razões de conveniência e oportunidade administrativas.

Art. 5º - A Coordenação do CEMEAR será integrada por Coordenador e Subcoordenador, designados por ato do Procurador-Geral de Justiça.

§ 1º - Ao Coordenador incumbem a organização e a direção das atividades desenvolvidas pelo CEMEAR, em especial a distribuição dos casos aos Núcleos de Mediação, Métodos Autocompositivos e Sistema Restaurativo.

§ 2º - Ao Subcoordenador incumbe assessorar o Coordenador e substituí-lo nos casos de ausência e impedimentos eventuais.

Art. 6º - À Gerência de Suporte à Coordenação compete organizar a execução das atividades determinadas pela Coordenação, podendo receber desta delegação para a prática de atos de distribuição de procedimentos e outros que sejam necessários ao adequado funcionamento do CEMEAR.

Parágrafo único - As especificações das atividades gerenciais serão estipuladas por ato da Coordenação.

Art. 7º - Os Núcleos de Mediação e Métodos Autocompositivos e os Núcleos de Práticas Restaurativas serão compostos por Câmaras temáticas, que serão instituídas conforme a função para atuação nos casos que lhes forem distribuídos.

§ 1º - As Câmaras de Mediação e Métodos Autocompositivos serão especializadas nas seguintes áreas:

I - tutela coletiva;

II - cível, com atuação nos casos relativos à família, infância e juventude, mediação escolar e demais áreas correlatas;

III - mediação penal, infância e juventude infracional, JECrim e violência doméstica;

IV - interlocução comunitária, que compreende atividades específicas a serem desenvolvidas em parceria com outras entidades públicas ou privadas, com vistas a integrar o Ministério Público à sociedade civil organizada e entidades públicas;

 V - residual, com atuação nos casos de ouvidoria, mediação comunitária e outros não especificados nos incisos anteriores deste artigo.

§ 2º - As Câmaras de Práticas Restaurativas terão a seguinte organização:

I - Câmaras Restaurativas;

II - Rede de Garantia de Direitos, que terá em sua composição:

a) Câmara de cuidados e valorização da vítima;

b) Câmara de suporte ao ofensor;

c) Câmara de interlocução com a Assessoria de Direitos Humanos e de Minorias.

§ 3º - A distribuição das Câmaras de Mediação e Métodos Autocompositivos e das Câmaras de Práticas Restaurativas poderá ser alterada para melhor atender à organização dos trabalhos do CEMEAR, mediante provocação do Coordenador e por ato do Procurador-Geral de Justiça.

§ 4º - Atuarão junto às Câmaras de Mediação e Métodos Autocompositivos e junto às Câmaras de Práticas Restaurativas membros e servidores do Ministério Público capacitados em cursos próprios para o exercício da atividade de facilitador em mediação e outros métodos de resolução de conflitos e sistema restaurativo.

§ 5º - Para atuação nas Câmaras Restaurativas será necessária a especialização do facilitador em sistema restaurativo.

Art. 8º - Aos membros e servidores em atuação junto às Câmaras de Mediação e Métodos Autocompositivos e junto às Câmaras de Práticas Restaurativas incumbem a realização das sessões preliminares e das sessões de mediação ou de emprego de outros instrumentos não adversariais de solução de conflitos, bem como a elaboração e o encaminhamento à Coordenação do CEMEAR dos relatórios e informações pertinentes às suas atividades, inclusive os acordos finais alcançados.

§ 1º - É facultada a participação de facilitador restaurativo externo, com notável capacitação na área, indicado por entidades parceiras ou conveniadas que tenham interlocução com o Ministério Público.

§ 2º - De acordo com a conveniência do serviço e mediante provocação do Coordenador, os membros e servidores em atuação junto às Câmaras de Mediação e Métodos Autocompositivos poderão ficar afastados voluntariamente de suas funções, por ato do Procurador-Geral de Justiça.

DAS PRÁTICAS AUTOCOMPOSITIVAS

Art. 9º - O CEMEAR, no exercício de suas atividades, deverá empregar práticas autocompositivas, em especial:

I - negociação;

II - mediação e outros métodos autocompositivos;

III - conciliação;

IV - práticas restaurativas;

V - convenções processuais.

DA NEGOCIAÇÃO

Art. 10 - A negociação será utilizada para as controvérsias ou conflitos em que o Ministério Público possa atuar como parte na defesa de direitos e interesses da sociedade, em razão de sua condição de representante adequado e legitimado para a defesa de interesses difusos e coletivos.

Parágrafo único - A negociação também será utilizada para solução de problemas referentes à formulação de convênios, redes de trabalho e parcerias entre entes públicos e privados, bem como entre os próprios membros do Ministério Público.

DA MEDIAÇÃO E DOS OUTROS MÉTODOS AUTOCOMPOSITIVOS

Art. 11 - A mediação, a exemplo de outros métodos autocompositivos, será utilizada para solucionar controvérsias ou conflitos que envolvam relações jurídicas nas quais seja importante a ação direta e voluntária de ambas as partes divergentes.

§ 1º - Os procedimentos de mediação ou de outros métodos autocompositivos que versem sobre as temáticas comunitária e escolar serão regidos pela máxima informalidade possível.

§ 2º - A mediação e os métodos autocompositivos poderão ser promovidos como mecanismo de prevenção ou resolução de conflitos e controvérsias que ainda não tenham sido judicializados, bem como para a composição daqueles já submetidos ao Judiciário.

§ 3º - A confidencialidade é recomendada quando as circunstâncias assim exigirem, para a preservação da intimidade dos interessados, devendo ser mantido sigilo sobre todas as informações obtidas em todas as etapas da mediação, inclusive nas sessões privadas, se houver, salvo autorização expressa dos envolvidos ou violação à ordem pública e às leis.

§ 4º - O membro ou servidor que participar da mediação ou de outros métodos autocompositivos não poderá ser testemunha do caso, nem atuar como advogado dos envolvidos, observadas as ressalvas legais.

§ 5º - Ao final dos procedimentos de mediação ou de outros métodos autocompositivos, eventual acordo entre os envolvidos poderá ser referendado pelo órgão do Ministério Público ou submetido ao Judiciário com pedido de homologação.

DA CONCILIAÇÃO

Art. 12 - A conciliação será utilizada para controvérsias ou conflitos que envolvam direitos ou interesses nas áreas de atuação do Ministério Público como órgão interveniente e nos quais sejam necessárias intervenções propondo soluções, sendo aplicáveis as mesmas normas atinentes à mediação.

DAS PRÁTICAS RESTAURATIVAS

Art. 13 - As práticas restaurativas serão empregadas nas situações para as quais seja recomendável a busca pela reparação dos efeitos da infração ou conduta lesiva, ou a redução de seus impactos negativos, por intermédio da harmonização das necessidades dos envolvidos, especialmente do autor e da vítima, com o objetivo de restaurar o convívio social e a efetiva pacificação dos relacionamentos.

§ 1º - As práticas restaurativas contarão com a participação da vítima, do ofensor e, sempre que possível, de seus parentes, podendo ser incluídas a comunidade afetada e outras pessoas ou setores, públicos ou privados.

§ 2º - As práticas restaurativas serão conduzidas pelo facilitador com vistas à formulação de um plano restaurativo para reparação ou minoração do dano, reintegração do infrator e harmonização social.

§ 3º - As práticas restaurativas terão como foco a satisfação das necessidades de todos os envolvidos, a responsabilização ativa daqueles que cometeram o ato danoso ou conduta lesiva, ou contribuíram, direta ou indiretamente, para sua ocorrência, o empoderamento dos terceiros atingidos, a reparação dos danos ou sua redução, quando for o caso, e o fortalecimento das relações sociais atingidas.

§ 4º - A aplicação das práticas restaurativas pode ocorrer de forma alternativa ou concorrente com o processo convencional, devendo ser considerados seus efeitos, caso a caso, à luz do correspondente sistema processual e objetivando sempre as melhores soluções para as partes envolvidas e a comunidade.

§ 5º - Sem prejuízo das disposições gerais contidas nesta Resolução, as práticas restaurativas deverão observar princípios, valores e diretrizes específicos das áreas temáticas referidas no art. 7º, § 1º.

Art. 14 - São condições fundamentais à prática restaurativa, além de outras:

I - o prévio consentimento, livre e espontâneo, de todos os seus participantes, assegurada a retratação a qualquer tempo até a homologação do procedimento restaurativo;

II - que o reconhecimento, ainda que em ambiente confidencial incomunicável com a instrução penal, da veracidade dos fatos não possa ser usado como causa para deflagração de ação penal condenatória ou aditamento da denúncia que possa agravar a pena;

III - que os participantes sejam estimulados à reflexão sobre a assunção das responsabilidades necessárias a um consenso eficaz com perspectiva de futuro.

Art. 15 - Os procedimentos restaurativos consistem em sessões coordenadas, objetivando a integração das necessidades dos participantes de modo a permitir que o consenso obtido possa efetivamente promover a prevenção à reincidência, encaminhando os acordantes para as redes de sustentação e suporte.

§ 1º - Nos procedimentos restaurativos, o facilitador deverá ressaltar:

I - a voluntariedade da participação;

II - o sigilo e a confidencialidade da sessão;

III - as consequências advindas do conflito;

IV - o entendimento das causas do conflito;

V - o valor social da norma violada pelo conflito.

§ 2º - Findo o procedimento restaurativo:

I - o facilitador lavrará breve termo contendo a qualificação dos participantes e o plano de ação com os acordos alcançados, garantindo-se o sigilo e a confidencialidade das informações, ressalvados os fatos excluídos do sigilo por expressa deliberação das partes ou imposição legal;

II - não obtida a composição, o facilitador lavrará termo atestando o insucesso da autocomposição, vedada a utilização desta circunstância para deflagração de medidas repressivas ou agravamento da situação do ofensor;

III - haja ou não consenso, o Promotor Natural será ouvido sobre os efeitos jurídicos do caso, nos termos da legislação vigente.

Art. 16 - São atribuições dos facilitadores:

I - preparar e realizar as conversas ou encontros preliminares com os envolvidos;

II - abrir e conduzir a sessão restaurativa, podendo se valer das técnicas autocompositivas para a construção de um espaço adequado à circulação e compreensão mútua das informações, à integração dos envolvidos e ao fortalecimento dos seus laços, desencorajando, dessa forma, novas ações danosas ou lesivas;

III - atuar com respeito às partes, observando eventuais desequilíbrios quanto ao capital cultural de cada um e adequando suas falas aos repertórios dos envolvidos, de modo a permitir que compreendam tudo o que estiver sendo dito na sessão;

IV - redigir o termo de acordo, quando obtido, ou certificar o seu insucesso;

V - incentivar os participantes, ainda que não tenham chegado ao acordo, a refletirem sobre a possibilidade de mudança de suas práticas ou comportamentos, de modo a reduzir tensões ou a evitar futuros danos ou lesões.

Art. 17 - É vedado aos facilitadores:

I - impor soluções ou constranger os participantes, antecipando decisão de magistrado ou membro do Ministério Público como forma de direcionar a decisão;

II - prestar testemunho em juízo ou fora dele, acerca das informações das quais tiveram acesso em razão da função, ressalvadas as hipóteses legais;

III - expedir notificações ou conduções coercitivas para comparecimento;

IV - relatar a Juiz, membro do Ministério Público, Defensor Público, Advogados ou quaisquer autoridades do sistema de justiça, sem motivação legal, o conteúdo das declarações prestadas por qualquer dos envolvidos nos trabalhos restaurativos.

DAS CONVENÇÕES PROCESSUAIS

Art. 18 - As convenções processuais serão utilizadas toda vez que o procedimento deva ser adaptado ou flexibilizado para permitir a adequada e efetiva tutela jurisdicional aos interesses materiais subjacentes, bem assim para resguardar o âmbito de proteção dos direitos fundamentais processuais.

§ 1º - Poderá o membro do Ministério Público, conforme a lei processual, em qualquer fase da investigação ou durante o processo, celebrar acordos visando a constituir, modificar ou extinguir situações jurídicas processuais.

§ 2º - As convenções processuais deverão ser celebradas de maneira dialogal e colaborativa, com o objetivo de restaurar o convívio social e a efetiva pacificação dos relacionamentos por intermédio da harmonização entre os envolvidos, podendo ser documentadas como cláusulas de termo de ajustamento de conduta.

DA CAPACITAÇÃO EM MÉTODOS AUTOCOMPOSITIVOS E SISTEMA RESTAURATIVO

Art. 19 - As capacitações em métodos autocompositivos e sistema restaurativo dos membros e servidores do Ministério Público serão promovidas pelo Centro de Estudos e Aperfeiçoamento Funcional (CEAF), com apoio do CEMEAR ou de outras escolas credenciadas junto ao Poder Judiciário ou ao Ministério Público, seguindo as orientações do Conselho Nacional do Ministério Público, da Escola Nacional de Mediação e de Conciliação (ENAM), bem como da Secretaria de Reforma do Judiciário do Ministério da Justiça.

§ 1º - O conteúdo do material didático e de divulgação, bem como dos demais recursos audiovisuais referentes aos cursos, serão elaborados ou aprovados pelo CEMEAR.

§ 2º - Deverá ser viabilizado, pelas respectivas chefias, o percurso formativo completo para o servidor, desde que tenha pertinência com a área de atuação em que está inserido.

Art. 20 - Somente o membro inserido no cadastro a que se refere o inciso V do art. 3º desta Resolução e que tenha frequentado curso de capacitação de, no mínimo, 8 horasaula, será designado para atuar junto aos Centros Judiciários de Solução de Conflitos e Cidadania – CEJUSC, órgãos da estrutura do Poder Judiciário do Estado do Rio de Janeiro.

Art. 21 - Os órgãos competentes para aprovação do conteúdo programático exigido nos concursos de acesso à classe inicial da carreira do Ministério Público e no quadro permanente dos serviços auxiliares da Instituição deverão zelar pela inserção de temas relativos à mediação e demais métodos autocompositivos, bem como toda a gama de matérias jurídicas afetas ao sistema restaurativo nas disciplinas com as quais guardem pertinência temática.

DAS DISPOSIÇÕES FINAIS

Art. 22 - O Coordenador do CEMEAR apresentará ao Procurador-Geral de Justiça, a cada quadrimestre, relatório das atividades do Centro.

Art. 23 - O auxílio prestado pelo CEMEAR não acarretará a incidência do disposto no art. 2º da Resolução GPGJ nº 1.344, de 22 de setembro de 2006.

Art. 24 - Os casos omissos serão decididos pelo Procurador-Geral de Justiça.

Art. 25 - Esta Resolução entra em vigor na data de sua publicação, revogada a Resolução GPGJ nº 1.761, de 24 de julho de 2012, que dispõe sobre a criação do Grupo de Mediação e Resolução de Conflitos do Ministério Público do Estado do Rio de Janeiro.

Rio de Janeiro, 23 de março de 2017.
José Eduardo Ciotola Gussem
Procurador-Geral de Justiça

RESOLUÇÃO GPGJ nº 2.115 DE 12 DE MAIO DE 2017.

Cria o Laboratório de Análise de Orçamentos e de Políticas Públicas e dá outras providências.

O **PROCURADOR-GERAL DE JUSTIÇA DO ESTADO DO RIO DE JANEIRO**, no uso de suas atribuições legais,

CONSIDERANDO a diversidade de atos ilícitos praticados na gestão orçamentária e os prejuízos daí advindos, reduzindo, inclusive, a capacidade de financiamento, pelo Poder Público, de iniciativas prestacionais decisivas à satisfação dos direitos fundamentais;

CONSIDERANDO a ausência de dados relacionados à avaliação de políticas públicas nas suas dimensões operacionais, abrangendo a eficiência, a eficácia e a efetividade, com a consequente dificuldade na definição das estratégias de atuação da Instituição, em especial daquelas relacionadas à prevenção das violações aos direitos de natureza prestacional;

CONSIDERANDO a utilidade dos dados concernentes ao ciclo orçamentário e à análise de políticas públicas, produzidos por um corpo técnico especializado e disponibilizados em linguagem acessível a todos os órgãos do Ministério Público;

CONSIDERANDO, ainda, o que consta dos Processos MPRJ nos 2017.00324518 e 2017.00444352,

R E S O L V E

Art. 1º - Fica criado, no âmbito do Ministério Público do Estado do Rio de Janeiro, estando vinculado à Subprocuradoria-Geral de Justiça de Planejamento Institucional, o Laboratório de Análise de Orçamentos e de Políticas Públicas, incumbindo-lhe:

I - produzir dados qualificados e de natureza macro acerca da execução orçamentária do Estado e dos Municípios, especialmente no que concerne à análise das leis orçamentárias e dos processos de prestação de contas, incluídas as recomendações, ressalvas e determinações neles contidas, bem como do fluxo das receitas constitucionalmente vinculadas às ações e serviços de educação e saúde;

II - promover a avaliação de políticas públicas, produzindo e sistematizando dados de natureza macro relacionados à eficiência, eficácia e efetividade;

III - promover, em auxílio ao Centro de Aperfeiçoamento Funcional (CEAF), a capacitação dos membros no que tange às temáticas orçamentárias e de políticas públicas;

IV - desempenhar outras funções que lhe sejam atribuídas pelo Procurador-Geral de Justiça.

§ 1º - Os dados referidos nos incisos I e II, disponibilizados preferencialmente de maneira georreferenciada, por meio da plataforma "MP em Mapas", destinam-se às estruturas vinculadas à Procuradoria-Geral de Justiça, em especial às Subprocuradorias-Gerais de Justiça, aos Centros de Apoio Operacional, ao Grupo de Apoio Técnico Especializado e aos Grupos de Atuação Especializada e serão utilizados para a definição de atuações estratégicas e resolutivas nas áreas de políticas públicas e de controle orçamentário.

§ 2º - O Laboratório de Análise de Orçamentos e de Políticas Públicas não se destina ao apoio técnico em processos relativos a demandas concretas e pontuais, o qual permanecerá sendo realizado pelo Grupo de Apoio Técnico Especializado.

Art. 2º - O Laboratório de Análise de Orçamentos e de Políticas Públicas terá um Coordenador, designado pelo Procurador-Geral de Justiça, e contará com as seguintes estruturas:

I - apoio administrativo, destinado ao suporte de suas atividades;

II - equipe técnica especializada, composta, preferencialmente, por profissionais com expertise nas áreas de auditoria pública e análise de políticas públicas.

Parágrafo único - A implementação das estruturas de apoio e da equipe técnica especializada referidas acima será realizada gradativamente, observadas as limitações materiais e razões de conveniência e oportunidade da Administração.

Art. 3º - O Coordenador do Laboratório de Análise de Orçamentos e de Políticas Públicas apresentará ao Procurador-Geral de Justiça, a cada quadrimestre, relatório das suas atividades.

Art. 4º- Os casos omissos serão decididos pelo Procurador-Geral de Justiça.

Art. 5º - Esta Resolução entra em vigor na data de sua publicação.

Rio de Janeiro, 12 de maio de 2017.
José Eduardo Ciotola Gussem
Procurador-Geral de Justiça

RESOLUÇÃO GPGJ Nº 2.119 DE 24 DE MAIO DE 2017.

Institui as Forças Tarefas de Atuação Integrada e Negociação Especializada em Conflitos Coletivos de Consumo - FTCON.

O **PROCURADOR-GERAL DE JUSTIÇA DO ESTADO DO RIO DE JANEIRO**, no uso de suas atribuições legais,

CONSIDERANDO o novo paradigma de cultura de análise de indicadores sociais e busca de resultados de transformação social inaugurados pelo projeto MP em Mapas, com a correlata necessidade de enfrentamento estratégico e coordenado dos macro problemas identificados na seara consumerista;

CONSIDERANDO o imperativo de estimular a utilização de mecanismos não adjudicatórios de solução de controvérsias, a exemplo do que determina o art. 3o , § 3 o , do Código de Processo Civil, destacando-se a negociação como método adequado à atuação do Ministério Público na seara da tutela coletiva;

CONSIDERANDO que a utilização do mecanismo da negociação para a solução de controvérsias demanda uma capacitação específica para a atuação e desenvolvimento de processos e estratégias voltados à defesa coletiva dos interesses dos consumidores;

CONSIDERANDO o que consta no Procedimento MPRJ nº 2017.00370797,

R E S O L V E

Art. 1° - Institui, no âmbito da Procuradoria-Geral de Justiça, as Forças Tarefas de Atuação Integrada e Negociação Especializada em Conflitos Coletivos de Consumo - FTCON.

§ 1º - As Forças Tarefas de Atuação Integrada e Negociação Especializada em Conflitos Coletivos de Consumo serão constituídas por provocação do Coordenador do Centro de Apoio Operacional das Promotorias de Justiça de Tutela Coletiva de Defesa do Consumidor e Contribuinte (CAO Consumidor), para atuarem em cada caso em particular, e poderão atuar em regime interdisciplinar, congregando, inclusive, grupos de atuação especializada.

§ 2º - As FTCON terão atuação em todo o Estado do Rio de Janeiro e contarão com o apoio dos Centros de Apoio Operacional, do Grupo de Apoio Técnico Especializado, da Coordenadoria de Segurança e Inteligência, da Coordenadoria de Análises, Diagnósticos e Geoprocessamento, dos Centros Regionais de Apoio Administrativo e Institucional e do Centro de Mediação, Métodos Autocompositivos e Sistema Restaurativo do Ministério Público do Estado do Rio de Janeiro.

§ 3º - A atuação das Forças Tarefas somente compreenderá os casos em que, de forma cumulativa, ou não:

I - por sua natureza ou pela extensão do dano causado aos consumidores, envolvam a atribuição de mais de um órgão de execução sob o prisma territorial;

II - tenham reflexos em outra área de atuação do Ministério Público;

III - ainda que não ultrapassem a atribuição de determinado órgão de execução, por sua complexidade, demonstrada pelo significativo número de consumidores atingidos ou pelo número de atores envolvidos no conflito, exijam atuação estratégica e coordenada.

Art. 2º - Cada FTCON contará com um Coordenador designado pelo Procurador-Geral de Justiça.

§ 1º - Caberá ao Coordenador do CAO Consumidor monitorar continuamente os principais indicadores sociais da área consumerista, com o apoio específico da Coordenadoria de Análises, Diagnósticos e Geoprocessamento e dos Centros de Apoio Operacional, identificando as demandas a que se refere o § 3º do art. 1º, hipótese em que oferecerá, desde logo, a possibilidade de o(s) órgão(s) de execução com atribuição solicitar(em) o auxílio de uma Força Tarefa.

§ 2º - O Coordenador do CAO Consumidor indicará ao Procurador-Geral de Justiça o número de integrantes de cada Força Tarefa, sugerindo os respectivos membros, bem como detalhará o objeto a ser tratado e a expectativa de duração da atuação.

§ 3º - O Coordenador da Força Tarefa apresentará ao Procurador-Geral de Justiça, nos 10 (dez) dias subsequentes à sua nomeação, plano de trabalho da Força Tarefa, podendo solicitar, no momento oportuno, prorrogação do prazo de atuação.

Art. 3º - A atuação da Força Tarefa dar-se-á por tempo determinado, a título de auxílio consentido ao Promotor Natural cujas atribuições sejam direta ou indiretamente relacionadas aos direitos dos consumidores.

§ 1º - Nos casos previstos nos incisos I e II do § 3º do art. 1º, a atuação da Força Tarefa depende do consentimento de todos os Promotores Naturais.

§ 2º - O Promotor Natural, que solicitar ou consentir com a atuação da Força

Tarefa, poderá, a seu critério, atuar em conjunto, quando conveniente à solução do conflito.

§ 3º - O ato de auxílio previsto no parágrafo anterior dependerá de manifestação do CAO Consumidor e será editado pelo Procurador-Geral de Justiça.

§ 4º - Os Promotores de Justiça designados em auxílio poderão ficar voluntariamente afastados de suas funções, de acordo com a conveniência do serviço, mediante provocação do Coordenador da Força Tarefa e deferimento do Procurador-Geral de Justiça, o que somente ocorrerá durante o tempo estritamente necessário para a atuação específica que demandou o afastamento.

§ 5º - O consentimento ou a solicitação, pelo Promotor Natural, do auxílio da Força Tarefa é irrevogável, salvo nas seguintes hipóteses:

I - alteração da titularidade do órgão de execução que recebe o auxílio;

II - modificação na composição da Força Tarefa;

III - outra razão devidamente justificada em manifestação dirigida ao ProcuradorGeral de Justiça.

Art. 4º - Deferido o auxílio da Força Tarefa, a sua atuação perdurará até a resolução do conflito ou até que se esgotem as medidas cabíveis no âmbito das atribuições do Ministério Público do Estado do Rio de Janeiro, podendo o Coordenador, em hipóteses específicas, manifestar-se, justificadamente, pela desnecessidade superveniente da atuação especializada.

Art. 5º - A atuação das FTCON deverá privilegiar, sempre que possível, os mecanismos de negociação e outros métodos não adjudicatórios de solução de conflitos.

Art. 6º - O Coordenador do CAO Consumidor poderá estipular, por ordem de serviço própria, critérios de admissibilidade e prioridade na atuação das FTCON, observados o princípio da eficiência e as restrições naturais de recursos financeiros, administrativos e de pessoal.

Art. 7º - As FTCON deverão, ao final de cada atuação, apresentar ao Procurador-Geral de Justiça relatório detalhado de sua atuação.

Art. 8º - O auxílio prestado pelas FTCON não acarretará a incidência do disposto no artigo 2º da Resolução GPGJ nº 1.344, de 22 de setembro de 2006.

Art. 9º - Os casos omissos serão decididos pelo Procurador-Geral de Justiça.

Art. 10 - Esta Resolução entra em vigor na data de sua publicação.

Rio de Janeiro, 24 de maio de 2017.

José Eduardo Ciotola Gussem

Procurador-Geral de Justiça

RESOLUÇÃO CONJUNTA MPRJ/MPE Nº 11 DE 11 DE MAIO DE 2015.

Disciplina as atribuições dos Promotores Eleitorais no Estado do Rio de Janeiro, de acordo com as disposições da Resolução CNMP nº 30, de 19 de maio de 2008, e revoga a Resolução Conjunta MPRJ/MPE nº 10, de 16 de junho de 2009.

O **PROCURADOR-GERAL DE JUSTIÇA DO ESTADO DO RIO DE JANEIRO** e o **PROCURADOR REGIONAL ELEITORAL NO ESTADO DO RIO DE JANEIRO**, no uso de suas atribuições legais,

CONSIDERANDO o disposto nos artigos 77, 78 e 79 da Lei Complementar nº 75, de 20 de maio de 1993, e nos artigos 10, inciso IX, "h", 32, inciso III, e 73, todos da Lei nº 8.625, de 12 de fevereiro de 1993;

CONSIDERANDO a necessidade de adequação da disciplina das atribuições dos Promotores Eleitorais às disposições da Resolução CNMP nº 30, de 19 de maio de 2008,

R E S O L V E M

Art. 1º – As funções eleitorais exercidas pelo Ministério Público perante os Juízos e Juntas Eleitorais no Estado do Rio de Janeiro são privativas dos Promotores de Justiça e dos Promotores de Justiça Substitutos.

Art. 2º – As funções eleitorais afetas ao Ministério Público, no âmbito do Estado do Rio de Janeiro, são exercidas por 249 (duzentas e quarenta e nove) Promotorias Eleitorais, sendo 97 (noventa e sete) na Capital e 152 (cento e cinquenta e duas) no interior do Estado. Parágrafo único – Cada Promotoria Eleitoral funcionará junto à Zona Eleitoral de numeração correspondente.

Art. 3º – Os Promotores Eleitorais serão designados pelo Procurador Regional Eleitoral, a partir de indicação do Procurador-Geral de Justiça, para exercício pelo período de 2 (dois) anos.

Parágrafo único – O biênio de investidura será contado ininterruptamente, nele incluídos os períodos de férias, licenças e afastamentos, admitindo-se a recondução apenas quando houver um único membro do Ministério Público na respectiva circunscrição eleitoral.

Art. 4º – As Promotorias Eleitorais serão providas pelos critérios previstos no art. 1º, II e III, da Resolução CNMP nº 30, de 19 de maio de 2008.

§ 1º – Serão designados para as Promotorias Eleitorais situadas nos Foros Central e Regionais da Comarca da Capital, Promotores de Justiça lotados em qualquer órgão de execução situado na referida comarca. **§ 2º** – Aplica-se o disposto no parágrafo anterior às Promotorias Eleitorais situadas nas demais comarcas que possuam Foros Regionais.

§ 3º – As Promotorias Eleitorais situadas nas comarcas em que haja um único órgão de execução do Ministério Público serão preenchidas pelo membro do Ministério Público que nele estiver lotado.

§ 4º – Na hipótese do parágrafo anterior, achando-se vago o órgão de execução ou afastado o respectivo titular, será observado o disposto no inciso II e no § 2º, III, do art. 1º da Resolução CNMP nº 30, de 19 de maio de 2008.

§ 5º – Os Promotores de Justiça lotados em Promotorias de Justiça de Tutela Coletiva ou de Investigação Penal somente poderão exercer funções eleitorais na sede dos respectivos órgãos de execução.

§ 6º – Se a Zona Eleitoral abranger duas ou mais comarcas, poderão ser designados, para a correspondente Promotoria Eleitoral, Promotores de Justiça em exercício nos órgãos de execução situados em qualquer das comarcas abrangidas.

Art. 5º – Nas circunscrições com mais de uma Promotoria Eleitoral, as funções de fiscalização do registro de candidaturas, propaganda eleitoral e prestação de contas de candidato, partidos e coligações serão exercidas pela Promotoria Eleitoral que atue junto à Zona Eleitoral designada para exercer as mesmas funções.

Art. 6º – Em caso de remoção ou promoção do Promotor de Justiça, da qual resulte mudança de comarca, a Promotoria Eleitoral por ele titularizada será considerada vaga para novo provimento.

Art. 7º – São vedadas a remoção e a permuta entre Promotores Eleitorais

Art. 8º – O provimento das Promotorias Eleitorais será efetivado no prazo de 30 (trinta) dias a contar da respectiva vacância

Art. 9º – As investiduras em função eleitoral não ocorrerão em prazo inferior a 90 (noventa) dias da data do pleito eleitoral nem cessarão em prazo inferior a 90 (noventa) dias após a eleição, devendo o Procurador Regional Eleitoral providenciar as prorrogações necessárias à observância deste preceito.

Art. 10 – Na hipótese de impedimento, suspeição, afastamento ou licença do Promotor Eleitoral, não será admitida a prorrogação do prazo de sua investidura, que se limitará a 2 (dois) anos.

Art. 11 – Nenhum Promotor de Justiça poderá recusar a indicação para o exercício de funções eleitorais, ainda que cumulativas, salvo em situações excepcionais, devidamente justificadas, a critério do Procurador Geral de Justiça.

Art. 12 – Os Promotores de Justiça que exercerem temporariamente funções eleitorais, nas hipóteses de impedimento, suspeição, afastamento ou licença do titular, poderão concorrer a nova lotação, na mesma ou em outra Promotoria Eleitoral, não se computando o período de investidura temporária.

Art. 13 – É vedada a fruição de férias ou licença voluntária pelo Promotor Eleitoral no período de 90 (noventa) dias antes do pleito até 15 (quinze) dias após a diplomação dos eleitos.

Art. 14 – É vedada a acumulação da gratificação eleitoral com a retribuição estipendial de cargo em comissão ou função de confiança.

Art. 15 – Em nenhuma hipótese haverá percepção cumulativa de gratificação eleitoral, pelo exercício de funções simultâneas em mais de uma Promotoria Eleitoral.

Art. 16 – O Promotor Eleitoral deverá apresentar à Corregedoria-Geral do Ministério Público do Estado do Rio de Janeiro, em formulário próprio, relatório mensal de suas atividades.

Art. 17 – É vedada a indicação de Promotor de Justiça para o exercício de funções eleitorais no período de 2 (dois) anos contados do cancelamento de sua filiação político partidária,na forma do art. 80 da Lei Complementar nº 75, de 20 de maio de 1993.

Parágrafo único – É igualmente vedada a indicação de Promotor de Justiça que esteja respondendo a processo disciplinar ou tenha sofrido sanção, nos últimos cinco anos, pela prática de infração relacionada a atraso injustificado no serviço.

Art. 18 – Os casos omissos serão resolvidos pelo Procurador Regional Eleitoral, nos termos do art. 1º, § 3º, da Resolução CNMP nº 30, de 19 de maio de 2008.

Art. 19 – No exercício das funções eleitorais, os membros do Ministério Público prestarão colaboração recíproca, realizando diligências que lhes sejam solicitadas por outros membros ou pela Procuradoria Regional Eleitoral.

Art. 20 – Para os fins desta Resolução, considera-se comarca contígua a que estiver localizada na área territorial do respectivo Centro Regional de Apoio Administrativo e Institucional.

Art. 21 – Esta Resolução entra em vigor na data de sua publicação, ficando revogada a Resolução Conjunta MPRJ/MPE nº 10, de 16 de junho de 2009.

Rio de Janeiro, 11 de maio de 2015.

Paulo Roberto Bérenger Alves Carneiro
Procurador Regional Eleitoral
Marfan Martins Vieira
Procurador-Geral de Justiça

ENUNCIADOS DA ASSESSORIA DE ASSUNTOS INSTITUCIONAIS

ENUNCIADO Nº 1: PRINCÍPIOS INSTITUCIONAIS DO MINISTÉRIO PÚBLICO. INDEPENDÊNCIA FUNCIONAL. A Procuradoria-Geral de Justiça não dispõe da atribuição para controlar o mérito dos pronunciamentos dos órgãos de execução do Ministério Público do Estado do Rio de Janeiro, em atenção ao princípio da independência funcional e, por via de consequência, ao do promotor natural sobre os quais versa o art. 127, § 1º, da Carta Magna. Ref.: Procedimentos Administrativos MP nº. 2007.00076423, de 31.07.2007, e 2007.00085164, de 07.08.2007.

ENUNCIADO Nº 2: PRINCÍPIOS INSTITUCIONAIS DO MINISTÉRIO PÚBLICO. PROMOTOR NATURAL. A declaração da atribuição do membro do Ministério Público que tenha deixado de oferecer pronunciamento por não vislumbrar a existência de interesse público que justificasse a intervenção ministerial não importa em violação do princípio do promotor natural, tratando-se de expediente que visa a possibilitar uma atividade institucional uniforme, à luz do art. 11, inc. XVII, da Lei Complementar estadual n° 106/03. Ref.: Procedimentos Administrativos MP nos. 2008.00070979, de 05.06.2008, e 2008.00087515, de 04.07.2008.

ENUNCIADO Nº 3: FUNÇÕES INSTITUCIONAIS DO MINISTÉRIO PÚBLICO. INVESTIGAÇÃO CRIMINAL. A persecução criminal pode ser deflagrada com fulcro em investigação realizada diretamente pelo Ministério Público que, para a instrução dos autos de processo investigatório, detém o poder de requisição de informações, exames, perícias e documentos aos órgãos de segurança pública, na esteira do art. 129, incs. I, VI e VII, da Constituição da República, como também do art. 8°, inc. V, da Lei Complementar n° 75/1993, e do art. 26, inc. I, "c", da Lei n° 8.625/1993. Ref.: Procedimentos Administrativos MP nos. 2008.00102093, de 01.08.2008, e 2008.00104865, de 14.08.2008.

ENUNCIADO Nº 4: FUNÇÕES INSTITUCIONAIS DO MINISTÉRIO PÚBLICO. INQUÉRITO POLICIAL. A redistribuição do inquérito policial não tem o condão de deslocar a atribuição do membro do Ministério Público para oficiar nele. Ref.: Procedimentos Administrativos MP nos. 2006.001.49624.00, de 27.09.2006, e 2007.00152721, de 03.01.2008.

ENUNCIADO Nº 5: FUNÇÕES INSTITUCIONAIS DO MINISTÉRIO PÚBLICO. PROCEDIMENTO PREPARATÓRIO DE INQUÉRITO

CIVIL. Na hipótese de arquivamento parcial de procedimento preparatório de inquérito civil, o prosseguimento das investigações está inserido na esfera de atribuições do órgão de execução que o tenha promovido, com o fim de assegurar a efetividade do processo coletivo que possa vir a ser deflagrado. Ref.: Procedimentos Administrativos MP nos. 2007.00137758, de 30.11.2007, e 2007.00151299, de 15.03.2008.

ENUNCIADO Nº 6: FUNÇÕES INSTITUCIONAIS DO MINISTÉRIO PÚBLICO. INQUÉRITO CIVIL. A investigação de supostas lesões a interesses difusos, coletivos e individuais homogêneos suscetíveis de tutela por meio de ações civis públicas, quando lhes for comum o objeto ou causa de pedir, deve ser realizada nos autos do mesmo inquérito civil. Outrossim, ainda que o desmembramento do inquérito civil se afigure conveniente e oportuno, a providência não subtrai a atribuição do órgão de execução predeterminado na Constituição ou Legislação federal. Ref.: Procedimentos Administrativos MP nos. 2006.013.43917.00, de 01.08.2006, e 2007.00102174, de 15.02.2008.

ENUNCIADO Nº 7: INTERVENÇÃO DO MINISTÉRIO PÚBLICO. PROCESSO CIVIL. A atuação ministerial é obrigatória nos processos em que tenha sido arguida, *incidenter tantum,* a inconstitucionalidade de lei ou ato normativo. Ref.: Procedimentos Administrativos MP nos. 2005.001.53904.00, de 21.11.2005, e 2006.001.51636.00, de 14.09.2006.

ENUNCIADO Nº 8: INTERVENÇÃO DO MINISTÉRIO PÚBLICO. PROCESSO PENAL. Ministério Público deve intervir em todos os atos do processo deflagrado pelo exercício da ação penal de iniciativa privada, inclusive na fase conciliatória ínsita aos crimes contra a honra, sob pena de nulidade processual, a teor dos arts. 45 e 520, ambos do Código de Processo Penal. Ref.: Procedimento Administrativo MP no. 2007.00126967, de 12.12.2007.

ENUNCIADO Nº 9: PRERROGATIVAS DOS MEMBROS DO MINISTÉRIO PÚBLICO. CIÊNCIA DOS ATOS PROCESSUAIS. Todas as decisões monocráticas que encerrem juízo de admissibilidade negativo ou juízo de mérito sobre recursos em relação aos quais a intervenção ministerial se afigure necessária devem ser antecedidas pelo pronunciamento do organismo de execução do Ministério Público que oficie junto ao órgão fracionário do tribunal, sob pena de nulidade processual, nos termos dos arts. 84 e 24, do Código de Processo Civil. Ref.: Procedimento Administrativo MP no. 2008.00043070, de 24.04.2008.

ENUNCIADO Nº 10: PRERROGATIVAS DOS MEMBROS DO MINISTÉRIO PÚBLICO. TUTELA JURISDICIONAL. Eventual impedimento oposto à ação dos presentantes do Ministério Público no exercício de suas atribuições é suscetível de mandado de segurança, com vistas à tutela das prerrogativas dos membros do Parquet, sem prejuízo da configuração, em tese, da infração penal tipificada no art. 3º, 'j', da Lei de Abuso de Autoridade. Ref.: Procedimentos Administrativos MP nos. 2005.001.13484.00, de 04.04.2005, e 2008.00145307, de 16.11.2008.

ENUNCIADO Nº 11: DEVERES DOS MEMBROS DO MINISTÉRIO PÚBLICO. COMPARECIMENTO AOS ATOS PROCESSUAIS. Os membros do Ministério Público não estão sujeitos à obrigação legal de comparecimento aos atos presididos por conciliadores ou juízes leigos, auxiliares da Justiça que estão subordinados às normas legais dos serventuários do Poder Judiciário, de acordo com os arts. 1º e 2º, da Lei estadual nº 4.578/05. Ref.: Procedimentos Administrativos MP nos. 2006.001.69756.00, de 19.12.2006, e 2008.00032824, de 24.03.2008.

ENUNCIADO Nº 12: DEVERES DOS MEMBROS DO MINISTÉRIO PÚBLICO. ATENDIMENTO ÀS DETERMINAÇÕES DA ADMINISTRAÇÃO SUPERIOR. A designação é sintetizada como projeção da hierarquia administrativa entre o Procurador- Geral de Justiça e os demais membros do Ministério Público, razão pela qual ao Promotor de Justiça que houver sido designado por ato da Chefia da Instituição para a realização de alguma diligência não é conferida a possibilidade de se recusar a oficiar no processo, excepcionadas as hipóteses legais de impedimento e suspeição. Ref.: Procedimentos Administrativos MP nos. 2005.001.56320.00, de 12.05.2006, e 2007.00044653, de 16.05.2007.

ENUNCIADO Nº 13: ATRIBUIÇÕES DOS ÓRGÃOS DE EXECUÇÃO DO MINISTÉRIO PÚBLICO. DIVISÃO INTERNA. A Assessoria de Assuntos Institucionais tem reconhecido a vigência, validade e eficácia de atos administrativos ordinatórios que importem em divisão interna de atribuições entre órgãos de execução do Parquet fluminense. Ref.: Procedimentos Administrativos MP nos. 2006.001.45057.00, de 15.08.2006, e 2006.001.45059.00, de 15.08.2006.

ENUNCIADO Nº 14: CANCELADO

ENUNCIADO Nº 15: ATRIBUIÇÕES DOS ÓRGÃOS DE EXECUÇÃO DO MINISTÉRIO PÚBLICO. PROMOTORIAS DE JUSTIÇA DE PROTEÇÃO AO IDOSO E À PESSOA PORTADORA DE DEFICIÊNCIA. Às Promotorias de Justiça de Proteção ao Idoso e à Pessoa

Portadora de Deficiência falece atribuição para oficiar em procedimentos administrativos que não versem sobre direito conferido ao idoso em virtude de sua especial condição pessoal. Ref.: Procedimentos Administrativos MP nos. 2007.00079370, de 27.08.2007, e 2008.00056172, de 08.05.2008.

ENUNCIADO Nº 16: ATRIBUIÇÕES DOS ÓRGÃOS DE EXECUÇÃO DO MINISTÉRIO PÚBLICO. PROMOTORIAS DE JUSTIÇA CÍVEIS. A intervenção do Ministério Público em processo judicial instaurado em face de entidade fechada de previdência social complementar, revestida de personalidade jurídica de Direito Privado e submetida ao controle administrativo do Ministério da Previdência e Assistência Social, está inserta na esfera de atribuições das Promotorias de Justiça Cíveis, em face de sua atribuição residual. Ref.: Procedimentos Administrativos MP nos. 2007.00037480, de 12.04.2007, e 2007.00052071, de 24.05.2007.

ENUNCIADO Nº 17: ATRIBUIÇÕES DOS ÓRGÃOS DE EXECUÇÃO DO MINISTÉRIO PÚBLICO. PROMOTORIAS DE JUSTIÇA DE INVESTIGAÇÃO PENAL. As Promotorias de Justiça de Investigação Penal atuam em peças de informação e inquéritos policiais, inclusive os dirigidos à investigação de crimes praticados com violência doméstica e familiar contra a mulher, excetuados os iniciados por auto de prisão em flagrante, em razão do art. 41 da Lei Maria da Penha. Sob o ângulo formal, o art. 41 da Lei nº 11.340/06 não é eivado de inconstitucionalidade, na medida em que a norma foi veiculada por lei ordinária federal, sendo certo que o Projeto nº 4.559/04, de iniciativa do Poder Executivo, foi regularmente aprovado por ambas as Casas do Poder Legislativo (arts. 22, inc. I, 61, *caput*, 65 e 66). Sob o ângulo material, o art. 41 da Lei nº 11.340/06 não é viciado por inconstitucionalidade, uma vez que a disponibilização de mecanismos para a prevenção e repressão de violência doméstica e familiar contra a mulher constitui ação afirmativa que encontra fundamento de validade na Carta Magna, (art. 5º, *caput* e inc. I e 226, § 8º, todos da Lex Fundamentalis). Ref.: Procedimentos Administrativos MP nos. 2008.00158552, de 03.11.2008, e 2008.00052428, de 29.04.2008.

ENUNCIADO Nº 18: CONFLITO DE ATRIBUIÇÕES. O Supremo Tribunal Federal dispõe de competência originária para dirimir conflitos de atribuições, positivos ou negativos, entre órgãos de diferentes ramos do Ministério Público, quando não configurado virtual conflito de jurisdição entre juízes vinculados a tribunais diferentes. Ref.: Procedimentos Administrativos MP nos. 2007.00087307, de 01.02.2008, e 2008.00172514, de 26.11.2008.

ENUNCIADO Nº 19: A atribuição para a investigação e a solução de lesão ou ameaça de lesão a direitos metaindividuais originados de situação estrutural de unidade de ensino, questões referentes à qualificação e disponibilidade de professores e profissionais da educação, qualidade da educação, assuntos pedagógicos, alimentação escolar e outras hipóteses que tenham repercussão coletiva metaindividual, na esfera do Município do Rio de Janeiro, é da Promotoria de Justiça de Proteção à Educação da Capital.

ENUNCIADO Nº 20: A atribuição para a investigação e a solução de lesão ou ameaça de lesão a direitos metaindividuais da educação de crianças e adolescentes ocorridos fora da circunscrição territorial da Capital é da Promotoria de Justiça cuja atribuição inclua a tutela metaindividual da Infância e Juventude no local do dano, inclusive aquelas derivadas das políticas estaduais e nacionais de educação e que tenham repercussão local.

ENUNCIADO Nº 21: Em caso de legitimação do Ministério Público, a atribuição para a investigação e a solução de lesão ou ameaça de lesão a direitos individuais referentes à educação de criança ou adolescente é da Promotoria de Justiça cuja atribuição inclua a tutela individual daquela criança ou adolescente.

ENUNCIADO Nº 22: SUBSTITUIÇÃO DOS MEMBROS DO MINISTÉRIO PÚBLICO. IMPEDIMENTO, INCOMPATIBILIDADE OU SUSPEIÇÃO. O impedimento, incompatibilidade ou suspeição do titular de determinado órgão de execução transfere a atribuição ao seu substituto legal, e não ao Promotor de Justiça que transitoriamente o esteja auxiliando. Ref.: Procedimento Administrativo MP n° 2009.00032644.

ENUNCIADO Nº 23: ATRIBUIÇÕES DOS ÓRGÃOS DE EXECUÇÃO DO MINISTÉRIO PÚBLICO. PROMOTORIAS DE JUSTIÇA DE INVESTIGAÇÃO PENAL. Às Promotorias de Justiça de Investigação Penal incumbe atuar privativamente em todas as fases da investigação criminal. Nesta ordem de ideias, se posteriormente ao arquivamento surge questão que deveria ter sido apreciada durante a apuração encerrada, esta deve ser submetida ao órgão que nela atuou. Ref.: Procedimento Administrativo MP n° 2009.00263422.

ENUNCIADO Nº 24: ATRIBUIÇÕES DOS ÓRGÃOS DE EXECUÇÃO DO MINISTÉRIO PÚBLICO. PROMOTORIAS DE JUSTIÇA DE TUTELA COLETIVA. As Promotorias de Justiça de Tutela Coletiva da Saúde dispõem de atribuição para, com exclusividade, oficiar nos procedimentos preparatórios e inquéritos civis e, se for o caso, promover as ações de improbidade administrativa para a efetivação do direito à saúde, inclusive as relacionadas às licitações e contratos administrativos de obras, serviços e fornecimentos no âmbito das Secretarias de Saúde do Estado e dos Municípios. Ref.: Procedimento Administrativo MP n° 2007.00090117.

ENUNCIADO Nº 25: Quando o Membro do Ministério Público, no curso do processo ou procedimento, afirmar suspeição por motivo de ordem íntima pode o órgão de execução que lhe for tabelar solicitar compensação de feitos ao Procurador-Geral de Justiça, ex vi do art. 124, II, e seu parágrafo único, da LCE nº 106/03 (ref.: procedimentos MPRJ nº 200900032644 e nº 201000877214).

ENUNCIADO Nº 26: A atribuição das Promotorias de Justiça de Investigação Penal é fixada no momento da instauração do inquérito policial e não no de sua instrução ou conclusão. Assim – exceto na hipótese de crime consumado em outro Estado, ou em outros casos reputados excepcionais por manifestação fundamentada – não pode haver declinação de atribuição em inquérito já instruído ou relatado, devendo a Promotoria de Justiça de Investigação Penal formular opinio delicti perante o Juízo que entender competente (Ref. procedimentos nº 2008.00226893, 2011.00576017, 2011.00460385 e 2011.00575010).

ENUNCIADO Nº 27: TUTELA DE INTERESSES INDIVIDUAIS INDISPONÍVEIS DAS PESSOAS COM TRANSTORNOS MENTAIS. A reinserção familiar, o encaminhamento de pacientes para outros equipamentos da rede pública de saúde mental de sua procedência e, se for o caso, o ajuizamento de demandas em face dos familiares ou Poder Público são afetos à(s) Promotoria(s) de Justiça da circunscrição do Município de origem dos pacientes, a teor do art. 94, *caput*, do Código de Processo Civil, aplicado por analogia à hipótese.

CONSELHO SUPERIOR DO MINISTÉRIO PÚBLICO DO ESTADO DO RIO DE JANEIRO

ENUNCIADOS

Enunciados aprovados nas sessões dos dias 02 e 29 de maio, 26 de junho, 05 de setembro de 2007, 03 de outubro, 17 de dezembro de 2007, 27 de março de 2008, 30 de julho de 2008, 12 de agosto de 2008, 12 de novembro de 2008, 18 de junho e 26 de novembro de 2009, 29 de abril e 04 de outubro de 2010 e 25 de maio de 2011, 19 de abril de 2012, 10 de julho de 2012, destinados a orientar o julgamento das matérias submetidas ao seu reexame obrigatório.

ENUNCIADO Nº 01/07: IDOSO, CRIANÇA, ADOLESCENTE OU DEFICIENTE. FALECIMENTO. Inexistindo nos autos de inquérito civil ou procedimento preparatório instaurado pelo Ministério Público indícios de crime praticado em detrimento de idoso, criança, adolescente ou deficiente, o seu falecimento por causas naturais encerra a investigação, devendo ser homologado o arquivamento promovido pelo Promotor de Justiça." (Aprovado na sessão de 02 de maio de 2007 e redação alterada na sessão de 29 de abril de 2010)

ENUNCIADO Nº 02/07: MEIO AMBIENTE. POLUIÇÃO SONORA. CESSAÇÃO DE ATIVIDADES NOCIVAS. Merece homologação o arquivamento do inquérito civil ou do procedimento preparatório que conclui pela cessação das atividades poluidoras geradoras de ruídos. (Aprovado na sessão de 02 de maio de 2007)

ENUNCIADO Nº 03/07: MEIO AMBIENTE. REGENERAÇÃO NATURAL TOTAL. A regeneração natural de toda a área degradada, com o encerramento da atividade nociva ao meio-ambiente, possibilita a homologação de promoção de arquivamento de inquérito civil ou procedimento preparatório instaurado para apurar o dano ambiental. (Aprovado na sessão de 02 de maio de 2007)

ENUNCIADO Nº 04/07: INFÂNCIA E JUVENTUDE. MAIORIDADE. Alcançada a maioridade civil, cessa a atribuição do Ministério Público para postular medida protetiva prevista no ECA, merecendo homologação a promoção de arquivamento do procedimento instaurado para tanto. (Aprovado na sessão de 02 de maio de 2007)

ENUNCIADO Nº 05/07: MEIO AMBIENTE. INEXISTÊNCIA DE DANO AMBIENTAL. Se a notícia de dano ao meio ambiente não é ratificada por meio de prova idônea, produzida no curso da investigação, merece homologação o arquivamento promovido pela Promotoria de Justiça oficiante. (Aprovado na sessão de 02 de maio de 2007)

ENUNCIADO Nº 06/07: IDOSO. INEXISTÊNCIA DE SITUAÇÃO DE RISCO. Merece homologação a promoção de arquivamento de procedimento instaurado em virtude de notícia de situação de risco a idoso se, no curso da investigação, ficar evidenciada a inexistência de situação prevista no Estatuto do Idoso. (Aprovado na sessão de 02 de maio de 2007)

ENUNCIADO Nº 07/07: CONSUMIDOR. INTERESSE INDIVIDUAL DISPONÍVEL. AUSÊNCIA DE LEGITIMIDADE DO MINISTÉRIO PÚBLICO. Merece homologação a promoção de arquivamento de procedimento instaurado em virtude de notícia de lesão a direitos consumeristas se, no curso da investigação, ficar evidenciada lesão de caráter meramente individual e disponível a consumidor. (Aprovado na sessão de 02 de maio de 2007)

ENUNCIADO Nº 08/07: IDOSO. CESSAÇÃO DA SITUAÇÃO DE RISCO: Merece homologação a promoção de arquivamento de procedimento administrativo instaurado para apurar notícia de risco a idoso se, no curso da investigação, ficar comprovada a cessação do risco ou a adoção pelo Ministério Público das medidas cabíveis previstas no Estatuto do Idoso. (Aprovado na sessão de 29 de maio de 2007)

ENUNCIADO Nº 09/07: INFÂNCIA E JUVENTUDE. CESSAÇÃO DA SITUAÇÃO DE RISCO: Merece homologação a promoção de arquivamento do procedimento administrativo instaurado para apurar notícia de risco a criança e/ou adolescente se, no curso da investigação, ficar comprovada a cessação do risco ou a adoção pelo Ministério Público das medidas protetivas previstas no ECA. (Aprovado na sessão de 29 de maio de 2007)

ENUNCIADO Nº 10/07: MEIO AMBIENTE. POLUIÇÃO ATMOSFÉRICA. CESSAÇÃO DAS EMISSÕES ILEGAIS: Merece homologação o arquivamento de inquérito civil ou de procedimento preparatório que apura poluição atmosférica, se ficar comprovada nos autos a cessação das emissões no ar de gases, partículas e/ou radiações acima dos limites legais permitidos para a atividade poluidora. (Aprovado na sessão de 29 de maio de 2007)

ENUNCIADO Nº 11/07: CONSUMIDOR. INEXISTÊNCIA DE DANO: Merece homologação a promoção de arquivamento de procedimento administrativo instaurado para apurar notícia de lesão a direitos consumeristas se, no curso da investigação, ficar comprovada a inexistência de dano aos consumidores na relação de consumo. (Aprovado na sessão de 29 de maio de 2007)

ENUNCIADO Nº 12/07: IMPROBIDADE. PRESCRIÇÃO E AUSÊNCIA DE DANO AO ERÁRIO: Merece homologação a promoção de arquivamento de inquérito civil ou de procedimento preparatório para apurar improbidade administrativa se, no curso da investigação, ficarem comprovadas a prescrição da ação, regulada pelo artigo 23, incisos I e II da Lei Federal 8.429/92, e a ausência de danos ao erário. (Aprovado na sessão de 29 de maio de 2007)

ENUNCIADO Nº 13/07: CONSUMIDOR: REGULARIZAÇÃO DOS PRODUTOS E/OU SERVIÇOS: Merece homologação a promoção de arquivamento de procedimento administrativo instaurado para apurar notícia de lesão aos direitos dos consumidores se, no curso da investigação, ficar comprovada a regularização dos produtos e/ou serviços pelos fornecedores. (Aprovado na sessão de 26 de junho de 2007)

ENUNCIADO Nº 14/07: INFÂNCIA E JUVENTUDE. INEXISTÊNCIA DE SITUAÇÃO DE RISCO: Merece homologação a promoção de arquivamento de procedimento administrativo instaurado para apurar notícia de perigo a menor de idade se, no curso da investigação, ficar comprovada a inexistência de situação de risco prevista no Estatuto da Criança e do Adolescente. (Aprovado na sessão de 05 de setembro de 2007)

ENUNCIADO Nº 15/07: DEFICIENTE. LESÃO A DIREITO INDIVIDUAL. FALTA DE ATRIBUIÇÃO DAS PROMOTORIAS ESPECIALIZADAS: Merece homologação o arquivamento de procedimento administrativo para apurar notícia de violação a direitos de pessoas portadoras de deficiência se, no curso da investigação, ficar comprovado que a lesão atingiu apenas direito individual e não direitos difusos ou coletivos, falecendo, portanto atribuição às Promotorias de Justiça especializadas, nos termos do artigo 3º, *caput*, da Lei Federal nº 7.853/89 e da Resolução GPGJ nº 1.284/05. (Aprovado na sessão de 05 de setembro de 2007)

ENUNCIADO Nº 16/07: DANOS A INTERESSES OU DIREITOS DIFUSOS, COLETIVOS E/OU INDIVIDUAIS HOMOGÊNEOS. CELEBRAÇÃO DE TAC. TÍTULO EXECUTIVO EXTRAJUDICIAL. DESNECESSIDADE DE ACP: Merece homologação a promoção de arquivamento de inquérito civil ou de outro procedimento administrativo instaurado para apurar notícia de lesão a interesses ou direitos difusos, coletivos e/ou individuais homogêneos se, no curso da investigação, for celebrado um termo de ajustamento de conduta com o investigado para cumprimento da legislação específica, para prevenir, cessar, reparar e/ou compensar os danos causados, assinalados prazos para o cumprimento das cláusulas e fixadas multas pelo descumprimento, o qual tem força de título executivo extrajudicial, nos termos do artigo 5º, § 6º, da Lei Federal nº 7.347/85 c/c o art. 79-A da Lei Federal nº 9.605/98, tornado desnecessário o ajuizamento de ação civil pública pelo Ministério Público. (Aprovado na sessão de 05 de setembro de 2007)

ENUNCIADO Nº 17/07: IDOSO, DEFICIENTE, INFÂNCIA E JUVENTUDE. SITUAÇÃO DE RISCO. IMPOSSIBILIDADE DE LOCALIZAÇÃO E/OU IDENTIFICAÇÃO DAS VÍTIMAS. Merece homologação a promoção de arquivamento de procedimento administrativo instaurado para apurar notícia de risco a idoso, deficiente, a criança ou a adolescente se, no curso das investigações, após esgotadas todas as diligências, ficar comprovada a impossibilidade de localização e/ou identificação das vítimas das violações aos direitos previstos nas Leis Federais nºs. 7.853/89, 8.069/90 e 10.741/03. (Aprovado na sessão de 03 de outubro de 2007)

ENUNCIADO Nº 18/07: DANOS A INTERESSES OU DIREITOS DIFUSOS, COLETIVOS E INDIVIDUAIS INDISPONÍVEIS OU HOMOGÊNEOS. AJUIZAMENTO DE AÇÃO JUDICIAL CONTEMPLANDO O OBJETO DA INVESTIGAÇÃO DO MP. PERDA DO INTERESSE PROCEDIMENTAL: Merece homologação a promoção de arquivamento de inquérito civil ou de outro procedimento administrativo instaurado para apurar notícia de lesão a interesses ou direitos difusos, coletivos e individuais indisponíveis ou homogêneos se, no curso da investigação, ficar comprovado o ajuizamento de ação civil pública, de ação popular, de ação de improbidade ou de outra medida judicial pelo Ministério Público ou por terceiros legitimados, cujo pedido contemple o objeto da portaria de instauração, por perda do interesse procedimental. (Aprovado na sessão de 17 de dezembro de 2007)

ENUNCIADO Nº 19/2008 DO CSMP: FAUNA. APREENSÃO DE ANIMAIS SILVESTRES PELOS ÓRGÃOS AMBIENTAIS. CRIAÇÃO E/OU COMERCIALIZAÇÃO ILEGAIS. ENCAMINHAMENTO DOS ESPÉCIMES PARA INSTITUIÇÃO PÚBLICA OU PARTICULAR AUTORIZADA E/OU SUA LIBERTAÇÃO NO SEU HABITAT NATURAL. ADOÇÃO DAS PROVIDÊNCIAS ADMINISTRATIVAS E POLICIAIS CABÍVEIS PARA REPARAÇÃO DOS DANOS E PUNIÇÃO DOS INFRATORES. DESNECESSIDADE DE ACP: Merece homologação a promoção de arquivamento de inquérito civil ou de procedimento preparatório instaurado para apurar notícia de danos ambientais pela criação e/ou comercialização ilegais de animais silvestres, sem autorização dos órgãos ambientais ou em desacordo com ela, se, no curso da investigação, ficar comprovado o encaminhamento dos espécimes da fauna silvestre apreendidos para centros de triagem, zoológicos, criadouros autorizados ou sua libertação no seu habitat natural, com a adoção das providências administrativas e policiais cabíveis para reparação dos danos e punição dos infratores, tornando desnecessário o ajuizamento de ação civil pública pelo Ministério Público. (Aprovado na sessão de 27 de março de 2008).

ENUNCIADO Nº 20/2008 DO CSMP: MEIO AMBIENTE. POLUIÇÃO SONORA. BEM AMBIENTAL INDIVISÍVEL. PERTURBAÇÃO À SAÚDE, TRANQUILIDADE, SOSSEGO E SEGURANÇA DA COMUNIDADE. ATIVIDADES INDUSTRIAL, COMERCIAL E SOCIAL. Merece homologação o arquivamento de inquérito civil ou de procedimento administrativo para apurar notícia de poluição sonora, se, no curso da investigação, restar comprovado que os impactos provocados pela propagação do ruído se restringem ao vizinho limítrofe, cujo conflito será solvido pelo direito de vizinhança.

* Nova redação aprovada na sessão do Conselho realizada no dia 29 de outubro de 2009.

ENUNCIADO Nº 21/2008 DO CSMP: IMPROBIDADE ADMINISTRATIVA. INSUFICIÊNCIA DE PROVAS DE ATOS DE IMPROBIDADE E AUSÊNCIA DE DANOS AO ERÁRIO. Merece homologação a promoção de arquivamento de inquérito civil ou de procedimento preparatório para apurar improbidade administrativa se, no curso da investigação, restar comprovada a insuficiência de provas da prática de atos de improbidade tipificados nos artigos 9º, 10 e 11 da Lei Federal nº 8.429/92 e da ausência de danos ao erário. (Aprovado na sessão de 30 de julho de 2008).

ENUNCIADO Nº 22/2008 DO CSMP: URBANISMO. OBRA OU ESTABELECIMENTO SEM AUTORIZAÇÃO DOS ÓRGÃOS COMPETENTES E/OU EM DESACORDO COM O ZONEAMENTO URBANO. ENCERRAMENTO DAS ATIVIDADES ILEGAIS: Merece homologação a promoção de arquivamento de inquérito civil ou de procedimento preparatório para apurar danos ao meio ambiente artificial se ficar comprovado nos autos o encerramento das atividades da obra ou do estabelecimento sem autorização dos órgãos competentes e/ou em desacordo com o zoneamento urbano do local. (Aprovado na sessão de 12 de agosto de 2008).

ENUNCIADO Nº 23/2008 DO CSMP: CIDADANIA. RECLAMAÇÃO DE USUÁRIO CONTRA ÓRGÃO PÚBLICO OU CONCESSIONÁRIA. REGULARIZAÇÃO DOS SERVIÇOS PÚBLICOS: Merece homologação a promoção de arquivamento de inquérito civil ou de procedimento preparatório para apurar reclamação de cidadão contra órgão público ou concessionária se ficar comprovada nos autos a regularização da prestação dos serviços públicos pela entidade responsável. (Aprovado na sessão de 12 de agosto de 2008).

ENUNCIADO 24/2008 DO CSMP: PATRIMÔNIO CULTURAL. INEXISTÊNCIA DE DANOS AOS BENS PROTEGIDOS ADMINISTRATIVAMENTE, LEGALMENTE E/OU JUDICIALMENTE: Merece homologação a promoção de arquivamento de inquérito civil ou de procedimento preparatório para apurar danos ao patrimônio cultural, se ficar comprovada nos autos a inexistência de prejuízos ao bem ou ao conjunto de bens protegidos por atos administrativos, por legislação específica e/ou por decisão judicial, devido ao seu valor histórico, paisagístico, artístico, arqueológico, paleontológico, ecológico ou científico. (Aprovado na sessão de 25 de agosto de 2008).

ENUNCIADO Nº 25/08 DO CSMP: MEIO AMBIENTE. POLUIÇÃO HÍDRICA. LANÇAMENTO DE EFLUENTES LÍQUIDOS E/OU DEJETOS EM RECURSO HÍDRICO SEM TRATAMENTO OU COM TRATAMENTO INADEQUADO. INSTALAÇÃO DE EQUIPAMENTO ANTIPOLUIÇÃO DE ACORDO COM OS PADRÕES DE QUALIDADE AMBIENTAL. CESSAÇÃO DA CONTAMINAÇÃO DAS ÁGUAS: Merece homologação a promoção de arquivamento de inquérito civil ou de procedimento preparatório para apurar poluição hídrica pelo lançamento em recurso hídrico de efluentes líquidos e/ou dejetos provenientes de unidade ou conjuntos residenciais, comerciais, de serviços, agropecuários ou industriais, se ficar comprovado nos autos a instalação de fossa, sumidouro, Estações de Tratamento de Água (ETA) ou de Esgotos (ETE), emissário submarino ou de outro equipamento antipoluição de acordo com os padrões de qualidade ambiental para cada poluente que assegure a cessação da contaminação das águas. (Aprovado na sessão de 12 de novembro de 2008).

ENUNCIADO Nº 26/08 DO CSMP: MEIO AMBIENTE. POLUIÇÃO DO SOLO. DESPEJO DE RESÍDUOS SÓLIDOS A CÉU ABERTO SEM TRATAMENTO OU COM TRATAMENTO INADEQUADO. INSTALAÇÃO DE EQUIPAMENTO ANTIPOLUIÇÃO DE ACORDO COM OS PADRÕES DE QUALIDADE AMBIENTAL.

DESCONTAMINAÇÃO DA ÁREA: Merece homologação a promoção de arquivamento de inquérito civil ou de procedimento preparatório para apurar poluição do solo pelo despejo a céu aberto de resíduos sólidos provenientes de unidade ou conjuntos residenciais, comerciais, de serviços, agropecuários ou industriais, se ficar comprovado nos autos a instalação de usinas de reciclagem e/ou de compostagem de lixo, incineradores, aterros sanitário e industrial ou de outro equipamento antipoluição de acordo com os padrões de qualidade ambiental para cada poluente que assegure a descontaminação da área. (Aprovado na sessão de 12 de novembro de 2008).

ENUNCIADO Nº 27/2009 – INDEFERIMENTO DE REPRESENTAÇÃO PARA INSTAURAÇÃO DE INQUÉRITO CIVIL PÚBLICO, DE PROCEDIMENTO PREPARATÓRIO OU DE PROCEDIMENTO ADMINISTRATIVO. AUSÊNCIA DE ELEMENTOS MÍNIMOS CAPAZES DE ENSEJAR A INSTAURAÇÃO DE PROCEDIMENTO INVESTIGATÓRIO. NOTIFICAÇÃO DO REPRESENTANTE OU IMPOSSIBILIDADE DE FAZÊ-LO. NÃO INTERPOSIÇÃO DE RECURSO. DESNECESSIDADE DE REMESSA DOS AUTOS AO CONSELHO SUPERIOR. ARQUIVAMENTO DOS AUTOS NO PRÓPRIO ÂMBITO DA PROMOTORIA DE JUSTIÇA REPRESENTADA. INTELIGÊNCIA DO Art. 5º, § 4o DA RESOLUÇÃO No 23 DO CONSELHO NACIONAL DO MINISTÉRIO PÚBLICO E Art. 4º, § 3o DA RESOLUÇÃO GPGJ No 1.522/09. NÃO CONHECIMENTO DA PROMOÇÃO DE ARQUIVAMENTO. Não merece conhecimento a promoção de indeferimento de Representação para a instauração de Inquérito Civil Público, Procedimento Preparatório ou Procedimento Administrativo, quando a notícia apresentada não fornecer elementos mínimos suficientes para a instauração de procedimento investigatório e desde que, notificado o Representante ou sendo impossível fazê-lo, não for interposto recurso no prazo legal, devendo os autos, nestas hipóteses, ser arquivados no próprio âmbito da Promotoria de Justiça representada, tudo na forma dos arts. 5º, § 4º da Resolução nº 23 do Conselho Nacional do Ministério Público e 4º, § 3º, da Resolução nº 1.522/09. (Aprovado na sessão de 18 de junho de 2009. Redação alterada na sessão de 26 de novembro de 2009).

ENUNCIADO Nº 28/2009: DIREITO À EDUCAÇÃO. Merece homologação a promoção de arquivamento de Inquérito Civil ou de procedimento instaurado para verificar a regularidade quanto ao funcionamento de unidade de ensino de qualquer natureza, no âmbito deste Estado, caso, no transcurso da investigação constate-se a efetiva adequação do referido estabelecimento educacional às exigências das autoridades competentes ou o encerramento de suas atividades, nos termos das normas definidoras das Diretrizes e Bases da Educação e, quando a hipótese corresponda à temática de interesse individual. (Aprovado na sessão de 26 de novembro de 2009 e redação alterada na sessão de 31 de outubro de 2013).

ENUNCIADO Nº29/10: IDOSO, DEFICIENTE, INFÂNCIA E JUVENTUDE. APURAÇÃO DAS CONDIÇÕES DE FUNCIONAMENTO DE ABRIGO. REGULARIZAÇÃO OU ENCERRAMENTO DAS ATIVIDADES. Merece homologação a promoção de arquivamento de procedimento administrativo instaurado para apurar as condições de funcionamento de abrigo destinado a idoso, a deficiente, a criança ou a adolescente se, no curso das investigações, ficar comprovada a regularização dos serviços prestados ou o encerramento definitivo das atividades dos estabelecimentos. (Aprovado na sessão de 29 de abril de 2010).

ENUNCIADO Nº 30/10: PROCEDIMENTOS ADMINISTRATIVOS ELEITORAIS. FALTA DE COMPETÊNCIA REVISORA DO CONSELHO SUPERIOR. REMESSA AO 5o CAO. O arquivamento das peças de informação e/ou procedimentos administrativos eleitorais não está inserido na competência revisora do Conselho Superior do Ministério Público e deve ser remetido ao 5º Centro de Apoio Operacional visando à efetivação da baixa no protocolo geral. As questões relativas às medidas judiciais eleitorais, acerca da prestação de contas e da matéria criminal serão encaminhadas à Justiça Eleitoral e à autoridade policial, respectivamente.

ENUNCIADO Nº 31/11. DANOS A INTERESSES INDIVIDUAIS INDISPONÍVEIS OU HOMOGÊNEOS, COLETIVOS OU DIFUSOS. NÃO CONHECIMENTO DA PROMOÇÃO DE ARQUIVAMENTO. “Não merece conhecimento a promoção de arquivamento de Inquérito Civil, Procedimento Preparatório ou procedimento administrativo, se a ausência ou deficiência de fundamentação, ou ainda erro material sobre o mérito da investigação tornar inviável o controle por parte do CSMP, devendo os autos retornar ao órgão de execução, para a devida complementação ou adequação da promoção de arquivamento.

ENUNCIADO Nº 32/2012: IDOSO. AUSÊNCIA DO REQUISITO ETÁRIO. Merece homologação a promoção de arquivamento de procedimento administrativo instaurado para tutelar direitos de idoso se, no curso da investigação, ficar comprovada a ausência do requisito etário (idade inferior a 60 anos) do suposto idoso.

ENUNCIADO Nº 33/2012: INFÂNCIA E JUVENTUDE. FISCALIZAÇÃO DA ATUAÇÃO DOS MEMBROS DOS CONSELHOS TUTELARES. Merece homologação a promoção de arquivamento do procedimento administrativo instaurado para apurar notícia de eventual falta funcional dos Conselheiros Tutelares se, no curso da investigação, não restar comprovada a notícia ou, sendo apurada a falta, forem adotadas as medidas administrativas pertinentes, na forma da Resolução nº 139, de 17mar2010, do Conselho Nacional da Criança e do Adolescente.

ENUNCIADO Nº 34/2012: DEFICIENTE. SAÚDE MENTAL. COMPROVAÇÃO DA CAPACIDADE CIVIL. Merece homologação a promoção de arquivamento de procedimento administrativo instaurado para apurar a notícia de vulnerabilidade de pessoa, decorrente de suposta enfermidade mental se, no curso da investigação, restar comprovada a inexistência da referida patologia, evidenciando-se, na hipótese, a desnecessidade de propositura de ação de interdição.

ENUNCIADO Nº 35/2012: DEFICIENTE. INEXISTÊNCIA OU CESSAÇÃO DA SITUAÇÃO DE RISCO. Merece homologação a promoção de arquivamento de procedimento administrativo instaurado para apurar possível situação de risco lesivo a direitos de deficientes, tutelados na forma da Lei Federal nº 7.853/89 se, no curso da investigação, restar comprovada a inexistência ou a cessação da situação de risco.

ENUNCIADO Nº 36/2012: CONSUMIDOR. ENCERRAMENTO DAS ATIVIDADES DE ESTABELECIMENTO. Merece homologação a promoção de arquivamento de procedimento administrativo instaurado para apurar reclamações sobre o fornecimento de produtos ou de serviços por parte de estabelecimento, se no curso da investigação ocorrer o encerramento das atividades do referido estabelecimento, e desde que inexistam outras medidas a serem tomadas no âmbito da proteção aos direitos dos consumidores.

ENUNCIADO No 37/2012: CONSUMIDOR OU MEIO AMBIENTE. CESSAÇÃO DA ATIVIDADE NOCIVA. Merece homologação a promoção de arquivamento de procedimento administrativo instaurado para apurar danos aos consumidores ou ao meio ambiente, se for verificada a cessação das atividades nocivas e a efetiva reparação dos danos causados, incluindo a aplicação das medidas compensatórias previstas na legislação, quando cabíveis.

ENUNCIADO Nº 38/2012: DEFICIENTE. DEPENDÊNCIA QUÍMICA. Merece homologação a promoção de arquivamento de procedimento administrativo instaurado para apurar a situação de risco social de dependente químico se, concluída a investigação, restar evidenciada a desnecessidade de internação compulsória do investigado em estabelecimento de desintoxicação, a requerimento do Ministério Público. (Aprovado na sessão de 10 de julho de 2012)

ENUNCIADO Nº 39/2012: INFÂNCIA E JUVENTUDE. ACOMPANHAMENTO E FISCALIZAÇÃO DO PROCESSO DE ELEIÇÃO DOS MEMBROS DOS CONSELHOS TUTELARES. Merece homologação a promoção de arquivamento do procedimento administrativo, cuja finalidade seja o acompanhamento e a fiscalização do processo de eleição de Membros dos Conselheiros Tutelares, na forma da Resolução CONANDA nº 139 de 17 de março de 2010, se, no curso da investigação, não restarem comprovadas irregularidades ou, tendo sido apuradas falhas, estas tenham sido sanadas. (Aprovado na sessão de 13 de setembro de 2012)

ENUNCIADO Nº 40/2012: DIREITO À SAÚDE – Merece homologação a promoção de arquivamento de Inquérito Civil ou de procedimento instaurado para verificar a regularidade do funcionamento de unidade hospitalar, pública ou privada, se, no curso das investigações, restar constatada a regularização da deficiência inicialmente apontada ou ainda se a hipótese versar sobre direito individual, bem como se for constatado o encerramento de suas atividades." (Aprovado na sessão de 27 de setembro de 2012 e redação alterada na sessão de 31 de outubro de 2013)

ENUNCIADO Nº 41/2013: INFÂNCIA E JUVENTUDE. TUTELA INDIVIDUAL. DISPUTA DE GUARDA. VARA DE FAMÍLIA – Merece homologação a promoção de arquivamento de procedimento administrativo instaurado para apurar notícia de descumprimento dos deveres inerentes ao poder familiar, formulada por um dos genitores ou responsável em face do outro, se ficar comprovada a existência de processo judicial em curso em Vara de Família, referente a questões envolvendo o poder familiar, tais como ações de guarda, suspensão e destituição do poder familiar, entre outras, desde que a Promotoria de Justiça em atuação na Vara de Família tenha sido comunicada. (Aprovado na sessão de 29 de agosto de 2013)

ENUNCIADO Nº 42/2013: INFÂNCIA. TUTELA INDIVIDUAL. ATUAÇÃO DO CONSELHO TUTELAR – Merece homologação a promoção de arquivamento de procedimento administrativo instaurado para apurar notícia de violação de direitos de criança ou adolescente, quando esta trouxer fatos que, no âmbito do sistema de Garantia de Direitos da Criança e do Adolescente, exigem, inicialmente, a atuação precípua do Conselho Tutelar, desde que comprovada a efetiva fiscalização, pelo Ministério Público, da atuação do referido órgão no caso concreto. (Aprovado na sessão de 29 de agosto de 2013)

ENUNCIADO Nº 43/2013: IDOSO. DEFICIENTE. ACESSIBILIDADE. Merece homologação a promoção de arquivamento de procedimento administrativo instaurado a fim de apurar notícia de desrespeito às normas de acessibilidade existentes se, no curso da investigação, ficar comprovada a regularização das instalações físicas dos estabelecimentos investigados ou o encerramento de suas atividades. (Aprovado na sessão de 31 de outubro de 2013)

ENUNCIADO Nº 44/2013: INFÂNCIA. PERDA DO OBJETO OU DO INTERESSE PROCEDIMENTAL. Merece homologação a promoção de arquivamento de procedimento administrativo instaurado a fim de fiscalizar ou acompanhar a implementação de programas de políticas públicas federais, estaduais ou municipais voltados ao atendimento do público infantojuvenil se, no curso do procedimento, restar demonstrada a efetiva implementação ou a adoção de todas as medidas cabíveis, com a desnecessidade do acompanhamento. (Aprovado na sessão de 31 de outubro de 2013)

ENUNCIADO nº 45/2013: DESNECESSIDADE DE REMESSA DOS AUTOS AO CONSELHO SUPERIOR. ARQUIVAMENTO DOS AUTOS NO PRÓPRIO ÂMBITO DA PROMOTORIA DE JUSTIÇA REPRESENTADA. NÃO CONHECIMENTO DA PROMOÇÃO DE ARQUIVAMENTO. Os arquivamentos dos procedimentos administrativos preparatórios para propositura de ações de investigação de paternidade, instaurados em razão do advento da Lei Estadual nº 6.381/2013, do projeto "Em Nome do Pai" ou de outra demanda individual podem ser efetivados no âmbito das Promotorias, sem necessidade de encaminhamento ao Conselho Superior. (Aprovado na sessão de 19 de dezembro de 2013)

ENUNCIADO Nº 46/2014: IMPROBIDADE ADMINISTRATIVA. ACUMULAÇÃO DE CARGOS: Merece homologação a promoção de arquivamento de procedimento administrativo instaurado a fim de apurar ato de improbidade por acumulação de cargos por parte de servidores públicos se, no curso do procedimento, não restar demonstrada a acumulação ilícita ou quando a hipótese se enquadrar nas exceções previstas no artigo 37, XVI, alíneas “a”, “b” e “c”, ou artigo 38, III, da Constituição da República Federativa do Brasil de 1988, bem como se restar sanada a irregularidade, demonstrada a inexistência de dano ao erário em todos os casos. (Aprovado na sessão de 13 de novembro de 2014 e redação alterada na sessão de 14 de maio de 2015)

ENUNCIADO Nº 47/2014: SISTEMA PRISIONAL. ADEQUAÇÃO DO ESTABELECIMENTO. INEXISTENCIA DE IRREGULARIDADE OU DIREITO INDIVIVUAL. Merece homologação a promoção de arquivamento de procedimento administrativo instaurado a fim de apurar funcionamento e fiscalização dos estabelecimentos do sistema carcerário ou prisional, civil ou militar, quando constatada a adequação do estabelecimento penal ou a inexistência de irregularidades ou ainda se a hipótese versar sobre direito individual. (Aprovado na sessão de 13 de novembro de 2014)

ENUNCIADO Nº 48/2014: IDOSO, INFÂNCIA E JUVENTUDE OU PESSOA COM DEFICIÊNCIA. MUDANÇA DE DOMICÍLIO PARA OUTRO ESTADO. AUSÊNCIA DE ATRIBUIÇÃO DO MINISTÉRIO PÚBLICO DO ESTADO DO RIO DE JANEIRO. Merece homologação a promoção de arquivamento de procedimento administrativo instaurado para apurar notícia de situação de risco vivenciada por idoso, criança e/ou adolescente ou pessoa com deficiência se, no curso das investigações, ficar constatada a mudança de domicílio para outro Estado da Federação do Brasil, dos tutelados pelas Leis Federais nºs 10.741/03, 8.069/90 e 7.853/89, comunicando-se o fato ao Ministério Público competente. (Aprovado na sessão de 13 de novembro de 2014)

ENUNCIADO Nº 49/2014: CONSELHOS MUNICIPAIS. APURAÇÃO DA REGULARIDADE DA CRIAÇÃO E FUNCIONAMENTO. Merece homologação a promoção de arquivamento de procedimento administrativo instaurado a fim de verificar a criação, implantação e/ou funcionamento do Conselho Municipal se, no curso da investigação, restar demonstrado o funcionamento regular do referido Conselho. (Aprovado na sessão de 13 de novembro de 2014)

Enunciado nº 50/2015: CONSUMIDOR OU MEIO AMBIENTE. ATUAÇÃO EFETIVA DO PODER PÚBLICO. Merece homologação a promoção de arquivamento de inquérito civil ou de procedimento preparatório instaurado para apurar danos aos consumidores ou ao meio ambiente se, no curso da investigação, ficar evidenciada a atuação efetiva do poder público, tendente a solucionar a questão. (Aprovado na sessão de 14 de maio de 2015)

ENUNCIADO Nº 51/2015: DUPLICIDADE. PROCEDIMENTO COM OBJETO IDÊNTICO OU MAIS AMPLO. INTELIGÊNCIA DO ART. 18, 3º, DA RES. GPGJ 1.769/2012. Merece homologação a promoção de arquivamento de procedimento administrativo quando constatada a existência de outro cujo objeto seja idêntico ou mais amplo, desde que o procedimento principal esteja devidamente instruído. (Aprovado na sessão de 14 de maio de 2015)

ENUNCIADO nº 52/2015: EDUCAÇÃO. PERDA DO OBJETO OU DO INTERESSE PROCEDIMENTAL. Merece homologação a promoção de arquivamento de procedimento administrativo instaurado a fim de fiscalizar ou acompanhar a implementação de programas de políticas públicas voltados à tutela coletiva do direito à educação se, no curso do procedimento, restar demonstrada a efetiva implementação ou a adoção de todas as medidas cabíveis, com a desnecessidade do acompanhamento. (Aprovado na sessão de 14 de maio de 2015)

SÚMULAS DO CONSELHO SUPERIOR DO MINISTÉRIO PÚBLICO DO ESTADO DO RIO DE JANEIRO

Súmula CSMP nº 01: (Revogada na sessão do dia 26 de março de 2015)

Súmula CSMP nº 02: "Os arquivamentos dos inquéritos civis, dos procedimentos preparatórios, das peças de informação, dos procedimentos administrativos e outros a eles assemelhados, instaurados para garantir a tutela de direitos individuais indisponíveis ou homogêneos referentes a idosos, deficientes, crianças e adolescentes, que não tenham sido submetidos ao crivo do judiciário, estão sujeitos à revisão do Conselho Superior do Ministério Público". (Publicada no Diário Oficial de 25 de janeiro de 2006)

Súmula CSMP Nº 03: "É permitida a utilização de prova emprestada em inquérito civil, oriunda da quebra de sigilo em inquéritos policiais e ações penais, desde que devidamente autorizada pelo Juízo Criminal" (Aprovada na sessão do dia 19 de março de 2015)

Súmula CSMP Nº 04: "A deliberação do Conselho Superior do Ministério Público, em razão da não homologação da promoção de arquivamento, no sentido de ser ajuizada ação civil pública, não obsta que o designado, no exercício de sua independência funcional, deixe de ajuizá-la, em pronunciamento fundamentado, que será submetido ao colegiado" (Aprovada na sessão do dia 26 de março de 2015)

Súmula CSMP Nº 05: "A deliberação do Conselho Superior do Ministério Público, em razão da não homologação da promoção de arquivamento, no sentido de serem realizadas diligências complementares específicas, vincula o designado, sem prejuízo da realização de outras diligências que entender cabíveis" (Aprovada na sessão do dia 26 de março de 2015)

Súmula CSMP nº 06: "O termo inicial do prazo prescricional a que se refere o art. 23, I, da Lei 8429/92, na hipótese de exercício de cargos eletivos continuados, é o primeiro dia após o término do último mandato." (Aprovada na sessão do dia 28 de julho de 2016)

Súmula CSMP nº 07: "Ao receber notícia de fato, devidamente registrada no Módulo de Gestão de Processos - MGP, o Promotor de Justiça poderá solicitar ao Conselho Tutelar, no prazo de 30 (trinta) dias, prorrogável por até 90 (noventa) dias, informações sobre a apuração dos fatos narrados pelo denunciante e, caso sejam estes confirmados, sobre as medidas protetivas aplicadas pelo órgão às crianças e adolescentes envolvidos, na forma do art. 136, I do ECA, podendo deliberar, ato contínuo, sobre a instauração de procedimento próprio, a propositura de ação judicial ou o arquivamento da notícia de fato." (Aprovada na sessão do dia 05 de outubro de 2017)

Súmula CSMP nº 08: "Nas hipóteses dos incisos I, II e IV do art. 8º da Resolução CNMP n° 174/17, após arquivamento do Procedimento Administrativo pela Promotoria de Justiça, é suficiente, para fins de comunicação do arquivamento, a expedição de ofício ao Conselho Superior do Ministério Público, instruído com cópia da respectiva promoção, sem a necessidade de remessa dos autos." (Aprovada na sessão do dia 05 de outubro de 2017)

Súmula CSMP nº 09: "Na hipótese do inciso III do art. 8º da Resolução CNMP n° 174/17, após arquivamento do Procedimento Administrativo pela Promotoria de Justiça, não havendo recurso interposto pelo noticiante, comprovada regular ciência da promoção de arquivamento ou em razão da impossibilidade de cientificá-lo, os autos serão arquivados no âmbito do órgão de execução, sem remessa ou comunicação ao Conselho Superior do Ministério Público." (Aprovada na sessão do dia 05 de outubro de 2017)

ASSENTOS, RECOMENDAÇÕES E SÚMULAS DO CONSELHO SUPERIOR DO MINISTÉRIO PÚBLICO

ASSENTO nº 1, nos termos do art. 75 parágrafo 1º do Regimento Interno do Conselho Superior do Ministério Público, o deliberado no 456ª reunião deste Conselho, realizada em 18/12/96, com a seguinte redação: **REMOÇÕES DE PROMOTORIAS ELEITORAIS** – O Conselho deliberou que nas hipóteses de remoção de Promotorias Eleitorais deve ser considerado o tempo de antiguidade da lotação dos candidatos nas respectivas Promotorias Eleitorais. Assim, nas próximas informações aos Srs. Conselheiros em relação a cada pedido de remoção, serão esclarecidos pela Secretaria tais requisitos. (Vide Resolução Conjunta MPRJ/MPE nº 10 de 16 de junho de 2009)

ASSENTO nº 2, nos termos do art. 75 parágrafo 1º do Regimento Interno do Conselho Superior do Ministério Público, o deliberado no 478ª reunião deste Conselho, realizada em 23/09/98, com a seguinte redação: **PRAZO INTERSTICIAL** – O Conselho deliberou que estará atendido o prazo intersticial fixado no art. 34 do Regimento Interno deste Conselho Superior, quando na data fixada para sua posse no órgão pleiteado tenha o concorrente completado 06 meses de efetivo exercício em seu último órgão de atuação.

"Art. 34 – Na indicação para remoção por merecimento ou antiguidade, será considerado, para efeito de aferição da conveniência do serviço, o tempo mínimo de 6 (seis) meses de exercício no cargo atual, salvo se não houver outro concorrente com esse requisito ou se todos estiverem em igualdade de condições."

ASSENTO nº 3, foi deliberado na 534ª reunião deste Conselho, realizada em 12/11/2001, com a seguinte redação: Os pedidos de desistência de requerimentos de remoção ou promoção interpostos tempestivamente, por escrito, não importarão na retirada do nome do concorrente da lista de antiguidade elaborada para cada concurso, até que sejam homologados pelo Conselho Superior do Ministério Público.

Assento nº 4: *(Revogado na sessão do dia 14 de maio de 2015)*

ASSENTO nº 5, a seguinte redação: "O interstício, para o efeito de remoção, se conta a partir do momento da declaração da remoção, quando feita em sessão do conselho, ou, excepcionalmente, quando essa declaração não ocorrer, do momento da publicação do ato." (Aprovado na sessão de 04.08.2003)

Assento CSMP nº 06/2012: Os concursos de promoção, remoção ou lotação em órgãos de execução do Ministério Público do Estado do Rio de Janeiro deverão ser realizados exclusivamente por meio eletrônico através do sistema da intranet.

§ 1º – O prazo de inscrição da candidatura é contínuo e se conta a partir do primeiro dia útil subsequente à publicação do edital, com término às 23h59m do último dia, ainda que este recaia em dia que não seja útil.

§ 2º – O prazo de inscrição de candidatura não se sujeita a prorrogação, ressalvado, tão somente, o caso de indisponibilidade do sistema da intranet, por motivo técnico, no último dia do quinquídio. Nesta hipótese, o prazo fica prorrogado automaticamente para o primeiro dia útil seguinte à resolução do problema em epígrafe.

§ 3º – A desistência de candidatura deve ser transmitida exclusivamente por meio eletrônico, através do sistema da intranet, até as 23h59m da antevéspera da sessão do Conselho Superior do Ministério Público, ressalvando, tão somente, o caso de indisponibilidade do sistema da intranet, por motivo técnico. Nesta hipótese o prazo fica prorrogado automaticamente até o primeiro dia útil seguinte à resolução do problema em exame.

§ 4º – A desistência transmitida eletronicamente importará na renúncia irretratável da candidatura.

(Aprovado na sessão de 26 de junho de 2012)

(Aprovada a alteração redacional do § 4º no dia 10 de julho de 2012)

Assento CSMP nº 07: Na análise e julgamento dos pressupostos de validade dos requerimentos de promoção e remoção dos membros do Ministério Público, o Conselho Superior da Instituição considerará a data do ato de inscrição, por meio de sistema na intranet, como a data em que deverá estar comprovada a inexistência injustificada de processos com vista aberta há mais de 40 (quarenta) dias e a inexistência de relatórios pendentes, sejam os dados validados de forma expressa ou tácita.

Em nenhuma hipótese será aceita a candidatura à promoção ou remoção sem o atendimento aos requisitos exigidos, que não poderão ser convalidados após a data da inscrição, salvo a expressa e liminar demonstração de erro no próprio sistema MGP.

(Aprovado na sessão de 20 de julho de 2017)

Recomendação CSMP 1, de 13 de setembro de 2005

O Conselho Superior do Ministério Público, aprovou, por unanimidade, na sessão do dia 13 de setembro de 2005, recomendação aos Promotores de Justiça em exercício nas Promotorias de Tutela Coletiva que, nos procedimentos administrativos referentes à matéria de consumidor, se não for o caso de indeferimento de plano da representação, instaurem, desde logo, o competente Inquérito Civil para apurar a responsabilidade pelos danos causados aos consumidores, a fim de evitar os efeitos dos arts. 27 c/c 26, § 2º, inciso III, do CDC.

Recomendação CSMP 2, de 23 de novembro de 2005

O Conselho Superior do Ministério Público aprovou, por unanimidade, na sessão do dia 23 de novembro de 2005, recomendação aos Promotores de Justiça titulares e em exercício nas Promotorias de Tutela Coletiva, da Infância e da Juventude e de Proteção ao Idoso e ao Deficiente, no sentido de que qualquer procedimento de suas atribuições deve ser sempre instaurado por meio de competente Portaria do Presidente do Inquérito Civil e dos Procedimentos Preparatório ou Administrativo, contendo, obrigatoriamente, a descrição dos fatos objeto das investigações, bem como, que todos os procedimentos administrativos desses órgãos de execução devem ser numerados sequencialmente, em cumprimento ao disposto nos artigos 4º, 5º e 7º da Resolução GPGJ 1.066/2002 e às normas gerais de direito administrativo.

Recomendação CSMP 3, de 11 de Novembro de 2005

"O Conselho Superior do Ministério Público aprovou, por unanimidade, na sessão do dia 11 de novembro de 2005, recomendação aos Excelentíssimos Membros da Banca Examinadora do XXVIII Concurso de ingresso na classe inicial da Carreira, no sentido de que estes se abstenham de formular, nas provas, perguntas cujas respostas necessitem, expressa e inafastavelmente, da leitura de obra de autoria dos respectivos examinadores, bem como, no período de duração do certame, de ministrar aulas ou palestras em cursos preparatórios para concursos jurídicos ou eventos similares".

(Redação aprovada na sessão de 30.01.2006)

Recomendação CSMP 4, de 12 de Julho de 2006

O Conselho Superior do Ministério Público do Estado do Rio de Janeiro, em sessão realizada no dia 12 de julho de 2006, à unanimidade, APROVOU recomendação aos membros do Ministério Público em exercício nas Promotorias de Justiça de Tutela Coletiva, da Infância e da Juventude, de Proteção ao Idoso e ao Deficiente, de Família e Cíveis, no sentido de que determinem aos integrantes dos serviços auxiliares que numerem e rubriquem todas as folhas de inquéritos civis, procedimentos preparatórios e administrativos, peças de informação e representações sob sua responsabilidade, bem assim as dos respectivos apensos e anexos, nos termos do artigo 9º, § 2º, da Resolução GPGJ nº 1.066/2002.

(Redação aprovada na sessão de 27.09.2006)

Recomendação CSMP 5, de 08 de Janeiro de 2009

Recomenda aos Promotores de Justiça com atribuição em matéria infanto-juvenil não-infracional que zelem pelo direito à convivência familiar e comunitária das crianças e adolescentes abrigados.

O Conselho Superior do Ministério Público do Estado do Rio de Janeiro, no uso de suas atribuições legais,

CONSIDERANDO que a criança e o adolescente têm direito à convivência familiar, indicando que a medida protetiva de abrigo somente deve ser aplicada em caráter provisório e excepcional, como forma de transição para a inserção em família substituta;

CONSIDERANDO que os dados estatísticos extraídos do Módulo Criança e Adolescente (MCA) revelam excessivo número de crianças e adolescentes abrigados, fruto da reconhecida ineficiência das políticas públicas voltadas à solução desse problema social, o que termina por distorcer a ratio da medida;

CONSIDERANDO a natureza das atribuições constitucionais e infraconstitucionais outorgadas ao Ministério Público, merecendo especial realce a prioridade absoluta a ser dispensada às crianças e aos adolescentes;

RECOMENDA, aos Promotores de Justiça com atribuição em matéria infanto-juvenil não-infracional, que, em caráter continuado, seja:

1º – verificada a existência e/ou fomentada a implementação de políticas públicas de apoio sócio-familiar, voltadas a prevenir o abrigamento, a persistência dessa medida e a estimular a reintegração familiar;

2º – verificada a existência, no Fundo dos Direitos da Criança e do Adolescente, de verba destinada a incentivar o acolhimento, sob a forma de guarda, de criança ou adolescente, órfão ou abandonado, nos termos do disposto no art. 260, § 2º, da Lei nº 8.069/90, e no art. 227, § 3º, VI, da Constituição da República, promovendo as medidas cabíveis para a implementação das providências e programas necessários;

3º – verificada a observância, pelas entidades de abrigo, das regras e princípios estabelecidos na Lei nº 8.069/90 (arts. 90 e seguintes), bem como das diretrizes traçadas pelo Sistema Único de Assistência Social (SUAS), adotando as medidas necessárias à adequação do atendimento;

4º – analisada, independentemente de provocação, a situação de cada criança e adolescente abrigado, adotando as medidas extrajudiciais ou judiciais cabíveis, em especial:

I. a instauração de inquérito civil ou de procedimento administrativo análogo, em sendo necessária a permanência da criança ou do adolescente no abrigo e de ainda não se mostrar viável a adoção de medida judicial, visando ao acompanhamento da situação e à posterior adoção das medidas necessárias à proteção do direito fundamental à convivência familiar;

II. o ajuizamento das ações necessárias à adequada tutela dos direitos da criança ou do adolescente, em especial as previstas nos artigos 137, 201, incisos III, V e X e 249 da Lei 8.069/90, conforme o caso;

III. em se tratando de crianças ou adolescentes abrigados que, injustificadamente, não recebam visitas de seus genitores ou responsáveis há mais de 03 (três) meses, seja averiguada a ocorrência de justa causa para a propositura de ação de destituição do poder familiar, no intuito de torná-los aptos à adoção.

(Redação aprovada na sessão de 08.01.2009)

Recomendação CSMP 6, de 10 de Março de 2009

O Conselho Superior do Ministério Público do Estado do Rio de Janeiro, em sessão realizada no dia 10 de março de 2009, APROVOU, por unanimidade, recomendação aos membros do Ministério Público em exercício nas Promotorias de Justiça de Tutela Coletiva, no sentido de que direitos individuais homogêneos afetos à saúde desafiam a atuação do Ministério Público, presumida a relevância social, que estará afirmada pela notória quantidade de doentes com idêntica enfermidade, sendo irrelevante o número de demandas judiciais.

Recomendação CSMP 9, de 30 de Junho de 2011. OUVIDORIA DO MINISTÉRIO PÚBLICO. REPRESENTAÇÃO COM A OPÇÃO DE ANONIMATO MITIGADO. INDEFERIMENTO DA REPRESENTAÇÃO. INTIMAÇÃO DO NOTICIANTE MEDIANTE EDITAL AFIXADO NO ATRIO DA PROMOTORIA DE JUSTIÇA.

O Conselho Superior do Ministério Público recomenda aos Drs. Promotores de Justiça que, ao indeferirem os requerimentos de instauração de inquérito civil veiculados eletronicamente pela Ouvidoria do Ministério Público, constatando que os representantes optaram pelo sigilo de sua identidade e dados pessoais fora do âmbito da investigação, que procedam à intimação de que trata o Art. 8º, *caput, in fine,* da Resolução GPGJ nº 1.522, mediante edital publicado no átrio da Promotoria, para preservar o sigilo requerido pelo noticiante.

CONSELHO SUPERIOR DO MINISTÉRIO PÚBLICO

DELIBERAÇÃO CSMP nº 67 DE 14 DE DEZEMBRO DE 2017

Aprova o Regulamento do XXXV Concurso para ingresso na classe inicial da carreira do Ministério Público do Estado do Rio de Janeiro e dá outras providências.

O **CONSELHO SUPERIOR DO MINISTÉRIO PÚBLICO DO ESTADO DO RIO DE JANEIRO**, no exercício de suas atribuições e nos termos do art. 172, § 1°, da Constituição do Estado do Rio de Janeiro, dos arts. 15, III, 34 e 59 da Lei Federal nº 8.625, de 12 de fevereiro de 1993, e dos arts. 22, X, 46 e 55 da Lei Complementar RJ nº 106, de 3 de janeiro de 2003,

DELIBERA

DO CONCURSO E DA COMISSÃO

Art. 1º – O XXXV Concurso para ingresso na classe inicial da carreira do Ministério Público do Estado do Rio de Janeiro será organizado e dirigido por comissão presidida pelo Procurador-Geral de Justiça e constará de provas escritas e orais que serão prestadas perante Bancas Examinadoras, bem como da apresentação de títulos, observando-se o disposto nesta Deliberação e, supletivamente, o estatuído nas Resoluções nos 14, de 06 de novembro de 2006, 40, de 26 de maio de 2009, 81, de 31 de janeiro de 2012, e 170, de 13 de junho de 2017, todas do Conselho Nacional do Ministério Público, bem como em suas alterações.

Art. 2º – Integrarão a Comissão de Concurso, além do Presidente, 4 (quatro) Procuradores de Justiça e seus suplentes, 1 (um) jurista de reputação ilibada e seu suplente, eleitos pelo Conselho Superior do Ministério Público, e 1 (um) advogado e seu suplente, escolhidos pela Ordem dos Advogados do Brasil – Seção do Estado do Rio de Janeiro.

§ 1º – O Secretário da Comissão de Concurso será designado pelo Presidente, dentre os Procuradores de Justiça que a integram.

§ 2º – Não poderão integrar a Comissão de Concurso:

I – O cônjuge, convivente ou companheiro e os parentes consanguíneos, civis ou afins, em linha reta ou colateral, até o terceiro grau, inclusive, de candidatos inscritos e não excluídos definitivamente do Concurso;

II – O chefe imediato, os amigos íntimos e os inimigos capitais de candidato inscrito e não excluído definitivamente do Concurso;

III – Quem seja ou tenha sido, nos últimos 3 (três) anos, titular, sócio, dirigente, empregado ou professor de curso destinado à preparação de candidatos para concurso público;

IV – Quem tenha cônjuge, convivente ou companheiro, bem como parentes consanguíneos, civis ou afins, em linha reta ou colateral, até o terceiro grau, inclusive, em qualquer das situações referidas no inciso anterior.

§ 3º – A ocorrência de qualquer das situações previstas no parágrafo anterior deverá ser comunicada ao Presidente da Comissão de Concurso, por escrito, no prazo de 5 (cinco) dias úteis contados da publicação, no Diário Oficial, da relação dos candidatos inscritos.

§ 4º – Se a situação de impedimento ocorrer após a publicação referida no parágrafo anterior, a comunicação deverá ser efetuada em até 3 (três) dias, a contar do fato gerador da vedação.

§ 5º – Aplica-se às Equipes de Apoio ao Concurso e de Fiscalização das Provas, no que couber, o disposto nos §§ 2º, 3º e 4º deste artigo.

 Art. 3º – O Procurador-Geral de Justiça poderá delegar, no todo ou em parte, suas atribuições de Presidente a um dos Procuradores de Justiça integrantes da Comissão de Concurso.

Art. 4º – Na organização e execução do Concurso, a Comissão poderá contar com o apoio de entidade sem fins lucrativos, de reconhecida idoneidade, que não mantenha curso preparatório para concurso de ingresso na carreira do Ministério Público.

Art. 5º – A Comissão deliberará sobre todas as questões concernentes ao Concurso, ressalvadas as atribuições das Bancas Examinadoras e do Conselho Superior do Ministério Público.

Art. 6º – A Comissão de Concurso reunir-se-á com a presença da maioria absoluta de seus membros e suas deliberações serão tomadas pelo voto da maioria dos presentes, tendo o Presidente voto de membro e de qualidade.

Parágrafo único – Em suas faltas ocasionais ou no caso de afastamento definitivo, os membros da Comissão de Concurso serão substituídos pelos suplentes, por convocação do Presidente.

Art. 7º – Das decisões da Comissão de Concurso caberá recurso, em até 2 (dois) dias contados da respectiva publicação no Diário Oficial, para o Conselho Superior do Ministério Público, que decidirá, em caráter final e irrecorrível, no prazo de 3 (três) dias.

DAS BANCAS EXAMINADORAS

Art. 8º – As Bancas Examinadoras serão integradas por membros titulares e suplentes, designados pelo Presidente da Comissão de Concurso, ouvido o Conselho Superior do Ministério Público, observando-se, na composição de cada uma, a participação de 2/3 (dois terços), no mínimo, de membros do Ministério Público, ativos ou inativos.

§ 1º – À Seção do Estado do Rio de Janeiro da Ordem dos Advogados do Brasil caberá a indicação de 1 (um) examinador titular e 1 (um) suplente, dentre os inscritos no seu quadro de advogados.

§ 2º – Aplica-se aos membros das Bancas Examinadoras o disposto nos §§ 2º, 3º e 4º do art. 2º desta Deliberação.

§ 3º – É vedada ao membro de Banca Examinadora a formulação de questões cujas respostas necessitem, expressa e exclusivamente, da leitura de obra de sua autoria.

Art. 9º – Serão 5 (cinco) as Bancas Examinadoras, assim identificadas:

I – Banca de Direito Penal, Direito Processual Penal e Direito Eleitoral, integrada por 3 (três) examinadores titulares e 6 (seis) suplentes;

II – Banca de Direito Civil, Direito Processual Civil e Direito Empresarial, integrada por 3 (três) examinadores titulares e 6 (seis) suplentes;

III – Banca de Direito Constitucional, Direito Administrativo e Direito Tributário, integrada por 3 (três) examinadores titulares e 6 (seis) suplentes;

IV – Banca de Direito da Infância e Juventude, Tutela Coletiva e Princípios Institucionais do Ministério Público, integrada por 3 (três) examinadores titulares e 6 (seis) suplentes;

V – Banca de Língua Portuguesa, integrada por 1 (um) examinador titular e 1 (um) suplente.

§ 1º – Cada Banca Examinadora será presidida por um de seus integrantes, mediante escolha do Presidente da Comissão de Concurso, devendo a indicação recair sobre examinador titular que detenha a condição de membro do Ministério Público.

§ 2º – O Presidente de cada Banca Examinadora observará as diretrizes administrativas fixadas pelo Presidente da Comissão de Concurso, que designará substituto em suas faltas e no caso de afastamento definitivo.

§ 3º – Não se aplica à Banca de Língua Portuguesa o disposto na parte final do § 1º deste artigo e no caput do art. 8º (in fine).

Art. 10 – As Bancas Examinadoras referidas nos incisos I a IV do art. 9º elaborarão os pontos de cada matéria, que serão publicados no Diário Oficial, com antecedência mínima de 20 (vinte) dias da data designada para realização da prova escrita preliminar.

Parágrafo único – A prova de Língua Portuguesa consistirá na elaboração de uma redação sobre tema escolhido pelo candidato, dentre os apresentados, no início da prova, pela respectiva Banca Examinadora.

DOS REQUISITOS PARA INVESTIDURA NO CARGO

Art. 11 – São requisitos para investidura no cargo de Promotor de Justiça Substituto:

I – Ser brasileiro, nos termos do art. 12 da Constituição Federal;

II – Ser bacharel em Direito;

III – Não haver sofrido penalidade no exercício da advocacia, a critério da Comissão de Concurso;

IV – Não haver sofrido penalidade no exercício de cargo, emprego ou função pública que, consoante juízo valorativo da Comissão de Concurso, mostre-se incompatível com o ingresso na carreira do Ministério Público;

V – Estar quite com as obrigações eleitorais e em pleno gozo dos direitos políticos;

VI – Estar quite com o serviço militar obrigatório, para os candidatos do sexo masculino;

VII – Não registrar antecedentes criminais incompatíveis com o exercício do cargo e estar em pleno gozo dos direitos civis;

VIII – Comprovar o exercício de 3 (três) anos, no mínimo, de atividade jurídica, nos termos da Resolução nº 40, de 26 de maio de 2009, com as alterações introduzidas pelas Resoluções nos 57, de 27 de abril de 2010, e 141, de 26 de abril de 2016, todas do Conselho Nacional do Ministério Público;

IX – Ter boa saúde física e mental ou, se o pretendente ao cargo for pessoa com deficiência, ter atestada a compatibilidade de suas restrições de natureza física, mental, intelectual ou sensorial, com o exercício das funções.

Parágrafo único – Os requisitos previstos nos incisos anteriores deverão ser comprovados no ato da inscrição definitiva, salvo a declaração de deficiência compatível com o exercício funcional, que deverá ser apresentada por ocasião da inscrição provisória, nos termos do disposto no art. 20.

DAS ATRIBUIÇÕES

Art. 12 – São atribuições do Promotor de Justiça Substituto, além das mencionadas na Constituição Federal, na Lei Orgânica Nacional do Ministério Público, na Constituição do Estado do Rio de Janeiro e em outras leis, as previstas na Lei Complementar RJ nº 106, de 3 de janeiro de 2003.

DA REMUNERAÇÃO

Art. 13 – O subsídio do cargo de Promotor de Justiça Substituto, na data da publicação desta Deliberação, é de R$ 27.500,16 (vinte e sete mil, quinhentos reais e dezesseis centavos).

DAS VAGAS

Art. 14 – O Ministério Público do Estado do Rio de Janeiro dispõe, na data da publicação deste Regulamento, de 32 (trinta e dois) cargos vagos em toda a carreira, sendo 1 (um) na classe inicial, para provimento imediato, sem prejuízo das vagas que serão disponibilizadas no curso do certame e durante seu prazo de validade, observado o disposto na Resolução GPGJ nº 2.120, de 26 de maio de 2017.

Parágrafo único – Serão reservadas, aos negros e às pessoas com deficiência, 20% (vinte por cento) e 5% (cinco por cento), respectivamente, das vagas oferecidas no concurso, bem assim das que se abrirem no transcorrer do certame e durante seu período de validade, em obediência ao disposto no art. 2º da Resolução nº 170, de 13 de junho de 2017, do Conselho Nacional do Ministério Público, e no art. 55, § 1º, VI, da Lei Complementar RJ nº 106, de 3 de janeiro de 2003.

DAS ETAPAS DO CONCURSO

Art. 15 – O Concurso será realizado em 5 (cinco) etapas:

I – Prova Escrita Preliminar, de caráter eliminatório;

II – Provas Escritas Especializadas, de caráter eliminatório;

III – Provas Orais, de caráter eliminatório;

IV – Prova Escrita de Língua Portuguesa, de caráter classificatório;

V – Prova de Títulos, de caráter classificatório.

DA INSCRIÇÃO

Art. 16 – A admissão de candidatos ao Concurso far-se-á por meio de inscrição, que será realizada em duas etapas: provisória e definitiva.

§ 1º – A inscrição provisória habilitará os candidatos à prestação das provas de caráter eliminatório.

§ 2º – A inscrição definitiva habilitará os candidatos a se submeteram às provas de caráter classificatório.

§ 3º – Não haverá inscrição condicional.

§ 4º – Para inscrever-se no Concurso, o candidato deverá atender aos requisitos mencionados no art. 11 desta Deliberação.

§ 5º – A inscrição do candidato importará no conhecimento e na aceitação tácita das normas e condições estabelecidas para o Concurso, das quais não poderá alegar desconhecimento.

Art. 17 – O deferimento das inscrições provisória e definitiva poderá ser revisto pela Comissão de Concurso, a qualquer tempo, se constatado erro ou falsidade nas declarações ou nos documentos apresentados pelo candidato.

DA INSCRIÇÃO PROVISÓRIA

Art. 18 – A inscrição provisória será efetuada exclusivamente pela internet, no endereço eletrônico http://www.mprj.mp.br, opção "XXXV Concurso para o MPRJ", nas datas e horários estabelecidos no Edital do certame.

Art. 19 – No ato da inscrição provisória o candidato deverá observar o seguinte:

I – Ler atentamente o Regulamento e o Edital do Concurso;

II – Preencher o Formulário Eletrônico de Inscrição e transmiti-lo pela internet, anexando, no campo próprio, uma fotografia digitalizada de seu rosto, no formato 3x4 centímetros;

III – Imprimir o boleto bancário referente à taxa de inscrição, cujo valor será fixado no Edital do Concurso, e efetuar o respectivo pagamento até a data nele indicada.

§ 1º – O boleto correspondente à taxa de inscrição será gerado automaticamente após o envio do formulário referido no inciso II deste artigo e deverá ser pago, em espécie, em qualquer agência bancária ou por meio eletrônico, sendo de inteira responsabilidade do candidato a impressão e guarda do respectivo comprovante.

§ 2º – O candidato somente terá sua inscrição provisória admitida após a confirmação, pela rede bancária, do pagamento da taxa de inscrição que, em nenhuma hipótese, será devolvida.

§ 3º – O candidato será dispensado do pagamento da taxa de inscrição, caso demonstre não dispor de condições financeiras para suportá-la, presumindo-se nesta situação aquele cuja renda familiar seja igual ou inferior a 2 (dois) salários mínimos.

§ 4º – O requerimento de gratuidade, formulado nos termos do art. 72 do Ato das Disposições Constitucionais Transitórias da Constituição do Estado do Rio de Janeiro, deverá ser apresentado no prazo de 15 (quinze) dias antes do término do período de inscrição provisória e será instruído com os documentos especificados no Edital.

§ 5º – Indeferido o requerimento de gratuidade, em decisão da qual não caberá recurso, será concedido ao interessado o prazo de 3 (três) dias para efetuar o recolhimento da taxa de inscrição.

Art. 20 – O candidato com deficiência deverá declarar esta condição, no ato da inscrição provisória, obrigando-se a apresentar, no prazo fixado no Edital do Concurso, relatório médico circunstanciado e atualizado, que indique a espécie e o grau da deficiência, bem como o respectivo código na Classificação

Internacional de Doenças (CID), da Organização Mundial de Saúde (OMS), apontando, ainda, sua provável causa ou origem.

§ 1º – O candidato com deficiência que necessitar de condições especiais para a realização das provas deverá apresentar requerimento neste sentido, no prazo determinado no Edital, dirigindo-o ao Presidente da Comissão de Concurso.

§ 2º – A inscrição de pessoa com deficiência ficará sujeita à possibilidade de realização das provas em condições que não importem quebra de sigilo ou identificação do candidato, a critério da Comissão de Concurso, observadas as diretrizes da Lei RJ nº 1.224, de 11 de novembro de 1987.

§ 3º – A organização do Concurso deverá facilitar o acesso dos candidatos com deficiência aos locais de prova, cabendo a estes a obrigação de providenciar os equipamentos e instrumentos de que necessitem, os quais deverão ser previamente autorizados pela Comissão de Concurso.

Art. 21 – O candidato negro que quiser se habilitar a vaga reservada, valendo-se da faculdade prevista no parágrafo único do art. 14 desta Deliberação, deverá declarar-se pertencente ao respectivo grupo étnico-racial, no ato da inscrição provisória, ficando sujeito, a partir de então, às disposições contidas nos arts. 5º a 8º da Resolução nº 170, de 13 de junho de 2017, do Conselho Nacional do Ministério Público.

Parágrafo único – Presumir-se-á verdadeira a declaração prestada pelo candidato nos termos do caput deste artigo, sem prejuízo da responsabilização penal, civil e administrativa, se constatada a sua falsidade.

Art. 22 – A candidata grávida deverá declarar sua condição, no ato da inscrição provisória, para que seja disponibilizada sala especial no dia de aplicação das provas, se assim desejar.

Parágrafo único – No caso de gravidez superveniente à data de inscrição, a declaração deverá ser efetuada no prazo previsto no art. 72 deste Regulamento.

Art. 23 – Encerrado o prazo para inscrição provisória, publicar-se-á no Diário Oficial a relação dos candidatos em ordem alfabética, com os respectivos números de inscrição, podendo qualquer pessoa, no prazo de 3 (três) dias úteis, oferecer impugnação em documento reservado e fundamentado, dirigido ao Presidente da Comissão de Concurso.

§ 1º – A impugnação referida no caput e o recurso de indeferimento da inscrição provisória deverão ser protocolizados na Diretoria de Comunicação e Arquivo da Procuradoria-Geral de Justiça, situada na Avenida Marechal Câmara nº 370, térreo, Centro, Rio de Janeiro (RJ), no horário das 10 às 17 horas.

§ 2º – Não serão aceitos recursos de indeferimento de inscrição provisória e impugnações ao seu deferimento, cujo envio à Comissão de Concurso se realize por outro meio que não o fixado no parágrafo anterior.

§ 3º – Havendo impugnação, o Presidente da Comissão de Concurso poderá determinar a realização de diligências para esclarecimento de matéria de fato.

Art. 24 – Admitida a inscrição provisória, o candidato deverá imprimir seu Cartão de Confirmação de Inscrição (CCI), que estará disponível no endereço eletrônico http://www.mprj.mp.br, opção "XXXV Concurso para o MPRJ".

Parágrafo único – Se o candidato constatar qualquer incorreção no CCI, deverá solicitar imediatamente a necessária retificação junto à Gerência de Suporte aos Concursos, situada na Avenida Marechal Câmara nº 370, 2º andar, Centro, Rio de Janeiro (RJ), podendo requerê-la por meio do correio eletrônico concursomp@mprj.mp.br.

DA INSCRIÇÃO DEFINITIVA

Art. 25 – A inscrição definitiva está condicionada à aprovação do candidato em todas as provas eliminatórias, devendo ser requerida ao Presidente da Comissão de Concurso pelo próprio concorrente ou por procurador habilitado, com poderes específicos.

§ 1º – O candidato aprovado na fase eliminatória do Concurso deverá efetuar sua inscrição definitiva, no prazo fixado em aviso publicado no Diário Oficial, devendo o respectivo requerimento ser instruído com os seguintes documentos:

I – Fotocópia autenticada de sua cédula oficial de identidade, da qual deverá constar a nacionalidade brasileira;

II – Fotocópia autenticada de sua certidão de nascimento ou de casamento, com as averbações concernentes ao estado civil, se for o caso;

III – Fotocópia autenticada de seu certificado de quitação com o Serviço Militar obrigatório, expedido pelo órgão competente, se for o caso;

IV – Fotocópia autenticada de seu comprovante de inscrição no Cadastro das Pessoas Físicas (CPF);

V – Fotocópia autenticada de seu diploma de bacharel em Direito ou de documento que comprove sua colação de grau;

VI – Certidão original expedida pelo Tribunal Regional Eleitoral, informando que o candidato está quite com suas obrigações eleitorais e em pleno gozo dos direitos políticos;

VII – Certidão original expedida pela Ordem dos Advogados do Brasil, afirmando que o candidato não sofreu penalidade disciplinar no exercício da advocacia ou que não se acha inscrito em seus quadros;

VIII – Certidão original expedida pelo órgão competente, se o candidato for servidor público, afirmando que não sofreu penalidade disciplinar no serviço público;

IX – Certidões originais da Justiça Federal e da Justiça Estadual expedidas pelos Distribuidores Cíveis e Criminais, inclusive das Auditorias Militares, bem como dos Cartórios de Registros de Interdições e Tutelas, de Protestos de Títulos e Execuções das Comarcas em que o candidato tenha tido residência ou domicílio nos últimos 5 (cinco) anos;

X – Declaração firmada pelo candidato, relacionando os endereços em que residiu nos últimos 5 (cinco) anos;

XI – Comprovante de residência atual do candidato;

XII – Laudo de exame psicotécnico, incluindo teste de personalidade, realizado por entidade especializada, indicada pela Comissão de Concurso;

XIII – Atestado médico do qual deverá constar que o candidato atende aos requisitos do inciso IX do art. 11 deste Regulamento, sem prejuízo dos exames médicos que serão obrigatoriamente realizados por ocasião da investidura;

§ 2º – No ato da inscrição definitiva, o candidato deverá comprovar o exercício de 3 (três) anos de atividade jurídica, no mínimo, sob pena de ser eliminado do Concurso.

§ 3º – A comprovação da atividade jurídica referida no parágrafo anterior far-se-á nos termos do Edital do Concurso, computando-se exclusivamente a que houver sido exercida após a obtenção do grau de bacharel em Direito e na qual prepondere a interpretação e a aplicação de normas jurídicas.

§ 4º – Para os fins do disposto no § 3º, também se considera atividade jurídica a conclusão, com aprovação, em cursos de pós-graduação na área jurídica, realizados pelas Escolas do Ministério Público, da Magistratura e da Ordem dos Advogados do Brasil, de natureza pública, fundacional ou associativa, reconhecidos pelas respectivas instituições, bem como os cursos de pós-graduação reconhecidos pelo Ministério da Educação e, ainda, o magistério superior na área jurídica.

Art. 26 – A documentação mencionada no artigo anterior deverá ser entregue no local e horário fixados no Edital do Concurso.

Art. 27 – O descumprimento, pelo candidato, das exigências previstas neste Regulamento, no prazo, modo e forma estabelecidos, importará no indeferimento de sua inscrição definitiva, sem prejuízo das providências cabíveis em caso de falsidade.

Parágrafo único – O candidato também poderá ter sua inscrição definitiva indeferida por inidoneidade pessoal ou profissional, ou por inadequação de personalidade para o desempenho das funções institucionais do Ministério Público.

Art. 28 – Decorrido o prazo para cumprimento dos requisitos destinados à inscrição definitiva, serão os respectivos procedimentos apreciados pela Comissão de Concurso.

§ 1º – Os candidatos cuja inscrição definitiva houver sido deferida terão seus nomes publicados no Diário Oficial, ao lado dos respectivos números de inscrição.

§ 2º – A decisão que indeferir a inscrição definitiva também será publicada no Diário Oficial, com indicação apenas do número de inscrição do candidato.

§ 3º – Da decisão referida no parágrafo anterior caberá recurso, com efeito suspensivo, para o Conselho Superior do Ministério Público, no prazo e nas condições previstos no art. 7º deste Regulamento.

Art. 29 – Para apreciação do pedido de inscrição definitiva, o Presidente da Comissão de Concurso poderá promover diligências destinadas à obtenção de dados sobre a vida pregressa do candidato, colhendo elementos informativos junto a quem os possa fornecer, de tudo dando conhecimento ao interessado, a quem será assegurada ampla defesa.

DAS PROVAS

Art. 30 – Somente poderão prestar as provas do Concurso os candidatos cujas inscrições tenham sido deferidas nos termos desta Deliberação.

Art. 31 – As provas de caráter eliminatório abrangerão as seguintes matérias:

I – Direito Penal;

II – Direito Processual Penal;

III – Direito Eleitoral;

IV – Direito Civil;

V – Direito Processual Civil;

VI – Direito Empresarial;

VII – Direito Constitucional;

VIII – Direito Administrativo;

IX – Direito Tributário;

X – Direito da Infância e Juventude;

XI – Tutela Coletiva;

XII – Princípios Institucionais do Ministério Público.

Art. 32 – As provas serão realizadas em dia, horário e local determinados pela Comissão de Concurso, considerando-se eliminado o candidato que deixar de comparecer a qualquer uma delas.

Art. 33 – As convocações para as provas do Concurso serão feitas por meio de editais ou avisos publicados no Diário Oficial, devendo constar da publicação o dia e local da prova, bem como o horário limite para ingresso dos candidatos.

§ 1º – Nenhum candidato poderá ingressar no local de prova se não estiver portando seu documento oficial de identidade, com foto, e seu Cartão de Confirmação de Inscrição (CCI).

§ 2º – Os candidatos deverão apresentar-se adequadamente vestidos, sendo-lhes vedado o ingresso nos locais de realização de prova em trajes sumários.

Art. 34 – Será eliminado do certame, por decisão da Comissão de Concurso, o candidato que, durante a realização de prova:

I – comunicar-se, por qualquer meio ou forma, com outro candidato ou com pessoa estranha ao Concurso;

II – utilizar livros, impressos, manuscritos ou qualquer outro material que não tenha sido expressamente autorizado nesta Deliberação, cabendo à Comissão de Concurso resolver os casos omissos;

III – desrespeitar membro da Comissão de Concurso, da Banca Examinadora ou das Equipes de Apoio e de Fiscalização, ou proceder de forma incompatível com as normas de civilidade e compostura exigíveis de um membro do Ministério Público;

IV – retirar-se do recinto em que estiver sendo realizada qualquer prova, sem a devida autorização;

V – inserir no corpo de prova escrita seu nome, número de inscrição, assinatura, local de realização ou qualquer outro sinal que possa identificá-lo;

VI – utilizar-se de relógio, telefone celular, computador portátil, tablet ou aparelhos similares.

§ 1º – As ocorrências referidas neste artigo, se constatadas durante a realização de qualquer prova, serão consignadas em termo próprio, com apreensão dos elementos que as evidenciem.

§ 2º – Se a ocorrência for constatada após a realização da prova, deverá ser registrada em ata de reunião da Comissão de Concurso.

Art. 35 – A duração das provas escritas será de:

I – 6 (seis) horas, para a prova escrita preliminar;

II – 5 (cinco) horas, para as provas escritas especializadas;

III – 2 (duas) horas, para a prova de Língua Portuguesa.

§ 1º – As provas escritas serão prestadas em papel oficial fornecido pela Comissão de Concurso, com numeração sequencial impressa em cada página.

§ 2º – Os candidatos deverão responder às questões em linguagem escorreita, no idioma nacional, escrevendo as respostas à mão, exclusivamente com caneta esferográfica de tinta azul indelével, vedado o uso de líquido ou fita corretora de texto ou de caneta do tipo "marca-texto".

§ 3° – Os candidatos somente poderão entregar as provas escritas após 1 (uma) hora do início de sua realização.

§ 4º – Deverão permanecer nas respectivas salas, pelo menos, 2 (dois) candidatos, até que a última prova seja entregue.

§ 5º – As provas deverão ser entregues obrigatoriamente até o término do horário assinalado, sob pena de eliminação do Concurso.

§ 6º – As folhas de papel oficial autenticadas e não usadas pelos candidatos serão inutilizadas logo após o término de cada prova pela Comissão de Concurso, com a aposição de carimbo com a expressão "Em Branco".

Art. 36 – Iniciada a distribuição das provas, será vedada a comunicação dos candidatos entre si ou com qualquer pessoa estranha ao Concurso, perdurando a vedação até que se retirem definitivamente da sala, após a entrega das folhas de questões e dos cadernos de respostas.

Art. 37 – Durante a realização das provas, os candidatos deverão observar as seguintes normas, sob pena de eliminação do Concurso:

I – somente é permitida a consulta a textos de legislação que não contenham comentários ou anotações;

II – é permitido o uso de legislação com texto sublinhado ou destacado com caneta do tipo "marca-texto";

III – é vedada a consulta a exposição de motivos de textos de legislação, bem como a súmulas e enunciados de qualquer espécie ou origem;

IV – somente é permitida a utilização de textos impressos, vedado o uso de arquivos digitais ou eletrônicos.

Parágrafo único – Não serão considerados textos comentados ou anotados os que contiverem simples referência a outros textos legais.

Art. 38 – Durante a realização das provas, é vedado ao candidato dirigir-se aos membros da Comissão de Concurso ou das Bancas Examinadoras, bem como aos integrantes da Equipe de Fiscalização das Provas ou a qualquer outra pessoa, para pedir esclarecimentos sobre as questões formuladas ou a respeito da inteligência de seu enunciado ou, ainda, sobre a forma de respondê-las.

Art. 39 – Após o encerramento das provas escritas, a Comissão de Concurso destacará, de cada uma delas, a parte em que consta a identificação do candidato, atribuindo, antes, um número de ordem para cada prova, que será repetido na parte destacável.

§ 1º – As partes destacadas das provas serão imediatamente encerradas em envelope opaco, que será lacrado e rubricado por 3 (três) membros da Comissão de Concurso e por 3 (três) candidatos convocados para o ato.

§ 2º – O envelope será obrigatoriamente guardado em local seguro, na sede da Procuradoria-Geral de Justiça, e somente será aberto na sessão pública de identificação das provas e divulgação dos resultados.

Art. 40 – Para a sessão pública de identificação das provas e proclamação dos resultados, será publicado edital ou aviso no Diário Oficial, na forma prevista no art. 33 desta Deliberação, não sendo obrigatório o comparecimento dos candidatos.

§ 1º – Na sessão pública de identificação das provas deverão estar presentes, pelo menos, 3 (três) membros da Comissão de Concurso, facultada a presença de integrantes das respectivas Bancas Examinadoras.

§ 2º – No ato de identificação das provas, o Presidente da Comissão de Concurso designará escrutinadores que se incumbirão de proclamar os resultados.

§ 3º – Concluída a identificação das provas, será publicada no Diário Oficial a relação com os nomes, os números de inscrição e as notas dos candidatos habilitados, bem como a relação com os números de inscrição e as notas dos candidatos inabilitados.

Art. 41 – A nota global das provas escritas preliminar e especializadas, bem como a nota da prova de Língua Portuguesa serão graduadas de 0 (zero) a 100 (cem); as notas das provas escritas especializadas corresponderão à média aritmética ponderada dos graus atribuídos por matéria, de 0 (zero) a 100 (cem), e as notas das provas orais equivalerão à média aritmética simples dos graus atribuídos por matéria, de 0 (zero) a 100 (cem).

§ 1º – Em nenhuma hipótese haverá aproximação ou arredondamento de notas ou de médias.

§ 2º – As provas escritas serão obrigatoriamente corrigidas na sede da Procuradoria-Geral de Justiça, em local designado pela Comissão de Concurso.

DA PROVA ESCRITA PRELIMINAR

Art. 42 – A prova escrita preliminar conterá 20 (vinte) questões que abrangerão todas as matérias referidas no art. 31.

Parágrafo único – A nota final da prova escrita preliminar corresponderá ao somatório das notas atribuídas ao candidato pelas respostas a cada uma das questões.

Art. 43 – As pessoas que se encontrarem no recinto destinado à elaboração das questões da prova não poderão deixá-lo nem efetuar, por qualquer meio, comunicação externa, até que as provas sejam distribuídas a todos os candidatos, salvo se for membro da Comissão de Concurso.

Art. 44 – Na prova escrita preliminar, será considerado eliminado o candidato que obtiver nota inferior a 50 (cinquenta).

Art. 45 – A nota obtida na prova escrita preliminar não será computada para efeito de média ou classificação final do candidato no Concurso, destinando-se tão somente a avaliar sua aptidão intelectual para habilitar-se à fase subsequente do certame.

Art. 46 – Da publicação do resultado da prova escrita preliminar no Diário Oficial, começará a fluir o prazo de 3 (três) dias úteis para vista de prova e interposição de recurso, nos termos do art. 66.

DAS PROVAS ESCRITAS ESPECIALIZADAS

Art. 47 – As provas escritas especializadas, em número de 4 (quatro), serão prestadas perante as Bancas Examinadoras referidas nos incisos I a IV do art. 9º, e versarão sobre as matérias relacionadas no art. 31.

Art. 48 – Cada prova conterá questões relativas às matérias pertinentes à respectiva Banca Examinadora, podendo ser exigida do candidato a elaboração de promoções, pareceres ou outras peças processuais.

Art. 49 – Para a formulação das questões de cada Banca Examinadora, o Presidente da Comissão de Concurso sorteará 1 (um) ponto, dentre os publicados.

§ 1º – O sorteio do ponto será realizado no dia da prova, em local reservado, na presença de, pelo menos, 3 (três) dos membros da Comissão de Concurso, dos integrantes da respectiva Banca Examinadora e de 3 (três) candidatos convocados para o ato, os quais só poderão retornar às salas no momento da distribuição das provas.

§ 2º – As pessoas que se encontrarem no recinto destinado à elaboração das questões das provas não poderão deixá-lo nem efetuar, por qualquer meio, comunicação externa, a partir do momento do sorteio do ponto e até que as provas sejam distribuídas a todos os candidatos, salvo se for membro da Comissão de Concurso.

Art. 50 – As questões das provas escritas especializadas serão apresentadas aos candidatos em texto impresso, acompanhado de caderno próprio para formulação das respectivas respostas.

Art. 51 – Os examinadores corrigirão as questões referentes à sua matéria, atribuindo notas que serão graduadas de 0 (zero) a 100 (cem), por disciplina.

§ 1º – Os examinadores deverão lançar as notas no corpo da prova, junto à resposta de cada questão, em algarismos arábicos e por extenso, validando-as com sua rubrica.

§ 2º – A nota final de cada Banca corresponderá à média ponderada das notas atribuídas pelos respectivos examinadores, observados os seguintes pesos:

I – Direito Penal – peso 4; Direito Processual Penal – peso 4; e Direito Eleitoral – peso 2;

II – Direito Civil – peso 4; Direito Processual Civil – peso 4; e Direito Empresarial – peso 2;

III – Direito Constitucional – peso 4; Direito Administrativo – peso 4; e Direito Tributário – peso 2;

IV – Princípios Institucionais do Ministério Público – peso 4; Tutela Coletiva – peso 3; e Direito da Infância e Juventude – peso 3.

§ 3º – No ato da identificação das provas escritas especializadas, será realizada a leitura das notas atribuídas em cada matéria e da média aritmética final apurada e lançada na prova, que será, então, proclamada para conhecimento dos interessados.

Art. 52 – Será considerado habilitado o candidato que obtiver, em cada Banca Examinadora, nota igual ou superior a 50 (cinquenta), ressalvado o disposto no § 1º deste artigo.

§ 1º – Será considerado inabilitado o candidato que obtiver, em qualquer das disciplinas enumeradas no art. 31, nota zero.

§ 2º – Somente estará habilitado a fazer a prova escrita especializada subsequente o candidato que obtiver, na Banca Examinadora anterior, a nota mínima estabelecida no caput deste artigo.

Art. 53 – Concluída a correção da prova escrita especializada de cada Banca, será publicada no Diário Oficial a relação nominal dos candidatos habilitados, bem como a relação dos inabilitados, por número de inscrição, com a indicação, em ambos os casos, das respectivas notas.

Parágrafo único – Da publicação referida no caput começará a fluir o prazo de 3 (três) dias úteis para vista de prova e interposição de recurso, nos termos do art. 66.

DAS PROVAS ORAIS

Art. 54 – As provas orais, em número de 4 (quatro), consistirão na arguição direta do candidato pelos integrantes das Bancas Examinadoras referidas nos incisos I a IV do art. 9º, tendo como objeto as matérias relacionadas no art. 31.

§ 1º – Os candidatos deverão apresentar-se à Comissão de Concurso com antecedência mínima de 30 (trinta) minutos do início da realização das provas orais, permanecendo isolados e incomunicáveis, em local adequado, até a chamada para a respectiva prova.

§ 2° – As provas orais serão públicas, poderão ser gravadas por qualquer interessado e serão registradas em gravação de áudio e vídeo ou por qualquer outro meio que possibilite a sua posterior reprodução.

Art. 55 – Durante a arguição, o candidato somente poderá consultar material fornecido pelo respectivo examinador.

Art. 56 – Em cada prova oral, o candidato sorteará 1 (um) ponto sobre o qual será arguido pelos examinadores da respectiva Banca, por tempo não superior a 45 (quarenta e cinco) minutos.

Art. 57 – Após a arguição do candidato, o Presidente da Banca Examinadora recolherá, em sobrecarta, a papeleta com o seu nome, número de inscrição e notas atribuídas pelos examinadores.

§ 1º – As sobrecartas serão fechadas e rubricadas pelo Presidente da Banca Examinadora e somente serão abertas ao término das arguições de cada dia, em sessão pública, na qual as notas e as médias aritméticas finais de cada Banca serão divulgadas oralmente.

§ 2º – Somente será admitido a fazer a prova oral subsequente o candidato que, nos termos do art. 52, for considerado habilitado na prova anterior.

§ 3º – O candidato inabilitado poderá interpor recurso, com efeito suspensivo, em formulário próprio, imediatamente após a divulgação referida no § 1º deste artigo, devendo apresentar as respectivas razões até às 17 (dezessete) horas do primeiro dia útil subsequente à sua interposição.

Art. 58 – Será considerado habilitado nas provas orais o candidato que alcançar, em cada uma das 4 (quatro) Bancas, nota igual ou superior a 50 (cinquenta), como resultado da média aritmética simples das notas atribuídas pelos respectivos examinadores, ressalvado o disposto no § 1º do art. 52.

Art. 59 – Será publicada no Diário Oficial a relação nominal dos candidatos habilitados nas provas orais, bem como a relação dos inabilitados, por número de inscrição, com a indicação, em ambos os casos, das notas respectivas.

DA PROVA DE LÍNGUA PORTUGUESA

Art. 60 – A prova de Língua Portuguesa, a ser realizada pelos candidatos habilitados na fase eliminatória do Concurso e com a inscrição definitiva deferida, consistirá na elaboração de redação, com extensão mínima de 30 (trinta) linhas, sobre tema escolhido pelo candidato, dentre os apresentados, no dia da prova, pela respectiva Banca Examinadora.

Art. 61 – Da publicação no Diário Oficial do resultado da prova de Língua

Portuguesa, terá início o prazo de 1 (um) dia útil para vista de prova e interposição de recurso, nos termos do art. 66.

DA PROVA DE TÍTULOS

Art. 62 – No prazo de 3 (três) dias úteis contados da publicação prevista nos §§ 1º e 2º do art. 28 desta Deliberação, os candidatos cuja inscrição definitiva houver sido deferida e os que tenham recurso pendente de apreciação deverão apresentar à Comissão de Concurso os títulos que possuam, relacionados na forma do § 2º do art. 63, ou firmar declaração de que não os possuem.

Art. 63 – São considerados títulos, para o fim previsto no § 1º do art. 64 desta Deliberação:

I – a aprovação em concurso público para o cargo de Promotor de Justiça, Procurador da República, Juiz de Direito, Juiz Federal, Defensor Público, Procurador da Fazenda Nacional, Procurador do Estado ou Advogado da União – até 20 pontos;

II – a aprovação em outros concursos públicos para cargos, empregos ou funções privativos de bacharel em Direito e de elevado grau de exigência técnica – até 10 pontos;

III – a efetiva participação em banca examinadora de concurso público para provimento de cargos das carreiras do Ministério Público, da Magistratura, da Advocacia Pública ou da Defensoria Pública – até 10 pontos;

IV – a docência em Faculdade de Direito ou em curso de pós-graduação, oficial ou reconhecido – até 10 pontos;

V – a conclusão de cursos oficiais ou reconhecidos de pós-graduação em Direito, desde que apresentados os respectivos diplomas ou certificados, observada a seguinte gradação:

a) Doutorado e livre docência – até 15 pontos;

b) Mestrado – até 10 pontos;

c) Especialização – até 5 pontos.

VI – a conclusão, com aproveitamento, de cursos regulares promovidos pela Fundação Escola Superior do Ministério Público do Estado do Rio de Janeiro, pela Escola da Magistratura do Estado do Rio de Janeiro, pela Fundação Escola Superior da Defensoria Pública do Estado do Rio de Janeiro, pela Associação do Ministério Público do Estado do Rio de Janeiro, ou por instituições congêneres de outros Estados, desde que apresentados os respectivos diplomas ou certificados – até 10 pontos;

VII – a publicação, em impresso, de trabalho jurídico de autoria exclusiva do candidato, que seja considerado de significativo valor pela Comissão de Concurso – até 10 pontos.

§ 1º – Os títulos referidos neste artigo deverão ser comprovados por meio de documentos hábeis, apresentados no original ou por cópia autenticada e, no caso de publicação, pela apresentação do respectivo exemplar.

§ 2º – Os documentos e as publicações a que alude o parágrafo anterior deverão estar acompanhados do formulário denominado "Relação de Títulos", a ser especificado no Edital do Concurso.

§ 3º – Não serão considerados títulos os certificados de mera frequência.

Art. 64 – Decorrido o prazo a que alude o art. 62, a Comissão de Concurso se reunirá para exame e julgamento dos títulos apresentados, nos termos do Edital.

§1º – A nota final da prova de títulos corresponderá à média aritmética das notas atribuídas pelos membros da Comissão de Concurso.

§2º – Em nenhuma hipótese, a nota final da prova de títulos poderá exceder a 100 (cem) pontos.

Art. 65 – Concluída a apuração dos títulos, será publicada no Diário Oficial a relação nominal dos candidatos e das respectivas notas.

Parágrafo único – Os candidatos habilitados no Concurso, ainda que não tenham apresentado títulos, poderão interpor recurso da apuração referida no caput, para o Conselho Superior do Ministério Público, no prazo de 2 (dois) dias úteis contados da respectiva publicação.

DOS RECURSOS RELATIVOS ÀS PROVAS

Art. 66 – Os candidatos poderão recorrer do resultado de qualquer das provas, scja no quc tangc a crro matcrial, scja rclativamcntc ao contcúdo das qucstõcs e respostas, fazendo-o em formulário próprio fornecido pela Comissão de Concurso, nos prazos previstos nesta Deliberação.

§ 1º – Para exercer a faculdade assegurada no caput, o candidato, diretamente ou por intermédio de procurador habilitado, com poderes específicos, poderá ter vista de suas provas escritas e acesso à gravação das provas orais.

§ 2º – Compete à respectiva Banca Examinadora a apreciação dos recursos relativos ao conteúdo das questões e das respostas, sendo da competência da Comissão de Concurso os que digam respeito a erro material.

§ 3º – Os recursos relativos ao conteúdo das questões e das respostas serão encaminhados à respectiva Banca Examinadora sem a identificação do recorrente, que deverá ser destacada pela Comissão de Concurso.

§ 4º – A parte destacada em observância ao disposto do parágrafo anterior será imediatamente encerrada em envelope opaco, que será lacrado e rubricado por pelo menos 2 (dois) membros da Comissão de Concurso.

§ 5º – O envelope será guardado em local seguro, na sede da Procuradoria-Geral de Justiça, e somente será aberto por membros da Comissão de Concurso para a divulgação do resultado final dos recursos no Diário Oficial.

§ 6º – Os recursos referentes às provas escritas serão apreciados no prazo de 2 (dois) dias úteis contados de sua interposição, e os relativos às provas orais, até às 17 (dezessete) horas do dia seguinte à apresentação das respectivas razões, permitida, em ambos os casos, a dilação do prazo pela Comissão de Concurso.

DO RESULTADO FINAL DO CONCURSO

Art. 67 – Decididos os recursos interpostos, a Comissão reunir-se-á para apurar o resultado final do Concurso, consignando a nota final de cada candidato, que corresponderá à média aritmética ponderada das notas globais de cada uma das provas relacionadas nos incisos II a V do art. 15, observados os seguintes pesos:

I – para as provas escritas especializadas – peso 75 (setenta e cinco);

II – para as provas orais – peso 20 (vinte);

III – para a prova escrita de Língua Portuguesa – peso 3 (três);

IV – para a prova de títulos – peso 2 (dois).

Art. 68 – A classificação dos candidatos aprovados obedecerá à ordem decrescente da média final, apurada sem qualquer arredondamento das frações de notas, desprezadas as casas seguintes à dos centésimos, salvo para efeito de desempate.

§ 1º – Subsistindo o empate, este se resolverá, sucessivamente, em favor do candidato que:

I – Obtiver a maior média final nas provas escritas especializadas;

II – Obtiver a maior média final nas provas orais.

§ 2º – Se, ainda assim, persistir o empate, este se resolverá em favor do candidato mais idoso.

§ 3º – Apurada a classificação final, será publicada, no Diário Oficial, a relação com os nomes dos aprovados e as respectivas notas.

Art. 69 – No prazo de 2 (dois) dias úteis contados da publicação referida no § 3º do artigo anterior, os candidatos aprovados poderão recorrer da classificação final do Concurso para o Conselho Superior do Ministério Público.

Parágrafo único – Os recursos serão julgados em sessão especialmente convocada e, se o Conselho Superior lhes der provimento, determinará a republicação do resultado final do Concurso.

Art. 70 – Após o julgamento dos recursos e da realização do exame de higidez física e mental dos candidatos, será o concurso homologado, em até 5 (cinco) dias, pelo Conselho Superior do Ministério Público.

DAS DISPOSIÇÕES FINAIS

Art. 71 – A condição de deficiente será obrigatoriamente atestada por médico oficial ou por junta médica designada pelo Ministério Público, por ocasião do exame de higidez física e mental a que se refere o art. 70, cabendo à Comissão de Concurso resolver eventuais divergências.

Parágrafo único – Os candidatos com deficiência concorrerão à totalidade das vagas oferecidas no Concurso, somente se utilizando da reserva referida no caput se forem aprovados e não alcançarem classificação que os habilite à nomeação.

Art. 72 – A candidata lactante, que tenha necessidade de amamentar durante a aplicação das provas, poderá fazê-lo em sala reservada, desde que o requeira, com antecedência mínima de 5 (cinco) dias úteis da data de sua realização.

§ 1º – Não haverá compensação do tempo de amamentação em favor da candidata.

§ 2º – O lactente não poderá permanecer no local de realização das provas.

§ 3º – Nos horários previstos para amamentação, a candidata será encaminhada à sala reservada, acompanhada de fiscal, sendo vedada a permanência de babás ou quaisquer outras pessoas no local.

Art. 73 – As informações referentes a datas, horários e locais de prova, bem como as orientações gerais sobre o Concurso serão divulgadas no Diário Oficial do Estado do Rio de Janeiro, na parte reservada às publicações do Ministério Público.

Parágrafo único – É de exclusiva responsabilidade do candidato a obtenção de informações sobre o Concurso, especialmente as que se referem à realização das provas e à divulgação dos resultados.

Art. 74 – Todas as publicações referentes ao concurso veiculadas no Diário Oficial serão igualmente disponibilizadas na internet, no endereço eletrônico http://www.mprj.mp.br, opção "XXXV Concurso para o MPRJ".

Art. 75 – A Comissão de Concurso e o Conselho Superior do Ministério Público poderão solicitar, em qualquer fase do certame e em caráter reservado, informações e certidões a respeito da idoneidade do candidato, podendo eliminar aquele que apresentar conduta inadequada, deixar de atender a qualquer dos requisitos previstos nesta Deliberação, prestar declarações inexatas ou omitir-se sobre fato relevante, garantindo-se ao interessado o direito a ampla defesa.

Parágrafo único – Os membros da Comissão de Concurso ou do Conselho Superior do Ministério Público poderão realizar entrevista com qualquer candidato, se entenderem que a diligência se faz necessária ou conveniente.

Art. 76 – Não serão devolvidos aos candidatos aprovados os documentos que instruírem os pedidos de inscrição definitiva nem os títulos apresentados, podendo o original ser substituído por fotocópia.

Art. 77 – Decorrido o prazo de 120 (cento e vinte) dias da homologação do resultado final do Concurso, os candidatos inabilitados poderão retirar os documentos que tenham apresentado para participar do certame.

Art. 78 – Após 5 (cinco) anos contados da homologação do resultado final do Concurso, poderão ser destruídos todos os processos e documentos a ele relativos, independentemente de qualquer formalidade ou aviso.

Art. 79 – As provas escritas e as gravações das provas orais do Concurso serão destruídas após 120 (cento e vinte) dias contados da homologação do resultado final, independentemente de qualquer formalidade ou aviso.

Art. 80 – O Concurso terá prazo de validade de 2 (dois) anos, a contar da homologação do seu resultado final, prorrogável uma vez por igual período.

Art. 81 – Os casos omissos serão resolvidos pela Comissão de Concurso.

Art. 82 – Esta Deliberação entra em vigor na data de sua publicação.

Rio de Janeiro, 14 de dezembro de 2017.

José Eduardo Ciotola Gussem
Presidente

Pedro Elias Erthal Sanglard
Corregedor-Geral do Ministério Público

Ricardo Ribeiro Martins
Conselheiro Decano

Cláudio Soares Lopes
Conselheiro

Sumaya Therezinha Helayel
Conselheira

Marcelo Daltro Leite
Conselheiro

Flávia de Araújo Ferrer
Conselheira

Anna Maria Di Masi
Conselheira

Dennis Aceti Brasil Ferreira
Conselheiro

Conceição Maria Tavares de Oliveira
Conselheira

ÓRGÃO ESPECIAL DO COLÉGIO DE PROCURADORES DE JUSTIÇA
ATO DO ÓRGÃO ESPECIAL

DELIBERAÇÃO OECP nº 22 DE 14 DE JANEIRO DE 2009.

Dispõe sobre a aplicação analógica do art. 28 do Código de Processo Penal em processos judiciais cíveis.

Dispõe sobre a aplicação analógica do art. 28 do Código de Processo Penal em processos judiciais cíveis.

O ÓRGÃO ESPECIAL DO COLÉGIO DE PROCURADORES DE JUSTIÇA, no uso das atribuições que lhe são conferidas pelo art. 19, III, da Lei Complementar Estadual no 106, de 3 de janeiro de 2003,

D E L I B E R A

Art. 1º – É possível a aplicação analógica do art. 28 do código de processo penal, quando houver divergência entre magistrado e membro do ministério público quanto ao cabimento da intervenção do Ministério Público em processo judicial cível.

Art. 2º – Cabe ao Procurador-Geral de Justiça ratificar a não intervenção ou, se entender contrariamente, encaminhar o feito ao membro do ministério público do órgão de origem para que oficie, necessariamente, segundo seu livre convencimento.

MARFAN MARTINS VIEIRA

(Presidente

CEZAR ROMERO DE OLIVEIRA SOARES

CARLOS ANTONIO NAVEGA

MARIJA YRNEH RODRIGUES DE MOURA

JOÃO BAPTISTA LOPES DE ASSIS FILHO (voto vencido)

EVANGELINA FONTELAS ROSADO SPINELLI

RENATO PEREIRA FRANÇA

MARIA CRISTINA PALHARES DOS ANJOS TELLECHEA

LEVI DE AZEVEDO QUARESMA

DALVA PIERI NUNES

MARIA AMÉLIA COUTO CARVALHO

JOSÉ ROBERTO PAREDES

LUIZ ROBERTO SARAIVA SALGADO

MARIA DA CONCEIÇÃO LOPES DE SOUZA SANTOS

MAURÍCIO ASSAYAG

KARLA MARIA DA CRUZ CARVALHO

NILO AUGUSTO FRANCISCO SUASSUNA

ROGÉRIO CARLOS SCANTAMBURLO (voto vencido)

MARCOS ANDRÉ CHUT

MÁRCIA ALVARES PIRES RODRIGUES

(Membro e Secretária)

Súmulas do Superior Tribunal de Justiça

Súmula 99

O Ministério Público tem legitimidade para recorrer no processo em que oficiou como fiscal da lei, ainda que não haja recurso da parte.

Súmula 116

A Fazenda Pública e o Ministério Público têm prazo em dobro para interpor agravo regimental no Superior Tribunal de Justiça.

Súmula 189

É desnecessária a intervenção do Ministério Público nas execuções fiscais.

Súmula 226

O Ministério Público tem legitimidade para recorrer na ação de acidente do trabalho, ainda que o segurado esteja assistido por advogado.

Súmula 234

A participação do membro do Ministério Público na fase investigatória criminal não acarreta o seu impedimento ou suspeição para o oferecimento da denúncia.

Súmula 329

O Ministério Público tem legitimidade para propor ação civil pública em defesa do patrimônio público.

Súmula 470

A Segunda Seção, na sessão de 27 de maio de 2015, ao julgar o REsp 858.056-GO, determinou o CANCELAMENTO da Súmula n. 470-STJ.

Súmulas do Supremo Tribunal Federal

Súmula 643

O Ministério Público tem legitimidade para promover ação civil pública cujo fundamento seja a ilegalidade de reajuste de mensalidades escolares.

Súmula 653

No Tribunal de Contas Estadual, composto por sete conselheiros, quatro devem ser escolhidos pela Assembleia Legislativa e três pelo Chefe do Poder

Executivo Estadual, cabendo a este indicar um dentre auditores e outro dentre membros do Ministério Público, e um terceiro a sua livre escolha.

Súmula 701

No mandado de segurança impetrado pelo Ministério Público contra decisão proferida em processo penal, é obrigatória a citação do réu como litisconsorte passivo.

Súmula 714

É concorrente a legitimidade do ofendido, mediante queixa, e do Ministério Público, condicionada à representação do ofendido, para a ação penal por crime contra a honra de servidor público em razão do exercício de suas funções.

Súmulas Vinculantes

Súmula Vinculante 1

Ofende a garantia constitucional do ato jurídico perfeito a decisão que, sem ponderar as circunstâncias do caso concreto, desconsidera a validez e a eficácia de acordo constante de termo de adesão instituído pela Lei Complementar nº 110/2001.

Súmula Vinculante 2

É inconstitucional a lei ou ato normativo estadual ou distrital que disponha sobre sistemas de consórcios e sorteios, inclusive bingos e loterias.

Súmula Vinculante 3

Nos processos perante o Tribunal de Contas da União asseguram-se o contraditório e a ampla defesa quando da decisão puder resultar anulação ou revogação de ato administrativo que beneficie o interessado, excetuada a apreciação da legalidade do ato de concessão inicial de aposentadoria, reforma e pensão.

Súmula Vinculante 4

Salvo nos casos previstos na Constituição, o salário mínimo não pode ser usado como indexador de base de cálculo de vantagem de servidor público ou de empregado, nem ser substituído por decisão judicial.

Súmula Vinculante 5

A falta de defesa técnica por advogado no processo administrativo disciplinar não ofende a Constituição.

Súmula Vinculante 6

Não viola a Constituição o estabelecimento de remuneração inferior ao salário mínimo para as praças prestadoras de serviço militar inicial.

Súmula Vinculante 7

A norma do §3º do artigo 192 da Constituição, revogada pela Emenda Constitucional nº 40/2003, que limitava a taxa de juros reais a 12% ao ano, tinha sua aplicação condicionada à edição de lei complementar.

Súmula Vinculante 8

São inconstitucionais o parágrafo único do artigo 5º do Decreto-Lei nº 1.569/1977 e os artigos 45 e 46 da Lei nº 8.212/1991, que tratam de prescrição e decadência de crédito tributário.

Súmula Vinculante 9

O disposto no artigo 127 da Lei nº 7.210/1984 (Lei de Execução Penal) foi recebido pela ordem constitucional vigente, e não se lhe aplica o limite temporal previsto no *caput* do artigo 58.

Súmula Vinculante 10

Viola a cláusula de reserva de plenário (CF, artigo 97) a decisão de órgão fracionário de tribunal que, embora não declare expressamente a inconstitucionalidade de lei ou ato normativo do poder público, afasta sua incidência, no todo ou em parte.

Súmula Vinculante 11

Só é lícito o uso de algemas em casos de resistência e de fundado receio de fuga ou de perigo à integridade física própria ou alheia, por parte do preso ou de terceiros, justificada a excepcionalidade por escrito, sob pena de responsabilidade disciplinar, civil e penal do agente ou da autoridade e de nulidade da prisão ou do ato processual a que se refere, sem prejuízo da responsabilidade civil do Estado.

Súmula Vinculante 12

A cobrança de taxa de matrícula nas universidades públicas viola o disposto no art. 206, IV, da Constituição Federal.

Súmula Vinculante 13

A nomeação de cônjuge, companheiro ou parente em linha reta, colateral ou por afinidade, até o terceiro grau, inclusive, da autoridade nomeante ou de servidor da mesma pessoa jurídica investido em cargo de direção, chefia ou assessoramento, para o exercício de cargo em comissão ou de confiança ou, ainda, de função gratificada na administração pública direta e indireta em qualquer dos Poderes da União, dos Estados, do Distrito Federal e dos Municípios, compreendido o ajuste mediante designações recíprocas, viola a Constituição Federal.

Súmula Vinculante 14

É direito do defensor, no interesse do representado, ter acesso amplo aos elementos de prova que, já documentados em procedimento investigatório realizado por órgão com competência de polícia judiciária, digam respeito ao exercício do direito de defesa.

Súmula Vinculante 15

O cálculo de gratificações e outras vantagens do servidor público não incide sobre o abono utilizado para se atingir o salário mínimo.

Súmula Vinculante 16

Os Artigos 7º, IV, e 39, § 3º (Redação da EC 19/98), da Constituição, referem-se ao total da remuneração percebida pelo servidor público.

Súmula Vinculante 17

Durante o período previsto no parágrafo 1º do artigo 100 da constituição, não incidem juros de mora sobre os precatórios que nele sejam pagos.

Súmula Vinculante 18

A dissolução da sociedade ou do vínculo conjugal, no curso do mandato, não afasta a inelegibilidade prevista no § 7º do artigo 14 da Constituição Federal.

Súmula Vinculante 19

A taxa cobrada exclusivamente em razão dos serviços públicos de coleta, remoção e tratamento ou destinação de lixo ou resíduos provenientes de imóveis, não viola o artigo 145, II, da Constituição Federal.

Súmula Vinculante 20

A gratificação de desempenho de atividade técnico-administrativa – GDATA, instituída pela Lei nº 10.404/2002, deve ser deferida aos inativos nos valores correspondentes a 37,5 (trinta e sete vírgula cinco) pontos no período de fevereiro a maio de 2002 e, nos termos do artigo 5º, parágrafo único, da Lei nº 10.404/2002, no período de junho de 2002 até a conclusão dos efeitos do último ciclo de avaliação a que se refere o artigo 1º da Medida Provisória no 198/2004, a partir da qual passa a ser de 60 (sessenta) pontos.

Súmula Vinculante 21

É inconstitucional a exigência de depósito ou arrolamento prévios de dinheiro ou bens para admissibilidade de recurso administrativo.

Súmula Vinculante 22

A justiça do trabalho é competente para processar e julgar as ações de indenização por danos morais e patrimoniais decorrentes de acidente de trabalho propostas por empregado contra empregador, inclusive aquelas que ainda não possuíam sentença de mérito em primeiro grau quando da promulgação da Emenda Constitucional nº 45/04.

Súmula Vinculante 23

A justiça do trabalho é competente para processar e julgar ação possessória ajuizada em decorrência do exercício do direito de greve pelos trabalhadores da iniciativa privada.

Súmula Vinculante 24

Não se tipifica crime material contra a ordem tributária, previsto no art. 1º, incisos I a IV, da Lei nº 8.137/90, antes do lançamento definitivo do tributo.

Súmula Vinculante 25

É ilícita a prisão civil de depositário infiel, qualquer que seja a modalidade do depósito.

Súmula Vinculante 26

Para efeito de progressão de regime no cumprimento de pena por crime hediondo, ou equiparado, o juízo da execução observará a inconstitucionalidade do Art. 2º da Lei nº 8.072, de 25 de julho de 1990, sem prejuízo de avaliar se o condenado preenche, ou não, os requisitos objetivos e subjetivos do benefício, podendo determinar, para tal fim, de modo fundamentado, a realização de exame criminológico.

Súmula Vinculante 27

Compete à Justiça Estadual julgar causas entre consumidor e concessionária de serviço público de telefonia, quando a ANATEL não seja litisconsorte passiva necessária, assistente, nem opoente.

Súmula Vinculante 28

È inconstitucional a exigência de depósito prévio como requisito de admissibilidade de ação judicial na qual se pretenda discutir a exigibilidade de crédito tributário.

Súmula Vinculante 29

É constitucional a adoção, no cálculo do valor de taxa, de um ou mais elementos da base de cálculo própria de determinado imposto, desde que não haja integral identidade entre uma base e outra.

Súmula Vinculante 31

É inconstitucional a incidência do imposto sobre serviços de qualquer natureza – ISS sobre operações de locação de bens móveis.

Súmula Vinculante 32

O ICMS não incide sobre alienação de salvados de sinistro pelas seguradoras.

Súmula Vinculante 33

Aplicam-se ao servidor público, no que couber, as regras do regime geral da previdência social sobre aposentadoria especial de que trata o artigo 40, § 4º, inciso III da Constituição Federal, até a edição de lei complementar específica.

Súmula Vinculante 34

A Gratificação de Desempenho de Atividade de Seguridade Social e do Trabalho – GDASST, instituída pela Lei 10.483/2002, deve ser estendida aos inativos no valor correspondente a 60 (sessenta) pontos, desde o advento da Medida Provisória 198/2004, convertida na Lei 10.971/2004, quando tais inativos façam jus à paridade constitucional (EC 20/1998, 41/2003 e 47/2005).

Súmula Vinculante 35

A homologação da transação penal prevista no artigo 76 da Lei 9.099/1995 não faz coisa julgada material e, descumpridas suas cláusulas, retoma-se a situação anterior, possibilitando-se ao Ministério Público a continuidade da persecução penal mediante oferecimento de denúncia ou requisição de inquérito policial.

Súmula Vinculante 36

Compete à Justiça Federal comum processar e julgar civil denunciado pelos crimes de falsificação e de uso de documento falso quando se tratar de falsificação da Caderneta de Inscrição e Registro (CIR) ou de Carteira de Habilitação de Amador (CHA), ainda que expedidas pela Marinha do Brasil.

Súmula Vinculante 37

Não cabe ao Poder Judiciário, que não tem função legislativa, aumentar vencimentos de servidores públicos sob o fundamento de isonomia.

Súmula Vinculante 38

É competente o Município para fixar o horário de funcionamento de estabelecimento comercial.

Súmula Vinculante 39

Compete privativamente à União legislar sobre vencimentos dos membros das polícias civil e militar e do corpo de bombeiros militar do Distrito Federal.

Súmula Vinculante 40

A contribuição confederativa de que trata o art. 8º, IV, da Constituição Federal, só é exigível dos filiados ao sindicato respectivo.

Súmula Vinculante 41

O serviço de iluminação pública não pode ser remunerado mediante taxa.

Súmula Vinculante 42

É inconstitucional a vinculação do reajuste de vencimentos de servidores estaduais ou municipais a índices federais de correção monetária.

Súmula Vinculante 43

É inconstitucional toda modalidade de provimento que propicie ao servidor investir-se, sem prévia aprovação em concurso público destinado ao seu provimento, em cargo que não integra a carreira na qual anteriormente investido.

Súmula Vinculante 44

Só por lei se pode sujeitar a exame psicotécnico a habilitação de candidato a cargo público.

Súmula Vinculante 45

A competência constitucional do Tribunal do Júri prevalece sobre o foro por prerrogativa de função estabelecido exclusivamente pela constituição estadual.

Súmula Vinculante 46

A definição dos crimes de responsabilidade e o estabelecimento das respectivas normas de processo e julgamento são da competência legislativa privativa da União.

Súmula Vinculante 47

Os honorários advocatícios incluídos na condenação ou destacados do montante principal devido ao credor consubstanciam verba de natureza alimentar cuja satisfação ocorrerá com a expedição de precatório ou requisição de pequeno valor, observada ordem especial restrita aos créditos dessa natureza.

Súmula Vinculante 48

Na entrada de mercadoria importada do exterior, é legítima a cobrança do ICMS por ocasião do desembaraço aduaneiro.

Súmula Vinculante 49

Ofende o princípio da livre concorrência lei municipal que impede a instalação de estabelecimentos comerciais do mesmo ramo em determinada área.

Súmula Vinculante 50

Norma legal que altera o prazo de recolhimento de obrigação tributária não se sujeita ao princípio da anterioridade.

Súmula Vinculante 51

O reajuste de 28,86%, concedido aos servidores militares pelas Leis 8622/1993 e 8627/1993, estende-se aos servidores civis do poder executivo, observadas as eventuais compensações decorrentes dos reajustes diferenciados concedidos pelos mesmos diplomas legais.

Súmula Vinculante 52

Ainda quando alugado a terceiros, permanece imune ao IPTU o imóvel pertencente a qualquer das entidades referidas pelo art. 150, VI, “c”, da Constituição Federal, desde que o valor dos aluguéis seja aplicado nas atividades para as quais tais entidades foram constituídas.

Súmula Vinculante 53

A competência da Justiça do Trabalho prevista no art. 114, VIII, da Constituição Federal alcança a execução de ofício das contribuições previdenciárias relativas ao objeto da condenação constante das sentenças que proferir e acordos por ela homologados.